Christian Ullenboom

Captain CiaoCiao erobert Java

Das Trainingsbuch für besseres Java

Rheinwerk
Computing

Liebe Leserin, lieber Leser,

ich freue mich, Sie mit der Piratin Bonny Brain, ihrem Captain CiaoCiao und ihrer Crew bekannt zu machen. Die Piraten haben sich ein Ziel gesetzt: Java erobern. Sie wollen dort nicht einfach nur an Land gehen, sondern jeder Winkel, der interessant aussieht, soll am Ende ihrer sein.

Wenn Sie das gleiche Ziel haben, liegen Sie mit dem Captain richtig. Vielleicht kennen das umfassende Handbuch des Autors, »Java ist auch eine Insel«. Von Christian Ullenbooms Detailkenntnis und Trainer-Erfahrung profitieren Sie auch in diesem Aufgabenbuch, das sein langjährig erprobtes Übungsmaterial enthält.

Sie können es mit einem beliebigen Lehrbuch oder anderen Quellen verwenden, denn zu Beginn jedes Kapitels gibt es eine Übersicht über die Klassen und Methoden, um die es geht. So finden Sie umgekehrt auch zu jedem Thema passende Übungen.

Besonders bequem ist es mit dem Handbuch des Autors: Dann nutzen Sie die direkten Kapitel-Verweise von den Aufgaben in die »Java-Insel«. Sie beziehen sich auf die 15. Auflage, funktionieren über die Titel aber auch mit anderen Auflagen. Gelegentlich werden zur Vertiefung außerdem Abschnitte in »Java SE 9 Standard-Bibliothek« genannt.

Das Buch ist mit allen Java-Version ab Version 8 nutzbar. Bezieht sich eine Aufgabe auf eine höhere Version, ist explizit mit angegeben, um welches Feature es geht und seit wann es zu Java gehört.

Noch ein Hinweis in eigener Sache: Sollte trotz aller Sorgfalt einmal etwas nicht so funktionieren wie erwartet oder falls Sie Anregungen haben, nehmen Sie gern Kontakt auf. Ich freue mich über Ihre konstruktive Kritik.

Ich wünsche Ihnen viel Spaß mit dem Captain und seiner Crew!

Ihre Almut Poll
Lektorat Rheinwerk Computing

almut.poll@rheinwerk-verlag.de
www.rheinwerk-verlag.de
Rheinwerk Verlag · Rheinwerkallee 4 · 53227 Bonn

Auf einen Blick

Wir hoffen, dass Sie Freude an diesem Buch haben und sich Ihre Erwartungen erfüllen. Ihre Anregungen und Kommentare sind uns jederzeit willkommen. Bitte bewerten Sie doch das Buch auf unserer Website unter **www.rheinwerk-verlag.de/feedback**.

An diesem Buch haben viele mitgewirkt, insbesondere:

Lektorat Anne Scheibe, Almut Poll, Fynn Koretz
Fachgutachten Torsten T. Will
Korrektorat Petra Biedermann, Reken
Herstellung Nadine Preyl
Typografie und Layout Vera Brauner
Einbandgestaltung und Coverbild Mai Loan Nguyen Duy
Satz SatzPro, Krefeld
Druck Beltz Grafische Betriebe, Bad Langensalza

Dieses Buch wurde gesetzt aus der TheAntiquaB (9,35/13,7 pt) in FrameMaker.
Gedruckt wurde es auf chlorfrei gebleichtem Offsetpapier (90 g/m²).
Hergestellt in Deutschland.

Bibliografische Information der Deutschen Nationalbibliothek:
Die Deutsche Nationalbibliothek verzeichnet diese Publikation in der Deutschen Nationalbibliografie; detaillierte bibliografische Daten sind im Internet über *http://dnb.dnb.de* abrufbar.

ISBN 978-3-8362-8427-1

1. Auflage 2021

Informationen zu unserem Verlag und Kontaktmöglichkeiten finden Sie auf unserer Verlagswebsite **www.rheinwerk-verlag.de**. Dort können Sie sich auch umfassend über unser aktuelles Programm informieren und unsere Bücher und E-Books bestellen.

Inhalt

14 Nebenläufige Programmierung mit Threads 419

15 Datenstrukturen und Algorithmen 461

Einleitung

Menschen, die mit dem Programmieren anfangen, stellen sich immer wieder die gleiche Frage: Wie mache ich als Entwickler Fortschritte, wie werde ich beim Programmieren besser? Die Antwort ist ganz einfach: lesen, Webinare schauen, lernen, wiederholen, praktizieren, diskutieren. Vieles am Programmieren ähnelt dem Erwerb von anderen Fähigkeiten. Es ist nicht möglich, ein Musikinstrument über das Lesen eines Buches zu erlernen. Man lernt auch nicht Autofahren, indem man die Filmreihe *The Fast and The Furious* schaut. Konstantes Üben und Wiederholen bildet im Gehirn Muster und Strukturen. Es gibt dabei große Ähnlichkeiten zwischen dem Lernen einer natürlichen Sprache und einer Programmiersprache. Die konstante Anwendung der Sprache, und auch das Verlangen und die Notwendigkeit, sich in der Sprache auszudrücken und zu verständigen, weil man sonst kein Burger oder Bier bestellen kann, führt stetig zu einer Verbesserung der Fähigkeiten.

Bücher und Webinare zum Lernen einer Programmiersprache gibt es einige. Doch lesen, lernen, praktizieren und wiederholen ist nur ein Aspekt. Damit später Softwarelösungen erfolgreich entwickelt werden können, muss das Wissen kreativ kombiniert werden. Das muss man üben, genauso wie ein Musiker regelmäßig Fingerübungen macht und das Repertoire pflegt. Je besser und effektiver die Übungen sind, desto schneller werden wir Meister. Dazu soll dieses Buch beitragen, den nächsten Schritt zu machen und mehr praktische Erfahrung zu sammeln.

Java 16 deklariert rund 4400 Klassen, ca. 1300 Schnittstellen, weitere Aufzählungen, Annotationen und Ausnahmen kommen dazu. Nur ein Bruchteil dieser Typen sind in der Praxis relevant, und das Buch wählt für die Aufgaben die wichtigsten Typen und Methoden aus. Ich habe versucht, die Aufgabenstellung motivierend zu gestalten und vorbildliche Lösungsvorschläge anzubieten, die den Java-Konventionen folgen. Immer wieder werden auch unterschiedliche Lösungsalternativen und Herangehensweisen aufgezeigt. Ich hoffe, dass die Lösungsvorschläge auch die nicht-funktionalen Anforderungen deutlich machen, denn die Qualität von Programmen ist mehr als nur »macht was es soll«. Auch Punkte wie die korrekte Einrückung, Befolgung der Namenskonventionen, korrekte Nutzung der Modifizierer, Einsatz von Best Practices, Design-Patterns, sind wichtig, und das sollen die Lösungsvorschläge zeigen; das Stichwort ist hier *Clean Code*.

Vorkenntnisse und Zielgruppe

Das Buch ist für Java-Entwickler konzipiert, die ihre ersten Erfahrungen mit Java gesammelt haben oder schon fortgeschritten sind, und sich im Bereich der Java-SE-Standardbibliotheken weiterbilden möchten. Zur Zielgruppe gehören insbesondere:

- Informatikstudenten
- Fachinformatiker
- Java-Programmierer
- Software-Entwickler
- Job-Bewerber

Den Schwerpunkt des Buches bilden Aufgaben und vollständig dokumentierte Lösungsvorschläge, in denen sich ausführliche Hintergründe zu den Java-Besonderheiten, zu guter objektorientierter Programmierung, Best Practices und Design-Patterns befinden. Die Aufgaben werden am besten mit einem Lehrbuch parallel gelöst; dieses Aufgabenbuch ist kein klassisches Lehrbuch. Das kann mein Handbuch *Java ist auch eine Insel* sein – für diesen Fall füge ich Verweise auf die jeweiligen Kapitel ein – oder auch ein anderes Lehrbuch. Ein gutes Vorgehen ist, sich ein Thema mit einem Lehrbuch der Wahl zu erarbeiten und dann die entsprechenden Aufgaben im Buch anzugehen.

Die ersten Aufgaben richten sich an Programmiereinsteiger, die gerade mit Java beginnen. Je länger man sich mit Java beschäftigt, desto anspruchsvoller können auch die Java-Aufgaben werden. Daher finden sich für Einsteiger und auch für fortgeschrittene Entwickler gleichermaßen entsprechende Aufgaben.

Die Java Standard Edition wird von vielen Frameworks und Bibliotheken erweitert. Dieses Aufgabenbuch beschäftigt sich nicht mit speziellen Bibliotheken oder Java-Enterprise-Frameworks wie Jakarta EE oder Spring (Boot). Es gibt auf dem Markt eigene Übungsbücher für dieses Umfeld. Auch werden keine Werkzeuge wie Profiling-Tools benötigt; all das würde den Rahmen des Buchs sprengen.

Arbeiten mit dem Buch

Das Aufgabenbuch teilt sich in unterschiedliche Bereiche auf. Zunächst geht es um die Sprache Java, dann um ausgewählte Bereiche der Java-Standardbibliothek, etwa Datenstrukturen oder Dateiverarbeitung. Jeder Bereich wird mit Programmieraufgaben abgedeckt, dazu kommen »Quiz«-Fragen, die die eine oder andere Überraschung bereit halten. Jeder Abschnitt beginnt mit einer kleinen Motivation, einer Einordnung des Themas, danach folgen die Aufgaben. Falls die Aufgaben besonders kniffelig sind, gibt es ergänzende Tipps und Hinweise. Andere Aufgaben laden durch optionale Erweiterungen zum weiteren Spielen ein.

Die allermeisten Aufgaben beziehen sich nicht aufeinander, was es Lesern erleichtert, überall einzusteigen. Nur im Rahmen einiger Aufgaben aus dem Kapitel der imperativen Programmierung entsteht ein größeres Programm, und auch im Teilbereich der objektorientierten Programmierung bauen die Aufgaben aufeinander auf. Aus den Aufgabenstellungen geht das hervor. Komplexere Programme helfen, dem Ganzen mehr Sinn zu geben, sodass man verschiedene Spracheigenschaften im Kontext sieht. Zudem motiviert ein komplexeres Programm zum Weitermachen.

Die Aufgaben haben eine Markierung mit einem, zwei oder drei Sternen. Das zeigt die Komplexität der Aufgabe, wobei die Einschätzung subjektiv beim Autor liegt. Für jeden einzelnen kann eine Aufgabe leichter oder schwieriger sein.

1 Stern ★: Einfache Aufgaben, für Einsteiger geeignet. Sie sollten ohne großen Aufwand leicht zu lösen sein. Oftmals ist nur Transferwissen gefragt, zum Beispiel Dinge, die in einem Lehrbuch stehen, auf andere Art aufzuschreiben.

2 Sterne ★★: Der Aufwand ist hier höher. Verschiedene Techniken müssen kombiniert werden. Eine größere Kreativität ist gefragt.

3 Sterne ★★★: Aufgaben mit drei Sternen sind komplexer, benötigen den Rückgriff auf mehr vorheriges Wissen und manchmal eine Recherche. Oft lassen sich die Aufgaben nicht mehr mit einer einzigen Methode lösen, sondern es sind mehrere Klassen nötig, die zusammenspielen müssen.

Die Lösungsvorschläge

Zu jeder Aufgabe gibt es mindestens einen Lösungsvorschlag. Ich möchte ungern von »Musterlösung« sprechen, um nicht zu suggerieren, dass die angegebene Lösung die beste sei und alle anderen Lösungen nichts taugten. Leser sollten ihre eigene Lösung mit dem Lösungsvorschlag vergleichen und können sich freuen, wenn die eigene Lösung noch ein wenig knackiger ist als die Vorgegebene. Die Lösungsvorschläge im Buch sind selbstverständlich kommentiert. So sollte es möglich sein, alle Schritte gut nachzuvollziehen.

Alle Lösungsvorschläge sind am Ende jedes Kapitels gesammelt, um die Versuchung zu reduzieren, direkt nach der Aufgabenstellung in eine Lösung zu schauen, was den Spaß an der Lösung der Aufgabe nimmt.

Sie finden alle Lösungsvorschläge sowohl unter *https://www.rheinwerk-verlag.de/5329/* als auch auf der Webseite *https://github.com/ullenboom/captain-ciaociao*. In einigen Lösungen tauchen Kommentare der Art `//tag::solution[]` auf; damit sind diejenigen Ausschnitte der Lösungen markiert, die hier im Buch abgedruckt sind.

Mit einem Lehrbuch und diesem Buch lernen

Dieses Aufgabenbuch ist als Erweiterung zu einem Java-Lehrbuch (oder Video-Kurs) entwickelt worden. Obwohl es keine Bindung zu einen speziellen Lehrbuch gibt, teilt sich dieses Aufgabenbuch doch die chronologische Reihenfolge mit den beiden Lehrbüchern des Autors:

- *Java ist auch eine Insel. Einführung, Ausbildung, Praxis* (»1. Insel«) und
- *Java SE 9 Standard-Bibliothek. Das Handbuch für Java-Entwickler* (»2. Insel«)

Am Anfang der Kapitel dieses Aufgabenbuches findet sich daher immer ein Verweis auf die passenden Kapitel der »Java-Insel«, und nahezu alle Aufgaben lassen sich mit den ersten Band lösen. Nicht jedes Kapitel in der »Insel« hat einen Aufgabenblock im Buch, so finden sich zum Beispiel keine Aufgaben zu grafischen Oberflächen in diesem Buch.

Nutzen des Buches

Das Ziel jedes Softwareentwicklers wird sein, Aufgabenstellungen in Programme umzusetzen. Das erfordert viel Übung, aber auch Vorbilder. Beides verbindet dieses Buch. Natürlich gibt es im Internet genügend Aufgaben, doch diese sind häufig durcheinander gewürfelt, nicht dokumentiert, die Lösungen möglicherweise veraltet. Dieses Buch stellt die Aufgaben systematisch zusammen und liefert saubere Lösungsvorschläge. Das Studieren dieser Lösungsvorschläge und das Lesen von Code im Allgemeinen hilft dem Gehirn, gewisse Muster zu speichern. Man kann sich kein Bibelstudium ohne Lesen vorstellen; Softwareentwickler lesen aber relativ wenig fremden Code, sondern produzieren häufig nur eigenen Code, den sie ironischerweise nach einiger Zeit selbst gar nicht mehr verstehen. Aber durch das Lesen wird man auch besserer im Schreiben. Unser Gehirn speichert beim Lesen Muster und Lösungsansätze, die wir später auf unseren eigenen Code unbewusst übertragen. Das Gehirn ist ein fantastisches Organ, das selbstständig auf der Basis von Vorlagen Assoziationen bildet, daraus Muster lernt und verarbeitet. Je besser die Qualität der Eingaben, desto besser die neuronale Struktur. Schlechte Lösungen sind schlechte Vorbilder, und wir sollten unser Gehirn nur mit gutem Code »füttern«. Ein Beispiel ist die Ausnahmebehandlung bzw. Fehlerbehandlung. Alle Lösungsvorschläge diskutieren die korrekten Eingabewerte, welche fehlerhaften Zustände auftreten können und wie diese behandelt werden können. Wir leben nicht in einer optimalen Welt, in Software geht immer etwas schief, und wir müssen darauf vorbereitet sein und dürfen die nicht perfekte Welt nicht ausblenden.

Viele Entwickler sind zudem in ihrer Art und Weise, Software zu schreiben, gefangen. Deshalb ist es gut, neue Lösungsansätze zu sehen, sozusagen »den Wortschatz zu erweitern«. Der Wortschatz der Java-Entwickler sind die Bibliotheken. Und zu viele Java-Entwickler im Enterprise Bereich programmieren wenig objektorientiert und schreiben riesengroße Klassen. Hier gilt es, sich im Bereich der objektorientierten Modellierung weiter zu verbessern. Dieses Buch zeigt, wie das geht. Neue Methoden werden eingeführt, neue Datentypen geschaffen, Komplexität minimiert. Auch die funktionale Programmierung spielt in der aktuellen Java-Programmierung eine große Rolle. Alle Lösungen bauen daher konsequent auf die modernen Sprachmöglichkeiten von Java 8 (und höheren Versionen).

Möglicherweise sind einige Lösungsvorschläge zu kompliziert, doch mit den Aufgaben und den Lösungsvorschlägen können Entwickler lernen, sich zu konzentrieren und Gedankenschritte nachzuvollziehen. Konzentrationsfähigkeit und die Fähigkeit, sich schnell in Code einzufinden, ist in der Praxis sehr wichtig, denn oftmals kommt man als Entwickler in ein neues Team und muss fremden Quellcode verstehen und erweitern, vielleicht auch Fehler beheben können. Auch wer existierende quelloffene Lösungen selbst erweitern möchte, könnte von dieser Art Konzentrationsübung profitieren.

Neben dem Fokus auf die Programmiersprache Java, die Syntax, die Bibliotheken und die Objektorientierung bietet dieses Buch auch viele Randnotizen zu Algorithmen, zur historischen Entwicklung, Vergleiche zu anderen Programmiersprachen und Datenformaten.

Wer noch einen Grund braucht, dieses Buch unbedingt besitzen zu müssen, dem sei gesagt, dass es auch wunderbar beim Einschlafen hilft.

Benötigte Software

Prinzipiell könnte jede Aufgabe mit Stift und Papier gelöst werden; geht man 50 Jahre zurück, war das sogar der einzige Weg. Aber in der professionellen Softwareentwicklung geht es um Werkzeuge und ihren richtigen Einsatz. Das Wissen um die Syntax der Programmiersprache, die Möglichkeiten der objektorientierten Modellierung und der Standardbibliothek sind nur ein Aspekt. Weitere sind die JVM, die Werkzeuge wie Maven oder eine Versionsverwaltung wie Git und natürlich die Entwicklungsumgebung. Es gibt Entwickler, die in der Entwicklungsumgebung zaubern können, sodass auf magische Weise Quellcode generiert wird und Fehler automatisch behoben werden.

JVM

Wollen wir Java-Programme laufen lassen, benötigen wir eine JVM. In der Anfangszeit war das einfach. Die Laufzeitumgebung stammte erst von Sun Microsystems, später von Oracle, die Sun übernommen haben. Heute ist das deutlich schwieriger. Zwar lässt sich von Oracle weiterhin eine Laufzeitumgebung beziehen, doch die Lizenzbedingungen haben sich geändert. Das Testen und Entwickeln ist mit dem Oracle JDK möglich, nicht allerdings der Produktivbetrieb. Hier verlangt Oracle Lizenzgebühren. Eine Konsequenz daraus ist, dass diverse Institutionen aus dem OpenJDK, den Originalquellen, eigene Laufzeitumgebungen kompilieren. Zu diesen Stellen gehören *Eclipse Adoptium* (noch unter dem Namen *AdoptOpenJDK* bekannt, *https://adoptopenjdk.net*), *Amazon Corretto* (*https://aws.amazon.com/de/corretto*), *Red Hat OpenJDK* (*https://developers.redhat.com/products/openjdk/overview*) und weitere wie die von Azul Systems oder Bellsoft. Die Leser können sich für eine Distribution entscheiden, eine Vorschrift gibt es nicht.

Die allermeisten Aufgaben in diesem Buch lassen sich mit der Version Java 8 lösen, es gibt keine Notwendigkeit, höhere Java-Versionen einzusetzen. Natürlich bieten neue Java-Versionen Erweiterungen in der Sprache und den Bibliotheken, allerdings ist Java 8 in Unternehmen noch sehr verbreitet. Aufgaben mit neueren Sprachmitteln und APIs sind mit einer Kennung versehen und können so von den Lesern gefiltert werden.

Entwicklungsumgebung

Java-Quellcode ist nur Text, sodass im Prinzip ein einfacher Texteditor reicht. Allerdings können wir mit einem Editor wie Notepad keine große Produktivität erwarten. Moderne Entwicklungsumgebungen unterstützen uns in vielen Aufgaben: farbliche Hervorhebung von Schlüsselwörtern, automatische Codevervollständigung, intelligente Fehlerkorrektur, Einfügen von Codeblöcken, Visualisierung von Zuständen im Debugger und vieles mehr. Es ist daher ratsam, eine vollständige Entwicklungsumgebung zu verwenden. Vier populäre IDEs sind: *IntelliJ*, *Eclipse*, *Visual Studio Code* und (*Apache*) *NetBeans*. Wie bei den Java-Laufzeitumgebungen ist es dem Leser überlassen, eine Entwicklungsumgebung auszuwählen. Eclipse, NetBeans und Visual Studio Code sind frei und quelloffen, die *IntelliJ Community Edition* ist ebenfalls frei und quelloffen, die mächtigere *IntelliJ Ultimate Edition* kostet hingegen Geld.

An einigen Stellen realisieren wir Projektabhängigkeiten über Maven, etwa in der Mitte des Buches geht es damit los.

Konventionen

Code wird in `Festbreitenschrift`, Dateinamen werden *kursiv* gesetzt. Um Methoden von Attributen zu unterscheiden, haben Methoden immer ein Klammerpärchen, etwa in »die Variable `max` enthält das Maximum‹ oder ›es liefert `max()` das Maximum«. Da Methoden überladen sein können, nenne ich entweder die Parameterliste, wie in `equals(Object)`, oder eine Ellipse kürzt das ab, etwa in »diverse `println(…)`-Methoden«. Falls eine Gruppe von Bezeichnern angesprochen wird, schreibe ich `XXX`, wie etwa: »`printlnXXX(…)` gibt etwas auf dem Bildschirm aus«.

Bei den Lösungsvorschlägen finden sich in der Regel nur die relevanten Codeausschnitte, um das Buchvolumen nicht zu sprengen. Der Name der Datei wird in der Listingunterschrift genannt, etwa so:

```
class VanillaJava { }
```

Listing 1 VanillaJava.java

Hin und wieder werden von der Kommandozeile (synonym: *Befehlszeile, Konsole, Shell*) aus Programme aufgerufen. Da jedes Kommandozeilenprogramm eine eigene Prompt-Sequenz hat, wird es hier im Buch generisch mit einem $ symbolisiert. Die Eingaben des Benutzers sind fett gesetzt. Ein Beispiel:

```
$ java -version
openjdk version "15" 2020-09-15
OpenJDK Runtime Environment (build 15+36-1562)
OpenJDK 64-Bit Server VM (build 15+36-1562, mixed mode, sharing)
```

Falls ausdrücklich die Windows-Kommandozeile gemeint ist, benutze ich das Prompt-Zeichen >:

```
> netstat -e
Schnittstellenstatistik

                          Empfangen            Gesendet

Bytes                    1755832001          2040354965
Unicastpakete             122394006           119142408
Nicht-Unicastpakete         2120671              163121
Verworfen                         0                   0
Fehler                            0                   0
Unbekannte Protok.                0
```

Captain CiaoCiao und Bonny Brain helfen

Captain CiaoCiao und Bonny Brain sind moderne Piraten, die durch die Weltmeere reisen, umgeben von einer loyalen Crew. Auf jedem Kontinent machen sie zwielichtige Geschäfte; Banditen und Söldner helfen ihnen dabei. Ihre Heimatinsel ist Balu, die Währung ist Liretta! Die Crew ist international, daher sind auch die Programmausgaben immer englisch.

Vor einiger Zeit konnten dir Captain CiaoCiao und Bonny Brain bei dieser *Sache* helfen. Nun stehst du in ihrer Schuld. Hilf den beiden bei ihren Angelegenheiten; es wird sich lohnen!

Über den Autor

Christian Ullenboom tippte im Alter von 10 Jahren seine ersten Zeilen Code in den C64. Nach vielen Jahren der Assembler-Programmierung und frühen BASIC-Erweiterungen führte seine Reise nach dem Studium der Informatik und der Psychologie auf die Insel Java. Urlaubsreisen nach Python, JavaScript, TypeScript und Kotlin konnten ihn bisher nicht von der Inselbegabung befreien.

Seit über 20 Jahren ist Ullenboom begeisterter Software-Architekt, Java-Trainer (*http://www.tutego.de*) und Ausbilder für Fachinformatiker. Aus der Schulungstätigkeit heraus sind zwei bekannte deutschsprachige Fachbücher entstanden: *Java ist auch eine Insel. Einführung, Ausbildung, Praxis* (15. Auflage Rheinwerk 2020) und *Java SE 9 Standard-Bibliothek. Das Handbuch für Java-Entwickler* – die » zweite Java-Insel«, aktuell zu Java 9 (3. Auflage Rheinwerk 2017). Die Bücher bringen seit vielen Jahren Lesern die Programmiersprache Java näher. Für sein besonderes Engagement hat Sun (heute Oracle) Christian Ullenboom schon 2005 als besondere Java-Persönlichkeit ausgezeichnet. Sun und später Oracle vergaben den Titel *Java-Champion* rund 300 Personen weltweit.

Als Java-Dozent steht er nicht nur vor der Gruppe und erklärt; sondern damit ein Training gut funktioniert, gibt es dazu begleitende Übungen. Während dieser Tätigkeit ist ein umfangreicher Katalog von Aufgaben entstanden, der kontinuierlich erweitert und aktualisiert wird. Dieses Buch stellt die Aufgaben zusammen, inklusive vollständiger, dokumentierter Lösungsvorschläge.

Als ein Hobby hat er in Dortmund das BINARIUM (*http://www.binarium.de*) aufgebaut, eines der größten Heimcomputer-/Spielkonsolenmuseen. Christian Ullenboom ist in Sonsbeck am Niederrhein verwurzelt.

Danksagungen

An dieser Stelle möchte ich mich bei allen Personen bedanken, die auf unterschiedliche Art und Weise zum Gelingen dieses Buches beigetragen haben. Ein großes Dankeschön geht insbesondere an die Korrekturleser Michael Rauscher, Thomas Meyer und Kevin Schmiechen.

Kapitel 1
Java ist auch eine Sprache

Viele Einsteiger verfangen sich in der »Tutorial-Hölle«: Sie lesen viel, schauen viele Videos. Wichtig ist jedoch, den ersten Schritt zu machen, und deswegen soll dieses Kapitel Ihnen helfen, die Scheu vor den praktischen Übungen zu verlieren. Wir lernen dabei unsere Entwicklungsumgebung besser kennen, können Programme von der Kommandozeile starten und sehen klarer die Aufgabenteilung zwischen Java-Compiler und Laufzeitumgebung.

Voraussetzungen

- Aufgabe von Java-Compiler, Bytecode und JVM verstehen
- Java-Programme auf der Kommandozeile übersetzen können
- Unterschied zwischen den Programmen `java` und `javac` kennen
- Java-Entwicklungsumgebung aufsetzen und grundlegend bedienen können

Java ist auch eine Insel, Kapitel 1

In der »Insel« erklärt Kapitel 1, »Java ist auch eine Sprache«, die nötigen Voraussetzungen.

1.1 Bytecode und JVM

In den Anfängen von Java war es der übliche Weg für Compiler, eine direkt ausführbare Maschinendatei zu generieren. Sun Microsystems wollte etwas anderes: eine plattformunabhängige Programmiersprache – das führte zu Java. Dazu darf der Compiler keinen Maschinencode mehr erzeugen, sondern der Java-Compiler generiert Bytecode. Dieser Bytecode ist nicht an eine Maschine gebunden. Damit der Bytecode ausgeführt werden kann, müssen eine Laufzeitumgebung und eine Funktionsbibliothek existieren, genannt *Java-Laufzeitumgebung* (englisch *Java Runtime Environment*, kurz *JRE*). Teil der JRE ist die *Java Virtual Machine*, kurz *JVM*, die den Bytecode ausführt.

1.1.1 Java-Programme portieren ★

Wer mit der Programmierung beginnt, ist bestimmt schon auf einen Klassiker gestoßen: die Hello-World-Ausgabe. Mitte der 1970er-Jahre tauchte dieses kleine Beispiel in einem C-Tutorial auf und wurde seitdem auf unterschiedliche Programmiersprachen übertragen. Obwohl das Programm klein ist, erfüllt es doch einen wichtigen Zweck: zu testen, ob die ganzen Entwicklungstools korrekt installiert sind und funktionieren.

Aufgabe:

Speichere folgendes Programm unter dem Namen *Application.java*. Achte auf die Groß-/Kleinschreibung.

```
public class Application {
  public static void main( String[] args ) {
    System.out.println( "Aye Captain!" );
  }
}
```

Listing 1.1 Application.java

Wir können nun das Programm mit

```
$ javac Application.java
```

compilieren und mit

```
$ java Application
```

ausführen.

Fragen:

- Kann man die Datei `Application.class` von einem Windows-Rechner auf Linux kopieren und dort mit dem Programm *java* zur Ausführung bringen?
- Welche Software muss auf dem Rechner installiert sein?

1.2 Werkzeuge für Java-Entwickler

Die Wahl der Entwicklungsumgebung ist oft vom persönlichen Geschmack abhängig, die Kernaufgaben meistern sie alle gut:

- IntelliJ (*https://www.jetbrains.com/idea/*)
- Eclipse (*https://www.eclipse.org/*)
- Visual Studio Code (VSC) (*https://code.visualstudio.com/*)
- (Apache) NetBeans IDE (*https://netbeans.apache.org/*)

Dieses Aufgabenbuch ist völlig unabhängig von der IDE. Alle Entwickler sollten sich mit den Tastenkürzeln, dem Debugger und den weiteren Tools intensiv beschäftigen. Die Webseiten der Hersteller und YouTube bieten dazu reichlich Material, eine kleine Auswahl:

- Eclipse: *https://help.eclipse.org/, https://www.youtube.com/user/EclipseFdn/playlists?view=50&sort=dd&shelf_id=6*
- IntelliJ: *https://www.youtube.com/user/intellijideavideo*

1.2.1 Fehlermeldungen der IDE kennenlernen ★

In diese Aufgabe geht es darum, die Entwicklungsumgebung ein wenig besser kennenzulernen.

Nehmen wir noch einmal das folgende Programm:

```
public class Application {
  public static void main( String[] args ) {
    System.out.println( "Aye Captain!" );
  }
}
```

Listing 1.2 Application.java

Aufgabe:

- Übertrage *Application.java* in die IDE.
- Baue bewusst Fehler in den Programmcode ein, und beobachte die Fehlermeldungen. Einige Vorschläge:
  - Ändere den Dateinamen.
  - Ändere die Groß-/Kleinschreibung, schreibe zum Beispiel `Class` statt `class`.
  - Ein Hauptprogramm wird erst dann gestartet, wenn die Klasse eine besondere Methode `public static void main(String[] args)` hat. Was passiert, wenn die Methode z. B. nicht `main` heißt, sondern irgendwie anders, z. B. `Main` oder `losgehts`?
  - Gebe Umlaute oder Herzchen aus; geht das?

Oftmals wird Weißraum eingesetzt, also Leerzeichen (in der Regel kein Tabulator) und Zeilenumbrüche oftmals nach jeder Anweisung. Ist Folgendes so gültig?

```
public class Application{public static void main(String[
]args){System.out.println("Aye Captain!");}}.
```

1.3 Lösungsvorschläge

Aufgabe 1.1.1: Java-Programme portieren

Wenn die Datei *Application.class* von einem Windows-Rechner auf einen Linux-Rechner kopiert wird, ist sie auch dort lauffähig. Um die Datei auszuführen, ist immer eine Laufzeitumgebung wie Oracle JDK nötig.

Aufgabe 1.2.1: Fehlermeldungen der IDE kennenlernen

Man könnte bewusst folgende Fehler einbauen:

- Ist die Klasse `public`, so muss der Dateiname so lauten wie die Klasse. Wir könnten also den Dateinamen oder Klassennamen ändern. Den Fehler erkennt die IDE und schlägt eine Umbenennung vor.
- Schlüsselwörter werden in Java grundsätzlich kleingeschrieben. Was passiert, wenn man ein Schlüsselwort wie `public` oder `class` großschreibt oder einzelne Buchstaben großschreibt? In dem Fall gibt es einen Compilerfehler.
- Falls die Startmethode nicht als `public static void main(String[] args)` deklariert ist, sondern anders, kann der Editor nicht hellsehen, sondern der Compiler wird das Programm korrekt übersetzen, denn `public static void losgehts(String[] args)` könnte ja prinzipiell eine von uns gewünschte Methode sein. Es handelt sich um einen *semantischen Fehler* und keinen *syntaktischen Fehler*, den der Editor bzw. der Compiler nicht anmerken kann. Die Laufzeitumgebung wird aber einen Fehler werfen, dass die `main(…)`-Methode nicht vorhanden ist, wenn das Programm gestartet werden soll.
- Eine Methode besteht aus einer Folge von Anweisungen – diese Anweisungen befinden sich in einem Block, der in geschweifte Klammern gesetzt wird. Das Gleiche gilt für die Klasse, die aus einer Sammlung von Methoden besteht, die ebenfalls insgesamt in einen Block gesetzt werden müssen. Einrückungen spielen in Java keine Rolle. Sie können einen Fehler provozieren, indem Sie die geschweiften Klammern komplett weglassen.
- Jede geöffnete geschweifte Klammer benötigt eine schließende geschweifte Klammer. Wenn Sie eine geschweifte Klammer weglassen, führt dies zu einem Compilerfehler.
- String-Literale werden in unterschiedlichen Programmiersprachen mit unterschiedlichen Symbolen eingerahmt. Einige Programmiersprachen verwenden doppelte Anführungszeichen ("), andere Programmiersprachen verwenden ein einfaches Anführungszeichen ('), manche Programmiersprachen verwenden Backticks (`). Java kann grundsätzlich die Zeichenfolgen nur in doppelten Anführungszeichen entgegenneh-

men, sonst gibt es Compilerfehler. Einfache Anführungszeichen werden für einzelne Zeichen (Datentyp `char`) verwendet.

- In Java verwendet man Weißraum, um den Quellcode deutlicher zu machen, insbesondere um die Blöcke sichtbar zu machen. Einige Leerzeichen können Sie sich einsparen. Sie können versuchen, herauszufinden, welche der Leerzeichen Sie löschen dürfen und welche nicht. Der in der Aufgabe gegebene Code ist prinzipiell in Ordnung.

Kapitel 2
Imperative Sprachkonzepte

Die virtuelle Maschine macht im Kern nichts anderes, als Ausdrücke auszuwerten und Anweisungen aufzuführen. Die Aufgaben dieses Kapitels stellen die unterschiedlichen Datentypen, diverse Operatoren und die bedingte Ausführung in den Mittelpunkt.

Voraussetzungen

- einfache Bildschirmausgaben tätigen können
- Benutzereingaben empfangen
- Datentypen unterscheiden können
- Variablen deklarieren können
- Zuweisung und Operatoren kennen
- Fallunterscheidung einsetzen können
- Schleifen für Wiederholungen nutzen können
- ineinandergeschachtelte Schleifen einsetzen können
- Unterprogramme mit Methoden deklarieren und implementieren können
- Unterschied zwischen Argument und Parameter kennen
- überladene Methoden nutzen können

Java ist auch eine Insel, Kapitel 2

In der »Insel« erklärt Kapitel 2, »Imperative Sprachkonzepte«, die nötigen Voraussetzungen.

Verwendete Datentypen in diesem Kapitel:

- `java.lang.System` (*https://docs.oracle.com/en/java/javase/11/docs/api/java.base/java/lang/System.html*)
- `java.lang.Math` (*https://docs.oracle.com/en/java/javase/11/docs/api/java.base/java/lang/Math.html*)
- `java.lang.ArithmeticException` (*https://docs.oracle.com/en/java/javase/11/docs/api/java.base/java/lang/ArithmeticException.html*)
- `java.util.Scanner` (*https://docs.oracle.com/en/java/javase/11/docs/api/java.base/java/util/Scanner.html*)

2.1 Bildschirmausgaben

Im ersten Kapitel hat das Java-Programm eine einfache Ausgabe realisiert. Darauf wollen wir aufbauen und lernen, wie man Sonderzeichen schreibt (etwa Anführungszeichen), Zeilenumbrüche setzt oder einfache formatierte Ausgaben erreicht.

2.1.1 SVG-Spezifikation kennenlernen ★

Grafische Darstellungen laden zum Spielen ein, weshalb unsere Java-Programme etwas zeichnen sollen. Die Java SE enthält eine Bibliothek, mit der man ein Fenster öffnen und Inhalt zeichnen kann, doch ist das nicht mit ein paar Codezeilen erledigt. Daher wollen wir einen anderen Weg gehen, und zwar über *SVG*. Die Abkürzung steht für *Scalable Vector Graphics*, ein Standard für Vektorgrafiken. SVG erlaubt die Beschreibung zweidimensionaler Vektorgrafiken in Text, und Text kann ein Java-Programm leicht schreiben.

Aufgabe:

- Lerne SVG an einem kleinen Beispiel unter *https://www.w3schools.com/graphics/tryit.asp?filename=trysvg_circle* kennen.
- Verändere auf der Webseite die Größe des Kreises.

2.1.2 Einen SVG-Kreis auf die Konsole schreiben ★

Für Bildschirmausgaben gibt es in Java mehrere Möglichkeiten. Im Regelfall kommt die Methode `print(…)`, `println(…)` oder `printf(…)` zum Einsatz. Diese Methoden befinden sich am `System.out`-Objekt. Neben `System.out` gibt es `System.err`, aber das ist für Fehlerausgaben reserviert. Einige Entwickler verwenden auch das `Console`-Objekt zur Ausgabe, wir bleiben bei `System.out.printXXX(…)`.

Captain CiaoCiao benötigt für Schießübungen einen gefüllten Kreis, der später ausgedruckt werden kann. Dazu wollen wir ein neues Java-Programm entwickeln.

Zur Bildschirmausgabe lassen sich nutzen:

```
System.out.print( "Text ohne anschließenden Zeilenumbruch" );
System.out.println( "Text mit anschließendem Zeilenumbruch" );
System.out.printf( "Text mit anschließendem Zeilenumbruch%n" );
```

Aufgabe:

- Lege eine neue Klasse `SvgCircle1` an.
- Lege ein `main(…)`-Methode an, damit wir das Programm später starten können.
- Nutze in der `main(…)` die bekannten `printXXX()`-Methoden, um folgenden Text auf die Konsole zu bringen:

  ```
  <svg height='400' width='1000'><circle cx='100' cy='100' r='50' /></svg>
  ```

- Trage die Konsolenausgabe auf die Webseite *https://www.w3schools.com/graphics/tryit.asp?filename=trysvg_circle* ein, und nach dem Klicken von RUN » wird ein Kreis zu sehen sein. Wir wollen im Folgenden immer wieder auf die Webseite zurückkommen, wenn SVG-Elemente angezeigt werden sollen.

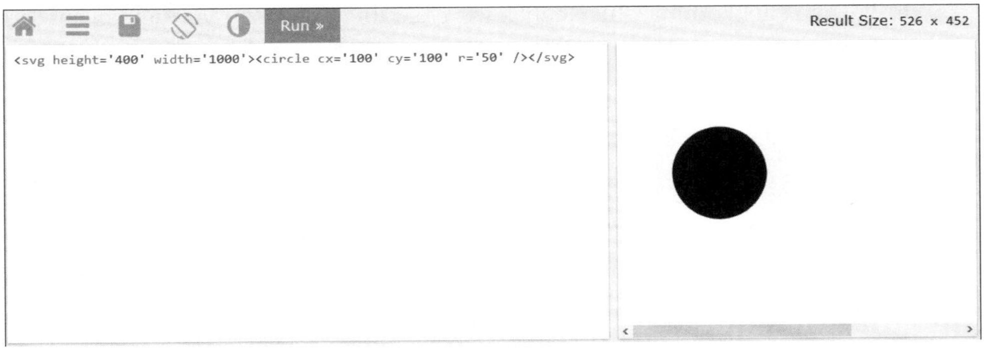

Abbildung 2.1 Anzeige einer SVG-Ausgabe

- Ändere das Programm so, dass Zeilenumbrüche in der Ausgabe vorkommen. Das Ziel soll sein:

  ```
  <svg height='400' width='1000'>
    <circle cx='100' cy='100' r='50' />
  </svg>
  ```

- Ändere erneut das Programm so ab, dass statt einfacher nun doppelte Anführungszeichen im String sind. Das Ziel soll sein:

  ```
  <svg height="400" width="1000">
   <circle cx="100" cy="100" r="50" />
  </svg>
  ```

2.2 Variablen und Datentypen

Variablen speichern Informationen, und Variablen haben in Java immer einen Typ. Der Compiler weiß zu jeder Zeit, welchen Typ eine Variable hat, und auch, welchen Typ ein Ausdruck hat.

Java hat acht eingebaute Datentypen: `boolean`, `byte`, `char`, `short`, `int`, `long`, `float` und `double`. Man kann in ihnen numerische Werte und Wahrheitswerte speichern. Die Wahrheitswerte können mit `true` und `false` belegt werden. Bei den numerischen Werten haben wir drei verschiedene Gruppen:

- Wir haben numerische Werte für Unicode-Zeichen und nutzen dafür den Datentyp `char`. Dazu kommen Datentypen für allgemeine Ganzzahlen und Fließkommazahlen.
- Ganzzahlen haben grundsätzlich Vorzeichen. Wir haben davon vier verschiedene Typen: `byte`, `short`, `int` und `long`. Die Typen unterscheiden sich nach ihrer Anzahl Bytes, das heißt, die Datentypen können verschieden große Zahlen aufnehmen.
- Bei den Fließkommazahlen haben wir `float` und `double` zur Verfügung; ein `double` hat doppelt so viele Bits wie ein `float` zum Speichern.

Die Größe der Datentypen ist in der Java-Spezifikation festgeschrieben und nicht abhängig von der jeweiligen Architektur oder Plattform.

2.2.1 Auf Variablen zugreifen und Belegung ausgeben ★

Captain CiaoCiao möchte Zielscheiben für Neulinge, Fortgeschrittene und Profis herstellen. Die Zielscheiben sind unterschiedlich groß.

Ein Kreis ist beschrieben durch Koordinaten und einen Radius. Unser erstes Programm hat den Kreismittelpunkt und Radius fest eingebaut, nun wollen wir die Ausgabe parametrisierbar machen.

Ergänze aus der vorangehenden Aufgabe die `main(…)`-Methode.

Aufgabe:

- Deklariere in der `main(…)`-Methode zwei `int`-Variablen `x`, `y` und eine `double`-Variable `r`.
- Belege die Variablen mit Werten.
- Baue die Belegung der Variablen in die Ausgabe ein.

Beispiele:

- Ist etwa `x = 100` und `y = 110` und `r = 20.5`, dann soll auf der Konsole ausgegeben werden:

```
<svg height="100" width="1000">
  <circle cx="100" cy="110" r="20.5" />
</svg>
```


- Bei der manuellen Belegung mit x = 10, y = 10 und r = 2.686:

```
<svg height="100" width="1000">
  <circle cx="10" cy="10" r="2.686" />
</svg>
```

Es entsteht ein schwarzer Kreis auf weißem Grund.

2.2.2 Quiz: Wertebereiche einhalten ★

Was ist das Ergebnis des Ausdrucks 1000000 * 1000000? Fällt etwas auf? Warum entsteht dieses Ergebnis?

2.2.3 Quiz: Nicht so genau genommen ★★★

Wenn man 0.1 + 0.1 + 0.1 + 0.1 + 0.1 + 0.1 + 0.1 + 0.1 + 0.1 + 0.1 - 1.0 berechnet, und das Ergebnis mit System.out.println(…) ausgibt, ist die Ausgabe überraschend?

2.2.4 Zufallszahlen bilden und verschiedene Kreise generieren ★

Zufallszahlen spielen in der Praxis eine größere Rolle, als man auf den ersten Blick vermuten könnte.

In Java gibt es eine Klasse Math, die wichtige mathematische Methoden bereitstellt. Zufallszahlen können so ermittelt werden:

```
double rnd = Math.random();
```

Die Methode random() ist demnach ein Angebot der Math-Klasse.

Aufgabe:

- Lies in der Javadoc nach, in welchem Wertebereich das Ergebnis von random() ist.
- Erweitere das Kreisprogramm, sodass der Radius zufällig ist, und zwar im Bereich von einschließlich 10, aber echt kleiner 20. Der Radius bleibe weiterhin eine Fließkommazahl.

Beispiel:

Wenn wir das Programm zweimal starten, könnten die Ausgaben so aussehen:

```
<svg height="100" width="1000">
  <circle cx="100" cy="110" r="19.47493300792351" />
</svg>
```

```
<svg height="100" width="1000">
  <circle cx="100" cy="110" r="10.218243515543868" />
</svg>
```

Tipp

Alternative Varianten zum Bilden von Zufallszahlen in Java sind:

```
double rnd1 = java.util.concurrent.ThreadLocalRandom.current()
              .nextDouble();
double rnd2 = java.util.concurrent.ThreadLocalRandom.current()
              .nextDouble(/* 0 bis */ max);
double rnd3 = java.util.concurrent.ThreadLocalRandom.current()
              .nextDouble(min, max);
int    rnd4 = java.util.concurrent.ThreadLocalRandom.current().nextInt();
int    rnd5 = java.util.concurrent.ThreadLocalRandom.current()
              .nextInt(/* 0 bis */max);
int    rnd6 = java.util.concurrent.ThreadLocalRandom.current()
              .nextInt(min, max);
```

2.2.5 Quiz: Unübersichtlichkeit vermeiden ★

Unter *Clean Code* versteht man eine Reihe von Best Practices, die dafür sorgen, dass Code gut zu lesen und zu verstehen sowie wartbarer, erweiterbarer und testbarer ist. Es gibt leider auch genug Gegenbeispiele.

Was ist an folgendem Beispiel ungünstig?

```
double höhe   = 12.34;
double breite = 23.45;
double tmp = 2 * (höhe + breite);
System.out.println( tmp );
tmp = höhe * breite;
System.out.println( tmp );
```

2.2.6 Benutzereingaben verarbeiten ★

Bisher haben wir Bildschirmausgaben vorgenommen, aber noch keine Eingaben.

Mithilfe von `new java.util.Scanner(System.in).nextXXX()` lassen sich Eingaben von der Kommandozeile annehmen.

Beispiele:

```
int    number1 = new java.util.Scanner( System.in ).nextInt();
double number2 = new java.util.Scanner( System.in ).nextDouble();
String line    = new java.util.Scanner( System.in ).nextLine();
```

Captain CiaoCiao möchte die Position des SVG-Kreises selbst bestimmen können.

Aufgabe:

Nimm für den Kreis die Belegungen für `cx` und `cy` als Ganzzahlen von der Konsole an, und schreibe das generierte SVG-Fragment wieder in die Standardausgabe. Der Radius bleibt weiterhin zufällig.

2.3 Ausdrücke, Operanden und Operatoren

Ein Ausdruck wird ausgewertet und ergibt ein Ergebnis. Mit Operatoren lassen sich Operanden wie Literale oder Variablen verknüpfen.

2.3.1 Quiz: Im Bereich prüfen ★

Um zu testen, ob eine Zahl `between` echt größer als `min` und echt kleiner als `max` ist, können wir schreiben:

```
boolean isBetween = between > min && between < max;
```

Ist in Java auch folgende Syntax zulässig?

```
boolean isBetween = min < between < max;
```

2.3.2 Prüfen, ob Beute fair aufgeteilt werden kann ★

Nach einem Raubzug in der Schnapsbrennerei erbeuten Captain CiaoCiao und seine Crew unzählige Flaschen. Jetzt muss die Beute aufgeteilt werden, wobei Captain CiaoCiao grundsätzlich die Hälfte bekommt (bei einer ungeraden Anzahl Flaschen bekommt er weniger als die Hälfte, so großzügig ist der Captain). Alle anderen Räuber sollen exakt den gleichen Anteil bekommen. Aber geht das auf?

Aufgabe:

- Schreibe ein Programm, das die erbeutete Anzahl Flaschen von der Kommandozeile einliest und ausgibt, wie viel Captain CiaoCiao davon bekommt.
- Gib aus, was für die Crew verbleibt.
- Frage nach der Crewgröße, und prüfe, ob die Beute fair und gleich verteilt werden kann, sodass jedes Crewmitglied exakt die gleiche Anzahl Flaschen bekommt. Eine Antwort in der Form `true` oder `false` reicht.

Beispiel:

```
Number of bottles in total?
123000
Bottles for the captain: 61500
```

```
Bottles for all crew members: 61500
Number of crew members?
100
Fair share without remainder? true
```

Tipp

Überlege, wie sich Division und Restwert verhalten.

2.3.3 Besitzen zwei Zahlen gleiche Ziffern? ★★

Bonny Brain spielt Anker-Domino, und alle Spielsteine haben zwei Felder, mit Werten 0 bis 9. Jetzt möchte sie wissen, ob – auch durch Rotation – zwei Spielsteine so aneinandergelegt werden können, dass die beiden Felder die gleichen Werte haben.

Aufgabe:

- Schreibe ein Programm, das zwei Zahlen einliest, wobei die Zahlen im Bereich von `0` bis `99` (beide Grenzen inklusive) liegen sollen.
- Sind die Zahlen über `100`, sollen nur die letzten zwei Ziffern gewertet werden; `100` oder `200` wären dann wie `00` (also `0`), `1111` wäre wie `11`.
- Teste, ob die beiden Zahlen eine gemeinsame Ziffer haben.

Beispiele:

- `12` und `31` haben `1` als gemeinsame Ziffer.
- `22` und `33` haben keine gemeinsame Ziffer.

Hinweis: Es ist nicht die gemeinsame Ziffer gefragt, sondern einfach nur eine Ausgabe `true`/`false`. Ist die Zahl einstellig, steht vorne gedanklich eine `0`, sodass `01` und `20` eine Gemeinsamkeit haben, nämlich `0`.

2.3.4 Währungsbetrag in Münzen umrechnen ★★

Geld spielt bei Captain CiaoCiao naturgemäß eine wichtige Rolle.

Aufgabe:

- Lege eine neue Klasse `CoinMachine` an.
- Das Programm soll als Erstes eine Fließkommazahl für einen Geldbetrag fordern.
- Gib aus, wie viele 2-Euro-, 1-Euro-, 50-Cent-, 20-Cent-, 10-Cent-, 5-Cent-, 2-Cent- und 1-Cent-Münzen verwendet werden müssen, um diesen Betrag mit Münzen auszuzahlen.

Beispiel mit Eingabe »12,91«:

```
Please enter the amount of money:
12,91
6 x 2 €
0 x 1 €
1 x 50 Cent
2 x 20 Cent
0 x 10 Cent
0 x 5 Cent
0 x 2 Cent
1 x 1 Cent
```

Die Formatierung der Ausgabe spielt keine Rolle.

Hinweis: Wenn man den `Scanner` nutzt, muss auf deutschen Systemen die Fließkommazahl mit einem Komma statt eines Punktes eingegeben werden.

2.3.5 Eine Flasche Rum, 10 Flaschen Rum ★

Bonny Brain ist eine Jägerin der falschen Sprache, und sie achtet immer darauf, dass Beschriftungen grammatikalisch korrekt sind. Die Regeln für den Plural sind in vielen Sprachen besonders, denn es heißt zum Beispiel »1 Flasch**e**« oder »99 Flasch**en**«, aber auch »0 Flasch**en**«. Oftmals finden sich in Oberflächen Vereinfachungen wie »1 Flasche(n)«.

Aufgabe:

- Lege eine Variable `noOfBottles` an, und belege sie mit einem Wert größer gleich 0.
- Programmiere eine grammatikalisch korrekte Ausgabe, abhängig davon, ob es 0, 1 oder viele Flaschen gibt.

Beispiel:

- `"0 bottles of rum"`
- `"1 bottle of rum"`
- `"99 bottles of rum"`

Tipp

Der Bedingungsoperator (`?-:`-Operator) macht den Code kompakt.

2.3.6 Einundzwanzig ★

Im Casino von Captain CiaoCiao spielt der Croupier gegen einen Spieler das Spiel »Einundzwanzig«. Ziel ist es, mit zwei oder mehr Karten näher an 21 Punkte heranzukommen als der Croupier.

Aufgabe:

- Lies zwei positive Ganzzahlen `dealer` und `player` für die erreichte Punktzahl von Croupier und Spieler ein.
- Gib genau den Wert aus, der näher an 21 liegt. Geht ein Wert über 21, hat die andere Seite gewonnen. Gehen beide Werte über 21, soll `0` ausgegeben werden.

Beispiel:

- Eingaben `21` und `18` → Ausgabe `21`
- Eingaben `18` und `21` → Ausgabe `21`
- Eingaben `21` und `21` → Ausgabe `21`
- Eingaben `22` und `23` → Ausgabe `0`
- Eingaben `1` und `10` → führen zum Programmende
- Eingaben `1` und `22` → führen zum Programmende

2.3.7 Quiz: Der Nulleffekt ★

Lässt sich die folgende Klasse übersetzen? Wenn das der Fall ist und man das Programm ausführt, was ist das Ergebnis?

```
class Application {
  public static void main( String[] args ) {
    int zero = 0;
    int ten  = 10;
    double anotherTen = 10;
    System.out.println( anotherTen / zero );
    System.out.println( ten / zero );
  }
}
```

2.4 Fallunterscheidungen

Wenn-dann-Beziehungen sind wichtige imperative Konzepte. Wir nutzen diese Möglichkeit, aufgrund von Bedingungen Programmteile abzuarbeiten oder nicht, für die folgenden Aufgaben, um Benutzereingaben zu prüfen und zu verarbeiten.

2.4.1 Zahltag ★

Bonny Brain hat Tort Ellini eine antike Taschenuhr für 1.000 Liretta verkauft. Tort muss nun das Geld bezahlen.

Aufgabe:

- Schreibe ein Programm, das auf der Kommandozeile mit `new java.util.Scanner(System.in).nextDouble()` den Betrag der Rückzahlung einliest.
- Bonny Brain ist immer guter Laune, daher ist sie auch mit 10 % weniger zufrieden. Auch fühlt sie sich gebauchpinselt, wenn Tort 20 % mehr gibt. Zahlt Tort allerdings freiwillig über 20 % mehr, hat Bonny Brain den Eindruck, dass etwas nicht stimmt und die Taschenuhr wohl eine wertvolle versteckte Funktion hat oder ein Geheimnis birgt. Überlege, wie man das Programm so aufbaut, dass wenig Codeänderungen nötig sind, wenn die Grenzen sich aus einer Laune heraus verschieben.
- Wenn Tort den passenden Betrag beisammenhat, erscheint auf dem Bildschirm `"Good boy!"`; bei einem zu niedrigen Betrag oder einem Versuch der Bestechung kommt `"You son of a bi***!"`.

2.4.2 Quiz: Falsche Verzweigung ★

Das folgende Programmstückchen vertauscht den Inhalt der Variablen `x` und `y`, wenn `x` größer als `y` ist. Stimmt das?

```
int x = 2; y = 1;
if ( x > y )
  int swap = x;
  x = y;
  y = x;
// x sollte 1 sein und y 2
```

2.4.3 Literangaben umrechnen ★★

Ein Programm soll Flüssigkeitsmengen in eine für Captain CiaoCiao leicht lesbare Form umwandeln.

Aufgabe:

- Lies von der Kommandozeile eine Fließkommazahl ein, die Größenordnung ist Liter.
- Konvertiere die Zahl nach folgendem Muster:

  1,0 und größer: Ausgabe in Liter, etwa `ca. 4 l` bei der Eingabe `4`

  0,1 und größer: Ausgabe in Zentiliter, etwa `ca. 20 cl` bei der Eingabe `0,2`

  0,001 und größer: Ausgabe in Milliliter, etwa `ca. 9 ml` bei der Eingabe `0,009`
- Die Ausgabe ist immer eine Ganzzahl. Rundungen sind in Ordnung.

Beispiel:

1. Umrechnung in ml:

```
Enter quantity in liters:
0,0124134
ca. 12 ml
```

2. Umrechnung in cl:

```
Enter quantity in liters:
0,9876
ca. 98 cl
```

3. Meldung bei zu kleinem Wert:

```
Enter quantity in liters:
0,00003435
Value too small to display
```

4. Eingabe ist schon in Liter:

```
Enter quantity in liters:
98848548485,445
ca. 98848548485 l
```

2.4.4 SVG-Kreise mit zufälligen Farben erzeugen ★

In einer früheren Aufgabe hat Captain CiaoCiao einen schwarzen Kreis auf weißem Grund eingefordert. Doch etwas Farbe dürfte es schon sein!

Aufgabe:

- Lege eine neue Klasse mit einer `main(…)`-Methode an.
- Gib auf der Kommandozeile zufällig, und mit gleicher Wahrscheinlichkeit, `red`, `green`, `blue` aus.
- In SVG kann man bei Kreisen die Farbe mit dem Attribut `fill` bestimmen, etwa so: `<circle cx="20" cy="20" r="5" fill="blue" />`. Gib dem Kreis eine zufällige Farbe.

Beispiel:

Bei drei Programmstarts könnte es folgende Bildschirmausgaben geben:

```
<circle cx="20" cy="20" r="5" fill="green" />
<circle cx="20" cy="20" r="5" fill="blue" />
<circle cx="20" cy="20" r="5" fill="blue" />
```

2.4.5 Quiz: Zu welchem Block gehört das »else«? ★★

Einrückungen gehören mit zu den wichtigsten Prinzipien von Clean Code. Sind die Einrückungen falsch, fasst ein Leser das Programm falsch auf.

Welche Ausgabe erzeugt folgendes Programm?

```
if ( true ) {
if ( false )
if ( 3!=4 )
;
else
System.out.println( "Klabautermann" );
else
System.out.println( "Pumuckl" );
}
```

Finde das Ergebnis, ohne das Programm zu übersetzen.

Tipp: Rücke das Programm erst korrekt ein.

2.4.6 Eingegebene Zeichenfolgen für eine Zustimmung auswerten ★

Bonny Brain erwartet Zustimmung für neue Projekte, und die Bejahung kann unterschiedlich erfolgen.

Aufgabe:

- Erfrage von der Kommandozeile eine Zeichenkette.
- Ist die Zeichenkette `"Ay"`, `"Ay, ay"`, `"Ein Ei"`, `"yes"`, `"ja"`, soll `"Keep it up!"` auf dem Bildschirm ausgegeben werden, andere Zeichenfolgen führen zur Ausgabe `"Don't you dare!"`.

2.5 Schleifen

Neben Fallunterscheidungen sind Wiederholungen die zweite wichtige imperative Eigenschaft. Java bietet unterschiedliche Sprachkonstrukte für Schleifen:

- `while`-Schleife
- `do-while`-Schleife
- `for`-Schleife
- erweiterte `for`-Schleife

2.5.1 Rotierte SVG-Rechtecke erzeugen ★

Folgende Vektorgrafik in SVG rotiert ein Rechteck um den Mittelpunkt (100, 100), und zwar um 60 Grad:

```
<svg height="200" width="200">
  <rect x="50" y="50" width="100" height="100" stroke="black" fill="none"
        transform="rotate(60 100 100)" />
</svg>
```

Aufgabe:

Schreibe ein Programm, das 36 SVG-Rechtecke rotiert um 10 Grad übereinandersetzt und auf dem Bildschirm ausgibt.

Beispiel:

Die Ausgabe beginnt mit:

```
<svg height="200" width="200">
 <rect x="50" y="50" width="100" height="100" stroke="black" fill="none"
       transform="rotate(0 100 100)" />
 <rect x="50" y="50" width="100" height="100" stroke="black" fill="none"
       transform="rotate(10 100 100)" />
 <rect x="50" y="50" width="100" height="100" stroke="black" fill="none"
       transform="rotate(20 100 100)" />
...
```

2.5.2 SVG-Perlenkette erzeugen ★

Captain CiaoCiao möchte seiner geliebten Bonny Brain eine Perlenkette schenken. Diese soll aus drei verschiedenen Edelsteinen bestehen: Saphir (blau), Smaragd (grün), Spessartit-Granat (orange). Er möchte einen Designvorschlag haben, in dem die Farben zufällig angeordnet werden.

Folgendes steht für ein SVG-Dokument mit drei Kreisen:

```
<svg height="100" width="1000">
  <circle cx="20" cy="20" r="5" fill="blue" />
  <circle cx="30" cy="20" r="5" fill="green" />
  <circle cx="40" cy="20" r="5" fill="orange" />
</svg>
```

Aufgabe:

Erzeuge eine SVG-Ausgabe auf der Kommandozeile, in der 50 Kreise nebeneinanderstehen.

2.5.3 Zahlen von der Kommandozeile summieren ★

Captain CiaoCiao möchte ein Programm, in das er die Anzahl erbeuteter Liretta aus seinen einzelnen Raubzügen auf der Kommandozeile eingeben kann und das diese addiert.

Aufgabe:

- Lege eine neue Klasse `SummingCalculator` an.
- Nimm über den `Scanner` so lange Zahlen entgegen, bis `0` eingegeben wird. Negative Zahlen sind ebenfalls erlaubt, weil Captain CiaoCiao auch – wenn auch selten – ausgeraubt wird. Ignoriere mögliche Überläufe durch zu große Zahlen.
- Nachdem `0` eingegeben wird, soll die Summe ausgegeben werden.

Beispiel:

```
12
3
-1
0
Sum: 14
```

2.5.4 Ein mathematisches Phänomen durchlaufen ★

Eine Iteration ist in der Mathematik eine wiederholte Berechnung beginnend mit einem Startwert, bis eine bestimmte Bedingung erfüllt ist. Bei Berechnungen sind Iterationen ein wichtiges Verfahren, um nach einer ersten Näherung bei jedem zusätzlichen Schritt die Lösung zu verbessern.

Aufgabe:

- Deklariere eine `double`-Variable `t` zwischen `0` (inklusiv) und `10` (exklusiv) mit folgender Zeile:

  ```
  double t = Math.random() * 10;
  ```

- Multipliziere `t` mit `2`, wenn `t < 1`. Wenn jedoch `t >= 1` ist, ziehe `1` ab.
- Setze diese Berechnung in eine `while`-Schleife, die enden soll, wenn `t` kleiner gleich `0` ist.

Beispiel:

Die Ausgabe könnte sich so entwickeln:

```
9.835060881347246
8.835060881347246
7.835060881347246
6.835060881347246
...
0.75
1.5
0.5
1.0
```

2.5.5 Quiz: Wie viele Sternchen? ★

Wie viele Sternchen würden bei Schleife A und B auf der Konsole erscheinen?

A:

```
for ( int stars = 0; stars <= 7; stars = stars + 2 )
  System.out.println( "***" );
```

B:

```
for ( int stars = 10; stars < 0; stars++ )
  System.out.println( "**" );
```

Zur Erinnerung: `stars++` ist eine Abkürzung für `stars=stars+1`.

2.5.6 Produkte für Fakultäten berechnen ★

Für die neue Flotte Rigel VII muss Bonny Brain die Führungsoffiziere auswählen; zur Auswahl stehen Paul Peldrion, Kate Muggl, Robinson Langdon, Lienn Langdon. Allerdings ist sich Bonny Brain unsicher, welche Person welche Rolle einnehmen soll; es gibt: Kommandant, Erster Offizier, Zweiter Offizier, Dritter Offizier.

Es gibt viele Möglichkeiten, welche Person welche Rolle einnimmt. Wie viele mögliche Anordnungen von verschieden Elementen es in einer Reihe gibt, sagt die sogenannte *Permutation* aus. Eine Permutation ohne Wiederholung wird berechnet über die *Fakultät*. Bei vier Personen gibt es $1 \times 2 \times 3 \times 4 = 24$ mögliche Anordnungen.

Die Fakultät einer natürlichen Zahl wird über das Produkt der Zahlen nach folgendem Muster gebildet:

$n! = 1 \times 2 \times 3 \times \ldots \times (n-1) \times n$

Es gilt $0! = 1$.

Aufgabe:

Schreibe ein Java-Programm, das von der Kommandozeile eine natürliche Zahl >= 0 einliest und die Berechnung anzeigt.

Beispiel:

- Eingabe: `9` → Ausgabe: `9! = 1 * 2 * 3 * 4 * 5 * 6 * 7 * 8 * 9 = 362880`
- Eingabe: `3` → Ausgabe: `3! = 1 * 2 * 3 = 6`
- Eingabe: `0` → Ausgabe: `0! = 1`
- Eingabe: `1` → Ausgabe: `1! = 1`
- Eingabe: `-1` → Ausgabe: `Number must not be negative`

Tipp

Nutze intern den Datentyp `long`.

Frage: Ab welcher Zahl gibt es »Probleme«? Wie fallen die »Probleme« auf, und wie können wir die Probleme erkennen? Kann uns `Math.multiplyExact(long x, long y)` helfen?

2.5.7 Feststellen, ob eine Zahl durch Fakultät gebildet wurde ★

Jar Jar Dumbs hat von Bonny Brain den Auftrag bekommen, für eine gegebene Anzahl Personen alle möglichen Anordnungen aufzuschreiben. Bevor sie sich die Liste anschaut, zählt sie die Anzahl, um festzustellen, ob alle Permutationen aufgeführt wurden.

Wie wir für eine natürliche Zahl die Fakultät berechnen, haben wir in der vorherigen Aufgabe gesehen. Doch wie können wir herausfinden, ob eine Zahl eine Fakultät ist? Wir wissen, dass 9! = 362.880 ist, aber was ist mit 212.880 oder 28?

Aufgabe:

Schreibe ein Programm, das eine natürliche Zahl von der Kommandozeile einliest und ausgibt, ob die Zahl eine Fakultät darstellt.

Beispiel:

- Zahl ist Fakultät:

```
Enter a number:
362880
362880 = 9!
```

- Zahl ist keine Fakultät:

```
Enter a number:
1000
1000 is not a factorial
```

Tipp

Teste, ob die Zahl durch 2, 3, 4, 5 ... teilbar ist.

2.5.8 Kleinste und größte Ziffer einer Zahl finden ★

Bonny Brain weiß natürlich, dass Dezimalzahlen aus Ziffern von 0 bis 9 bestehen. Da die Fahrt mit dem Schiff lang und langweilig ist, hat sie sich ein Spiel ausgedacht: Sie nennt der Mannschaft eine Ganzzahl, und wer am schnellsten deren größte und kleinste Ziffer nennt, erhält eine Liretta.

Aufgabe:

- Gegeben ist eine beliebige Zahl (positiv oder negativ), gespeichert in einem `long`.

- Hilf mit einem Programm, die kleinste und größte Ziffer der gespeicherten Zahl zu ermitteln.

Beispiele:

- `12345` → 1, 5
- `987654` → 4, 9
- `11111` → 1, 1
- `0` → 0, 0
- `-23456788888234567L` → 2, 8

2.5.9 Quiz: So nicht von 1 bis 100 ★★

Der Compiler nimmt uns die Arbeit ab, Programme syntaktisch zu überprüfen. Jetzt wollen wir Compiler spielen!

Folgendes Programm soll die Zahlen von 1 bis 100 addieren und das Ergebnis ausgeben. Leider sind einige Fehler im Programm enthalten.

```
class Sümme {
  private static int getSum() {
    int j == 0;
    for ( /* int */ i = 0, i <= 100, j++ );
      j += i
    ;
  }
  public static void Main( String aarg ) {
    system.out.println( getsum() );
  }
}
```

Ordne die Fehler folgenden Typen zu:

1. syntaktische Fehler
2. semantische Fehler
3. Verstöße gegen den Styleguide

2.5.10 Ein Wimpel im Wind durch geschachtelte Schleifen ★

Aufgabe:

Erzeuge folgende Ausgabe, die so aussieht wie eine kleine Fahne:

```
1
2 2
3 3 3
```

```
4 4 4 4
5 5 5 5 5
```

Optional: Die Ausgabe soll als in dem Sinne als Baum erscheinen, dass alle Zeilen zentriert sind.

2.5.11 Einfaches Schachbrett ausgeben ★

Captain CiaoCiao liebt die Deutsche Dame – eine Variante des Damespiels. Er nimmt regelmäßig an Wettbewerben teil und stellt fest, dass das Spielbrett manchmal unterschiedlich groß ist. Mal sind es 8 × 8 Felder, mal 10 × 10 Felder, auch 12 × 12 und 14 × 14 hat er schon erlebt.

Damit sich Captain CiaoCiao auf alle möglichen Spielfeldgrößen vorbereiten kann, soll ein Programm ein Schachbrett auf dem Bildschirm ausgeben.

Aufgabe:

- Erfrage von der Kommandozeile Höhe und Breite des Spielbretts.
- Zeichne das Spielbrett nach den Größenangaben aus den Symbolen # und _.

Beispiel:

```
Checkerboard width: 10
Checkerboard height: 5
_#_#_#_#_#
#_#_#_#_#_
_#_#_#_#_#
#_#_#_#_#_
_#_#_#_#_#
```

2.5.12 Es weihnachtet sehr: Bäume mit Schmuck darstellen ★

Bald ist Weihnachten, und Bonny Brain möchte Weihnachtskarten drucken. Dafür sind Bäume unterschiedlicher Größe nötig.

Aufgabe:

- Schreibe über Schleifen eine dreieckige Baumkrone mit einer maximalen Breite `width` auf den Bildschirm.
- In jeder Zeile wird der String um 2 Zeichen länger, bis er `>= width` wird.
- Die Zentrierung wird über vorangesetzte Leerzeichen erreicht.
- Die Blätter des Baumes bestehen aus dem Multiplikationszeichen *.
- Streue zufällig in den Baum o-Zeichen ein, die Weihnachtskugeln repräsentieren.

Beispiel:

Baum mit der Breite 8:

```
   *
  *o*
 ***o*
*o*****
```

2.5.13 Fischige Stickmotive zeichnen ★

Bonny Brain liebt das Meer und wünscht sich ein Tuch mit Fischmuster. Die Nähmaschine kann mit den Symbolen < und > die Motive `><>` und `<><` sticken.

Folgendes bildet ein Muster mit einer Wiederholung von 1, sodass erst ein Fisch nach rechts und dann ein Fisch nach links schwimmt.

```
><>   <><
```

Aufgabe:

Schreibe ein Programm, das gemäß der Belegung einer Variablen `repetitions` erst den Fisch `><>` `repetitions`-mal hintereinandersetzt und dann den Fisch `<><` `repetitions` mal hintereinandersetzt. Die Zeile soll selbst `repetitions` oft untereinanderstehen.

Beispiele:

- Ist `repetitions` gleich 2, soll die Ausgabe sein:

```
><>   ><>   <><   <><
><>   ><>   <><   <><
```

- Ist `repetitions = 3` soll das Programm zu folgender Ausgabe führen:

```
><>   ><>   ><>   <><   <><   <><
><>   ><>   ><>   <><   <><   <><
><>   ><>   ><>   <><   <><   <><
```

2.5.14 Ausprobieren statt Denken ★★

Ein Computer ist so schnell, dass er gewisse Dinge einfach ausprobieren kann. Passwort-Knackprogramme arbeiten nach diesem Prinzip.

Captain CiaoCiao blättert in der »Pirates Daily« und findet eine Denksportaufgabe:

	X	O	L
+	L	X	X
=	T	L	T

Er muss für die Buchstaben `L`, `O`, `T` und `X` jeweils eine Ziffer finden, damit die Rechnung stimmt. Der Preis für das Rätsel ist ein alter Kompass, den will Captain CiaoCiao unbedingt gewinnen. Doch leider fehlt ihm die Lust zu denken.

Aufgabe:

- Entwickele ein Programm, das durch Ausprobieren aller Möglichkeiten eine Lösung findet.
- Gib alle Lösungen aus, und markiere die Lösungen, in denen `X`, `O`, `L` und `T` alle unterschiedlich sind.

2.5.15 Anzahl Ziffern einer Zahl ermitteln ★★

Bonny Brain möchte Zahlen rechtsbündig setzen. Dafür werden vor die Zahlen Leerzeichen gesetzt. Möchten Sie etwa die Breite von 10 Zeichen haben und lautet die Zahl 123 (drei Ziffern), dann müssen sieben Leerzeichen vor die Zahl gesetzt werden, damit die Breite 10 wird.

Der erste Schritt, um die Anzahl Leerzeichen zu ermitteln, ist, die Anzahl Ziffern einer Zahl zu bestimmen.

Aufgabe:

Gegeben ist eine positive Ganzzahl `n` vom Typ `int`. Gib die Anzahl Ziffern der Zahl aus. Nutze nicht `(""+n).length()`, das wäre zu einfach ...

Beispiele für `n` und die erwartete Ausgabe:

- `1234` → `4`
- `3` → `1`
- `0` → `1`
- `Integer.MAX_VALUE` → `10`

2.6 Methoden

Methoden sind wichtig, weil wir auf diese Weise gemeinsamen Code zentralisieren und auch Objekte eine API zum Zugriff für Clients geben können.

2.6.1 Herzen zeichnen ★

Da Captain CiaoCiao seine Besatzung liebt, kann es nicht genug Herzen geben.

Aufgabe:

- Lege eine neue Klasse `LinePrinter` an. Setze in die Klasse eine statische Methode `line()`, die eine Linie aus zehn Herzen schreibt. Das Unicode-Zeichen ♥ kann Java in Strings speichern und ausgeben.
- Lege eine neue Klasse `LinePrinterDemo` an, die eine `main(…)`-Methode hat und `line()` aufruft.

2.6.2 Überladene Linien-Methoden implementieren ★

Als Nächstes wollen wir uns mit Methoden beschäftigen, denen man etwas mitgeben kann. Außerdem kann ein Methodenname mehrfach verwendet werden: Wir sprechen von *überladenen Methoden*.

Aufgabe:

- Eine Methode `line(int len)` soll eine Linie der Länge `len` mit Minuszeichen (`"-"`) auf der Konsole ausgeben, also würde `line(3)` auf dem Bildschirm `---` ausgeben.
- Die Methode `line(int len, char c)` soll man mit eigenen Füllzeichen aufrufen können. So gibt `line(2, 'x')` die Linie `xx` auf dem Bildschirm aus. Kann die erste Methode die zweite nutzen?
- Setze eine weitere überladene Methode `line(String prefix, int len, char c, String suffix)` hinzu, die vor der Linie einen Start-String und nach der Linie einen End-String setzt. Beispiel: `line("╟", 3, '─', "╢")` liefert ╟───╢. Die Linie im Inneren ist 3 Zeichen lang, nicht der gesamte String.

Bedenke: Nicht alle drei Methoden muss man komplett mit einer Schleife implementieren. Wer clever ist, leitet von einer Methode auf die andere Methode weiter.

Füge die überladenen Methoden der Klasse `LinePrinter` hinzu.

2.6.3 Alles im Lot ★

In der Vergangenheit haben die Einfaltspinsel unter Bonny Brain den Mast schief aufgestellt. Ein Pirat muss nicht immer senkrecht stehen, der Mast aber schon!

Nimmt man ein Dreieck, so kann es in verschiedenen Formen auftauchen. Es gibt unter anderem spitzwinklige Dreiecke, stumpfwinklige Dreiecke, gleichseitige Dreiecke und rechtwinklige Dreiecke. Zur Erinnerung: Dreiecke sind rechtwinklig, wenn $c^2 = a^2 + b^2$ ist.

Aufgabe:

- Lege eine neue Klasse `RightTriangle` an, und schreibe eine neue Methode; nutze folgenden Code als Vorlage:

```
class RightTriangle {

  public static boolean isRightTriangle( double x, double y, double z ) {
    // Your implementation goes here
  }
}
```


- Die Methode soll drei Seiten eines Dreiecks annehmen und `true` als Rückgabe liefern, wenn es sich um ein rechtwinkliges Dreieck handelt, andernfalls `false`.
- Bedenke: Jeder Parameter `x`, `y`, `z` kann für die Katheten oder Hypotenuse stehen.

Beispiel:

- `isRightTriangle(3, 4, 5)` → `true`
- `isRightTriangle(5, 4, 3)` → `true`
- `isRightTriangle(5, 12, 13)` → `true`
- `isRightTriangle(1, 2, 3)` → `false`
- `isRightTriangle(1, 1, Math.sqrt(2))` → `false`

Info

Am letzten Beispiel lässt sich gut ablesen, dass die Rechenungenauigkeit ein Problem ist. `Math.sqrt(2) * Math.sqrt(2)` ist (in der Ausgabe) `2.0000000000000004` und eben nicht genau `2`.

2.6.4 Collatz-Folge berechnen ★

Lothar Collatz definierte 1937 eine Zahlenfolge, die heute als *Collatz-Folge* bekannt ist. Sie wird wie folgt als Abbildung definiert, dass auf eine Zahl n folgt:

- $n \rightarrow n/2$, falls n gerade ist,
- $n \rightarrow 3n + 1$, falls n ungerade ist.
- Die Folge ist beendet, wenn 1 erreicht ist.

Beginnen wir etwa mit $n = 7$, durchläuft der Algorithmus die folgenden Zahlen:

7 → 22 → 11 → 34 → 17 → 52 → 26 → 13 → 40 → 20 → 10 → 5 → 16 → 8 → 4 → 2 → 1

Jede Folge endet auf 4, 2, 1, aber warum das so ist, ist bis heute ungeklärt und ein ungelöstes Problem der Mathematik.

Aufgabe:

- Lege eine Klasse `Collatz` mit einer Methode `long collatz(long n)` an.
- Erstelle eine `main(…)`-Methode, und berechne die Collatz-Folge für den Startwert 27.

- Schreibe eine neue Methode `long collatzMax(long n)`, die den jeweils größten erreichten Zwischenwert zurückgibt.
- Wie können wir `collatz(…)` rekursiv programmieren, sodass die Methode als Ergebnis den maximal angenommenen Wert liefert? Achtung, die Signatur muss geändert werden! (Warum?)

2.6.5 Multiplikationstabelle erstellen ★

Bonny Brain hat in der *Magical Company* zwei neue Produkte aufgenommen: Flammenwerfer (englisch *flamethrower*) und Feuerlöscher (englisch *fire extinguisher*). Der Flammenwerfer kostet 500 Liretta, der Feuerlöscher kostet 100 Liretta.

Um bei einer größeren Abnahme schnell ablesen zu können, wie hoch der Preis ist, soll eine Tabelle in HTML erzeugt werden:

Quantity	Flamethrower	Fire extinguisher
1	500	100
2	1000	200
3	1500	300
...	...	...

In HTML wird eine Tabelle wie folgt darstellt:

```
<html>
<table>
<tr><th>Quantity</th><th>Flamethrower</th></tr>
<tr><td>1</td><td>500</td></tr>
<tr><td>2</td><td>1000</td></tr>
</table>
</html>
```

Aufgabe:

- Erzeuge auf dem Bildschirm die gezeigte HTML-Tabelle mit der Anzahl 1 bis 10.
- Überlege, wo Methoden sinnvoll sind.

Tipp

Sie können das generierte HTML unter *https://jsfiddle.net/* kopieren und »ausführen«, um das Ergebnis zu sehen.

2.7 Lösungsvorschläge

Aufgabe 2.1.2: Einen SVG-Kreis auf die Konsole schreiben

```
package com.tutego.exercise.lang;

public class SvgCircle1 {
  public static void main( String[] args ) {
    System.out.println(
      "<svg height='400' width='1000'><circle cx='100' cy='100' r='50' /> ➲
</svg>"
    );
  }
}
```

Listing 2.1 com/tutego/exercise/lang/SvgCircle1.java

Im ersten Schritt bauen wir eine neue Klasse auf, denn Programmcode außerhalb von Klassen ist in Java nicht erlaubt. Als Nächstes setzen wir in die Klasse die besondere `main(…)`-Methode. Die JVM ruft `main` selbstständig beim Start des Programms auf, also setzen wir hier genau den Teil hinein, den wir zu Beginn ausgeführt haben möchten.

> **Wichtig**
> Um die Lösungen besser thematisch zusammenzufassen, sind sie in Java-Pakete gesetzt; dafür steht die erste Deklaration, `package com.tutego.exercise.lang`. Pakete werden in Kapitel 3, »Klassen, Objekte, Pakete«, eingeführt, die eigenen Lösungen müssen vorerst nicht in Pakete gesetzt werden.

Um den Kreis auszudrucken, können wir eine Datei *circle.html* anlegen, im Editor öffnen und den SVG-Teil hineinkopieren, dann die Datei mit dem Webbrowser öffnen und die Seite drucken.

```
System.out.println( "<svg height='400' width='1000'>" );
System.out.println( " <circle cx='100' cy='100' r='50' />" );
System.out.println( "</svg>" );

System.out.println(
  "<svg height='400' width='1000'>\n <circle cx='100' cy='100' r='50' />\n ➲
</svg>"
);
```

```
System.out.println(  "<svg height='400' width='1000'>\n"
                   + " <circle cx='100' cy='100' r='50' />\n"
                   + "</svg>" );
```

Listing 2.2 com/tutego/exercise/lang/SvgCircle2.java

Der Unterschied zwischen `print(…)` und `println(…)` ist, dass letztere Methode automatisch einen Zeilenumbruch schreibt. Ist also die Aufgabe, mehrere Zeilen untereinanderzuschreiben, so können wir jede einzelne Zeile mit der Methode `println(…)` schreiben.

Es gibt eine andere Möglichkeit, und zwar einen Zeilenumbruch in den String zu setzen. Ein String innerhalb von doppelten Anführungszeichen kann nicht über mehrere Zeilen gehen. Ein Zeilenumbruch in einem String ist folglich falsch. Die Lösung ist eine sogenannte *Escape-Sequenz*; für einen Zeilenumbruch ist das `\n`. Nutzen wir die Methode `println(…)`, so müssen wir am Ende kein `\n` setzen, es sei denn, wir möchten am Ende wirklich zwei Zeilenumbrüche haben. Erst ab Java 15 gibt es eine feste Spracheigenschaft für mehrzeilige Texte, die sich *Text Blocks* nennt.

Große Strings können mit dem Plus-Operator in mehrere Teil-Strings aufgespalten werden, sodass sie besser lesbar sind. So können wir jede Zeile in der Ausgabe tatsächlich in einer Zeile Java-Code umsetzen.

```
System.out.println(  "<svg height=\"400\" width=\"1000\">\n"
                   + " <circle cx=\"100\" cy=\"100\" r=\"50\" />\n"
                   + "</svg>" );
```

Listing 2.3 com/tutego/exercise/lang/SvgCircle3.java

Die letzte Teilaufgabe wird ebenfalls mit einer Escape-Sequenz gelöst. Neben `\n` setzt die Escape-Sequenz `\"` in einen String ein doppeltes Anführungszeichen.

Aufgabe 2.2.1: Auf Variablen zugreifen und Belegung ausgeben

Im Folgenden stelle ich drei verschiedene Lösungen vor, die sich darin unterscheiden, wie das SVG-Element auf dem Bildschirm ausgegeben wird.

```
int x = 100;
int y = 110;
double r = 20.5;

System.out.println( "<svg height=\"100\" width=\"1000\">" );
System.out.print( "  <circle cx=\"" );
System.out.print( x );
System.out.print( "\" cy=\"" );
```

```
System.out.print( y );
System.out.print( "\" r=\"" );
System.out.print( r );
System.out.println( "\" />" );
System.out.println( "</svg>" );
```

Listing 2.4 com/tutego/exercise/lang/SvgCircleWithVariables1.java

Die erste Lösung zerlegt den konstanten und variablen Teil einfach in unterschiedliche `System.out.println(…)`- und `System.out.print(…)`-Aufrufe.

```
int x = 100, y = 110;
double r = 20.5;

System.out.println(   "<svg height=\"100\" width=\"1000\">\n"
                    + " <circle cx=\"" + x + "\" cy=\"" + y
                    + "\" r=\"" + r + "\" />\n" + "</svg>" );
```

Listing 2.5 com/tutego/exercise/lang/SvgCircleWithVariables2.java

Die zweite Lösung nutzt die Möglichkeit, Strings mit dem +-Operator zu konkatenieren. Bei der Konkatenation ist Java so flexibel, dass alles, was kein String ist, in einen String konvertiert und dann angehängt wird.

```
int x = 100, y = 110;
double r = 20.5;

System.out.printf(   "<svg height=\"100\" width=\"1000\">\n"
                   + " <circle cx=\"%d\" cy=\"%d\" r=\"%s\" />\n"
                   + "</svg>\n%n",
                   x, y, r );
```

Listing 2.6 com/tutego/exercise/lang/SvgCircleWithVariables3.java

Auch die dritte Lösung führt im Ergebnis zu dem gleichen String, nur nutzen wir hier einen Format-String und die Methode `printf(…)`. Im Format-String sind drei Platzhalter eingesetzt. Das ist zweimal `%d` für die ganze Zahl, und die Fließkommazahl formatieren wir über `%s`. Dieser Formatspezifizierer ist so generisch, dass er für alle Datentypen einsetzbar ist. Wir bekommen dann die englischsprachige Repräsentation, in der die Nachkommastellen mit einem Punkt abgetrennt sind, was die korrekte Schreibweise für Fließkommazahlen mit Nachkommastellen für die SVG-Spezifikation ist. `%n` führt zu einem plattformspezifischen Zeilenendezeichen und ist eine Alternative zu `\n`.

Quiz 2.2.2: Wertebereiche einhalten

Das Produkt von 1.000.000 × 1.000.000 ist 1E+12, und das übersteigt den Wertebereich des Datentyps `int`, der nur bis 2.147.483.647 geht. 1E+12 benötigt 40 Bit, und `int` bietet nur eine Breite von 32 Bit, daher werden die oberen 8 Bit abgeschnitten. Anders sieht das mit `long` aus, das 64 Bit lang ist und einen Wertebereich bis 9.223.372.036.854.775.807 erlaubt (nein, die Bereiche müssen Sie sich nicht Ziffer für Ziffer merken).

Folgendes liefert die korrekte Ausgabe, weil die Ganzzahlen als `long` multipliziert werden:

```
long number = 1_000_000;
System.out.println( number * number );
```

Große Zahlen können in Java durch einen Unterstrich lesbarer gemacht werden.

Alternativen:

```
System.out.println( 1_000_000 * 1_000_000L );
System.out.println( 1_000_000L * 1_000_000 );
System.out.println( 1_000_000L * 1_000_000L );
System.out.println( (long) 1_000_000 * 1_000_000 );
System.out.println( 1_000_000 * (long) 1_000_000 );
```

Quiz 2.2.3: Nicht so genau genommen

Das Ergebnis ist nicht exakt `0.0`. Der Grund ist, dass `double` die Zahl `0.1` nicht präzise repräsentieren kann. `0.1` ist eine »schwierige« Zahl, die vereinfacht gesagt nicht als Summe von Brüchen der Art $\frac{1}{2}^n$ darstellbar ist. `0.1` hat im IEEE-754-Format das Bitmuster `0|01111011|1001_1001_1001_1001_1001_101`, symbolisch trennt | das Vorzeichenbit vom Exponenten und von der Mantisse, und der Unterstrich macht die Periode sichtbar. Dieses Bitmuster entspricht zurückgerechnet 0,100000001490116119384765625, also einem Fehler von rund $1{,}49 \times 10^{-9}$. Wenn 0,100000001490116119384765625 nun zehnmal addiert wird, kann nicht 1,0 herauskommen.

Es gibt mehrere Lösungen für das Problem:

1. statt `double` die Klasse `BigDecimal` einsetzen
2. die Ungenauigkeit akzeptieren und in der Ausgabe runden, was etwa mit `printf(…)` geschehen kann
3. Ein Geldbetrag lässt sich intern in Cent speichern; statt zum Beispiel 0,1 Euro zu speichern, kann ein Programm 10 Euro-Cent speichern und das später in der Ausgabe als 0,1 darstellen.

Aufgabe 2.2.4: Zufallszahlen bilden und verschiedene Kreise generieren

```
int x = 100, y = 110;
double r = Math.random() * 10 + 10;

System.out.printf(
  "<svg height=\"100\" width=\"1000\">\n <circle cx=\"%d\" cy=\"%d\" ➥
  r=\"%s\" />\n</svg>\n%n",
  x, y, r );

System.out.printf(
  Locale.ENGLISH,
  "<svg height=\"100\" width=\"1000\">\n <circle cx=\"%d\" cy=\"%d\" ➥
  r=\"%.2f\" />\n</svg>\n%n",
  x, y, r );
```

Listing 2.7 com/tutego/exercise/lang/SvgCircleWithRandomRadius.java

Die Methode `Math.random()` erzeugt eine Fließkommazahl von 0 bis echt kleiner als 1. Multiplizieren wir das Ergebnis mit 10, bekommen wir eine Fließkommazahl zwischen 0 und echt kleiner als 10. Addieren wir dazu 10, wird sich die Zufallszahl zwischen 10 und echt kleiner als 20 bewegen.

Da die Fließkommazahl zufällig ist, hat sie auch eine große Anzahl Nachkommastellen. Der Formatspezifizierer `%s` führt auch alle Nachkommastellen auf. Das könnte so aussehen:

```
<svg height="100" width="1000">
  <circle cx="100" cy="110" r="17.807835163311744" />
</svg>
```

Es gibt eine andere Lösung, und das Listing zeigt eine Alternative. Wir benutzen nicht mehr den Formatspezifizierer `%s`, sondern `%f`. Das ist genau der Formatspezifizierer, der für Fließkommazahlen vorgesehen ist. Allerdings hat er eine Eigenschaft, die jetzt im Weg ist: Die Ausgabe ist lokalisiert, also in einer Landessprache. Nutzen wir unser Programm auf einem deutschsprachigen Betriebssystem, ist der Trenner für die Nachkommastellen eben nicht **.**, sondern **,**. Das ist für SVG falsch. Die Lösung ist, die Sprache als erstes Argument der `printf(…)`-Methode zu übergeben. Außerdem können wir die Anzahl der Nachkommastellen bestimmen. Dazu wird der Formatspezifizierer etwas präzisiert. Statt einfach nur `%f` heißt es dann `%.2f` für zwei Nachkommastellen. An der Ausgabe können Sie ablesen, dass hier auch gerundet wird.

```
<svg height="100" width="1000">
  <circle cx="100" cy="110" r="17.81" />
</svg>
```

Quiz 2.2.5: Unübersichtlichkeit vermeiden

Es gibt drei Probleme:

1. Variablen sollen in Englisch sein, nicht in Deutsch mit Umlauten.
2. `tmp` ist kein guter Name, es handelt sich um Umfang bzw. Fläche, daher sollte die Variable auch `area` oder `diameter` heißen.
3. Die Funktion einer Variablen darf sich im Programmablauf nicht ändern. Im Ergebnis: besser zwei lokale Variablen:

```
double diameter = 2 * (height + width);
System.out.println( diameter );
double area = height * width;
System.out.println( area );
```

Aufgabe 2.2.6: Benutzereingaben verarbeiten

```
int x = new java.util.Scanner( System.in ).nextInt();
int y = new java.util.Scanner( System.in ).nextInt();

double r = Math.random() * 10 + 10;

System.out.printf(
    Locale.ENGLISH,
    "<svg height=\"100\" width=\"1000\">\n <circle cx=\"%d\" cy=\"%d\" ➥
    r=\"%.2f\" />\n</svg>\n%n",
    x, y, r );
```

Listing 2.8 com/tutego/exercise/lang/SvgCircleWithConsoleCoordinates.java

Wie in der Aufgabenstellung genannt, lässt sich mit `new java.util.Scanner(System.in).nextInt()` eine Ganzzahl einlesen. Das machen wir zweimal. Der restliche Teil des Programms bleibt gleich zum vorherigen.

Quiz 2.3.1: Im Bereich prüfen

Python kennt Bereichsprüfungen der Art `min < between < max`, doch das geht in Java nicht. Der Grund ist, dass die Typen dann nicht mehr zusammenpassen. `min < between` führt zu einem `boolean`, und ein Vergleich `boolean < double` ist ungültig; der Compiler meldet zum Beispiel `Operator '<' cannot be applied to 'boolean', 'double'`.

Aufgabe 2.3.2: Prüfen, ob Beute fair aufgeteilt werden kann

```
System.out.println( "Number of bottles in total?" );
int bottles = new java.util.Scanner( System.in ).nextInt();

int captainsBottles = bottles / 2;
int crewsBottles    = bottles - captainsBottles;

System.out.println( "Bottles for the captain: " + captainsBottles );
System.out.println( "Bottles for all crew members: " + crewsBottles );

System.out.println( "Number of crew members?" );
int crewMembers = new java.util.Scanner( System.in ).nextInt();
System.out.println( "Fair share without remainder? " ⮐
  + (crewsBottles % crewMembers == 0) );
```

Listing 2.9 com/tutego/exercise/lang/FairShare.java

Im ersten Schritt lesen wir über den `Scanner` eine Ganzzahl ein und initialisieren unsere Variable `bottles` für die Beute. Da der Captain die Hälfte der Flaschen bekommt, teilen wir die Eingabe durch `2`. Im nächsten Schritt berechnen wir, was die Crewmitglieder bekommen, und wählen nicht die Lösung, dass wir noch einmal durch `2` teilen, denn bei ungeraden Zahlen bekommen wir das Problem, dass die beiden Hälften nicht mehr die Summe ergeben. (Wer das ausprobieren möchte, gibt das Ergebnis von `5 / 2 + 5 / 2` aus.) Damit das nicht passiert, ziehen wir von `bottles` den Anteil des Captains ab und bekommen dadurch, was die Crew erhält.

Zum Schluss müssen wir herausfinden, ob die Anzahl übrig gebliebener Flaschen fair durch die Anzahl der Crewmitglieder geteilt werden kann. Dazu erfragt das Programm zunächst die Anzahl der Crewmitglieder. Der Restwertoperator wird uns verraten, ob die Division aufgeht oder ob ein Rest bleibt. Geht die Division auf, wird der Rest `0` sein. In dem Fall kann die Beute fair geteilt werden.

Aufgabe 2.3.3: Besitzen zwei Zahlen gleiche Ziffern?

```
System.out.println( "Enter two numbers between 0 and 99:" );
int number1 = new java.util.Scanner( System.in ).nextInt() % 100;
int number2 = new java.util.Scanner( System.in ).nextInt() % 100;

int number1digit1 = number1 / 10;
int number1digit2 = number1 % 10;
int number2digit1 = number2 / 10;
int number2digit2 = number2 % 10;
```

```
boolean hasCommonDigits =    number1digit1 == number2digit1
                          || number1digit1 == number2digit2
                          || number1digit2 == number2digit1
                          || number1digit2 == number2digit2;
System.out.println( hasCommonDigits );
```

Listing 2.10 com/tutego/exercise/lang/HasCommonDigits.java

Zunächst lesen wir zwei Zahlen ein, und der Ausdruck `% 100` sorgt dafür, dass die Zahlen nicht über `100` gehen, sondern korrekt – wie in der Angabe gefordert – auf den Bereich `0` bis `99` gekürzt werden.

Um die Lösung zu verstehen, sollten wir auf das Beispiel aus der Aufgabenstellung zurückkommen. Wir haben die Zahlen 12 und 31. Wie gehen wir vor? Letztendlich müssen wir testen, ob 1 in 31 vorkommt oder 2 in 31. Anders gesagt: Wir müssen testen, ob 1 gleich 3 ist oder 1 gleich 1 ist oder 2 gleich 3 ist oder 2 gleich 1. In unserem Fall ist 1 gleich 1, also ist das Ergebnis wahr.

Um das Ganze in ein Java-Programm zu übersetzen, müssen wir die erste und zweite Ziffer extrahieren. Hierfür brauchen wir ein wenig Mathematik. Teilen wir eine Ganzzahl durch 10, schneidet das die letzte Ziffer ab. Teilen wir 12 durch 10, verbleibt 1. Die Operationen auf ganze Zahlen führen zu einem Ergebnis, das wieder eine ganze Zahl ist. Umgekehrt, wenn wir die letzte Ziffer benötigen, nutzen wir den Restwertoperator `%`. So ist `12 % 10` gleich 2.

Auf diese Weise schaffen wir uns vier Variablen und testen, ob wir Ziffern der ersten Zahl in der zweiten Zahl wiederfinden.

Aufgabe 2.3.4: Währungsbetrag in Münzen umrechnen

```
System.out.println( "Please the enter amount of money:" );
double input = new java.util.Scanner( System.in ).nextDouble();
int cents = (int) (input * 100);

System.out.println( cents / 200 + " x 2 €" );
cents %= 200;

System.out.println( cents / 100 + " x 1 €" );
cents %= 100;

System.out.println( cents / 50 + " x 50 Cent" );
cents %= 50;
```

```
System.out.println( cents / 20 + " x 20 Cent" );
cents %= 20;

System.out.println( cents / 10 + " x 10 Cent" );
cents %= 10;

System.out.println( cents / 5 + " x 5 Cent" );
cents %= 5;

System.out.println( cents / 2 + " x 2 Cent" );
cents %= 2;

System.out.println( cents + " x 1 Cent" );
```

Listing 2.11 com/tutego/exercise/lang/CoinMachine.java

Die Lösung der Aufgabe ist mit den beiden Operatoren Division und Restwert zu realisieren. Nach der Befehlsaufforderung und dem Einlesen der Fließkommazahl führen wir den ersten Trick durch: Wir konvertieren den Betrag in Cent. So lässt es sich einfacher rechnen.

Die nächsten Schritte treten immer in Pärchen auf. Zunächst berechnen wir die Anzahl der Münzen, anschließend rechnen wir, wie viele Münzen verbleiben. Nehmen wir das Beispiel mit 12,91 €; das sind 1.291 Cent. Die Gesamtanzahl der Cent durch 200 dividiert liefert uns eine positive Ganzzahl und ist genau das Ergebnis, wie viele 2-Euro-Stücke in der Gesamtzahl stecken. Jetzt müssen wir mit dem Rest weitermachen, und hierbei hilft der Restwertoperator. Nehmen wir `cents % 200`, bekommen wir eine kleinere Zahl, und wir können als Nächstes mit dem 1-Euro-Stück weitermachen, was 100 Cent sind. So geht das Spiel weiter bis zu einem Cent. Dann bleibt nichts mehr übrig.

Aufgabe 2.3.5: Eine Flasche Rum, 10 Flaschen Rum

```
int noOfBottles = 1;  // or 0, 1, 99, ...

System.out.println( noOfBottles + " " + (noOfBottles != 1 ?
  "bottles" : "bottle") + " of rum" );

System.out.printf( "%d bottle%s of rum%n", noOfBottles,
  noOfBottles != 1 ? "s" : "" );
```

Listing 2.12 com/tutego/exercise/lang/NumberOfBottles.java

In Abhängigkeit von der Variablen noOfBottles wählen wir die Endung aus. Zwei Ideen werden hier realisiert:

1. Der erste Vorschlag nutzt die String-Konkatenation und baut dort bottle oder bottles abhängig von noOfBottles ein. Die Methoden print(…) und println(…) erlauben nur ein Argument, also muss vorher ein String zusammengebaut werden.
2. Der zweite Vorschlag nutzt printf(…), das aus zwei Teilen besteht: dem Formatierungs-String und mehreren Formatierungsargumenten. Hier nehmen wir die Endung als einzelnen String, der entweder "s" oder leer ist. Im Formatierungs-String greift %s auf diese Endung zurück.

Aufgabe 2.3.6: Einundzwanzig

```
int dealer = new java.util.Scanner( System.in ).nextInt();
int player = new java.util.Scanner( System.in ).nextInt();

if ( player < 2 || dealer < 2 )
  return;

final int MAX_SCORE = 21;

// Both > 21 -> 0
if ( dealer > MAX_SCORE && player > MAX_SCORE )
  System.out.println( 0 );
// One party > 21 -> the other wins
else if ( player > MAX_SCORE )
  System.out.println( dealer );
else if ( dealer > MAX_SCORE )
  System.out.println( player );
// Both are <= 21 -> Max is best
else
  System.out.println( Math.max( player, dealer ) );
```

Listing 2.13 com/tutego/exercise/lang/Blackjack.java

Im ersten Schritt lesen wir zwei ganze Zahlen für dealer und player ein. Dann deklarieren wir eine Konstante (dafür das Schlüsselwort final), da wir die Zahl 21 häufiger verwenden müssen und es immer gut ist, magische Werte aus dem Quellcode herauszuhalten.

Es folgen verschiedene Abfragen. Zunächst wird geprüft, ob die Eingaben prinzipiell korrekt sind, denn Eingaben unter 2 führen zum Programmende; das Maximum wird nicht geprüft, das könnten Sie noch ergänzen.

Anschließend prüft das Programm, ob beide Eingaben über dem Maximum 21 liegen; in dem Fall haben beide verloren, und nach Aufgabenstellung ist die Ausgabe 0. In der nächsten Fallunterscheidung prüfen wir, ob einer der beiden über 21 war, dann hat die jeweils andere Partei gewonnen. Über die erste Fallunterscheidung wissen wir schon, dass die andere Partei nicht auch über 21 lag kann, das heißt, wir müssen nicht keine weitere Prüfung einführen. Im letzten Fall bewegen sich die beiden Werte unter 21 – oder sind gleich 21 –, jetzt müssen wir nur herausfinden, welche der beiden Zahlen näher an 21 liegt. Das ist letztendlich aber nur eine Frage nach dem Maximum. Wir könnten diese Frage von Hand beantworten oder eine Methode der Standardbibliothek nutzen: `Math.max(…)`.

Quiz 2.3.7: Der Nulleffekt

Das Programm lässt sich compilieren, löst aber zur Laufzeit einer Ausnahme aus. Die Ausgabe ist:

```
Infinity
Exception in thread "main" java.lang.ArithmeticException:
/ by zero
...
```

Das erste `println(10.0/0)` funktioniert, denn man kann zwei Fließkommazahlen durch `0` teilen, und das Ergebnis ist `Infinity`, also positiv unendlich. Zwar ist `zero` eine Ganzzahl, da allerdings der Dividend eine Fließkommazahl ist, wird auch der Divisor in ein `double` konvertiert.

Bei ganzen Zahlen folgt bei einer Division durch `0` eine `ArithmeticException`. Das unterschiedliche Verhalten ist vielleicht merkwürdig, doch einfach zu erklären: Bei Ganzzahlen gibt es kein spezielles Bitmuster, das unendlich abbilden kann. Fließkommazahlen haben dagegen ein spezielles Bitmuster für drei besondere Werte: NaN (Not a Number) und plus sowie minus Unendlich – das sind ganz »normale Zahlen«.

Aufgabe 2.4.1: Zahltag

```
double tortsPayment = new java.util.Scanner( System.in ).nextDouble();

double minPayment = 1000;
minPayment -= minPayment * 0.1;
double maxPayment = 1000;
maxPayment += maxPayment * 0.2;

// Solution 1
if ( tortsPayment >= minPayment && tortsPayment <= maxPayment )
  System.out.println( "Good boy!" );
```

```
else
  System.out.println( "You son of a bi***!" );

// Solution 2
if ( tortsPayment < minPayment || tortsPayment > maxPayment )
  System.out.println( "You son of a bi***!" );
else
  System.out.println( "Good boy!" );
```

Listing 2.14 com/tutego/exercise/lang/PayDay.java

Nachdem wir Torts Zahlung erfragt haben, berechnen wir als Nächstes den Betrag, den Tort nicht unterschreiten darf, und den Betrag, den Tort nicht übertreten darf. 10 % von 1.000 sind 100, also darf Tort nicht unter 900 € gehen. Beim Maximum ist es umgekehrt: 20 % von 1.000 sind 200, also darf Tort nicht über 1.200 € gehen. Was hier als feste Zahlen angegeben ist, wird im Programm dynamisch berechnet. Der Vorteil ist, dass wir die Schranke später ändern können und die Prozentzahl dynamisch mitberechnet wird.

Es gibt nun zwei unterschiedliche Lösungen. Die erste Lösung testet, ob Torts Zahlung innerhalb der Grenzen liegt. Bei der zweiten Lösung arbeiten wir negiert und prüfen, ob Torts Zahlung *nicht* im Bereich liegt. Man kann gut ablesen, dass die Fallunterscheidung invertiert ist, und auch die Blöcke in dem `if-else`-Zweig umgedreht sind. Es wird in der Praxis immer so sein, dass bei Fallunterscheidungen mit `if-else` beide Varianten funktionieren und man das auswählt, was man für besser verständlich hält. Die erste Lösung dürfte da besser sein, denn es dürfte verständlicher sein, zu testen, ob eine Zahlung in einem Bereich ist, anstatt zu fragen, ob eine Zahlung nicht in einem Bereich ist.

Quiz 2.4.2: Falsche Verzweigung

Zwei Fehler befinden sich im Programmcode: Zunächst ist der Block zwar eingerückt, aber die geschweiften Klammern fehlen; eine optische Einrückung ändert in Java nicht die Semantik. Würden wir das Programm ohne die Klammen korrekt einrücken, wird der erste Fehler offensichtlich:

```
if ( x > y )
  int swap = x;
x = y;
y = x;
```

Als Randbemerkung: Das führt zu einem Compilerfehler, denn eine Variablendeklaration ist so nicht zulässig.

Wir setzen um den `if`-Block geschweifte Klammern, um den ersten Fehler zu beheben.

Zudem gibt es einen logischen Fehler. Der Programmcode ist falsch, da beide Variablen den gleichen Wert erhalten. Dies liegt daran, dass x zwischenzeitlich mit y überschrieben wird; deswegen ist die temporäre Variable swap nötig. Korrekt ist:

```
if ( x > y ) {
  int swap = x;
  x = y;
  y = swap;
}
```

Aufgabe 2.4.3: Literangaben umrechnen

```
System.out.println( "Enter quantity in liters:" );
double value = new java.util.Scanner( System.in ).nextDouble();

if ( value >= 1 )
  System.out.printf( "ca. %d l", (long) value );
else if ( value >= 0.1 )     // 1 l = 100 cl
  System.out.printf( "ca. %d cl", (long) (value * 100) );
else if ( value >= 0.001 )   // 1 l = 1000 ml
  System.out.printf( "ca. %d ml", (long) (value * 1000) );
else
  System.err.println( "Value too small to display" );
```

Listing 2.15 com/tutego/exercise/lang/HumanReadableLiter.java

Das Programm beginnt mit einer Bildschirmausgabe und fragt anschließend nach einer Fließkommazahl. Wir müssen uns daran erinnern, dass der Scanner Fließkommazahlen lokalisiert einliest. Läuft die JVM unter einem deutschen Betriebssystem, dann müssen die Fließkommazahlen mit Komma getrennt werden, nicht mit einem Punkt.

Die eigentliche Logik ist dann wie folgt: Wir fangen bei der größten Mengeneinheit (Liter) an, und wenn die Zahl größer oder gleich der gesuchten ist, formuliert das Programm die Ausgabe. Ist der Wert kleiner, prüft der else-Block die nächst kleinere Einheit. Daher gibt es auch drei if-Abfragen. Ohne den else-Block wird das Programm auch nicht funktionieren, denn wir dürfen nur in einen einzigen Block hineinlaufen.

Innerhalb eines Blockes multiplizieren wir die Eingabe mit einem Umrechnungsfaktor, entweder 1, was wir weglassen, mit 100 oder mit 1000. Anschließend konvertieren wir die Fließkommazahl in eine Ganzzahl und geben diese aus.

Bei der Konvertierung ist es sinnvoll, long als Datentyp einzusetzen, denn damit können die eingegebenen Zahlen deutlich größer sein als bei einem int. Vor der Typumwandlung könnte das Programm testen, ob die Fließkommazahl größer ist als

Long.MAX_VALUE, denn wenn die double-Zahl größer als Long.MAX_VALUE ist, ist das Ergebnis nach der Typumwandlung immer 9223372036854775807. Ein Beispiel:

```
System.out.println( (long)385823752375823563765. ); // 9223372036854775807
System.out.println( (long)3658273592838474756474. );// 9223372036854775807
```

Wir könnten überlegen, für 100 und 1000 Konstanten einzuführen:

```
final int CENTILITERS_PER_LITER = 100;
final int MILLILITERS_PER_LITER = 1000;
```

Allerdings müssten wir uns die Frage stellen, ob das Programm dadurch besser lesbarer wird.

Aufgabe 2.4.4: SVG-Kreise mit zufälligen Farben erzeugen

```
String color;
double random = Math.random();
if ( random < 1. / 3 )
  color = "red";
else if ( random < 2. / 3 )
  color = "green";
else
  color = "blue";
System.out.println( color );

System.out.printf( "<circle cx=\"20\" cy=\"20\" r=\"5\" fill=\"%s\" />",
  color );
```

Listing 2.16 com/tutego/exercise/lang/RandomColor.java

Math.random() liefert uns eine Fließkommazahl zwischen 0 und echt kleiner 1. Jede Zahl ist gleich wahrscheinlich, was auch für die Wertebereiche gilt. Zahlen zwischen 0 und echt kleiner 0,5 sind genauso wahrscheinlich wie Zahlen zwischen 0,5 und echt kleiner 1,0.

Das nutzen wir zur Auswahl der drei zufälligen Farben. Zufallszahlen zwischen 0 und echt kleiner 1/3 werden der Farbe Rot zugewiesen, Zahlen zwischen 1/3 und echt kleiner 2/3 der Farbe Grün, sonst ist die Farbe Blau. Natürlich hätte es auch umgekehrt sein können.

Quiz 2.4.5: Zu welchem Block gehört das else?

An dem Beispiel lässt sich gut ablesen, dass die fehlende Einrückung uns Schwierigkeiten beim Verständnis bereiten. Das sollte ein Hinweis darauf sein, Quellcode immer korrekt einzurücken, um dem Leser nicht im Weg zu stehen. Holen wir daher die Einrückung nach:

```
if ( true ) {
 if ( false )
   if ( 3!=4 )
     ;
   else
     System.out.println( "Klabautermann" );
 else
   System.out.println( "Pumuckl" );
}
```

Es gibt praktisch kaum einen Grund, in die Fallunterscheidungen direkt die Wahrheitswerte als Literal zu schreiben. Allerdings sollten Sie auch vor dieser Schreibweise keine Angst haben, denn sie zeigt, was im Kern passiert. Jede Fallunterscheidung erwartet einen Wahrheitswert, und in Abhängigkeit von ihm wird der Block entweder ausgeführt oder nicht.

Vereinfachen wir das Programm. Die erste Anweisung ist ein `if(true)`, und dieser Block wird folglich immer ausgeführt.

```
if ( false )
  if ( 3!=4 )
    ;
  else
    System.out.println( "Klabautermann" );
else
  System.out.println( "Pumuckl" );
```

Die nächste Fallunterscheidung prüft mit `if(false)`, und das bedeutet, dass der Block nicht ausgeführt wird. Das hat auch zur Folge, dass die eingebettete Fallunterscheidung inklusive dem inneren `else` ebenfalls nicht ausgeführt wird. Es verbleibt folglich die Ausgabe `Pumuckl`.

Aufgabe 2.4.6: Eingegebene Zeichenfolgen für eine Zustimmung auswerten

```
String input = new java.util.Scanner( System.in ).nextLine();

switch ( input ) {
  case "Ay":
  case "Ay, ay":
  case "Ein Ei":
  case "yes":
  case "ja":
    System.out.println( "Keep it up!" );
    break;
```

```
  default :
    System.out.println( "Don't you dare!" );
}
```

Listing 2.17 com/tutego/exercise/lang/DoYouAgree.java

Nachdem der `Scanner` die Zeile mit `nextLine()` gelesen hat, vergleicht `switch` sie mit unterschiedlichen Konstanten – da die Eingabe Leerzeichen enthalten kann, dürften wir nicht die `Scanner`-Methode `next()` nutzen, denn sonst ist in der Rückgabe nur eine Zeichenfolge bis zum ersten Weißraum.

Ganz bewusst wird hier die Möglichkeit von `switch` genutzt, mehrere `case`-Blöcke auf den gleichen Programmcode zu verweisen. Zentral ist ebenso das `break` nach der Konsolenausgabe, sodass das Programm nicht aus Versehen von einem `case`-Block in den anderen hineinläuft, wenn das nicht gewünscht ist. Fängt der Ja-Block nicht, geht es in den `default`-Block. Der `default`-Block wird immer dann ausgeführt, wenn keiner der vier `case`-Blöcke gefangen hat.

Aufgabe 2.5.1: Rotierte SVG-Rechtecke erzeugen

```
System.out.println( "<svg height=\"200\" width=\"200\">" );

for ( int rotation = 0; rotation < 360; rotation += 10 )
  System.out.printf(   " <rect x=\"50\" y=\"50\" "
                     + "width=\"100\" height=\"100\" "
                     + "stroke=\"black\" fill=\"none\" "
                     + "transform=\"rotate(%d 100 100)\" />%n",
                     rotation );

System.out.println( "</svg>" );
```

Listing 2.18 com/tutego/exercise/lang/SvgRotatingRect.java

Wir zerlegen das Problem in drei Teile. Im ersten Teil schreiben wir den Kopf eines SVG-Elementes, also den Start des SVG-Containers. Im zweiten Teil schreiben wir die Schleife, die eine Variable `rotation` von 0 bis echt kleiner als 360 in Zehnerschritten hochzählt. Im Rumpf der Schleife greifen wir auf die sich verändernde Variable `rotation` zurück, indem wir die Belegung über `printf(…)` in die Ausgabe setzen. Der dritte Teil ist der Abschluss des SVG-Containers.

Aufgabe 2.5.2: SVG-Perlenkette erzeugen

```
System.out.println( "<svg height=\"100\" width=\"1000\">" );
for ( int i = 0; i < 50; i++ ) {
  double random = Math.random();
  String color = random < 1./3 ? "blue" :
                 random < 2./3 ? "green" : "orange";
  System.out.printf( "<circle cx=\"%d\" cy=\"20\" r=\"5\" fill=\"%s\" />%n",
    20 + (i * 10), color );
}
System.out.println( "</svg>" );
```

Listing 2.19 com/tutego/exercise/lang/BonnysPearls.java

Die Aufgabe spricht von 50 Kreisen, daher steht auch eine Schleife im Zentrum, die 50-mal durchlaufen wird. Im Rumpf der Schleife bilden wir eine Zufallszahl `random` für die zufällige Farbe. Die Zufallszahl ist zwischen 0 und 1, und wir teilen sie in drei Bereiche ein, so wie wir das in einer vorherigen Lösung schon einmal getan haben: Es gibt Werte zwischen 0 und <1/3, zwischen 1/3 und <2/3 sowie zwischen 2/3 und <1. Statt einer `if`-Anweisung nutzt die Lösung den Bedingungsoperator, und das geschachtelt. Wir könnten natürlich auch `int random = (int)(Math.random() * 3.0)` berechnen, um zufällige ganzzahlige Werte `0`, `1` oder `2` zu erhalten.

Damit der Schleifenzähler `i` den Kreismittelpunkt `cx` bestimmen kann, multiplizieren wir `i` mit `10` und addieren `20`, sodass in jedem Schritt der Kreis um 10 Einheiten nach rechts wandert. Die y-Achse und der Radius bleiben gleich; die Angaben können fest im Formatierungs-String verbleiben, nur die x-Achse und die Farbe werden parametrisiert. Eine andere Lösung wäre, eine neue Variable `cx` einzuführen, die in jedem Schleifendurchlauf um `10` erhöht wird. Da sich allerdings `cx` direkt aus `i` berechnen lässt, ist diese zweite Variable nicht nötig.

Aufgabe 2.5.3: Zahlen von der Kommandozeile summieren

Zwei Lösungen wollen wir uns im Folgenden anschauen.

```
final int END_OF_INPUT = 0;
int sum   = 0;
int input = 0;

do {
  input = new java.util.Scanner( System.in ).nextInt();
  sum += input;
```

```
} while ( input != END_OF_INPUT );

System.out.printf( "Sum: %d%n", sum );
```

Listing 2.20 com/tutego/exercise/lang/SummingCalculator.java

Immer dann, wenn ein Programm erst etwas tun muss und anschließend fragt, ob es weitergeht, ist eine `do-while`-Schleife passend. So macht es auch das erste Programm. Da der Algorithmus summieren muss, deklarieren wir eine Variable `sum` und initialisieren sie mit `0`. Eine weitere Variable `input` speichert die Benutzereingabe. Da bei `0` die Eingabe endet und `0` ein magischer Wert ist, deklarieren wir eine Konstante namens `END_OF_INPUT`. Ein Wert, der die Schleife enden lässt, wird auch *Sentinel* genannt.

Es ist bedauerlich, dass die Variable außerhalb des Schleifenrumpfes deklariert werden muss, aber das liegt daran, dass im `while`-Teil auf diese Variable zurückgegriffen werden muss. Im Inneren der Schleife erfragen wir die Eingabe und addieren sie zu der Summe. Da in der Addition `0` das neutrale Element ist, müssen wir an dieser Stelle nicht prüfen, ob die Eingabe schon durch 0 abgebrochen wird, sondern verschieben die Prüfung auf den `while`-Teil. Hier prüfen wir, ob die Variable `input` ungleich `END_OF_INPUT`, also `0` ist, und in dem Fall geht es zurück in den Rumpf zur Eingabe. War die Eingabe gleich `END_OF_INPUT`, bricht die Schleife ab, und wir geben die Summe auf der Konsole aus.

Nicht optimal bei diesem Programm ist, dass die Variable `input` einen größeren Gültigkeitsbereich einnimmt als nötig. So etwas möchte man in der Programmierung gerne vermeiden – lokale Variablen sollen nicht weit über ihrer Nutzung hinaus bis zum Ende gültig sein. Man möchte gerne Variablen, die nur zur Schleife gehören, auch nur in der Schleife gültig sind. Eine Lösung wäre natürlich, mit `{ }` künstlich einen Block zu schaffen, doch es gibt eine andere Variante. Ob die folgende Schreibweise nun wirklich besser ist, darf durchaus angezweifelt werden, denn die Komplexität ist auch gleichsam höher.

```
final int END_OF_INPUT = 0;
int sum = 0;

for ( int input;
    ( input = new java.util.Scanner( System.in ).nextInt() )
    != END_OF_INPUT; )
  sum += input;

System.out.printf( "Sum: %d%n", sum );
```

Listing 2.21 com/tutego/exercise/lang/SummingCalculator.java

Bei der zweiten Lösung gibt es ebenfalls eine Variable für die Summe. Wir deklarieren die Eingabevariable `input` allerdings in der `for`-Schleife. Die `for`-Schleife erlaubt drei verschiedene Segmente: Im ersten können wir Variablen deklarieren, die dann auch nur innerhalb der Schleife gültig sind, im zweiten Segment steht die Bedingung, im dritten Teil steht der Fortschaltausdruck, der auch leer sein darf. Die Bedingung in der `for`-Schleife ist in dieser Lösung etwas komplex, weil sie zwei Schritte zusammenfasst: erst wird die Variable `input` belegt, und nach dem Beschreiben der Variablen wird eine Prüfung durchgeführt, ob die Eingabe `0` war oder nicht. Falls die Eingabe nicht `0` war, geht die Schleife weiter, und zwar in den Rumpf, in dem die Eingabe zur Variablen `sum` addiert wird. Gibt der Benutzer `0` ein, wird auch nicht wie in der ersten Lösung `0` mit summiert, sondern die Schleife bricht ab, und die Konsolenausgabe folgt.

Aufgabe 2.5.4: Ein mathematisches Phänomen durchlaufen

```
double t = Math.random() * 10;

while ( t > 0 ) {
  System.out.println( t );
//  System.out.printf( "%64s%n", Long.toBinaryString(Double.doubleToLongBits(t)) );
  if ( t < 1 )
    t *= 2;
  else // t >= 1
    t--;
}
```

Listing 2.22 com/tutego/exercise/lang/AlwaysEnding.java

Nachdem die Variable `t` mit einem zufälligen Wert zwischen `0` und echt kleiner als `10` initialisiert wurde, bestimmt die Schleifenbedingung `t > 0`, ob der Schleifenrumpf durchlaufen wird oder nicht. Das klingt anders als die Aufgabenstellung: »Schleife, die enden soll, wenn `t` kleiner gleich `0` ist«. Allerdings ist das exakt das Gleiche, denn die Aufgabenstellung spricht davon, wann die Schleife beendet werden soll, denn wir müssen bei den Schleifenbedingungen immer angeben, wann die Schleife weiterlaufen soll, nicht, wann sie abbrechen soll. Folglich müssen wir die Bedingung negieren, und aus nicht `t <= 0` folgt `t > 0`.

Die Fallunterscheidungen sind wie in der Aufgabenstellung. Wir haben zwei Alternativen: Einmal kann `t < 1` sein, einmal `t >= 1`. Wir sollten darauf achten, die Fallunterscheidung als echte Alternative auszuführen und den `else`-Block nicht wegzulassen. Denn es gibt eine Abhängigkeit: Ist `t < 1`, so wird `t` mit 2 multipliziert, was dazu führen kann, dass `t >= 1` wird, sodass es in die nächste Fallunterscheidung läuft. In unserem Programm ist das egal, denn beim nächsten Schleifendurchlauf landen wir sowieso in dieser Fallunterscheidung, doch solche Abhängigkeiten zwischen den Werten müssen wir als Entwickler im Blick halten. Es kann gut sein, dass Entwickler an den Code hergehen und einen Zähler einbauen wollen, wie oft die Schleife durchlaufen wurde, und dann würde plötzlich dieser Schleifenzähler nicht mehr stimmen. Denn die Variante mit `if-else` führt im Schnitt zu mehr Durchläufen, als wenn zwei `if`-Blöcke hintereinanderstehen.

Interessant ist, warum das Programm überhaupt endet. Das liegt an zwei Eigenschaften, die die gesetzten Bits »reduzieren«:

1. Durch die Subtraktion wird die Zahl kleiner, und die Zahl »verliert« Bits.
2. Die Multiplikation verdoppelt die Zahl, aber sie ist danach weniger genau und »verliert« damit auch Bits. Die Zahl wird möglicherweise durch die Multiplikation größer als 1, aber dann wird im nächsten Schritt die Zahl ja wieder kleiner.

Wer das Bitmuster der Zahlen sehen möchte, kann sich die Bits anzeigen lassen durch:

```
System.out.printf( "%64s%n",
  Long.toBinaryString( Double.doubleToLongBits( t ) ) );
```

Quiz 2.5.5: Wie viele Sternchen?

- Es gibt 12 Sternchen in `for`-Schleife A
- Es gibt keinen Durchlauf in `for`-Schleife B, denn `10 < 0` ist `false`, also wird die Schleife nie durchlaufen und der Schleifenrumpf nie betreten.

Aufgabe 2.5.6: Produkte für Fakultäten berechnen

```
System.out.println( "Enter a number:" );
int n = new Scanner( System.in ).nextInt();

if ( n < 0 )
  System.err.println( "Number must not be negative" );
else if ( n < 2 )
  System.out.printf( "%d! = 1%n", n );
else {
  System.out.printf( "%d! = 1", n );
  long factorial = 1;

  for ( int multiplier = 2; multiplier <= n; multiplier++ ) {
    System.out.printf( " * %d", multiplier );
    factorial *= multiplier;
  }
```

```
  System.out.printf( " = %d%n", factorial );
}
```

Listing 2.23 com/tutego/exercise/lang/Factorial.java

Nach Eingabe einer Ganzzahl testen wir in der ersten Bedingung, ob die Zahl negativ ist. Wenn ja, dann geben wir eine Meldung auf den Kanal aus und beenden damit das Programm, denn die nachfolgenden Alternativen stehen in `else`-Zweigen.

Die nächste Bedingung prüft, ob die Eingabe `0` oder `1` war. Dann geben wir kurz eine Bildschirmmeldung aus, denn die Fakultät von `0` ist gültig, und `0!` und `1!` sind beide `1`.

Kommt das Programm in den zweiten `else`-Zweig, dann ist die eingegebene Zahl größer gleich 2. Wir starten daher mit einer Bildschirmausgabe, die den Anfang der Sequenz zeigt. In den folgenden Iterationen werden immer Pärchen von einem Multiplikationszeichen und einer Zahl geschrieben.

Die Zahl aus der Eingabe ist vom Typ `int`, wir müssen aber das Ergebnis mit dem Datentyp `long` deklarieren, weil die Multiplikation schnell zu sehr großen Zahlen führt. Unsere Variable `factorial` wird mit `2` initialisiert, denn das ist nach `1` der nächste Multiplikator – mit `1`, dem neutralen Element, müssen wir nicht multiplizieren. Die Schleife lässt den Multiplikator bis zur Eingabe laufen. Im Rumpf der Schleife geben wir das Pärchen aus dem Multiplikationszeichen und dem Multiplikator auf der Konsole aus, multiplizieren den Multiplikator mit der bisherigen Fakultät und aktualisieren die Fakultät auf den nächsten Wert.

Am Ende der Schleife setzen wir ein Gleichheitszeichen, geben das Ergebnis aus, und das Programm ist beendet.

Fakultäten werden schnell sehr groß, und der Wertebereich eines `int`-Werts ist schnell erschöpft. Auch bei einem `long` ist irgendwann Schluss.

Fakultät/Konstante	Wert
1!	1
2!	2
3!	6
12!	479.001.600
`Integer.MAX_VALUE`	2.147.483.647
13!	6.227.020.800

Tabelle 2.1 Größenordnung

Fakultät/Konstante	Wert
20!	2.432.902.008.176.640.000
`Long.MAX_VALUE`	9.223.372.036.854.775.807
21!	51.090.942.171.709.440.000

Tabelle 2.1 Größenordnung (Forts.)

Während die Fakultät von 20 noch darstellbar ist, sind wir nah am Rand der größten darstellbaren `long`-Zahl. Die Berechnung von 21! mit dem Programm liefert das wilde Ergebnis `-4249290049419214848`; die Zahl ist plötzlich negativ, weil das Vorzeichen im obersten Bit gespeichert ist und die Multiplikation zu einem Bitmuster führt, in dem das oberste Bit gesetzt ist.

Es gibt drei Strategien, mit größeren Zahlen umzugehen:

1. Wir können den bisherigen Code verwenden, wenn wir wissen, dass die Wertebereiche so beschränkt sind, dass wir niemals aus dem Wertebereich herauslaufen.
2. Wenn wir wissen, dass riesige Zahlen auftreten, wird uns `long` nicht weiterhelfen. Java bietet einen Datentyp `BigInteger`, der beliebig große Ganzzahlen repräsentieren kann. Damit sind die Zahlen nur durch die Größe des Speicherplatzes beschränkt.
3. Java informiert uns nicht bei einem Überlauf; wenn wir also den Wertebereich überschreiten, rechnet Java einfach weiter. Es gibt eine nützliche Methode in der Klasse `Math`, von der die Aufgabenstellung spricht: Die Methode namens `Math.multiplyExact(long x, long y)` hilft uns, Überläufe zu erkennen, denn sie löst eine Ausnahme aus, wenn die Zahlen nicht mehr multiplizieren werden können, weil sie zu groß für ein `long` werden.

Aufgabe 2.5.7: Feststellen, ob eine Zahl durch Fakultät gebildet wurde

```
System.out.println( "Enter a number:" );
long n = new Scanner( System.in ).nextLong();

if ( n < 1 )
  System.err.println( "Factorials are always >= 1" );
else {
  long number  = n;
  long divisor = 2;

  while ( number % divisor == 0 ) {
    number /= divisor;
```

```
    divisor++;
  }

  if ( number == 1 )
    System.out.printf( "%d = %d!%n", n, divisor - 1 );
  else
    System.out.printf( "%d is not a factorial%n", n );
}
```

Listing 2.24 com/tutego/exercise/lang/IsFactorial.java

Von der Kommandozeile erfragen wir eine Zahl, und da Fakultäten sehr groß werden können, erfragen wir sie als `long`. Falls die Fakultät kleiner als `1` ist, also `0` oder negativ, geben wir eine Meldung auf der Kommandozeile aus und beenden das Programm, denn der restliche Code wird nur dann ausgeführt, wenn `n` größer gleich `1` ist.

Der Algorithmus ist so, wie im Tipp beschrieben. Wir starten damit, die Fakultät durch 2 zu teilen, dann durch 3, 4 usw. Nehmen wir 6 als Beispiel. Die Variablen `number` und `divisor` kommen auch im Programm vor:

Schritt	number	divisor	Quotient	Rest
1	6	2	6 / 2 = 3	6 % 2 = 0
2	3	3	3 / 3 = 1	3 % 3 = 0
3	1	4	uninteressant	1 % 4 ≠ 0

Tabelle 2.2 Iterationen für Rückwärtsrechnung der Rekursion

Im dritten Schritt ist der Rest ungleich 0, und die Wiederholung endet.

Die variable `number` wird initialisiert mit der Fakultät, also dem größten Wert. Diese Variable `number` teilen wir wiederholt durch den Divisor. Das machen wir so lange, wie wir keinen Rest nach einer ganzzahligen Division haben. Ob eine Zahl durch einen Teiler ohne Rest geteilt werden kann, beantwortet der Restwertoperator `%`. Falls `number % divisor` gleich `0` ist, ging die Division ohne Rest auf.

Am Ende wird die Schleife abbrechen, weil immer ein Fall kommt, in dem die Zahl nicht mehr durch den Divisor geteilt werden kann. Es laufen die Variablen `number` und `divisor` aufeinander zu. `number` wird bei jeder Division immer kleiner, und der `divisor` wird durch das Inkrement immer größer. Im letzten Schritt wird es zu einem Rest `!= 0` kommen. Wenn `number` bei 1 angekommen ist, wissen wir, dass wir so oft dividieren konnten, bis wir am Anfang der Fakultätskette angekommen sind und es sich bei der Benutzereingabe um eine Fakultät handelt; das geben wir auf dem Bildschirm aus. Ist die Zahl nicht 1, so handelt es sich um keine Fakultät.

Aufgabe 2.5.8: Kleinste und größte Ziffer einer Zahl finden

```
final long n = 30;

long largest  = 0;
long smallest = n == 0 ? 0 : 9;

for ( long value = Math.abs( n ); value != 0; value /= 10 ) {
  long lastDigit = value % 10;
  largest  = Math.max( lastDigit, largest );
  smallest = Math.min(lastDigit, smallest );
}

System.out.println( smallest + ", " + largest );
```

Listing 2.25 src/main/java/com/tutego/exercise/lang/SmallestLargestDigit.java

Gegeben ist eine Zahl `n`, die positiv oder negativ sein kann. Durch eine Wiederholung der Operationen Division und Restwertbestimmung extrahieren wir Ziffer für Ziffer und aktualisieren zwei lokale Variablen: In `largest` soll später der größte Ziffernwert stehen und in `smallest` der kleinste Ziffernwert. Die Variable `largest` belegen wir mit `0` vor, und sie kann im Folgenden größer werden, falls die Zahl zum Testen nicht gleich `0` ist. Bei der kleinsten Ziffer in der Variablen `smallest` können wir nur dann mit `9` anfangen und vielleicht eine kleinere Zahl finden, wenn `n` nicht `0` ist. Der Bedingungsoperator prüft genau diesen Fall, denn ist `n` gleich `0`, dann ist der kleinste und auch größte Ziffernwert auch `0`. Die folgende Schleife wird auch nicht durchlaufen.

Positive und negative Zahlen sollen gleich behandelt werden, also werden mit der `Math`-Methode `abs(…)` negative Zahlen zu positiven Zahlen.

Achtung

Es gilt: `Math.abs(Integer.MIN_VALUE)` gleich `Integer.MIN_VALUE`, also bleibt das Ergebnis negativ. Diesen Sonderfall prüft das Programm nicht ab.

Da wir die Belegung von `n` nicht verändern wollen – sie ist `final` –, führen wir in der `for`-Schleife eine neue Variable `value` mit dem Absolutwert ein. Ist dieser Wert nicht `0`, dann wird der Rumpf der Methode ausgeführt, in dem der Restwertoperator die letzte Ziffer extrahiert und dann die Variable `largest` und `smallest` wenn nötig angepasst wird. Nach dem Durchlauf der Schleife wird `value` durch `10` dividiert. Ist dann das Ergebnis ungleich `0`, geht es wieder in den Schleifenrumpf. Ist das Ergebnis `0`, dann gibt es keine zu betrachtenden Ziffern mehr, die Schleife wird abgebrochen, und der kleinste und größte Wert werden auf dem Bildschirm ausgegeben.

Quiz 2.5.9: So nicht von 1 bis 100

```
class Sümme { //'ü' - Verstoß gegen Styleguide, sollte auch englisch sein
  private static int getSum() { // Präfix get ungünstig - tendenziell
                                // Verstoß gegen Styleguide
    int j == 0; // == statt = - syntaktischer Fehler
    for ( /* int */ i = 0, i <= 100, j++ );
      // int muss deklariert werden - syntaktischer Fehler
      // Zweimal , statt ; - syntaktischer Fehler
      // 100 -> 100 - syntaktischer Fehler
      // j statt i - semantischer Fehler
      // ';' am Ende der Zeile falsch - semantischer Fehler
      j += i
    ; // ; an die vorangehende Zeile setzen - Styleguide
    // return j fehlt - semantischer Fehler
  }
  public static void Main( String aarg ) {
    // Mit der Methode nicht startbar - semantischer Fehler
    // Angabe zum Array fehlt - semantischer Fehler,
    // wenn Programm startbar sein soll
    system.out.println( getsum() );
    // 'S' statt 's' - 2 * syntaktischer Fehler
  }
}
```

Aufgabe 2.5.10: Ein Wimpel im Wind durch geschachtelte Schleifen

```
final int MAX = 5;

// Normal output
for ( int i = 1; i <= MAX; i++ ) {
  for ( int j = 1; j <= i; j++ )
    System.out.print( i );

  System.out.println();
}
System.out.println();

// Centered output
for ( int i = 1; i <= MAX; i++ ) {
  for ( int indent = 0; indent < (MAX - i); indent++ )
    System.out.print( " " );
```

```
  for ( int j = 1; j <= i; j++ )
    System.out.print( i + " " );

  System.out.println();
}
```

Listing 2.26 com/tutego/exercise/lang/NestedLoopsForTrees.java

Die main-Methode enthält die Logik, die eine linksbündige Ausgabe erzeugt, und dann die zentrierte Ausgabe. Vorweg deklarieren wir eine finale Variable MAX, die die Anzahl der Zeilen bestimmt. Wenn wir die Anzahl der auszugebenden Zeilen modifizieren wollen, ändern wir einfach diese Variable und müssen nicht an verschiedenen Stellen im Programmcode Änderungen durchführen, etwa aus der 5 eine 9 machen.

Die äußere Schleife lässt einen Schleifenzähler i von 1 bis 5 laufen. Sie übernimmt dabei die Funktion, für fünf Zeilen Programmcode auszuführen. Die innere Schleife mit dem Schleifenzähler j schreibt eine einzelne Zeile. In der Zeile wird der Schleifenzähler j ausgegeben. Das Ende des Schleifenzählers j wiederum ist an den Schleifenzähler i der äußeren Schleife gebunden. Wenn der äußere Schleifenzähler i größer wird, ist auch die Zeile länger. Im Rumpf der Schleife müssen wir mit print(…) statt println(…) arbeiten, weil wir die Zahlen hintereinander ausgeben, aber erst am Ende der Zeile einen Zeilenumbruch setzen wollen. Daher befindet sich der Zeilenumbruch auch nicht in der inneren Schleife, sondern im Rumpf der äußeren Schleife, nachdem alles in der Zeile nebeneinandergeschrieben wurde.

Bei zentrierten Ausgaben jeder Art beginnt die Zeile am Anfang mit Weißraum. Wir müssen erstens berechnen, wie viel Weißraum nötig ist, und im nächsten Schritt müssen wir diesen Weißraum auch schreiben. In unserem Fall ist die Breite abhängig von der Zeile. Jede neue Zeile führt zu einer anderen Einrückung. Das Besondere in unserem Beispiel ist jedoch, dass die Abhängigkeit umgekehrt ist: Je mehr Zeilen es werden, desto weniger eingerückt ist es, und in der ersten Zeile ist die Einrückung maximal.

Möchten wir in Java einen String mit einer gewissen Länge produzieren oder ausgeben, haben wir unterschiedliche Möglichkeiten: Es lässt sich auf Spezialmethoden zurückgreifen, doch wir wollen hier einen sehr einfachen Weg gehen, von Hand mehrere Leerzeichen hintereinander zu setzen, um eine Einrückung zu realisieren. Bevor wir die eigentliche Zeile schreiben, setzen wir eine eigene for-Schleife vorweg, die Leerzeichen produziert. Diese Schleife nutzt einen eigenen Schleifenzähler indent. Die Variable indent ist an i gebunden, allerdings invers: Wird i größer, wird die Einrückung kleiner, also geht indent nur bis MAX - i.

Es bleibt dem Leser als Übung überlassen, diesen Baum auch für Zahlen größer als 10 vernünftig zentriert darzustellen.

Aufgabe 2.5.11: Einfaches Schachbrett ausgeben

```
System.out.print( "Checkerboard width: " );
int width = new java.util.Scanner( System.in ).nextInt();

System.out.print( "Checkerboard height: " );
int height = new java.util.Scanner( System.in ).nextInt();

for ( int y = 0; y < height; y++ ) {
  for ( int x = 0; x < width; x++ )
    System.out.print( (x + y) % 2 == 1 ? '#' : '_' );
  System.out.println();
}
```

Listing 2.27 com/tutego/exercise/lang/Checkerboard.java

Zunächst lesen wir die Breite und Höhe des Schachbretts ein. Da das Schachbrett in unserer Aufgabe nicht unbedingt quadratisch sein muss, sind zwei Eingaben nötig.

Immer dann, wenn es darum geht, Rechtecke zu zeichnen oder irgendeine Form von Tabellen, sind es in der Regel ineinandergeschachtelte Schleifen. So auch in unserem Fall. Wir haben eine Schleife über alle Zeilen und dann eine innere Schleife, die über die Spalten geht. Die Variablen nennen wir x und y, alternativ wäre row, col ebenfalls passend gewesen.

Die spannende Stelle ist im Inneren der Schleife, wenn wir uns entscheiden müssen, ob wir ein # oder einen Unterstrich schreiben. Hier ist ein wenig Logik nötig. Die Zeichen sind abhängig von der Position. Wenn x und y sich ändern, hat das eine direkte Auswirkung auf das Zeichen. Die Frage ist nun: Wie können wir das zu schreibende Zeichen abhängig von x und y machen? Testen wir, was bei einer Addition von x und y passiert:

0	1	**2**	3
1	**2**	3	**4**
2	3	**4**	5
3	**4**	5	**6**

Die geraden Zahlen sind fett gesetzt, und daran lässt sich ablesen, was die Lösung ist: Wir addieren die Zahlen und testen mit dem Restwertoperator, ob das Ergebnis gerade oder ungerade ist.

Fehlerhafte Werte müssen wir nicht besonders behandeln. Werden negative Zahlen oder 0 eingegeben, so kommt es zu keinem Schleifendurchlauf.

Aufgabe 2.5.12: Es weihnachtet sehr: Bäume mit Schmuck darstellen

Bevor wir uns mit der Lösung des Problems beschäftigen, wollen wir die Zusammenhänge erkennen zwischen der Anzahl Leerzeichen für die Einrückung und für die Breite des Baumes.

Zeilen	Einrückung	Sternchen/Breite
___*	3	1
__***	2	3
_*****	1	5
*******	0	7

Tabelle 2.3 Einrückung (symbolisch durch Unterstrich) und Baumbreite

Es ist gut zu erkennen, dass die Einrückung in Einerschritten dekrementiert wird, während die Sternchen in Zweierschritten zunehmen. Genauso können wir unser Programm formulieren, das in einer Schleife zwei Variablen verwendet, für die Einrückung und für die Breite, und dann entsprechend die Variablen vermindert und erhöht.

```
int width = 8;

for ( int stars = 1, indentation = (width - 1) / 2;
      stars <= width;
      stars += 2, indentation-- ) {

  for ( int i = 0; i < indentation; i++ )
    System.out.print( ' ' );

  for ( int col = 0; col < stars; col++ )
    System.out.print( Math.random() < 0.9 ? '*' : 'o' );

  System.out.println();
}
```

Listing 2.28 com/tutego/exercise/lang/XmasTree.java

Die Variable `width` speichert die Breite des Baumes, die wir mit `7` in unserem Beispiel vorbelegen. Die Schleife deklariert die Variablen `stars` und `indentation`, wobei `indentation` sich aus der halben Breite berechnet. Wir subtrahieren `1` von `width`, damit bei einer ungeraden Breite nicht fälschlicherweise ein zusätzliches Leerzeichen vorne steht. Im Rumpf der Hauptschleife gibt es zwei Unterschleifen, die die Zeile erzeugen.

Im ersten Schritt müssen wir die Einrückung schreiben, im zweiten Schritt müssen wir die Sternchen des Baumes ausgeben. Zu 90-prozentiger Wahrscheinlichkeit wird ein Sternchen ausgegeben, zu 10 % ein kleines o. Am Ende der Zeile setzen wir einen Zeilenumbruch, und dann geht es in der Schleife weiter.

Aufgabe 2.5.13: Fischige Stickmotive zeichnen

```
int repetitions = 1;

final String RIGHT_FISH = "><>";
final String LEFT_FISH  = "<><";
final String DISTANCE   = "   ";

for ( int fish = 0; fish < repetitions; fish++ ) {
  for ( int i = 0; i < repetitions; i++ )
    System.out.print( RIGHT_FISH + DISTANCE );
  for ( int i = 0; i < repetitions; i++ )
    System.out.print( LEFT_FISH + DISTANCE );
  System.out.println();
}
```

Listing 2.29 com/tutego/exercise/lang/FishPattern.java

Für den rechts und links schwimmenden Fisch deklarieren wir zwei Konstanten und zusätzlich eine Konstante für den Abstand zwischen den Fischen. Dieser Abstand wird auch am Ende der Zeile gesetzt, doch da der Weißraum nicht sichtbar ist, ist das kein Problem.

Die nächste Schleife generiert mehrere Zeilen. Die Anzahl der Zeilen ergibt sich durch die Belegung von `repetitions`. Innerhalb jeder Zeile nutzen wir zwei weitere Schleifen. Die erste Schleife setzt `repetitions` viele Fische nach rechts, und die zweite Schleife setzt `repetitions` viele Fische nach links. Am Ende der Zeile wird ein Zeilenumbruch gesetzt, und dann kann es mit der Hauptschleife weitergehen.

Aufgabe 2.5.14: Ausprobieren statt Denken

```
for ( int l = 0; l < 10; l++ ) {
  for ( int o = 0; o < 10; o++ ) {
    for ( int x = 0; x < 10; x++ ) {
      for ( int t = 0; t < 10; t++ ) {
        int xol = 100 * x + 10 * o + l;
        int lxx = 100 * l + 10 * x + x;
        int tlt = 100 * t + 10 * l + t;
```

```
        if ( (xol + lxx) == tlt ) {
          if ( (l != o) && (l != x) && (l != t) &&
               (o != x) && (o != t) && (x != t) )
            System.out.println( "Alles ungleiche Variablen:" );

          System.out.printf( "l=%d, o=%d, x=%d, t=%d%n", l, o, x, t );
        }
      } // end for t
    } // end for x
  } // end for o
} // end for l
```

Listing 2.30 com/tutego/exercise/lang/XOLLXXTLT.java

Der Trick in der Lösung ist der, alle möglichen Belegungen der vier Variablen zu produzieren. Das machen wir mit vier ineinandergeschachtelten Schleifen. Jede dieser Schleifen produziert dabei alle Werte von 0 bis 9. Bei vier Schleifen gibt es 10 × 10 × 10 × 10 = 10.000 insgesamt, was von der Laufzeit überschaubar ist. Hätten wir mehr Variablen und größere Wertebereiche, dann würde die Laufzeit rapide ansteigen. Unsere Lösung wäre dann vermutlich nicht mehr praktikabel.

Haben wir dann durch die Schleifen alle möglichen Werte generiert, berechnen wir `xol`, `lxx` und `tlt`, indem wir durch Multiplikation mit 10 und 100 die Variablen an die richtige Stelle schieben. Das ist eine Eigenschaft des Stellenwertsystems. Die Zahl 234 ist nichts anderes als 2 × 100 + 3 × 10 + 4, und so ist auch `xol` nichts anderes als `x * 100 + o * 10 + l`.

Anschließend testen wir, ob `xol + lxx` gleich `tlt` ist. Hier gibt es eine große Anzahl von Lösungen; wenn wir allerdings nur die Lösungen haben wollen, in denen alle vier Variablen unterschiedlich belegt sind, müssen wir das testen. Das macht die innere `if`-Anweisung. Sind alle Werte unterschiedlich, geben wir sie auf dem Bildschirm aus.

Mehr dieser schönen Aufgaben liefert Alphametic Puzzles (*https://www.gtoal.com/wordgames/alphametic/examples*).

Aufgabe 2.5.15: Anzahl Ziffern einer Zahl ermitteln

Für die Aufgabe wollen wir unterschiedliche Lösungswege durchgehen. Die Varianten 1 und 2 nutzen Schleifen, und daher ist die Aufgabe auch in diesem Abschnitt positioniert.

Der erste Ansatz ist der folgende: Wir teilen eine Zahl so lange durch `10`, bis das Ergebnis `0` ist. Nehmen wir als Beispiel die folgenden drei Anweisungen:

```
System.out.println( 123 / 10 ); // 12
System.out.println( 12 / 10 );  // 1
System.out.println( 1 / 10 );   // 0
```

Durch die Division durch 10 wird die Zahl immer kleiner, bis das Ergebnis irgendwann 0 ist. Die Divisionen müssen wir nur noch in eine Schleife setzen, einen Zähler hochsetzen, und die Anzahl Ziffern ist ermittelt. Das Abbruchkriterium ist, wenn das Ergebnis der Division 0 ist.

```
int digits = 1;
for ( int number = n / 10; number != 0; number /= 10 )
  digits++;
System.out.println( digits );
```

Listing 2.31 com/tutego/exercise/lang/NumberOfDigits.java

Die Anzahl der Ziffern ist mindestens 1, weswegen die Variable digits auch mit 1 vorbelegt ist.

Divisionen sind für den Computer relativ teuer, sodass wir auch mit dem umgekehrten Weg arbeiten können, eine Zahl so lange mit 10 zu multiplizieren, bis sie über der gegebenen Zahl liegt. Das macht die zweite Lösung:

```
int digits = 1;
for ( long powersOfTen = 10; powersOfTen <= n; powersOfTen *= 10 )
  digits++;
System.out.println( digits );
```

Listing 2.32 com/tutego/exercise/lang/NumberOfDigits.java

Ein Detail ist der Datentyp long, denn wenn wir eine sehr große Ganzzahl mit 10 multiplizieren, führt das zu einem Überlauf, und der Vergleich wäre nicht korrekt.

Die weiteren Lösungsvorschläge verwenden keine Schleifen, sondern ein etwas anderes Vorgehen.

Lösungsvorschlag 3 nutzt die Idee der Binärsuche. Allerdings suchen wir nach keinem Element, sondern nach der Anzahl Stellen.

```
if ( n >= 10_000 ) {
  if ( n >= 10_000_000 ) {
    if ( n >= 100_000_000 ) {
      if ( n >= 1_000_000_000 )
        System.out.println( 10 );
      else
        System.out.println( 9 );
    }
```

```
    else
      System.out.println( 8 );
  }
  else if ( n >= 10_0000 ) {
    if ( n >= 1_000_000 )
      System.out.println( 7 );
    else
      System.out.println( 6 );
  }
  else
    System.out.println( 5 );
}
else if ( n >= 100 ) {
  if ( n >= 1000 )
    System.out.println( 4 );
  else
    System.out.println( 3 );
}
else if ( n >= 10 )
  System.out.println( 2 );
else
  System.out.println( 1 );
```

Listing 2.33 com/tutego/exercise/lang/NumberOfDigits.java

Zahlen vom Typ `int` können maximal 10 Stellen lang sein. Also fragen wir zuerst ab, ob die Zahl mehr oder weniger als fünf Stellen hat, also größer oder kleiner als `10_000` ist. Ist die Zahl kleiner, dann nehmen wir die Hälfte von 5 Stellen – gerundet 3 Stellen – und fragen, ob der Wert größer oder kleiner als 100 ist. Ist der Wert größer als `10_000`, dann berechnen wir das arithmetische Mittel zwischen 5 Stellen und 10 Stellen, gerundet 8 Stellen, also `10_000_000`. Wir programmieren alle Möglichkeiten für eine Stelle, zwei Stellen, drei Stellen, bis zehn Stellen fest ein.

Dieses Vorgehen hat Vorteile und Nachteile. Der Vorteil ist, dass die Anzahl maximaler Vergleiche im Vorfeld klar ist; eine Binärsuche hat eine logarithmische Laufzeit. Ein Nachteil könnte sein, dass der Algorithmus keine Zahlenbereiche bevorzugt. Wenn wir wissen, dass eher kleinere Zahlen vorkommen, dann könnten wir mit dem Algorithmus auch etwas anders vorgehen.

Das macht Lösungsvorschlag 4. Er arbeitet mit mehreren verschachtelten Bedingungsoperatoren und bevorzugt kleine Zahlen. Je größer die Zahlen sind, desto mehr Vergleiche müssen gemacht werden.

```
int digits = n < 10 ? 1 :
             n < 100 ? 2 :
             n < 1000 ? 3 :
             n < 10000 ? 4 :
             n < 100_000 ? 5 :
             n < 1_000_000 ? 6 :
             n < 10_000_000 ? 7 :
             n < 100_000_000 ? 8 :
             n < 1_000_000_000 ? 9 :
             10;
System.out.println( digits );
```

Listing 2.34 com/tutego/exercise/lang/NumberOfDigits.java

Der letzte Lösungsvorschlag nutzt überhaupt keine Schleifen oder Fallunterscheidungen, sondern den Logarithmus. Zur Wiederholung:

$b^x a \Leftrightarrow \log_b(a)$ für alle $a, b > 0$ und $b \neq 1$

Wählen wir $b = 10$, ergibt sich:

$10^x = a \Leftrightarrow x = \log_{10}(a)$ für alle $a > 0$

Setzen wir rechts für a wieder 10^x ein, erkennt man schön:

$\log_{10}(10^x) = x$

Bei einer Zahl wie 10^x ist x die gesuchte Anzahl Stellen. Wir haben zwar keine Zehnerpotenzen, doch wir können die Fließkommazahl auf ein `int` bringen.

$\log_{10}$	Ergebnis (`double`)	Ergebnis (`int`)
1	0	0
9	0.954242509439	0
10	1	1
19	1.27875360095	1
99	1.9956351946	1
100	2	2

Tabelle 2.4 Logarithmus für verschiedene Zahlen, Zusammenhang mit der Anzahl Stellen

Es gilt also, den Logarithmus zu berechnen, das Ergebnis auf `int` anzupassen und um `1` zu erhöhen.

```
  int digits = n == 0 ? 1 : (int) Math.log10( n ) + 1;
  System.out.println( digits );
}
```

Listing 2.35 com/tutego/exercise/lang/NumberOfDigits.java

Bei Zahlen zwischen 0 und 1 sind die Funktionswerte negativ. Nähert man sich von rechts der 0, geht der Funktionswert gegen minus Unendlich. Daher betrachten wir `0` als Sonderfall und geben `1` Ziffer zurück.

Aufgabe 2.6.1: Herzen zeichnen

```
public static void line() {
  System.out.print( "♥♥♥♥♥♥♥♥♥♥" );
}
```

Listing 2.36 com/tutego/exercise/lang/LinePrinter.java

Die Implementierung lässt sich ohne große Schwierigkeit umsetzen. Wichtig ist lediglich, dass die Methode statisch ist, damit wir sie aus einer anderen Klasse heraus aufrufen können, ohne zwingend ein Objekt der Klasse aufbauen zu müssen.

```
LinePrinter.line();
```

Listing 2.37 com/tutego/exercise/lang/LinePrinterDemo.java

Da die Methode `line()` aus `LinePrinter` kommt und nicht in `LinePrinterDemo` vorhanden ist, müssen wir zum Zugriff auf die statische Methode den Klassennamen `LinePrinter` vor den Methodennamen setzen.

Aufgabe 2.6.2: Überladene Linien-Methoden implementieren

```
public static void line( int len, char c ) {
  while ( len-- > 0 )
    System.out.print( c );
}

public static void line( int len ) {
  line( len, '-' );
}

public static void line( String prefix, int len, char c, String suffix ) {
  System.out.print( prefix );
```

```
  line( len, c );
  System.out.print( suffix );
}
```

Listing 2.38 com/tutego/exercise/lang/LinePrinter.java

Wir müssen drei Methoden implementieren. Die erste Methode, die wir realisieren wollen, ist die wichtigste: die Methode `line(int len, char c)`, die ein Zeichen `c` eine bestimmte Anzahl `len` auf dem Bildschirm ausgibt. Das ist der typische Fall für eine Schleife. Die Lösung nutzt eine `while`-Schleife, die so lange die Anzahl herunterzählt, bis sie 0 wird. Lösungen dieser Art haben in der Praxis einen Nachteil, denn nach der `while`-Schleife ist der Parameter vernichtet, das heißt, falls nach der `while`-Schleife aus irgendwelchen Gründen erneut auf die Variable `len` zurückgegriffen werden müsste, hätten wir ein Problem. Da unsere Methode aber sehr kompakt ist, ist das für uns in Ordnung, wir benötigen `len` nicht mehr.

Bei der zweiten Methode, die standardmäßig ein Minus ausgibt, ist es praktisch, dass wir auf die vorher implementierte Methode zurückgreifen können, die allgemein jedes beliebige Zeichen eine gewisse Anzahl hintereinandersetzt. Diese Methode können wir aufrufen und schieben damit die »Verantwortung« für die Ausgabe von uns weg.

Auch die letzte Methode delegiert, schreibt aber vorher auf dem Bildschirm ein Präfix und nach dem Zeichen in der Linie ein Suffix.

Ein Aufruf der Methoden sieht wie folgt aus:

```
int len = new java.util.Scanner( System.in ).nextInt();
LinePrinter.line( len );
System.out.println();

LinePrinter.line( 4, '*' );
System.out.println();

LinePrinter.line( "{", 4, '*', "}" );
System.out.println();
```

Listing 2.39 com/tutego/exercise/lang/LinePrinterDemo.java

Aufgabe 2.6.3: Alles im Lot

```
public static boolean isRightTriangle( double a, double b, double c ) {

  // Step 1: propagate the largest value into c
```

```
  // If a > c then swap
  if ( a > c ) {
    double swap = a;
    a = c;
    c = swap;
  }

  // If b > c then swap
  if ( b > c ) {
    double tmp = b;
    b = c;
    c = tmp;
  }

  // Step 2: The test
  return a * a + b * b == c * c;
}
```

Listing 2.40 com/tutego/exercise/lang/RightTriangle.java

Wenn Dreiecke rechtwinklig sind, genügen sie der Gleichung $c^2 = a^2 + b^2$. Das funktioniert aber nur dann, wenn `a` und `b` kleiner als `c` sind. Da jedoch unklar ist, in welcher Ordnung die Variablen in die Methode kommen, müssen wir die Variablen `a`, `b` und `c` erst aufsteigend sortieren, sodass `c` die größte Zahl ist.

Damit in `c` die größte Zahl steht, testen wir zunächst, ob `a` größer als `c` ist. Wenn ja, vertauschen wir den Inhalt von `a` und `c`. Das Gleiche machen wir mit `b` und `c`: Wenn `b` größer als `c` ist, vertauschen wir `a` und `c`. Auf die Ordnung von `a` und `b` kommt es nicht an, nur darauf, dass am Ende in `c` die größte Zahl steht. Die eigentliche Vertauschoperation realisieren wir über eine Zwischenvariable.

Der eigentliche Test ist mit `a * a + b * b == c * c` einfach. Allerdings bleibt ein Problem mit Rechenungenauigkeiten, denn ein exakter `==`-Test ist mit Fließkommazahlen schwierig. Prüfungen mit einer gewissen Ungenauigkeit sind eine Option. Eine Möglichkeit wäre, einen zusätzlichen Parameter `double tolerance` dafür einzusetzen, als Toleranz, dass innerhalb des Bereiches die Werte als gleich angesehen werden.

Aufgabe 2.6.4: Collatz-Folge berechnen

```
static void collatz( long n ) {
  while ( n > 1 ) {
    System.out.print( n + " -> " );
    if ( n % 2 == 0 )
      n /= 2;
```

```
    else
      n = 3 * n + 1;
  }
  System.out.println( 1 );
}

static long collatzMax( long n ) {
  long max = n;
  while ( n > 1 ) {
    if ( n % 2 == 0 )
      n /= 2;
    else {
      n = 3 * n + 1;
      if ( n > max )
        max = n;
    }
  }
  return max;
}

static long collatz( long n, long max ) {
  if ( n > 1 ) {
    if ( n % 2 == 0 )
      return collatz( n / 2, Math.max( n, max ) );
    return collatz( 3 * n + 1, Math.max( n, max ) );
  }
  return max;
}

public static void main( String[] args ) {
  collatz( 27 );
  System.out.println( collatzMax( 27 ) );
  System.out.println( collatz( 27, 0 ) );
  collatz( 20 );
  System.out.println( collatzMax( 20 ) );
  System.out.println( collatz( 20, 0 ) );
}
```

Listing 2.41 com/tutego/exercise/lang/Collatz.java

Wir schreiben die Methode `collatz(long)` und nehmen eine Ganzzahl `n` an. Wir müssen eine Wiederholung durchführen, wenn `n` größer als 1 ist, und abbrechen, wenn `n = 1` ist. Um herauszufinden, ob die Zahl gerade oder ungerade ist, greifen wir zum

Restwertoperator. Wenn die Zahl gerade ist, teilen wir sie durch 2, andernfalls multiplizieren wir die Zahl mit 3 und addieren 1. `n /= 2` ist eine Abkürzung für `n = n / 2`. Wir dürfen nicht `n = 3 * n + 1` durch `n *= 3 + 1` verkürzen, nicht nur, weil die Lesbarkeit schlechter sein dürfte, sondern weil `n *= 3 + 1` zu `n = n * (3 + 1)` wird.

Wenn wir das Maximum bestimmen wollen, ist der Algorithmus fast identisch mit dem vorherigen. Der einzige Unterschied liegt in der Deklaration der Variablen `max`. Zum Start wird `max` mit dem Argument aus der Übergabe initialisiert und während der Schleife möglicherweise aktualisiert. Da die Division durch 2 zu einem kleineren Wert führt, müssen wir `max` nicht anpassen. Aber wird während des Durchlaufs die Zahl durch die Multiplikation mit 3 vergrößert, aktualisieren wir die Variable `max` falls nötig.

Bei der rekursiven Implementierung müssen wir die Parameterliste verändern, weil wir das Maximum von einem Rekursionsschritt auf den nächsten übertragen müssen. Wenn wir die Implementierung betrachten, fallen Ähnlichkeiten auf. Wenn `n` größer als 1 ist, haben wir noch etwas zu tun, und wir gehen in die Rekursion. Wenn `n` gleich 1 ist, dann sind wir am Ende und können das letzte Maximum zurückgeben. War `n` echt größer als 1, müssen wir wieder den Test durchführen, ob die Zahl gerade oder ungerade war. Ist die Zahl gerade, teilen wir sie durch 2 und gehen wieder in die Rekursion. Wir müssen natürlich das Maximum anpassen. An dieser Stelle ist unklar, ob die Variable `max` größer ist oder `n`, denn `n` wurde ja vom Schritt vorher verändert. Daher hilft uns die mathematische Funktion `Math.max(…)`, das Maximum zu berechnen, und damit gehen wir erneut in die Rekursion. Das Gleiche machen wir, wenn `n` ungerade war.

Aufgabe 2.6.5: Multiplikationstabelle erstellen

```
private static void startTable() { System.out.println( "<table>" ); }

private static void endTable() { System.out.println( "</table>" ); }

private static void startRow() { System.out.print( "<tr>" ); }

private static void endRow() { System.out.println( "</tr>" ); }

private static void headerCell( String value ) {
  System.out.print( "<th>" + value + "</th>" );
}

private static void dataCell( String value ) {
  System.out.print( "<td>" + value + "</td>" );
}
```

```
private static void dataCell( int value ) {
  dataCell( Integer.toString( value ) );
}

public static void main( String[] args ) {
  final int BASE_PRICE_FLAMETHROWER       = 500;
  final int BASE_PRICE_FIRE_EXTINGUISHER = 100;

  startTable();

  startRow();
  headerCell( "Quantity" );
  headerCell( "Flamethrower" );
  headerCell( "Fire extinguisher" );
  endRow();

  for ( int i = 1; i <= 10; i++ ) {
    startRow();
    dataCell( i );
    dataCell( BASE_PRICE_FLAMETHROWER * i );
    dataCell( BASE_PRICE_FIRE_EXTINGUISHER * i );
    endRow();
  }

  endTable();
}
```

Listing 2.42 com/tutego/exercise/lang/MultiplicationTable.java

HTML ist eine Auszeichnungssprache und zählt zur Technologie, doch alle technologischen Dinge sollten aus der »Geschäftslogik« ausgelagert werden. In unserem Falle schreiben wir mehrere Methoden, die jeweils die HTML-Tags auf der Kommandozeile ausgeben. Das eigentliche Hauptprogramm sieht dann nicht, was im Hintergrund passiert. Zwei Methoden kümmern sich um den Start und das Ende einer Tabelle, zwei weitere Methoden kümmern sich um den Anfang und Ende einer Tabellenzeile. Die zwei `dataCell(…)`-Methoden bilden eine Ausnahme, weil sie die Daten in HTML-Tags einrahmen. `dataCell(…)` ist überladen mit zwei Parametern, sodass wir die Methode flexibel sowohl mit einer ganzen Zahl als auch mit einem String aufrufen können. Natürlich müssen nicht beide Methoden komplett implementiert werden, es reicht, dass die eine Methode mit der Ganzzahl diese in einen String konvertiert und dann an die andere Methode delegiert. Für den Tabellenkopf haben wir eine eigene Methode `headerCell(String)`.

`main(…)` startet die Tabelle und startet die erste Zeile. Anschließend werden für die Spalten drei Tabellenzellen für die Überschrift geschrieben und die Zeile abgeschlossen. Es folgt eine Schleife, die Zeilen von 1 bis 10 generiert. Jede Tabellenzeile müssen wir in HTML beginnen, anschließend kann der Schleifenzähler direkt in die erste Spalte geschrieben werden. Die zweite Spalte ergibt sich durch `500` (Preis eines Flammenwerfers) mal dem Schleifenzähler, die letzte Spalte ergibt sich durch `100` (Preis eines Feuerlöschers) mal dem Schleifenzähler für die Zeile. Zum Schluss beenden wir die Zeile, und am Ende der Schleife beenden wir die Tabelle. Da sich die Preise ändern könnten, führt das Programm Konstanten ein.

Kapitel 3

Klassen, Objekte, Pakete

In den Aufgaben der vorherigen Kapitel haben wir Klassen als Behälter für statische Methoden eingesetzt. Bewusst neue Objekte mit `new` aufgebaut haben wir nicht. In diesem Kapitel folgenden Aufgaben zum Erzeugen neuer Objekte, zu den Objektreferenzen und zu der besonderen `null`-Referenz.

Voraussetzungen

- Unterschied zwischen Objekttyp und Referenztyp kennen
- `new` einsetzen können
- Aufgabe und grundlegende Arbeitsweise der automatischen Speicherbereinigung (*Garbage Collector*) kennen
- Objekte an Methoden übergeben und zurückliefern können
- Pakete aufbauen können
- Typen importieren können
- Gleichwertigkeit und Identität trennen können
- Problem mit der `null`-Referenz verstehen

Java ist auch eine Insel, Kapitel 3

In der »Insel« erklärt Kapitel 3, »Klassen und Objekte«, die nötigen Voraussetzungen.

Verwendete Datentypen in diesem Kapitel:

- `java.awt.Polygon` (*https://docs.oracle.com/en/java/javase/11/docs/api/java.desktop/java/awt/Polygon.html*)
- `java.awt.Point` (*https://docs.oracle.com/en/java/javase/11/docs/api/java.desktop/java/awt/Point.html*)

3.1 Objekte erzeugen

Für die folgenden Beispiele greifen wir auf die Klassen `Point` und `Polygon` aus dem Paket `java.awt` zurück. Das Paket `java.awt` enthält unterschiedliche Klassen, viele für grafische Oberflächen. Der Punkt und das Polygon sind allerdings nicht grafisch, und wir werden auch keine grafischen Oberflächen programmieren. Die Java-Typen für Punkte und Polygone sind aber schöne einfache Datentypen, die öffentlich zugängliche Objektvariablen haben sowie gut verständliche Objektmethoden, sodass sie für unsere ersten Übungen ganz gut geeignet sind. Wir werden im Aufgabenbuch keine weiteren Datentypen aus dem `java.awt`-Paket nutzen.

3.1.1 Polygone zeichnen ★★★

Ein Polygon ist ein geschlossener Linienzug. Die Java-Bibliothek hält für Polygone eine Klasse `java.awt.Polygon` bereit, die wir mit Punkten »füttern« können.

Captain CiaoCiao fährt mit dem Schiff in die Nähe des Bermudadreiecks und sucht den Wassergeist Undine. Doch das Bermudadreieck ist gefährlich und voller Killerkraken. Die Seefahrer müssen den Bereich auf jeden Fall meiden. Gut wäre jetzt eine Karte ...

Aufgabe:

- Lege eine neue Klasse `BermudaTriangle` an mit einer `main(...)`-Methode.
- Erzeuge ein `java.awt.Polygon`-Objekt.
- Ein Polygon besteht aus Punkten, die mit einer Methode hinzugefügt werden. Wie heißt diese Methode?

- Erzeuge ein Dreieck für das geheimnisvolle Bermudadreieck. Bleibe bei den Koordinaten im Wertebereich von 0 bis 50.
- Wenn die Position des Schiffs ein Punkt ist, wie lässt sich herausfinden, ob ein gewählter Punkt innerhalb des Dreiecks liegt?
- Schachtele zwei Schleifen für 0 <= x < 50 und 0 <= y < 50, und erzeuge damit ein rechteckiges Raster. Gib genau dann eine Krake aus, wenn die x-y-Koordinate einen Punkt trifft, der im Polygon liegt, und sonst einen Regenbogen. Setze den Bedingungsoperator ein: `print(ist_im_Polygon ? "\uD83D\uDC19" : "\uD83C\uDF08");`

  Dabei steht `ist_im_Polygon` sinnbildlich für den Test, ob sich der Punkt im Polygon befindet.
- Optional: Gehören die Punkte auf der Linie zum Inneren? Was ist mit den Punkten selbst? Gehören sie zum Inneren oder zum Äußeren des Polygons?

Info

Ab Java 9 gibt es das Modulsystem. Standardmäßig sind nur die Typen aus dem `java.base`-Modul eingebunden, und dieses enthält keine GUI-Typen. AWT-Typen sind Teil von Desktop-Modul `java.desktop`. Wer Module nutzt (eine Datei namens `module-info.java` existiert im Hauptverzeichnis der Anwendung), muss das Modul `java.desktop` einbinden:

```
module com.tutego.bermuda {
  requires java.desktop;
}
```

3.2 Import und Pakete

Pakete ordnen Typen thematisch. Kein Typ sollte in einem Standardpaket liegen. Typen in Paketen können wir voll qualifizieren oder über die `import`-Deklaration in der Compilationseinheit bekannt machen.

3.2.1 Quiz: Schön der Reihe nach ★

Eine Datei ist eine Compilationseinheit, und in den allermeisten Fällen wird in einer Compilationseinheit mindestens eine Typdeklaration sitzen, so etwas wie eine Klassendeklaration. Optional sind dann eine `package`-Deklaration bzw. `import`-Deklarationen. Eine `package`-Deklaration ist nur dann zwingend, wenn der Typ nicht im *default package* deklariert wird, sondern in einem eigenen Paket. Eine `import`-Deklaration wiederum ist rein optional und nur praktisch, denn wenn wir Typen aus anderen Paketen nutzen, wollen wir uns im Allgemeinen Schreibarbeit mit vollqualifizierten Typen sparen und wenig schreiben, dass nur der Typname im Quellcode auftaucht.

Wie lautet die korrekte Reihenfolge der Deklarationen?

1. `import`-Deklaration(en), `package`-Deklaration, Typdeklaration(en)
2. `import`-Deklaration(en), Typdeklaration(en), `package`-Deklaration
3. `package`-Deklaration, `import`-Deklaration(en), Typdeklaration(en)
4. Typdeklaration(en), `import`-Deklaration(en), `package`-Deklaration
5. Typdeklaration(en), `package`-Deklaration, `import`-Deklaration(en)

3.3 Arbeiten mit Referenzen

Nach dem Erzeugen eines Objekts mit `new` bekommen wir eine Referenz auf die Instanz zurück. Diese Referenz lässt sich anderen Methoden übergeben, und Methoden können auch Referenzen zurückgeben.

3.3.1 Quiz: Das kurze Leben der Punkte ★

Gegeben ist folgender Programmcode, wobei `Point` aus `java.awt` stammt:

```
Point p, q, r;
p = new Point();
q = p;
Point s = new Point();
p = new Point();
s = new Point();
// Wie viele Objekte bleiben übrig?
```

Frage:

- Wie viele Referenzvariablen werden deklariert?
- Wie viele Objekte werden aufgebaut?
- Wie viele Objekte werden am Ende der Zeilen beim Kommentar referenziert? Was kann die automatische Speicherbereinigung entfernen?

3.3.2 Dreiecke aufbauen ★

Captain CiaoCiao ist sich sicher, dass die gefährlichen Stellen im Bermudadreieck zufällig sein können – er muss auf alles vorbereitet sein.

Aufgabe:

- Lege in der vorhandenen Klasse `BermudaTriangle` eine neue statische Methode an:

```
static Polygon resetWithRandomTriangle( Polygon polygon ) {
  // return gesetztes Dreieck
}
```

Diese Methode soll das übergebene `java.awt.Polygon`, das noch Punkte enthalten könnte, erst leeren, dann mit einem zufälligen Dreieck belegen und am Ende zurückgeben.

- Schreibe eine weitere statische Methode, welche ein *neues* zufälliges Dreieck zurückgibt:

```
static Polygon createRandomTriangle() {
  // return beliebiges Dreieck
}
```


3.3.3 Quiz: == vs. equals(...) ★

Wie wird der Compiler bzw. die Laufzeitumgebung reagieren?

```
public class EqualsOperatorOrMethod {

 public static void main( String[] args ) {

   int number1 = 1234;
   int number2 = 1234;

   if ( number1 == number2 )
     System.out.print( "==" );

   if ( number1.equals( number2 ) )
     System.out.print( "equals" );
 }
}
```

Wird auf dem Bildschirm `==` ausgegeben oder `equals`, oder wird keine der beiden Fallunterscheidungen fangen, sodass es keine Ausgabe gibt, oder gibt es sogar einen Compilerfehler?

3.3.4 Quiz: Gegen NullPointerException schützen ★

Könnte eine Referenzvariable mit `null` belegt sein, benötigen wir eine Sicherheitsabfrage auf `null`, damit das Programm nicht in eine `NullPointerException` läuft.

Gesucht ist eine Fallunterscheidung, die prüfen soll, ob

- ein `String string` weder `null`
- noch leer ist.

Anders gefragt: Teste, ob eine `String`-Instanz existiert und der `String` mindestens ein Zeichen hat. Welche der Fallunterscheidungen prüft das korrekt?

- `if ( ! string.isEmpty() && string != null )`
- `if ( string != null & ! string.isEmpty() )`
- `if ( string != null && ! string.isEmpty() )`
- `if ( ! (string == null || string.isEmpty()) )`
- `if ( ! (string == null | string.isEmpty()) )`
- `if ( Objects.requireNonNull( string ) && ! string.isEmpty() )`
- `if ( Objects.requireNonNull( string ) != null )`

Tipp

Für eine Lösung sind zwei Eigenschaften von Java zu berücksichtigen:

1. Die Auswertung findet von links nach rechts statt.
2. Die logischen Operatoren `&&` und `||` sind Kurzschlussoperatoren: Steht das Endergebnis fest, müssen die anderen Ausdrücke nicht ausgewertet werden.[1]

3.4 Lösungsvorschläge

Aufgabe 3.1.1: Polygone zeichnen

```
java.awt.Polygon bermuda = new java.awt.Polygon();

// Dimensions of the Bermuda triangle
bermuda.addPoint( 10, 40 );
bermuda.addPoint( 20, 5 );
bermuda.addPoint( 40, 20 );

// Inside the Bermuda triangle?
System.out.println( bermuda.contains( 25, 25 ) );  // true

final int DIMENSION = 50;
final String OCTOPUS = "\uD83D\uDC19";
final String RAINBOW = "\uD83C\uDF08";

// For every coordinate pair test if inside triangle
for ( int y = 0; y < DIMENSION; y++ ) {
```

1 *https://docs.oracle.com/javase/specs/jls/se16/html/jls-15.html#jls-15.23* und *https://docs.oracle.com/javase/specs/jls/se16/html/jls-15.html#jls-15.24*

```
  for ( int x = 0; x < DIMENSION; x++ )
    System.out.print( bermuda.contains( x, y ) ? OCTOPUS : RAINBOW );
  System.out.println();
}
```

Listing 3.1 com/tutego/exercise/oop/BermudaTriangle.java

Nach dem gleichen Muster, wie ein `java.awt.Point` aufgebaut wird, bauen wir ein `java.awt.Polygon()` auf. Die Referenz auf das neu aufgebaute Objekt speichern wir in einer Variablen `bermuda`. Dem Polygon fügen wir im Folgenden drei Punkte hinzu. Dass die Methode `addPoint(…)` heißt, kann man aus der Java-Dokumentation ablesen, oder man ist neugierig und schaut auf das, was die Entwicklungsumgebung aufmacht, wenn nach dem auf `bermuda` folgenden Punkt (`.`) automatisch ein Auswahlfenster erscheint. Der Methode werden nun x- und y-Koordinaten übergeben; es stand nicht in der Aufgabe, dass die Werte zufällig sein müssen, daher tragen wir drei statische Paare ein.

Dass die Methode zum Testen `contains(…)` heißt, lässt sich wiederum aus der Java-Dokumentation ablesen oder eben wieder neugierig über den Dialog und die Autovervollständigung erraten. Es ist immer eine gute Idee, das, was man von dem Objekt haben möchte, ins Englische zu übersetzen und dann nach diesen Verben in der Methodenliste oder Javadoc suchen. Methoden sind immer Verben, `contains` ist ein gutes Beispiel dafür. Das kann man bei dem `Point` ganz gut ablesen, er hat auch Methoden wie `move` oder `translate`, also Bewegen oder Verschieben.

Als Letztes folgen die beiden ineinandergeschachtelten Schleifen. Das kennen wir schon. Wir gehen mit der äußeren Schleife über alle Zeilen und dann mit der inneren Schleife über die Zeile selbst (x-Achse). Der Bedingungsoperator macht die Abfrage recht einfach. Mit `contains(…)` testen wir dann für alle Punkte, ob sie im Polygon liegen oder nicht. Liegen die Punkte im Polygon, zeichnen wir eine Krake, andernfalls den Regenbogen. Für die Unicode-Symbole gibt es sprechende Konstanten.

Über die Punkte auf der Linie oder die Eckpunkte lassen sich keine Aussagen treffen; sie gehören weder eindeutig zum Polygon, noch sind sie eindeutig außerhalb vom Polygon, sondern liegen auf dem Rand des Polygons.

Quiz 3.2.1: Schön der Reihe nach

Die `package`-Deklaration steht immer am Anfang. Natürlich können vor der `package`-Deklaration noch Kommentare kommen; aber mit einer `package`-Deklaration, von der es ja höchstens eine geben kann, beginnt es immer. Die `import`-Deklarationen, von denen wir gesagt haben, sie sind optional, folgen anschließend. Alle `import`-Deklarationen gelten immer für die gesamte Compilationseinheit. Zum Schluss können eine oder beliebig viele Typdeklarationen folgen. Die richtige Antwort ist folglich 3.

Quiz 3.3.1: Das kurze Leben der Punkte

Insgesamt werden vier Referenzvariablen deklariert (p, q, r, s) und vier Objekte aufgebaut. Wenn wir wissen wollen, wie viele Objekte generiert werden, müssen wir nur die Anzahl der vorkommenden new zählen.

Nicht jede Referenzvariable wird initialisiert. Die Variable r bleibt uninitialisiert; wir könnten auf sie nicht lesend zurückgreifen, denn r ist noch nicht einmal mit der null-Referenz vorinitialisiert.

Von den vier aufgebauten Objekten bleiben letztendlich drei übrig, denn die erste Initialisierung des Punktes s wird durch die letzte Zeile überschrieben. Das heißt: Der bei Point s = new Point(); aufgebaute Punkt wird nicht mehr referenziert und kann vom Garbage Collector weggeräumt werden. Auch die Variable p wird neu initialisiert, trotzdem bleibt der erste generierte Point im Speicher bestehen, denn die Variable q zeigt ebenfalls auf das Objekt und hat es somit gerettet.

Aufgabe 3.3.2: Dreiecke aufbauen

```
private static final int DIMENSION = 50;

static Polygon resetWithRandomTriangle( Polygon poly ) {
  poly.reset();

  Random random = ThreadLocalRandom.current();
  poly.addPoint( random.nextInt( DIMENSION ), random.nextInt( DIMENSION ) );
  poly.addPoint( random.nextInt( DIMENSION ), random.nextInt( DIMENSION ) );
  poly.addPoint( random.nextInt( DIMENSION ), random.nextInt( DIMENSION ) );

  return poly;
}

static Polygon createRandomTriangle() {
  return resetWithRandomTriangle( new Polygon() );
}
```

Listing 3.2 com/tutego/exercise/oop/BermudaTriangle2.java

Beginnen wir mit der Methode resetWithRandomTriangle(Polygon poly), die ein Polygon annimmt und den Verweis auf exakt dieses Polygon auch wieder zurückliefert. Da das übergebene Polygon prinzipiell schon Elemente besitzen könnte, wollen wir alle Elemente entfernen. Hier ist ein Blick auf die Dokumentation nötig, die uns zur

Methode `reset()` führt. Anschließend erzeugen wir wie üblich drei Zufallspunkte und fügen sie dem Polygon hinzu. Zum Schluss geben wir das Polygon zurück.

Grundsätzlich kann man sich fragen, warum denn nun eine Methode, die ein Polygon erwartet, dieses Polygon auch wieder zurückgibt. `resetWithRandomTriangle(…)` könnte durchaus `void` liefern, denn im Inneren wird ja kein neues `Polygon`-Objekt aufgebaut. Methoden, die Rückgaben haben, sind jedoch grundsätzlich besser als Methoden, die nichts zurückgeben. Denn wenn wir etwas zurückbekommen, dann ist das ein Ausdruck, und Ausdrücke sind praktisch.

Gut zu sehen ist der Einsatz an der zweiten Methode `createRandomTriangle()`, denn sie kann auf die vorherige Methode `resetWithRandomTriangle(…)` zurückgreifen und dort ein neues `Polygon` übergeben. Da `resetWithRandomTriangle(…)` dieses übergebene `Polygon` auch direkt zurückliefert, können wir mit einem Einzeiler die Methode beenden. Würde `resetWithRandomTriangle(…)` nichts zurückgeben, müssten wir zwingend eine Zwischenvariable einführen, die wir erst mit dem neuen `Polygon` belegen und zum Schluss über `return` zurückgeben. Diese Zwischenvariable können wir einsparen, wenn `resetWithRandomTriangle(…)` das Argument auch gleichzeitig wieder zurückgibt.

Quiz 3.3.3: == vs. equals(…)

Primitive Datentypen sind keine Referenztypen, folglich ist keine einzige Methode auf den primitiven Datentypen aufrufbar. Es ist in Java nicht zulässig, hinter dem primitiven Element einen Punkt zu setzen und dann eine Objekteigenschaft aufzurufen. Anders sieht das aus, falls die primitiven Datentypen vom Compiler automatisch in sogenannte Wrapper-Objekte umgewandelt werden, doch das ist eine andere Geschichte. Es gibt folglich einen Compilerfehler.

Quiz 3.3.4: Gegen NullPointerException schützen

Zu den einzelnen Bedingungen:

- `if ( ! string.isEmpty() && string != null )`

  Die Abfrage prüft erst, ob der `string` leer ist und dann, ob `string` `null` ist. Da die Auswertung von links nach rechts erfolgt und hier zuerst auf die Länge geprüft wird, führt diese Schreibweise bei `string == null` zu einer `NullPointerException` und vermeidet keine.

- `if ( string != null & ! string.isEmpty() )`

  `&&` und `||` sind *Kurzschlussoperatoren*, und sie haben ein Pendant `&` und `|`, die nicht nach dem Kurzschluss-Prinzip arbeiten, also alle Seiten ausführen. Also liefert auch das gegebenenfalls eine `NullPointerException`, weil es zum versuchten Methodenaufruf kommt.

- `if ( string != null && ! string.isEmpty() )`

  Diese Prüfung ist korrekt. Die Reihenfolge stimmt, zunächst wird getestet ob `string` ungleich `null` ist. Ist das Ergebnis `false`, wird der rechte Teil erst gar nicht ausgewertet. Damit wird eine `NullPointerException` vermieden.

- `if ( ! (string == null || string.isEmpty()) )`

  Logische Ausdrücke lassen sich doppelt negieren, was zum gleichen Ergebnis führt. Dabei werden die einzelnen logischen Ausdrücke umgedreht, aus einem Und wird ein Oder und aus einem Oder wird ein Und. Zusätzlich wird der gesamte Ausdruck negiert – das Stichwort ist *boolesche Algebra*. Damit ist auch diese Fallunterscheidung korrekt. Es ist abhängig vom Kontext, ob das die Lesbarkeit vereinfacht oder nicht, in diesem speziellen Fall wohl eher nicht.

- `if ( ! (string == null | string.isEmpty()) )`

  Der Operator | führt zur Auswertung beider Seiten: Es kommt zu einer `NullPointerException`, wenn `string` gleich `null` ist.

- `if ( Objects.requireNonNull( string ) && ! string.isEmpty() )`

  Es gibt mit dieser Schreibweise einen Compilerfehler, denn es liefert `Objects.requireNonNull(…)` eine Referenz, aber logische Verknüpfungen sind nur mit `boolean` erlaubt.

- `if ( Objects.requireNonNull( string ) != null )`

  Es findet kein Test statt, ob der String auch Zeichen enthält; das ist keine Funktion von `requireNonNull(…)`. Außerdem wäre der Einsatz kontraproduktiv, denn wenn der String `null` wäre, würden wir eine Exception bekommen, was wir ja gerade vermeiden wollen. `requireNonNull(…)` setzt man nur ein, wenn ganz bewusst eine Exception ausgelöst werden soll, um fehlerhafte Parameter zu melden.

Kapitel 4
Arrays

Arrays sind wichtige Datenstrukturen, die auch indirekt in Java auftauchen, etwa bei der erweiterten `for`-Schleife oder variablen Argumentlisten. Dieses Kapitel enthält Aufgaben zum Aufbau von Arrays, zum Ablaufen von Arrays und Fragen nach Algorithmen, etwa zur Suche von Elementen in einem Array.

Voraussetzungen

- Arrays anlegen, abfragen, füllen können
- Arrays mit erweiterter `for`-Schleife ablaufen können
- ein- und mehrdimensionale Arrays nutzen können
- variable Argumentlisten aufbauen können
- Utility-Methoden der Klasse `Arrays` kennen

Java ist auch eine Insel, Kapitel 4

In der »Insel« erklärt Kapitel 4, »Arrays und ihre Anwendungen«, die nötigen Voraussetzungen.

Verwendete Datentypen in diesem Kapitel:

- `java.util.Arrays` (*https://docs.oracle.com/en/java/javase/11/docs/api/java.base/java/util/Arrays.html*)
- `java.lang.System` (*https://docs.oracle.com/en/java/javase/11/docs/api/java.base/java/lang/System.html*)

4.1 Alles hat einen Typ

Bevor wir uns den Zugriff auf die Elemente anschauen, wollen wir uns mit den Typen näher beschäftigen. Es ist wichtig, den Unterschied zwischen Objekttyp und Referenztyp zu kennen.

4.1.1 Quiz: Array-Typen ★

Arrays sind in Java *kovariant*, das bedeutet zum Beispiel, dass `String[]` ein Untertyp von `Object[]` ist. Das klingt ein bisschen akademisch, ist es vermutlich auch, daher soll die folgende Aufgabe das Verständnis für die Kovarianz von Arrays schärfen.

Überlege, ob alle Anweisungen compilieren bzw. zur Laufzeit funktionieren:

```
/* 1 */ String[] strings1 = new String[ 100 ];
/* 2 */ Object[] a1 = (String[]) strings1;
/* 3 */ Object[] a2 = strings1;
/* 4 */ Object[] strings2 = new String[]{ "1", "2", "3" };
/* 5 */ String[] a3 = (String[]) strings2;
/* 6 */ String[] strings3 = { "1", "2", "3" };
/* 7 */ Object[] a4 = strings3;
/* 8 */ Object[] strings4 = { "1", "2", "3" };
/* 9 */ String[] a5 = (String[]) strings4;

/* A */ int[] ints1 = new int[ 100 ];
/* B */ Object[] a6 = (int[]) ints1;
/* C */ Object[] ints2 = new int[ 100 ];
/* D */ int[] a7 = (int[]) ints2;
```

4.2 Eindimensionale Arrays

Ein Array ist eine Sammlung gleichartiger Elemente. *Eindimensionale Arrays* enthalten direkt die Elemente und keine weiteren Unter-Arrays.

4.2.1 Arrays ablaufen und Windgeschwindigkeit, Windrichtung ausgeben ★

Captain CiaoCiao segelt über das Meer, der Wind bläst von allen Seiten. Er muss die Windgeschwindigkeit und Windrichtung immer im Blick haben.

Aufgabe:

- Deklariere zwei Arrays `int[] windSpeed` und `int[] windDirection`.
- Initialisiere beide Arrays je mit drei ganzzahligen Zufallszahlen (prinzipiell sollte die Anzahl beliebig sein), wobei die Windstärke zwischen 0 und (kleiner) 200 km/h und die Windrichtung zwischen 0 und (kleiner) 360 Grad liegen kann.
- Laufe mit einer Schleife über das Array, und gib alle Pärchen kommasepariert aus.

Beispiel:

- Enthält z. B. das Array `windSpeed` die Werte `{82, 70, 12}` und das Array `windDirection` die Werte `{12, 266, 92}`, soll die Ausgabe auf dem Bildschirm sein:

```
Wind speed 82 km/h and wind direction 12°, Wind speed 70 km/h and wind direction
266°, Wind speed 12 km/h and wind direction 92°
```

Hinweis: Bedenke, dass die Segmente mit einem Komma getrennt werden und am Ende kein Komma steht.

4.2.2 Konstante Umsatzsteigerung feststellen ★

Am Ende eines Monats bekommt Captain CiaoCiao die Umsätze gemeldet, die er und seine Crew – sagen wir mal – erwirtschaftet haben. In der monatlichen Liste ist vermerkt, wie der Gewinn an einem Tag ausfiel. Sie hat dieses Format:

```
//                  Tag    1,     2,    3,     4,     5, ... bis maximal 31
int[] dailyGains  = { 1000, 2000, 500, 9000, 9010 };
```

Captain CiaoCiao ist mit den Zahlen zufrieden, und er möchte eine Belohnung zahlen, wenn Gewinne über 5 % gestiegen sind. Von 1.000 auf 2.000 ist ein satter Sprung um 100 %, von 500 auf 9.000 ebenso, doch definitiv nicht von 2.000 auf 500 und auch nicht von 9.000 auf 9.010.

Aufgabe:

- Schreibe eine Methode `int count5PercentJumps(int[])`, die die Anzahl der Umsatzsprünge liefert. Ein Umsatzsprung ist dann gegeben, wenn der Umsatz 5 % über dem des Vortags lag.
- Das übergebene Array darf nicht `null` sein, andernfalls folgt eine Ausnahme.

4.2.3 Aufeinanderfolgende Strings suchen und feststellen, ob Salty Snook kommt ★

Bonny Brain beobachtet die Flaggen der vorbeiziehenden Schiffe, denn sie wartet auf Salty Snook. Sie schaut sich jede Flagge an und weiß, dass Salty Snook nie alleine kommt, sondern sich in einem Konvoi von vier Schiffen bewegt. Die Flaggen selbst kennt sie nicht, nur weiß sie, dass alle die gleiche Aufschrift haben.

Aufgabe:

- Schreibe eine neue Methode `isProbablyApproaching(String[] signs)`, die dann `true` zurückliefert, wenn es im Array vier gleiche Kürzel hintereinander gibt. Bedenke, dass man Strings mit `equals(…)`vergleicht.
- Das übergebene Array darf nicht `null` sein, und kein Element im Array darf `null` sein.

Beispiel:

```
String[] signs1 = { "F", "DO", "MOS", "MOS", "MOS", "MOS", "WES" };
isProbablyApproaching( signs1 );  // true

String[] signs2 = { "F", "DO", "MOS", "MOS", "WES", "MOS", "MOS" };
isProbablyApproaching( signs2 );  // false
```

4.2.4 Array umdrehen ★

Charlie Creevey macht für Captain CiaoCiao die Finanzen. Doch statt die Einnahmen aufsteigend zu sortieren, hat er sie absteigend sortiert. Daher muss die Liste umgedreht werden.

Ein Array *umzudrehen* bedeutet, dass das erste Element mit dem letzten Element vertauscht wird, das zweite mit dem zweitletzten usw.

Aufgabe:

- Schreibe eine neue statische Methode `reverse(…)`, die ein gegebenes Array umdreht:

  ```
  public static void reverse( double[] numbers ) {
    // TODO
  }
  ```
- Die Operation soll *in place* sein, also das übergebene Array ändern. Wir wollen kein neues Array anlegen.
- Die Übergabe `null` führt zu einer Ausnahme.

Beispiel:

- `{ }` → `{ }`
- `{ 1 }` → `{ 1 }`
- `{ 1, 2 }` → `{ 2, 1 }`
- `{ 1, 2, 3 }` → `{ 3, 2, 1 }`

Die Darstellung in den geschweiften Klammern ist nur symbolisch.

4.2.5 Das nächste Kino finden ★★

Die Klasse `java.awt.Point` repräsentiert Punkte mit x/y-Koordinaten. Diese lassen sich gut für Positionen einsetzen.

Im Kino läuft die Neuverfilmung »Unter der Flagge der Freibeuter« an, die Captain CiaoCiao unbedingt sehen muss. Doch wo befindet sich das nächste Kino?

Aufgabe:

- Gegeben ist eine Menge von `Point`-Objekten in einem Array `points` für die Kinopositionen.

  ```
  Point[] points = { new Point(10, 20), new Point(12, 2), new Point(44, 4) };
  ```

- Schreibe eine Methode `double minDistance(Point[] points, int size)`, die den Abstand des Punktes zurückliefert, der die geringste Distanz zum Nullpunkt besitzt. Mit `size` können wir bestimmen, wie viele Elemente des Arrays betrachtet werden sollen, damit das Array auch prinzipiell größer sein kann.
- `null` als Übergabe ist nicht erlaubt, auch dürfen die Punkte nicht `null` sein; es muss eine Ausnahme ausgelöst werden.
- Was müssen wir ändern, wenn der Rückgabetyp `Point` ist, also der Punkt selbst mit dem kleinsten Abstand zurückgegeben werden soll?

Tipp

Studiere die Javadoc zu `java.awt.Point`, um herauszufinden, ob der Punkt selbst Abstände zu anderen Koordinaten berechnen kann.

4.2.6 Süßigkeitenladen überfallen und fair aufteilen ★★

Captain CiaoCiao überfällt mit seinen Kindern Junior und Jackie einen Süßigkeitenladen. Die Süßigkeiten stehen in einem langen Regal, und jedes Produkt hat ein Gewicht. Die Daten liegen als Array vor:

```
int[] values = { 10, 20, 30, 40, 40, 50 };
```

Junior und Jackie stellen sich links und rechts an entgegengesetzten Enden des Regals auf, und da Captain CiaoCiao beide Kinder gleich lieb hat, sollen sie am Ende auch gleich viel mit nach Hause nehmen. Captain CiaoCiao zeigt im Regal auf eine Süßigkeit, sodass alle Produkte links davon zu Junior gehen und alle Produkte rechts von der Position (inklusive dem gezeigten) für Jackie sind.

Der Captain weiß zwar, was im Regal steht, aber nicht, ab welcher Position links und rechts die gleiche Summe entsteht. Abweichungen von 10 % sind für die Kinder in Ordnung. Für den Unterschied wollen wir auf folgende Formel für die relative Differenz zurückgreifen:

```
private static int relativeDifference( int a, int b ) {
  int absoluteDifference = Math.abs( a - b );
  return (int) (100. * absoluteDifference / Math.max( a, b ));
}
```

Aufgabe:

- Schreibe eine Methode `int findSplitPoint(int[])`, die den Index im Array findet, bei dem links und rechts fair geteilt werden kann. Irgendeine Lösung reicht, es sind nicht alle Lösungen nötig.
- Falls es keine faire Teilung gibt, soll eine Methode `-1` liefern.

Beispiele:

- 10 + 20 + 30 + 40 ≈ 40 + 50, denn 100 ≈ 90, und der Index für die Rückgabe ist 4.
- `10 20 30 40 40 100` führt zu `-1`, denn es gibt keine gültige Partitionierung.

4.3 Erweiterte for-Schleife

Sollen Arrays ab dem ersten Element abgelaufen werden, so lässt sich dafür gut eine erweiterte `for`-Schleife mit unsichtbarem Schleifenzähler nutzen. Das spart Code ein.

4.3.1 Berge zeichnen ★★

Für die nächste Schatzsuche müssen Bonny Brain und die Crew über Berge und Hügel gehen. Sie bekommt vorher die Höhenmeter mitgeteilt und möchte sich vorher einen Eindruck vom Profil machen.

Aufgabe:

- Schreibe ein Programm mit einer Methode `printMountain(int[] altitudes)`, die ein Array mit Höhenmetern in eine ASCII-Darstellung umsetzt.
- Die Höhe soll darstellt werden über ein Multiplikationszeichen `*` in genau dieser Höhe von einer Grundlinie. Die Höhen können beliebig sein, aber nicht negativ.

Beispiel:

Das Array `{ 0, 1, 1, 2, 2, 3, 3, 3, 4, 5, 4, 3, 2, 2, 1, 0 }` soll darstellt werden als:

```
5          *
4         * *
3      ***   *
2    **       **
1  **           *
0 *              *
```

Die erste Spalte dient der Verdeutlichung und muss nicht umgesetzt werden.

Optionale Erweiterung:

Deute statt mit * mit den Symbolen /, \, - und ^ an, ob wir aufsteigen, absteigen, auf einem Plateau sind oder an der Spitze stehen.

```
5          ^
4         / \
3      --/   \
2    -/       -\
1  -/           \
0 /              \
```


4.4 Zwei- und mehrdimensionale Arrays

Ein Array kann in Java Verweise auf andere Arrays enthalten, und so definiert man in Java mehrdimensionale Arrays. In Java gibt es keine echten zweidimensionalen Arrays; zweidimensionale Arrays sind nichts anderes als Arrays, die Unter-Arrays referenzieren, und die Unter-Arrays könnten unterschiedlich lang sein.

4.4.1 Mini-Sudoku auf gültige Lösung prüfen ★★

Da Überfälle ziemlich anstrengend sind, braucht Bonny Brain einen Ausgleich und beschäftigt sich mit Sudoku. Ein Sudoku-Spiel besteht aus 81 Feldern in einem 9-×-9-Gitter. Das Gitter lässt sich in neun Blöcke zerlegen, jeder Block ist ein zweidimensionales Array der Größe 3 × 3. In jedem dieser Blöcke muss jede Zahl von 1 bis 9 genau einmal vorkommen – keine darf fehlen.

Aufgabe:

Schreibe ein Programm, das ein zweidimensionales Array mit neun Elementen daraufhin testet, ob alle Zahlen von 1 bis 9 vorkommen.

Beispiel:

- Das folgende Array ist eine gültige Sudoku-Belegung:

  ```
  int[][] array = {
      { 1, 2, 3 },
      { 4, 5, 6 },
      { 7, 8, 9 }
  };
  ```

- Das folgende Array ist keine gültige Sudoku-Belegung:

  ```
  int[][] array = { { 1, 2, 3 }, { 4, 5, 6 }, { 7, 8, 8 } };
  ```

  Der Fehler könnte etwa gemeldet werden mit `"missing: 9"`.

4.4.2 Bild vergrößern ★★

Bilder werden im Speicher oft als Tripel von Rot-Grün-Blau-Werten gespeichert, wobei die einzelnen Werte sich zwischen 0 und 255 bewegen können. Da es bei Graustufenbildern keine Farben gibt, ist statt drei Werten nur ein Wert nötig.

Aufgabe:

- Gegeben ist ein zweidimensionales Ganzzahl-Array mit Werten von 0 bis 255; das Array stellt gedanklich ein Graustufenbild dar.
- Schreibe eine Methode `int[][] magnify(int[][] array, int factor)`, die ein neues Array zurückgibt und das Bild um den gegebenen Faktor skaliert. Aus einem Bild der Größe 2 × 3 und dem Faktor 2 wird also ein Bild der Größe 4 × 6. Bildpunkte werden einfach verdoppelt, eine Interpolation der Werte ist nicht gewünscht.

Beispiel:

Nehmen wir folgendes Array an:

```
{ {1, 2, 3},
  {4, 5, 6} }
```

Dann folgt nach einer Verdoppelung:

```
{ {1, 1, 2, 2, 3, 3},
  {1, 1, 2, 2, 3, 3},
  {4, 4, 5, 5, 6, 6},
  {4, 4, 5, 5, 6, 6} }
```

4.5 Variable Argumentlisten

Java erlaubt Methoden, der man eine beliebige Anzahl Argumente übergeben kann. Sie nennen sich *Vararg-Methoden*. Ein Vararg-Parameter darf nur zum Schluss einer Parameterliste stehen und ist ein Array. Beim Aufruf mit variablen Argumenten erzeugt der Compiler automatisch ein neues anonymes Array und übergibt es an die Methode.

4.5.1 SVG-Polygone mit variabler Koordinatenanzahl erzeugen ★

Bonny Brain möchte für ihren nächsten Arbeitsort eine Karte zeichnen, und die soll gedruckt und auf jeder Auflösung immer gut aussehen, weil es auf jedes Detail ankommt. Die beste Technologie dafür ist SVG.

In SVG gibt es verschiedene Primitive, etwa für Linien, Kreise oder Rechtecke. Auch für Linienzüge gibt es ein XML-Element. Ein Beispiel:

```
<polygon points="200,10 250,190 160,210" />
```

Aufgabe:

- Deklariere eine Java-Methode `printSvgPolygon(...)`, der wir beliebig viele Koordinaten-Paare übergeben können. Welche Fehler könnte es bei der Übergabe geben?
- Die Methode soll zu den übergebenen Paaren eine passende SVG-Ausgabe auf dem Bildschirm ausgeben.

Beispiel:

In `printSvgPolygon( 200, 10, 250, 190, 160, 210 )` ist `200, 10` ein Koordinatenpaar, `250, 190` ebenso, genauso wie `160, 210`. Die Bildschirmausgabe soll sein: `<polygon points= "200,10 250,190 160,210" />`.

Optional: Studiere das Beispiel unter *https://www.w3schools.com/graphics/tryit.asp?filename=trysvg_polygon*. Kopiere das selbstgenerierte SVG in die Weboberfläche.

4.5.2 Auf Zustimmung prüfen ★

Captain CiaoCiao holt sich von seinen Crewmitgliedern eine Rückmeldung über einen Auftrag. Sämtliche Mitglieder können Ja oder Nein stimmen.

Aufgabe:

- Gesucht ist eine Vararg-Methode `allTrue(...)`, der man eine beliebige Anzahl von `boolean`-Werten übergeben kann, aber mindestens ein Argument übergeben muss.
- Sind alle Argumente `true`, ist auch die Rückgabe `true`; ist einer der `boolean`-Werte `false`, soll die Methode `false` zurückgeben.
- Da ein Vararg intern ein Array darstellt, kann `null` übergeben werden – das muss zu einer Ausnahme führen.

Beispiel:

- `allTrue(true, true, true)` liefert `true`.
- `allTrue(true)` liefert `true`.
- `allTrue(true, false)` liefert `false`.
- `allTrue(true, null)` liefert eine Ausnahme.
- `allTrue()` ergibt einen Compilerfehler.

4.5.3 Hilfe, Tetraphobie! Alle Vieren nach hinten setzen ★★

Bonny Brain trifft befreundete Freibeuter in Hongkong und stellt fest, dass viele an Tetraphobie leiden und abergläubische Angst vor der Zahl 4 haben. Die Buchhalterin muss nun alle Zahlen mit einer 4 nach hinten setzen.

Aufgabe:

- Schreibe eine Methode `fourLast(int... numbers)`, die alle Zahlen, die eine 4 enthalten, hinter die Zahlen stellt, die keine 4 haben. Die Reihenfolge der Zahlen ohne 4 darf sich nicht ändern, die Zahlen mit einer 4 können irgendwo am Ende stehen.
- `fourLast(…)` soll das übergebene Array als Rückgabe haben.
- `null` in der Übergabe muss zu einer Ausnahme führen.

Beispiel:

- `int[] numbers = {1, 44, 2, 4, 43}; fourLast(numbers);` verändert das Array `numbers` so, dass 1 und 2 im Array vor 44, 4 und 43 stehen. Die 2 darf später nicht vor der 1 stehen.
- `fourLast( 4, 4, 44, 1234 )` liefert das vom Compiler automatisch generierte Array mit den Einträgen zum Beispiel in der Reihenfolge 4, 4, 44, 1234 zurück.

4.6 Die Utility-Klasse Arrays

Arrays »können« in Java nicht viel, interessante Methoden sind in Klassen ausgelagert, etwa `java.util.Arrays`. Eine Methode zum Kopieren von Arrays befindet sich in der Klasse `System`.

4.6.1 Quiz: Arrays kopieren ★

Wofür stehen diese unsinnigen Variablennamen, und was ist der Effekt der folgenden Zeilen?

```
int[] hooey = { 1, 2, 3, 4 };
int[] shuck = new int[ hooey.length - 1 ];
int bushwa = 2;
int kelter = 0;
int piddle = 0;
System.arraycopy( hooey, kelter, shuck, piddle, bushwa );
System.arraycopy( hooey, bushwa + 1, shuck, bushwa,
  hooey.length - bushwa - 1 );
System.out.println( Arrays.toString( shuck ) );
```

4.6.2 Quiz: Arrays vergleichen ★

Wie sind die Ausgaben?

```
Object[] array1 = { "Anne Bonny", "Fortune", "Sir Francis Drake",
  new int[]{ 1, 2, 3 } };
```

```
Object[] array2 = { "Anne Bonny", "Fortune", "Sir Francis Drake",
  new int[]{ 1, 2, 3 } };
System.out.println( array1 == array2 );
System.out.println( array1.equals( array2 ) );
System.out.println( Arrays.equals( array1, array2 ) );
System.out.println( Arrays.deepEquals( array1, array2 ) );
```

4.7 Lösungsvorschläge

Quiz 4.1.1: Array-Typen

Interessant sind weniger die Variablendeklarationen und Zuweisungen von `strings1` bis `strings4` und `int1` und `int2`; die Syntax ist uns bekannt: Ein Array wird entweder mit einer festen Größe oder mit Elementen vorinitialisiert.

Interessant sind die folgenden Typumwandlungen, die explizit oder implizit durchgeführt werden. Wir müssen dabei unterscheiden zwischen Typumwandlungen, die für den Compiler in Ordnung sind, und Typumwandlungen, die erst zur Laufzeit zu Schwierigkeiten führen. Das ist eine wichtige Unterscheidung, die auch in den Begriffen *Objekttyp* und *Referenztyp* deutlich wird. Für den Compiler gibt es Referenzvariablen und einen Referenztyp, der Compiler weiß nicht, was zur Laufzeit vor sich geht. Die Laufzeitumgebung wiederum weiß im Grunde nicht, unter welchem Variablentyp eine Variable deklariert wurde, sie weiß allerdings, was für ein Objekt sie gerade vor sich hat: Wir sprechen daher von dem *Objekttyp*.

Die erste Anweisung ist die ehrlichste. Für den Compiler ist es ein String-Array und für die Laufzeitumgebung ebenfalls.

Die Typumwandlungen in der zweiten Zeile ist irrelevant, weil `String[]` ein Untertyp von `Object[]` ist. Das ist sehr wichtig, denn genau das ist kovariant: **Ein `String`-Array ist ein Untertyp eines `Object`-Arrays, auch ein `Point[]` ist ein besonderes `Object[]`.** Das ist auch in der dritten Zeile ersichtlich, wo die explizite Typumwandlung fehlt, weil sie implizit ist.

In der vierten Anweisung wissen Laufzeitumgebung und Compiler Unterschiedliches. Für die Laufzeitumgebung steht weiterhin ein `String`-Array im Speicher, aber der Compiler kennt das `String`-Array nur als `Object`-Array. Diese Schreibweise ist prinzipiell gültig, und auch hier findet wieder eine implizite Typumwandlung statt.

In der fünften Anweisung werten wir das `Object`-Array zu einem `String`-Array auf. Das funktioniert zur Compilezeit und auch zur Laufzeit.

In der sechsten Anweisung wird wieder direkt ein `String`-Array aufgebaut und als `String`-Array vermerkt. Das ist die übliche Schreibweise. In der siebten Anweisung finden wir eine implizite Typanpassung vom String-Array zum Object-Array. Diese Anweisung ist in Ordnung.

Die achte und neunte Anweisung ist heimtückisch: Der Compiler baut bei der Zuweisung kein String-Array auf, sondern ein Object-Array und legt in dieses Object-Array String-Referenzen. Es gibt folglich kein String-Array, sondern nur ein Object-Array, das Strings referenziert. In der neunten Zeile vertraut der Compiler unserer Entscheidung, das Object-Array auf ein String-Array anzupassen. Der Compiler schluckt das, und es gibt keinen Compilerfehler. Ein Problem tritt aber zur Laufzeit auf. Da die Laufzeitumgebung natürlich weiß, dass in der Variablen strings4 nur ein Object-Array steht und kein besseres String-Array, folgt die Ausnahme java.lang.ClassCastException: class [Ljava.lang.Object; cannot be cast to class [Ljava.lang.String;.

Die letzten vier Beispiele sind für den Compiler einfacher als falsch zu identifizieren. Während die Deklaration von ints1 noch korrekt ist, werden B und C und D zu einem Compilerfehler führen. Ein int-Array lässt sich nicht in ein Object-Array konvertieren, weder explizit wie in Zeile B noch implizit wie in Zeile C. Es gibt hier keine Typanpassung, so wie Object o = 1 auch falsch ist. Da wir schon Zeile C nicht compilieren können, führt auch Zeile D zu einem Compilerfehler: Es gibt keine Typanpassung von einem Object-Array in ein int-Array.

Aufgabe 4.2.1: Arrays ablaufen und Windgeschwindigkeit, Windrichtung ausgeben

```
final int MAX_WIND_SPEED = 200;
final int MAX_DEGREE     = 360;

final int LENGTH = 5;
int[] windSpeed     = new int[ LENGTH ];
int[] windDirection = new int[ LENGTH ];

for ( int i = 0; i < LENGTH; i++ ) {
  windSpeed[ i ]     = (int) (Math.random() * MAX_WIND_SPEED);
  windDirection[ i ] = (int) (Math.random() * MAX_DEGREE);
}

for ( int i = 0; i < LENGTH; i++ ) {
  System.out.printf( "Wind speed %d km/h and wind direction %d°",
                     windSpeed[ i ], windDirection[ i ] );
  if ( i != LENGTH - 1 )
    System.out.print( ", " );
}
```

Listing 4.1 com/tutego/exercise/array/Windy.java

Die Lösung besteht aus vier Schritten. Zunächst wollen wir drei Konstanten definieren: für die maximale Windgeschwindigkeit und Windstärke sowie für die Anzahl der Elemente. `LENGTH` initialisieren wir mit `5`, damit wir später beim Aufbau der Arrays `windSpeed` und `windDirection` nicht wieder das Literal `5` als magische Zahl in den Code schreiben müssen; wir können später einfach die Variable ändern, wenn wir größere Arrays wünschen.

Im zweiten Schritt laufen wir mit einer Schleifenvariablen von `0` bis zum letzten Element des Arrays. Das Array ist fünf Elemente groß, also dürfen wir von `0` bis `4` laufen. Im Rumpf der Schleife bilden wir zwei Zufallszahlen und initialisieren die Array-Elemente. Die Berechnung einer ganzzahligen Zufallszahl von `0` bis `200` sieht so aus: Mit `Math.random()` bekommen wir eine Zufallszahl als Fließkommazahl zwischen `0` und echt kleiner als 1. Die Multiplikation mit `200` liefert eine Zufallszahl zwischen `0` und echt kleiner als `200`. Konvertiert `(int)` den Ausdruck in eine Ganzzahl, werden alle Nachkommastellen abgeschnitten, also liegt das Ergebnis als ganze Zahl zwischen `0` und `199` vor. Üblicherweise sind bei Bereichsangaben der Start inklusive und das Ende exklusive.

Die beiden Arrays sind nun initialisiert, und wir können die Paare ausgeben. Mit einer Schleife laufen wir das Array ab; wir greifen an der gleichen Position `i` auf die Arrays `windSpeed` und `windDirection` zurück. Bei der Ausgabe unterstützen uns `printf(…)` und der Formatspezifizierer `%d` für Dezimalzahlen. In den Format-String setzen wir aber kein Komma, denn am Ende der Kette darf kein Komma stehen. Dass nur am Ende ein Komma steht, kann unterschiedlich gelöst werden. Die Herangehensweise hier fragt den Schleifenzähler ab, ob er für das letzte Element steht. Wenn `i` ungleich dem letzten Element ist, dann wird ein Separator gesetzt, andernfalls nicht.

Aufgabe 4.2.2: Konstante Umsatzsteigerung feststellen

```
private static int count5PercentJumps( int[] dailyGains ) {

  if ( dailyGains.length < 2 )
    return 0;

  final double MIN_PERCENT = 5;

  int result = 0;

  // Index variable i starting at 1, second element
  for ( int i = 1; i < dailyGains.length; i++ ) {
    double yesterday = dailyGains[ i - 1 ];
    double today     = dailyGains[ i ];
```

```
    double percent = today / yesterday * 100 - 100;

    if ( percent >= MIN_PERCENT )
      result++;
  }

  return result;
}
```

Listing 4.2 com/tutego/exercise/array/BigProfits.java

Der Methode `count5PercentJumps(…)` wird ein Array übergeben, das im besten Fall eine Reihe von Ganzzahlen enthält. Es kann passieren, dass `null` übergeben wird, was keine gültige Eingabe für das Programm sein soll. Greifen wir auf `length` zurück, gibt es im Fall von `null` eine `NullPointerException` – das ist so gewollt.

Existiert das Array-Objekt, aber enthält es kein oder nur ein Element, betrachten wir das als Fehler und geben `0` zurück.

Kommen wir weiter, wissen wir, dass mindestens zwei Elemente im Array stehen. Wir laufen mit einer `for`-Schleife über das Array, wobei wir mit dem Index `i` bei `1` beginnen und immer zwei Elemente gleichzeitig erfragen: das aktuelle Element an der Position `i` und das Element an der Position vorher, an der Position `i - 1`. Diese Elemente stehen für `today` und `yesterday`. Prinzipiell hätten wir auch bei `0` beginnen und bis `< dailyGains.length - 1` laufen können.

Haben wir den Betrag für den heutigen und gestrigen Tag ausgelesen, müssen wir die relative prozentuale Steigerung berechnen. Das machen wir mit einer einfachen Formel. Wir achten allerdings darauf, dass die Division nicht auf Ganzzahlen durchgeführt wird, sondern auf Fließkommazahlen. Werden nämlich zwei Ganzzahlen dividiert, ist das Ergebnis wieder eine ganze Zahl. Wenn wir vorher die Zahlen aus dem Array herausnehmen und in ein `double` konvertieren, haben wir später durch die Division von zwei Fließkommazahlen ein genaueres Verhältnis. Damit vermeiden wir Probleme bei der Rundung, denn falls wir irgendwann einmal die Konstante verändern wollen, z. B. auf einen viel kleineren Wert, könnte es sein, dass kleine Sprünge nicht korrekt erkannt werden. Sonderfall: Tage, an denen kein Umsatz generiert wurde, funktionieren, weil die Steigerung am Folgetag `Double.Infinity` ist und »Unendlich« größer als `MIN_PERCENT` ist.

Nach der Berechnung der relativen Steigung prüfen wir, ob wir über unsere Konstante von 5 % kommen, und erhöhen die Variable `result`, in der wir uns alle Erhöhungen merken. Am Ende der Schleife geben wir `result` zurück und melden damit, wie viele Erhöhungen wir insgesamt gefunden haben.

Aufgabe 4.2.3: Aufeinanderfolgende Strings suchen und feststellen, ob Salty Snook kommt

```
public static boolean isProbablyApproaching( String[] signs ) {

  final int MIN_OCCURRENCES = 4;

  if ( signs.length < MIN_OCCURRENCES )
    return false;

  for ( int i = 0, count = 1; i < signs.length - 1; i++ ) {
    String currentSign = Objects.requireNonNull( signs[ i ] );
    String nextSign    = Objects.requireNonNull( signs[ i + 1 ] );
    if ( currentSign.equals( nextSign ) ) {
      count++;
      if ( count == MIN_OCCURRENCES )
        return true;
    }
    else // ! currentSign.equals( nextSign )
      count = 1;
  }
  return false;
}
```

Listing 4.3 com/tutego/exercise/array/SaltySnook.java

Die Anzahl der gewünschten Raumschiffe merken wir uns in einer Konstanten `MIN_OCCURRENCES`, sodass wir die Anzahl später leicht ändern können.

Als Erstes prüfen wir, ob das Array mindestens `MIN_OCCURRENCES` viele Elemente hat. Wenn nicht, liefert die Methode dem Aufrufer `false` zurück. Wurde `null` übergeben, folgt eine `NullPointerException` durch den Zugriff auf das Attribut `length`, was den fehlerhaften Parameter deutlich meldet.

Wenn wir aus der Methode nicht aussteigen, gibt es mindestens vier Elemente. Beim Vergleich von nachfolgenden Elementen im Array gibt es in der Regel zwei Ansätze:

- einen Index von `0` bis zum vorletzten Element generieren und dann Zugriff auf zwei Elemente über den Index und Index + `1`
- einen Index von `1` bis zum letzten Element generieren und dann Zugriff auf zwei Elemente über den Index - `1` und Index

Diese Lösung verwendet die erste Variante.

Die for-Schleife deklariert zwei lokale Variablen: i für den Index, und in der Variablen count merken wir uns die Anzahl der nacheinander gleichwertigen Strings; da ein String mindestens einmal vorkommt, wird die Variable mit 1 initialisiert.

Wir beginnen in der Schleife beim Index 0 und speichern das Element in einer Zwischenvariablen currentSign. An der Stelle 1 haben wir zum Start das zweite Element, und auch diese Belegung wird gesichert in einer sprechenden Variablen nextSign. Objects.requireNonNull(…) wird an dieser Stelle eine Ausnahme auslösen, wenn eines der Array-Elemente null ist.

Strings haben eine equals(…)-Methode, die zur Bestimmung der Gleichwertigkeit herangezogen wird. Es gibt zwei Ausgänge für den Vergleich:

1. Wenn wir zwei gleiche aufeinanderfolgende Zeichenfolgen gefunden haben, setzen wir den Zähler counter hoch und testen, ob er gleich MIN_OCCURRENCES ist. In dem Fall liegen vier gleichwertige Zeichenfolgen hintereinander, und wir können mit return true aus der Methode aussteigen.
2. Sind currentSign und nextSign nicht gleichwertig, müssen wir den Zähler auf 1 zurücksetzen.

Wurde am Ende der Schleife keine Zeichenfolge erkannt, die viermal hintereinander vorkommt, wird die Methode mit return false verlassen.

Aufgabe 4.2.4: Array umdrehen

```
public static void reverse( double[] numbers ) {
  final int middle = numbers.length / 2;

  for ( int left = 0; left < middle; left++ ) {
    int right = numbers.length - left - 1;
    swap( numbers, left, right );
  }
}

private static void swap( double[] numbers, int i, int j ) {
  double swap  = numbers[ i ];
  numbers[ i ] = numbers[ j ];
  numbers[ j ] = swap;
}
```

Listing 4.4 com/tutego/exercise/array/ArrayReverser.java

Die reverse(…)-Methode bekommt als Parameter ein Array. Wir bekommen folglich ein Verweis auf ein Objekt von einer anderen Stelle übergeben. Änderungen finden also auf keiner Kopie statt, sondern wir operieren auf genau dem Array, das der Aufrufer übergeben hat. Da Arrays Objekte sind, die über Referenzen angesprochen werden, ist es möglich, dass der Aufrufer null übergeben hat. In dem Fall führt das kommende numbers.length zu einer NullPointerException, und das ist in Ordnung.

Der Algorithmus selbst ist nicht schwierig. Wir müssen das erste mit dem letzten Element vertauschen, dann das zweite mit dem zweitletzten und so weiter. Das Vertauschen der Elemente lagern wir in eine eigene Methode swap(…) aus.

Damit wir uns in reverse(…) nicht selbst die Elemente überschreiben, dürfen wir nur bis zur Hälfte laufen. Die Variable middle steht für die Hälfte. Zwar wird die Variable nur ein einziges Mal in der Schleife genutzt, doch eine Variable dieser Art hilft, die Bedeutung dieses Ausdrucks genauer zu dokumentieren. Unsere Schleife beginnt mit dem Schleifenzähler left bei 0 und läuft bis zur Mitte. Die Variable right läuft in die entgegengesetzte Richtung.

Aufgabe 4.2.5: Das nächste Kino finden

```
static double minDistance( Point[] points, int size ) {

  if ( points.length == 0 || size > points.length )
    throw new IllegalArgumentException(
      "Array is either empty or size out of bounds" );

  double minDistance = points[ 0 ].distance( 0, 0 );

  // Index variable i starting at 1, second element
  for ( int i = 1; i < size; i++ ) {
    double distance = points[ i ].distance( 0, 0 );
    if ( distance < minDistance )
      minDistance = distance;
  }

  return minDistance;
}
```

Listing 4.5 com/tutego/exercise/array/MinDistance.java

Als Erstes prüfen wir in der Methode, ob die Parameter points und size korrekt sind. Wir erwarten mindestens ein Element, und die Anzahl der zu betrachtenden Elemente darf nicht größer sein als die Anzahl der Elemente im Array. War die Übergabe null, folgt automatisch durch den Zugriff auf length eine NullPointerException.

Bei der Frage nach dem größten oder kleinsten Element einer Liste sehen die Algorithmen immer gleich aus. Wir beginnen mit einem Kandidaten und schauen dann, ob dieser Kandidat korrigiert werden muss. Unser Kandidat ist minDistance. Wir initialisieren ihn mit dem Abstand des ersten Punktes zum Nullpunkt. Den Abstand zum Nullpunkt müssen wir nicht selbst ausrechnen, hier hilft uns praktischerweise die Point-Methode distance(x,y). Wie übergeben die Koordinaten 0, 0, relativ zu denen der Punkt seinen Abstand berechnen soll.

Damit alle Punkte betrachtet werden, laufen wir durch das Array und nutzen size als Längenbeschränkung. Vom neuen Punkt berechnen wir ebenfalls den Abstand zum Nullpunkt, und falls wir einen Punkt gefunden haben, der näher am Nullpunkt liegt, müssen wir unsere Wahl korrigieren.

Am Ende der Methode geben wir die minimale Distanz zum Nullpunkt zurück. Falls die Methode jetzt nun nicht die Distanz selbst, sondern einen Point zurückgeben soll, schreiben wir die Methode so um, dass wir uns neben double minDistance zusätzlich Point nearest merken; würden wir auf minDistance verzichten, müsste jedes Mal die Distanz neu berechnet werden, was unnötig Performance kostet.

```
static Point minDistance2( Point[] points, int size ) {
  Point  nearest = points[ 0 ];
  double minDistance = nearest.distance( 0, 0 );

  for ( int i = 1; i < size; i++ ) {
    double distance = points[ i ].distance( 0, 0 );
    if ( distance < minDistance ) {
      minDistance = distance;
      nearest = points[ i ];
    }
  }
  return nearest;
}
```

Listing 4.6 com/tutego/exercise/array/MinDistance.java

Aufgabe 4.2.6: Süßigkeitenladen überfallen und fair aufteilen

```
public static int findSplitPoint( int[] values ) {

  if ( values.length < 2 )
    return -1;

  int sumLeft = values[ 0 ];

  int sumRight = 0;
  for ( int i = 1; i < values.length; i++ )
    sumRight += values[ i ];
```

```
  for ( int splitIndex = 1; splitIndex < values.length; splitIndex++ ) {
    int relativeDifference = relativeDifference( sumLeft, sumRight );

    Logger.getLogger( "MuggingFairly" )
          .info( "splitIndex=" + splitIndex
                 + ", sum left/right=" + sumLeft + "/" + sumRight
                 + ", difference=" + relativeDifference );

    if ( relativeDifference <= 10 )
      return splitIndex;

    int element = values[ splitIndex ];
    sumLeft  += element;
    sumRight -= element;
  }
  return -1;
}

// https://en.wikipedia.org/wiki/Relative_change_and_difference
private static int relativeDifference( int a, int b ) {
  if ( a == b ) return 0;
  int absoluteDifference = Math.abs( a - b );
  return (int) (100. * absoluteDifference / Math.max( a, b ));
}
```

Listing 4.7 com/tutego/exercise/array/FairSharing.java

Den Algorithmus für die Lösung können wir gut iterativ oder rekursiv umsetzen. Die Entscheidung ist hier auf die gut verständliche iterative Variante gefallen.

Beginnen wir mit einer einfachen Überlegung, wie wir das Problem lösen können. Wir könnten

- einen Index nehmen, der das Array in zwei Hälften teilt,
- die Summe vom rechten und linken Teil berechnen,
- vergleichen und, wenn die beiden Seiten in etwa gleich sind, das Programm mit einem Ergebnis beenden.

Der Index wandert von vorne nach hinten, und die Summen werden immer neu berechnet. Dieser Algorithmus ist einfach, wir müssen allerdings mehrfach über das Array gehen, sodass letztendlich die Laufzeit quadratisch ist. Das geht besser.

Wenn wir das Array in zwei Teile zerlegen und der Cursor um eine Position nach rechts wandert, verändert sich die Summe nach einem ganz einfachen Muster: Das, was links zur Summe hinzukommt, wird rechts abgezogen. Das ist die Kernidee der Lösung.

Am Anfang der Methode prüfen wir, ob ein oder kein Element übergeben wurde. Dann kann es auch keine faire Teilung geben, und wir liefern `-1` zurück. Falls die `null`-Referenz übergeben wird, knallt das Programm mit einer `NullPointerException`, was eine gute Reaktion ist.

Im nächsten Schritt deklarieren wir zwei Variablen, die die Summen der linken und rechten Hälfte speichern. Die linke Summe besteht am Anfang nur aus dem ersten Element des Arrays, die rechte Summe bildet sich vom ersten bis zum letzten Element.

Diese beiden Variablen, `sumLeft` und `sumRight`, werden wir im Folgenden anpassen. Die Schleife läuft vom ersten bis zum letzten Element. Da wir schon vor dem Schleifendurchlauf die linke und rechte Summe komplett gebildet haben, können wir jetzt schon die relative Differenz berechnen, und wenn sie `<= 10` ist, dann haben wir tatsächlich schon ein Ergebnis. Falls der Abstand der Werte größer war, wird zum linken Teil das Element addiert und vom rechten Element abgezogen. Zum Schluss geht es weiter in die Schleife, und falls die relative Differenz irgendwann einmal kleiner gleich 10 wird, springen wir mit dem `splitIndex` raus, andernfalls wird die Methode mit `-1` beendet.

Aufgabe 4.3.1: Berge zeichnen

```
private static String mountainChar() { return "*"; }

public static void printMountain( int[] altitudes ) {

  int maxAltitude = altitudes[ 0 ];

  for ( int currentAltitude : altitudes )
    if ( currentAltitude > maxAltitude )
      maxAltitude = currentAltitude;

  // include height 0, so it's >= 0
  for ( int height = maxAltitude; height >= 0; height-- ) {
    System.out.print( height + " " );
    for ( int altitude : altitudes )
      System.out.print( altitude == height ? mountainChar() : ' ' );
    System.out.println();
  }
}
```

Listing 4.8 com/tutego/exercise/array/MountainVisualizer.java

Die Methode printMountain(int[] altitudes) nimm ein ganzes Array von Höheninformationen an, und für die grafische Darstellung müssen wir im ersten Schritt den höchsten Wert finden. Das ist die Aufgabe der ersten Schleife. maxAltitude speichert das Maximum.

Im nächsten Schritt sind Zeilen zu zeichnen. Jede Zeile steht für eine Höhe. Das Schreiben aller Zeilen übernimmt eine for-Schleife mit einem Schleifenzähler height. Da es mit der höchsten Höhe beginnt, beginnt die Schleife mit maxAltitude und gehen hinunter auf 0. Die Aufgabenstellung besagt, dass es nicht unter den Nullpunkt geht, das heißt, wir müssen keine zweite Suche für die kleinste Zahl ergänzen.

Im Rumpf der height-Schleife geben wir zunächst die Höhe aus gefolgt von einem Leerzeichen. (Wir schreiben height + " " und nicht height + ' ', warum?) Eine innere for-Schleife kümmert sich um die Zeile. Sie läuft wiederholt über die Höheninformationen altitudes, die der Methode übergeben wurden. Für jedes Element in altitudes fragen wir ab, ob es der Höhe height entspricht, und wenn ja, zeichnen wir das Symbol über mountainChar(), andernfalls ein Leerzeichen. Am Ende der Zeile wird eine Leerzeile geschrieben.

Das Zeichnen des Bergsymbols übernimmt die Methode mountainChar(); sie liefert ein * zurück. Wir hätten das Zeichen direkt zeichnen oder über eine Konstante referenzieren können, doch die Methode ist eine Vorbereitung für die nächste Aufgabe ...

Optionale Erweiterung:

Im ersten Lösungsvorschlag gibt die Methode mountainChar() immer * zurück; wenn die Methode andere Symbole zurückgeben soll, braucht sie etwas mehr Kontext, denn sie muss zurück und nach vorne schauen können. Erweitern wir daher die Signatur: mountainChar(int[] altitudes, int index). Die Methode bekommt Zugriff auf das Array und auf die aktuelle Position. Der Aufruf sieht so aus:

```
for ( int height = maxAltitude; height >= 0; height-- ) {
  System.out.print( height + " " );
  for ( int x = 0; x < altitudes.length; x++ )
    System.out.print( altitudes[ x ] == height ?
      mountainChar( altitudes, x ) : ' ' );
  System.out.println();
}
```

Listing 4.9 com/tutego/exercise/array/MoreMountainVisualizer.java

So kann mountainChar(...) selbst entscheiden, was das richtige Symbol ist.

```
private static char mountainChar( int[] altitudes, int index ) {
  int previous = index == 0 ? 0 : altitudes[ index - 1 ];
  int current  = altitudes[ index ];
```

```
  int next     = index < altitudes.length - 1 ? altitudes[ index + 1 ] : -1;

  if ( previous < current && current > next )
    return '^';
  if ( current < next )
    return '/';
  if ( current > next )
    return '\\';
  // current == next )
  return '-';
}
```

Listing 4.10 com/tutego/exercise/array/MoreMountainVisualizer.java

Im ersten Schritt werden die Variablen previous, current und next mit den Höhen aus dem Array initialisiert; so lässt sich auf die Höhe des aktuellen Elements schauen, aber auch auf die des Vorgängers und Nachfolgers. Vor dem ersten Element des Arrays soll die Höhe 0 sein, genauso wie nach dem letzten Element.

Abhängig von den Beziehungen kann eine Wahl für das Zeichen auf der Höhe current getroffen werden:

- Sind previous und next kleiner als current, so haben wir eine Spitze und zeichnen ein ^.
- Sind wir niedriger als der rechte Nachbar, geht es bergauf, und wir zeichnen /.
- Sind wir höher als der rechte Nachbar, geht es bergab, das Symbol ist \.
- Andernfalls ist der rechte Nachbar auf der gleichen Höhe wie wir selbst, und das wird angedeutet durch -.

Aufgabe 4.4.1: Mini-Sudoku auf gültige Lösung prüfen

```
final int DIMENSION = 3;
for ( int i = 1; i <= DIMENSION * DIMENSION; i++ ) {
  boolean found = false;
  matrixLoop:
  for ( int row = 0; row < DIMENSION; row++ ) {
    for ( int column = 0; column < DIMENSION; column++ ) {
      int element = array[ row ][ column ];
      if ( element == i ) {
        found = true;
        break matrixLoop;
      }
    }
  }
```

```
  if ( found == false )
    System.out.printf( "Missing %d%n", i );
}
```

Listing 4.11 com/tutego/exercise/array/Sudoku3x3Checker.java

Das Array für die Aufgabe deklarieren wir vorweg mit Elementen, ebenso legen wir eine Variable `DIMENSION` an, für die Ausmaße des Arrays. Wir gehen davon aus, dass das 3-×-3-Array genau neun Elemente besitzt.

Zwei verschiedene Lösungen wollen wir uns anschauen. Ist zu testen, ob die Zahlen 1 bis 9 in dem zweidimensionalen Array vorkommen, kann eine Schleife die Werte von 1 bis 9 produzieren, und dann lässt sich prüfen, ob jede dieser Zahlen in dem zweidimensionalen Array vorkommt. Dazu legen wir eine `boolean`-Variable `found` an, die wir am Anfang mit `false` initialisieren und immer dann, wenn im Array das Element vorkommt, auf `true` gesetzt wird; in dem Fall können wir auch die Schleifen abbrechen. Prinzipiell könnten wir natürlich weitersuchen, aber das ist unnötig. Für den Abbruch der Schleife müssen wir auf eine besondere Konstruktion in Java zurückgreifen, die Sprungmarken. Wenn wir in der Fallunterscheidung einfach nur `break` nutzen, beendet das die innerste Schleife, allerdings nicht die äußere Schleife. Mit einer Sprungmarke können wir auch die äußere Schleife mit `break` verlassen. Am Ende der Schleifen fragen wir das Flag `found` ab, und wenn das Flag weiterhin `false` ist, weil es in der Fallunterscheidung nicht auf `true` gesetzt wurde, fehlt die Zahl. Wir geben sie aus.

Der Nachteil der Lösung ist die relativ hohe Laufzeit, außerdem macht ein `break` mit Label den Code unleserlich und schwerer verständlich. Wir müssen neunmal das 3 × 3 große Array ablaufen. Das geht besser. Allerdings müssen wir uns merken, ob wir eine Zahl schon einmal gesehen haben oder nicht.

```
boolean[] numberExisted = new boolean[ DIMENSION * DIMENSION ];

for ( int row = 0; row < DIMENSION; row++ ) {
  for ( int column = 0; column < DIMENSION; column++ ) {
    int element = array[ row ][ column ];
    if ( element >= 1 && element <= 9 )
      numberExisted[ element - 1 ] = true;
  }
}

for ( int i = 0; i < numberExisted.length; i++ ) {
  boolean found = numberExisted[ i ];
```

```
  if ( ! found )
    System.out.printf( "Missing %d%n", i + 1 );
}
```

Listing 4.12 com/tutego/exercise/array/Sudoku3x3Checker.java

Die zweite Lösung deklariert ein `boolean`-Array `numberExisted` als Speicher. Das Praktische bei den Zahlen ist, dass sie zwischen 1 und 9 liegen, also können wir das problemlos auf den Index `0` bis `8` abbilden. Wenn wir aus dem Array eine Zahl holen und daraus einen Index für das Array berechnen, müssen wir uns davor schützen, eine `ArrayIndexOutOfBoundsException` zu bekommen. Daher prüfen wir vorher, ob die Zahl `element` im richtigen Bereich ist. Wenn, dann setzen wir auf der Position `element - 1` den Wert `true`.

Nach dem einmaligen Durchlauf untersuchen wir das Array, und falls wir eine Position finden, die nie beschrieben wurde, wissen wir, dass die Zahl fehlt. Ob eine Stelle im Array mehrfach belegt wurde, spielt dabei keine Rolle.

Aufgabe 4.4.2: Bild vergrößern

```
public static int[][] magnify( int[][] array, int factor ) {
  int width = array[ 0 ].length;
  int height = array.length;
  int[][] result = new int[ height * factor ][ width * factor ];

  for ( int row = 0; row < result.length; row++ ) {
    int[] rows = result[ row ];
    for ( int col = 0; col < rows.length; col++ )
      result[ row ][ col ] = array[ row / factor ][ col / factor ];
  }
  return result;
}

private static void printValues( int[][] array ) {
  for ( int[] rows : array ) {
    for ( int col = 0; col < rows.length; col++ )
      System.out.printf( "%03d%s", rows[ col ],
        col == rows.length - 1 ? "" : ", " );
    System.out.println();
  }
}

private static void fillWithRandomValues( int[][] array ) {
  for ( int row = 0; row < array.length; row++ ) {
```

```
      int[] cols = array[ row ];
      for ( int col = 0; col < cols.length; col++ ) {
        array[ row ][ col ] = ThreadLocalRandom.current().nextInt( 256 );
      }
    }
  }

  public static void main( String[] args ) {
    int[][] testArray = new int[ 2 ][ 5 ];
    fillWithRandomValues( testArray );
    printValues( testArray );
    int[][] result = magnify( testArray, 2 );
    printValues( result );
  }
```

Listing 4.13 com/tutego/exercise/array/ArrayMagnifier.java

Der zentralen `magnify(…)`-Methode haben wir noch ein paar weitere Methoden beiseitegestellt, die ein Array mit Zufallszahlen anlegen und die Informationen in einer Matrix ausgeben.

Um die Übersicht zu erhöhen, werden zum Start der Methode zwei neue Variablen deklariert, die für die Breite und Höhe des zweidimensionalen Arrays stehen. Die nächste Aufgabe besteht darin, ein neues zweidimensionales Array aufzubauen, das in der Höhe und Breite um den `factor` größer ist als das alte Array.

Die Hauptaufgabe übernehmen die zwei ineinandergeschachtelten Schleifen. In der ersten äußeren Schleife laufen wir mit `row` über alle neuen Zeilen. Da zweidimensionale Arrays nichts anderes sind als Arrays in Arrays, hält das äußere Array ganz viele Verweise auf die inneren Arrays, die Zeilen. Die Zwischenvariable `row` steht genau für so eine Zeile. Den inneren Schleifenzähler `col` lassen wir dann von `0` bis zur Breite dieser Zeile laufen.

Der interessante Teil ist in der inneren Schleife. Wir haben die Variablen `row` und `col` in den Wertebereichen des neuen vergrößerten zweidimensionalen Arrays. Es gilt, die Position `result[row][col]` zu initialisieren. Dazu holen wir uns die Werte aus dem alten kleinen `array`. Die Position rechnen wir runter mit `row / factor` für die Zeile und `col / factor` für die Spalte. Zur Erinnerung: `row` geht von `0` bis `height * factor` und `col` bis `width * factor`. Bei den Divisionen `row / factor` und `col / factor` werden Ganzahlen dividiert, und das Ergebnis ist wieder eine Ganzzahl; das hat zur Folge, dass mehrmals dieselbe Zahl aus dem kleinen Ursprungs-Array herausgeholt wird.

Aufgabe 4.5.1: SVG-Polygone mit variabler Koordinatenanzahl erzeugen

```
/**
 * Prints an SVG polygon. Example output:
 * <pre>
 *  <polygon points="200,10 250,190 160,210 " />
 * </pre>
 * @param points of the SVG polygon.
 */
public static void printSvgPolygon( int... points ) {

  if ( points.length % 2 == 1 )
    throw new IllegalArgumentException(
      "Array has an odd number of arguments: " + points.length );

  System.out.print( "<polygon points=\"" );

  for ( int i = 0; i < points.length; i += 2 )
    System.out.printf( "%d,%d ", points[ i ], points[ i + 1 ] );

  System.out.println( "\" />" );
}
```

Listing 4.14 com/tutego/exercise/array/SvgVarargPolygon.java

Zwei Fehler können auftreten:

1. Bei einem Vararg baut der Compiler selbst ein Array aus den übergebenen Argumenten auf, doch auch wir können einen Verweis auf ein Array übergeben. Da Referenzen `null` sein können, könnte es einen Aufruf von `printSvgPolygon(null)` geben. Die Übergabe wird durch `null.length` automatisch zu einer `NullPointerException` führen.
2. Beim Aufruf von `printSvgPolygon()` baut der Compiler ein leeres Array auf; dieses enthält keine Elemente, was prinzipiell für unsere Methode in Ordnung ist. Aber es gibt eine andere Anforderung an die Länge: Die Methode selbst erwartet immer Pärchen von x- und y-Koordinaten. Es wäre ein Fehler, wenn nur eine Koordinate übergeben würde und nicht zwei. Leider kann der Compiler so etwas nicht testen, man kann an die Anzahl der Varargs keine Wünsche stellen wie: »höchstens 102 Elemente«, »die Anzahl der Elemente muss durch 10 teilbar sein« etc. Es bleibt uns nichts anderes übrig, als den Test zur Laufzeit durchzuführen. Wir können den Fehler leicht erkennen, indem wir prüfen, ob die Anzahl der Elemente in dem Array gerade oder ungerade ist. Ist die Anzahl gerade, wurden immer Paare übergeben, für x und y. Ist die Anzahl ungerade, so fehlt eine Koordinate. Wir bestrafen

fehlerhafte Aufrufe mit einer IllegalArgumentException. Es wäre noch zu überlegen, aus beiden Prüfungen zwei Fallunterscheidungen zu machen, um dann im Fall der ungeraden Übergabe die Anzahl Elemente mit in die Ausnahmemeldung zu setzen.

Das Generieren der Ausgabe besteht aus drei Teilen:

1. Im ersten Teil, dem Prolog, setzen wir das Start-Tag für das Polygon.
2. Im zweiten Teil läuft eine Schleife über alle Elemente des Arrays und greift sich immer zwei Elemente heraus, die mit Komma getrennt auf die Konsole kommen – hinter dem Paar steht ein Leerzeichen. Da wir immer zwei Elemente gleichzeitig aus dem Array nehmen, wird im Fortschaltausdruck der for-Schleife der Index um 2 erhöht. Da die Anzahl der Elemente in Array gerade ist, wird es keine ArrayIndexOutOfBoundsException geben können.
3. Die Methode endet mit dem Epilog, dem Schließen des Tags.

Aufgabe 4.5.2: Auf Zustimmung prüfen

```
private static boolean allTrue( boolean first, boolean... remaining ) {

  for ( boolean b : remaining )
    if ( b == false )
      return false;

  return first;
}
```

Listing 4.15 com/tutego/exercise/array/AllTrue.java

Bei variablen Argumentlisten ist es nicht möglich, eine Mindestanzahl von Argumenten zu erwarten. Die Lösung für das Problem besteht darin, eine Mindestanzahl von festen Parametern einzuführen und dann zum Schluss ein Vararg für den Rest einzusetzen.

Die Methode hat zwei Pfade, die zu einer Rückgabe true oder false führen:

1. Als erstes gehen wir das Array ab. Ist einer der Wahrheitswerte im Array false, können wir die Methode direkt mit return false beenden. Wenn das Array leer ist, passiert nichts.

   Es gibt Autoren, die boolean-Werte nicht mit == false testen, sondern den Ausdruck negieren, aber ich meine, dass sich if (b == false) besser lesen lässt als if (! b); es kommt auch auf den Variablennamen an. Es kann sein, dass als Argument null übergeben wurde, dann wird die erweiterte for-Schleife eine NullPointerException erzeugen, das ist gewollt.

2. Kommt es zu keinem Abbruch der Schleife, müssen alle Elemente in dem Array true gewesen sein, und der erste Parameter first entscheidet über das Ergebnis.

Aufgabe 4.5.3: Hilfe, Tetraphobie! Alle Vieren nach hinten setzen

```
private static boolean containsFour( int number ) {
  return String.valueOf( number ).contains( "4" );
}

public static int[] fourLast( int... numbers ) {

  if ( numbers.length < 2 )
    return numbers;

  for ( int startIndex = 0; startIndex < numbers.length; startIndex++ ) {
    if ( ! containsFour( numbers[ startIndex ] ) )
      continue;

    // from right to left search the first number without a 4
    for ( int endIndex = numbers.length - 1;
      endIndex > startIndex; endIndex-- ) {
      if ( containsFour( numbers[ endIndex ] ) )
        continue;
      // swap number[i] (with 4) and number[j] no 4
      int swap = numbers[ startIndex ];
      numbers[ startIndex ] = numbers[ endIndex ];
      numbers[ endIndex ]   = swap;
    }
  }
  return numbers;
}
```

Listing 4.16 com/tutego/exercise/array/Tetraphobia.java

Für unsere Lösung schreiben wir neben der gewünschten Methode fourLast(…) eine zusätzliche private Methode boolean containsFour(int), die die Frage beantwortet, ob die übergebene Zahl eine 4 enthält. In der Implementierung machen wir es uns einfach und konvertieren die Zahl in einen String, und contains(String) prüft, ob der String "4" in der String-Repräsentation liegt. Die Prüfung hätten wir natürlich auch numerisch durchführen können, doch das wäre viel komplizierter gewesen. Wir müssten diese Zahl immer durch 10 teilen und uns dann den Rest anschauen und testen, ob er 4 ist. Da ist mehr Code als nur dieser eine Einzeiler nötig.

Die Methode `fourLast(…)` bekommt ein Array übergeben, das wieder `null` sein kann und in so einem Fall durch `numbers.length` zu einer `NullPointerException` führt. Auch könnte das Array nur ein Element beinhalten; in dem Fall geben wir direkt das übergebene Array an den Aufrufer zurück.

Der Algorithmus ist einfach implementiert: Wir laufen mit einer Schleife von links nach rechts, und wenn wir etwas mit einer 4 finden, laufen wir mit einer zweiten Schleife von rechts nach links und suchen den ersten freien Platz ohne 4. Dann vertauschen wir die Inhalte des Arrays.

Der Lösungsvorschlag ist nicht ganz optimal und sollte von den Lesern verbessert werden.

1. Das Erste, was verbessert werden sollte, ist die Schleife mit `startIndex`, die immer bis `numbers.length` läuft. Das ist unnötig, denn sollte die innere Schleife eine Zahl mit einer 4 finden, dann wird diese Zahl nach hinten gehen, und wir können von der Länge eins abziehen, denn das letzte Element müssen wir ja nicht mehr betrachten.
2. Zweitens ist die innere Schleife nicht optimal, denn sie beginnt immer von rechts nach links, die erste Zahl ohne 4 zu suchen. Allerdings wächst der Block mit den Vieren nur nach links, sodass wir uns in einer zweiten Variablen merken könnten, wo wir unsere letzte 4 untergebracht haben. Läuft die innere Schleife erneut, könnten wir bei dieser Position weitermachen und müssen nicht erst von rechts wieder zu dieser Position finden.
3. Drittens können wir die beiden Verbesserungen kombinieren. Für den Fall, dass in der inneren Schleife keine Vertauschung stattfindet, wären wir fertig.

Quiz 4.6.1: Arrays kopieren

Mit der Methode `arraycopy(…)` lassen sich Bereiche in einem Array verschieben oder Teile eines Arrays in ein anderes Array kopieren. Betrachten wir aus der Javadoc die Parametervariablen von `arraycopy(…)`, die selbsterklärend sind:

```
static void arraycopy(Object src, int srcPos, Object dest,
  int destPos, int length)
```

In unserem Fall wird nicht in einem Array etwas verschoben, sondern es werden zweimal Teile eines Arrays in ein neues Array kopiert. `hooey` ist die Quelle und `shuck` das Ziel. Setzen wir die Konstanten ein und benennen `hooey` und `shuck` um, folgt:

```
int[] src = { 1, 2, 3, 4 };
int[] dest = new int[ 3 ];
System.arraycopy( src, 0, dest, 0, 2 );
System.arraycopy( src, 3, dest, 2, 1 );
```

Es entsteht [1, 2, 4], also ein neues Array, in dem das Element 3 an Index 2 (tushwa) fehlt. Die erste Kopieroperation überträgt von der Quelle ab der ersten Stelle 0 in das neue Array ab der Stelle 0, insgesamt 2 Elemente. Die zweite Kopieroperation kopiert ab der Stelle 3 (überspringt also Stelle 2) alles bis zum Ende auf das Ziel-Array ab der Position 2. Die Anzahl der kopierten Elemente ist eins.

Bei den unsinnigen Variablennamen sollte auch klar geworden sein, dass sauberer Code – hier Variablenbezeichner – menschliche Verarbeitungszeit einspart und Fehler reduziert.

Quiz 4.6.2: Arrays vergleichen

Der Operator == prüft, ob die Objekte, auf die die beiden Referenzvariablen verweisen, identisch sind. Das tun die beiden Variablen array1 und array2 nicht, denn es sind im Speicher zwei völlig getrennt stehende Objekte. Daher wird die Ausgabe auch false sein.

Arrays sind Objekte, und als Objekte haben sie alle Methoden, die auch der Basistyp java.lang.Object bietet. Allerdings können wir mit keiner dieser Methoden irgendetwas anfangen, was wir schnell merken, wenn wir die toString()-Methode auf einem Array-Objekt aufrufen. Die equals(…)-Methode eines Arrays stammt aus Object, und dort steht ein Identitätsvergleich, der, wie im ersten Punkt erklärt, zur Ausgabe false führt.

Um Arrays zu vergleichen, sind wir bei der Klasse java.util.Arrays und der Methode equals(…) ganz richtig. Prinzipiell können wir mit dieser Methode Arrays vergleichen, allerdings haben unsere beiden Arrays eine kleine Besonderheit: Sie enthalten Strings und ein inneres Array mit Ganzzahlen. Wenn dieses unterreferenzierte Array nicht vorhanden wäre, würde tatsächlich bei dieser Ausgabe true erscheinen. Allerdings arbeitet Array.equals(…) flach, das heißt, das referenzierte innere Array müsste identisch sein, da aber auch dieses Ganzzahl-Array jeweils ein neues Array ist, sind die beiden Referenzen auf das Ganzzahl-Array nicht gleich, und somit liefert Array.equals(…) auf unserem Array false.

Nur bei der Methode Array.deepEquals(…) wird true auf dem Bildschirm erscheinen. deepEquals(…) verfolgt auch die referenzierten Unter-Arrays und schaut, ob die Werte gleichwertig sind. Auf die Identität der Unter-Arrays kommt es bei deepEquals(…) nicht an. Die beiden Ganzzahl-Arrays sind gleichwertig, und daher ist auch die Rückgabe von deepEquals(…) true.

Kapitel 5
Zeichenkettenverarbeitung

Zum Speichern von Zeichen und Zeichenfolgen stehen in Java die Typen `char`, `Character`, `String` und `StringBuilder` bereit. Der Einsatz der Datentypen muss geübt werden, denn jeder Typ hat seine Berechtigung. Die Aufgaben bringen den Lesern die Vor- und Nachteile der einzelnen Datentypen nahe.

Voraussetzungen

- API von `String` und `StringBuilder` sicher nutzen können
- erkennen, wann `String` und `StringBuilder` besser geeignet ist

Java ist auch eine Insel, Kapitel 5

Im Handbuch »Java ist auch eine Insel« erklärt Kapitel 5, »Der Umgang mit Zeichenketten«, die nötigen Voraussetzungen.

Verwendete Datentypen in diesem Kapitel:

- `java.lang.Character` (*https://docs.oracle.com/en/java/javase/11/docs/api/java.base/java/lang/Character.html*)
- `java.lang.String` (*https://docs.oracle.com/en/java/javase/11/docs/api/java.base/java/lang/String.html*)
- `java.lang.StringBuilder` (*https://docs.oracle.com/en/java/javase/11/docs/api/java.base/java/lang/StringBuilder.html*)

5.1 Die Klasse String und ihre Eigenschaften

`String` ist nicht nur ein Datentyp, der für immutable Zeichenfolgen steht, sondern die Klasse bietet auch eine große Anzahl von Methoden. Wer die Methoden kennt und zu nutzen weiß, kann sich viel Arbeit sparen.

5.1.1 Quiz: Ist String ein eingebautes Schlüsselwort? ★

Java hat eingebaute Datentypen, darunter `int`, `double`, `boolean`. Ist `String` ebenfalls ein primitiver eingebauter Datentyp? Ist `String` ein Schlüsselwort in Java?

5.1.2 HTML-Elemente aufbauen mit einfacher Konkatenation ★

Zur Erinnerung: In HTML werden für Auszeichnungen Tags eingesetzt, ein Beispiel ist `<strong><em>Emphasized and Italics</ em></strong>`.

Aufgabe:

- Schreibe eine neue Methode `htmlElement(String tag, String body)`, die einen String mit einem Start- und End-Tag einrahmt. Es gibt folgende Sonderbehandlung:
  - Ist `tag` gleich `null` oder leer (`""`), so wird nur der `body` betrachtet und keine Start-End-Tags geschrieben.
  - Ist `body` gleich `null`, so gilt das wie ein übergebener Leer-String.
- Schreibe zwei neue Methoden `strong(String)` und `emphasized(String)`, die im Hintergrund mit `htmlElement(…)` arbeiten und ein `<strong>` respektive `<em>` erzeugen.

Beispiel:

- `htmlElement("b", "strong is bold.")` → `" <strong>strong is bold</strong>"`
- `bold( emphasized( "strong + emphasized" ) )` → `"<strong><em>strong + emphasized </em></strong>"`
- `htmlElement("span", null)` → `"<span></span>"`
- `htmlElement("", "no")` → `"no"`
- `htmlElement(null, "not bold")` → `"not bold"`
- `htmlElement(null, null)` → `""`

Hinweis: Es gibt durchaus einige Anforderungen an Tag-Namen, die ein richtiges Programm prüfen könnte. So dürfen Tag-Namen nur die Ziffern 0 bis 9 sowie Groß- und Kleinbuchstaben enthalten. Diese Fälle können ignoriert werden.

5.1.3 Strings füllen ★

Captain CiaoCiao liebt die Freiheit, und Abstand ist ihm sehr wichtig. Auch bei Texten, findet er, könnten die Buchstaben ruhig ein wenig mehr Abstand haben.

Aufgabe:

- Schreibe eine Methode `mix(String, String)`, die einen String aufspreizt und Füllzeichen zwischen alle Zeichen setzt.
- Die Parameter dürfen `null` sein.

Beispiele:

- `mix("We're out of rum!", "-")` → `"W-e-'-r-e- -o-u-t- -o-f- -r-u-m-!"`
- `mix("Blimey", "👻")` → `"B👻l👻i👻m👻e👻y"`
- `mix("👻", "👻")` → `"👻"`
- `mix("", "👻")` → `""`

5.1.4 Sichere Übermittelung durch Verdoppelung der Zeichen prüfen ★

Bamboo Blobfish nutzt einen Typendrucktelegraf, um Bonny Brain wichtige Nachrichten mitzuteilen. Da es auf jedes Zeichen ankommt, sendet Bamboo alle Zeichen zur Sicherheit zweimal hintereinander.

Aufgabe:

Schreibe eine Methode `int isEveryCharcterTwice(String)`, die prüft, ob jedes Zeichen im String zweimal hintereinander vorkommt.

- Ist die Anzahl der Symbole ungerade, ist die Nachricht falsch und die Rückgabe der Methode `0`.
- Kommt jedes Zeichen zweimal vor, ist die Antwort eine beliebige positive Zahl.
- Wenn ein Zeichen nicht zweimal hintereinander vorkommt, gibt die Methode die Position mit der ersten falschen Stelle zurück, allerdings negiert.

Beispiele:

- `isEveryCharacterTwice("eehhrrwwüürrddiiggeerr$$ccaappttaaiinn")` → `1`
- `isEveryCharacterTwice("ccapptttaaiinn")` → `-3`
- `isEveryCharacterTwice("222")` → `0`
- `isEveryCharacterTwice(null)` → `NullPointerException`

Hinweis: Dass ein negativer Index gewisse Stellen markiert, ist auch in der Java-Bibliothek zu finden. Die `Arrays`-Klasse bietet `binarySearch(…)`, die in einem sortierten Array etwas sucht, und wenn die Methode das Element findet, die Fundstelle zurückgibt; falls `binarySearch(…)` den Eintrag nicht findet, wird die negierte Position zurückgegeben, an der das Element eingefügt werden könnte.

5.1.5 Y und Z vertauschen ★

Captain CiaoCiao tippt auf seiner Tastatur einen längeren Text, und spät fällt ihm auf, dass statt des deutschen Tastaturlayouts das englische aktiviert ist. Jetzt sind »y« und »z«, bzw. »Y« und »Z« vertauscht. Der Text muss korrigiert werden.

Aufgabe:

- Lege eine neue Klasse `YZswapper` an.
- Setze in die Klasse eine neue Klassenmethode `void printSwappedYZ(String string)`, die einen übergebenen `String` auf den Bildschirm bringt, aber den Buchstaben »y« als »z«, »z« als »y«, »Y« als »Z« und »Z« als »Y« ausgibt. Es geht nicht darum, einen String aus der Methode zurückzuliefern!
- Schreibe nicht nur eine Variante, sondern versuche, mindestens zwei Varianten zu programmieren. Es gibt zum Beispiel die Möglichkeit, die Zeichen mit `if-else` zu prüfen oder mit `switch-case`.

Beispiele:

- `printSwappedYZ("yootaxz")` ergibt auf dem Bildschirm die Ausgabe `zootaxy` und
- `printSwappedYZ("Yanthoxzl")` die Ausgabe `Zanthoxyl`.

5.1.6 Trotzige Antworten geben ★

Tony der Trotzige ist für die Aktivitäten auf dem Schwarzmarkt von Captain CiaoCiao zuständig, doch er wird geschnappt und von der Polizei verhört. Um die Polizisten zu nerven, wiederholt er alles, was sie sagen, und setzt ein »No idea!« hintendran. Fragt der Polizist: »Where is the illegal whiskey distillery?«, sagt Tony: »Where is the illegal whiskey distillery? No idea!«

Aufgabe:

- Lege eine neue Klasse an, und frage von der Kommandozeile eine Eingabe ab.
- Abhängig von der Eingabe sollen drei Fälle unterschieden werden:
  1. Wenn die Eingabe mit einem ? endet, dann gib auf dem Bildschirm aus, was von der Eingabe kommt, und hänge aber `" No idea!"` hinten an.
  2. Wenn von der Polizei keine Frage gestellt wird – die Eingabe endet nicht mit ? –, hält Tony der Trotzige ganz seinen Mund.
  3. Kommt von der Eingabe die spezielle Eingabe `"No idea?"`, und das unabhängig von der Groß-/Kleinschreibung, erwidert Tony trotzig: `"Aye!"`

5.1.7 Quiz: String-Vergleiche mit == und equals(...) ★

Strings sind Objekte, und daher gibt es prinzipiell zwei Möglichkeiten, sie zu vergleichen:

- mit dem Vergleich der Referenzen über `==`
- über die für Objekte typische Methode `equals(Object)`

Welchen Unterschied macht das?

5.1.8 Quiz: Ist equals(...) symmetrisch? ★

Unter der Annahme, dass `s` ein `String` ist: Gibt es einen Unterschied zwischen `s.equals("tutego")` und `"tutego".equals(s)`?

5.1.9 Zeichenfolgen auf Palindrom-Eigenschaft testen ★

Ein Palindrom ist ein Wort, das sich von vorne wie von hinten gleich liest, etwa »Otto« oder auch »121«.

Dass es überhaupt solche Wörter und sogar Sätze gibt, amüsiert Captain CiaoCiao, kann er damit doch die Gesellschaft unterhalten. Allerdings legt man ihm immer wieder Zeichenfolgen vor, die keine Palindrome sind. Daher müssen alle Wörter vorher getestet werden.

Aufgabe:

Schreibe ein Java-Programm, das untersucht, ob eine Zeichenkette ein Palindrom ist.

- Lege eine neue Klasse `PalindromeTester` an.
- Implementiere eine statische Methode `boolean isPalindrome(String s)`.
- Erweitere das Programm um eine Klassenmethode `isPalindromeIgnoringCase(String s)`, sodass der Test unabhängig von der Groß-/Kleinschreibung wird.

- Jetzt sollen auch alle Zeichen ignoriert werden, die keine Buchstaben oder Ziffern sind. Bei der Feststellung hilft `Character.isLetterOrDigit(char)`. Damit kann man auch Sätze wie »A man a plan a canal Panama oder Pepe in Tahiti hat nie Pep« oder »Sei fies – stets sei fies!« prüfen. Nennen wir die Methode `isPalindromeIgnoringNonLettersAndDigits(String)`.

5.1.10 Prüfen, ob Captain CiaoCiao in der Mitte steht ★

Captain CiaoCiao ist der Mittelpunkt der Welt, also erwartet er, dass er in allen Texten auch im Zentrum steht.

Aufgabe:

Schreibe eine Methode `boolean isCiaoCiaoInMiddle(String)`, die `true` liefert, wenn die Zeichenfolge `"CiaoCiao"` in der Mitte steht.

Beispiele:

- `isCiaoCiaoInMiddle("CiaoCiao")` → `true`
- `isCiaoCiaoInMiddle("!CiaoCiao!")` → `true`
- `isCiaoCiaoInMiddle("SupaCiaoCiaoCute")` → `true`
- `isCiaoCiaoInMiddle("x!_CiaoCiaoabc")` → `true`
- `isCiaoCiaoInMiddle("\tCiaoCiao ")` → `true`
- `isCiaoCiaoInMiddle("BambooCiaoCiaoBlop")` → `false`
- `isCiaoCiaoInMiddle("BabyTigerChristine")` → `false`

5.1.11 Den kürzesten Namen im Array finden ★

Bonny Brain nutzt nur den kürzesten Rufnamen einer Person.

Aufgabe:

- Schreibe eine Methode `String shortestName(String... names)`, die von allen vollständigen Namen den kürzesten Teil-String zurückgibt. Der String kann auch genau ein Leerzeichen enthalten, wenn der Name zusammengesetzt ist. Anders gesagt: Es gibt Strings mit einem Namen oder Strings mit zwei Namen.
- Wenn es keine Namen gibt, ist die Antwort ein leerer String.
- Das Vararg-Array darf nicht `null` sein, und kein String im Array darf `null` sein.

Beispiel:

```
shortestName("Albert Tross", "Blowfish", "Nick Olaus", "Jo Ker") → "Jo"
```

5.1.12 String-Vorkommen zählen ★

Captain CiaoCiao hat in einer unbedachten Aktion den Entwickler Dev David ausgeschaltet. Der war gerade dabei, eine Methode zu schreiben; die Javadoc ist fertig, aber die Implementierung fehlt.

```
/**
 * Counts how many times the substring appears in the larger string.
 *
 * A {@code null} or empty ("") String input returns {@code 0}.
 *
 * <pre>
 * StringUtils.countMatches(null, *)        = 0
 * StringUtils.countMatches("", *)          = 0
 * StringUtils.countMatches("abba", null)   = 0
 * StringUtils.countMatches("abba", "")     = 0
 * StringUtils.countMatches("abba", "a")    = 2
 * StringUtils.countMatches("aaaa", "aa")   = 2
 * StringUtils.countMatches("abba", "ab")   = 1
 * StringUtils.countMatches("abba", "xxx")  = 0
 * </pre>
 *
 * @param string  the String to check, may be null
 * @param other   the substring to count, may be null
 * @return the number of occurrences, 0 if either String is {@code null}
 */
public static int countMatches( String string, String other ) { return null; }
```

Hinweis: Das * in der Javadoc symbolisiert eine beliebige Übergabe.

Aufgabe:

Implementiere die Methode.

5.1.13 Die größere Mannschaft ermitteln ★

Bonny Brain studiert alte Logbücher, in denen die Stärke ihrer Mannschaft und die der gekaperten Schiffe steht:

```
|-|||
|-||
|||-|||
|||||-||
```

Jedes Crew-Mitglied ist durch einen Strich symbolisiert, ein Minuszeichen trennt die Mannschaftsgröße. Links steht die Anzahl Personen auf dem eigenen Schiff, rechts die Anzahl des überfallenen Schiffs.

Aufgabe:

Die Striche sind für Bonny Brain nicht gut zu lesen. Schreibe ein Programm, das die Kodierung deutlich macht:

```
|-||| => Raided ship had a larger crew, difference 2
|-|| => Raided ship had a larger crew, difference 1
|||-||| => Ships had the same crew size
|||||-|| => Pirate ship had a larger crew, difference 3
```

5.1.14 Diamanten bauen ★★

Captain CiaoCiao mag Diamanten, je größer desto besser.

Aufgabe:

Schreibe ein Programm, das folgende Ausgabe generiert:

```
   A
  ABA
 ABCBA
ABCDCBA
 ABCBA
  ABA
   A
```

Über eine Abfrage auf der Konsole soll es möglich sein, die maximale Breite des Diamanten festzulegen. In unserem Beispiel ist das die 7 – die Länge des Strings `ABCDCBA`. Es sollen nur Angaben für die Breite akzeptiert werden, die mit Strings aus auf- und wieder absteigenden Großbuchstaben zu erreichen sind, also maximal die Länge von `ABCDEFGHIJKLMNOPQRSTUVWXYZYXWVU...BA`.

5.1.15 Wörter unterstreichen ★★

Immer wieder muss Bonny Brain die Crew auf Regeln aufmerksam machen. Sie schreibt dazu eine Nachricht und unterstreicht die wichtigen Wörter. Bonny Brain hat im folgenden Text das Wort »treasure« unterstrichen:

```
There is more treasure in books than in all the pirates' loot on Treasure Island
              --------                                            --------
```

Aufgabe:

- Lege eine neue Klasse `PrintUnderline` an.
- Schreibe eine neue statische Methode `printUnderline(String string, String search)`, die jede Zeichenkette `search` in `string` wie im oberen Beispiel gezeigt unterstreicht. Bedenke, dass `search` mehrmals im String vorkommen kann oder auch keinmal.

- Die Groß-/Kleinschreibung des Such-Strings soll keine Rolle spielen, wie es auch das Beispiel zeigt.

5.1.16 Vokale entfernen ★

Captain CiaoCiao diktiert seine Memoiren, und es sprudelt aus ihm heraus. So schnell kann Kiko Kokopu gar nicht mitschreiben! Aber kann man nicht alle Vokale weglassen und es trotzdem später noch verstehen? Ein Sprachwissenschaftler sagte mal, dass ein Text auch nach dem Entfernen der Vokalbuchstaben noch verständlich bleibt. Als Vokalbuchstaben gelten im Deutschen: A, Ä, E, I, O, Ö, U, Ü, Y. Stimmt es, was die Wissenschaftler sagen?

Aufgabe:

- Lege eine neue Klasse `RemoveVowel` an.
- Schreibe eine Klassenmethode `String removeVowels(String string)`, die aus einem übergebenen `String` die Vokalbuchstaben entfernt. Es ist in Ordnung, wenn die Umlaute fehlen.
- Löse die Aufgabe mit mindestens zwei verschiedenen Varianten.

Beispiele:

- `"Hallo Javanesen"` → `"Hll Jvnsn"`
- `"NETT SAGEN"` → `"NTT SGN"`

5.1.17 Auf ein gutes Passwort prüfen ★

Alle schmutzigen Geheimnisse verschlüsselt Captain CiaoCiao, aber zu oft war sein Passwort zu einfach und wurde erraten. Er hat gelernt, dass ein sicheres Passwort für seine Geschäfte wichtig ist, doch kann er sich die Regeln nicht so richtig merken: Ein gutes Passwort hat eine gewisse Länge, enthält Sonderzeichen usw.

Aufgabe:

- Lege eine neue Klasse `PasswordTester` an.
- Schreibe eine Methode `isGoodPassword(String)`, die einige Kriterien testet. Die Methode soll `false` zurückgeben, wenn das Passwort nicht gut ist, und `true`, wenn das Passwort einen guten Aufbau hat. Schlägt ein Test fehl, so soll über `System.err` eine Meldung erscheinen und es sollen keine weiteren Prüfungen stattfinden.

5.1.18 Quersumme berechnen ★

Da Bonny Brain oftmals Zahlungen anweist und befürchtet, jemand könnte die Beträge verändern, greift sie zu einem Trick: Neben dem Betrag übermittelt sie in einem getrennten Kanal die Quersumme.

Die Quersumme einer Zahl bildet man durch die Addition jeder Ziffer der Zahl. Wenn die Zahl etwa 10.938 lautet, so ist die Quersumme 1 + 0 + 9 + 3 + 8 = 21.

Aufgabe:

- Lege eine neue Kasse `SumOfTheDigits` an.
- Schreibe eine Klassenmethode `int digitSum(long value)`, die die Quersumme einer Zahl berechnet.
- Schreibe eine überladene Klassenmethode `int digitSum(String value)` dazu, die die Ziffern in einem String annimmt.

Welche Methode ist leichter zu implementieren? Welche Methode sollte die andere als Unterprogramm aufrufen?

5.1.19 Texte entspalten ★★

Captain CiaoCiao scannt alte Logbücher ein, doch die waren ursprünglich in Spalten. Nach der OCR-Texterkennung bleiben die Spalten erhalten.

Da das nicht gut zu lesen ist, sollen die zwei Spalten erkannt und in regulären Fließtext ohne Spalten übersetzt werden.

Aufgabe:

Schreibe eine Methode `decolumnize(String)`, die nach der Spalte sucht und aus einem Text mit zwei Spalten einen Text mit einer Spalte liefert.

Beispiel:

```
I'm dishonest, and a to watch out for,
dishonest man you    because you can
can always trust to  never predict when
be dishonest.        they're going to do
Honestly, it's the   something incredibly
honest ones you want stupid.
```

→

```
I'm dishonest, and a
dishonest man you
can always trust to
be dishonest.
Honestly, it's the
honest ones you want
to watch out for,
because you can
never predict when
they're going to do
```

```
something incredibly
stupid.
```

Jede Spalte ist durch mindestens ein Leerzeichen getrennt. Bedenke, dass die rechte und linke Seite »halbe« Leerzeilen haben können!

5.1.20 Eine Wiese mit Lieblingsblumen zeichnen ★★

Captain CiaoCiao möchte sein Schiff verschönern und mit Blumen verzieren. Er findet eine Grafik von Joan G. Stark als Vorlage und überlegt, wie er den Malern und Anstreichern mitteilen kann, welche Muster er in der Kabine wünscht.

```
                _
              _(_)_                          wWWWw   _
  @@@@       (_)@(_)   vVVVv     _     @@@@  (___) _(_)_
 @@()@@ wWWWw  (_)\    (___)   _(_)_  @@()@@   Y   (_)@(_)
  @@@@  (___)     `|/    Y    (_)@(_)  @@@@   \|/    (_)\
   /      Y       \|    \|/    /(_)    \|      |/      |
\ |     \ |/       | / \ | /  \|/       |/    \|      \|/
\\|//   \\|//   \\\|//\\\|/// \|///  \\\|//  \\|//  \\\|//
^^^^^^^^^^^^^^^^^^^^^^^^^^^^^^^^^^^^^^^^^^^^^^^^^^^^^^^^^^
```

Aufgabe:

- Kopiere die Blumen in einen String. Tipp: Lege einen String wie `String flower = "";` an, setze die Blumenreihe in die Zwischenablage, und füge sie in der IDE zwischen die Anführungszeichen ein; IntelliJ und Eclipse werden dann die Sonderzeichen wie `\` und `\n` selbständig kodieren.
- Es gibt 8 Sorten von Blumen, und wir können sie durchnummerieren von 1 bis 8. Die Reihenfolge kodieren wir als String, zum Beispiel `"12345678"`. Es soll nun möglich sein, die Reihenfolge zu ändern und Blumen mehrfach vorkommen zu lassen, etwa durch die Kodierung `"8383765432"`. Ist eine Kennung falsch, soll für sie automatisch immer die erste Blume erscheinen.

Beispiele:

- `"838"` führt zu

```
   _     _(_)_      _
 _(_)_ (_)@(_)    _(_)_
(_)@(_)   (_)\   (_)@(_)
  (_)\       `|/    (_)\
     |        \|       |
    \|/        | /    \|/
  \\\|/    \\\|//  \\\|/
^^^^^^^^^^^^^^^^^^^^^^^^^
```

- "ABC9" führt zu

```
   @@@@    @@@@    @@@@    @@@@
  @@()@@  @@()@@  @@()@@  @@()@@
   @@@@    @@@@    @@@@    @@@@
     /       /       /       /
\ |     \ |     \ |     \ |
\\|//   \\|//   \\|//   \\|//
^^^^^^^^^^^^^^^^^^^^^^^^^^^^^^^^
```

> **Tipp**
> Halte in einem Array die Stellen für den Übergang zwischen den Blumen fest.

5.1.21 Wiederholungen erkennen ★★★

Captain CiaoCiao blättert in einem Buch und findet Muster der Art 🌼🌻🌼🌸🌻🌼🌻🌼 🌸🌻🌼🌻🌼🌸. Wie beruhigend für ihn. Er möchte Stempel für den Druck herstellen, um sich solche Musterfolgen selbst drucken zu können. Natürlich sollen die Kosten reduziert werden, und der Stempel soll selbst keine Wiederholungen von Symbolen enthalten. Für gegebene Musterfolgen soll ein Programm entwickelt werden, das die minimale Folge von Symbolen ermittelt, die auf den Stempel müssen.

Aufgabe:

Schreibe eine Methode `String repeatingStrings(String)`, die im Fall einer Wiederholung die sich wiederholende Zeichenfolge als Rückgabe liefert, sonst `null`, falls sich keine Teilfolge wiederholt.

Beispiele:

- `repeatingStrings("🌻🌻🌻")` liefert `"🌻"`.
- `repeatingStrings("🌻🌼"+"🌻🌼"+"🌻🌼")` liefert `"🌻🌼"`.
- `repeatingStrings("Ciao"+"Ciao")` liefert `"Ciao"`.
- `repeatingStrings("Captain CiaoCiaoCaptain CiaoCiao")` liefert `"Captain CiaoCiao"`.
- `repeatingStrings("🌕🌖🌗🌘")` liefert `null`.
- `repeatingStrings("CaptainCiaoCiaoCaptain")` liefert `null`.
- `repeatingStrings("🌻")` liefert `null`.
- `repeatingStrings("")` liefert `null`.
- `repeatingStrings(null)` liefert `null`.

Hinweis:

`repeatingStrings(…)` soll die kürzeste sich wiederholende Zeichenfolge liefern.

5.1.22 Zeilengrenzen beschränken und Zeilen umbrechen ★★

Bonny Brain steigt in der Kommunikation auf Brieftauben um, und da kann das Papier nicht sehr groß sein. Jetzt müssen alle Texte in der Breite reduziert werden.

Aufgabe:

Schreibe eine Klasse `WordWrap` mit einer statischen Methode `String wrap(String string, int width)`, die eine Zeichenkette ohne Zeilenumbrüche in kleine Teilzeichenketten der maximalen Breite `width` zerlegt und mit `\n` getrennt wieder zurückgibt. Innerhalb von Wörtern – und Satzzeichen gehören zum Wort – soll nicht zwangsumbrochen werden!

Ein **Beispiel:**

Der Aufruf von

```
String s =   "Live now; make now always the most precious time. "
           + "Now will never come again.";
System.out.println( wrap( s, 30 ) );
```

liefert bei einer maximalen Zeilenlänge von 30 folgende Ausgabe:

```
Live now; make now always the
most precious time. Now will
never come again.
```

5.1.23 Quiz: Wie viele String-Objekte? ★

Wie viele `String`-Objekte gibt es im folgenden Programmcode?

```
String str1 = "tutego";
String str2 = new String( "tutego" );
String str3 = "tutego";
String str4 = new String( "tutego" );
```

5.1.24 Testen, ob die Frucht schokoladig umhüllt ist ★★

Captain CiaoCiao mag Obstspieße mit Schokolade überzogen. Sara bekommt die Aufgabe, die Früchte zu glasieren, wobei sie unterschiedliche Schichten von dunkler und heller Schokolade bildet.

Bambi prüft, ob die Schichten korrekt sind. Sieht sie `dhFhd`, weiß sie, dass die Frucht `F` erst eine Schicht helle, dann eine Schicht dunkle Schokolade bekommen hat. Bei `dhhd` fehlt die Frucht, und das entspricht nicht der Erwartung von Captain CiaoCiao. Bei `ddhFh` ist die Schicht kaputt, was auch nicht richtig ist. Und bei `F` fehlt die Schokolade komplett, was für eine Enttäuschung!

Aufgabe:

Schreibe eine rekursive Methode `checkChocolate(String)`, die prüft, ob der String symmetrisch ist, also links und rechts der gleiche Typ Schokolade ist und sich in der Mitte die Frucht `F` befindet.

5.1.25 Von oben nach unten, von links nach rechts ★★★

In einer Höhle findet Bonny Brain einen Text, allerdings läuft der Text nicht von links nach rechts, sondern ist von oben nach unten geschrieben.

```
s u
ey!
ao
```

Vertikal geschrieben ist das die Zeichenfolge `sea you!` – und das ist viel einfacher zu lesen!

Aufgabe:

Schreibe eine Methode `printVerticalToHorizontalWriting(String)`, die einen String wieder in die horizontale Lage bringt und ausgibt. Das Argument ist ein String, in dem Zeilenvorschübe die Zeilen trennen, zum Beispiel:

```
String s =   "s u\n"
           + "ey!\n"
           + "ao ";
```

Drei wichtige Annahmen sollen gelten:

1. Zeilen werden nur mit `\n` getrennt.
2. Jede Zeile ist gleich lang; die letzte Zeile hat zum Beispiel ein Leerzeichen, damit alle Zeilen 3 Zeichen (in diesem Beispiel) lang sind (Zeilenumbruch nicht eingerechnet).
3. Am Ende des Strings steht kein `\n`.

Beispiel:

Bleiben wir bei dem String von oben:

```
String s = "s u\ney!\nao ";
printVerticalToHorizontalWriting( s );
```

Die Ausgabe auf dem Bildschirm wird sein: `sea you!`.

5.2 Dynamische Strings mit StringBuilder

Während `String`-Objekte immutable sind, lassen sich Objekte vom Typ `java.lang.StringBuilder` modifizieren. Das Gleiche gilt für `StringBuffer`, doch dieser Typ ist API-gleich und für die Übungen nicht relevant.

5.2.1 Mit dem Papagei das Alphabet üben ★

Captain CiaoCiao lehrt seinen Papagei das Alphabet. Damit er sich die Mühe spart, greift er auf eine Software zurück, die ihm das Alphabet generiert.

Gegeben ist folgende Methode:

```
static String abcz() {
  String result;
  result = "ABCDEFGHIJKLMNOPQRSTUVWXYZ";
  return result;
}
```

Die Methode liefert eine Zeichenkette mit allen Zeichen im Alphabet von `'A'` bis `'Z'`. So kann Captain CiaoCiao die Zeichenkette auf *https://ttsreader.com/de/* in ein Eingabefeld kopieren und vorlesen lassen. Allerdings müssen dann zwischen den Buchstaben Leerzeichen stehen, damit die Tonausgaben besser klingen.

Die Methode ist zwar performant in ihrer Aufgabe, aber nicht sonderlich flexibel, wenn es zum Beispiel darum geht, nur gewisse Bereiche zu generieren, etwa von `'0'` bis `'9'`. Denn der Papagei kann `ABC` schon sehr gut, aber von `G` bis `Z` wird es eng.

Aufgabe:

- Ändere `abcz()`, sodass der `String` dynamisch über eine Schleife generiert wird.
- Ergänze eine Methode `String abcz(char start, char end)`, die einen String mit allen Symbolen generiert, die zwischen dem Anfangsbuchstaben `start` und dem Endbuchstaben `end` liegen; das Endezeichen ist inklusiv und gehört mit zum String.
- Schreibe dann die Methode `String abcz(char start, int length)`, die `length` Zeichen ab `start` liefert. Lässt sich eine der Methoden auf die andere abbilden?
- Überlege, wie mit fehlerhaften Parametern umzugehen ist, wenn etwa der Endindex vor dem Startindex liegt.

> **Tipp**
>
> Der primitive Datentyp `char` ist nichts anderes als ein numerischer positiver Datentyp, der in den Datentyp `int` konvertiert werden kann. Wir können folglich mit einem `char` rechnen, und wenn wir den Buchstaben `'A'` nehmen und dazu 1 addieren, kommen wir beim `'B'` aus.

5.2.2 Quiz: Leicht angehängt ★

Möchte man Zeichenfolgen dynamisch aufbauen, hat man in Java prinzipiell zwei Möglichkeiten:

1. über die Klasse `String` und die `String`-Konkatenation mit +
2. über `StringBuilder` (`StringBuffer` wollen wir hier nicht explizit mit erwähnen – die beiden Klassen sind API-identisch.)

In Code:

```
String s = "";
s += "Ay ";
s += "Captain";

StringBuilder sb = new StringBuilder();
sb.append( "Ay " ).append( "Captain" );
String t = sb.toString();
```

Inwiefern unterscheiden sich beide Lösungen? Wie viele Objekte werden generiert?

5.2.3 Zahl in unäre Kodierung konvertieren ★

Die *unäre Kodierung* stellt eine natürliche Zahl *n* wie folgt dar:

n	unäre Kodierung
0	0
1	10
2	110
3	1110
4	11110

Eine natürliche, also positive Ganzzahl *n* wird dargestellt durch *n* Einsen, gefolgt von einer Null. Ein Code dieser Art nennt sich übrigens *präfixfrei*, weil kein Wort das Präfix eines anderen Wortes ist. Bei der Kodierung könnten wir auch problemlos 0 und 1 vertauschen, die Präfixeigenschaft ändert sich dadurch nicht.

Durch die unäre Kodierung entstehen unterschiedlich lange Codes.

Aufgabe:

- Schreibe eine Methode `String encode(int... values)`, die aus einem Vararg-Array mit Ganzzahlen einen String erzeugt, in dem alle unärkodierten Werte aus dem Array aneinandergehängt werden.
- Ergänze eine Methode `int[] decode(String value)`, die aus einem unärkodierten String wieder ein `int`-Array macht.

Beispiele:

- `encode( 0, 1, 2, 3, 0, 1 )` → `"0101101110010"`
- `encode( 0, 0, 0, 0 )` → `"0000"`
- `encode()` → `""`
- `Arrays.toString( decode("0101101110010") )` → `[0, 1, 2, 3, 0, 1]`

5.2.4 Gewicht durch Vertauschung verlieren ★

Bonny Brain ist aufgefallen, dass es sich bei den Frachtgebühren prima betrügen lässt. Die Verantwortlichen im Büro vergessen oft das genaue Gewicht, können sich aber die vorkommenden Ziffern perfekt merken, und es fällt nicht auf, wenn maximal zwei Ziffern vertauscht werden. Bonny Brain nutzt das zu ihrem Vorteil, indem sie die kleinste Ziffer in der Zahl nach vorne setzt, um ein kleineres Gewicht zu erzielen. 0 muss allerdings ignoriert werden, da sich sonst die Länge der Zahl ändert, und das fällt auf.

Aufgabe:

Schreibe eine Methode `int cheatedWeight(int weight)`, die genau diese Transformation macht.

Beispiele:

- `cheatedWeight(0)` → `0`
- `cheatedWeight(1234)` → `1234`
- `cheatedWeight(4321)` → `1324`
- `cheatedWeight(100)` → `100`
- `cheatedWeight(987654321)` → `187654329`

5.2.5 Don't shoot the Messenger ★

Bonny Brain übermittelt eine geheime Nachricht und hat Angst, dass der Bote überfallen und die Nachricht dadurch offenbart wird. Also schickt sie mehrere Boten, die jeweils einen Teil der Nachricht zustellen. Das Schema ist wie folgt:

- Ein Text wird in Buchstaben zerlegt.
- Bote 1 bekommt den 1. Buchstaben.
- Bote 2 bekommt den 2. Buchstaben.
- Bote 1 bekommt den 3. Buchstaben.
- Bote 2 bekommt den 4. Buchstaben.
- usw.

Der Empfänger der Nachricht muss nun auf die beiden Boten warten, die ursprüngliche Reihenfolge kennen und die Nachricht wieder zusammensetzen.

Aufgabe:

- Schreibe eine Methode `String joinSplitMessages(String...)`, die eine beliebige Anzahl der zerlegten Botschaften entgegennimmt und den zusammengesetzten String zurückgibt.
- Falls Nachrichtenteile fehlen, soll das zu keinem Fehler führen.

Beispiele:

- `joinSplitMessages("Hoy", "ok")` → `"Hooky"`
- `joinSplitMessages("Hooky")` → `"Hooky"`
- `joinSplitMessages("Hk", "oy", "o")` → `"Hooky"`
- `joinSplitMessages( "H", "", "ooky" )` → `"Hooky"`

5.2.6 Wiederholte Leerzeichen komprimieren ★★

Bubbles hört für Captain CiaoCiao ein Gespräch ab und transkribiert es. Doch weil Bubbles immer so viele Erdnüsse schält, ist die Leertaste verklemmt und löst sich schlecht; so verdoppelt sich schnell ein Leerzeichen. Auf keinem Fall kann sie so den Text Captain CiaoCiao geben.

Aufgabe:

- Schreibe eine statische Methode `StringBuilder compressSpace(StringBuilder string)`, die mehr als zwei Leerzeichen im übergebenen `string` zu einem Leerzeichen zusammenschmelzen lässt.
- Die Übergabe `string` soll mit `return string;` zurückgegeben werden, die Veränderung soll direkt am `StringBuilder` erfolgen.

Beispiel:

- `"Will  you shut up, man!  This is the way!"` → `"Will you shut up, man! This is the way!"`

5.2.7 Knacken und Knistern einfügen und entfernen ★

Meldungen über Funk haben oft ein Knistern, das stört Captain CiaoCiao.

Aufgabe:

Schreibe zwei Methoden:

- `String crackle(String)` soll in willkürlichen Abständen »♫KNACK♪« einbauen und den Knisterstring zurückgeben.
- `String decrackle(String)` soll das Knistern wieder entfernen.

5.2.8 CamelCase-Strings zerlegen ★

Um bei der telegrafischen Übertragung von Text Volumen einzusparen, wendet Funker Frogfish einen Trick an: Er schreibt das nächste Zeichen hinter dem Leerzeichen groß und löscht dann das Leerzeichen. Aus `ciao ciao` wird `ciaoCiao`. Ist das nächste Zeichen schon ein Großbuchstabe, wird einfach nur das Leerzeichen entfernt, aus `Ciao Ciao` wird so `CiaoCiao`. Da die Großbuchstaben innerhalb der Serie von Kleinbuchstaben wie Höcker aussehen, wurde die Schreibweise *CamelCase* getauft.

Captain CiaoCiao empfängt die Zeichenfolgen, aber leicht zu lesen ist so ein Text nicht.

Aufgabe:

Schreibe eine neue Methode `String camelCaseSplitter(String)`, die alle CamelCase-Segmente wieder trennt.

Beispiele:

- `camelCaseSplitter("List")` → `"List"`
- `camelCaseSplitter("CiaoCiao")` → `"Ciao Ciao"`
- `camelCaseSplitter("numberOfElements")` → `"number Of Elements"`
- `camelCaseSplitter("CiaoCiaoCAPTAIN")` → `"Ciao Ciao CAPTAIN"`

Falls Wörter komplett in Großbuchstaben sind, wie im letzten Fall, gilt nur der Wechsel zwischen Klein- und Großbuchstaben.

5.2.9 Caesar-Verschlüsselung implementieren ★★★

Captain CiaoCiao hat von einer Verschlüsselung erfahren, die schon Gaius Julius Caesar verwendet haben soll. Da er den römischen Feldherrn bewundert, will auch er seine Texte so verschlüsseln.

Bei der sogenannten *Caesar-Verschlüsselung* verschiebt man jedes Zeichen um drei Positionen im Alphabet, das heißt, aus `A` wird `D`, aus `B` wird `E` und so weiter. Am Ende des Alphabets beginnen wir wieder von vorne, und so ergibt `X` → `A`, `Y` → `B`, `Z` → `C`.

Aufgabe:

- Lege eine neue Klasse `Caesar` an.
- Implementiere eine Methode `String caesar(String s, int rotation)`, die die Verschlüsselung vornimmt. `rotation` ist dabei die Verschiebung, die beliebig sein sollte, nicht nur 3 wie aus dem Eingangsbeispiel.
- Schreibe eine Methode `String decaesar(String s, int rotation)`, die die Verschlüsselung wieder zurücknimmt.
- Die Caesar-Verschlüsselung fällt in die Klasse der *Verschiebechiffren*. Ist sie Bonny Brain zu empfehlen?

Beispiel:

- `caesar( "abxyz. ABXYZ!", 13 )` → `"noklm. NOKLM!"`
- `decaesar( caesar( "abxyz. ABXYZ!", 13 ), 13 ) )` → `"abxyz. ABXYZ!"`

5.3 Lösungsvorschläge

Quiz 5.1.1: Ist String ein eingebautes Schlüsselwort?

`String` ist kein eingebauter Datentyp. Alle Schlüsselwörter in Java werden kleingeschrieben und alle Referenztypen nach der Namenskonventionen groß. `java.lang.String` ist eine Klasse, und `String`-Objekte liegen zur Laufzeit als Exemplare vor. Die Klasse `String` erbt wie alle anderen Klassen von `java.lang.Object`.

Aufgabe 5.1.2: HTML-Elemente aufbauen mit einfacher Konkatenation

```
public static String htmlElement( String tag, String body ) {
  if ( tag == null )
    tag = "";
  if ( body == null )
    body = "";
  if ( tag.isEmpty() )
    return body;
  else
    return "<" + tag + ">" + body + "</" + tag + ">";
}
```

```
public static String strong( String body ) {
  return htmlElement( "strong", body );
}

public static String emphasized( String body ) {
  return htmlElement( "em", body );
}
```

Listing 5.1 com/tutego/exercise/string/HtmlBuilder.java

Auf die allgemeine Methode `String htmlElement(String tag, String body)` können die anderen Methoden zurückgreifen.

Tag und Body dürfen laut Aufgabenstellung `null` sein, dann werden sie wie ein Leer-String behandelt. Anschließend kommt die Hauptabfrage: Ist das Tag leer, kommt nur der Body zurück; wenn das Tag nicht leer ist, erzeugt unsere Methode ein Start-Tag, konkateniert den `body` und hängt ein End-Tag an.

Bei den Methoden `strong(…)` und `emphasized(…)` greifen wir auf unsere vorher definierte Methode zurück, füllen den Tag-Namen mit `"strong"` bzw. `"em"` und reichen den `body` weiter.

Aufgabe 5.1.3: Strings füllen

```
private static String mix( String string, String fill ) {

  if ( string == null || string.length() == 0 )
    return "";

  if ( fill == null || fill.length() == 0 )
    return string;

  String result = "";

  for ( int i = 0; i < string.length() - 1; i++ ) {
    char c = string.charAt( i );
    result += c + fill;
  }

  result += string.charAt( string.length() - 1 );

  return result;
}
```

Listing 5.2 com/tutego/exercise/string/StringFiller.java

Beginnen wir in der Methode mit einer Prüfung der Parameter. Falls der String `null` ist oder leer, geben wir einen Leer-String zurück. Ist der `string` nicht `null` und hat er mindestens ein Zeichen, aber der Füll-String ist `null` oder leer, so gibt es nichts zu tun, und wir nehmen eine Abkürzung, indem wir `string` direkt zurückgeben. Prinzipiell wäre auch eine `NullPointerException` angebracht, wenn `string` oder `fill` gleich `null` wäre, denn wenn keine gültigen Objekte hereingereicht werden, sollten Methoden besser eine Ausnahme auslösen.

Wir beginnen mit einem Leer-String, den wir in einer Schleife füllen. Nachdem wir uns ein Zeichen extrahiert haben, hängen wir dieses Zeichen und die Zeichenfolge `fill` an das bisherige Ergebnis. Wir laufen mit dem Index allerdings nicht bis zum allerletzten Zeichen, sondern nur bis zum vorletzten, damit wir immer die Füllzeichenfolge setzen können, nur nicht hinter das letzte Element. Daher ist die Abbruchbedingung `< string.length() - 1`. Das letzte Zeichen hängen wir nach der Schleife zum Schluss an `result` an und geben anschließend `result` an den Aufrufer zurück.

Über die erste Fallunterscheidung haben wir getestet, dass der String mindestens ein Zeichen lang ist, deswegen haben wir auch die Möglichkeit, von `0` bis zum Index `< string.length() - 1` zu laufen, denn wenn die String-Länge 1 ist, ist `1 - 1` gleich `0`, und wir haben keinen Schleifendurchlauf, nur das eine »letzte« Zeichen wird an `result` gehängt.

Dass zwischen den Zeichen die Füllzeichenfolge gesetzt wird, kann auch anders gelöst werden: wir könnten den Index abfragen und schauen, ob er nicht für das letzte Zeichen steht, und nur dann die Füllzeichen anhängen. Steht der Index auf dem letzten Zeichen, kommen die Füllzeichen nicht hintendran.

Aufgabe 5.1.4: Sichere Übermittelung durch Verdoppelung der Zeichen prüfen

```
private static int isEveryCharacterTwice( String string ) {

  int FAILURE_CODE = 0;
  int SUCCESS_CODE = 1;

  if ( string.length() % 2 != 0 )
    return FAILURE_CODE;

  for ( int i = 0; i < string.length(); i += 2 ) {
    char first  = string.charAt( i );
    char second = string.charAt( i + 1 );
    if ( first != second )
      return -(i + 1);
  }
```

```
  return SUCCESS_CODE;
}
```

Listing 5.3 com/tutego/exercise/string/RepeatingCharacters.java

Die Methode bekommt einen String und testet zunächst, ob die Eingabe korrekt ist. Die Anzahl der Zeichen muss gerade sein, denn wenn die Anzahl ungerade ist, kann es nicht sein, dass jedes Zeichen doppelt vorkommt. Falls `null` übergeben wird, gibt es eine `NullPointerException` bei dem Versuch, die Länge abzufragen; das ist zu erwarten.

Im nächsten Schritt laufen wir in Zweierschritten über das Array. Wir extrahieren das Zeichen an der Stelle `i` und das folgende Zeichen an der Stelle `i + 1`. Stimmen die beiden Zeichen nicht überein, dann ist `i + 1` die Stelle, an der das Zeichen nicht wie das Zeichen davor ist. Wir negieren den Ausdruck und melden die Stelle. Das ergibt immer einen negativen Rückgabewert, denn wir invertieren nicht `i` (der Index beginnt bei `0`), sondern `i + 1`, was zu `-1` im Ergebnis führt. Die negativen Rückgaben sind immer ungerade.

Falls es aus der Schleife keinen Ausbruch gibt, liefert die Methode `1` zurück.

Aufgabe 5.1.5: Y und Z vertauschen

Die ersten drei Varianten zeigen die Möglichkeiten, die Java für Vergleiche bietet: `if-else`, `switch-case` und Bedingungsoperator.

```
static void printSwappedYZ1( String string ) {
  for ( int i = 0; i < string.length(); i++ ) {
    char c = string.charAt( i );
    if ( c == 'y' ) c = 'z';
    else if ( c == 'z' ) c = 'y';
    else if ( c == 'Y' ) c = 'Z';
    else if ( c == 'Z' ) c = 'Y';
    System.out.print( c );
  }
}

static void printSwappedYZ2( String string ) {
  for ( int i = 0; i < string.length(); i++ ) {
    switch ( string.charAt( i ) ) {
      case 'y': System.out.print( 'z' ); break;
      case 'z': System.out.print( 'y' ); break;
      case 'Y': System.out.print( 'Z' ); break;
      case 'Z': System.out.print( 'Y' ); break;
      default:  System.out.print( string.charAt( i ) );
```

```
        }
      }
    }

    static void printSwappedYZ3( String string ) {
      for ( int i = 0; i < string.length(); i++ ) {
        char c = string.charAt( i );
        System.out.print( c == 'y' ? 'z' :
                          c == 'Y' ? 'Z' :
                          c == 'z' ? 'y' :
                          c == 'Z' ? 'Y' :
                          c );

      }
    }

    static void printSwappedYZ4( String string ) {
      char[] c = string.toCharArray();
      for ( int i = 0; i < c.length; i++ ) {
        if ( c[ i ] == 'y' ) c[ i ] = 'z';
        else if ( c[ i ] == 'z' ) c[ i ] = 'y';
        else if ( c[ i ] == 'Y' ) c[ i ] = 'Z';
        else if ( c[ i ] == 'Z' ) c[ i ] = 'Y';
      }
      String result = new String( c );
      System.out.print( result );
    }
```

Listing 5.4 com/tutego/exercise/string/YZswapper.java

Beim ersten Lösungsvorschlag laufen wir den `String` von vorne nach hinten ab. Wir können die Anzahl der Zeichen mit `length()` erfragen und jedes Zeichen an einer Position mit `chatAt(…)`. Wenn wir das Zeichen an einer Position haben, lässt es sich prüfen und durch ein anderes Zeichen ersetzen, das wir schlussendlich ausgeben. Diese Variante enthält eine Bildschirmausgabe, und wir erzeugen temporär keine neuen String.

Auch die zweite Variante läuft von Hand über den String. Statt jedoch die einzelnen Zeichen über `==` zu vergleichen, nutzt diese Lösung eine `switch`-`case`-Konstruktion. Dass mehrmals `System.out.print(char)` vorkommt, ist nicht schön. Die zwei Aufrufe von `charAt(i)` kratzen minimal an der Performance.

Die dritte Variante nutzt einen verschachtelten Bedingungsoperator zum Vergleich, ob der Buchstabe Y oder Z ist.

Ab Java 14 gibt es zudem neue `switch`-Schreibweisen mit einem `->`, was weitere Varianten erlaubt. Möglichkeit 1:

```
switch ( string.charAt( i ) ) {
  case 'y' -> System.out.print( 'z' );
  case 'z' -> System.out.print( 'y' );
  case 'Y' -> System.out.print( 'Z' );
  case 'Z' -> System.out.print( 'Y' );
  default  -> System.out.print( string.charAt( i ) );
}
```

Möglichkeit 2:

```
System.out.print(
    switch ( string.charAt( i ) ) {
      case 'y' -> 'z'; case 'Y' -> 'Z';
      case 'z' -> 'y'; case 'Z' -> 'Y';
      default  -> string.charAt( i );
    }
);
```

Zurück zum Lösungsvorschlag. Variante Nummer vier unterscheidet sich nicht in der Prüfung der Zeichen, sondern bei der Verarbeitung: Die Methode generiert einen Zwischen-String, der ausgegeben wird. Da Strings nicht veränderbar sind, nutzen wir als Zwischenspeicher ein `char`-Array. Bei dieser Lösung wäre es prinzipiell nicht nötig, am Ende einen String zu produzieren, weil es `println(char[])` gibt, aber mit dieser Schreibweise lässt sich die Methode leicht erweitern, wenn das Ergebnis als String zurückgegeben werden soll.

Der ein oder andere Leser wird sich eine Methode zum Vertauschen wünschen, doch die gibt es für Strings nicht. String sind unveränderbar, sie sind immutable. Das bedeutet, es gibt keine Methode, die eine Ersetzung im aktuellen String vornimmt. Es gibt eine `replace(…)`-Methode, die uns allerdings nicht weiterhilft, denn wenn wir zum Beispiel »y« durch »z« ersetzen, sind später die »ursprünglichen« »z«-Zeichen nicht mehr zu erkennen und müssen dann in »y« umgewandelt werden. Prinzipiell könnten wir dreistufig vorgehen und etwa ein Sonderzeichen als Platzhalter nutzen:

1. Ersetze alle »y« durch »$«.
2. Ersetze alle »z« durch »y«.
3. Ersetze alle »$« durch »z«.

Elegant ist das nicht, zumal wir sichergehen müssen, dass ein Platzhaltersymbol wie »$« frei ist.

Wir haben gesehen, dass es mehrere Möglichkeiten gibt, die Aufgabe zu lösen. Immer dann, wenn wir ein Variable gegen mehrere zur Compilezeit bekannte Konstanten prüfen müssen, dann ist `switch` eine gute Wahl. Wer die aktuellen Java-Versionen nutzen kann, sollte zu der Schreibweise mit `switch` und Pfeil greifen. Sie ist nicht nur kürzer, sondern beugt auch unbeabsichtigtem Durchfallen vor.

Aufgabe 5.1.6: Trotzige Antworten geben

```
String input = new Scanner( System.in ).nextLine().trim();
if ( input.equalsIgnoreCase( "no idea?" ) )
  System.out.println( "Aye!" );
else if ( input.endsWith( "?" ) ) {
  System.out.println( input + " No idea!" );
}
```

Listing 5.5 com/tutego/exercise/string/TonyTheDefiant.java

Wir fragen von der Kommandozeile über den `Scanner` nach einer Zeile und schneiden dann Weißraum vorne und hinten ab. Ist die Eingabe `No idea?`, ist die Ausgabe `Aye!`. Zum Testen unabhängig von der Groß-/Kleinschreibung greifen wir auf `equalsIgnoreCase(…)` zurück, das ist schneller als ein `input.toLowerCase().equals("no idea?")`, denn `equalsIgnoreCase(…)` kann direkt vergleichen, während `toLowerCase()` erst ein neues `String`-Objekt erzeugt, um es dann mit `equals(…)` zu vergleichen. Das `String`-Objekt ist aber nach dem `equals(…)` wieder Speichermüll. Unnötig neue Objekte aufzubauen, kostet Speicher und Laufzeit und sollte vermieden werden.

Ist die Eingabe nicht `No idea?`, testen wir, ob die Eingabe mit einem Fragezeichen endet. Wenn ja, wiederholen wir die Eingabe und hängen `' No idea!'` hinten an. Wenn keiner der beiden Fälle zutrifft, passiert nichts. Es ist wichtig, dass wir nicht erst testen, ob die Eingabe mit einem Fragezeichen endet, denn wenn wir die Fallunterscheidungen umdrehen, würde das Programm bei der Eingabe von `No idea?` das Fragezeichen hinten erkennen und `No idea? No idea!` ausgeben, was nicht korrekt ist.

Quiz 5.1.7: String-Vergleiche mit == und equals(…)

Prinzipiell können Strings mit `==` verglichen werden, doch in der Regel wird das nicht funktionieren, denn das würde voraussetzen, dass die `String`-Objekte nur intern in der Virtual Machine aufgebaut werden. Normalerweise bauen wir aber selbst Objekte auf, indem wir z. B. eine Datei zeilenweise auslesen oder von der Kommandozeile einlesen. Dann sind jede Zeile und Eingabe ein neues `String`-Objekt. Java-Entwickler sollten es sich zur Angewohnheit machen, Strings immer mit der `equals(…)`-Methode zu vergleichen. Es gibt hier auch noch Varianten, z. B. `equalsIgnoreCase(…)`.

Umsteiger von anderen Programmiersprachen tun sich am Anfang schwer. Die meisten Programmiersprachen erlauben es, Strings mit `==` zu vergleichen.

Quiz 5.1.8: Ist equals(...) symmetrisch?

Vergleiche mit der equals(Object)-Methode sollten symmetrisch sein, das heißt, es sollte keinen Unterschied ergeben, ob es heißt a.equals(b) oder b.equals(b). Allerdings wird die Symmetrie durch null gebrochen. So führt String s = null; s.equals ("tutego") zu einer NullPointerException, aber "tutego".equals(s) zu false. In der Praxis ist es daher robuster, auf einem String-Literal equals(...) aufzurufen und einen anderen String zu übergeben.

Wenn null im Vergleich vorkommen kann und NullPointerException verhindert werden soll, lässt sich gut auf Objects.equals(...) zurückgreifen:

```
public static boolean equals(Object a, Object b) {
    return (a == b) || (a != null && a.equals(b));
}
```

Listing 5.6 OpenJDK-Implementierung von Objects.equals(...)

Aufgabe 5.1.9: Zeichenfolgen auf Palindrom-Eigenschaft testen

```
public static boolean isPalindrome( String string ) {

  for ( int index = 0; index < string.length() / 2; index++ ) {
    char frontChar = string.charAt( index );
    char backChar  = string.charAt( string.length() - index - 1 );
    if ( frontChar != backChar )
      return false;
  }
  return true;
}

public static boolean isPalindromeIgnoringCase( String string ) {
  return isPalindrome( string.toLowerCase() );
}

public static boolean isPalindromeIgnoringNonLettersAndDigits( String string )
 {

  for ( int startIndex = 0, endIndex = string.length() - 1;
        startIndex < endIndex;
        startIndex++, endIndex-- ) {
    while ( ! Character.isLetterOrDigit( string.charAt( startIndex ) ) )
      startIndex++;
    while ( ! Character.isLetterOrDigit( string.charAt( endIndex ) ) )
      endIndex--;
```

```
    char frontChar = Character.toLowerCase( string.charAt( startIndex ) );
    char backChar  = Character.toLowerCase( string.charAt( endIndex ) );
    if ( frontChar != backChar )
      return false;
  }
  return true;
}

public static boolean isPalindromeRecursive( String string ) {

  if ( string.length() < 2 )
    return true;

  if ( string.charAt( 0 ) != string.charAt( string.length() - 1 ) )
    return false;

  return isPalindromeRecursive( string.substring( 1, string.length() - 1 ) );
}
```

Listing 5.7 com/tutego/exercise/string/PalindromeTester.java

Die Aufgabe zum Testen mit Palindromen ist ein Klassiker in der Informatik. Für diese Aufgabe gibt es unterschiedliche Herangehensweisen; sie lässt sich relativ leicht mit einer Methode der Java-Bibliothek in einem Einzeiler beantworten oder auch iterativ über eine Schleife und auch rekursiv lösen.

Die hier gezeigte Lösung ist einfach und performant. Wollen wir testen, ob eine Zeichenfolge ein Palindrom ist, müssen wir lediglich das erste mit dem letzten Zeichen vergleichen, dann das zweite mit dem vorletzten und so weiter. Wir gehen mit einer Schleife von 0 bis zur Hälfte des Strings und tun genau das: Mit `string.charAt(index)` laufen wir von links bis zur Mitte und mit `string.charAt( string.length() - index - 1 )` von rechts zur Mitte. Haben wir die Zeichen extrahiert, vergleichen wir sie; sind die Zeichen nicht gleich, beenden wir die Methode mit `return false`. Überlebt das Programm die Schleife, ist `string` ein Palindrom. Die Lösung funktioniert für Strings mit einer geraden und auch ungeraden Anzahl Zeichen.

Unsere Methode `isPalindromeIgnoringCase(String)` testet, ob der String auch unabhängig von der Groß- und Kleinschreibung ein Palindrom ist. In diesem Fall konvertieren wir zunächst die Zeichenfolge in Kleinbuchstaben und geben sie zum Testen an unsere vorhandene Methode `isPalindrome(String)`.

Bei der Methode `isPalindromeIgnoringNonLettersAndDigits(String)` könnten wir so vorgehen wie bei der Methode `isPalindromeIgnoringCase(String)`, also über eine Java-Methode alles das herauslöschen, was kein Buchstabe oder Ziffer ist, oder wir verzichten auf einen Extra-Durchlauf zum Aufräumen des Strings und machen die

Abfrage direkt. Diesen Ansatz wählt die gezeigte Implementierung. Wir laufen den String von links und rechts ab und definieren dafür zwei Schleifenzähler `startIndex` und `endIndex`. Der Startindex wird größer und der Endindex kleiner. Wir starten mit dem Startindex auf dem ersten Zeichen und mit dem Endindex beim letzten Zeichen. Jetzt kann es vorkommen, dass eines der beiden Zeichen weder Buchstabe noch Ziffer ist. Wir müssen also von links so weit suchen, bis wir auf ein gültiges Symbol kommen, und wir müssen von rechts das Gleiche tun. Das machen die beiden `while`-Schleifen. Da die Prüfung jetzt unabhängig von der Groß-/Kleinschreibung erfolgen kann, konvertieren wir die beiden Zeichen in Kleinbuchstaben und vergleichen sie anschließend. Falls die Zeichen nicht gleich sind, beendet `return false` die Methode. Ist jeder Vergleich wahr, ist die Antwort der Methode `return true`.

Zum Schluss schauen wir auf die rekursive Implementierung. Hier gibt es prinzipiell zwei Möglichkeiten. Hier wird die Möglichkeit gezeigt, dass zunächst ein Test prüft, ob in dem String kein oder ein Zeichen steht. In dem Fall sind wir am Ende der Rekursion angelangt und können `true` zurückgeben. Als Nächstes extrahieren wir das erste und das letzte Zeichen und vergleichen sie. Wenn die Zeichen nicht gleich sind, verlassen wir die Methode mit `false`. Stimmen die Zeichen überein – Groß-/Kleinschreibung wird hier nicht ignoriert –, extrahieren wir einen Teil-String und gehen eine Rekursionsstufe tiefer. Da die Rekursion hier am Ende steht, sprechen wir auch von einer *Endrekursion*, die prinzipiell von Laufzeitumgebungen optimiert werden kann, wobei die Standard-JVM diese Optimierung bisher nicht macht.

Eine alternative Lösung mit einer Rekursion wäre, die Methode mit einem Start- und Endindex zu parametrisieren, der dann jeweils innerhalb der Methode verschoben wird, ohne temporäre Strings zu generieren. Das heißt, statt einen Teil-String zu bilden, werden lediglich der Start- und Endindex angepasst. Diese Lösung ist allerdings nicht mehr besonders entfernt von einer iterativen Lösung.

Zum Schluss schauen wir uns den Einzeiler mit einer Java-Methode an:

```
String s = "otto";
boolean isPalindrome =
 new StringBuilder( s ).reverse().toString().equals( s );
```

Aufgabe 5.1.10: Prüfen, ob Captain CiaoCiao in der Mitte steht

```
public static boolean isStringInMiddle( String string, String middle ) {

  if ( middle.length() > string.length() )
    return false;

  int start = string.length() / 2 - middle.length() / 2;
  return string.regionMatches( start, middle, 0 /* middle offset */,
    middle.length() );
```

```
}

public static boolean isCiaoCiaoInMiddle( String string ) {
  return isStringInMiddle( string, "CiaoCiao" );
}
```

Listing 5.8 com/tutego/exercise/string/InMiddle.java

Die Kernidee des Algorithmus ist es, den Mittelpunkt des Haupt-Strings zu bestimmen, dann die halbe Länge von dem in der Mitte gewünschten String abzuziehen und zu vergleichen, ob der Mittel-String ab dieser Position steht.

Letztendlich ist die Frage, ob der String `"CiaoCiao"` vorkommt, recht speziell. Daher verallgemeinern wir die Frage und schreiben eine allgemeine Methode `isStringInMiddle(String string, String middle)`, die für beliebige Strings funktioniert, die in der Mitte stehen sollen.

Im ersten Schritt prüfen wir die Parameter. Wurde für einen der Parameter `null` übergeben, knallt es mit einer `NullPointerException` beim Zugriff auf die Länge. Die Reaktion ist gut. Sind beides gültige `String`-Objekte, werden die Längen ermittelt und verglichen. Wenn der Mittel-String länger ist als der Haupt-String selbst, ist das ein Fehler, und wir geben direkt `false` zurück.

Die folgenden Zeilen folgen dem beschriebenen Algorithmus. `regionMatches(…)` ist in diesem Fall nützlich. Die Signatur der Methode ist:

```
boolean regionMatches(int toffset, String other, int ooffset, int len)
```

Das ist ein besseres Vorgehen, als mit `substring(…)` erst den String herauszuschneiden und dann mit `equals(…)` zu vergleichen.

Aufgabe 5.1.11: Den kürzesten Namen im Array finden

```
private static final int INDEX_NOT_FOUND = -1;

private static String shortest( String s1, String s2 ) {
  return s1.length() <= s2.length() ? s1 : s2;
}

private static String shortestName( String... names ) {

  if ( names.length == 0 )
    return "";

  String result = names[ 0 ];
```

```
  for ( String name : names ) {
    int spacePos = name.indexOf( ' ' );
    if ( spacePos == INDEX_NOT_FOUND )
      result = shortest( result, name );
    else {
      String part1 = name.substring( 0, spacePos );
      String part2 = name.substring( spacePos + 1 );
      result = shortest( result, shortest( part1, part2 ) );
    }
  }
  return result;
}
```

Listing 5.9 com/tutego/exercise/string/ShortName.java

Im Algorithmus müssen wir später mehrfach den kürzesten von zwei Strings ermitteln, sodass wir diese Aufgabe in eine eigene kleine Methode auslagern. Die Methode `shortest(String, String)` liefert den kürzeren der beiden übergebenen Strings zurück; sind beide Strings gleich lang, gibt die Methode den ersten String zurück – die Entscheidung ist aber willkürlich.

Die eigentliche Methode `shortestName(…)` bekommt ein Vararg von Strings, und wie üblich kann der Parameter `null` sein. Durch den Zugriff auf `length` wird es bei `null` mit einer `NullPointerException` knallen – ein gewünschtes Verhalten. Wurde der Methode kein Element übergeben, kann die Methode nichts tun und liefert den Leer-String zurück.

Da es im Array mindestens einen String gibt, initialisieren wir damit die Variable `result`, die wir auch zum Schluss zurückgeben werden. Die erweiterte `for`-Schleife läuft alle Strings des Arrays ab, und im Rumpf wird `result` vielleicht aktualisiert. Schauen wir als Erstes, ob ein Leerzeichen im String vorkommt. Jetzt gibt es zwei Alternativen:

1. Kommt im String kein Leerzeichen vor, dann liefert `shortest(result, name)` den kürzeren String, und überschreibt mit dem Ergebnis `result`.
2. Falls ein Leerzeichen im Namen vorkommt, zerlegt `substring(...)` den Namen in zwei Teile `part1` und `part2`. Hier verschachteln wir `shortest(…)`, dass zunächst von `part1` und `part2` der kürzere String ermittelt wird und dann wiederum von diesem Ergebnis und `result` der kürzere String ermittelt und als Ergebnis in `result` abgelegt wird.

Am Ende der Schleife haben wir den kürzesten String ermittelt, den wir zurückgeben.

Aufgabe 5.1.12: String-Vorkommen zählen

```
private static final int INDEX_NOT_FOUND = -1;

public static int countMatches( String string, String other ) {

  if ( string == null || other == null || string.length() == 0 ||
       other.length() == 0 )
    return 0;

  int result = 0;

  for ( int index = 0;
        (index = string.indexOf( other, index )) != INDEX_NOT_FOUND;
        index += other.length() )
    result++;

  return result;
}
```

Listing 5.10 com/tutego/exercise/string/StringUtils.java

Die Methode countMatches(…) muss bei fehlerhaften Werten 0 zurückgeben. Fehlerhaft ist es, wenn ein String null ist oder keine Zeichen enthält. Diese Prüfung wird am Anfang gemacht.

Die Variable result wird später die Anzahl der Fundstellen anzeigen und die Rückgabe bilden. In der for-Schleife suchen wir wiederholt mit der String-Methode indexOf(…) nach diesem Teil-String other. Die Schleife initialisiert dafür eine Variable index, die immer die letzten Fundstellen enthält, und falls es keine Fundstelle mehr gibt, ist das damit auch ein Abbruchkriterium für die for-Schleife. Dieser Index wird dann immer um die Länge von other erhöht, sodass die indexOf(…)-Methode bei der nächsten Iteration hinter der dem Teil-String other weitersuchen kann.

Falls so eine Methode in echten Java-Programmen nötig sein sollte, könnten Entwickler sie aus Apache Commons beziehen. Die Implementierung selbst liegt unter *https://commons.apache.org/proper/commons-lang/apidocs/src-html/org/apache/commons/lang3/StringUtils.html.*

Aufgabe 5.1.13: Die größere Mannschaft ermitteln

Fassen wir zunächst zusammen, was wir bewerkstelligen müssen: In einem String müssen wir das Separatorzeichen (ein Minuszeichen) finden und feststellen, wie viel Striche links und rechts vom Minuszeichen stehen. Diese Werte müssen verglichen werden. Es gibt drei Ausgänge für den Vergleich: Der rechte Wert kann größer oder kleiner sein als der linke, oder beide Werte können gleich sein.

Zwei einfache Lösungen bieten sich an:

- die Eingabe mit `split("-")` in zwei Strings zerlegen und dann mit `length()` diese Stringlänge abfragen
- die Position des Minuszeichens im String mit `indexOf(…)`ermitteln und dann die Länge links und rechts vom Separatorzeichen berechnen

Hier noch eine Speziallösung für Freunde des Mottos »Warum einfach, wenn es auch umständlich geht«. Für die Praxis taugt das wenig und hat höchstens eine Berechtigung, wenn der Profiler anzeigt, dass eine Codestelle einen Engpass darstellt, der optimiert werden muss. Sonst geht Klarheit immer vor!

Nehmen wir kurz an, wir haben das Separatorzeichen an der Stelle *i* gefunden und löschen es, weil wir das eine Separatorzeichen nicht mitzählen wollen. Die Gesamtlänge schrumpft damit um eins.

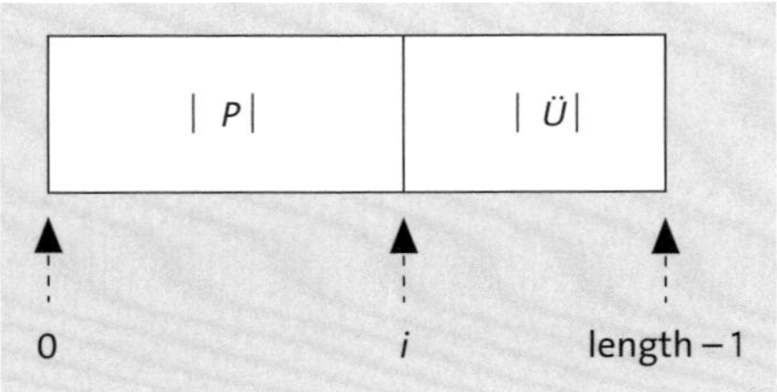

Abbildung 5.1 Zusammenhang zwischen Fundstelle des Minuszeichens und Mannschaftsgrößen

Wenn *P* (Piraten) und *Ü* (Überfallene) Mengen sind, dann soll $|P|$ die Anzahl Piraten und $|Ü|$ die Anzahl Überfallener sein. Diese drei Informationen (0, *i* und *length* – 1) geben uns Antworten:

- Wie viele Piraten gibt es? Es sind $i - 0$, also *i* viele.
- Wie viele Überfallene gibt es? Es sind $length - 1 - i$ viele.

Wir könnten diese Werte ermitteln und vergleichen, und die Aufgabe wäre gelöst.

Allerdings lässt sich mit den Informationen noch mehr anfangen. Die Aufgabe fragt nach der Differenz der Mannschaftsstärken. Wäre es nicht möglich, die Differenz zu berechnen und über das Vorzeichen herauszufinden, welche Mannschaft stärker ist? Das geht!

- $|P| < |Ü|$, daraus folgt $|P| - |Ü| < 0$.
- $|P| > |Ü|$, daraus folgt $|P| - |Ü| > 0$.
- $|P| = |Ü|$, daraus folgt $|P| - |Ü| = 0$.

Bei einem Vergleich von zwei Zahlen lässt sich immer die Differenz bilden und das Vorzeichen beobachten.

Der Ausdruck $|P| - |Ü|$ wiederholt sich, wir können das berechnen:

- $|P| - |Ü| = i - (length - 1 - i) = i - (-i + length - 1) = i + i - (length - 1) = 2 \times i - (length - 1)$.

Das ist die Differenz in der Mannschaftsgröße, und das Vorzeichen sagt uns, welche Mannschaft größer ist.

Es wird Zeit für das Java-Programm:

```
public static void printDecodedCrewSizes( String string ) {
  int index = string.indexOf( '-' );
  if ( index < 0 )
    throw new IllegalArgumentException( "Separator - is missing in " +
      string );
  System.out.print( string + " => " );
  int diff = 2 * index - (string.length() - 1);
  switch ( Integer.signum( diff ) ) {
    case -1:
      System.out.printf( "Raided ship had a larger crew, difference %d%n",
        -diff );
      break;
    case 0:
      System.out.println( "Ships had the same crew size" );
      break;
    case +1:
      System.out.printf( "Pirate ship had a larger crew, difference %d%n",
        diff );
      break;
  }
}
```

Listing 5.11 com/tutego/exercise/string/CrewSize.java

Zunächst wird die Fundstelle `i` ermittelt; gibt es kein Minuszeichen, folgt eine Ausnahme. Anschließend wird die Differenz berechnet. Es lässt sich nun eine Fallunterscheidung mit `if-else` nachschieben, doch das Programm macht etwas anderes: Es bildet alle negativen Zahlen auf `-1` ab, alle positiven Zahlen auf `1`, und `0` bleibt `0`. Damit bleiben drei Möglichkeiten, die `switch-case` behandeln kann. Als Letztes muss für die Ausgabe im Fall einer negativen Differenz das Vorzeichen für die Ausgabe umgekehrt werden.

Aufgabe 5.1.14: Diamanten bauen

```
private static void printDiamondIndentation( int indentation ) {
  for ( int i = 0; i < indentation; i++ )
    System.out.print( " " );
}

private static void printDiamondCore( char character, char stopCharacter ) {
  if ( character == stopCharacter ) {
    System.out.print( character );
    return;
  }
  System.out.print( character );
  printDiamondCore( (char) (character + 1), stopCharacter );
  System.out.print( character );
}

public static void printDiamond( int diameter ) {
  if ( diameter < 1 )
    return;

  diameter = Math.min( diameter, 2 * 26 - 1 );

  int radius = diameter / 2;
  for ( int indentation = radius; indentation >= -radius; indentation-- ) {
    int absIndentation = Math.abs( indentation );
    printDiamondIndentation( absIndentation );
    printDiamondCore( 'A', (char) ('A' + radius - absIndentation) );
    System.out.println();
  }
}
```

Listing 5.12 com/tutego/exercise/string/DiamondPrinter.java

Die eigentliche Lösung der Aufgabe steckt in der Methode `printDiamond(int)`, allerdings wollen wir auf zwei Hilfsmethoden zurückgreifen, um zum einen die Einrückung mit Leerzeichen zu schreiben und zum anderen eine Zeile des Diamanten.

Das Schreiben der Leerzeichen geschieht über `printDiamondIndentation(int)`; die Methode bekommt die Anzahl der Einrückungen übergeben und setzt auch am Ende keinen Zeilenumbruch, denn nach der Einrückung kommt der Diamantenkern.

`printDiamondCore(char, char)` zeichnet eine Diamantenzeile auf den Bildschirm, wobei die Methode ein Startzeichen bekommt und ein Stoppzeichen. Ist das Startzeichen z. B. `A` und das Stoppzeichen `C`, dann gibt die Methode die Folge `ABCBA` auf dem

Bildschirm aus. Die Implementierung ist rekursiv. Es gibt zwei Szenarien: Wenn das Startzeichen gleich dem Stoppzeichen ist, dann wird das Zeichen nicht zweimal gesetzt, sondern nur einmal. Andernfalls wird das Zeichen gesetzt und dann rekursiv die Methode mit dem nächsten Zeichen aufgerufen, wobei das Endzeichen das gleiche bleibt. Nach dem rekursiven Abstieg wird noch einmal das Zeichen gesetzt. Die Fallunterscheidung könnten wir prinzipiell auch so umkehren, dass wir erst fragen, ob das Zeichen nicht mit dem Stoppzeichen übereinstimmt, und früher in die Rekursion gehen, doch Abbruchbedingungen von Rekursionen sind am Anfang der Methode üblicher.

Die eigentliche Methode `printDiamond(int)` prüft zunächst, ob der Umfang von Diamanten gültig ist, und verlässt andernfalls die Methode. Da wir den Durchmesser durchgeben, uns jedoch der Radius interessiert, teilen wir den Durchmesser durch 2. Jetzt kann der eigentliche Programmablauf beginnen. Doch vorher schauen wir uns eine besondere Eigenschaft an, das Verhältnis zwischen Einrückung und Diamantengröße. Der Diamant mit dem Durchmesser 7 soll zur Veranschaulichung dienen, und die Diamantengröße geben wir als Radius an. Die Einrückung durch Leerzeichen symbolisiert der Unterstrich _:

Zeilen	Einrückung	Radius
A	3	1
ABA	2	2
ABCBA	1	3
ABCDCBA	0	4
ABCBA	1	3
ABA	2	2
A	3	1

Tabelle 5.1 Zusammenhang Diamantenzeilen, Einrückung und Diamantenradius

Man kann ablesen, dass die Summe aus Radius und Einrückung immer gleich ist, 4 in unserem Beispiel. Wir können jetzt mithilfe einer Schleife von 3 bis 0 herunter und wieder herauf bis 3 zählen und den Radius ableiten. Oder wir gehen über den Radius des Diamanten mit einer Schleife von 1 bis 4 und wieder zurück zu 1 und leiten daraus die Einrückung ab.

Der Lösungsvorschlag nutzt die Einrückung `indentation` als Schleifenzähler. Und es wird ein Trick angewendet, sodass nicht zwei Schleifen notwendig sind: Die Schleife lässt `indentation` mit dem Radius beginnen und beim negativen Radius enden. Wir laufen damit einmal durch den Nullpunkt. Im Inneren der Schleife sind wir nicht an den negativen Zahlen interessiert, also wählen wir den Absolutwert und haben damit eine absteigende und aufsteigende `indentation`. Aus diesen `indentation`-Werten können wir, wie wir gerade gesehen haben, den Radius berechnen und damit die Zeile ausgeben. Am Anfang ist `indentation` gleich `radius`, das heißt `radius - indentation` ist am Anfang `0`. Also schreibt die Methode `printDiamondCore('A', 'A')` nur das `A`. Im nächsten Durchlauf ist die `indentation` um eins vermindert, das heißt, die Differenz zwischen dem Radius, der sich nicht ändert, und `indentation` ist `'A' + 1 = 'B'`, also zeichnen wir den Kern `ABA`.

Aufgabe 5.1.15: Wörter unterstreichen

```
public static void printUnderline( String string, String search ) {
  System.out.println( string );

  string = string.toLowerCase();
  search = search.toLowerCase();

  String secondLine = "";
  for ( int index = 0;
        (index = string.indexOf( search, index )) >= 0;
        index += search.length() ) {

    // for ( int i = 0, len = index - secondLine.length(); i < len; i++ )
    for ( int i = secondLine.length(); i < index; i++ )
      secondLine += " ";

    for ( int i = 0; i < search.length(); i++ )
      secondLine += "-";
  }
  System.out.println( secondLine );
}
```

Listing 5.13 com/tutego/exercise/string/PrintUnderline.java

Die Aufgabe hat eine interessante Logik, was auf den ersten Blick das Verständnis erschwert. Wir müssen Folgendes schaffen: alle Teil-Strings finden und dann überall dort, wo der Such-String nicht auftaucht, Leerzeichen setzen und unter alle Teil-Strings Minuszeichen.

Die `printUnderline(…)`-Methode gibt zunächst den Text gefolgt vom Zeilenumbruch aus. Um die Suche unabhängig von der Groß-/Kleinschreibung zu realisieren, konvertieren wir string und search in Kleinbuchstaben. indexOf(…) sucht dann in einem kleingeschriebenen String nach einem kleingeschriebenen Teil-String.

Mit secondLine haben wir eine Variable, die im Laufe der Zeit wächst, sodass sie zum Schluss ausgegeben werden kann. Der Vorteil ist, dass wir, wenn die Methode printUnderline(…) einmal String zurückgeben soll, wenig Code ändern müssen. Der zweite Vorteil liegt in der Möglichkeit, die Länge abzufragen – so lässt sich ermitteln, wie viele Zeichen schon geschrieben wurden.

Eine Schleife findet alle Positionen mit dem gesuchten zu unterstreichenden String search. Die for-Schleife ist komplex, weil im Bedingungsausdruck für den Abbruch der Schleife auch eine Zuweisung steht. Die Idee ist folgende: Wir aktualisieren die Variable index mit der Fundstelle, und wenn dieser größer gleich 0 ist, haben wir eine Fundstelle und führen den Rumpf der Schleife aus. In dem Moment, wo indexOf(…) keinen Fund mehr meldet, brechen wir die Schleife ab. Es gibt also genau so viele Durchläufe, wie es Fundstellen von search gibt.

Der Rumpf der Schleife macht zwei Dinge:

- Leerzeichen produzieren, und zwar genauso viele, dass wir von der letzten Stelle (secondLine.length()) bis zur aktuellen Fundstelle (index) kommen. Anders gesagt: wir setzen index - secondLine.length() viele Leerzeichen.
- so viele Minuszeichen an die secondLine anhängen, wie der String search lang ist

Als Letztes aktualisieren wir im Fortschaltausdruck der for-Schleife die Variable index um die Länge des zu suchenden Strings, denn nach dem letzten Fund muss direkt nach dem Such-String weitergemacht werden. Anders gesagt: indexOf(…) startet bei der nächsten Suche am Ende des letzten Strings, ab index.

Mit der unter Java 11 hinzugekommenen String-Methode repeat(…) lässt sich das Anhängen von Weißraum und Minuszeichen kompakter schreiben, und im Rumpf steht:

```
secondLine += " ".repeat( index - secondLine.length() ) +
              "-".repeat( search.length() );
```

Aufgabe 5.1.16: Vokale entfernen

Unterschiedliche Lösungsansätze sollen aufgeführt werden:

```
public static String removeVowels1( String string ) {
  string = string.replace( "a", "" ).replace( "A", "" );
  string = string.replace( "ä", "" ).replace( "Ä", "" );
  string = string.replace( "e", "" ).replace( "E", "" );
  string = string.replace( "o", "" ).replace( "O", "" );
  string = string.replace( "ö", "" ).replace( "Ö", "" );
  string = string.replace( "u", "" ).replace( "U", "" );
```

```
  string = string.replace( "ü", "" ).replace( "Ü", "" );
  string = string.replace( "i", "" ).replace( "I", "" );
  string = string.replace( "y", "" ).replace( "Y", "" );
  return string;
}
```

Listing 5.14 com/tutego/exercise/string/RemoveVowel.java

Die erste Lösung ist recht simpel, aber auch mit einem hohen Anteil Codeduplikation. Die replace(…)-Methode ist überladen: Mit einer Variante können wir Zeichen durch andere Zeichen ersetzen, mit der anderen Variante lassen sich Zeichenfolgen durch Zeichenfolgen ersetzen. Die replace(char, char)-Methode ist nicht in der Lage, ein Zeichen zu löschen, wohl aber die zweite Variante, wo wir einen String, egal wie lang er ist, durch einen Leer-String ersetzen und somit entfernen können.

Variante Nummer 2:

```
public static String removeVowels2( String string ) {
  char[] chars = new char[string.length()];
  int len = 0;

  for ( int i = 0; i < string.length(); i++ ) {
    char c = string.charAt( i );

    if ( "aeiouöäüyAEIOUÄÖÜY".indexOf( c ) < 0 )
      chars[ len++ ] = c;
  }

  return new String( chars, 0, len );
}
```

Listing 5.15 com/tutego/exercise/string/RemoveVowel.java

Die zweite Methode baut sich einen temporären char-Puffer auf, indem sie zunächst alle Zeichen sammelt, die keine Vokale sind. Dieser Puffer von Zeichen kann kleiner sein als der String, aber nicht größer. Zum Start bauen wir daher ein char[] mit der maximalen Anzahl zu erwartenden Zeichen auf, und das ist die Länge des eingehenden Strings. In einer neuen Variablen len merken wir uns die Größe des neuen entstehenden Arrays. Eine Schleife läuft jetzt über alle Zeichen des Strings. Im nächsten Schritt müssen wir testen, ob das Zeichen ein Vokal ist oder nicht. Diese Lösung, wie auch die folgenden, nutzen hier ganz andere Herangehensweisen. Eine gute Möglichkeit ist der Test mit indexOf(char). Wir sammeln zunächst alle die Zeichen, die wir finden wollen, in einem String. Anschließend testet indexOf(char), ob das Zeichen, das wir betrachten, in diesem Teil-String ist oder nicht. Antwortet indexOf(…) mit einem positiven Ergebnis, wissen wir, dass das Zeichen in der Zeichenfolge vorkam, also ein Vokal war. Da wir alle Vokale entfernen wollen, drehen wir die Bedingung einfach um; `indexOf(char)` liefert `-1`, wenn das Zeichen nicht im String war. Und wenn das Zeichen nicht im String war, setzen wir das Zeichen in das Array und erhöhen die Position. Am Ende der Schleife sind wir einmal über den Eingangs-String gelaufen und haben ausgewählte Zeichen in das Array gesetzt. Nun müssen wir das Array wieder in einen String konvertieren. Dazu bietet die `String`-Klasse einen passenden Konstruktor.

Die dritte Variante unterscheidet sich in zwei Details von der vorherigen Variante:

```
public static String removeVowels3( String string ) {
  final char[] VOWELS = { 'a', 'e', 'i', 'o', 'u', 'y', 'ä', 'ö', 'ü' };
  String result = "";
  for ( int i = 0; i < string.length(); i++ ) {
    char c = string.charAt( i );
    int pos = Arrays.binarySearch( VOWELS, Character.toLowerCase( c ) );
    if ( pos < 0 )
      result = result + c;
  }
  return result;
}
```

Listing 5.16 com/tutego/exercise/string/RemoveVowel.java

Das erste Unterschied ist, dass kein Array als Zwischenspeicher benutzt wird, sondern ein String, an den mit dem Plus-Operator das Zeichen gehängt wird, das kein Vokal ist. Die zweite Änderung ist die Frage, ob das Zeichen ein Vokal ist. Wir greifen hier auf die Methode `Arrays.binarySearch(…)` zurück, die in einem sortierten Array nach einem Zeichen sucht und ähnlich wie `indexOf(…)` nur dann etwas Positives liefert, wenn es auch einen Fund gab. Ist das Ergebnis der Methode negativ, haben wir keinen Vokal, und wir hängen das Zeichen an den Ergebnis-String an.

Die vierte Lösung unterscheidet sich von den vorherigen Lösungen dadurch, dass ein `StringBuilder` verwendet wird.

```
private static boolean isVowel( char c ) {
  return "aeiouyäöüAEIOUYÄÖÜ".indexOf( c ) >= 0;
}

public static String removeVowels4( String string ) {
  StringBuilder result = new StringBuilder( string.length() );
  for ( int i = 0; i < string.length(); i++ ) {
    char c = string.charAt( i );
    if ( !isVowel( c ) )
```

```
      result.append( c );
  }
  return result.toString();
}
```

Listing 5.17 com/tutego/exercise/string/RemoveVowel.java

StringBuilder erlauben den dynamischen Aufbau von Zeichenfolgen. Der zweite Unterschied besteht darin, dass wir auf eine eigene neue Methode isVowel(char) zurückgreifen, die testet, ob ein Zeichen ein Vokal ist. Die Überlegung ist nämlich, ob eine Methode, die Vokale entfernt, auch die Entscheidung treffen sollte, was ein Vokal ist. Wollen wir gut programmieren, dann sollte eine einzelne Methode nicht zu viel können. Daher ist es vernünftig, eine Methode zu haben, die testet, ob ein Zeichen ein Vokal ist, und eine andere Methode, die Vokale aus einer Zeichenfolge entfernen kann. Beide haben unterschiedliche Aufgaben.

Die folgenden beiden Lösungen greifen thematisch schon etwas vor und nutzen ganz geschickt reguläre Ausdrücke.

```
public static String removeVowels5( String string ) {
  return string.replaceAll( "[aeiouyäöüAEIOUYÄÖÜ]", "" );
}
```

Listing 5.18 com/tutego/exercise/string/RemoveVowel.java

Mit der entsprechenden replaceAll(…)-Methode lässt sich die Aufgabe mit einem Einzeiler lösen. replaceAll(String, String) bekommt als erstes Argument einen regulären Ausdruck, der hier für eine Gruppe von Zeichen steht. Passt der reguläre Ausdruck auf ein Zeichen, wird das Zeichen durch einen Leer-String ersetzt, also entfernt.

Die letzte Lösung geht einen anderen, recht kreativen Weg.

```
public static String removeVowels6( String string ) {
  String result = "";
  String[] tokens = string.split( "[aeiouyäöüAEIOUYÄÖÜ]" );
  for ( String value : tokens )
    result += value;
  return result;
}
```

Listing 5.19 com/tutego/exercise/string/RemoveVowel.java

Statt die Zeichen durch nichts zu ersetzen, sind die Vokale hier Trennzeichen. Die split(…)-Methode liefert uns folglich alle Teilzeichenfolgen vor oder hinter einem Vokal. Diese Teilzeichenfolgen können wir zu einem Ergebnis-String wieder zusammensetzen.

Aufgabe 5.1.17: Auf ein gutes Passwort prüfen

```
public static final int MIN_PASSWORD_LEN = 8;

public static boolean isGoodPassword( String password ) {

  if ( password.length() < MIN_PASSWORD_LEN ) {
    System.err.println( "Password is too short" );
    return false;
  }

  if ( !containsUppercaseLetter( password ) ) {
    System.err.println( "Must contain uppercase letters" );
    return false;
  }

  if ( !containsLowercaseLetter( password ) ) {
    System.err.println( "Must contain lowercase letters" );
    return false;
  }

  if ( !containsDigit( password ) ) {
    System.err.println( "Must contain a number" );
    return false;
  }

  if ( !containsSpecialCharacter( password ) ) {
    System.err.println( "Must contain special characters like .," );
    return false;
  }

  return true;
}

private static boolean containsUppercaseLetter( String string ) {
  for ( int i = 0; i < string.length(); i++ ) {
    char c = string.charAt( i );
    if ( Character.isUpperCase( c ) )
      return true;
  }
  return false;
}
```

```
private static boolean containsLowercaseLetter( String string ) {
  for ( int i = 0; i < string.length(); i++ ) {
    char c = string.charAt( i );
    if ( Character.isLowerCase( c ) )
      return true;
  }
  return false;
}

private static boolean containsDigit( String string ) {
  for ( int i = 0; i < string.length(); i++ ) {
    char c = string.charAt( i );
    if ( Character.isDigit( c ) )
      return true;
  }
  return false;
}

private static boolean containsSpecialCharacter( String string ) {
  for ( int i = 0; i < string.length(); i++ ) {
    char c = string.charAt( i );
    switch ( c ) {
      case '.':
      case ',':
        return true;
    }
  }
  return false;
}

public static void main( String[] args ) {
  System.out.println( isGoodPassword( "zukurz" ) );
  System.out.println( isGoodPassword( "nurkleinbuchstaben" ) );
  System.out.println( isGoodPassword( "keineziffern" ) );
  System.out.println( isGoodPassword( "Mit0Sonderzeichen" ) );
  System.out.println( isGoodPassword( "Mit 3 Sonderzeichen .$#&" ) );
}
```

Listing 5.20 com/tutego/exercise/string/PasswordTester.java

Unsere Methode führt hintereinander diverse Tests durch. Schlägt ein Test fehl, beendet `return false` die Methode. Sind alle Tests positiv, steht am Ende ein `return true`.

Bis auf den ersten Test sind die einzelnen Kriterien in Methoden ausgelagert. Das erhöht die Übersichtlichkeit. Die einzelnen Methoden bekommen jeweils einen String, laufen ihn von vorne nach hinten ab und testen gewisse Eigenschaften. Die Herangehensweise ist auch hier, dass wir, wenn wir eine Entscheidung fällen können, direkt die Methode verlassen können mit einem entsprechenden `return true`. Nehmen wir `containsUppercaseLetter(String)` als Beispiel. Die Methode läuft den String von vorne nach hinten ab und prüft mit `Character.isUpperCase(char)`, ob ein Großbuchstabe dabei ist. Wenn ja, müssen wir keine weiteren Zeichen testen, sondern können die Methode sofort beenden.

Aufgabe 5.1.18: Quersumme berechnen

```
static int digitSum( long value ) {
  return digitSum( String.valueOf( value ) );
}

static int digitSum( String value ) {
  int sum = 0;

  for ( int i = 0; i < value.length(); i++ )
    // sum += value.charAt( i ) - '0';
    sum += Character.getNumericValue( value.charAt( i ) );

  return sum;
}
```

Listing 5.21 com/tutego/exercise/string/SumOfTheDigits.java

Zunächst einmal ist festzuhalten, dass nur eine der beiden Methoden implementiert werden muss, weil wir jeweils die andere Methode aufrufen können. Rufen wir `digitSum(long)` auf, können wir aus der ganzen Zahl einen String machen und dann `digitSum(String)` aufrufen. Umgekehrt: Wenn wir `digitSum(String)` aufrufen, können wir den String mit `Long.parseLong(String)` in eine Ganzzahl konvertieren und `digitSum(long)` aufrufen.

Es ist ein wenig Geschmackssache, welche der beiden Methoden man implementiert. Die Herangehensweise ist anders. Implementieren wir die Methode mit dem Parametertyp `long`, müssen wir immer durch 10 teilen, um die Zahl Schritt für Schritt zu zerlegen. Hier benötigen wir etwas Mathematik, und diese Lösung hat noch einen zweiten Nachteil, nämlich dass wir das Ergebnis von rechts nach links bekommen. Das ist für die Quersumme egal, bei machen Konvertierungen ist das eher unpraktisch. Also implementieren wir `digitSum(String)`.

Wie üblich laufen wir mit der for-Schleife den String von links nach rechts ab. Jedes Zeichen müssen wir nun als Ziffer betrachten. Damit ein Unicode-Zeichen mit einer Ziffer in einen numerischen Wert übertragen werden kann, lässt sich die Methode Character.getNumericValue(char) einsetzen. Aus einem char wie '1' wird 1, und aus '7' wird 7. Prinzipiell könnten wir diese Berechnung auch selbst durchführen, indem wir von dem Unicode-Zeichen '0' abziehen, doch getNumericValue(…) arbeitet allgemein auf allen Unicode-Zeichen. So liefert zum Beispiel getNumericValue('٢') das Ergebnis 2.

Aufgabe 5.1.19: Texte entspalten

Der Algorithmus muss Folgendes tun: Im ersten Schritt muss er ermitteln, wo in allen Zeilen an der gleichen Stelle ein Leerzeichen steht, was ein Indiz für die Spalte ist. Im nächsten Schritt müssen wir an dieser Stelle trennen und erst die ganzen Zeilen der linken Spalten untereinandersetzen, anschließend alle Zeilen der rechten Spalte.

Die eigentliche Methode decolumnize(…) greift auf die interne Methode findColumnIndex(String[]) zurück, die für ein Array von Strings die Spalte mit dem Leerzeichen findet. Auch findColumnIndex(…) greift auf eine weitere interne Methode isSpaceAt(…) zurück, mit der wir anfangen wollen.

```
private static boolean isSpaceAt( String string, int index ) {
  if ( index >= string.length() )
    return true;
  return string.charAt( index ) == ' ';
}
```

Listing 5.22 com/tutego/exercise/string/Decolumnizer.java

isSpaceAt(String, int) prüft, ob im übergebenen String string an der Stelle index ein Leerzeichen steht oder nicht. Zusätzlich wertet diese Methode alles als Weißraum, was »hinter« dem String steht. Anschaulich bedeutet das, dass hinter dem eigentlichen String unendlich viele Leerzeichen stehen.

Diese Methode wird für die eigentliche Methode findColumnIndex(String[]) verwendet:

```
private final static int COLUMN_NOT_FOUND = -1;

private static int findColumnIndex( String[] lines ) {
  int length = lines[ 0 ].length();
  for ( String line : lines )
    length = Math.max( length, line.length() );
```

```
  mainLoop:
  for ( int column = 1; column < length - 1; column++ ) {
    for ( String line : lines )
      if ( ! isSpaceAt( line, column ) )
        continue mainLoop;
    return column;
  }

  return COLUMN_NOT_FOUND;
}
```

Listing 5.23 com/tutego/exercise/string/Decolumnizer.java

Bevor wir alle Zeilen durchlaufen und fragen, ob jede Zeile an einer Stelle ein Leerzeichen hat, müssen wir herausfinden, wie weit wir laufen dürfen. Daher wird im ersten Schritt die längste Zeile ermittelt. Es muss die längste Zeile sein, weil durchaus einige Zeilen komplett leer sein dürfen, und einige Zeilen können auch kurz sein, dann steht hinter diesen kurzen Zeilen gedanklich wieder Weißraum.

Haben wir die längste Zeile ermittelt, laufen wir mit einer Schleife alle möglichen Spalten ab. Die Spalte mit dem Index `0` kann es nicht sein, auch kann es die letzte Spalte nicht sein, weil ja weder links noch rechts von diesen Positionen eine wirkliche Spalte sein kann. Unabhängig davon ergibt es wenig Sinn, wenn die Spalten nur ein Symbol bereit sind, sodass man sicherlich auch mit einem anderen Index anfangen könnte, vielleicht in der Umgebung der Mitte.

Die Funktion der beiden ineinandergeschachtelten Streifen ist die folgende: die äußere Schleife läuft alle möglichen Spalten ab, während die innere Schleife dafür sorgt, dass für jede Spalte alle möglichen Zeilen untersucht werden. Wenn in einer Zeile in der Spalte `column` kein Leerzeichen ist, dann brauchen wir die anderen Zeilen erst gar nicht zu berücksichtigen, sondern machen weiter mit der nächsten Spalte. Diese Möglichkeit wird mit dem Schlüsselwort `continue` erreicht – wir müssen hier eine Sprungmarke verwenden, denn ohne würde `continue` nur in der inneren Schleife weitermachen, wir wollen aber in der äußeren Schleife weiterkommen.

Überlebt das Programm die innere Schleife, haben wir für alle Zeilen eine Stelle gefunden, in der ein Leerzeichen steht. Die Variable `column` enthält die Fundstelle, die zurückgegeben wird. Es wird nicht darauf geachtet, ob diese Fundstelle vielleicht mittig ist, vielleicht ist auch nur ganz zufällig recht weit am Anfang eine Spalte komplett mit Leerzeichen, dann wird fälschlicherweise eine Spalte erkannt, die keine sein sollte. Laufen wir über alle Spalten und Zeilen und stehen nirgends Leerzeichen untereinander, ist die Rückgabe `COLUMN_NOT_FOUND`, also `-1`.

Jetzt können wir zur eigentlichen Methode decolumnize(String) kommen:

```
public static void decolumnize( String string ) {
  String[] lines = string.split( "\n" );
  if ( lines.length < 2 ) {
    System.out.println( string );
    return;
  }

  int column = findColumnIndex( lines );

  if ( column == COLUMN_NOT_FOUND ) {
    System.out.println( string );
    return;
  }

  // Left column
  for ( String line : lines )
    System.out.println( line.substring( 0, Math.min( line.length(),
      column ) ).trim() );

  // Right column
  for ( String line : lines )
    if ( column < line.length() )
      System.out.println( line.substring( column + 1 ).trim() );
    else
      System.out.println();
}
```

Listing 5.24 com/tutego/exercise/string/Decolumnizer.java

Sie zerlegt zunächst den großen String in viele Zeilen und greifen dabei auf die split(…)-Methode zurück. Eine Zerlegung in Spalten ergibt nur bei mindestens zwei Zeilen Sinn, sodass bei einer Zeile diese als solches ausgegeben wird, ohne die Suche nach einer Spalte zu starten.

Andernfalls beginnt die eigentliche Arbeit, das Suchen der Spalte. Findet die Methode findColumnIndex(…) keine Spalte, dann geben wir den String aus und beenden die Methode.

Falls wir einen Spaltenindex gefunden haben, gibt eine erste Schleife die linke Spalte aus und die zweite Schleife die rechte Spalte. Die beiden Schleifen laufen also beide Male über alle Zeilen, aber berücksichtigen im ersten Fall nur alles, was links vom Spaltenindex steht, und im zweiten Fall nur alles das, was rechts vom Spaltenindex steht.

Bei der linken Spalte ist zu berücksichtigen, dass die Zeilen kürzer als der Spaltenindex sein können, da die Zeilen insgesamt auch kürzer sein können; wir erinnern uns: `isSpaceAt(…)` ist so programmiert, dass alles, was hinter der eigentlichen Zeichenkette ist, als Weißraum gewertet wird. Wenn man die Zeile der linken Spalte ausgibt, dann darf die `substring(…)`-Methode nicht von `0` bis zum Spaltenindex gehen, sondern vom kleineren Wert, der Zeilenlänge und dem Spaltenindex. Mögliche Leerzeichen schneiden wir hinten und vorne für die Ausgabe noch ab.

Bei der rechten Spalte gehen wir ähnlich vor. Nur müssen wir jetzt schauen, ob die rechte Zeile überhaupt existiert. Wenn ja, liefert `substring(…)` eine Teilzeichenfolge beginnend beim Spaltenindex bis zum Ende der Zeile. Andernfalls geben wir eine Leerzeile aus.

Das Programm achtet nicht darauf, unnötige Leerzeilen am Ende abzuschneiden. Wenn die Spalten nicht balanciert sind und links und rechts die gleiche Anzahl Zeilen stehen, werden für die rechte Spalte so viele Leerzeilen erscheinen, wie es in der linken Spalte noch Zeilen gibt.

Aufgabe 5.1.20: Eine Wiese mit Lieblingsblumen zeichnen

```
private final static String FLOWERS =
      "                _\n"
    + "              _(_)_                          wWWWw   _\n"
    + "  @@@@       (_)@(_)   vVVVv     _     @@@@  (___) _(_)_\n"
    + " @@()@@ wWWWw  (_)\\    (___)   _(_)_  @@()@@   Y  (_)@(_)\n"
    + "  @@@@  (___)     `|/    Y    (_)@(_)  @@@@   \\|/   (_)\\\n"
    + "   /      Y       \\|    \\|/    /(_)    \\|      |/      |\n"
    + "\\ |     \\ |/       | / \\ | /   \\|/       |/    \\|      \\|/\n"
    + "\\\\|//   \\\\|//   \\\\\\|//\\\\\\|/// \\|///  \\\\\\|//  \\\\|//  ↩
\\\\\\|//\n"
    + "^^^^^^^^^^^^^^^^^^^^^^^^^^^^^^^^^^^^^^^^^^^^^^^^^^^^^^^^^\n";

private static final int[] FLOWER_START_POS = { 0, 7, 13, 22, 29, 37, 44,
  50, 57 };

private static final String[] FLOWER_LINES = FLOWERS.split( "\n" );
private static final int FLOWER_HEIGHT = FLOWER_LINES.length;
private static final int LONGEST_LINE_LEN =
  FLOWER_LINES[ FLOWER_HEIGHT - 1 ].length();

private static String flowerLine( int flower, int line ) {
  String s = FLOWER_LINES[ line ] + " ".repeat( LONGEST_LINE_LEN );
  return s.substring( FLOWER_START_POS[ flower ],
```

```
  FLOWER_START_POS[ flower + 1 ] );
}

private static int flowerFromId( char id ) {
  switch ( id ) {
    case '8': return 7;
    case '7': return 6;
    case '6': return 5;
    case '5': return 4;
    case '4': return 3;
    case '3': return 2;
    case '2': return 1;
    case '1':
    default:  return 0;
  }
}

public static void printFlowers( String order ) {
  for ( int line = 0; line < FLOWER_HEIGHT; line++ ) {
    for ( char id : order.toCharArray() )
      System.out.print( flowerLine( flowerFromId( id ), line ) );
    System.out.println();
  }
}
```

Listing 5.25 com/tutego/exercise/string/Flowers.java (Java 11)

Die große Zeichenfolge für die Blumen steht in einem String. Erst in Java 15 lassen sich mehrzeilige Strings einfach in Code setzen, in den älteren Versionen ist das unübersichtlich; hier hilft uns aber die IDE, wie es die Aufgabenstellung beschreibt: Wir legen zuerst einen neuen String in doppelten Anführungszeichen an, kopieren aus der Aufgabe den String in die Zwischenablage und fügen den Inhalt der Zwischenablage im Editor ein. Das Ergebnis wird so aussehen wie in Listing 5.25. Der String steht im Lösungsvorschlag in einer statischen Variablen; eine lokale Variable ist prinzipiell auch möglich, aber unübersichtlich.

Ein paar zusätzliche statische Variablen wollen wir deklarieren. Damit wir später auf die einzelnen Blumen zurückgreifen können, merken wir uns in einem eigenen Array `FLOWER_START_POS` die Positionen, an denen die Blumen anfangen. Die erste Blume fängt z. B. ab Index 0 an, die zweite Blume ab Index 7 und so weiter. Eine weitere Konstante `FLOWER_LINES` ergibt sich aus dem Blumen-String und speichert die Zeilen aller Blumen in einem Array – so können wir später leicht eine Zeile erfragen. Die Anzahl der Zeilen verrät uns gleichzeitig die Höhe der Blumen. Die letzte Zeile ist zudem auch die längste Zeile, was wir uns ebenfalls in einer Konstanten `LONGEST_LINE_LEN` merken wollen. Falls sich die Blumen einmal ändern sollten, müssten wir einige dieser Konstanten anpassen bzw. neu berechnen.

Kommen wir zu den einzelnen Methoden. `String flowerLine(int flower, int line)` greift intern auf das Array `FLOWER_LINES` zurück und extrahiert von einer gewünschten `flower` genau diesen Teil-String aus der Zeile mit allen Blumen. Dazu berücksichtigt die Methode eine Besonderheit, und zwar können einige Zeilen kürzer sein als die längste Zeile (d. h. nicht alle Zeilen sind gleich lang), und dann würde das Bilden einer Teilzeichenfolge schnell zu einer Ausnahme führen. Der Trick ist, erst einmal an jede Zeile Leerzeichen anzuhängen. Die Anzahl der Leerzeichen wissen wir, denn es sind maximal `LONGEST_LINE_LEN` viele. Statt den String mit so vielen Leerzeichen von Hand über eine Schleife oder Java-Hacks zu generieren, nutzt dieser Lösungsvorschlag eine Java 11-Methode `repeat(…)` der `String`-Klasse. Wer mit einer älteren Java-Version arbeitet, muss eine alternative Lösung nutzen.

Die Methode `flowerLine(…)` liefert somit für jede Blume die individuelle Zeile. Jetzt müssen wir eine Dekodierung vornehmen von einem Zeichen zur Blume. Blume `"1"` muss abgebildet werden auf `0`. Das übernimmt eine neue Methode `int flowerFromId(char id)`. Wir übersetzen ein Zeichen mit der Blumenkennung in eine Ganzzahl, sodass wir später intern auf das Array zurückgreifen können. Hier hilft uns eine `switch-case`-Anweisung weiter. Natürlich könnten wir auch auf anderen Wegen diese Abbildung realisieren, doch diese Lösung ist einfach und gut verständlich. Der `default`-Teil führt dazu, dass alle anderen Varianten zu `0` führen, also zur ersten Blume.

Die letzte Methode ist `printFlowers(String)`. Sie greift auf die anderen beiden Methoden zurück, sodass für den eigentlichen Algorithmus nur wenige Zeilen nötig sind. Die Grundidee ist einfach: Wir gehen über alle Zeilen und setzen dann den Teil-String für jede Blume und jede Zeile hintereinander. Das heißt, wir müssen zwei Schleifen ineinanderschachteln. Die äußere Schleife geht über alle Zeilen. Für jede Zeile zerlegen wir dann den String mit der Reihenfolge in einzelne Zeichen, was uns die Blumenkennungen in `id` gibt. `toCharArray()` liefert ein Array mit allen Zeichen, das die erweiterte `for`-Schleife ablaufen kann. Nun laufen wir über alle Blumenkennungen durch die innere Schleife und alle Zeilen durch die äußere Schleife. In der inneren Schleife konvertieren wir zunächst die Blumenkennung in die interne Position und holen dann den Teil-String der Blume für die Zeile, den wir mit `System.out.print(…)` ausgeben. Nach der inneren Schleife beenden wir die Zeile mit einem Zeilenvorschub.

Aufgabe 5.1.21: Wiederholungen erkennen

Bevor wir uns die Lösung im Code anschauen, muss der Algorithmus klar sein, der das Problem löst. Nehmen wir als Beispiel den einfachen String `aaa`. Als Mensch haben wir kein Problem, sofort das Muster zu erkennen, dass sich a dreimal wiederholt. Ein Programm könnte Folgendes tun: Es könnte das erste Zeichen von aaa nehmen – also a – und es so lange wiederholen, bis der String die Länge drei hat. Dann vergleichen wir, ob er dem Ausgangs-String aaa gleicht. Das tut er! Was ist mit ababab? Beginnt das Programm auch mit der Wiederholung des ersten Zeichens a, entsteht aaaaaa, und der Vergleich mit dem Original ababab fällt negativ aus. Im nächsten Schritt kann das Programm die ersten beiden Zeichen ab nehmen und wiederholen, und es entsteht ababab, was mit dem Original übereinstimmt. Wir haben einen Treffer.

Mit dem einfachen Algorithmus können wir beliebig lange Zeichenfolgen testen: Bilde Wiederholungen von Teil-Strings der Länge 1, 2, 3, 4 ... Allerdings hilft uns eine Überlegung, wenn wir uns vor Augen führen, welches Format die gültigen Lösungen haben werden.

Teilfolge	der Länge 1	2	3	4	5	6
a	a	aa	aaa	aaaa	aaaaa	aaaaaa
ab	–	ab	–	abab	–	ababab
abc	–	–	abc	–	–	abcabc
abcd	–	–	–	abcd	–	–
abcde	–	–	–	–	abcde	–
abcdef	–	–	–	–	–	abcdef

Tabelle 5.2 Gültige Wiederholungen der Länge 1, 2, 3, 4, 5, 6

Aus der Tabelle geht hervor, dass mit ab zum Beispiel keine Zeichenketten der Länge 3 gebildet werden können und mit abcd keine Strings der Länge 2.

Wenn wir eine Teilzeichenfolge mit zwei Zeichen haben, dann können die daraus generierten Folgen ein Vielfaches von 2 sein, also 2 Zeichen lang sein, 4 Zeichen lang sein, 6 Zeichen lang sein und so weiter. Haben wir eine Zeichenfolge mit 3 Zeichen, können wir daraus Wiederholungen mit 3 Zeichen, 6 Zeichen, 9 Zeichen und so weiter bauen.

Drehen wir das Spiel um. Wir wissen nicht, wie die Teilzeichenfolge aussieht und wie lang sie ist, sondern wir kennen den Ausgangs-String. Wenn der Ausgangs-String zum Beispiel 12 Zeichen lang ist, welche sich wiederholenden Zeichenfolgen sind dann möglich?

```
aaaaaaaaaaaa
abababababab
abcabcabcabc
abcdabcdabcd
abcdefabcdef
```

Es sind Wiederholungen von a, ab, abc, abcd, abcdef; die Länge dieser Strings sind die Teiler von 12, das sind 1, 2, 3, 4 und 6. Andere Kombinationen sind nicht möglich. Insbesondere kann die Teilzeichenkette nicht länger als die Hälfte der String-Länge sein, denn sonst ist die Verdopplung länger als der ursprüngliche String. Bei einem naiven Ansatz könnten wir also bei einer Gesamt-String-Länge von *n* von 1 bis *n*/2 hochlaufen; wollen wir es besser machen, gehen wir nur die Teiler hoch.

Die Lösung besteht aus zwei Methoden: `repeatingStrings(String)` sowie eine interne Methode `int[] lengths(int)`, die die Längen für die zu konkatenierenden Strings liefert. Beginnen wir bei `repeatingStrings(…)`.

```
public static String repeatingStrings( String string ) {

  if ( string == null || string.length() < 2 )
    return null;

  // Step 1: generate substrings, of length 1, length x, ...

  for ( int length : lengths( string.length() ) ) {
    String substring = string.substring( 0, length );

    // Step 2: check if repetitions of substring are equal to this text

    String repeatedSubstring = substring;
    while ( repeatedSubstring.length() < string.length() )
      repeatedSubstring += substring;

    if ( repeatedSubstring.equals( string ) )
      return substring;
  }

  return null;
}
```

Listing 5.26 com/tutego/exercise/string/RepeatingStrings.java

Kommt in die Methode die `null`-Referenz, oder Strings, die nur aus einem einzelnen Zeichen bestehen, so liefert die Methode direkt `null` zurück.

Im Folgenden können wir davon ausgehen, dass die Strings länger als zwei Zeichen sind. Die eigene Methode `lengths(int)` liefert ein Array aller Längen, das wir mit der erweiterten `for`-Schleife durchlaufen. Die `for`-Schleife generiert Teil-Strings `substring` für diese Längen. Diese Teil-Strings werden über `repeatedSubstring` so oft aneinandergesetzt, bis die Länge des Original-Strings erreicht ist. Da `lengths(int)` uns Teiler gibt, wird eine Vervielfachung immer zu einer Länge führen, die der des Eingangs-Strings entspricht, nicht länger. Im letzten Schritt vergleichen wir den aus Wiederholungen aufgebauten String `repeatedSubstring` mit dem Original-String, und wenn sie übereinstimmen, können wir die Methode mit `substring` verlassen. Falls die beiden Strings nicht übereinstimmen, müssen wir wieder in die Schleife zurück. Ist die `for`-Schleife komplett durchlaufen und wurden alle Varianten ohne Treffer probiert, liefert die Methode `null` zurück.

Das Programm greift auf die Methode `lengths(…)` zurück, die für eine String-Länge die Teiler ermittelt. Da jede Zahl *n* mindestens die Teiler 1 und *n* hat, für uns *n* selbst aber uninteressant ist, liefert die Methode die Zahl selbst nicht zurück, sondern nur `1` und echte Teiler.

```
static int[] lengths( int length ) {

  int[] dividers  = new int[ length / 2 ];
  int dividersIndex = 0;

  for ( int i = 1; i <= length / 2; i++ )
    if ( length % i == 0 )
      dividers[ dividersIndex++ ] = i;

  return Arrays.copyOf( dividers, dividersIndex );
}
```

Listing 5.27 com/tutego/exercise/string/RepeatingStrings.java

Eine Parameterprüfung ist bei unserer Methode nicht nötig; die eingehenden Strings sind nicht `null` und auch mindestens ein Zeichen lang.

Alle Teiler werden im Array `dividers` gesammelt. Da im Vorfeld unklar ist, wie viele Elemente `dividers` enthalten wird, schätzen wir pessimistisch, dass es maximal `length / 2` viele Teiler werden können. Dieses Array `dividers` ist nur ein Puffer, den wir später in ein neues Array der richtigen Länge übertragen.

Um alle Teiler zu finden, könnten wir in die mathematische Trickkiste greifen, doch nutzen wir hier den dümmsten Algorithmus, den man sich vorstellen kann. Das ist für unser Programm in Ordnung, in der Programmlaufzeit ist das Konkatenieren der Strings der teure Teil. Eine Schleife generiert alle denkbaren Teiler und prüft dann mit dem Restwertoperator, ob wir einen Teiler haben oder nicht. Wenn ja, setzen wir den Teiler in das Array `dividers`. Am Ende der Schleife erzeugt `Arrays.copyOf(…)` ein Array, das genauso groß ist wie die Anzahl der gefundenen Teiler, die wir uns in `dividersIndex` gemerkt haben.

Aufgabe 5.1.22: Zeilengrenzen beschränken und Zeilen umbrechen

```
public static final char SEPARATOR = ' ';

public static String wrap( String string, int width ) {

  if ( string.length() <= width )
    return string;

  int breakIndex = string.lastIndexOf( SEPARATOR, width );
  if ( breakIndex == -1 )
    breakIndex = width;

  String firstLine = string.substring( 0, breakIndex );
  String remaining = wrap( string.substring( breakIndex ).trim(), width );

  return firstLine + "\n" + remaining;
}
```

Listing 5.28 com/tutego/exercise/string/WordWrap.java

Die Methode `wrap(…)` hat zwei Parameter: zum einen der Text, zum anderen die maximale Breite der Zeile. Zu Beginn der Methode testen wir, ob die Zeichenfolge komplett in eine Zeile passt. Wenn, dann haben wir nichts zu tun – wir müssen nicht umbrechen, und wir können diese Zeile direkt zurückgeben. Nur dann, wenn der Text länger ist, müssen wir etwas tun. Wir beginnen ab der Maximallänge von links nach einem Leerzeichen zu suchen. Hierfür eignet sich die Methode `lastIndexOf(char, int)` perfekt. Denn der zweite Parameter sagt aus, ab welcher Stelle nach links gehend gesucht werden soll. Den Separator haben wir als Konstante hinterlegt.

Die Suche könnte nun eine Fundstelle ergeben oder nicht. Das Leerzeichen könnte nicht in der Zeile sein, weil z. B. ein extrem langes Wort in der Zeile ist, oder wir haben eine Fundstelle. Nennen wir die Fundstelle `breakIndex`, dann wäre das die Position, an der wir den Text umbrechen müssen.

Wir müssen uns entscheiden, was mit zu langen Wörtern in einer Zeile geschehen soll. Eine Lösung wäre, dass wir Wörter nicht zerlegen und sie länger als die Breite sein dürfen, oder das Wort muss zwangsgetrennt werden. Wir entscheiden uns (gemäß Aufgabenstellung) für den harten Umbruch. Wenn also der `breakIndex` gleich `-1` war, also kein Leerzeichen gefunden wurde, setzen wir den `breakIndex` auf die maximal gewünschte Zeilenbreite `width`.

Wir haben jetzt unsere Stelle mit dem Umbruch, also legen wir zwei Variablen an, eine für die erste Zeile und eine andere für den Rest. Die erste Zeile ist leicht berechnet: Wir bauen eine Teilzeichenfolge auf, die vom Anfang des Textes bis zum `breakIndex` geht. Vom `breakIndex` bis zum Ende der Zeichenfolge steht wiederum eine vielleicht sehr lange Zeichenfolge, die ebenfalls umbrochen werden muss. Wiederholungen lassen sich durch Schleifen realisieren, aber auch durch Rekursion. Und Rekursion ist in unserem Fall sehr praktisch. Diese neuen Teil-Strings geben wir erneut in die `wrap(…)`-Methode, die Schritt für Schritt immer neue erste Zeilen liefert.

Rekursionen brauchen immer ein Abbruchkriterium. In unserem Fall ist das ein String, der kleiner als die maximale Breite ist. Dann geht es aus der Rekursion heraus zurück zum Aufrufer. Der letzte Aufrufer von `wrap(…)` bekommt also die letzte Zeile aus dem String in `remaining`. Bleiben wir gedanklich am Ende der Zeichenfolge. Wir müssen die vorletzte und letzte Zeile mit einem Zeilenumbruch verbinden und dann zurückspringen zum Aufrufer der `wrap(…)`-Methode. Da das rekursiv war, bekommt der Aufrufer die letzten beiden Zeilen und kann sie mit der drittletzten Zeile zusammenbringen. Das Spiel geht weiter, bis die Rekursion aufgelöst ist.

Rekursion ist für viele nicht ganz einfach. Es ist herausfordernd, sich die einzelnen Schritte verschachtelt vorzustellen. Auch können veränderbare Datenstrukturen schnell zum Problem werden, und man verliert die Übersicht, an welcher Stelle eigentlich was gelesen oder geschrieben wird. Die Empfehlung an dieser Stelle ist, Breakpoints oder Konsolenausgaben hinter die Belegung von `firstLine` und hinter die Belegung von `remaining` zu setzen sowie am Anfang der Methode `wrap(…)`, wenn der String in die Methode hineinkommt.

Quiz 5.1.23: Wie viele String-Objekte?

Alle Zeichenfolgen in doppelten Anführungszeichen sind automatisch `String`-Objekte. Die Java Virtual Machine legt Strings dieser Art in einem sogenannten *Konstanten-Pool* ab. Solche Strings existieren als Objekt nur ein einziges Mal. Das heißt, `str1`, `str2` und der String, der im Konstruktor übergeben wird, sind identisch. Befehlen wir der Laufzeitumgebung, mit `new` ein neues Objekt zu bauen, dann bekommen wir am Ende auch ein neues Objekt, das heißt, `str2` und `str4` sind neue Objekte. Insgesamt hätten wir in dem Szenario ein `String`-Objekt im Konstanten-Pool und zwei neue aufgebaute Objekte durch das Schlüsselwort `new`, die durch den GC auch wieder verschwinden würden, wenn sie nicht referenziert werden; die Strings im Konstanten-Pool bleiben bis zum Ende der Laufzeit bestehen.

Aufgabe 5.1.24: Testen, ob die Frucht schokoladig umhüllt ist

```
private static final String FRUIT = "F";

public static boolean checkChocolate( String string ) {
  return checkChocolate( string, 0 );
}

private static boolean checkChocolate( String string, int layer ) {

  if ( string.isEmpty() )
    return false;

  if ( string.length() == 1 )
    return string.equals( FRUIT ) && layer != 0;

  if ( string.charAt( 0 ) != string.charAt( string.length() - 1 ) )
    return false;

  return checkChocolate( string.substring( 1, string.length() -
 1 ), layer + 1 );
}
```

Listing 5.29 com/tutego/exercise/string/ChocolateCovered.java

Für die Aufgabe bietet sich eine rekursive Lösung an. Wir haben eine öffentlich zugängliche Methode, wie von der Aufgabe gewünscht, `checkChocolate(string)` und eine zweite private Methode `checkChocolate(String, int)`, die von der Rekursion genutzt wird. Zusätzlich haben wir eine Variable `FRUIT` für die Frucht selbst deklariert, sodass wir das Symbol verändern könnten.

Die interne Methode wird mit einem String aufgerufen und mit einer Ganzzahl, die bei jeder Schachtelung erhöht wird. Wir brauchen diese Variable, damit wir unterscheiden können, ob der String nur die Frucht enthält, aber keine Schokolade.

In der Methode `checkChocolate(String, int)` prüfen wir, ob der String leer ist, in dem Fall fehlen die Schokolade, die Frucht und alles, und wir geben `false` zurück. Die Übergabe von `null` eskaliert in einer `NullPointerException`. Ist der String ein Zeichen lang, gilt es, zwei Dinge zu testen: zunächst, ob es die gewünschte Frucht ist – bitte keine Nüsse –, aber auch, ob mindestens einmal rekursiv die Methode aufgerufen wurde, das heißt, mindestens eine Schicht Schokolade existiert. Denn wenn der allererste Aufruf mit einem String der Länge 1 ist, muss die Methode `false` liefern.

Ist der String mehr als ein Zeichen lang, prüfen wir das erste und letzte Zeichen, ähnlich wie ein Palindromtest. Stimmen die Zeichen nicht überein, wird `false` zurückgegeben. Stimmte das erste und das letzte Zeichen überein, dann geht es in die nächste Rekursionsrunde. Wir bauen einen Teil-String auf, der von der zweiten bis zur zweitletzten Stelle geht, erhöhen die Schachtelungstiefe um 1 und rufen damit `checkChocolate(...)` rekursiv auf.

Aufgabe 5.1.25: Von oben nach unten, von links nach rechts

Zum Lösen der Aufgabe studieren wir noch einmal den gegebenen String:

```
s u
ey!
ao
```

Es gibt verschiedene Lösungsansätze. Einer wäre, den String in Zeilen zu zerlegen, etwa mit `String[] lines = string.split("\\n");`, und dann mit zwei ineinandergeschachtelten Schleifen erst über alle Spalten zu laufen (Breite `lines[0].length()`), dann über die Zeilen.

Hier soll ein anderer Weg gezeigt werden. Legen wir die Zeilen aneinander und schauen uns an, welches Symbol an welchem Index steht:

Index	0	1	2	3	4	5	6	7
Zeichen	s		u	e	y	!	a	o

Tabelle 5.3 Zeichen an einem Index

Am Ende soll das Ergebnis `sea you!` erscheinen, also ist die Frage, welche Indizes wir dafür ansprechen müssen. Die Antwort:

```
0, 3, 6, 1, 4, 7, 2, 5
```

Die Folge ist nicht willkürlich, sie folgt einem Muster. Wir müssen eine Abbildung finden, die eine Zahl auf den Index überträgt, sodass wir das Zeichen unter dem Index auslesen können:

i	**0**	**1**	**2**	**3**	**4**	**5**	**6**	**7**
i / 3	0	0	0	1	1	1	2	2
i % 3	0	1	2	0	1	2	0	1
i % 3 × 3	0	3	6	0	3	6	0	3
i/3 + i % 3 × 3	0	3	6	1	4	7	2	5

Tabelle 5.4 Herleitung von i/3 + i%3 * 3

Jetzt haben wir alles zusammen, um die Lösung zu programmieren. Die Lösung besteht aus zwei Schritten:

```
static void printVerticalToHorizontalWriting( String string ) {
  String oneliner = string.replace( "\n", "" );
  int numberOfLines = string.length() - oneliner.length() + 1;
  for ( int i = 0; i < oneliner.length(); i++ ) {
    char c = oneliner.charAt( (i / numberOfLines) + (i % numberOfLines) *
      numberOfLines );
    System.out.print( c );
  }
}
```

Listing 5.30 com/tutego/exercise/string/VerticalToHorizontalWriting.java

Der Zeilenumbruch (Newline) wird durch die Escape-Sequenz `\n` kodiert. Da der String aus mehreren Zeilen besteht, die durch `\n` getrennt sind, wollen wir im ersten Schritt diese `\n`-Zeichen entfernen.

Für den Algorithmus brauchen wir noch eine andere Kennzahl: die Anzahl der Zeilen. Hier können wir auf einen schönen Trick zurückgreifen. Haben wir die `\n`-Zeichen gelöscht, ist der String kürzer, und zwar genau um die Anzahl, die es `\n`-Zeichen gibt. Wenn wir also die Differenz aus der Originallänge und der Länge des Strings ohne `\n`-Zeichen bilden, haben wir die Anzahl der Zeilen. Da die letzte Zeile nicht mit einem `\n` abgeschlossen ist, müssen wir eins addieren. Bei unserem String aus dem Beispiel wären das zwei `\n`-Zeichen + 1, also 3 Zeilen.

Die `for`-Schleife erzeugt einen Zähler, den wir über die Formel auf die Position des Zeichens übertragen. Das Zeichen wird ausgelesen und auf dem Bildschirm ausgegeben.

Aufgabe 5.2.1: Mit dem Papagei das Alphabet üben

```
static String abcz() {
  StringBuilder result = new StringBuilder();

  for ( char c = 'A'; c <= 'Z'; c++ )
    result.append( c );

  return result.toString();
}

static String abcz( char start, char end ) {
```

```
  if ( end < start )
    return "";

  StringBuilder result = new StringBuilder( end - start + 1 );
  for ( char c = start; c <= end; c++ )
    result.append( c );

  return result.toString();
}

static String abcz( char start, int length ) {
  return abcz( start, (char) (start + length - 1) );
}
```

Listing 5.31 com/tutego/exercise/string/ABCZ.java

Für die Lösung der Methode `abcz()` greifen wir auf die praktische Besonderheit von Java zurück, dass `char` ein numerischer Datentyp ist, mit dem man zählen kann. Eine Schleife kann so `'A'` bis `'Z'` generieren, und es entsteht das gesamte Alphabet. Alle Zeichen werden erst in einem `StringBuilder` aneinandergehängt, bis zum Schluss der `StringBuilder` über `toString()` in einen `String` konvertiert und zurückgegeben wird. `StringBuilder` als Rückgabetyp ist ungewöhnlich und eher unpraktisch, da andere Stellen in der Regel wiederum `String`-Objekte erwarten.

Bei der zweiten Methode, `abcz(char start, char end)`, parametrisieren wir einfach `start` und `end`, und jetzt könnten wir sogar die erste Methode `abcz()` umschreiben, sodass intern steht `abcz('a', 'z')`. Da bei `abcz(char start, char end)` fehlerhafte Argumente übergeben werden könnten, prüfen wir sie im ersten Schritt: Es darf nicht `end` kleiner als `start` sein. Gleich dürfen die Belegungen durchaus sein, denn wenn z. B. die Methode `abcz('a', 'a')` aufgerufen wird, soll am Ende ein `'a'` erscheinen. Bei fehlerhaften Werten könnten wir auch eine Ausnahme auslösen, hier entscheiden wir uns für einen Leer-String als Rückgabe. Den `StringBuilder` bauen wir mit einem `int`-parametrisierten Konstruktor auf. Der Konstruktor bekommt eine Startgröße des internen Puffers übergeben; in unserem Fall ist die Gesamtlänge bekannt.

Die dritte Methode delegiert auf die zweite Methode, indem sie zum Startzeichen die Länge addiert und 1 abzieht, weil das letzte Zeichen ja schon inklusive ist. Der Aufruf von `abcz('a', 1)` soll zu `"a"` und nicht zu `"ab"` führen.

Die letzten beiden Methoden hängen zusammen. Es ist nämlich völlig egal, welche der beiden Methoden wir implementieren; die eine Methode lässt sich immer auf die andere Methode abbilden. Hier haben wir die Methode mit den zwei Zeichen in der Parameterliste implementiert, und die andere Methode delegiert lediglich auf diese Implementierung.

Prinzipiell sind Methoden fehleranfällig, die sich nicht in der Anzahl der Parameter deutlich unterscheiden und deren Parametertypen sehr nah beieinander liegen. `char` und `int` sind beides numerische Datentypen. Entwickler müssen sehr genau darauf achten, dass sie nicht aus Versehen die falsche Methode aufrufen. Daher steht in der Implementierung von `abcz(char, int)` auch eine Typumwandlung in `char`, denn die Addition von einem `char` und einem `int` liefert ein `int` und kein `char`. Würden wir die Typumwandlung nicht dort einsetzen, würden wir in einer Rekursion endlos verhungern. Aufrufer der Methode haben das möglicherweise nicht im Blick und schreiben z. B. `abcz('a', 'b' + 1)` – der Aufruf dürfte nicht gewollt sein. Mit gutem API-Design können wir Fehler reduzieren.

Quiz 5.2.2: Leicht angehängt

Die Konkatenation von `String`-Objekten erzeugt temporär immer neue `String`-Objekte. `String`-Objekte referenzieren intern ein weiteres Objekt, und zwar ein Array mit den Zeichen. Das heißt, hinter einem `String`-Objekt steht immer ein weiteres Objekt, das mit angelegt wird und vom Garbage Collector wieder entfernt werden muss. Hat man Schleifen mit vielen Durchläufen, sollte man es vermeiden, zur Konkatenation den +-Operator einzusetzen.

Anders sieht es mit der `StringBuilder`-Methode `append(…)` aus. Auch sie nutzt intern ein Array für die Zeichen, doch es werden beim Anhängen (im besten Fall) keine neuen Objekte aufgebaut. Natürlich kann es sein, dass der interne Puffer des `StringBuilder`-Objekts nicht ausreicht, sodass ein neues internes Array für die Zeichen aufgebaut werden muss, doch wenn man die Größe vom `StringBuilder` abschätzen kann, entstehen bei der Konkatenation keine temporären Objekte. Natürlich muss, wenn am Ende ein `String`-Objekt stehen muss, noch einmal `toString()` aufgerufen werden, was erneut zu einem neuen Objekt führt. Insgesamt gibt es also drei Objekte in unserem Szenario: Wir bauen selbst ein `StringBuilder`-Objekt mit `new` auf, intern baut der `StringBuilder` ein Array für die Symbole auf, und zum Schluss haben wir mit `toString()` ein drittes Objekt.

Aufgabe 5.2.3: Zahl in textuelle unäre Kodierung konvertieren

```
private static int ensurePositive( int value ) {
  if ( value < 0 )
    throw new IllegalArgumentException( "value is negative, but must be ➲
      positive" );
  return value;
}

static String encode( int... values ) {
  StringBuilder codes = new StringBuilder( values.length );
```

```
  for ( int value : values ) {
    for ( int i = 0, len = ensurePositive( value ); i < len; i++ )
      codes.append( "1" );
    codes.append( "0" );
  }
  return codes.toString();
}
```

Listing 5.32 com/tutego/exercise/string/UnaryCoding.java

Um Entwicklern fehlerhaften Eingaben zu melden, wird für jeden Eintrag im Array geprüft, ob er positiv ist. Das übernimmt die Hilfsmethode `ensurePositive(int)`, die eine Ausnahme auslöst, wenn der Wert negativ ist; andernfalls liefert die Methode den übergebenen Wert zurück.

`encode(int... values)` baut einen internen `StringBuilder` auf. Es ist unklar, wie groß die zusammengesetzte Zeichenkette wird, denn sie wächst abhängig von den übergebenen Werten. Wir wissen allerdings, dass sie mindestens so groß ist wie die Anzahl der Array-Elemente, das heißt, wir können das als die Startkapazität des `StringBuilder`-Elements nutzen. Die äußere erweiterte `for`-Schleife läuft über das Array und extrahiert jeden Wert `value`. Die innere Schleife zählt von `0` bis zu diesem Wert, setzt `value` viele Einsen in den `StringBuilder` und hängt an das Ende der inneren Schleife eine Null an. Im Initialisierungsteil der inneren `for`-Schleife deklarieren wir zwei Variablen: `i` für den Schleifenzähler und `len` für die Länge, bei der wir testen müssen, ob sie positiv ist. Prinzipiell hätten wir diesen Test auch in den Bedienungsteil der Schleife schreiben können, doch dann müsste dieser Test bei jedem Schleifendurchlauf erfolgen, und das ist unnötig.

```
static int[] decode( String string ) {
  if ( string.isEmpty() )
    return new int[0];

  if ( ! string.endsWith( "0" ) )
    throw new IllegalArgumentException(
        "string must end with 0 but did end with " +
        string.charAt( string.length() - 1 ) );

  int arrayLength = 0;

  for ( int i = 0; i < string.length(); i++ ) {
    if ( string.charAt( i ) == '0' )
      arrayLength++;
```

```
    else if ( string.charAt( i ) != '1' )
      throw new IllegalArgumentException(
          "string can only contain 0 or 1 but found " + string.charAt( i ) );
  }

  int[] result = new int[ arrayLength ];
  int resultIndex = 0;

  int count = 0;
  for ( int i = 0; i < string.length(); i++ ) {
    if ( string.charAt( i ) == '1' )
      count++;
    else {
      result[ resultIndex++ ] = count;
      count = 0;
    }
  }

  return result;
}
```

Listing 5.33 com/tutego/exercise/string/UnaryCoding.java

Die Methode `decode(String)` prüft zunächst den eingehenden String. Wenn er leer ist, brauchen wir unseren Algorithmus erst gar nicht zu starten und können mit einem leeren Array zurückkehren. Außerdem muss die Zeichenfolge zwingend mit einer Null abgeschlossen werden – auch das prüfen wir und lösen andernfalls eine Ausnahme aus.

Ist der eingehende String korrekt, stehen wir von dem Problem, dass wir durch das Betrachten des Strings nicht wissen, wie groß das Array für die Rückgabe ist. Daher zählt die erste Schleife die Anzahl Nullen, denn sie stimmt mit der Anzahl Einträge im zu erzeugenden Array überein. Zeichen für Zeichen läuft die `for`-Schleife über die Zeichenfolge und zählt `arrayLength` hoch, immer dann, wenn eine Null gefunden wurde. Wenn das andere Zeichen keine Eins ist, löst die Methode eine Ausnahme aus.

Nach dem ersten Schleifendurchlauf ist die Größe des Arrays bekannt, und das Array kann mit dieser Größe angelegt werden. Es folgt eine weitere `for`-Schleife, die die Anzahl der Einsen zählt. Wenn eine Null folgt, findet die Folge der Einsen ihren Abschluss, und der Zähler `count` wird in das Array geschrieben. Der Zähler wird zurückgesetzt, und es beginnt eine neue Suche nach den Einsen.

Aufgabe 5.2.4: Gewicht durch Vertauschung verlieren

```
private static void swap( StringBuilder string, int i, int j ) {
  if ( i == j ) return;
  char temp = string.charAt( i );
  string.setCharAt( i, string.charAt( j ) );
  string.setCharAt( j, temp );
}

public static int cheatedWeight( int weight ) {
  StringBuilder weightString = new StringBuilder().append( weight );
  char smallestDigit = weightString.charAt( 0 );
  int  smallestDigitIndex = 0;
  for ( int i = 1; i < weightString.length(); i++ ) {
    char c = weightString.charAt( i );
    if ( c != '0' && c < smallestDigit ) {
      smallestDigit = c;
      smallestDigitIndex = i;
    }
  }

  swap( weightString, smallestDigitIndex, 0 );

  // Since Java 9
  return Integer.parseInt( weightString, 0, weightString.length(), 10 );
}
```

Listing 5.34 com/tutego/exercise/string/WeightCheater.java

Unsere Methode `cheatedWeight(…)` bekommt eine Ganzzahl und liefert eine Ganzzahl zurück. Prinzipiell lässt sich das Problem über einen arithmetischen Weg lösen, doch das ist aufwändig. Einfacher ist es, die ganze Zahl in eine Zeichenfolge zu konvertieren, die kleinste Ziffer zu finden und sie nach vorne zu setzen. Damit wir in einer Zeichenfolge Symbole vertauschen können, greifen wir auf einen veränderbaren `StringBuilder` zurück. Wir deklarieren uns eine Hilfsmethode `swap(…)`, die zwei Symbole an den gegebenen Stellen vertauscht. Zwar wird in unserem Fall immer mit der ersten Stelle getauscht, doch diese Utility-Methode könnte vielleicht für spätere Einsatzfelder relevant werden. Daher ist die Methode allgemein gehalten. Sie prüft am Anfang, ob die beiden Positionen nicht vielleicht gleich sind, dann muss nichts vertauscht werden. Anderenfalls wird das Zeichen an der Stelle `i` extrahiert und in einer Zwischenvariablen abgelegt, anschließend das Zeichen an der Stelle `j` an die Stelle `i` und dann das zwischengespeicherte Symbol an die Stelle `j` gesetzt.

Bei der Methode cheatedWeight(…) finden wir in der Schleife die Ziffer mit dem kleinsten Wert und merken uns auch gleich die Position. Ignorieren müssen wir allerdings 0; sie ist natürlich kleiner als alle anderen Ziffern, allerdings verbietet die Aufgabenstellung das Nachvornesetzen der 0.

Nach dem Durchlauf der Schleife vertauschen wir die Ziffer an der Stelle smallestDigitIndex mit der ersten Ziffer. Zum Schluss müssen wir den StringBuilder in eine Ganzzahl konvertieren. Es gibt dafür zwei Möglichkeiten. Zunächst einmal können wir den StringBuilder in einen String konvertieren und dann Integer.parseInt(…) einsetzen. Der Nachteil dieser Variante ist ein temporäres String-Objekt, das eigentlich gar nicht benötigt wird. Ab Java 9 gibt es eine bessere Möglichkeit:

```
static int parseInt(CharSequence s, int beginIndex, int endIndex, int radix)
  throws NumberFormatException
```

StringBuilder ist eine besondere CharSequence. Die Methode sagt im Prinzip Folgendes: Gib mir eine beliebige Zeichenfolge, eine Startposition und eine Endposition sowie eine Radix – 10 für das gewöhnliche Dezimalsystem –, und ich konvertiere dir diesen Bereich in eine Ganzzahl.

Aufgabe 5.2.5: Don’t shoot the messenger

```
private static String charAtOrEmpty( String string, int index ) {
  return index < string.length() ? string.substring( index, index + 1 ) : "";
}

private static String joinSplitMessages( String... parts ) {
  int maxStringLength = 0;

  for ( String part : parts )
    maxStringLength = Math.max( maxStringLength, part.length() );

  StringBuilder result = new StringBuilder();
  for ( int index = 0; index < maxStringLength; index++ )
    for ( String part : parts )
      result.append( charAtOrEmpty( part, index ) );

  return result.toString();
}
```

Listing 5.35 com/tutego/exercise/string/Messenger.java

Wenn wir später über alle Teile der Boten laufen, könnten Zeichen fehlen, weil die Übertragung nicht vollständig ist; ein Beispiel ist "H", "", "ooky", wo der zweite

String kein Zeichen an der Stelle 0 hat. Um möglichen Ausnahmen entgegenzuwirken, führen wir eine eigene Methode `charAtOrEmpty(String, int)` ein, die von einem `String` auf ein Zeichen an einer Position zurückgreift; wenn das Zeichen an dieser Stelle nicht existiert, weil der `String` nicht so lang ist, wird ein Leer-String zurückgegeben.

Info

Die Methode `charAtOrEmpty(…)` bildet das Verhalten von JavaScript nach. Auch hier existiert eine `charAt(…)`-Funktion; sie liefert einen Leer-String, wenn das Zeichen an diesem Index nicht existiert.

Die eigentliche Methode `joinSplitMessages(…)` nimmt ein Vararg von Zeichenfolgen entgegen. Wir prüfen nicht auf `null`, sondern lassen es auf eine `NullPointerException` ankommen, die dann folgen wird, wenn die erweiterte `for`-Schleife auf das Array zurückgreift.

Der Algorithmus besteht aus zwei Schritten. Im ersten Schritt wird von allen `parts` die maximale String-Länge ermittelt. Der Hintergrund ist, dass Boten weniger Daten übermitteln könnten, wir uns also an dem Booten orientieren, der die größte Anzahl von Zeichen hat. Die Abfrage ist also für ein Szenario wie `joinSplitMessages("H", "", "ooky")` gedacht. Am Ende der Schleife steht in der Variablen `maxStringLength` die Länge des längsten Strings.

Im zweiten Schritt erfragen wir das erste Zeichen des ersten Teils, dann das erste Zeichen des zweiten Teils, das erste Zeichen des dritten Teils und so weiter. Im nächsten Schritt erfahren wir das zweite Zeichen des ersten Teils, das zweite Zeichen des zweiten Teils und so weiter. Die äußere Schleife generiert Indizes von 0 bis zur maximalen Länge aller Zeichenfolgen, und die innere Schleife läuft über alle Teile der Boten. Um ein Zeichen der Zeichenfolge des Teils zu erfragen, greifen wir auf unsere eigene Methode zurück, die dafür sorgt, dass es zu keiner Ausnahme kommt, wenn an der Stelle `index` kein Zeichen existiert.

Nach dem Durchlauf der Schleifen konvertieren wir den `StringBuilder` in einen `String` und geben den String zurück.

Aufgabe 5.2.6: Wiederholte Leerzeichen komprimieren

```
public static final String TWO_SPACES = "  ";

static String compressSpace( String string ) {
  return compressSpace( new StringBuilder( string ) ).toString();
}
```

```
static StringBuilder compressSpace( StringBuilder string ) {
  int index = string.lastIndexOf( TWO_SPACES );

  while ( index >= 0 ) {
    string.deleteCharAt( index );
    index = string.lastIndexOf( TWO_SPACES );
  }
  return string;
}
```

Listing 5.36 com/tutego/exercise/string/CompressSpace.java

Aus praktischen Gründen schreiben wir eine überladene compressSpace(…)-Methode, eine Variante mit dem Parametertyp String und dem Rückgabetyp String, ein zweites Mal mit dem Parametertyp StringBuilder, und diese Variante liefert einen StringBuilder zurück. Die String-Variante ist für Nutzer praktischer, denn Strings sind als Typ häufiger aufzutreffen als StringBuilder. Die Variante mit dem String-Parameter macht sich dann die Mühe der Konvertierung in einen StringBuilder und zurück. Neben den beiden Methoden legen wir eine Konstante TWO_SPACES an, die zwei Leerzeichen enthält.

Wenn wir an einer Zeichenfolge Veränderungen vornehmen müssen, haben wir prinzipiell zwei Möglichkeiten: Die eine ist, einen neuen String Zeichen für Zeichen neu aufzubauen, in unserem Fall also mit allen Zeichen, aber nicht zwei Leerzeichen hintereinander. Die andere Möglichkeit ist, eine existierende Zeichenfolge zu verändern. Diese Lösung wählen wir.

Wir gehen mit lastIndexOf(…) von rechts nach links, also von hinten nach vorne über den StringBuilder, und suchen nach zwei Leerzeichen. Haben wir als Ergebnis eine Fundstelle größer gleich 0, dann löschen wir genau ein Zeichen an der Stelle, an der die zwei Leerzeichen aufgetreten sind, sodass das erste Leerzeichen verschwindet. Nun suchen wir mit lastIndexOf(…) auch nach dem nächsten Auftreten zweier Leerzeichen. Irgendwann sind wir von rechts nach links komplett über den StringBuilder gelaufen und finden keine zwei Leerzeichen mehr. Das ist der Zeitpunkt, aufzuhören.

Es ist vielleicht merkwürdig, dass die Methode lastIndexOf(…) verwendet wird und nicht indexOf(…), die von links nach rechts läuft. Beides funktioniert. Allerdings ist es bei Löschoperationen performanter, wenn weniger Daten gelöscht werden. Würden wir also von links über die Zeichenkette laufen und würden zwei Leerzeichen finden, müssten wir alles, was dahintersteht, um eine Position nach links verschieben. Da sich rechts aber noch weitere zwei Leerzeichen befinden können, würden wir sie mit verschieben, auch wenn sie später sowieso verschwinden. Laufen wir von rechts nach links, finden wir rechts von unserer aktuellen Position keine zwei Leerzeichen mehr, das heißt, wir verschieben keine unnötigen Leerzeichen.

Aufgabe 5.2.7: Knacken und Knistern einfügen und entfernen

```
private static final String CRACK = "♬KNACK♪";

public static String crackle( String string ) {
  StringBuilder result = new StringBuilder( string );

  for ( int i = string.length() - 1; i >= 0; i-- )
    if ( Math.random() < 0.1 )
      result.insert( i, CRACK );

  return result.toString();
}

public static String decrackle( String string ) {
  return string.replace( CRACK, "" );
}
```

Listing 5.37 com/tutego/exercise/string/Crack.java

Wie deklarieren zunächst eine private finale Konstante `CRACK` mit dem Knisterstring, sodass wir die Zeichenfolge leicht ändern können. Zwei Stellen greifen später auf `CRACK` zurück, beim Einbauen des Knisterns und auch beim Löschen des Knisterns.

Die `crackle(…)`-Methode bekommt einen `String` und liefert einen `String` zurück. Es gibt unterschiedliche Herangehensweisen an die Aufgabe. Die Lösung hier kopiert den Übergabe-String in einen dynamischen `StringBuilder`, um an entsprechenden Stellen das Knistern einzubauen. Wir generieren mit einer `for`-Schleife potenzielle Einfügepositionen und entscheiden zufällig, ob wir das Knistern einbauen oder nicht. Zwei Besonderheiten gibt es bei dem Programm. Die erste ist, dass wir nicht von links nach rechts, also nicht vom Anfang bis zum Ende die Indizes generieren, sondern von rechts nach links gehen und uns nach vorne vorarbeiten. Der Grund dieses Herangehens ist, dass wir so vermeiden können, dass ein Knistern ein anderes Knistern überschreibt. Denn wenn wir an einer Stelle ein Knistern einfügen, dann wächst der String vom Index aus gesehen nach rechts, aber nicht nach links. Wenn wir mit dem Index weiter nach links laufen und dort später ein Knistern einfügen, kann es niemals zu einer Überschneidung kommen. Natürlich könnten wir, wenn wir von links nach rechts laufen und ein Knistern einbauen, auch den Index um die Länge von `CRACK` erhöhen.

Der zweite Trick besteht darin, zu entscheiden, ein Knistern einzufügen. Eine Fallunterscheidung mit `Math.random() < 0.1` wird mit einer zehnprozentigen Wahrscheinlichkeit ausgeführt. Das Einfügen übernimmt die `insert(…)`-Methode des `StringBuilder`-Objekts.

Die Methode decrackle(…) ist einfacher, denn wir können hier auf die bekannte replace(…)-Methode der String-Klasse zurückgreifen. Wir lassen nach dem Knister-String suchen und ersetzen ihn durch den Leer-String.

Aufgabe 5.2.8: CamelCase-Strings zerlegen

```
private static String camelCaseSplitter( String string ) {
  StringBuilder result = new StringBuilder( string );

  for ( int i = 1; i < result.length(); i++ ) {
    char previousChar = result.charAt( i - 1 );
    char currentChar  = result.charAt( i );
    boolean isPreviousCharLowercase = Character.isLowerCase( previousChar );
    boolean isCurrentCharUppercase  = Character.isUpperCase( currentChar );
    if ( isPreviousCharLowercase && isCurrentCharUppercase ) {
      result.insert( i, " " );
      i++;
    }
  }

  return result.toString();
}
```

Listing 5.38 com/tutego/exercise/string/CamelCaseSplitter.java

Für die Aufgabe gibt es unterschiedliche Lösungen. Der hier gewählte Ansatz kopiert die Zeichenfolge in einen StringBuilder und fügt, falls nötig, Leerzeichen ein. Eine Korrektur von Groß- in Kleinbuchstaben ist nicht vorzunehmen, lediglich Leerzeichen sind an der richtigen Stelle einzufügen. Die Stelle, die wir finden müssen, ist ein Wechsel zwischen einem Klein- und einem Großbuchstaben. Folgt ein Kleinbuchstabe auf einen anderen Kleinbuchstaben oder folgt ein Großbuchstabe auf einen anderen Großbuchstaben, so können wir das ignorieren.

Haben wir den StringBuilder results mit dem Original-String aufgebaut, dann wird der Konstruktor eine NullPointerException auslösen, wenn der übergebene String null war. Das ist eine akzeptable Reaktion. Wir beginnen anschließend, die Zeichenfolge abzulaufen, doch da sich die Länge der Zeichenfolge durch die hinzugefügten Leerzeichen ändert, laufen wir nicht den Parameter string ab, sondern result, den StringBuilder. Nun betrachten wir immer Pärchen. Die Schleife generiert uns Indizes i, an der Stelle i steht das aktuelle Zeichen und an der Stelle i - 1 das vorherige Zeichen. Daher muss die Schleife auch bei 1 beginnen, andernfalls hätten wir einen

Index von `-1` generiert, was am Anfang zu einem Fehler führt. Ist das Argument kein oder ein Zeichen lang, wird der Schleifenrumpf nicht betreten.

Die beiden Zeichen `previousChar` und `currentChar` werden nun getestet, ob das vorherige Zeichen ein Kleinbuchstabe war und das folgende Zeichen ein Großbuchstabe. Wir verlassen uns auf die Antwort der `Character`-Methoden, die für alle Unicode-Zeichen korrekt Antworten liefern. Die Fallunterscheidung prüft das Kriterium, dass ein Großbuchstabe auf einen kleinen Buchstaben folgen muss. In diesem Fall setzen wir an der Stelle ein Leerzeichen. Damit verschiebt sich der ganze nachfolgende Block von Zeichen um eine Stelle nach rechts. Haben wir einen Wechsel erkannt, dann zeigt der Index `i` auf den Großbuchstaben. Haben wir an dieser Stelle ein Leerzeichen eingeschoben, steht der Index danach auf dem Leerzeichen. Leerzeichen müssen wir über unseren Algorithmus allerdings nicht prüfen. Wir können daher den Index für das Leerzeichen um eins erhöhen, sodass anschließend der Index auf dem folgenden Großbuchstaben steht. Da es anschließend im Fortschaltausdruck der Schleife weitergeht, wird der Index noch einmal erhöht. Damit geht der Index hinter den Großbuchstaben, und der Test wird für die folgenden Zeichen fortgeführt. Fehlt `i++`, wird das nicht auffallen, da Leerzeichen keine Buchstaben sind, doch mit der Erhöhung von `i` spart der Algorithmus einen Vergleich.

Am Ende der Schleife wird der dynamische `StringBuilder` in einen `String` konvertiert und zurückgegeben.

Alternative Implementierungen können so aussehen, dass sie einen `StringBuilder` erst aufbauen und nicht später modifizieren, es gibt auch eine Lösung mit regulären Ausdrücken.

Info

Eine Lösung mit einem regulären Ausdruck ist möglich, aber nicht trivial:

```
String regex = "(?<=\\p{javaLowerCase})(?=\\p{javaUpperCase})";
String s = String.join( " ", "CiaoCiaoCAPTAINCiaoCiao".split( regex ) );
```

`\p{javaLowerCase}` und `\p{javaUpperCase}` stehen für die `Character`-Methoden. `?<=` nennt sich *zero-width positive lookbehind*, und `?=` ist ein *zero-width positive lookahead. lookahead* sagt schon ganz gut aus, worum es geht: Nur schauen, nichts anfassen! Wir können damit Zeichen finden, die aber kein Teil des Matches werden; die Anzahl gematchter Zeichen ist 0. Die Schreibweise bestimmt den Übergang von einem Kleinbuchstaben zu einem Großbuchstaben, aber da es kein Match ist, fehlen im `split(…)`-Ergebnis keine Zeichen.

In Java ist die übliche Schreibweise für Bezeichner CamelCase; jedes neue Segment beginnt mit einem Großbuchstaben. Beispiele sind: `ArrayList`, `numberOfElements`.

Aufgabe 5.2.9: Caesar-Verschlüsselung implementieren

Der Lösungsvorschlag besteht aus den Methoden caesar(…) für die Verschlüsselung und decaesar(…) zur Entschlüsselung sowie einer weiteren privaten Methode mit dem Namen rotate(…):

```
public static final int ALPHABET_LENGTH = 26;

private static int rotate( int c, int rotation ) {
  if ( rotation < 0 )
    throw new IllegalArgumentException(
        "rotation is not allowed to be negative, but was " + rotation );

  if ( c >= 'A' && c <= 'Z' )   // Character.isUpperCase( c ) is too broad
    return 'A' + (c - 'A' + rotation) % ALPHABET_LENGTH;
  else if ( c >= 'a' && c <= 'z' )
    return 'a' + (c - 'a' + rotation) % ALPHABET_LENGTH;
  else
    return c;
}
```

Listing 5.39 com/tutego/exercise/string/CaesarCipher.java

Die private Methode int rotate(int c, int rotation) verschiebt ein Zeichen um eine gewisse Anzahl Positionen – wir nennen das auch *Distanz*. Da wir Groß- sowie Kleinbuchstaben betrachten wollen, gibt es zwei Fallunterscheidungen. Außerdem kann es sein, dass das Zeichen weder ein Groß- noch ein Kleinbuchstabe ist, und dann wird das Originalzeichen unverändert zurückgegeben. In der Konstante ALPHABET_LENGTH lagern wie die Länge des Alphabets aus, also 26. Negative Verschiebungen sind nicht erlaubt und führen zu einer Ausnahme.

Die Programmlogik ist für Groß- und Kleinbuchstaben prinzipiell gleich, daher wollen wir uns den Ausdruck stellvertretend für die Großbuchstaben anschauen. Auf den ersten Blick ist die Lösung einfach: Wir addieren die Distanz zur Unicode-Position des Zeichens c. Haben wir ein Zeichen wie 'W' und addieren 3, landen wir bei 'Z'. Probleme bereitet uns der Umbruch, dass es also hinter 'Z' wieder mit 'A' weitergehen muss. Natürlich könnte eine Fallunterscheidung prüfen, ob wir über das 'Z' hinauslaufen, und dann die Länge des Alphabets, also 26, abziehen, doch gibt es eine andere Lösung für das Problem, die ohne Fallunterscheidung auskommt: Bei dieser Lösung addieren wir nicht die Distanz zum Zeichen c. Die Überlegung ist vielmehr, was wir zum Startbuchstaben 'A' addieren müssen, um zum Buchstaben c zu kommen, und dann auch noch um die Distanz verschoben. Das sind zwei Teile. Mit c - 'A' haben wir genau den Abstand berechnet, den wir addieren müssen, um vom Startbuchstaben 'A' auf c zu kommen. 'A' + (c - 'A') ist gleich c. Da wir vom Startbuchstaben einen Abstand von rotation haben möchten, addieren wird die Distanz, also 'A' + (c - 'A' + rotation). Das sieht gekürzt wie c + rotation aus, doch es gibt einen feinen Unterschied, nämlich dass wir jetzt den geklammerten Ausdruck % ALPHABET_LENGTH nehmen können, sodass uns 'Z' + 1 wieder zum 'A' führt.

```
public static String caesar( String s, int rotation ) {
  StringBuilder result = new StringBuilder( s.length() );

  for ( int i = 0; i < s.length(); i++ )
    result.append( (char) rotate( s.charAt( i ), rotation ) );

  return result.toString();

  // Freaky solution
  // IntUnaryOperator rotation = c -> rotate( c, rotation );
  // return s.chars().map( rotation ).mapToObj( Character::toString )
  //         .collect( Collectors.joining() );
}

public static String decaesar( String s, int rotation ) {
  return caesar( s, ALPHABET_LENGTH - rotation );
}
```

Listing 5.40 com/tutego/exercise/string/CaesarCipher.java

Die Methode String caesar(String s, int rotation) ist dann selbst ohne Überraschung. Wir bauen einen internen StringBuilder auf, in dem wir das Ergebnis sammeln, laufen dann einmal von vorne nach hinten über den Eingangs-String, schnappen jedes Zeichen und lassen es rotieren und setzen es dann in denen Container. Zum Schluss konvertieren wir den StringBuilder in einen String und geben ihn zurück.

Die Methode decaesar(…) nutzt eine schöne Eigenschaft, und zwar, dass wir nach einer gewissen Anzahl Verschiebungen wieder beim Ursprungszeichen landen. Und diese Anzahl Verschiebungen ist gerade die Größe des Alphabets, also 26. Was passiert, wenn wir das Zeichen nicht um 26 Positionen verschieben, sondern nur um 25? Dann hätten wir das Zeichen nicht nach »rechts geschoben«, sondern nach »links«; aus einem B würde dann kein C mehr, sondern aus dem B ein A. Wir können folglich entschlüsseln mit der Position ALPHABET_LENGTH - rotation, was das Zeichen wieder nach links zurück in die Ursprungsposition schiebt. Einen Unterschied zu caesar(…) ist allerdings, dass wir durch die Subtraktion nicht ins Negative gehen dürfen, weil sonst eine Exception droht. Das ist natürlich nicht symmetrisch zu caesar(…), weil die Distanz beliebig sein darf.

Kapitel 6
Eigene Klassen schreiben

Natürlich haben wir bis jetzt schon diverse Klassen geschrieben. Aber diese Klassen hatten bisher nur statische Eigenschaften, und wir haben unsere eigenen Klassen noch nicht benutzt, um davon Exemplare zu bilden. Objekte selbst haben wir natürlich schon aufgebaut, und zwar aus Klassen der Standardbibliothek. Dieses Wissen wollen wir jetzt erweitern. Wir wollen Klassen schreiben und selbst von unseren eigenen Typen Exemplare bilden.

In diesem Kapitel geht es um elektronische Konsumgeräte, und die meisten Aufgaben bauen aufeinander auf. Dabei werden wir erst einfache Elektrogeräte wie Radios und Fernsehgeräte aufbauen; später werden wir Abstraktionen realisieren und diese Elektrogeräte auf dem Schiff sammeln. Und wenn Captain CiaoCiao und Bonny Brain in Urlaub fahren, muss alles schön ausgeschaltet werden. Auf diese Weise können die Themen *Assoziationen* und *Vererbung* geübt werden. Zur Erinnerung: Eine Assoziation nennen wir umgangssprachlich *Hat-* oder *Kennt-Beziehung*; eine Vererbung ist eine *Ist-eine-Art-von-Beziehung*.

Voraussetzungen

- neue Klassen anlegen können
- Objektvariablen in Klassen setzen können
- Methoden implementieren können
- Sichtbarkeiten `private`, paketsichtbar und `public` kennen
- statische Eigenschaften programmieren können
- Aufzählungstypen deklarieren und nutzen können
- Einfache und überladene Konstruktoren implementieren können
- Arten von Assoziationen kennen
- 1:1-Assoziation implementieren können
- einfache Listen nutzen können
- Delegation von Operationen einsetzen können
- Vererbungsbeziehungen mit `extends` realisieren können
- Methoden überschreiben können
- zwei Bedeutungen von `super` verstehen
- dynamisches Binden einsetzen können

- Schnittstellen nutzen und deklarieren können
- Default-Methoden in Schnittstellen einsetzen können

Java ist auch eine Insel, Kapitel 6 und 7

In der »Insel« erklären die Kapitel 6, »Eigene Klassen schreiben«, und Kapitel 7, »Objektorientierte Beziehungsfragen«, die nötigen Voraussetzungen.

Verwendete Datentypen in diesem Kapitel:

- `java.util.ArrayList` (*https://docs.oracle.com/en/java/javase/11/docs/api/java.base/java/util/ArrayList.html*)
- `java.util.Timer` (*https://docs.oracle.com/en/java/javase/11/docs/api/java.base/java/util/Timer.html*)
- `java.util.TimerTask` (*https://docs.oracle.com/en/java/javase/11/docs/api/java.base/java/util/TimerTask.html*)
- `java.util.Comparator` (*https://docs.oracle.com/en/java/javase/11/docs/api/java.base/java/util/Comparator.html*)
- `java.util.function.Predicate` (*https://docs.oracle.com/en/java/javase/11/docs/api/java.base/java/util/function/Predicate.html*)

6.1 Klassendeklaration und Objekteigenschaften

Für einen neuen Typ schreiben wir in Java eine neue Klasse. Legen wir in diesem Abschnitt ein paar Klassen an, und geben wir den Klassen Objektvariablen und Methoden.

6.1.1 Radio mit Objektvariablen und ein Hauptprogramm deklarieren ★

Der erste Typ unserer Sammlung von Elektrogeräten ist ein Radio. Ein Radio hat einen Zustand, den wir speichern wollen.

Aufgabe:

- Lege eine neue Klasse `Radio` an.
- Gib dem Radio die folgenden Objektvariablen:
  - `isOn`, ist das Radio an oder aus?
  - `volume`, wie laut spielt das Radio Musik ab?
- Welche Variablentypen sind sinnvoll? Achte darauf, dass die Objektvariablen nicht statisch sind!

- Schreibe zusätzlich eine Klasse `Application`, die ein `Radio`-Objekt in ihrer `main(…)`-Methode aufbaut. Belege und erfrage zum Test die Variablen.

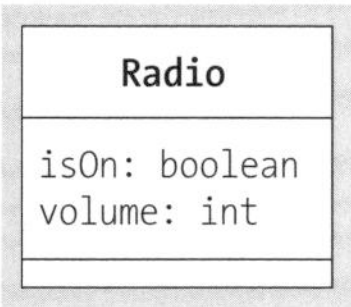

Abbildung 6.1 UML-Diagramm von Radio mit Objektvariablen

> **Info**
>
> Berücksichtige die Namenskonventionen: Klassen beginnen mit einem Großbuchstaben und Variablen sowie Methoden mit einem Kleinbuchstaben; nur Konstanten sind in Großbuchstaben. Wir schreiben alles auf Englisch und verzichten auf deutsche Bezeichner.

6.1.2 Methoden eines Radios implementieren ★

In die neue Klasse `Radio` sollen Methoden gesetzt werden, damit das Objekt etwas »kann«.

Aufgabe:

- Ergänze folgende nichtstatische Methoden:
  - `void volumeUp()`/ `void volumeDown()`: verändern die Objektvariable `volume` um `1` bzw. `-1`. (Optional: Die Lautstärke soll nur im Bereich von 0 bis 100 liegen.)
  - `void on()`/ `void off()`/ `boolean isOn()`: Greifen auf die Objektvariable `isOn` zurück; es ist in Ordnung, wenn eine Methode so heißt wie eine Objektvariable. Die Methoden `on()`/ `off()` sollen Meldungen wie "an"/"aus" auf dem Bildschirm ausgeben.
  - `public String toString()`: Sie soll Informationen über den internen Zustand als String zurückgeben, wobei die Zeichenkette eine Form wie `Radio[volume=2, is on]` annehmen sollte.
- In der `main(…)`-Methode der Klasse `Application` können die Objektmethoden des Radios zum Beispiel so getestet werden:

```
Radio grandmasOldRadio = new Radio();
System.out.println( grandmasOldRadio.isOn() );      // false
grandmasOldRadio.on();
System.out.println( grandmasOldRadio.isOn() );      // true
System.out.println( grandmasOldRadio.volume );      // 0
```

```
grandmasOldRadio.volumeUp();
grandmasOldRadio.volumeUp();
grandmasOldRadio.volumeDown();
grandmasOldRadio.volumeUp();
System.out.println( grandmasOldRadio.volume );          // 2
System.out.println( grandmasOldRadio.toString() ); // Radio[volume=2, is on]
System.out.println( grandmasOldRadio );                 // Radio[volume=2, is on]
grandmasOldRadio.off();
```

Listing 6.1 Ausschnitt aus Application.java

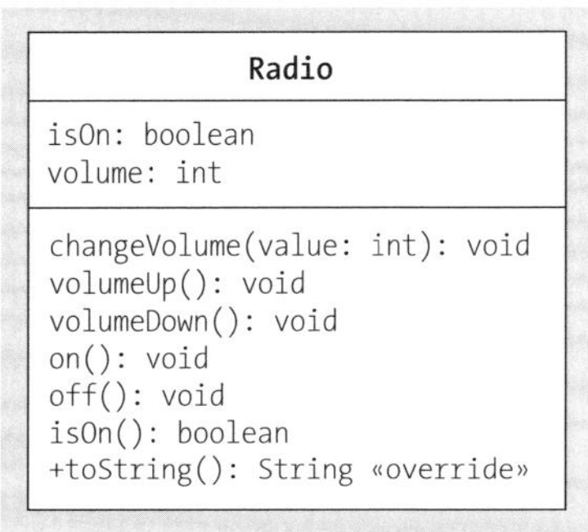

Abbildung 6.2 UML-Diagramm von Radio mit Objektvariablen und Methoden

6.1.3 Private Parts: Objektvariablen privat machen ★

Die privaten Details einer Implementierung dürfen nicht öffentlich sein, damit man jederzeit das Innere ändern kann.

Aufgabe:

- Mache alle Objektvariablen aus `Radio` privat.
- Überlege, ob die Methoden `public` werden können.
- Gibt es interne Methoden, die `private` sein sollten?

6.1.4 Setter und Getter anlegen ★

Getter und *Setter* sind in der Java-Welt oft anzutreffen. Sie werden benutzt, um sogenannte *Properties* zu definieren. Viele Frameworks greifen automatisch auf die Properties über die Getter/Setter zu.

Aufgabe:

- Gib dem `Radio` eine neue private `double`-Objektvariable `frequency`, sodass man das Radio auf eine Frequenz einstellen kann.
- Passe die `toString()`-Methode so an, dass sie die Frequenz berücksichtigt.

- Das Schreiben dieser Setter und Getter ist oft langweilig, daher werden sie entweder über eine Entwicklungsumgebung automatisch generiert oder mithilfe von Werkzeugen automatisch in den Bytecode gesetzt. Generiere mithilfe der IDE Setter und Getter für die Frequenz.
- Es gibt Getter ohne Setter, wenn man Nur-lesen-Operationen realisieren möchte und verhindern will, dass Properties von außen verändert werden. Wenn eine Variable `final` ist, funktionieren auch nur Getter. Generiere für den Zustand `volume` nur einen Getter.

Info

Setter und Getter sind eine wichtige Namenskonvention. Ist eine Property `XXX` vom Typ `boolean`, so ist das Präfix im Allgemeinen `isXXX()`, nicht `getXXX()`. Unsere existierende Methode `isOn()` ist also auch ein Getter.

6.2 Statische Eigenschaften

Klassenvariablen und statische Methoden führen bei Programmiereinsteigern oft zur Verwirrung. Dabei ist es ganz einfach: Entweder können Zustände bei den individuellen Objekten gespeichert werden oder bei der Klasse selbst. Haben wir verschiedene Objekte mit Objektvariablen, können die Objektmethoden auf die individuellen Eigenschaften zurückgreifen. Eine statische Methode kann ohne explizite Angabe eines Objekts nur auf Klassenvariablen zurückgreifen.

6.2.1 Sendernamen in Frequenzen konvertieren ★

Bisher hat das Radio nur Objekteigenschaften. Ergänzen wir eine statische Methode, die keine Beziehung zu einem konkreten `Radio`-Objekt hat.

Aufgabe:

- Implementiere in die Klasse `Radio` eine statische Methode mit dem Namen `double stationNameToFrequency(String)`, die einem Sender als Zeichenkette eine Frequenz zuordnet (zum Beispiel hat der bekannte Piratensender »Walking the Plank« die Frequenz 98.3).
- Wird der Methode `null` übergeben, dann soll die Rückgabe `0.0` sein. Auch bei unbekannten Sendernamen soll die Rückgabe `0.0` sein.

Beispiel:

- Im Hauptprogramm können wir schreiben:

```
System.out.println( Radio.stationNameToFrequency( "Walking the plank" ) ); // 98.3
```

> **Tipp**
> String-Vergleiche mit den Sendern können mit `switch-case` oder mit `equals(...)` realisiert werden.

6.2.2 Logausgaben mit einer Tracer-Klasse schreiben ★

Man verwendet Logger, um Programmausgaben zu protokollieren und sie später nachvollziehen zu können – ganz ähnlich, wie Captain CiaoCiao in seinem Logbuch festhält, was alles auf den Meeren, in den Häfen und innerhalb der Besatzung passiert ist.

Aufgabe:

- Lege eine neue Klasse `Tracer` an.
- Ergänze eine statische Methode `void trace(String)`, die einen an sie überreichten String auf dem Bildschirm ausgibt.
- Erweitere das Programm um zwei statische Methoden `on()` und `off()`, die sich in einem internen Zustand merken, ob `trace(String)` zu einer Ausgabe führt oder nicht. Am Anfang soll der `Tracer` abgeschaltet sein.
- Optional: Füge eine Methode `trace(String format, Object... args)` hinzu, die intern auf `System.out.printf(format, args)` geht, wenn das Tracing eingeschaltet ist.

Beispiel:

Wir können die Klasse dann so verwenden:

```
Tracer.on();
Tracer.trace( "Start" );
int i = 2;
Tracer.off();
Tracer.trace( "i = " + i );
// Tracer.trace( "i = %d", i );
Tracer.on();
Tracer.trace( "End" );
```

Die erwartete Ausgabe ist:

```
Start
End
```

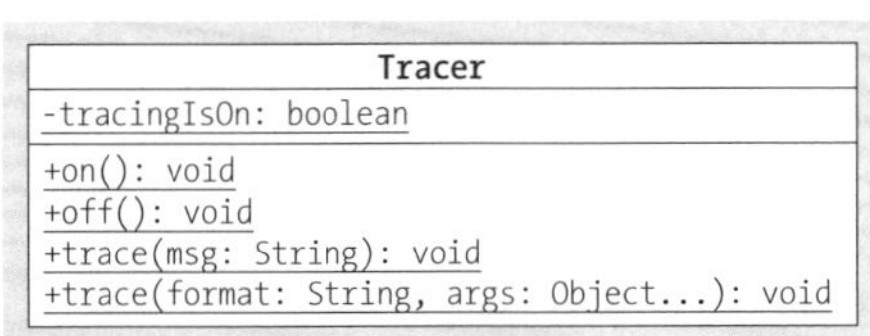

Abbildung 6.3 UML-Diagramm mit statischen Eigenschaften

6.2.3 Quiz: Nix geklaut ★

Gegeben ist folgende Klassendeklaration:

```
public class StolenGoods {
  int value = 1_000_000;

  static void print( int Value ) {
    System.out.println( value );
  }

  public static void main( String[] args ) {
    int value = 2_000_000;
    new StolenGoods().print( value );
  }
}
```

Lässt sich das Programm übersetzen? Wenn ja, was ist die Ausgabe auf dem Bildschirm?

6.3 Aufzählungen

Aufzählungen sind geschlossene Mengen, die in Java über das Schlüsselwort `enum` aufgebaut werden.

6.3.1 Radio eine AM-FM-Modulation geben ★

Bei Radioübertragungen ist die Modulation wichtig; es gibt *AM* (Amplitudenmodulation) und *FM* (Frequenzmodulation)[1].

Aufgabe:

- Deklariere einen neuen Aufzählungstyp `Modulation` mit den Werten »AM« und »FM« als eigene Datei.
- Füge in `Radio` eine private Objektvariable `Modulation modulation` ein, in der sich das Radio die Modulation merkt.
- Setze die `Modulation` über eine neue `Radio`-Methode `void setModulation(Modulation modulation)` um, einen Getter kann es auch geben.
- Passe die `toString()`-Methode in `Radio` an.

1 Die beiden Modulationsverfahren AM und FM unterscheiden sich darin, wie man mit einer Trägerfrequenz ein zu übertragendes Signal kodiert. Wikipedia gibt unter *https://de.wikipedia.org/wiki/Modulation_%28Technik%29* eine Übersicht.

6.3.2 Gültige Start- und Endfrequenz bei Modulation setzen ★

Für Rundfunk werden drei Frequenzbereiche (*Frequenzband* genannt) unterschieden, die über AM kodieren:

- Langwelle: 148,5 kHz bis 283,5 kHz
- Mittelwelle: 526,5 kHz bis 1.606,5 kHz
- Kurzwelle: Kurzwellenrundfunk nutzt mehrere Bänder zwischen 3,2 MHz und 26,1 MHz.

Über FM kodiert:

- Ultrakurzwelle (UKW): 87,5 MHz bis 108 MHz

Aufgabe:

- Füge zwei neue private Objektvariablen ein:
  - `minFrequency`
  - `maxFrequency`
- Beim Aufruf von `setModulation(Modulation)` sollen die Objektvariablen `minFrequency` und `maxFrequency` auf ihre minimalen und maximalen Wertebereiche gesetzt werden, nämlich für AM 148,5 kHz bis 26,1 MHz und für FM 87,5 MHz bis 108 MHz.

6.4 Konstruktoren

Konstruktoren sind besondere Initialisierungsroutinen, die beim Anlegen eines Objektes automatisch von der virtuellen Maschine aufgerufen werden. Wir nutzen Konstruktoren oft, um bei der Erzeugung von Objekten Zustände zuzuweisen, die wir uns dann im Objekt merken.

6.4.1 Anlegevarianten: Radio-Konstruktoren schreiben ★

Unser Radio hat bisher nur einen vom Compiler generierten Standardkonstruktor. Ersetzen wir diesen durch eigene Konstruktoren.

Aufgabe:

- Schreibe einen Konstruktor für die Klasse `Radio`, sodass man ein Radio mit einer Frequenz (`double`) initialisieren kann. Man sollte Radios aber immer noch mit dem parameterlosen Konstruktor anlegen können!
- Alternativ soll ein `Radio`-Objekt mit einem Sender (als `String`) initialisiert werden können (nutze dazu intern `stationNameToFrequency(…)`). Der Sendername wird nicht gespeichert, nur die Frequenz.
- Wie können wir die Konstruktorweiterschaltung mit `this(…)` nutzen?

Beispiel:

Auf folgende Weise soll man Radios aufbauen können:

```
Radio r1 = new Radio();
Radio r2 = new Radio( 102. );
Radio r3 = new Radio( "BFBS" );
```

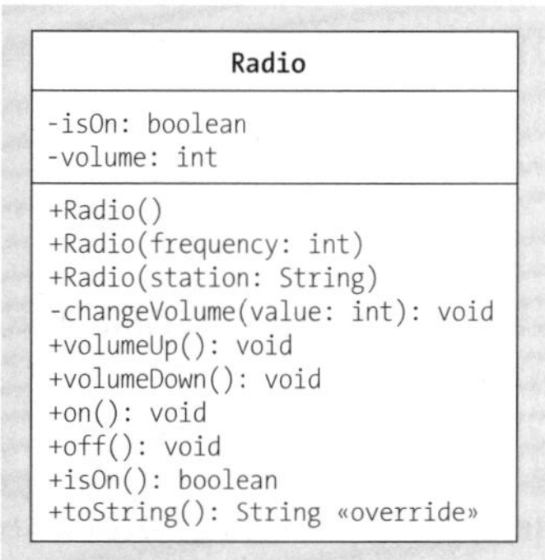

Abbildung 6.4 UML-Diagramm von Radio mit drei Konstruktoren

6.4.2 Copy-Konstruktor implementieren ★

Wird im Konstruktor einer Klasse ein Objekt des gleichen Typs als Vorlage angenommen, so sprechen wir von einem *Copy-Konstruktor*.

Aufgabe:

Implementiere für `Radio` einen Copy-Konstruktor.

6.4.3 Fabrikmethoden realisieren ★

Neben Konstruktoren bieten einige Klassen eine alternative Variante zu Anlegen, sogenannte *Fabrikmethoden*. Dabei gilt:

- Es gibt prinzipiell Konstruktoren, aber die sind privat, und folglich können Außenstehende keine Instanzen erzeugen.
- Damit Objekte aufgebaut werden können, gibt es statische Methoden, die intern den Konstruktor aufrufen und die Instanz zurückgeben.

Aufgabe:

- Lege eine neue Klasse `TreasureChest` für eine Schatztruhe an.
- Eine Schatztruhe kann Golddublonen und Edelsteine enthalten; lege zwei öffentliche finale Objektvariablen `int goldDoubloonWeight` und `int gemstoneWeight` an. Das Objekt ist also immutable, die Zustände lassen sich später nicht mehr ändern. Getter sind nicht nötig.

- Schreibe drei statische Fabrikmethoden, die ein `TreasureChest`-Objekt liefern:
  - `TreasureChest newInstance()`
  - `TreasureChest newInstanceWithGoldDoubloonWeight(int)`
  - `TreasureChest newInstanceWithGemstoneWeight(int)`
  - `TreasureChest newInstanceWithGoldDoubloonAndGemstoneWeight(int, int)`

Wo wäre hier das Problem mit einem üblichen Konstruktor?

6.5 Assoziationen

Eine Assoziation ist eine dynamische Verbindung von zwei oder mehreren Objekten. Assoziation können wir auf verschiedene Arten charakterisieren:

- Kennt nur eine Seite die andere, oder kennen sich beide Seiten?
- Ist die Lebensdauer eines Objektes an die Lebensdauer eines Objektes gebunden?
- Mit wie vielen anderen Objekten hat ein Objekt eine Verbindung? Gibt es eine Verbindung zu nur einem anderen Objekt oder zu mehreren? Bei 1:n- oder n:m-Beziehungen benötigen wir Container, wie Arrays oder dynamische Datenstrukturen wie die `java.util.ArrayList`.

6.5.1 Bildröhre mit Fernsehgerät verbinden ★

Bisher haben wir ein Elektrogerät: Radio. Es wird Zeit, ein zweites Elektrogerät hinzuzunehmen und eine 1:1-Assoziation einzubauen.

Aufgabe:

- Lege eine neue Klasse `TV` an.
- Das Fernsehgerät soll Methoden `on()`/`off()` bekommen, die kurze Meldungen auf die Konsole schreiben (eine Objektvariable ist für das Beispiel erst einmal nicht nötig).
- Lege in der `main(…)`-Methode von `Application` ein `TV` an.
- Lege eine neue Klasse `MonitorTube` (Bildröhre) an.
  - Die `MonitorTube` soll ebenfalls `on()`/`off()`-Methoden mit Konsolenmeldungen bekommen.
- Ein `TV` soll eine `MonitorTube` über eine private Objektvariable referenzieren. Wie kann das in Java Quellcode aussehen?
  - Implementiere eine unidirektionale Beziehung zwischen dem Fernsehgerät und der Bildröhre. Zum Lebenszyklus: Wenn das Fernsehgerät aufgebaut wird,

soll auch die Bildröhre mit erzeugt werden, man muss die Bildröhre nicht auswechseln können.

- Wenn das Fernsehgerät ein-/ausgeschaltet wird, so soll auch die Bildröhre ein-/ausgeschaltet werden.
- Optional: Wie können wir eine bidirektionale Beziehung implementieren? Wo könnte ein Problem lauern?

Am Ende soll diese Relation implementiert werden:

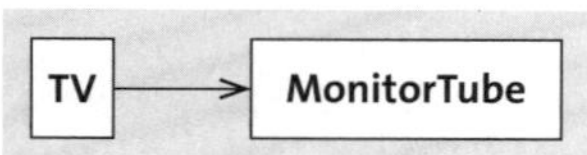

Abbildung 6.5 UML-Diagramm der gerichteten Assoziation

6.5.2 Quiz: Assoziation, Komposition, Aggregation ★

Assoziationen lassen sich in drei Gruppen einteilen:

- normale Assoziation
- Komposition
- Aggregation

Was ist damit gemeint?

6.5.3 Radios mit einer 1:n-Assoziation auf das Schiff aufnehmen ★★

Captain CiaoCiao besitzt eine ganze Flotte von Schiffen, und sie können Ladung aufnehmen. Am Anfang möchte Captain CiaoCiao nur Radios auf sein Schiff laden.

Aufgabe:

- Lege eine neue Klasse Ship (ohne main(…)-Methode) an.
- Baue in der main(…)-Methode von Application zwei Schiffe auf.
- Damit das Ship Radios aufnehmen kann, greifen wir auf die Datenstruktur java.util.ArrayList zurück. Als private Objektvariable kommt in Ship:

  ```
  ArrayList<Radio> radios = new ArrayList<Radio>();
  ```

- Weise einem Ship in der main(…)-Methode in Application mehrere Radios zu. Wie kommen Radios auf das Schiff?
- Schreibe eine Ship-Methode int numberOfRadiosSwitchedOn(), die liefert, wie viele Radios eingeschaltet sind. Achtung: Es geht nicht um die Gesamtanzahl Radios auf dem Schiff, sondern um die Anzahl eingeschalteter Radios!
- Optional: Gib dem Schiff ebenfalls eine toString()-Methode.
- Was müssen wir tun, wenn das Schiff auch andere Elektrogeräte laden möchte, etwa Eismaschinen oder Fernsehgeräte?

Ziel der Implementierung: Ein Schiff referenziert Radios.

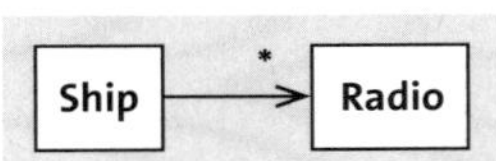

Abbildung 6.6 UML-Diagramm der 1:n-Assoziation

6.6 Vererbung

Vererbung modelliert eine Ist-eine-Art-von-Beziehung und verbindet zwei Typen sehr direkt. Die Modellierung ist sehr wichtig, um Gruppen von zusammenhängenden Dingen zu bilden.

6.6.1 Abstraktion in Elektrogeräte über Vererbung einführen ★

Bisher waren Radios und Fernsehgeräte ohne Verbindung. Doch es gibt eine Gemeinsamkeit: Sie sind alle elektronische Konsumgeräte.

Aufgabe:

- Lege eine neue Klasse ElectronicDevice für Elektrogeräte an.
- Leite die Klasse Radio von der Klasse ElectronicDevice ab – TV lassen wir erst einmal außen vor.
- Ziehe in die Oberklasse die Gemeinsamkeiten der möglichen Elektrogeräte.
- Schreibe eine neue Klasse IceMachine, die ebenfalls ein Elektrogerät ist.

Tipp

Eine Entwicklungsumgebung kann heutzutage über ein Refactoring automatisch Eigenschaften in die Oberklasse verschieben; finde heraus, wie das geht.

Ziel der Aufgabe: Implementierung der folgenden Vererbungsbeziehung.

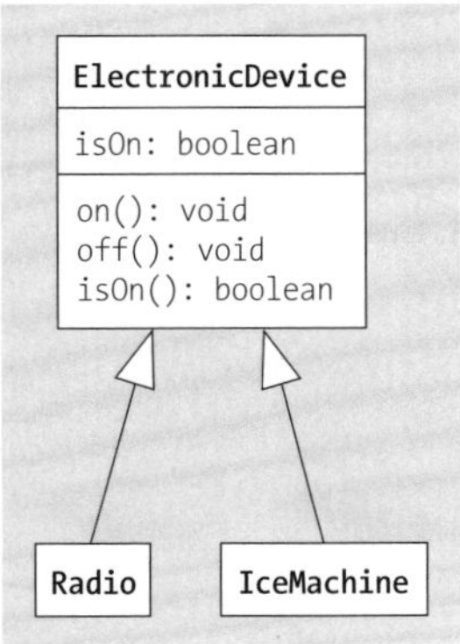

Abbildung 6.7 UML-Diagramm der Vererbungsbeziehung

6.6.2 Quiz: Drei, Zwei, Eins ★

Gegeben sind folgende Deklarationen in einer Datei *Numbers.java*. Kann der Compiler die Compilationseinheit übersetzen? Wenn man das Programm ausführen kann, was gibt es für ein Ergebnis?

```
class One {
  public One() { System.out.print( 1 ); }
}

class Two extends One {
  public Two() { System.out.print( 2 ); }
}

class Three extends Two {
  public void Three() { System.out.print( 3 ); }
}

public class Numbers {
  public static void main( String[] args ) { new Three(); }
}
```

6.6.3 Quiz: private- und protected-Konstruktor ★

- Wenn eine Klasse einen `private`-Konstruktor hat, kann man dann ein Exemplar der Klasse bilden?
- Wenn eine Klasse einen `protected`-Konstruktor hat, wer kann dann ein Exemplar der Klasse bilden?

6.6.4 Anzahl eingeschalteter Elektrogeräte ermitteln ★

Mit Vererbung lässt sich erreichen, dass ein Parameter mit einem Obertyp deklariert wird, der dann eine ganze Gruppe von Typen damit anspricht, nämlich auch alle Untertypen.

Aufgabe:

Setze in der Klasse `ElectronicDevice` eine statische Methode:

```
public static int numberOfElectronicDevicesSwitchedOn(
  ElectronicDevice... devices ) {
  // Liefert die Anzahl eingeschalteter Geräte zurück,
  // die der Methode übergeben wurden
}
```

Beispiel:

Wenn etwa `r1` und `r2` zwei eingeschaltete Radios sind und `ice` eine ausgeschaltete Eismaschine, kann in `main(…)` zum Beispiel stehen:

```
int switchedOn =
  ElectronicDevice.numberOfElectronicDevicesSwitchedOn( r1, ice, r2 );
System.out.println( switchedOn ); // 2
```

6.6.5 Schiff soll jedes Elektrogerät aufnehmen ★

Das Schiff kann bisher nur den Typ `Radio` speichern. Nun sollen allgemeine Elektrogeräte gespeichert werden.

Aufgabe:

- Ändere den Typ der dynamischen Datenstruktur von Radio in ElectronicDevice:

  ```
  private ArrayList<ElectronicDevice> devices =
    new ArrayList<ElectronicDevice>();
  ```

- Auch die Methode zum Hinzufügen ändert sich – wieso und warum?

Ziel der Aufgabe: Schiffe speichern alle Arten von Elektrogeräten.

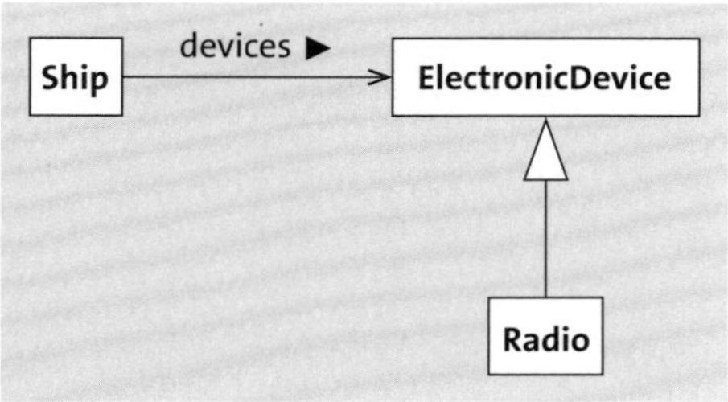

Abbildung 6.8 UML-Diagramm

6.6.6 Funktionierende Radios auf das Schiff nehmen ★

Captain CiaoCiao will den GEZ-Gott nicht erzürnen, und so soll bei der Aufnahme von Radios auf das Schiff eine Meldung auf der Konsole erscheinen. Außerdem mag Captain CiaoCiao keine kaputten Radios auf das Schiff aufnehmen.

Aufgabe:

- Wenn der Hinzufügemethode `load(…)` ein Radio übergeben wird, dann soll geprüft werden, ob es die Lautstärke 0 hat; in dem Fall soll es nicht in die Datenstruktur aufgenommen werden.
- Wenn ein Radio hinzugefügt wird, soll folgende Konsolenausgabe erfolgen: `Radio wurde hinzugefügt, schon GEZahlt?`.

6.6.7 Feuermelder geht nicht aus: Überschreiben von Methoden ★

Feuer ist etwas, was Captain CiaoCiao auf seinen Schiffen überhaupt nicht gebrauchen kann. Wenn es brennt, muss schnellstmöglich gelöscht werden.

Aufgabe:

- Implementiere eine Klasse `Firebox` für einen Feuermelder als Unterklasse von `ElectronicDevice`.
- Feuermelder sollen nach dem Erzeugen immer eingeschaltet sein.
- Die Methode `off()` soll mit leerem Rumpf oder mit Konsolenausgabe implementiert werden, sodass sich ein Feuermelder nicht ausschalten lässt.

Beispiel:

Ziel der Aufgabe: eine überschriebene `off()`-Methode, die den Zustand `isOn` nicht ändert. Das lässt sich so testen:

```
Firebox fb = new Firebox();
System.out.println( fb.isOn() );  // true
fb.off();
System.out.println( fb.isOn() );  // true
```

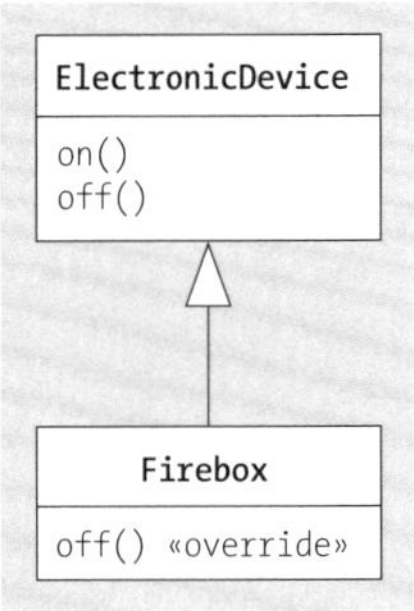

Abbildung 6.9 UML-Diagramm

6.6.8 Aufruf der Methoden der Oberklasse ★★

Ein Radio hat Methoden `on()`/`off()`, und auch die `TV`-Klasse hat schon Methoden `on()`/`off()`. Allerdings ist das `TV` noch kein `ElectronicDevice`. Der Grund ist, dass das Fernsehgerät wegen der Bildröhre (`MonitorTube`) eine Sonderbehandlung benötigt.

Erweitert auch `TV` die Klasse `ElectronicDevice`, überschreibt ein Fernsehgerät somit die Methoden der Oberklasse `ElectronicDevice`. Es ergibt sich aber ein Problem:

- Wenn wir die beiden Methoden weglassen, würde die Röhre nicht ausgeschaltet werden, das Fernsehgerät aber bei Vererbung als Elektrogerät durchgehen.
- Wenn wir die Methoden in der Klasse lassen, wird nur die Röhre ausgeschaltet, das Gerät wird aber nicht mehr ein- oder ausgeschaltet. Diesen Zustand verwaltete ja die Oberklasse über die Methoden `on()`/`off()`.

Aufgabe:

Löse das Problem, dass ein `TV` ein `ElectronicDevice` ist, aber die Bildröhre ein-/ausgeschaltet wird.

6.7 Polymorphie und dynamisches Binden

Eine zentrale Eigenschaft von objektorientierten Programmiersprachen ist die dynamische Auflösung von Methodenaufrufen. Diese Form von Aufrufen kann dabei nicht zur Compilezeit entschieden werden, sondern zur Laufzeit, wenn der Objekttyp bekannt ist.

6.7.1 Urlaub! Alle Geräte ausschalten ★

Bevor sich Captain CiaoCiao mit einem Tropical-Storm-Cocktail in die Hängematte legt und seinen Urlaub genießt, müssen alle Elektrogeräte auf dem Schiff ausgeschaltet werden.

Aufgabe:

- Implementiere in der `Ship`-Klasse eine Methode `holiday()`, die alle Elektrogeräte der Liste ausschaltet.

  ```
  public void holiday() {
    // rufe off() für alle Elemente in der Datenstruktur auf
  }
  ```

- In der `main(…)`-Methode von `Application` kann zum Beispiel stehen:

  ```
  Radio bedroomRadio = new Radio();
  bedroomRadio.volumeUp();
  Radio cabooseRadio = new Radio();
  cabooseRadio.volumeUp();
  TV mainTv = new TV();
  Radio crRadio = new Radio();
  Firebox alarm = new Firebox();
  Ship ship = new Ship();
  ship.load( bedroomRadio );
  ship.load( cabooseRadio );
  ship.load( mainTv );
  ship.load( crRadio );
  ship.load( alarm );
  ship.holiday();
  ```


6.7.2 Quiz: Bumbo ist ein toller Drink ★★

Bonny Brain findet in der Wochenausgabe von »SCHÖNER ENTERN« ein Rezept von Bumbo. Doch kann sie es sehen?

Compiliert das folgende Programm? Wenn ja, welche Ausgabe gibt es? Wenn nicht, welchen Compilerfehler gibt es?

```
class Drink {
 public Drink getInstance() {
   return this;
 }

 public void printIngredients() { }
}

class YummyDrink extends Drink { }

class Bumbo extends YummyDrink {
 public YummyDrink getInstance() {
   return this;
```

```
  }

  @Override public void printIngredients() {
    System.out.println( "2 ounces rum, 1 ounce water, 2 sugar cubes, cinnamon, ➲
nutmeg" );
  }
}

public class DrinkBumbo {
  public static void main( String... args ) {
    new Bumbo().getInstance().printIngredients();
  }
}
```

6.7.3 Quiz: Vodka mit Geschmack ★

Gegeben sind zwei Klassen, eine Oberklasse und eine Unterklasse. Das Programm übersetzt korrekt; was wird auf dem Bildschirm ausgegeben?

```
class AlcoholicDrink {
  public void seasoned() {
    System.out.println( "-none-" );
  }
}

public class Vodka extends AlcoholicDrink {
  public void seasoned() {
    System.out.println( "blackcurrant" );
  }

  public static void main( String[] args ) {
    ((AlcoholicDrink) new Vodka()).seasoned();
  }
}
```

6.7.4 Quiz: Rum-Paradise ★★

Gegeben ist folgendes Programm mit zwei Klassen. Compiliert das Programm, oder gibt es einen Compilerfehler? Wenn das Programm compiliert und ausgeführt wird, was ist das Ergebnis?

```
class AlcoholicDrink {
  int aged = 1;
  AlcoholicDrink() { aged++; }
```

```
  int older() { return aged++; }
}

public class Rum extends AlcoholicDrink {
  int aged = 3;
  Rum() { aged += 4; }
  int older() { return aged++; }

  public static void main( String[] args ) {
    AlcoholicDrink lakeGay = new Rum();
    System.out.println( lakeGay.older() );
    System.out.println( lakeGay.aged );
  }
}
```


6.8 Abstrakte Klassen und abstrakte Methoden

Abstrakte Klassen sind auf den ersten Blick etwas Komisches: Was soll man mit Klassen, von denen man keine Objekte bilden kann? Und was ist mit abstrakten Methoden? Eine Klasse ohne implementierte Methoden hat doch nichts zu bieten!

Beide Konzepte sind sehr wichtig. Obertyp und Untertyp haben immer einen Vertrag; ein Untertyp muss mindestens das besitzen, was ein Obertyp vorschreibt, und darf die Semantik nicht brechen. Ist eine Oberklasse abstrakt bzw. sind Methoden abstrakt, so geben die Unterklassen, von denen man Objekte bilden kann, ein Versprechen ab, diese Funktionalität bereitzustellen.

6.8.1 Quiz: Konsumgeräte als abstrakte Oberklasse? ★

Können wir Exemplare von `ElectronicDevice` anlegen? Müssen wir zwingend Exemplare von `ElectronicDevice` anlegen können? Was für Konsequenzen hätte es, wenn `ElectronicDevice` eine abstrakte Klasse wäre?

6.8.2 TimerTask als Beispiel für eine abstrakte Klasse ★★

Captain CiaoCiao nimmt jeden Überfall per Video auf und analysiert die Abläufe in der Nachbesprechung. Allerdings füllen die Videos in feinster 8K-Qualität schnell die Festplatte. Er möchte rechtzeitig feststellen, ob er eine neue Festplatte kaufen muss.

Ein `java.util.Timer` kann Aufgaben wiederholt durchführen. Dazu hat die `Timer`-Klasse eine Methode `schedule(…)` zum Hinzufügen einer Aufgabe. Die Aufgabe ist vom Typ `java.util.TimerTask`.

Aufgabe:

- Schreibe eine Unterklasse von `TimerTask`, die immer dann eine Meldung auf dem Bildschirm ausgibt, wenn die Anzahl freier Bytes auf dem Dateisystem unter eine gewisse Grenze fällt (z. B. weniger als 1.000 MB).

  Die freien Bytes liefert:

  ```
  long freeDiskSpace = java.io.File.listRoots()[0].getFreeSpace();
  ```

- Der `Timer` soll diesen `TimerTask` alle 2 Sekunden ausführen.

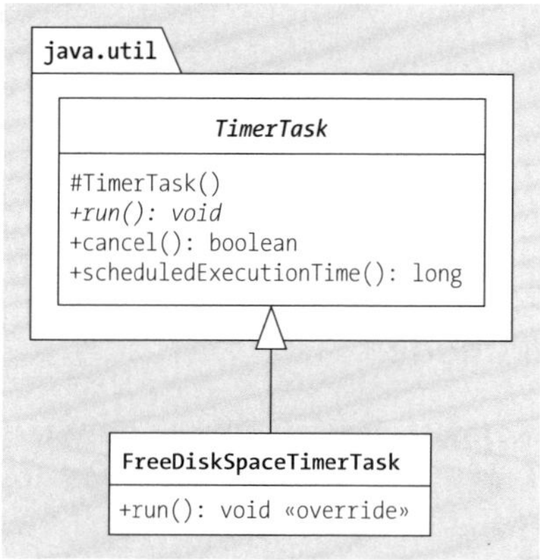

Abbildung 6.10 UML-Diagramm von TimerTask und eigener Unterklasse

Bonus: Integriere eine Nachricht in der Tray mit:

```
import javax.swing.*;
import java.awt.*;
import java.awt.TrayIcon.MessageType;
import java.net.URL;
...
try {
  String url =
    "https://cdn4.iconfinder.com/data/icons/common-toolbar/36/Save-16.png";
  ImageIcon icon = new ImageIcon( new URL( url ) );
  TrayIcon trayIcon = new TrayIcon( icon.getImage() );
  SystemTray.getSystemTray().add( trayIcon );

  trayIcon.displayMessage( "Achtung", "Platte voll", MessageType.INFO );
}
catch ( Exception e ) { e.printStackTrace(); }
```

6.9 Schnittstellen

Abstrakte Klassen sind immer noch Klassen mit all ihren Möglichkeiten: Objektvariablen, Konstruktoren, Methoden, unterschiedliche Sichtbarkeiten. Oftmals reicht eine einfachere Form der Vorschrift, und hierfür bietet Java Schnittstellen. Sie haben keine Objektvariablen, können aber Konstanten, abstrakte Methoden, statische Methoden und `default`-Methoden haben – eine Objektvariable ist eine Art, *wie* man etwas speichert, was zur Klasse gehört, nicht zur Schnittstelle.

6.9.1 Verbrauch von Elektrogeräten vergleichen ★

Jedes Elektrogerät hat eine Leistung, die in Watt gemessen wird.

Aufgabe Teil 1:

- Deklariere in `ElectronicDevice` eine private `int`-Objektvariable `watt`, und generiere mit der Entwicklungsumgebung Setter/Getter.
- Ergänze eine `toString()`-Methode, die etwa Folgendes zurückgibt: `"ElectronicDevice[watt=12kW]"`. Einige Unterklassen hatten schon `toString()` überschrieben; sie sollten dann in ihrem `toString()`-Methoden ein `super.toString()` enthalten.

Aufgabe Teil 2:

- Schreibe eine neue Klasse `ElectronicDeviceWattComparator`, die die Schnittstelle `java.util.Comparator<ElectronicDevice>` implementiert.
- Die `compare(…)`-Methode soll eine Ordnung der Elektrogeräte definieren, wobei ein Elektrogerät »kleiner« ist, wenn es weniger Leistung aufnimmt.
- Setzte zum besseren Verständnis ein `println(…)` in die eigene `compare(…)`-Methode, sodass zu sehen ist, welche Objekte verglichen werden.

Beispiel:

```
ElectronicDevice ea1 = new Radio(); ea1.setWatt( 200 );
ElectronicDevice ea2 = new Radio(); ea2.setWatt( 20 );
Comparator<ElectronicDevice> c = new ElectronicDeviceWattComparator();
System.out.println( c.compare(ea1, ea2) );
System.out.println( c.compare(ea2, ea1) );
```

Ziel der Aufgabe: `ElectronicDeviceWattComparator` als Implementierung der Schnittstelle `Comparator`, wie im UML-Diagramm in Abbildung 6.11 gezeigt.

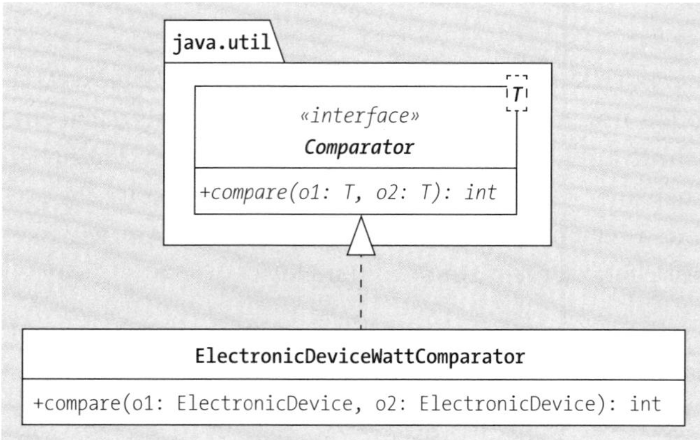

Abbildung 6.11 UML-Diagramm

6.9.2 Elektrogeräte mit dem höchsten Verbrauch finden ★

Die Klasse `java.util.Collections` hat eine statische Methode, die das größte Element einer Sammlung liefert (die Generics in den spitzen Klammern wurden für die einfache Darstellung entfernt):

```
static T max( Collection coll, Comparator comp )
```

Übergeben werden müssen der `max(…)`-Methode folglich

1. eine `Collection`-Implementierung wie `ArrayList` und
2. eine `Comparator`-Implementierung. Hier lässt sich unser `ElectronicDeviceWattComparator` verwenden.

Aufgabe:

Setze in das Schiff eine Methode `findMostPowerConsumingElectronicDevice()`, die das Gerät mit dem größten Verbrauch liefert.

Beispiel:

Folgendes Programm liefert die Ausgabe `12000.0`.

```
Radio grannysRadio = new Radio();
grannysRadio.volumeUp();
grannysRadio.setWatt( 12_000 );

TV grandpasTv = new TV();
grandpasTv.setWatt( 1000 );
```

```
Ship ship = new Ship();
ship.load( grannysRadio );
ship.load( grandpasTv );
System.out.println( ship.findMostPowerConsumingElectronicDevice().getWatt() );
```

6.9.3 Schnittstelle Comparator zum Sortieren einsetzen ★

Möchte man Objekte einer Liste sortieren, kann man die `sort(…)`-Methode auf `List`-Objekten nutzen. Wichtig ist, der `sort(…)`-Methode mitzuteilen, wann ein Objekt etwa »kleiner« ist als ein anderes. Dazu lässt sich unser `ElectronicDeviceWattComparator` verwenden; er ist Voraussetzung für Objekte, die man sortieren möchte – das verrät auch schon die Signatur `void sort(Comparator<…> c)`.

Aufgabe:

Rufe in `load(…)` des `Ship`-Objekts nach dem Hinzufügen in die eigene Datenstruktur `sort(…)` auf, um nach dem Hinzufügen immer eine interne sortierte Liste zu haben.

6.9.4 Statische und Default-Methoden in Schnittstellen ★★★

Schnittstellen können statische Methoden enthalten und als Fabrikmethoden dienen, also Instanzen von Klassen liefern, die diese Schnittstelle implementieren.

Aufgabe:

- Lege eine Schnittstelle `Distance` an.
- Setze in `Distance` zwei statische Methoden `Distance ofMeter(int value)` und `Distance ofKilometer(int value)`, die ein neues Objekt vom Typ `Distance` liefern.
- Setze in `Distance` eine abstrakte Methode `int meter()`. Was muss man implementieren?
- Setze eine Default-Methode `int kilometer()` in die Schnittstelle `Distance`.

Beispiel in der Nutzung:

```
Distance oneKm = Distance.ofKilometer( 1 );
System.out.printf( "1 km = %d km, %d m%n", oneKm.kilometer(), oneKm.meter() );

Distance moreMeter = Distance.ofMeter( 12345 );
System.out.printf(
  "12345 m  %d km, %d m", moreMeter.kilometer(), moreMeter.meter() );
```

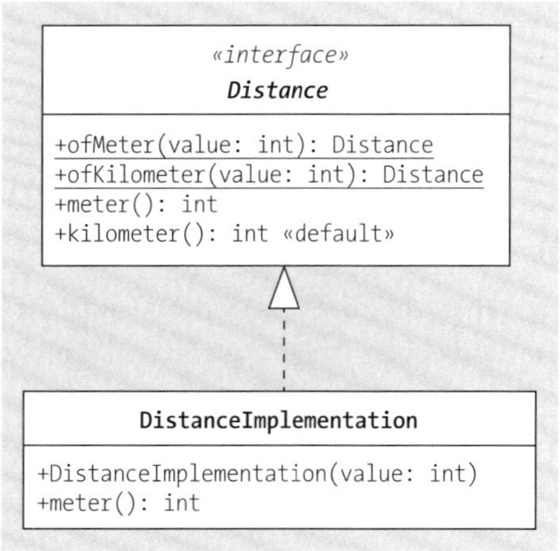

Abbildung 6.12 UML-Diagramm von Distance und Implementierung

6.9.5 Ausgewählte Elemente mit Predicate löschen ★★

Wollen wir ein Schiff energieeffizient gestalten, müssen wir alle Geräte mit einem zu hohen Verbrauch entfernen.

Die `List`-Methode `removeIf(Predicate<…>filter)` löscht alle Elemente, die ein Prädikat erfüllen. Die Klasse `ArrayList` ist eine Implementierung der Schnittstelle `List`, also steht die Methode bei einer `ArrayList` zur Verfügung.

Möchten wir z. B. aus einer `List<String>` aller leeren Strings löschen, können wir auf der Liste `removeIf(new IsStringEmpty())` aufrufen, wobei `IsStringEmpty` wie folgt deklariert ist:

```
class IsStringEmpty implements Predicate<String> {
  @Override public boolean test( String t ) {
    return t.trim().isEmpty();
  }
}
```

Aufgabe:

Setze in das Schiff eine neue Methode `removePowerConsumingElectronicDevices()`, die alle Geräte mit einer Leistungsaufnahme größer einer selbstgewählten Konstanten `MAXIMUM_POWER_COMSUMPTION` löscht.

6.10 Lösungsvorschläge

Aufgabe 6.1.1: Radio mit Objektvariablen und ein Hauptprogramm deklarieren

```
public class Radio {
  boolean isOn;
  int volume;
}
```

Listing 6.2 com/tutego/exercise/device/bmxtuz/Radio.java

Die Variable isOn sagt aus, ob ein Radio ein- oder ausgeschaltet ist; hier bietet sich eine boolean-Variable an. Bei der Lautstärke greifen wir auf einen numerischen Datentyp zurück, wobei wir die Wahl haben zwischen einem Ganzzahldatentyp wie int und einem Fließkommadatentyp wie double. Es kommt auf die Anforderungen an; im Folgenden wollen wir den Datentyp int nutzen.

Ein Radio ist nicht startbar, darf also auch keine main(…)-Methode enthalten. Die Startmethode setzen wir in die neue Klasse Application. Sie baut das Radio auf und belegt Zustände.

```
public class Application {

  public static void main( String[] args ) {
    Radio grandmasOldRadio = new Radio();

    grandmasOldRadio.isOn = true;
    grandmasOldRadio.volume = 12;

    System.out.println( "Current volume: " + grandmasOldRadio.volume );
  }
}
```

Listing 6.3 com/tutego/exercise/device/bmxtuz/Application.java

Aufgabe 6.1.2: Methoden eines Radios implementieren

```
public class Radio {

  boolean isOn;
  int volume;

  void changeVolume( int value ) {
    volume = Math.min( Math.max( volume + value, 0 ), 100 );
  }
```

```
  void volumeUp() {
    changeVolume( 1 );
  }

  void volumeDown() {
    changeVolume( -1 );
  }

  void on() {
    isOn = true;
  }

  void off() {
    isOn = false;
  }

  boolean isOn() {
    return isOn;
  }

  public String toString() {
    return "Radio[volume=" + volume + ", is " + (isOn ? "on" : "off") + "]";
  }
}
```

Listing 6.4 com/tutego/exercise/device/xcafnd/Radio.java

Die Methoden lassen sich in drei Gruppen einteilen:

- Methoden, die auf die Variable `volume` zugreifen
- Methoden, die auf `isOn` zugreifen
- die `toString()`-Methode, die auf beide Objektvariablen lesend zurückgreift

Zwecks Prüfung des Wertebereiches und Setzen der Variablen `volume` ist eine neue Methode `changeVolume(…)` geschaffen worden, die die Lautstärke direkt setzt; sie muss später privat sein. So werden die Methoden, die das Radio ein bisschen lauter und leiser machen, vom eigentlichen Setzen der Variable befreit. Die geschachtelten `min(…)`/`max(…)`-Methoden stellen sicher, dass sich die Zahl zwischen 0 und 100 bewegt.

Die `toString()`-Methode folgt einem üblichen Aufbau: Nach dem Typnamen, der eine Art Präfix ist, folgen Schlüssel-Wert-Paare. Statt bei dem `Radio` lediglich die Objektvariable `isOn` als `boolean`-Repräsentation `true` oder `false` in den String zu übernehmen, gibt der Bedingungsoperator eine individuelle Kennung `on` oder `off` zurück.

Aufgabe in Aufgabe: Die `toString()`-Methode kann von der Entwicklungsumgebung generiert werden. Finde heraus, wie das geht.

Aufgabe 6.1.3: Private Parts: Objektvariablen privat machen

Wir setzen das Schlüsselwort `private` vor die Objektvariablen und vor die Methode `changeVolume(int)`:

```
private boolean isOn;
private int volume;

private void changeVolume( int value ) {
  volume = Math.min( Math.max( volume + value, 0 ), 100 );
}
```

Die anderen Eigenschaften können wir mit `public` explizit öffentlich machen. Ist kein Sichtbarkeitsmodifizier gesetzt, sind die Eigenschaften paketsichtbar, also nur für die Typen im gleichen Paket sichtbar, aber nicht außerhalb des Paketes.

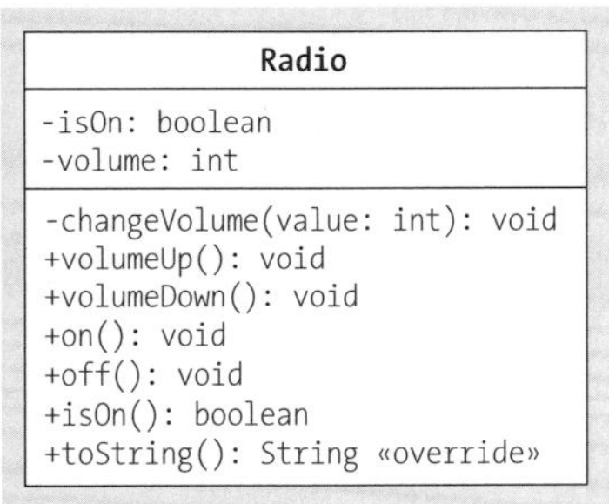

Abbildung 6.13 UML-Diagramm von Radio mit öffentlichen und privaten Eigenschaften

Aufgabe 6.1.4: Setter und Getter anlegen

```
private boolean isOn;
private int volume;
private double frequency;

public void setFrequency( double frequency ) {
  this.frequency = frequency;
}

public double getFrequency() {
  return frequency;
}
```

```
public int getVolume() {
  return volume;
}

public String toString() {
  return "Radio[volume=" + volume + ", isOn=" + isOn + ", frequency=" +
    frequency + ']';
}
```

Listing 6.5 com/tutego/exercise/device/sgxrwy/Radio.java

Eine moderne Entwicklungsumgebung kann Getter/Setter automatisch generieren.

- **IntelliJ**
  Drücke im Editor die Tastenkombination [Alt]+[Einf], und es erscheint ein kleines Menü. Dort wähle GETTERS UND SETTERS. Im Dialog lassen sich nun die Objektvariablen auswählen.
- **Eclipse**
  Gehe im Kontextmenü auf SOURCE, und wähle GENERATE GETTERS AND SETTERS. Im folgenden Dialog lassen sich die Objektvariablen auswählen und bestimmen, ob nur Getter/Setter generiert werden sollen.
- **NetBeans**
  Drücke [Alt]+[Einf], und wähle aus dem Kontextmenü GETTERS AND SETTERS. Alternativ aktiviere SOURCE • INSERT CODE.

Aufgabe 6.2.1: Sendernamen in Frequenzen konvertieren

```
class RadioStations {
  public static final String SEA_101_STATION_NAME = "sea 101";
  public static final double SEA_101_FREQUENCY = 101.0;
}

class Radio {
  public static double stationNameToFrequency( String station ) {

    if ( station == null )
      return 0.0;

    switch ( station.trim().toLowerCase() ) {
      case "walking the plank":
        return 98.3;
```

```
      case RadioStations.SEA_101_STATION_NAME:
        return RadioStations.SEA_101_FREQUENCY;

      default:
        return 0.0;
    }
  }

  // other methods omitted
}
```

Listing 6.6 com/tutego/exercise/device/oxujap/Radio.java

Die Methode `stationNameToFrequency(String station)` testet das übergebene Argument zunächst auf `null` und liefert dann `0` zurück. Eine Alternative ist eine Ausnahme. Ist ein `String`-Objekt vorhanden, schneidet `trim()` Leerraum vorne und hinten ab und der String wird in Kleinbuchstaben konvertiert. Das `switch-case` vergleicht auf zwei Strings, wobei `"Walking the plank"` fest kodiert ist und der zweite String über eine Konstante einer anderen Klasse referenziert wird. Kleiner Hinweis: Statt die Konstante `SEA_101_STATION_NAME` direkt mit dem kleingeschriebenen `"sea 101"` zu initialisieren, hätten wir den String auch dynamisch auswerten können:

```
public static final String SEA_101_STATION_NAME = "SEA 101".toLowerCase();
```

Klassenvariablen sind unser nächstes Thema.

Aufgabe 6.2.2: Logausgaben mit einer Tracer-Klasse schreiben

```
public class Tracer {

  private static boolean tracingIsOn;

  public static void on() {
    tracingIsOn = true;
  }

  public static void off() {
    tracingIsOn = false;
  }

  public static void trace( String msg ) {
    if ( tracingIsOn )
      System.out.println( msg );
  }
```

```
  public static void trace( String format, Object... args ) {
    if ( tracingIsOn )
      System.out.printf( format + "%n", args );
  }
}
```

Listing 6.7 com/tutego/exercise/oop/Tracer.java

Die Klasse `Tracer` hat eine private Klassenvariable `boolean tracingIsOn`, in der wir uns merken, ob die Tracing-Ausgabe gewünscht ist oder nicht. Die Methoden `on()` und `off()` setzen `tracingIsOn`. Wichtig ist, dass nicht nur die Methoden statisch sind, sondern eben auch die Variable `tracingIsOn`. Es würde nicht funktionieren, wenn die Methoden an der Klasse hängen, aber `tracingIsOn` an einem Objekt. Statische Methoden können nur auf eigene Klassenvariablen zurückgreifen, es sei denn, sie bekommen Zugriff auf ein Objekt, etwa über einen Parameter, oder sie bauen selbst ein Objekt auf. Die eigentlichen `trace(…)`-Methoden prüfen über diesen Zustand, ob sie etwas auf dem Bildschirm ausgeben sollen.

Die Methode namens `trace(String format, Object... args)` delegiert an `System.out.printf(…)`, hängt allerdings an den Format-String noch ein Zeilenendezeichen an, damit sich das so verhält wie ein `println(…)`. Der Vorteil der Methode ist, dass sie performanter sein kann, denn String-Konkatenationen werden nicht vorgenommen.

Info

Es gibt in Java diverse Logger-Bibliotheken für den echten Unternehmenseinsatz, auch die Java SE bringt mit `java.util.logging` etwas Rudimentäres mit.

Quiz 6.2.3: Nix geklaut

Das Programm lässt sich nicht übersetzen, weil hier statische und nichtstatische Eigenschaften vermischt werden. Der Kern des Problems ist der Zugriff auf die Objektvariable `value` in der `print(…)`-Methode. `value` ist allerdings eine Objektvariable, keine statische Variable.

Dass die Parametervariable großgeschrieben wird, ist dabei nur eine Irritation; wenn `println(…)` auf `Value` zurückgreifen würde, wäre das in Ordnung, das wäre die Objektvariable aus dem Spiel.

Der Aufruf der statischen Methode in der `main(…)`-Methode über die Objektreferenz ist unnötig und auch nur Blendwerk. Wenn die Methode auf die eigene Objektvariable zurückgreifen würde, bräuchte sie auch das Argument nicht.

Aufgabe 6.3.1: Radio eine AM-FM-Modulation geben

```
public enum Modulation {
  AM, FM
}
```

Listing 6.8 com/tutego/exercise/device/ewslfg/Modulation.java

`Modulation` deklariert die beiden Aufzählungselemente `AM` und `FM`. Wir schreiben sie groß, weil es Konstanten sind und Konstanten typischerweise großgeschrieben werden. Jede Konstante referenziert ein Objekt, denn Aufzählungselemente sind Referenzvariablen. Das heißt, `AM` und `FM` referenzieren Objekte vom Typ `Modulation`.

Der folgende Ausschnitt aus `Radio` ist auf die Modulation reduziert:

```
private Modulation modulation = Modulation.AM;

public void setModulation( Modulation modulation ) {
  this.modulation = Objects.requireNonNull( modulation );
}

public Modulation getModulation() {
  return modulation;
}
```

Listing 6.9 com/tutego/exercise/device/ewslfg/Radio.java

Wollen wir uns eine Referenz auf eine `Modulation` merken, dann legen wir dazu eine Variable `modulation` an, die vom Typ `Modulation` ist. Die Objektvariable `modulation` ist mit `Modulation.AM` vorinitialisiert, um die Gefahr einer `NullPointerException` zu minimieren, wenn auf der `modulation`-Variablen eine Methode aufgerufen wird, etwa unsere eigene `toString()`-Methode, die `modulation.toString()` aufruft. So prüft auch `setModulation(Modulation)` über `Objects.requireNonNull(…)`, dass kein `null` übergeben wurde – die Methode löst eine `NullPointerException` aus, wenn `null` übergeben wurde, und `requireNonNull(…)` liefert die Referenz zurück, wenn sie nicht `null` war, sodass wir den Parameter in die Objektvariable übernehmen können. Das ist ein guter Programmierstil – alle Methoden sollten prüfen, ob kein `null` übergeben wurde.

Die `toString()`-Methode hat es einfach, denn da `Modulation` ein Objekt ist, das selbst über `toString()` verfügt, kann die `toString()`-Methode des `Radio`-Objekts einfach auf die `toString()`-Methode von `Modulation` zurückgreifen. Auch an dieser Stelle ist insbesondere für die korrekte Funktionsweise nötig, dass die Objektvariable `modulation` nicht `null` ist.

Aufgabe 6.3.2: Gültige Start- und Endfrequenz bei Modulation setzen

```
private Modulation modulation = Modulation.AM;

private static final double MIN_AM_FREQUENCY = 148.5 * 1000      /* Hz */;
private static final double MAX_AM_FREQUENCY =  26.1 * 1_000_000 /* Hz */;
private static final double MIN_FM_FREQUENCY =  87.5 * 1_000_000 /* Hz */;
private static final double MAX_FM_FREQUENCY = 108.0 * 1_000_000 /* Hz */;

private double minFrequency = MIN_AM_FREQUENCY;
private double maxFrequency = MAX_AM_FREQUENCY;

public void setModulation( Modulation modulation ) {
  this.modulation = Objects.requireNonNull( modulation );
  minFrequency = modulation == Modulation.AM ?
    MIN_AM_FREQUENCY : MIN_FM_FREQUENCY;
  maxFrequency = modulation == Modulation.AM ?
    MAX_AM_FREQUENCY : MAX_FM_FREQUENCY;
}
```

Listing 6.10 com/tutego/exercise/device/vonmxo/Radio.java

Für die jeweils kleinste und größte Frequenz für AM und FM legen wir vier Konstanten an. Die beiden aus der Aufgabe vorgeschriebenen Objektvariablen `minFrequency` und `maxFrequency` belegen wir mit dem Frequenzbereich der AM-Modulation vor, weil das die Standardbelegung der Objektvariablen `modulation` ist.

Die Methode `setModulation(…)` hat nun unterschiedliche Möglichkeiten, die Belegung der Variable `modulation` zu prüfen und in Abhängigkeit von der Belegung anschließend `minFrequency` und `maxFrequency` zu setzen. Eine Möglichkeit wäre eine Fallunterscheidung mit `if-else`, eine andere Möglichkeit bietet das `switch-case`; der hier gewählte Lösungsansatz verwendet den Bedingungsoperator. `enum`-Objekte sind sogenannte *Singletons*, also Objekte, die nur einmal existieren, und der Referenzvergleich mit `==` ist erlaubt, was bei regulären Objekten unüblich ist – hier müsste `equals(…)` verwendet werden.

Aufgabe 6.4.1: Anlegevarianten: Radio-Konstruktoren schreiben

```
public Radio() {
}

public Radio( double frequency ) {
  setFrequency( frequency );
}
```

```
public Radio( String station ) {
  this( stationNameToFrequency( station ) );
}
```

Listing 6.11 com/tutego/exercise/device/biwdxj/Radio.java

Unsere Lösung hat drei Konstruktoren. Der parameterlose Konstruktor ist leer, aber vorhanden; hier führen wir keine Initialisierung durch.

Wir haben zwei parametrisierte Konstruktoren. Der Konstruktor, der die Frequenz speichert, ruft `setFrequency(double)` auf, damit die Frequenz in die interne Objektvariable übertragen wird. Wir stehen hier vor der Entscheidung, ob wir direkt die Objektvariable mit `this.frequency = frequency` initialisieren oder den Setter aufrufen. Die Lösung mit dem Setter ist im Allgemeinen besser. Es gibt zwei Gründe: Zunächst einmal ist eine Initialisierung von Zuständen ein Implementierungsdetail. Ändern wir etwas an der Objektvariablen, müssten wir als Entwickler an alle Stellen gehen, an denen es Lese- oder Schreibzugriffe gibt. Außerdem gilt es zu berücksichtigen, dass ein Setter auch Gültigkeitsprüfungen durchführen kann. Die wollen wir im Konstruktor nicht wiederholen, denn Codeduplikation ist schlecht. Der Konstruktor kann folglich das Speichern in die Objektvariable und die Validierung an den Setter abschieben.

Wird ein Radio mit einer Station initialisiert, wird der String zunächst in eine Frequenz konvertiert, und anschließend die Konstruktorweiterleitung

```
this( stationNameToFrequency( station ) );
```

verwendet, sodass der Konstruktor `Radio(double frequency)`, der ein `double` entgegennimmt, die Frequenz speichert.

Mit `this(…)` ist es möglich, dass es nur einen Konstruktor mit der Implementierung gibt und alle anderen Konstruktoren auf diesen einen Konstruktor weiterleiten. Der Vorteil ist, dass bei Erweiterungen nur dieser eine Konstruktor verändert werden muss. Der Nachteil ist jedoch in der Praxis, dass es schnell passieren kann, dass Default-Werte oder `null` in das Objekt kommen. Grundsätzlich sind Initialisierungskonstruktoren aber sehr wichtig, denn sie bringen das Objekt in einen gültigen Startzustand, sodass jeder folgende Methodenaufruf von einem korrekten, gültigen Objekt ausgehen kann.

Aufgabe 6.4.2: Copy-Konstruktor implementieren

```
public Radio( Radio other ) {
  setFrequency( other.frequency );
  setModulation( other.getModulation() );
  if ( other.isOn() ) on(); else off();
```

```
  this.volume = other.volume;
}
```

Listing 6.12 com/tutego/exercise/device/ifqbap/Radio.java

Der Copy-Konstruktor weist eine Reihe von Besonderheiten auf. Im Kern geht es darum, das übergebene Radio auszulesen und dann die einzelnen Zustände auf das eigene neue Radio zu übertragen.

Wir erfragen vom `Radio` über die Getter und `isOn()`-Methode die Zustände und übertragen sie auf unsere eigenen Objektvariablen mithilfe der Setter und `on()`/`off()`-Methoden.

Allerdings gibt es kein `setVolume(…)`/`getVolume(…)` für die Objektvariable `volume`. Die besonderen Regeln in der Sichtbarkeit von Java erlauben es grundsätzlich, von dem übergebenen `Radio` auch auf die privaten Zustände zurückzugreifen, weil wir selbst ein `Radio` sind! Das müssen wir nutzen, um das `volume` vom übergebenen `Radio` auszulesen und auf das neue `Radio` zu übertragen. Bei den anderen Zuständen sehen wir davon ab, im Konstruktor fremde private Variablen auszulesen und in unsere privaten Variablen zu schreiben.

Aufgabe 6.4.3: Fabrikmethoden realisieren

```
public class TreasureChest {

  public final int goldDoubloonWeight;
  public final int gemstoneWeight;

  private TreasureChest( int goldDoubloonWeight, int gemstoneWeight ) {
    if ( goldDoubloonWeight < 0 || gemstoneWeight < 0 )
      throw new IllegalArgumentException( "Weight can't be negative" );
    this.goldDoubloonWeight = goldDoubloonWeight;
    this.gemstoneWeight     = gemstoneWeight;
  }

  public static TreasureChest newInstance() {
    return new TreasureChest( 0, 0 );
  }

  public static TreasureChest newInstanceWithGoldDoubloonWeight( int weight ) {
    return new TreasureChest( weight, 0 );
  }
```

```
  public static TreasureChest newInstanceWithGemstonesWeight( int weight ) {
    return new TreasureChest( 0, weight );
  }

  public static TreasureChest newInstanceWithGoldDoubloonAndGemstonesWeight(
    int goldDoubloonWeight, int gemstonesWeight ) {
    return new TreasureChest( goldDoubloonWeight, gemstonesWeight );
  }
}
```

Listing 6.13 com/tutego/exercise/device/TreasureChest.java

Die Klassendeklaration enthält die zwei öffentlichen Variablen. Da sie final sind, können sie nach dem einmaligen Beschreiben nicht mehr modifiziert werden. Es ist durchaus in Ordnung, Objektvariablen öffentlich zu machen, es muss nicht unbedingt immer Getter geben, wenn die Variablen nicht mehr verändert werden können. Setter sind in erster Linie hilfreich zur Sicherstellung der korrekten Wertebereiche – das übernimmt bei uns der Konstruktor, der die Werte annimmt und validiert.

Wir haben einen privaten Konstruktor, der von außen nicht aufgerufen werden kann, sondern der nur von den eigenen statischen Fabrikmethoden benutzt wird. Diese vier Fabrikmethoden erlauben alle Permutationen der beiden Objektvariablen.

1. Keine der beiden Variablen wird gesetzt, dann sind die Werte standardmäßig `0`.
2. Einer der beiden Werte wird gesetzt, der jeweils andere wird mit `0` initialisiert.
3. Beide Werte werden gesetzt.

Was ist jetzt der Vorteil dieser Fabrikmethoden gegenüber Konstruktoren? Ein Konstruktor ist eine gute Wahl, wenn es nicht verschiedene Möglichkeiten zur Initialisierung einer Instanz gibt. In unserem Fall gibt es aber die Möglichkeit, `goldDoubloonWeight` oder `gemstoneWeight` zu initialisieren, und ein Konstruktor hat immer den vordefinierten Namen der Klasse. Es ist nicht möglich, zwei verschiedene Varianten des Konstruktors zu schreiben, die beide eine Ganzzahl annehmen und unterscheiden können, ob nun `goldDoubloonWeight` oder `gemstoneWeight` belegt werden soll. Natürlich könnte man tricksen und zum Beispiel eine Aufzählung als zweiten Parameter zur Identifikation übergeben, doch schön ist das nicht. Fabrikmethoden haben den Charme, dass sie benannte Methoden sind und durch den Methodennamen ihre Funktion klarmachen, auch wenn die Parameterlisten verschiedener Methoden die gleichen sind.

Aufgabe 6.5.1: Bildröhre mit Fernsehgerät verbinden

```
class MonitorTube {

  private final TV tv;

  public MonitorTube( TV tv ) {
    this.tv = tv;
  }

  public TV getTv() {
    return tv;
  }

  public void on() {
    System.out.println( "Tube is on." );
  }

  public void off() {
    System.out.println( "Tube is off." );
  }
}

class TV {

  private boolean isOn;
  private final MonitorTube tube = new MonitorTube( this );

  public void on() {
    isOn = true;
    System.out.println( "TV is on." );
    tube.on();
  }

  public void off() {
    isOn = false;
    System.out.println( "TV is off." );
    tube.off();
  }

  public String toString() {
    return String.format( "TV[on?=%s]", isOn );
```

```
    }
}
```

Listing 6.14 com/tutego/exercise/device/ihehzk/TVWithMonitorTube.java

Beginnen wir mit der Klasse `MonitorTube`. Damit sich eine Bildröhre ein Fernsehgerät merken kann, legen wir eine neue Variable vom Typ `TV` an – sie wird später die Referenz auf ein Fernsehgerät enthalten. Gesetzt wird diese Referenz über den Konstruktor. Daher kann die Variable auch final sein, denn es gibt in der Klasse keine weitere Stelle, an der die Variable beschrieben wird. Der Konstruktor nimmt die Referenz entgegen, und es gibt auch nur einen parametrisierten Konstruktor, keinen parameterlosen Konstruktor, denn wir wollen nicht, dass man eine Bildröhre ohne ein Fernsehgerät aufbauen kann. Es folgen ein Getter und die Methoden `on()` und `off()`, die melden, dass die Bildröhre ein- oder ausgeschaltet wird.

Die nächste Klasse `TV` merkt sich in einer privaten Objektvariablen `isOn`, ob das Fernsehgerät ein- oder ausgeschaltet ist. Wir setzen diese Objektvariable in den Methoden `on()` und `off()`. In der Objektvariable `tube` vom Typ `MonitorTube` merkt sich das Fernsehgerät die Bildröhre. Die Initialisierung ist:

```
private final MonitorTube tube = new MonitorTube( this );
```

Beim Konstruktor wird `this` übergeben, und so kommt die Referenz auf das aktuelle Fernsehgerät an die Bildröhre. Das heißt, die Bildröhre empfängt damit das Fernsehgerät, und wir hatten vorher gesehen, dass die Bildröhre sich das Fernsehgerät merkt. So haben wir direkt eine bidirektionale Beziehung aufgebaut. Wollten wir lediglich eine unidirektionale Beziehung, so hätten wir lediglich eine `MonitorTube` aufgebaut, aber keinen Rückverweis von der `MonitorTube` auf das `TV` gesetzt.

Die `on()`- und `off()`-Methoden haben nun zwei Aufgaben: Zunächst einmal setzen sie das interne Flag, und dann delegieren sie an die `MonitorTube`-Methoden `on()` und `off()`.

Bidirektionale Beziehungen sind praktisch, weil man immer auf die andere Seite kommen kann. Allerdings bergen sie die Gefahr, dass zwei Objekte auf die gleiche Gegenseite verweisen, wenn nämlich das erste Objekt vergisst, dass es nicht mehr in einer bidirektionalen Beziehung ist. Eine bidirektionale Beziehung aufzubauen, ist weniger ein Problem, aber wenn sich dann die Partner neu binden, dann müssen beide Beziehungen erst aufgelöst werden, bevor eine neue Beziehung aufgebaut werden kann. Eigene Methoden können sicherstellen, dass die andere Seite abgemeldet wird.

Quiz 6.5.2: Assoziation, Komposition, Aggregation

Eine normale *Assoziation* ist eine Verbindung zwischen zwei Objekten. Dieser Begriff ist korrekt, wenn ein Objekt auf ein anderes Objekt verweist.

Eine Komposition und eine Aggregation sind eine besondere Form der Assoziation, die etwas über die Lebensdauer aussagt.

- Bei einer *Komposition* ist die Lebensdauer eines assoziierten Objektes an die Lebensdauer eines anderen Objektes gebunden. Beispiel: Objekt A referenziert ein Objekt B; wenn A »stirbt«, also nicht mehr referenziert wird und vom Garbage Collector entfernt werden kann, »stirbt« auch B, zumindest dann, wenn nicht doch noch auf B eine Referenz existiert.
- Eine *Aggregation* fasst mehrere Objekte zusammen, wobei die referenzierten Objekte ihre eigene Lebensdauer haben. Wenn ein Objekt A ein anderes Objekt B assoziiert und Objekt A entfernt wird, kann Objekt B noch weiterleben. Der Begriff »Aggregation« wird nicht oft eingesetzt, man verwendet einfach nur den Begriff »Assoziation«, insbesondere in UML-Diagrammen. Da allerdings der Begriff »Assoziation« nichts über Lebensdauer der referenzierten Objekte aussagt, könnte man dies explizit betonen.

Aufgabe 6.5.3: Radios mit einer 1:n-Assoziation auf das Schiff aufnehmen

```
class Ship {
  private final ArrayList<Radio> radios = new ArrayList<>();

  public void load( Radio radio ) {
    radios.add( radio );
  }

  public int numberOfRadiosSwitchedOn() {
    int result = 0;

    for ( Radio radio : radios )
      if ( radio.isOn )
        result++;

    return result;
  }

  public String toString() {
    return "Ship[" + radios + "]";
  }
}
```

Listing 6.15 com/tutego/exercise/device/luyyrl/Application.java

In unserer Klasse `Ship` setzen wir die Variable `radios`, wie in der Aufgabenstellung beschrieben.

Die Schreibweise lässt sich mit dem sogenannten *Diamond-Operator* auch noch ein wenig kürzen zu:

```
ArrayList<Radio> radios = new ArrayList<>();
```

Da die Variable privat ist, kommt man von außen an die Radios nicht heran, sondern wir müssen über Hilfsmethoden gehen, die dann auf die Objektvariable zugreifen können. `load(Radio radio)` ermöglicht das Hinzufügen von Radios. Die Methode delegiert an die `add(…)`-Methode der `ArrayList`.

Die zweite `numberOfRadiosSwitchedOn()`-Methode liefert die Anzahl der eingeschalteten Radios. Wichtig ist, dass es nicht um die Gesamtanzahl der Radios geht – das wäre schnell beantwortet –, sondern wirklich um die Anzahl der Radios, bei denen der Zustand `isOn` auf `true` ist. Wir müssen also die gesamte Liste ablaufen und jedes Radio einzeln untersuchen. Hier gibt es mehrere Lösungen:

- Eine recht praktische Variante ist die erweiterte `for`-Schleife. Diesen Schleifentyp haben wir im Zusammenhang mit Arrays kennengelernt: Rechts vom Doppelpunkt kann eine `ArrayList` stehen. So können wir komfortabel die gesamte Liste von vorne bis hinten ablaufen lassen. Wir bekommen jedes Radio und testen, ob die Objektvariable gesetzt ist, und wenn ja, inkrementieren wir unseren Ergebniszähler.
- Eine andere Lösung wäre gewesen, mit einer Zählschleife zu arbeiten, von 0 bis `radios.size()` zu laufen und über die `get(int)`-Methode sich jedes Radio an der Position herauszusuchen. Die Lösung mit der erweiterten `for`-Schleife ist schöner.
- Es gibt noch eine dritte Lösung mit der Stream-API, doch bis wir da sind, dauert es noch etwas. Aber die Frage lässt sich dann mit einem Einzeiler beantworten.

Wollten wir mit unserem bisherigen Wissen dem Schiff auch andere Elektrogeräte geben, müssten wir unterschiedliche Datenstrukturen mit den speziellen Typen einführen, also eine `ArrayList` mit Eismaschinen oder eine `ArrayList` mit Fernsehgeräten. Es dürfte klar sein, dass das recht schnell unübersichtlich wird, doch dafür haben objektorientierte Programmiersprachen eine perfekte Lösung: Vererbung!

Aufgabe 6.6.1: Abstraktion in Elektrogeräte über Vererbung einführen

```
class ElectronicDevice {

  private boolean isOn;

  public void on() {
```

```
    isOn = true;
  }

  public void off() {
    isOn = false;
  }

  boolean isOn() {
    return isOn;
  }

  public String toString() {
    return "ElectronicDevice[is " + (isOn ? "on" : "off") + "]";
  }
}

class IceMachine extends ElectronicDevice {
}

class Radio extends ElectronicDevice {
  int volume;
}
```

Listing 6.16 com/tutego/exercise/device/jkvzow/ElectronicDevices.java

Nutzen wir Vererbung, dann setzen wir damit eine Ist-eine-Art-von-Beziehung um. Es muss gelten, dass alle Unterkassen bedingungslos das unterstützen, was eine Oberklasse vorschreibt und »kann«. In der Frage, welche Objektvariablen und Methoden wir nach oben ziehen, bleibt letztendlich nur übrig, was irgendwie mit dem Zustand eingeschaltet/ausgeschaltet zu tun hat. Schauen wir uns die anderen Objektvariablen und Methoden von Radio an, so stellen wir schnell fest, dass sie in der Oberklasse ElectronicDevice nicht zu suchen haben. Nicht jedes Elektrogerät auf der Welt hat eine Frequenz oder eine Lautstärke. Wenn wir einmal in der Oberklasse Objektvariablen festgelegt haben, gelten diese für alle Unterklassen, die irgendwann einmal geschrieben werden.

Mithilfe einer IDE lassen sich gut Eigenschaften in eine Oberklasse verschieben, sodass gar keine manuelle Arbeit nötig ist. Das Refactoring heißt im Allgemeinen *Pull Members up*.

Die Oberklasse ElectronicDevice bekommt eine Objektvariable isOn, die privat ist, also nur aus ElectronicDevice über Methoden gelesen und geschrieben werden kann. Die anderen drei Methoden können den Zustand auf wahr oder falsch setzen bzw. den Zustand erfragen. Aber der direkte Zugriff von außen auf die private Variable ist nicht mehr möglich, wir müssen über die Methoden gehen. Außerdem hat die Oberklasse eine Implementierung der `toString()`-Methode. Hier kann der String nicht viel mehr enthalten als den Zustand `isOn`. Ob man über die interne Variable, oder über die Methode `isOn()` geht ist ein wenig Geschmackssache. Die Unterklassen behalten ihre `toString()`-Methode und wir werden später sehen, dass sich die `toString()`-Methoden auch verketten lassen.

Zur Oberklasse gesellen sich zwei Unterklassen `IceMachine` und `Radio`. Unterklassen erweitern ihre Oberklassen, Oberklassen wissen nichts von ihren Unterklassen.

Quiz 6.6.2: Drei, Zwei, Eins

Das Programm kann ausgeführt werden, und nach dem Start gibt es auf dem Bildschirm die Ausgabe:

```
12
```

Es wird ein Objekt vom Typ `Three` aufgebaut, was dazu führt, dass der Konstruktor `Three()` aufgerufen wird. Der Konstruktor `Three()` ruft den Konstruktor der Klasse `Two` auf, der Konstruktor `Two()` ruft den Konstruktor `One()` auf.

Die Gemeinheit ist, dass es in der Klasse `Three` nur einen Default-Konstruktor gibt, den der Compiler angelegt hat, und wir haben eine Methode `void Three()` hinzugefügt, die mit dem Konstruktor nichts gemein hat. Die Methode ist großgeschrieben, was ein Verstoß gegen die Namenskonvention ist, aber nicht verboten ist. Jeder Konstruktor ruft automatisch den Konstruktor der Oberklasse auf.

Im Default-Konstruktor steht aber keine Konsolenausgabe. Die Konstruktoren `Two()` und `One()` haben wir selbst geschrieben mit der Konsolenausgabe, und da erst die Konstruktoren ganz nach oben laufen, ist die Ausgabe erst `1`, dann `2`.

Quiz 6.6.3: private- und protected-Konstruktor

Wenn eine Klasse einen privaten Konstruktor hat, dann kann von außen kein Exemplar der Klasse aufgebaut werden. Es ist allerdings möglich, aus dem Inneren der Klasse eine Instanz zu bilden, und zwar, indem wir eine statische Methode benutzen. So eine Methode nennen wir auch *Fabrikmethode*, wenn sie diese Instanz nach außen gibt. Folgendes Beispiel verdeutlicht das:

```
class Cloth {
  private Cloth() {
  }

  public static Cloth create() {
    return new Cloth();
  }
}
```

Von außerhalb der Klasse `Cloth` ist es nicht möglich, Instanzen zu bilden. Der Versuch wird mit einem Compilerfehler bestraft:

```
class Skirt {
  Cloth skirt = new Cloth();
}
```

Der Fehler beim Konstruktoraufruf ist: `'Cloth()' has private access in 'Cloth'`.

Auch ist es nicht möglich, Unterklassen zu bilden, denn jede Klasse ruft automatisch den Konstruktor der Oberklasse auf. Die Klasse `Cloth` hat nur einen Konstruktor, und der ist privat. Folglich ist es nicht möglich, Unterklassen zu bilden. Eine Deklaration wie

```
class Petticoat extends Cloth {
}
```

führt zum Fehler `There is no default constructor available in 'Cloth'`.

Das ist der Unterschied zwischen einem privaten Konstruktor und einem `protected`-Konstruktor, denn ein geschützter Konstruktor kann durchaus von Unterklassen aufgerufen werden. Da `protected` allerdings auch paketsichtbar bedeutet, können auch andere Klassen im gleichen Paket Instanzen der Klasse über den `protected`-Konstruktor aufbauen.

Aufgabe 6.6.4: Anzahl eingeschalteter Elektrogeräte ermitteln

```
public static int numberOfElectronicDevicesSwitchedOn(
  ElectronicDevice... devices ) {
  int result = 0;

  for ( ElectronicDevice device : devices )
    if ( device.isOn )
      result++;

  return result;
}
```

Listing 6.17 com/tutego/exercise/device/mkwrrt/ElectronicDevice.java

Die Methode ähnelt sehr stark unserer Objektmethode `numberOfElectronicDevicesSwitchedOn()`, die wir vorher geschrieben haben. Der Unterschied ist nur, dass wir jetzt nicht mehr nur nach Radios fragen, sondern nach beliebigen `ElectronicDevice`-Objekten, die eingeschaltet sind. Das heißt, alles, was ein `ElectronicDevice` ist, kann über das Vararg in die Methode eingeführt werden. Das können drei Radios sein, aber auch nur ein Radio oder ein Fernsehgerät.

Bei einem Vararg ist immer zu berücksichtigen, dass es ein Array ist, und das sind Objekte, und Objektreferenzen können `null` sein. Unsere Methode hat keine Abfrage auf `ElectronicDevice == null` und löst auch selbst keine Ausnahme aus. Diese Ausnahme wird aber implizit ausgelöst, wenn die erweiterte `for`-Schleife auf ein Array zurückgreift, das `null` ist. Wir können uns daher die explizite Abfrage auf `null` schenken, denn das Ergebnis, eine `NullPointerException`, wäre das gleiche.

Aufgabe 6.6.5: Schiff soll jedes Elektrogerät aufnehmen

```
public class Ship {

  private final ArrayList<ElectronicDevice> devices = new ArrayList<>();

  public void load( ElectronicDevice device ) {
    Objects.requireNonNull( device );
    devices.add( device );
  }
}
```

Listing 6.18 com/tutego/exercise/device/lofryn/Ship.java

Um die Sache zu verallgemeinern, hat das Schiff nur die interne Liste und eine Methode zum Hinzufügen. Bei der Objektvariablen `ArrayList<ElectronicDevice> devices` ändern wir den Typ von vorher `Radio` in `ElectronicDevice`, sodass wir beliebige Elektrogeräte in der Liste speichern können. Auch den Variablennamen ändern wir. Die Methode zum Hinzufügen schreiben wir etwas um, denn wir können jetzt beliebige `ElectronicDevice`-Objekte annehmen. Der Parametertyp ändert sich somit von `Radio` in `ElectronicDevice`. Somit können wir alles annehmen, was ein Elektrogerät ist. Das kann ein Radio sein, ein Fernsehgerät, oder eine Eismaschine; alles, was eine Unterklasse von `ElectronicDevice` ist. Dazu zählt, was wir jetzt schon im Programm haben oder was in der späteren Entwicklungsphase hinzugefügt wird.

`Objects.requireNonNull(…)` schützt davor, dass `null`-Referenzen in die Liste kommen.

Aufgabe 6.6.6: Funktionierende Radios auf das Schiff nehmen

```
public class Ship {

  private final ArrayList<ElectronicDevice> devices = new ArrayList<>();

  public void load( ElectronicDevice device ) {
    Objects.requireNonNull( device );
```

```
    if ( device instanceof Radio ) {
      if ( ((Radio) device).getVolume() == 0 )
        return;
      System.out.println( "Radio wurde hinzugefügt, schon GEZahlt?" );
    }

    devices.add( device );
  }
}
```

Listing 6.19 com/tutego/exercise/device/dxsyvb/Ship.java

Der instanceof-Operator testet, welchen Objekttyp wir vor uns haben. Der Referenztyp der Variable devices ist immer ElectronicDevice (und auch nicht null, was wir vorher verboten haben), aber zur Laufzeit können ganz unterschiedliche Objekttypen dahinterstecken. Hier hilft uns der instanceof-Operator zur Laufzeit. Wenn wir etwas haben vom Typ Radio oder sogar etwas, was Radio selbst erweitert, dann wird der instanceof-Operator das anzeigen.

Aufgabe 6.6.7: Feuermelder geht nicht aus: Überschreiben von Methoden

```
public class Firebox extends ElectronicDevice {
  public Firebox() {
    on();
  }
  @Override void off() {
    System.out.println( "A firebox is always on, you can't switch it off" );
  }
}
```

Listing 6.20 com/tutego/exercise/device/hthiin/Firebox.java

Firebox ist eine weitere Unterklasse von ElectronicDevice. Die Klasse erbt alles von der Oberklasse, überschreibt aber die Methode off(). Im Rumpf steht lediglich eine Konsolenausgabe, das Ein-/Aus-Flag wird nicht modifiziert. Mit der Annotation Override kennzeichnen wir, dass die Methode in der Oberklasse schon existiert, wir sie aber in der Unterklasse mit neuem Verhalten überschreiben.

Für den Compiler – und die Laufzeitumgebung – ist die Annotation nicht überlebensnotwendig; beide wissen, wenn eine Methode überschrieben wird. Doch mit der Annotation kann der Compiler Fehler erkennen, z. B. Tippfehler oder nachträgliche Änderungen zum Beispiel an der Parameterliste in der Oberklasse, dass die Methode in der Unterklasse nicht mehr überschrieben, sondern nur noch überladen wird.

> **Info**
>
> Wir haben schon oft eine Methode überschrieben, aber aufgefallen ist es vielleicht noch nicht: `toString()`. Die Methode stammt aus der absoluten Oberklasse `java.lang.Object`.

Da ein Feuermelder nach dem Erzeugen eingeschaltet sein soll, implementieren wir einen Konstruktor und rufen `on()` auf.

Aufgabe 6.6.8: Aufruf der Methoden der Oberklasse

Um Code zu sparen, ist der Lösungsvorschlag für `TV` etwas reduzierter und hat nur eine unidirektionale Beziehung mit der `MonitorTube`.

```
class TV extends ElectronicDevice {

  private MonitorTube monitorTube = new MonitorTube();

  @Override void on() {
    super.on();
    monitorTube.on();
  }

  @Override void off() {
    super.off();
    monitorTube.off();
  }
}
```

Listing 6.21 com/tutego/exercise/device/rojnsv/TV.java

Beim Überschreiben von Methoden wird die ursprüngliche Implementierung der Oberklasse durch eine neue Implementierung ersetzt. Es ist kein Widerspruch, beides miteinander zu verbinden – auf der einen Seite eine neue Implementierung für eine Methode zu realisieren und auf der anderen Seite trotzdem die Originalimplementierung noch aufzurufen. Java ermöglicht das mit dem Schlüsselwort `super`. Das Schlüsselwort `super` gibt es in zwei Ausführungen: einmal zum Aufruf des Konstruktors der Oberklasse und einmal zum Aufruf einer überschriebenen Methode, denn `super` bringt uns in den Namensraum eines Obertyps. Würden wir ohne `super` eine Methode aufrufen, so würden wir in eine Rekursion laufen.

Das `TV` soll auf der einen Seite den Zustand, ob es eingeschaltet ist, im Obertyp speichern, und das übernehmen die Methoden der Oberklasse `on()` und `off()`. Das Fernsehgerät muss diese Methoden aufrufen, um an den Zustand der Oberklasse zu gelangen. Auf der anderen Seite müssen die on()/off()-Methoden auf dem Fernsehgerät die Bildröhre ein- und ausschalten, und das übernimmt die *Delegation*. Unter Delegation versteht man, wenn ein Objekt den Aufruf an ein anderes Objekt weitergibt. Wenn das Fernsehgerät ein- oder ausgeschaltet wird, wird auch die Bildröhre mit ein- und ausgeschaltet.

Aufgabe 6.7.1: Urlaub! Alle Geräte ausschalten

```
public void holiday() {
  for ( ElectronicDevice device : devices )
    device.off();
}
```

Listing 6.22 com/tutego/exercise/device/mkwrrt/Ship.java

Damit wir über alle Elektrogeräte laufen können, nutzen wir erneut die erweiterte for-Schleife. Auf jedem der ElectronicDevice-Objekte rufen wir die off()-Methode auf. Die Methode wird dynamisch gebunden, und die Laufzeitumgebung entscheidet, wohin der Methodenaufruf wirklich geht, also etwa auf ein Radio, Fernsehgerät und so weiter. Durch die gewählte Implementierung der Firebox ist auch sichergestellt, dass der Alarm nicht deaktiviert wird, stattdessen wird eine entsprechende Meldung ausgeben.

Quiz 6.7.2: Bumbo ist ein toller Drink

Das Programm compiliert und führt zur Laufzeit zu keiner Ausnahme. Die Ausgabe lautet:

```
2 ounces rum, 1 ounce water, 2 sugar cubes, cinnamon, nutmeg
```

Eine Java-Eigenschaft ist an diesem Programm besonders: sogenannte *kovariante Rückgabetypen*. Die Oberklasse deklariert die Methode printIngredients(), die in der Unterklasse überschrieben wird. Wer in Java Methoden überschreibt, der muss exakt die gleiche Parameterliste wählen, aber beim Rückgabetyp – und Ausnahmen – gibt es einen gewissen Spielraum. Die Unterklasse kann nämlich einen Untertyp vom Rückgabetyp der überschriebenen Methode zurückgeben. getInstance() in Drink liefert Drink, und getInstance() in Bumbo einen YummyDrink, einen Untertyp von Drink. Das macht den Compiler glücklich. Im Prinzip hätten wir in Bumbo auch noch konkreter schreiben können:

```
public Bumbo getInstance() { // statt YummyDrink getInstance()
  return this;
}
```

Referenztypen interessieren die Laufzeitumgebung herzlich wenig; die überschriebenen Methoden werden dynamisch gebunden, und da mit `new Bumbo()` ein `Bumbo` im Speicher steht, wird uns `printIngredients()` auch das Rezept des Drinks liefern.

Quiz 6.7.3: Vodka mit Geschmack

Die Aufgabe testet das Verständnis der Typumwandlung, des Überschreibens und der dynamischen Bindung. Die Unterklasse hat exakt die gleiche Methode wie die Oberklasse, also überschreibt die Unterklasse die Methode `seasoned()`. Absichtlich fehlt hier die Annotation `@Override`, doch für den Compiler ist es klar, dass die Methode überschrieben wird.

Die Ausgabe ist `blackcurrant`, da der Compiler im Speicher ein Objekt vom Typ `Vodka` hat und alle Methoden dynamisch gebunden werden. Mit der expliziten Typumwandlung in `AlcoholicDrink` ist es nicht möglich, die dynamische Bindung auszusetzen; es ist für den Aufruf der Methode nicht relevant, was der Compiler als Referenztyp kennt. Die Laufzeitumgebung weiß genau, was sie für ein Objekt vor sich hat, und dafür ist die Typumwandlung nicht nötig.

Quiz 6.7.4: Rum-Paradise

Das Programm compiliert und kann ausgeführt werden, ohne dass es eine Exception gibt. Die Ausgaben sind:

```
7
2
```

Das Programm zeigt im Kern zwei Eigenschaften von Java: zunächst einmal, wie Initialisierer ablaufen, und dann den Unterschied zwischen dynamischem Binden bei überschriebenen Methoden und dass Objektvariablen nicht überschrieben werden können.

Beginnen wir bei den Klassen selbst. Beide haben eine Objektvariable, einen Konstruktor und eine Methode. Unter `Rum` liegt die Unterklasse `AlcoholicDrink`, und da sie die gleiche Methode `older()` hat, wird die Methode überschrieben. Beide Klassen enthalten eine eigene Objektvariable `aged`, wobei die Objektvariable `aged` in der Unterklasse nichts mit der Objektvariablen `aged` in der Oberklasse zu tun hat – in Java wird die Eigenart englisch *hiding* genannt. Das Hiding von Objektvariablen ist nicht mit dem *Shadowing* zu verwechseln, das dann auftritt, wenn eine lokale Variable so heißt wie eine Objektvariable; das haben wir in unserem Beispiel nicht.

Um die Ausgabe zu verstehen, müssen wir wissen, wie Konstruktoren und initialisierte Objektvariablen zusammenhängen. Initialisierte Objektvariablen gibt es im Bytecode nicht, auch gibt es keine initialisierten Klassenvariablen. Sie müssen über eine andere Konstruktion umgesetzt werden. Die Belegung von Objektvariablen wird in jedem Konstruktor eingesetzt, und die Belegung von statischen Variablen wird in einem statischen Initialisierungsblock `static {}` der Klasse gesetzt. Aus dem Code

```
class Rum extends AlcoholicDrink {
  int aged = 3;
  Rum() { aged += 4; }
}
```

wird Folgendes:

```
class Rum extends AlcoholicDrink {
  int aged;
  Rum() {
    aged = 3;
    aged += 4;
 }
}
```

Also steht im Konstruktor:

```
Rum() {
  aged = 7;
}
```

Legen wir in `main(…)` die Variable `lakeGay` an, dann ist sie vom Objekttyp `Rum` und vom Referenztyp `AlcoholicDrink`. Rufen wir die `older()`-Methode auf, dann wird die überschriebene Methode beim Typ `Rum` aufgerufen, denn im Speicher steht ein `Rum`-Objekt, und überschriebene Methoden werden dynamisch gebunden. Die `older()`-Methode erfragt die Variable `aged` und liefert sie zurück. Wir haben vorher gesehen, dass `aged` mit `7` vorbelegt war. Doch warum ist die Rückgabe nicht `8`? Das liegt an dem Post-Inkrement Operator `++`, der hinter dem Variablennamen steht. Das heißt, die Belegung von `aged` wird für die Rückgabe gesichert, dann erhöht und anschließend die Sicherung zurückgegeben. Dass die Zahl danach `8` ist, erfragen wir nicht.

Die Objektvariable `aged` gibt es in den Klassen `AlcoholicDrink` und `Rum`. Zur Erinnerung: Klassen- und Objektvariablen werden nicht dynamisch gebunden. Nur Objekt*methoden* werden dynamisch gebundenen,niemals aber Klassen- und Objektvariablen oder statische Methoden!

Wenn wir auf die Objektvariable `aged` zurückgreifen, dann hört der Compiler auf den Referenztyp `AlcoholicDrink`, und dort ist `aged` mit `2` vorbelegt. Wie lässt sich das erklären? Wir haben kein Objekt vom Typ `AlcoholicDrink` aufgebaut, warum läuft der Konstruktor ab? Der Konstruktor von `AlcoholicDrink` wird im Zuge der Instanziierung von `Rum` indirekt aufgerufen. Wenn ein `Rum`-Objekt aufgebaut wird, wird der Konstruktor von `Rum` aufgerufen, der wiederum den Konstruktor der Oberklasse automatisch aufruft. Der Konstruktor von `AlcoholicDrink` erhöht die Variable um `1`, und folglich wird `age` in `AlcoholicDrink` `2`. Das ist die Ausgabe, die wir sehen.

Quiz 6.8.1: Konsumgeräte als abstrakte Oberklasse?

Von der Klasse `ElectronicDevice` muss man keine Exemplare bilden, und in unserer Architektur nutzen wir das auch nur als Oberklasse. Daher ist es kein Problem, die Klasse `ElectronicDevice` abstrakt zu machen. Es bietet sich auch an, denn dadurch drücken wir etwas Wichtiges aus, nämlich dass diese Klasse eine Modellierungsklasse ist, die als Datentyp für eine Gruppe von Elektrogeräten steht und eine Gemeinsamkeit vorgibt.

Aufgabe 6.8.2: TimerTask als Beispiel für eine abstrakte Klasse

```
public class FreeDiskSpaceTimer {
  public static void main( String[] args ) {
    final int REPETITION_PERIOD = 2000 /* ms */;
    new Timer().schedule( new FreeDiskSpaceTimerTask(), 0,
      REPETITION_PERIOD );
  }
}

class FreeDiskSpaceTimerTask extends TimerTask {
  private static final long MIN_CAPACITY = 100_000_000_000L;
  private final File root = File.listRoots()[ 0 ];

  @Override public void run() {
    long freeDiskSpace = root.getFreeSpace();
    if ( freeDiskSpace < MIN_CAPACITY )
      System.out.printf(
        "Device %s has less than %,d byte available, currently %,d byte%n",
        root, MIN_CAPACITY, freeDiskSpace );
  }
}
```

Listing 6.23 com/tutego/exercise/oop/FreeDiskSpaceTimer.java

Wir spalten die Aufgabe in zwei Klassen auf. Die erste Klasse enthält die `main(…)`-Methode und startet den Timer, die zweite Klasse erweitert die Klasse `TimerTask` für unsere Aufgabe, den Task.

Jeder einzelne Task ist eine Unterklasse von `TimerTask`. Die abstrakte Klasse schreibt eine abstrakte Methode `run()` vor, die unser Task überschreiben muss. Wie in der Aufgabe beschrieben, ermitteln wir über den Einzeiler die Anzahl freier Bytes auf dem ersten Laufwerk, das `File.listRoots()` liefert, und führen dann einen Test durch. Ist die Anzahl der freien Bytes kleiner als die Mindestkapazität, geben wir auf der Konsole eine Meldung aus. Haben wir mehr freien Platz, ist alles in Ordnung, und wir haben keine Bildschirmausgabe.

Um unseren Task zu starten, müssen wir zunächst ein Timer-Objekt anlegen. Ein Timer gibt uns eine Methode schedule(…), der wir eine Instanz von unserem konkreten Task übergeben können, zusammen mit der Verzögerungszeit und der Wiederholfrequenz. Wir wollen sofort loslegen, daher gibt es keine Verzögerungszeit, und die Wiederholfrequenz liegt bei 2 Sekunden, also 2.000 Millisekunden, der Zeiteinheit des Parameters.

Aufgabe 6.9.1: Verbrauch von Elektrogeräten vergleichen

```
public class ElectronicDevice {

  private int watt;

  public int getWatt() {
    return watt;
  }

  public void setWatt( int watt ) {
    this.watt = watt;
  }

  @Override public String toString() {
    return "ElectronicDevice[watt=" + watt / 1000 + "kW]";
  }
}
```

Listing 6.24 com/tutego/exercise/device/bhdavq/ElectronicDevice.java

Die Klasse ElectronicDevice hat nur eine Wattzahl, alles andere ist entfernt, weil es für die Aufgabe nicht nötig ist. Die toString()-Methode teilt die Wattzahl durch 1000 für die Konvertierung in Kilowatt.

Es gibt unterschiedliche Möglichkeiten, an eine Implementierung der Schnittstelle Comparator zu kommen. Die erste Variante zeigt unsere Lösung. Eine zweite Variante wäre über enum, die dritte Variante über Lambda-Ausdrücke. Wir bleiben bei der einfachen Lösung und kommen später bei den Lambda-Ausdrücken ausführlicher auf die Comparator-Implementierungen zurück.

Schauen wir uns die vereinfachte Deklaration der Schnittstelle Comparator noch einmal an:

```
public interface Comparator<T> {
  int compare(T o1, T o2);
}
```

Der Comparator ist ein generischer Datentyp mit einem Typparameter T. Wenn unsere Klasse die Schnittstelle Comparator implementiert, müssten wir einen parametrisierten Typ bilden mit einem Typargument. Das Typargument steht für die Typen, die Comparator vergleichen möchte, in unserem Fall ElectronicDevice. Wenn wir den Comparator implementieren, realisieren wir die int compare(T o1, T o2)-Methode; aus dem Typparameter T wird das Typargument ElectronicDevice. An die Methode setzen wir @Override und machen dadurch dem Leser klar, dass hier eine Methode überschrieben wird. Für den Compiler spielt die Annotation keine Rolle, da die Methode in jedem Fall zu implementieren ist und der Compiler einen Fehler meldet, wenn die Implementierung fehlt.

```
import java.util.Comparator;

public class ElectronicDeviceWattComparator
  implements Comparator<ElectronicDevice> {

  @Override
  public int compare( ElectronicDevice ea1, ElectronicDevice ea2 ) {
    System.out.println( ea1 + " is compared with " + ea2 );
    return Double.compare( ea1.getWatt(), ea2.getWatt() );
  }
}
```

Listing 6.25 com/tutego/exercise/device/bhdavq/ElectronicDeviceWattComparator.java

Die Implementierung selbst gibt zunächst auf der Kommandozeile die toString()-Repräsentationen des ersten und zweiten Elektrogeräts aus. Wenn später die compare(…)-Methode aufgerufen wird, können wir gut nachverfolgen, mit welchen Elektrogeräten die Methode gefüttert wurde.

Jeder Comparator sieht im Kern gleich aus. Er muss die entsprechenden Objektvariablen extrahieren und sie dann in Relation setzen. In unserem Falle greift der Comparator auf die Wattzahlen der beiden Elektrogeräte zurück. Die Wattzahlen sind zwei Ganzzahlen. Prinzipiell könnten wir nun die beiden Zahlen nehmen und sie nach dem Muster vergleichen: Ist die Wattzahl des ersten Elektrogeräts größer als die Wattzahl des zweiten, ist das Ergebnis positiv; sind die beiden Wattzahlen gleich, ist das Ergebnis 0; andernfalls ist das Ergebnis negativ. Wir vergleichen hier aber im Wesentlichen nur zwei Fließkommazahlen, und dafür gibt es in der Bibliothek Hilfe. Die Klasse Integer bietet eine statische Methode compare(int, int), die genau das macht, was wir brauchen: Sie nimmt zwei Ganzzahlen und bricht sie herunter auf ein negatives, positives Ergebnis oder 0. Die anderen Wrapper-Klassen haben vergleichbare Methoden.

Die Methode `compare(…)` unserer Klasse `ElectronicDeviceWattComparator` und die Methode `Integer.compare(…)` sind sogenannte *3-Wege-Vergleichsfunktionen*, weil sie zwei Werte bekommen und über drei verschiedene Rückgaben aussagen, wie die Beziehung zwischen den Werten ist.

Aufgabe 6.9.2: Elektrogeräte mit dem höchsten Verbrauch finden

```
public ElectronicDevice findMostPowerConsumingElectronicDevice() {
  if ( devices.isEmpty() )
    throw new IllegalStateException(
      "Ship has no devices, there can't be a maximum in an empty collection" );
  return Collections.max( devices, new ElectronicDeviceWattComparator() );
}
```

Listing 6.26 com/tutego/exercise/device/bhdavq/Ship.java

Es gibt in der Java-Bibliothek unterschiedliche Methoden, denen man einen `Comparator` übergeben kann. Insgesamt sind das alles Methoden, die Elemente von Sammlungen irgendwie in eine Ordnung bringen müssen. Das kann bei der Bestimmung von Maximum oder Minimum sein oder auch bei der Sortierung. Die Aufgabenstellung gibt vor, dass die Methode `Collection.max(…)` aus einer Sammlung von Elementen dasjenige herausfinden kann, das laut `Comparator` am größten ist.

Der `max(…)`-Methode müssen zwei Dinge übergeben werden: einmal die Sammlung mit den Elementen, dann der `Comparator`. Würden wir unsere Methode `findMostPowerConsumingElectronicDevice()` sehr häufig aufrufen oder bräuchten wir auch sonst für andere Operationen den `ElectronicDeviceWattComparator` öfter, könnten wir darüber nachdenken, ihn als Objekt aufzubauen und z. B. in einer statischen Variablen zu halten. Ein `Comparator` hat in der Regel nie einen Zustand, also kann er gut geteilt werden. Doch wenn unser `Comparator`-Exemplar nur wenige Male benötigt wird, ist es überflüssig, im Speicher eine Referenz auf ein Objekt zu halten, das so gut wie nie gebraucht wird.

Die `max(…)`-Methode liefert das größte Element zurück, was auch die Rückgabe von `findMostPowerConsumingElectronicDevice()` ist. Allerdings mit einem Unterschied: Ist die Sammlung leer, liefern `min(…)`/`max(…)` eine `NoSuchElementException`, was wir nicht möchten. Daher prüfen wir vorher, ob die Sammlung leer ist, und lösen in dem Fall eine Ausnahme aus.

Wenn wir das Programm ausführen, werden wir über die Konsolenausgaben schön sehen, dass `compare(…)` automatisch von der `max(…)`-Methode aufgerufen wird. Das ist häufig anzutreffen: Nicht wir rufen die überschriebenen Methoden von Schnittstellen auf, sondern die Bibliothek oder das Framework.

Aufgabe 6.9.3: Schnittstelle Comparator zum Sortieren einsetzen

```
private final static ElectronicDeviceWattComparator
  ELECTRONIC_DEVICE_WATT_COMPARATOR =
    new ElectronicDeviceWattComparator();

public void load( ElectronicDevice device ) {
  devices.add( device );
  devices.sort( ELECTRONIC_DEVICE_WATT_COMPARATOR );
}
```

Listing 6.27 com/tutego/exercise/device/idulay/Ship.java

Die `Comparator`-Instanz ist unveränderbar, sodass wir die Referenz in einer Klassenvariablen halten können; das erspart uns das erneute Aufbauen bei jedem Hinzufügen. Der `sort(…)`-Methode wird nach dem Hinzufügen der eigene `ELECTRONIC_DEVICE_WATT_COMPARATOR` übergeben.

Aufgabe 6.9.4: Statische und Default-Methoden in Schnittstellen

```
class DistanceImplementation implements Distance {

  private final int value;

  DistanceImplementation( int value ) {
    this.value = value;
  }

  @Override public int meter() {
    return value;
  }
}

public interface Distance {
  static Distance ofMeter( int value ) {
    return new DistanceImplementation( value );
  }

  static Distance ofKilometer( int value ) {
    return new DistanceImplementation( value * 1000 );
  }

  int meter();
```

```
  default int kilometer() {
    return meter() / 1000;
  }
}
```

Listing 6.28 com/tutego/exercise/oop/Distance.java

Wenn eine Schnittstelle eine statische Fabrikmethode bietet, dann lässt sich natürlich nicht von der Schnittstelle selbst ein Exemplar aufbauen. Exemplare kann man nur von Klassen aufbauen. Wir müssen folglich für die Schnittstelle eine Implementierung anbieten, diese heißt im Lösungsvorschlag `DistanceImplementation`. Die Klasse bietet einen parametrisierten Konstruktor und speichert den Wert in Metern in einer privaten Variablen. Die Implementierung ist auch dafür verantwortlich, die Methode `meter()` zu überschreiben; sie gibt den internen Zustand nach außen.

Die Schnittstelle `Distance` besitzt vier Methoden. Zunächst sind das die beiden statischen Fabrikmethoden, die Exemplare von `DistanceImplementation` aufbauen. Im Fall von Metern kann der Parameter von `ofMeter()` direkt als Argument in den Konstruktor von `DistanceImplementation` gesetzt werden, im Fall von `ofKilometer(int)` wird der Wert mal 1.000 genommen und dann als Konstruktorargument eingesetzt.

Die Methode `meter()` ist die einzige abstrakte Methode. Daher muss die Klasse `DistanceImplementation` auch nur diese eine Methode implementieren. Die vierte Methode `kilometer()` ist eine Default-Methode und greift auf die abstrakte Methode `meter()` zurück, indem sie die Meter erfragt, durch 1.000 dividiert und als Kilometer zurückliefert.

Aufgabe 6.9.5: Ausgewählte Elemente mit Predicate löschen

```
private final static int MAXIMUM_POWER_CONSUMPTION = 1000;

public void removePowerConsumingElectronicDevices() {
  class IsPowerConsumingElectronicDevice implements Predicate<ElectronicDevice>
 {
    @Override public boolean test( ElectronicDevice electronicDevice ) {
      return electronicDevice.getWatt() > MAXIMUM_POWER_CONSUMPTION;
    }
  }
  devices.removeIf( new IsPowerConsumingElectronicDevice() );
}
```

Listing 6.29 com/tutego/exercise/device/bhdavq/Ship.java

Im ersten Schritt deklarieren wir eine Konstante mit dem maximal akzeptierten Verbrauch. Die Variable ist privat, weil sie nur uns interessiert, sie ist final, weil sie nicht geändert werden soll, sie ist statisch, weil Konstanten wie diese nicht zu einem Objekt gehören. Der Datentyp ist `int`, weil auch die Wattzahl innerhalb der Elektrogeräte ein `int` ist.

Innerhalb der Methode nutzen wir wieder die Möglichkeit einer inneren lokalen Klasse. Prinzipiell kann die Klassendeklaration außerhalb erfolgen, denn diese Klasse nutzt keine lokalen Variablen. Als innere lokale Klasse ist sie aber ganz gut bei uns aufgehoben, denn die Klassendeklaration ist ja nur im Kontext der Methode `removePowerConsumingElectronicDevices()` nötig. Sollte es einen Fall geben, in dem das Prädikat auch für andere Methoden relevant sein sollte, sollen wir die geschachtelte lokale Klasse aus der Methode herausziehen.

Die Klasse `IsPowerConsumingElectronicDevice` realisiert ein Prädikat für Elektrogeräte, führt einen Test auf einem konkreten Elektrogerät durch und liefert einen Wahrheitswert über dieses Elektrogerät. Unser Prädikat greift auf die Wattzahl zurück und fragt ab, ob sie größer als die konstante `MAXIMUM_POWER_COMSUMPTION` ist. Wenn ja, hat das Elektrogerät einen hohen Verbrauch. Es ist uns überlassen, ob wir den Test mit einem »echt kleiner« oder »kleiner gleich« schreiben.

Im nächsten Schritt bauen wir ein Exemplar von `IsPowerConsumingElectronicDevice` auf und füttern damit die `removeIf(…)`-Methode der Liste `devices`. Die Methode läuft mit einer internen Schleife über alle Elektrogeräte, übergibt unserem Prädikat jedes Elektrogerät, und wenn unser Prädikat sagt, dass das Elektrogerät einen zu großen Verbrauch hat, löscht `removeIf(…)` es aus der Liste. Das Schöne bei diesen Methoden ist, dass wir uns selbst nicht um das Löschen und um das Ablaufen der Datenstruktur kümmern müssen; diese Funktionalität steckt intern in `removeIf(…)`.

Kapitel 7
Geschachtelte Typen

Alle bisherigen Typdeklaration standen in eigenen Dateien, sogenannten *Compilationseinheiten*. Java bietet allerdings mit geschachtelten Typen die Möglichkeit, in eine Typdeklaration eine andere Typdeklaration zu setzen, um damit diese Typen noch enger aneinander zu binden. Die folgenden Übungen sollen deutlich machen, wofür sich geschachtelte Typen sehr gut eignen. Allerdings haben geschachtelte Typen einige Fallstricke, und deswegen sollen mehrere Quizfragen helfen, tieferes Verständnis für die geschachtelten Typen zu erlangen.

Voraussetzungen

- statische geschachtelte Typen kennen
- innere Typen (nichtstatische geschachtelte Typen) kennen
- lokale (innere) Typen kennen
- anonyme innere Klassen kennen

Java ist auch eine Insel, Kapitel 9

In der »Insel« erklärt Kapitel 9, »Geschachtelte Typen«, die nötigen Voraussetzungen.

7.1 Geschachtelte Typen deklarieren

Geschachtelte Typen sind immer dann sinnvoll, wenn der innere Typ eine enge Bindung zum äußeren Typ hat oder wenn eine Typdeklaration »geheim« gehalten werden soll, da sie für andere Typen oder sogar andere Methoden nicht sichtbar sein soll. Die nächsten beiden Aufgaben zeigen Beispiele für genau diese beiden Gründe.

7.1.1 AM-FM-Modulation in den Radio-Typ setzen ★

In der Aufgabe »Radio eine AM-FM-Modulation geben« aus Kapitel 6, »Eigene Klassen schreiben«, haben wir den Aufzählungstyp `Modulation` deklariert, und zwar in einer eigenen Java-Datei. Die Deklaration sah so aus:

```
public enum Modulation { AM, FM }
```

Die Schallwellen mit den Tönen werden moduliert, und es entstehen Radiowellen, die das Radio empfängt und wieder in Schallwellen übersetzt. Da ein Radio immer eine Modulation benötigt, lässt sich der Typ `Modulation` in den Typ `Radio` setzen und somit diese enge Bindung gut mit geschachtelten Typen abbilden. Damit lässt sich zum Beispiel die Modulation von Schallwellen eines Radios gut von der Modulation eines Videosignals trennen; so eine zweite Aufzählung ließe sich in einer Klasse `TV` unterbringen.

Aufgabe:

- Setze den Aufzählungstyp `Modulation` in die Klasse `Radio` ein.
- Wenn wir auf einem Radio `setModulation(…)` aufrufen, wie werden AM/FM qualifiziert und übergeben?

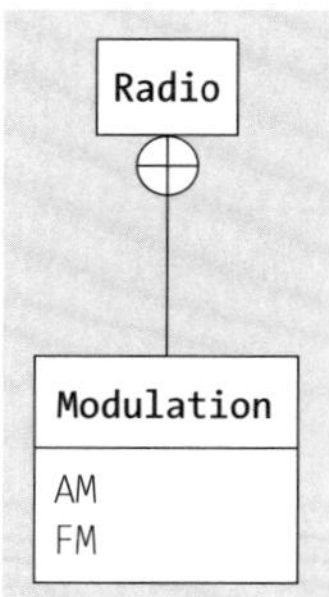

Abbildung 7.1 UML-Diagramm mit geschachteltem Typ

7.1.2 Drei Arten von Watt-Comparator-Implementierungen schreiben ★

In Kapitel 6, »Eigene Klassen schreiben«, haben wir in der Aufgabe »Verbrauch von Elektrogeräten vergleichen« die Schnittstelle `Comparator` implementiert. Zur Erinnerung:

```
import java.util.Comparator;

public class ElectronicDeviceWattComparator
  implements Comparator<ElectronicDevice> {

  @Override
  public int compare( ElectronicDevice ea1, ElectronicDevice ea2 ) {
    System.out.println( ea1 + " is compared with " + ea2 );
    return Double.compare( ea1.getWatt(), ea2.getWatt() );
  }
}
```

Die Implementierung der Schnittstelle ist in einer eigenen Compilationseinheit, also Datei, doch die Schnittstelle lässt sich auch lokaler mithilfe von geschachtelten Typen implementieren.

Aufgabe:

Schreibe den `ElectronicDeviceWattComparator` je einmal als

- statische geschachtelte Klasse,
- lokale Klasse,
- anonyme innere Klasse.

7.2 Geschachtelte-Typen-Quiz

Es folgen einige Quizfragen, die das Verständnis von geschachtelten Typen testen.

7.2.1 Quiz: Pirat hätte winken können ★

Was müssen wir bei `XXXXXX` schreiben, damit die `wave()`-Methode aus der `main(…)`-Methode aufgerufen wird?

```
public class Pirate {
  static class Body {
    class Arm {
      public void wave() { }
    }
  }

  public static void main( String[] args ) {
    // XXXXXX.wave()
  }
}
```

7.2.2 Quiz: Name in a Bottle ★★

Compiliert das folgende Programm? Wenn ja, was gibt es aus?

```
class Distillery {
  private String name = "Captain CiaoCiao";

  class Bottle {
    private Bottle() { }
    String brand() { return name; }
  }
```

```
  Bottle createBottle() { return new Bottle(); }
}

public class CaptainsDistillery {
  public static void main( String[] args ) {
    System.out.println( new Distillery().createBottle().brand() );
  }
}
```

7.2.3 Quiz: Hol mir noch 'ne Flasche Rum ★

Compiliert das folgende Programm? Wenn ja, was ist die Ausgabe, wenn wir das Programm starten?

```
public class Bottle {
  public void drink() { }

  public class Rum {
    public static void drink() {
      System.out.println( "Schluck" );
    }
  }

  public static void main( String[] args ) {
    new Bottle().new Rum().drink();
  }
}
```

7.3 Lösungsvorschläge

Aufgabe 7.1.1: AM-FM-Modulation in den Radio-Typ setzen

```
package com.tutego.exercise.device.fzrcph;

public class Radio {

  public enum Modulation {
    AM, FM
  }

  private Modulation modulation = Modulation.AM;
```

```
  public void setModulation( Modulation modulation ) {
    this.modulation = modulation;
  }

  // remaining fields and methods omitted
}
```

Listing 7.1 com/tutego/exercise/device/fzrcph/Radio.java

`Modulation` ist ein geschachtelter Typ (genau genommen eine statische geschachtelte Klasse, weil der Compiler ein `enum` in eine Klassendeklaration übersetzt) von `Radio` und muss nun anders angesprochen werden. Schauen wir uns drei Möglichkeiten an; das Radio und die drei Beispielprogramme liegen alle im gleichen Paket.

- **vollständige Qualifizierung**

```
package com.tutego.exercise.device.fzrcph;

public class Application1 {
  public static void main( String[] args ) {
    Radio radio = new Radio();
    radio.setModulation( Radio.Modulation.AM );
  }
}
```

Listing 7.2 com/tutego/exercise/device/fzrcph/Application1.java

- **Enum-Import**

```
package com.tutego.exercise.device.fzrcph;

import com.tutego.exercise.device.fzrcph.Radio.*;

public class Application2 {
  public static void main( String[] args ) {
    Radio radio = new Radio();
    radio.setModulation( Modulation.AM );
  }
}
```

Listing 7.3 com/tutego/exercise/device/fzrcph/Application2.java

- **statischer Import**

```
package com.tutego.exercise.device.fzrcph;

import static com.tutego.exercise.device.fzrcph.Radio.Modulation.*;
```

```
public class Application3 {
  public static void main( String[] args ) {
    Radio radio = new Radio();
    radio.setModulation( AM );
  }
}
```

Listing 7.4 com/tutego/exercise/device/fzrcph/Application3.java

Aufgabe 7.1.2: Drei Arten von Watt-Comparator-Implementierungen schreiben

```
public class Application {
  static class ElectronicDeviceWattComparator
      implements Comparator<ElectronicDevice> {
    @Override public int compare( ElectronicDevice ea1,
        ElectronicDevice ea2 ) {
      return Double.compare( ea1.getWatt(), ea2.getWatt() );
    }
  }

  public static void main( String[] args ) {

    class ElectronicDeviceWattComparator implements
        Comparator<ElectronicDevice> {
      @Override public int compare( ElectronicDevice ea1,
          ElectronicDevice ea2 ) {
        return Double.compare( ea1.getWatt(), ea2.getWatt() );
      }
    }

    Comparator<ElectronicDevice> wattComparator = new Comparator<>() {
      @Override public int compare( ElectronicDevice ea1,
          ElectronicDevice ea2 ) {
        return Double.compare( ea1.getWatt(), ea2.getWatt() );
      }
    };
  }
}
```

Listing 7.5 com/tutego/exercise/device/cgwmpe/Application.java

`Application` ist die äußere Klasse. `ElectronicDeviceWattComparator` wird dort als statische geschachtelte Klasse eingeführt. In der `main(…)`-Methode folgt dann die lokale

Klasse, und über die innere anonyme Klasse legen wir ein Exemplar `electronic-DeviceWattComparator` direkt an.

Quiz 7.2.1: Pirat hätte winken können

Man muss schreiben:

```
new Pirate.Body().new Arm().wave();
```

Das Besondere bei inneren Klassen ist, dass sie immer eine Referenz auf ein Objekt der äußeren Klasse haben. Beim Aufbau der Instanzen von inneren Klassen müssen wir das über eine Referenz auf ein Objekt der äußeren Klasse machen, gefolgt vom Schlüsselwort `new`.

`Body` ist eine statische Klasse. Um ein Objekt vom Typ `Body` aufzubauen, benötigen wir keine Instanz der äußeren Klasse `Pirate`. Wir nutzen beim Zugriff auf statischen Eigenschaften das Muster `Klassenname.statischeEigenschaft`. Wenn wir `Pirate.Body` schreiben, dann sprechen wir damit die geschachtelte statische Klasse an, und `new-Pirate.Body()` erzeugt ein Exemplar. Diese Referenz ist nötig, damit wir ein Objekt vom Typ `Arm` aufbauen können, denn `Arm` ist die eigentliche innere Klasse. Mit dieser Referenz können wir die `wave()`-Methode aufrufen.

Quiz 7.2.2: Name in a Bottle

Das Programm compiliert, und die Ausgabe ist:

```
Captain CiaoCiao
```

Die Klasse `Bottle` ist eine innere Klasse und kann folglich nur erzeugt werden, wenn es eine Instanz der äußeren Klasse `Distillery` gibt. Zum Erzeugen der inneren Klasse wird auf eine Fabrikmethode zurückgegriffen. Es muss folglich als Erstes eine Instanz der äußeren Klasse `Distillery` aufgebaut, dann die Fabrikmethode aufgerufen werden, sodass ein `Bottle`-Objekt entsteht. Das Besondere dabei ist jedoch, dass der Konstruktor von `Bottle` privat ist. Normalerweise wäre es unmöglich, über einen privaten Konstruktor von außen ein Exemplar zu konstruieren, es sei denn, die Fabrikmethode liegt im Inneren genau dieser Klasse. Doch Java hebelt bei inneren Klassen diese Sichtbarkeit ein wenig aus. Die äußere Klasse `Distillery` kann auch den privaten Konstruktor von `Bottle` aufrufen und ein Objekt aufbauen. Von diesem `Bottle`-Objekt können wir nun über die `brand()`-Methode den Namen erfragen und zurückgeben. Auch hier können wir wieder ablesen, dass die Sichtbarkeit `private` auch in die andere Richtung aufgehoben wurde. Denn `name` ist eine private Objekvariable der äußeren Klasse `Distillery`, zu der andere Klassen keinen Zugang haben. `Distillery` und `Bottle` bilden – was die Sichtbarkeit angeht – einen Verbund, und `private` wird sozusagen aufgehoben.

Quiz 7.2.3: Hol mir noch 'ne Flasche Rum

Das Programm kann nicht übersetzt werden. Der Grund liegt in der Deklaration der statischen `drink()`-Methode in der Klasse `Rum`. Es gibt eine wichtige Regel: Nicht-statische innere Klassen dürfen keine `static` Eigenschaften haben, also weder statische Methoden noch statische Variablen. Wenn wir das Schlüsselwort `static` löschen, lässt sich das Programm ganz normal ausführen, und es erscheint `Schluck` auf dem Bildschirm.

Der Grund, warum nichtstatische innere Klassen keine statischen Eigenschaften haben können, ist, dass die innere Klasse ja ohne eine Instanz der äußeren Klasse gar nicht angesprochen werden kann. Das heißt, die Schreibweise `Klassenamme.statischeEigenschaft` funktioniert bei inneren Klassen nicht. Instanzen dieser inneren Klassen haben aber immer eine Referenz auf die Instanz der äußeren Klasse, weil die inneren Klassen auf Objektvariablen der äußeren Klasse zugreifen können. Statische Eigenschaften sind immer völlig unabhängig von irgendwelchen Objekten, also auch unabhängig von äußeren umgebenden Objekten.

Kapitel 8
Exceptions

Unvorhergesehene Fehler können zu jeder Zeit auftreten. Unsere Programme müssen darauf vorbereitet sein und mit dieser Situation umgehen können. In den nächsten Aufgaben soll es darum gehen, Ausnahmen abzufangen, zu behandeln und selbst Probleme über Ausnahmen zu melden.

Voraussetzungen

- Notwendigkeit für Ausnahmen verstehen
- geprüfte und ungeprüfte Ausnahmen unterscheiden können
- Ausnahmen mit `try-catch` abfangen können
- Ausnahme-Weiterleitung mit `throws` kennen
- Ausnahmen mit `throw` auslösen können
- eigene Ausnahmeklassen schreiben können
- Ressourcen mit `try`-mit-Ressourcen schließen können

Java ist auch eine Insel, Kapitel 8

In der »Insel« erklärt Kapitel 8, »Ausnahmen müssen sein«, die nötigen Voraussetzungen.

Verwendete Datentypen in diesem Kapitel:

- `java.lang.Throwable` (*https://docs.oracle.com/en/java/javase/11/docs/api/java.base/java/lang/Throwable.html*)
- `java.lang.Exception` (*https://docs.oracle.com/en/java/javase/11/docs/api/java.base/java/lang/Exception.html*)
- `java.lang.RuntimeException` (*https://docs.oracle.com/en/java/javase/11/docs/api/java.base/java/lang/RuntimeException.html*)
- `java.lang.Error` (*https://docs.oracle.com/en/java/javase/11/docs/api/java.base/java/lang/Error.html*)
- `java.io.IOException` (*https://docs.oracle.com/en/java/javase/11/docs/api/java.base/java/io/IOException.html*)
- `java.lang.AutoCloseable` (*https://docs.oracle.com/en/java/javase/11/docs/api/java.base/java/lang/AutoCloseable.html*)

8.1 Exception fangen

Geprüfte Ausnahmen müssen abgefangen oder nach oben an den Aufrufer weitergeleitet werden. Bei geprüften Ausnahmen zwingt uns der Compiler dazu, bei ungeprüften Ausnahmen gibt es diese Pflicht nicht – falls wir jedoch eine `RuntimeException` nicht behandeln, führt das zum Abbruch des ausführenden Threads. Daher empfiehlt es sich, auch ungeprüfte Ausnahmen immer abzufangen und zumindest zu loggen.

8.1.1 Die längste Zeile einer Datei ermitteln ★★

Erfolgreiche Piraten müssen ein gutes Gedächtnis haben, und Captain CiaoCiao möchte testen, ob alle blitzgescheit denken können. Er liest allen für einen Test eine Liste von Namen vor. Am Ende der Liste müssen alle den längsten Namen aufsagen können. Da Captain CiaoCiao aber zu sehr mit dem Vorlesen beschäftigt ist, soll eine Software am Ende den längsten Namen ausgeben.

Aufgabe:

- Die Datei *http://tutego.de/download/family-names.txt* enthält Familiennamen. Speichere die Datei lokal auf dem eigenen Dateisystem.
- Lege eine neue Klasse `LongestLineInFile` mit einer `main(…)`-Methode an.
- Setze die `Files.readAllLines(…)` in die `main(…)`-Methode.
- Welche Ausnahme(n) muss/müssen aufgefangen werden?
- Was ist der längste Name (gemäß der `String length()`) in der Datei?
- Bonus: Welches sind die zwei längsten Namen in der Datei?

Tipp

Eine Datei kann man in Java so einlesen:

```
String filename = ...
List<String> lines = Files.readAllLines( Paths.get( filename ) );
```

8.1.2 Ausnahmen ermitteln, Lachen am laufenden Band ★

Entwickler müssen im Blick haben, welche

- Sprachkonstrukte,
- Konstruktoren,
- Methoden

Ausnahmen auslösen. Nur bei geprüften Ausnahmen gibt die IDE einen Hinweis, aber nicht zum Beispiel bei jedem Array-Zugriff, wo auch prinzipiell eine `ArrayIndexOutOfBoundsException` ausgelöst werden könnte.

Aufgabe:

- Welche Ausnahmen müssen wir abfangen, wenn wir folgenden Block übersetzen möchten? Nutze *nur* die Javadoc, um das herauszufinden.

```
Clip clip = AudioSystem.getClip();
clip.open( AudioSystem.getAudioInputStream( new File("") ) );
clip.start();
TimeUnit.MICROSECONDS.sleep( clip.getMicrosecondLength() + 50 );
clip.close();
```

- Kann/sollte man Ausnahmen zusammenfassen?
- Optionale Erweiterung: Finde ein paar Lacher-Dateien im Internet (unter *https://soundbible.com/tags-laugh.html* gibt es zum Beispiel freie WAV-Dateien). Speichere die WAV-Dateien lokal. Spiele in einer Endlosschleife zufällige Lacher hintereinander ab.

8.1.3 String-Array in int-Array konvertieren und nachsichtig bei Nichtzahlen sein ★

Die Methode `Integer.parseInt(String)` konvertiert einen `String` in eine Ganzzahl vom Typ `int` und löst eine `NumberFormatException` aus, wenn keine Konvertierung möglich ist, etwa bei `Integer.parseInt("0x10")` oder `Integer.parseInt(null)`. Die Java-Bibliothek bietet keine Methode zur Konvertierung eines String-Arrays mit Zahlen in ein `int`-Array.

Aufgabe:

- Schreibe eine neue Methode `static int[] parseInts(String... numbers)`, die alle gegebenen Strings in Ganzzahlen konvertiert.
- Die Anzahl der übergebenen Strings bestimmt die Größe des Rückgabe-Arrays.
- Wenn ein String im Array an einer Stelle nicht konvertiert werden kann, kommt an die Stelle eine `0`. `null` als Argument in der Übergabe ist erlaubt und führt zu `0`.
- Der Aufruf von `parseInts()` ohne Argumente ist in Ordnung, aber `parseInts(null)` muss zu einer Ausnahme führen.

Beispiel:

```
String[] strings = { "1", "234", "333" };
int[] ints1 = parseInts( strings );                   // [1, 234, 333]
int[] ints2 = parseInts( "1", "234", "333" );         // [1, 234, 333]
```

```
int[] ints3 = parseInts( "1", "11234", "3", null, "99" );          // [1, 0, 3, 0, 99]
int[] ints4 = parseInts( "Person", "Woman", "Man", "Camera, TV" ); // [0, 0, 0, 0, 0]
```

8.1.4 Quiz: Und zum Schluss finally ★

Wie lautet die Ausgabe des folgenden Java-Programms?

```
public class TryCatchFinally {
  public static void main( String[] args ) {
    try {
      System.out.println( 1 / 0 );
      System.out.println( "I'm gettin' too old to jump out of cars." );
    }
    catch ( Exception e ) {
      System.out.print( "That's why everybody talks about you." );
    }
    finally {
      System.out.println( "Frankly, my dear, I don't give a damn." );
    }
  }
}
```

8.1.5 Quiz: Ein einsames try ★

Gibt es einen `try`-Block ohne `catch`?

8.1.6 Quiz: Gut gefangen ★

Bei Ausnahmeklassen spielt Vererbung eine wichtige Rolle. Jede Ausnahmeklasse ist von einer Oberklasse abgeleitet, etwa `IOException` von `Exception`, `Exception` selbst von `Throwable`. Diese Klassenhierarchie kommt zur Geltung, wenn Ausnahmen aufgefangen werden. Prinzipiell ist es mit einem einzigen `catch`-Block möglich, auf alle Ausnahmen zu reagieren, die in einem Stückchen Programmcode auftauchen:

```
try {
  // Tu was
} catch ( Exception e ) {    // oder ( Throwable e )
  // Loggen
}
```

Die Ausnahmebehandlung könnte im `catch`-Block alle Ausnahmen abfangen, das heißt ein `catch (Exception e)` oder `catch (Throwable e)` nutzen. Ist das gut oder schlecht?

8.1.7 Quiz: Zu viel des Guten ★

Wie ist die Reaktion des folgenden Java-Programms?

```
public class TooMuchMemory {
  public static void main( String args[] ) {
    try {
      byte[] bytes = new byte[ Integer.MAX_VALUE ];
    }
    catch ( Throwable e ) {
      System.out.println( "He had the detonators." );
      e.printStackTrace();
    }
  }
}
```

8.1.8 Quiz: try-catch in Vererbung ★★

Angenommen, die Klasse `Pudding` will die Schnittstelle `Eatable` implementieren und `calories()` realisieren:

```
interface Eatable {
  void calories() throws IOException;
}

class Pudding implements Eatable {
  @Override
  public void calories() ??? {
  }
}
```

Was für eine `throws`-Klausel muss bei `calories()` in `Pudding` anstelle der drei Fragezeichen stehen?

8.2 Eigene Ausnahmen auslösen

Ausnahmen haben ihren Ursprung in:

- der falschen Nutzung gewisser Sprachkonstrukte, wie z. B. der Ganzzahldivision durch 0, der Dereferenzierung über eine `null`-Referenz, einer unmöglichen Typanpassung bei Objekten, fehlerhaftem Array-Zugriff usw.
- explizit erzeugten Ausnahmen durch das Schlüsselwort `throw`. Hinter `throw` steht eine Referenz auf ein Ausnahmeobjekt. Dieses Objekt wird im Regelfall mit `new` neu aufgebaut. Die Typen stammen entweder aus Bibliotheken, wie z. B. `IOException`, es können aber auch eigene Ausnahmeklassen sein, die von `Throwable` abgeleitet werden müssen, im Regelfall aber Unterklassen von `Exception` sind.

8.2.1 Quiz: throw und throws ★

Was ist der Unterschied zwischen den Schlüsselwörtern `throw` und `throws`? Wo stehen die Schlüsselwörter?

8.2.2 Quiz: The Division fails ★

Lässt sich das nachfolgende Programm übersetzen? Wenn ja, und wenn wir es ausführen, was gibt es für ein Ergebnis?

```
class Application {
 public static void main( String[] args ) {
   try { throw 1 / 0; }
   catch ( int e ) { e.printStackTrace(); }
 }
}
```

8.3 Eigene Ausnahmeklassen schreiben

Die Java SE bietet eine große Anzahl von Ausnahmetypen, doch sie sind in der Regel technologieabhängig, wenn es zum Beispiel eine Zeitüberschreitung im Netzwerk gibt oder der SQL-Befehl falsch ist. Das ist für Low-level-Funktionalität in Ordnung, doch Software ist in Schichten aufgebaut, und in der äußersten Schicht geht es vielmehr um die Konsequenz diese Low-Level-Events: Es gab eine `IOException` → Konfiguration konnte nicht geladen werden; es gab eine `SQLException` → Kundendaten konnten nicht aktualisiert werden usw. Diese Ausnahmen werden durch neue semantische Exception-Klassen modelliert.

8.3.1 »Watt ist unmöglich« mit eigener Ausnahme anzeigen ★

Elektrogeräte ohne Leistungsaufnahme gibt es nicht, genau wie negative Wattwerte.

Aufgabe:

- Erstelle eine eigene Ausnahmeklasse `IllegalWattException`. Leite die Klasse von `RuntimeException` ab.
- Die Ausnahme soll immer dann ausgelöst werden, wenn bei `setWatt(watt)` die Wattzahl kleiner oder gleich Null ist.
- Teste das Auftreten der Ausnahme durch Auffangen.

8.3.2 Quiz: Kartoffeln oder anderes Gemüse ★

Lässt sich das folgende Programm erfolgreich übersetzen?

```
class VegetableException extends Throwable { }

class PotatoException extends VegetableException { }

class PotatoVegetable {
 public static void main( String[] args ) {
   try { throw new PotatoException(); }
   finally { }
   catch ( VegetableException e ) { }
   catch ( PotatoException e ) { }
 }
}
```


8.4 try-mit-Ressourcen

Eine wichtige Regel ist: Wer etwas aufmacht, macht es auch wieder zu. Schnell wird das vergessen, und dann gibt es nicht geschlossene Ressourcen, die zu Problemen führen können. Dazu zählen Datenverlust und Speicherprobleme. Damit Entwickler Ressourcen möglichst einfach schließen können, gibt es eine besondere Schnittstelle `AutoCloseable` und ein Sprachkonstrukt, die das Schließen kurz und einfach machen. Das spart Codezeilen ein und hilft, Fehler zu vermeiden, wenn zum Beispiel auch beim Schließen selbst wieder Ausnahmen ausgelöst werden.

8.4.1 Aktuelles Datum in Datei schreiben ★

Ein `java.io.PrintWriter` ist eine einfache Klasse zum Schreiben von Textdokumenten und kann auch direkt in Dateien schreiben.

Aufgabe:

- Studiere die Javadoc von `PrintWriter`.
- Finde heraus, wie man einen `PrintWriter` mit einer Ausgabedatei verbindet. Die Zeichenkodierung soll die der Plattform sein.
- Schließe den `PrintWriter` korrekt mit `try`-mit-Ressourcen.
- Das Java-Programm soll die String-Repräsentation von `LocalDateTime.now()` in die Textdatei schreiben.

8.4.2 Noten einlesen und in eine neue ABC-Datei schreiben ★★

Der berühmte Komponist Amadeus van Barsch bespricht am Telefon seine neusten Werke. Captain CiaoCiao ist ein großer Fan vom Komponisten und besorgt sich heimlich einen Audiomitschnitt, der als transkribierte Textdatei geliefert wird. Sie enthält alle Noten untereinander, wie:

```
C
D
C
```

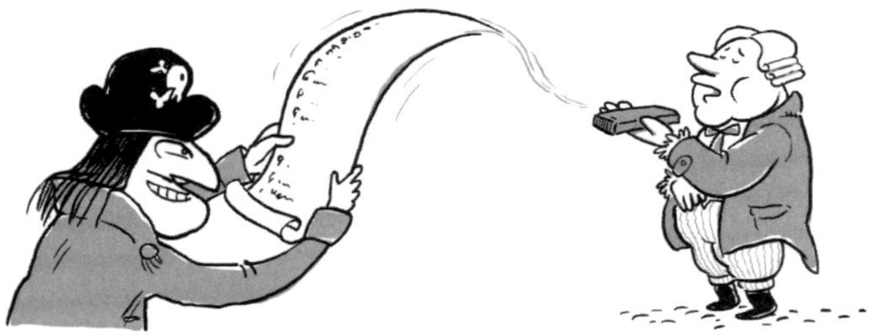

Die Aufgabe gliedert sich in zwei Teile.

Aufgabenteil A, aus Datei lesen:

- `java.util.Scanner` ist eine einfache Klasse zum Lesen und Verarbeiten von Textressourcen. Studiere in der Javadoc die Konstruktoren.
- Im Konstruktor `Scanner` lassen sich diverse Quellen angeben, unter anderem `Path`; öffne einen `Scanner`, und übergib im Konstruktor über `Paths.get("file.txt")` eine Datei. Schließe den `Scanner` korrekt mit `try`-mit-Ressourcen.
- Die Methoden `hasNextLine()` und `nextLine()` sind von besonderem Interesse. Lies eine Textdatei zeilenweise ein, und gib alle Zeilen auf der Konsole aus. Wenn zum Beispiel die Eingabedatei die Zeilen

  ```
  C,
  d
  d'
  ```

  enthält, ist die Ausgabe auf dem Bildschirm

  ```
  C, d d'
  ```

- Erweitere das Programm so, dass nur die Zeilen mit Inhalt berücksichtigt werden. Wenn die Datei zum Beispiel eine Leerzeile enthält oder eine Zeile mit ausschließlich Weißraum, also Leerzeichen oder Tabulatorzeichen, wird sie nicht ausgegeben. Beispiel:

  ```
  C,
  
  
  d
  ```

  führt zu

  ```
  C, d
  ```

- Nur gültige Noten dürfen erkannt werden, das sind

  `C, D, E, F, G, A, B, C D E F G A B c d e f g a b c' d' e' f' g' a' b'`

  Bedenke, dass das Komma an den Großbuchstaben kein Trenner, sondern ein Teil der Notenangabe ist, wie auch das Hochkomma an den Kleinbuchstaben der letzten Oktave. Barsch verwendet die internationale Schreibweise, schreiben also *b* statt *h*.

Captain CiaoCiao möchte sich die neue Komposition anhören und auf einem Notenblatt sehen. Hier bietet sich die Notation *ABC* an; eine Datei mit Noten von `C` bis `b'` sieht so aus:


```
M:C
L:1/4
K:C
C, D, E, F, G, A, B, C D E F G A B c d e f g a b c' d' e' f' g' a' b'
```

Unter *https://www.abcjs.net/abcjs-editor.html* kann man die ABC-Datei anzeigen und sogar vorspielen lassen.

Abbildung 8.1 Notenanzeige von https://www.abcjs.net/abcjs-editor.html

Tipp: Die Grundidee des Algorithmus ist die folgende: Wir gehen mithilfe der Klasse `Scanner` zeilenweise durch die Datei und prüfen, ob der Inhalt der Zeile, die Note, in einer Datenstruktur vorkommt, die wir zur Validierung einsetzen. Handelt es sich um eine gültige Note, schreiben wir sie in das gewünschte Ausgabeformat.

Das Programm zum Einlesen der Noten soll ergänzt werden um einen Schreibanteil.

Aufgabenteil B, in Datei schreiben:

- Öffne mit dem `PrintWriter` eine zweite Datei zum Schreiben; im Konstruktor kann man einen Dateinamen direkt übergeben. Achtung: Wähle einen anderen Dateinamen als die Quelldatei, sonst wird die Datei überschrieben!
- Lies die Datei aus dem ersten Aufgabenteil weiterhin ein, aber schreibe die Ausgabe nicht mehr auf die Konsole, sondern in die neue Datei, sodass eine gültige ABC-Datei entsteht. Der `PrintWriter` bietet die von `System.out` bekannten Methoden `print(String)` und `println(String)`.
- Hinweis: Beide Ressourcen können (und sollten auch) in einem gemeinsamen `try-mit-Ressourcen` stehen.

8.4.3 Quiz: Ausgeschlossen ★

Gegeben ist in der `main(…)`-Methode folgender Programmcode:

```
class ResourceA implements AutoCloseable {
  @Override public void close() {
    System.out.println( "close() ResourceA" );
  }
}

class ResourceB implements AutoCloseable {
  private final ResourceA resourceA;

  public ResourceB( ResourceA resourceA ) {
    this.resourceA = resourceA;
  }

  @Override public void close() {
    resourceA.close();
    System.out.println( "close() ResourceB" );
  }
}

// Version 1
try ( ResourceA resourceA = new ResourceA();
      ResourceB resourceB = new ResourceB( resourceA ) ) {
}

// Version 2
try ( ResourceB resourceB = new ResourceB( new ResourceA() ) ) {
}
```

1. Welche Ausgaben folgen, wenn das Programm ausgeführt wird?
2. Oftmals werden Ressourcen verschachtelt, und bei `try`-mit-Ressourcen gibt es zwei Varianten. Wie unterscheiden sich die Varianten, und welche Vor- und Nachteile haben sie?

8.5 Lösungsvorschläge

Quiz 8.1.5: Die längste Zeile einer Datei ermitteln

```
String filename =
  "src\\main\\resources\\com\\tutego\\exercises\\util\\family-names.txt";
try {
```

```
  Collection<String> lines = Files.readAllLines( Paths.get( filename ) );
  String first = "", second = "";
  for ( String line : lines ) {
    if ( line.length() > first.length() ) {
      second = first;
      first = line;
    }
    else if ( line.length() > second.length() )
      second = line;
  }
  System.out.println( first + ", " + second );
}
catch ( IOException e ) {
  System.err.println( "Error reading file " +
    new File( filename ).getAbsolutePath() );
  e.printStackTrace();
}
```

Listing 8.1 com/tutego/exercise/util/LongestLineInFile.java

Alles, was in Java mit einem Datenspeicher zu tun hat, kann Ausnahmen auslösen. Die Java-Standardbibliothek setzt standardmäßig auf geprüfte Ausnahmen, für Ein-/Ausgabe-Operationen finden wir `IOException`. Frameworks und Open-Source-Bibliotheken setzen vermehrt ungeprüfte Ausnahmen ein, weil es praktischer ist, wenn die Fehler einfach hochgehen können, bis es einen Behandler gibt.

Ein Blick auf die Javadoc von `Files` zeigt, dass eine `IOException` ausgelöst wird:

```
public static List<String> readAllLines(Path path)
       throws IOException
```

> *Read all lines from a file. Bytes from the file are decoded into characters using the UTF-8 charset. [...]*
>
> **Throws:** `IOException` – *if an I/O error occurs reading from the file or a malformed or unmappable byte sequence is read*

Egal, ob geprüfte oder ungeprüfte Ausnahmen, wir sollten auf Ausnahmen reagieren. Dafür bietet Java zwei Möglichkeiten:

- Wir könnten entweder an die Methode ein `throws` schreiben, was die Ausnahme dann an den Aufrufer der Methode weiter reicht, oder
- wir behandeln den Fehler mit einem `try`-`catch`-Block.

Da `IOException` eine geprüfte Ausnahme ist, müssen wir die Ausnahme behandeln. Unsere Lösung verwendet einen `try`-`catch`-Block. Kommt es zu einer Ausnahme, wird der `catch`-Block abgearbeitet. Dann folgt eine Ausgabe auf dem Standardfehlerkanal, und die Methode printStackTrace() gibt einen Callstack ebenfalls auf der Kommandozeile aus. printStackTrace() stammt aus Throwable, der Basisklasse aller Ausnahmeklassen. Es ist Geschmackssache, ob man diese Form der Ausgabe haben möchte; in Produktivsoftware findet sich so etwas nicht, hier würde man zum Melden von Ausnahmen einen Logger verwenden.

Die gewählte Lösung arbeitet wie folgt: Wir merken uns die längste und zweitlängste Zeile in den Variablen first und second. Die erweiterte for-Schleife läuft über alle gelesenen Zeilen und untersucht sie. Jetzt wird jede Zeile line betrachtet. Ist die Länge von line größer als die Länge der ersten gespeicherten Zeichenfolge first, dann haben wir einen neuen Kandidaten für eine längste Zeile gefunden, sodass die bisher längste Zeile nun die zweitlängste Zeile darstellt. Wenn first aber länger als line war, wird nichts aktualisiert, aber line kann immer noch länger als second gewesen sein, also testen wir erneut mit der zweiten gespeicherten Zeile.

Am Ende der for-Schleife geben wir die erste und zweite Zeile aus.

Es gibt noch einen anderen Lösungsweg: Wir könnten die Liste mit einem Comparator nach der Länge der Zeilen sortieren, doch eine Sortierung ist irrelevant, wir brauchen nur die beiden längsten Zeilen. Wenn es auf die Performance nicht ankommt, ist aber das Sortieren die kürzeste Lösung. Zumal das Sortieren den Vorteil hat, dass die Aufgabe leicht erweitert werden kann, wenn nicht nur die ersten beiden längsten Zeilen gefragt werden, sondern z. B. die ersten zehn längsten Zeilen.

Aufgabe 8.1.2: Ausnahmen ermitteln, Lachen am laufenden Band

Ausnahmen können ausgelöst werden durch fehlerhafte Programmkonstrukte, etwa eine Division durch 0 oder die Dereferenzierung einer null-Referenz. Dazu kann es geprüfte Ausnahmen geben oder ungeprüfte Ausnahmen. Methoden und Konstruktoren können diese Ausnahmen auslösen. Um zu verstehen, welche Ausnahmen wir auslösen müssen, müssen wir uns alle Methoden und Konstruktoren anschauen:

Methode/Konstruktor	geprüfte Ausnahme(n)	ungeprüfte Ausnahme(n)
getClip()	LineUnavailableException	SecurityException, IllegalArgumentException
File(…)		NullPointerException
getAudioInputStream(…)	UnsupportedAudioFile-Exception, IOException	NullPointerException†
open(…)	LineUnavailableException, IOException	IllegalArgumentException, IllegalStateException, SecurityException

Tabelle 8.1 Ausnahmen des Konstruktors und Methoden, † erst ab Java 9

Methode/Konstruktor	geprüfte Ausnahme(n)	ungeprüfte Ausnahme(n)
`sleep(…)`	`InterruptedException`	
`close()`		`SecurityException`

Tabelle 8.1 Ausnahmen des Konstruktors und Methoden, † erst ab Java 9 (Forts.)

Wir können gut ablesen, dass der Konstruktor bzw. die Methoden eine große Anzahl von Ausnahmen auslösen können. Die geprüften Ausnahmen werden dabei in der Java-Dokumentation immer hinter dem `throws` aufgeführt, die ungeprüften Ausnahmen aber in der Java-Dokumentation selbst und nicht hinter dem `throws`, denn es ist ungewöhnlich, dass dort ungeprüfte Ausnahmen auftauchen. Bei den ungeprüften Ausnahmen ist nicht immer bekannt, was ausgelöst werden kann; die Tabelle listet auf, was die Javadoc für ungeprüfte Ausnahmen dokumentiert.

Wer die Ausnahmen behandeln möchte, sollte sich überlegen, ob er Ausnahmen zusammenfassen sollte bzw. wie die Vererbungshierarchie aussieht, um eine ganze Kategorie von Ausnahmen aufzufangen.

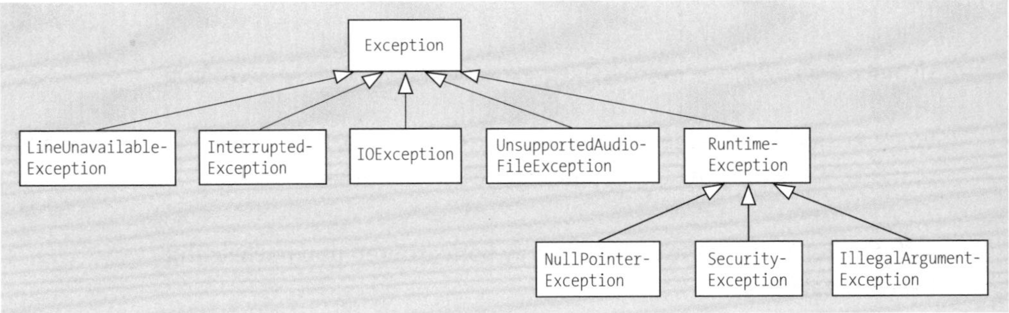

Abbildung 8.2 UML-Diagramm der Vererbungsbeziehung

Das nachfolgende Programm fängt alle Ausnahmen ab und gibt Meldungen aus, bis auf `InterruptedException`, denn das sind Unterbrechungen vom `sleep()` und müssen nicht bearbeitet werden. Im Fall von `RuntimeException` sind es Programmierfehler auf der Seite der Softwareentwickler, deswegen geben wir den Stacktrace auf dem Logger-Kanal aus.

```
static void play( String filename ) {
  try {
    Clip clip = AudioSystem.getClip();
    clip.open( AudioSystem.getAudioInputStream( new File( filename ) ) );
    clip.start();
    TimeUnit.MICROSECONDS.sleep( clip.getMicrosecondLength() + 50 );
    clip.close();
```

```
  }
  catch ( LineUnavailableException e ) {
    System.err.println( "Line cannot be opened because it is unavailable" );
  }
  catch ( IOException e ) {
    System.err.println( "An I/O exception of some sort has occurred" );
  }
  catch ( UnsupportedAudioFileException e ) {
    System.err.printf(
        "File %s did not contain valid data of a recognized file type and ➲
format%n", filename );
  }
  catch ( InterruptedException e ) {
    // No-op
  }
  catch ( RuntimeException e ) {
    Logger.getLogger( LaughingMyArseOff.class.getSimpleName() )
          .log( Level.SEVERE, e.getMessage(), e );
  }
}
```

Listing 8.2 com/tutego/exercise/lang/exception/LaughingMyArseOff.java

Eine Auswahl verschiedener Lacher findet nicht statt, die eigene Methode play(String) kann aber gut in eine eigene Schleife gesetzt werden.

Aufgabe 8.1.3: String-Array in int-Array konvertieren und nachsichtig bei Nichtzahlen sein

```
private static int parseIntOrElse( String number, int defaultValue ) {
  try {
    return Integer.parseInt( number );
  }
  catch ( NumberFormatException e ) {
    return defaultValue;
  }
}

public static int[] parseInts( String... numbers ) {
  int[] result = new int[ numbers.length ];

  for ( int i = 0; i < numbers.length; i++ )
    result[ i ] = parseIntOrElse( numbers[ i ], 0 );
```

```
  // Arrays.setAll( result, index -> parseIntOrElse( numbers[ index ], 0 ) );

  return result;
}
```

Listing 8.3 com/tutego/exercise/lang/exception/StringsToInteger.java

Unsere eigentliche Methode `parseInts(…)` bekommt ein Array von Strings, die einzeln in Ganzzahlen konvertiert werden müssen. Bei der Konvertierung in Ganzzahlen über `Integer.parseInt(String)` gibt es eine Ausnahme, wenn die Zeichen nicht alle aus Ziffern besteht. Diese Konvertierung von einem `String` in eine Ganzzahl wollen wir in eine eigene Methode `parseIntOrElse(String, int)` auslagern. Die Methode bekommt einen `String` und einen Default-Wert, falls der `String` nicht in eine Ganzzahl konvertiert werden kann. Die Methode fängt die Ausnahme, die bei einer fehlerhaften Konvertierung auftritt, ab und liefert dann den Default-Wert zurück, andernfalls den konvertierten Wert. Eine `NumberFormatException` gibt es auch im Fall von `Integer.parseInt(null)`, für die wir folglich automatisch den Default-Wert bekommen.

Wurde die Methode `parseInts(String…)` mit dem Argument `null` aufgerufen, führt `numbers.length` zu einer `NullPointerException`, was gewollt ist. Wenn das Argument ungleich `null` ist, legen wir ein neues Array mit Ganzzahlen an, das genauso groß ist wie das übergebene `String`-Array. Die `for`-Schleife läuft über das `String`-Array und übermittelt jeden Wert in die `parseIntOrElse(…)`-Methode, wobei als Default-Wert `0` übergeben wird. So bekommen wir immer ein Ganzzahlergebnis zurück, entweder das konvertierte oder `0`. Zum Schluss geben wir das Array zurück.

Für Fortgeschrittene: Wir können auf die besondere `Arrays`-Methode `setAll(…)` zurückgreifen und übergeben eine spezielle Funktion, die den Index auf ein neues Element überträgt. Die Schreibweise ist hier mit einem Lambda-Ausdruck formuliert, etwas, was wir später noch kennenlernen werden. An dieser Stelle soll diese kompakte alternative Schreibweise schon einmal dargestellt werden. Das Besondere bei dieser Methode ist, dass nicht wir über das Array mit einer eigenen Schleife laufen, sondern sich die Methode `setAll(…)` selbst um das Ablaufen des Arrays kümmert.

Quiz 8.1.4: Und zum Schluss finally

Das Programm lässt sich übersetzen, und wenn wir es ausführen, gibt es zur Laufzeit eine Ausnahme durch die Division durch `0`, eine `ArithmeticException`. Dadurch kommt es nicht zur Ausgabe im `try`-Block. Die Ausnahme wird im `catch`-Block abgefangen, denn eine `ArithmeticException` ist eine besondere `Exception`, und das führt zur ersten Ausgabe:

```
That's why everybody talks about you.
```

Da außerdem ein finally-Block folgt, dessen Code immer ausgeführt wird – egal, ob es zu einer Ausnahme kam oder nicht –, erscheint auf dem Bildschirm:

```
Frankly, my dear, I don't give a damn.
```

Quiz 8.1.5: Ein einsames try

Ja, es ist durchaus legitim, dass es nur einen try-finally-Block gibt:

```
try {
} finally {
}
```

Solche Blöcke kann man verwenden, wenn eine Nachbearbeitung unabhängig von einer möglichen Ausnahme nötig ist, aber mögliche Ausnahmen nach oben weitergegeben werden sollen.

Ein try-Block ohne catch und ohne finally ist nicht korrekt. Allerdings gibt es ein try-mit-Ressourcen ohne catch oder finally, das automatisch Ressourcen schließt und nicht zwangsläufig mit einer Ereignisbehandlung assoziiert ist.

Quiz 8.1.6: Gut gefangen

Das allgemeine Abfangen jeder Ausnahme ist nicht zu empfehlen. Bei dieser Schreibweise werden oftmals Ausnahmen mit aufgefangen und behandelt, die überhaupt nicht zur gleichen Fehlerklasse gehören, etwa Programmierfehler, die eine NullPointerException auslösen.

Der Basistyp Throwable ist noch ein wenig schlimmer, weil unter Throwable auch Error steht, sodass catch (Throwable e) zum Beispiel ein StackOverflowError mit abfängt. Wer eine Ausnahme abfängt, der möchte sie auch behandeln. Ein Error zeigt aber in der Regel ein Problem der JVM an, das man nicht behandeln kann.

Quiz 8.1.7: Zu viel des Guten

Das Programm compiliert und wird ausgeführt, doch der Versuch, ein extrem großes byte-Array anzulegen, führt zu einem OutOfMemoryError.

Eine Besonderheit von Java ist, dass auch diese harten Fehler, die die virtuelle Maschine als Error-Ausnahmen auslöst, abgefangen werden können, denn Error-Objekte sind ebenfalls Untertypen von Throwable.

Unser Programm fängt also erfolgreich OutOfMemoryError ab und gibt eine Konsolenausgabe, als ob nichts passiert wäre:

```
He had the detonators.
java.lang.OutOfMemoryError: Requested array size exceeds VM limit
at TooMuchMemory.main(T.java:66)
```

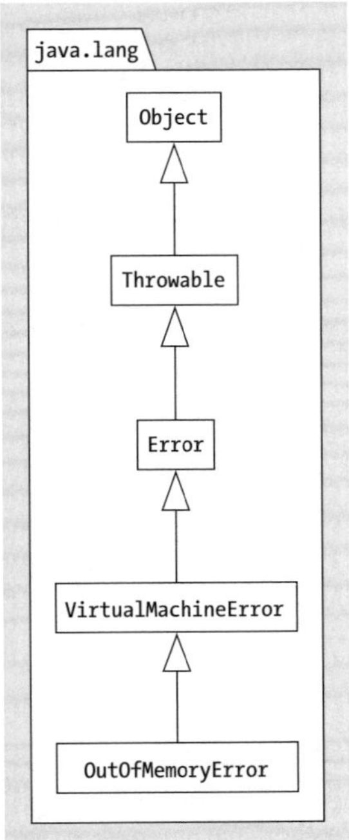

Abbildung 8.3 UML-Diagramm: OutOfMemoryError ist ein besonderes Throwable.

`Error`-Objekte abzufangen, ist hochgradig kritisch, denn ein Error zeigt einen problematischen Zustand innerhalb der JVM an. Einfach weiterzumachen, kann zu unvorhergesehenen Fehlern führen. Die Javadoc schreibt bei `java.lang.Error`:

> *An* `Error` *is a subclass of* `Throwable` *that indicates serious problems that a reasonable application should not try to catch. Most such errors are abnormal conditions.*

Wenn man `Error` nicht behandeln kann, sollte ein Programm den Typ auch nicht auffangen und die JVM besser beenden lassen. Es mag allerdings Fälle geben, wo man einen `Error` abfangen möchte. Es könnte zum Beispiel ein Programm versuchen, native Bibliotheken zu laden, und, wenn das nicht gelingt, einen anderen Weg wählen.

Quiz 8.1.8: try-catch in Vererbung

Wenn Klassen Methoden von Schnittstellen implementieren, dann kann die Methode in der Klasse an manchen Stellen etwas anders aussehen als in der Schnittstelle:

- Der Methodenname muss identisch zu dem in der Schnittstelle sein, doch beim Rückgabetyp sind Untertypen erlaubt. Da wir hier nur `void` haben und die Methoden nichts zurückgeben, haben wir für diese sogenannten *kovarianten Rückgabetypen* auch kein Beispiel.

- Modifizierer können ergänzt werden, zum Beispiel `final`, `strictfp` oder `synchronized`. Unterklassen können prinzipiell die Sichtbarkeit erhöhen, doch da alle abstrakten Methoden in Schnittstellen implizit `public` sind, ist das schon maximal sichtbar.

Auch bei der `throws`-Klausel sind gewisse Anpassungen möglich. In zwei Richtungen kann erweitert werden:

- Die Methode kann sich dazu entschließen, überhaupt keine Ausnahmen auszulösen, daher kann die `throws`-Klausel auch fernbleiben.
- Die Methode kann Untertypen von Ausnahmen auslösen, die die Oberklasse ausgelöst hat. Umgangssprachlich gesagt: Wenn die Methode der Oberklasse eine allgemeine Ausnahme auslöst und wir eine Behandlung für diesen allgemeinen Ausnahmetyp haben, dann kann diese Behandlung auch mit einem spezielleren Typ umgehen.

Quiz 8.2.1: throw und throws

Beide Schlüsselwörter tauchen im Zusammenhang mit Ausnahmen auf. Das Schlüsselwort `throws` wird dabei für geprüfte Ausnahmen an der Methodensignatur eingesetzt (prinzipiell können auch ungeprüfte Ausnahmen aufgeführt werden, doch das ist unnötig). `throws` drückt aus, dass die Methode geprüfte Ausnahmen auslösen *kann*. Hier können kommasepariert mehrere Ausnahmen stehen. Der Aufrufer der Methode muss dann alle diese Ausnahmen behandeln.

Das Schlüsselwort `throw` wird hingegen im Inneren von Methoden eingesetzt, um Ausnahmen *auszulösen*, die dann den Programmfluss in der Methode beenden. In der Methode kann es prinzipiell mehrere Stellen mit `throw` geben.

Quiz 8.2.2: The Division fails

Man kann das Programm nicht übersetzen, es gibt Compilerfehler an drei Stellen.

```
class Application {
 public static void main( String[] args ) {
   try {
     throw 1 / 0;          <1>
   }
   catch ( int e ) {       <2>
     e.printStackTrace();  <3>
   }
 }
}
```

1. In Java können nur Ausnahmen vom Typ `Throwable` ausgelöst werden. `1/0` ist jedoch vom Typ `int`. Die Division `1/0` *erzeugt* zwar eine `ArithmeticException`, allerdings *ist* der Ausdruck `1/0` kein `Throwable`, sondern einfach nur vom Typ `int`.
2. Der nächste Fehler verbirgt sich im `catch`- Zweig. Hier muss etwas stehen, was vom Typ `Throwable` ist – man kann keinen primitiven Datentyp einsetzen.
3. Der dritte Fehler ist bei `printStackTrace()`, denn Methodenaufrufe auf primitiven Datentypen sind nicht gestattet.

In Java müssen alle Ausnahmen vom Typ `Throwable` abgeleitet sein. Das ist in anderen Programmiersprachen anders. In ähnlicher Form ist das Programm in JavaScript durchaus ausführbar, denn in JavaScript lassen sich beliebige Dinge als Ausnahmen melden.

Aufgabe 8.3.1: »Watt ist unmöglich« mit eigener Ausnahme anzeigen

```
public class IllegalWattException extends RuntimeException {

  public IllegalWattException() {
  }

  public IllegalWattException( String format, Object... args ) {
    super( String.format( format, args ) );
  }
}
```

Listing 8.4 com/tutego/exercise/device/nswigu/IllegalWattException.java

`IllegalWattException` erweitert eine Oberklasse `RuntimeException`, die uns mehrere Konstruktoren zur Verfügung stellt. Wir bieten selbst zwei Konstruktoren an, die an die Oberklassen Konstruktoren delegieren. Der parameterlose Konstruktor delegiert automatisch nach oben, der zweite parametrisierte Konstruktor baut für die Fehlermeldung eine Zeichenfolge auf und geht damit an die Oberklasse, die diese Fehlermeldung vermerkt. Die Nachricht ist später über die Methode `getMessage()` verfügbar. Die eigentliche Nachricht wird in der Oberklasse `Throwable` vermerkt.

Der parametrisierte Konstruktor von `IllegalWattException` weist eine Besonderheit auf, die nicht üblich für Ausnahmeklassen ist: Der Konstruktor `IllegalWattException(String format, Object... args)` nimmt einen Format-String und auch die Formatierungsargumente an und baut mit `String.format(...)` einen `String` mit der gewünschten Formatierung auf und gibt die Fehlermeldung zwecks Speicherung an die Oberklasse weiter.

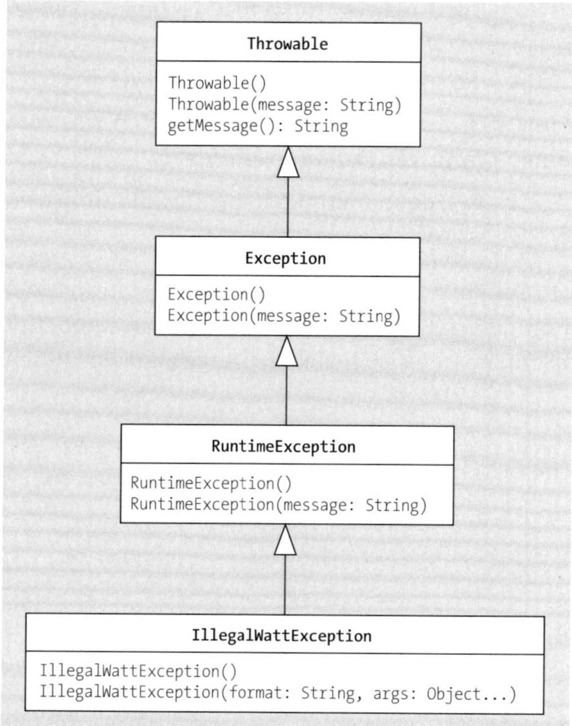

Abbildung 8.4 UML-Diagramm der Vererbungsbeziehung

Das `ElectronicDevice` ist eine Klasse, die im Setter prüft, ob die Leistung nicht negativ oder `0` ist. Wenn doch, wird der Konstruktor von `IllegalWattException` mit einer vollständigen Fehlermeldung aufgebaut und die Ausnahme ausgelöst.

```
public void setWatt( int watt ) {
  if ( watt <= 0 )
    throw new IllegalWattException(
      "Watt cannot be 0 or negative, but was %f", watt );
  this.watt = watt;
}
```

Listing 8.5 com/tutego/exercise/device/nswigu/ElectronicDevice.java

Der Testcode ruft die Setter-Methode mit falschen Werten auf, sodass es eine Ausnahme gibt, die auf die Konsole geschrieben wird.

```
ElectronicDevice gameGirl = new ElectronicDevice();
try {
  gameGirl.setWatt( 0 );
}
```

```
catch ( IllegalWattException e ) {
  e.printStackTrace();
}
```

Listing 8.6 com/tutego/exercise/device/nswigu/Application.java

Die Konsolenausgabe ist:

```
com.tutego.exercise.device.nswigu.IllegalWattException:
Watt cannot be 0 or negative, but was 0,000000
  at com.tutego.exercise.device.nswigu.ElectronicDevice.setWatt(ElectronicDevice. ⮐
java:10)
  at com.tutego.exercise.device.nswigu.Application.main(Application.java:8)
```

Quiz 8.3.2: Kartoffeln oder anderes Gemüse

Das Programm lässt sich nicht übersetzen. Es gibt folgende Fehlermeldung vom Compiler:

```
Exception 'PotatoException' has already been caught
```

Für Ausnahmeklassen kann man eine Vererbungshierarchie aufbauen, wie für andere Klassen auch. In unserem Beispiel ist die erste eigene Ausnahmeklasse `VegetableException`. Davon gibt es eine Unterklasse `PotatoException`. Wenn wir in der `main(…)`-Methode eine `PotatoException` auslösen, dann wird diese geprüfte Ausnahme in einem `catch`-Block aufgefangen. Der erste `catch`-Block fängt allerdings nicht den präzisen Typ `PotatoException` ab, sondern den Basistyp `VegetableException`. Das heißt, der erste `catch`-Block mit der allgemeinen `VegetableException` fängt `PotatoException` schon ab, und der nachfolgende `catch`-Block mit der spezielleren `PotatoException` ist überhaupt nicht mehr erreichbar.

Aufgabe 8.4.1: Aktuelles Datum in Datei schreiben

```
String fileName = "current-date.txt";
try ( PrintWriter writer = new PrintWriter( fileName ) ) {
  writer.write( LocalDateTime.now().toString() );
}
catch ( FileNotFoundException e ) {
  System.err.println( "Can't create file " + fileName );
}
```

Listing 8.7 com/tutego/exercise/io/WriteDateToFile.java

Der Konstruktor von `PrintWriter` nimmt einen `String` für den Dateinamen an. Prinzipiell kann man beim `PrintWriter` auch eine Zeichenkodierung angeben, doch das war in der Aufgabenstellung nicht gefordert – es wird automatisch die Kodierung der

Plattform verwendet. Wenn wir allerdings eine Kodierung als z. B. String angeben, müssen wir eine weitere Ausnahme behandeln. So ist lediglich eine `FileNotFoundException` zu behandeln, die der Konstruktor auslöst. Das erzeugte Objekt wird in einer Variablen `writer` zwischengespeichert, und das ist genau die Ressource, die am Ende automatisch geschlossen wird. Im Rumpf des `try`-mit-Ressourcen wird ein `LocalDateTime`-Objekt mit der statischen `now()`-Methode aufgebaut, dann eine `toString()`-Repräsentation erfrag, und als `String` über die `Writer`-Methode `write(…)` in den Datenstrom, also in die Datei geschrieben.

Aufgabe 8.4.2: Noten einlesen und in eine neue ABC-Datei schreiben

```
private static final String VALID_MUSICAL_NOTES =
    "C, D, E, F, G, A, B, C D E F G A B c d e f g a b c' d' e' f' g' a' b'";

public static void readTextAndWriteAsABC( String source, String target ) {
  try ( Scanner in      = new Scanner( Paths.get( source ) );
        PrintWriter out = new PrintWriter( target ) ) {

    out.println( "M:C" );
    out.println( "L:1/4" );
    out.println( "K:C" );

    String[] sortedMusicalNotes = VALID_MUSICAL_NOTES.split( " " );
    Arrays.sort( sortedMusicalNotes );

    while ( in.hasNextLine() ) {
      String line = in.nextLine();
      if ( Arrays.binarySearch( sortedMusicalNotes, line ) >= 0 ) {
        out.print( line );
        out.print( ' ' );
      }
    }
    out.println();
  }
  catch ( IOException e ) {
    System.err.println(
      "Cannot convert text file due to an input/output error" );
    e.printStackTrace();
  }
}
```

Listing 8.8 com/tutego/exercise/io/ReadTextAndWriteABC.java

Die eigentliche Verarbeitung ist die folgende: Aus den beiden Parametern `source` und `target` konstruieren wir einen `Scanner` zum Lesen und einem `PrintWriter` zum Schreiben. Beides sind Ressourcen, die im `try`-mit-Ressourcen geschlossen werden müssen. Ein Semikolon trennt die beiden Ressourcen. Am Ende des `try`-Blocks werden alle Ressourcen unabhängig voneinander wieder geschlossen, egal, ob es eine Ausnahme gab oder nicht. Das geschieht in umgekehrter Reihenfolge. Zunächst wird der `PrintWriter` geschlossen, dann der `Scanner`. Die Konstruktoren der beiden Klassen sind etwas anders. Wir müssen aufpassen, dass der `Konstruktor` von `Scanner` nicht mit einem `String` aufgerufen wird, denn sonst zerlegen wir den `String` mit dem Dateinamen, und das wäre falsch. Damit der `Scanner` eine Datei von Zeichenfolgen trennen kann, konvertieren wir den Dateinamen in ein `Path`-Objekt und setzen dieses in den Konstruktor von `Scanner`.

Der Rumpf des `try`-Blocks schreibt die drei Zeilen mit dem Prolog der Datei. Anschließend laufen wir mit `hasNextLine()` so lange durch die Eingabedatei, bis es keine Zeilen mehr zu verarbeiten gibt. Wir lesen anschließend die Zeile ein und müssen prüfen, ob die Note gültig ist. Aus der Aufgabenstellung kennen wir alle Noten. Natürlich könnten wir mit einer großen `switch-case`-Anweisung fragen, ob die Zeile eine gültige Note enthält, allerdings wäre der Programmieraufwand hoch. Stattdessen wollen wir die Noten in ein `String`-Array setzen. In der Konstanten `VALID_MUSICAL_NOTES` haben wir alle gültigen Noten, ein `split(" ")` liefert ein Array mit gültigen Noten. Leider lässt sich nicht mit einem kompakten Ausdruck prüfen, ob ein Element im Array ist, deswegen gehen wir einen kleinen Umweg. Zunächst einmal sortieren wir das Array mit den Noten, und dann lässt sich `Arrays.binarySearch(…)` einsetzen. Das ist im Schnitt schneller als lineare Suchverfahren, etwa über `Arrays.asList(…).contains(…)`. Prinzipiell könnten wir die Noten im `String` vorsortieren, dann könnte das Sortieren pro Methodenaufruf entfallen. Der vorbereitete `String` sähe dann so aus:

```
"A A, B B, C C, D D, E E, F F, G G, a a' b b' c c' d d' e e' f f' g g'"
```

`Arrays.binarySearch(…)` liefert einen Index größer gleich Null, wenn die Note vorhanden ist. Auf leere Zeilen müssen wir nicht prüfen, sie sind nicht Teil des Arrays. Eine gültige Note schreiben wir in die Datei, gefolgt von einem Leerzeichen.

Fehler können an verschiedenen Stellen auftreten –weil die Datei nicht vorhanden war, weil keine Datei zum Schreiben geöffnet werden konnte, weil während des Lesens Fehler auftreten oder während des Schreibens Fehler auftreten. Alle diese Fehler fängt ein gemeinsamer `catch`-Block ab.

Quiz 8.4.3: Ausgeschlossen

Wenn wir das Programm ausführen, gibt es folgende Ausgabe für Version 1:

```
close() ResourceA
close() ResourceB
close() ResourceA
```

Und folgende Ausgabe für Version 2:

```
close() ResourceA
close() ResourceB
```

Beide Ressourcen sind `AutoCloseable`, sodass die Typen im `try`-mit-Ressourcen verwendet werden können. Die `close()`-Methode der ersten Ressource, `ResourceA`, gibt eine Meldung auf dem Bildschirm aus. Die zweite Ressource, `ResourceB`, ummantelt die erste. Bei einem Aufruf von `close()` auf `ResourceB`, wird zunächst `close()` von der ummantelten `ResourceA` aufgerufen und dann eine Bildschirmmeldung ausgeben. Dieses Vorgehen ist für Ein-/Ausgabe-Ströme in Java ein übliches Verhalten.

Bei den Versionen 1 und 2 unterscheidet sich die Ausgabe aus folgendem Grund: In der ersten Version handelt es sich beim `try`-mit-Ressourcen um zwei Ressourcen, die in umgekehrter Reihenfolge wieder geschlossen werden. Nachdem erst `ResourceA`, dann `ResourceB` aufgemacht wurde, wird `ResourceB` als erste wieder geschlossen und danach `ResourceA`. Ein Aufruf von `close()` auf `ResourceB` führt als Erstes zum Schließen von `ResourceA`, und davon haben wir die erste Bildschirmausgabe. Dann geht es zurück in die `close()`-Methode von `ResourceB`, und wir haben die zweite Bildschirmausgabe. Nachdem `ResourceB` geschlossen wurde, wird auch von `ResourceA` die `close()`-Methode aufgerufen. Bei dieser Konstruktion lässt sich ablesen, dass von `ResourceA` die `close()`-Methode zweimal aufgerufen wird, was unter Umständen zu einem Problem führt. Es gibt spezielle Ressourcen, die man nicht zweimal schließen darf. Es kann also passieren, dass bei einem zweiten `close()`-Aufruf eine Ausnahme ausgelöst wird, weil zweimaliges Schließen nicht zulässig ist. Die meisten Ressourcen in Java können allerdings gut damit umgehen, wenn sie mehrfach geschlossen werden, und ignorieren das. Es ist aber wichtig, die API-Dokumentation zu studieren, ob eine geschlossene Ressource ohne Ausnahme noch einmal geschlossen werden darf oder nicht.

Die Variante 2 verhindert das doppelte Schließen von `ResourceA`. Das heißt, diese Variante hat einen Vorteil. Allerdings gibt es auch einen Nachteil: Die `ResourceA` wird nämlich dann nicht geschlossen, wenn der Konstruktor `ResourceB` eine Ausnahme auslöst. Das durch `new` angelegte Objekt vom Typ `ResourceA` wird intern nicht durch eine Variable referenziert und nimmt nicht am Schließvorgang von `try`-mit-Ressourcen teil.

Beide Varianten haben also ihre Schwachpunkte. Häufig wird man in Java Variante 1 wählen, weil das Ausführen der unterschiedlichen Ressourcen übersichtlicher ist und weil die meisten Ressourcen in Java das zweimalige Schließen verkraften. Variante 2 ist aber ebenfalls in Ordnung, denn Konstruktoraufrufe führen beim Ummanteln in aller Regel nicht zu Ausnahmen – es sei denn, die Ressource ist `null` –, sondern erst nachfolgende Operationen.

Kapitel 9

Lambda-Ausdrücke und funktionale Programmierung

9

Lambda-Ausdrücke sind Abbildungen und die Basis der funktionalen Programmierung. Bei der funktionalen Programmierung stehen Funktionen im Mittelpunkt, also im besten Fall pure Ausdrücke ohne Seiteneffekte. In Java kann man keine Funktionen – also Methoden – direkt an andere Funktionen übergeben oder zurückgegeben, also ist der Trick, diese Methoden in eine Klasse zu setzen und als Objekt zu übergeben. Und wie implementiert man schnell eine Klasse mit einer gewissen Schnittstelle? Mit Lambda-Ausdrücken! Lambda-Ausdrücke sind Implementierungen von funktionalen Schnittstellen – also Schnittstellen mit genau einer abstrakten Methode – und eine Alternative und Abkürzung zu Klassen, die Schnittstellen implementieren. So lässt sich sehr einfach Programmcode ausdrücken und an andere Methoden übergeben.

In den folgenden Aufgaben geht es um die unterschiedlichen Schreibweisen von Lambda-Ausdrücken und einigen wichtigen funktionalen Schnittstellen, die an verschiedenen Stellen in Java-Bibliotheken immer wieder vorkommen.

Voraussetzungen

- Generics lesen können
- funktionale Schnittstellen und Zusammenhang mit Lambda-Ausdrücken verstehen
- Annotation `@FunctionalInterface` kennen
- Varianten von Lambda-Ausdrücken unterscheiden und einsetzen können
- Methoden- und Konstruktorreferenzen einsetzen können
- grundlegender Inhalt und Aufbau des Pakets `java.util.function` kennen
- interne und externe Iteration einsetzen können

Java ist auch eine Insel, Kapitel 12

In der »Insel« erklärt Kapitel 12, »Lambda-Ausdrücke und funktionale Programmierung«, die nötigen Voraussetzungen.

Verwendete Datentypen in diesem Kapitel:

- `java.util.List` (*https://docs.oracle.com/en/java/javase/11/docs/api/java.base/java/util/List.html*)
- `java.util.function.Consumer` (*https://docs.oracle.com/en/java/javase/11/docs/api/java.base/java/util/function/Consumer.html*)
- `java.util.function.Predicate` (*https://docs.oracle.com/en/java/javase/11/docs/api/java.base/java/util/function/Predicate.html*)
- `java.util.function.Supplier` (*https://docs.oracle.com/en/java/javase/11/docs/api/java.base/java/util/function/Supplier.html*)
- `java.util.function.Function` (*https://docs.oracle.com/en/java/javase/11/docs/api/java.base/java/util/function/Function.html*)
- `java.util.function.BinaryOperator` (*https://docs.oracle.com/en/java/javase/11/docs/api/java.base/java/util/function/BinaryOperator.html*)
- `java.util.function.ToIntFunction` (*https://docs.oracle.com/en/java/javase/11/docs/api/java.base/java/util/function/ToIntFunction.html*)
- `java.util.Comparator` (*https://docs.oracle.com/en/java/javase/11/docs/api/java.base/java/util/Comparator.html*)
- `java.lang.Comparable` (*https://docs.oracle.com/en/java/javase/11/docs/api/java.base/java/lang/Comparable.html*)

9.1 Lambda-Ausdrücke

Dank der kompakten Schreibweise von Lambda-Ausdrücken rückt die Modellierung von Abbildungen stärker in den Fokus. Natürlich ist eine Implementierung von Schnittstellen seit Java 1.0 möglich, doch der Codeumfang ist mit regulären Klassen zu groß, und die Modellierung von Bibliotheken, die »Funktionen« annehmen und liefern, ist auf wenig Interesse gestoßen. Die ersten Prototypen erschienen um 2006, es dauerte aber bis Java 8 (März 2014), bis Lambda-Ausdrücken in die Sprache einzogen.[1]

9.1.1 Quiz: Gültige funktionale Schnittstellen erkennen ★

Welche der folgenden Deklarationen sind korrekte funktionale Schnittstellen, die ein Lambda-Ausdruck implementieren kann?

```
@FunctionalInterface
interface Distance {
  abstract public int distance( int a, int b );
```

1 Wer sich für die Geschichte interessiert, findet unter *http://www.javac.info/* die alten Entwürfe.

```
}

@FunctionalInterface
interface MoreDistance extends Distance {
  double distance( double a, double b );
}

@FunctionalInterface
interface MoreDistance2 extends Distance {
  default double distance( double a, double b ) {
    return distance( (int) a, (int) b );
  }
}

@FunctionalInterface
interface DistanceImpl {
  default int distance( int a, int b ) { return a + b; }
}


@FunctionalInterface
interface DistanceEquals {
  int distance( int a, int b );
  boolean equals( Object other );
}
```


9.1.2 Quiz: Von der Schnittstellenimplementierung zum Lambda-Ausdruck ★

Gegeben sind eine Schnittstellendeklaration `Distance` und eine Implementierung `ManhattanDistance` der funktionalen Schnittstelle.

```
@FunctionalInterface
interface Distance {
  int distance( int a, int b );
}

class Schmegeggy {
  static void printDistance( Distance distance, int a, int b ) {
    System.out.println( distance.distance( a, b ) );
  }

  public static void main( String[] args ) {
```

```
    class ManhattanDistance implements Distance {
      @Override public int distance( int a, int b ) {
        return a + b;
      }
    }

    printDistance( new ManhattanDistance(), 12, 33 );
  }
}
```

Im Zuge einer Codeüberarbeitung soll die Schnittstellenimplementierung entfallen und durch einen Lambda-Ausdruck ersetzt werden. Welche Lambda-Ausdrücke sind gleichwertig und gültig?

1. `printDistance( ( a, b ) -> a + b, 12, 33 );`
2. `printDistance( ( a, b ) -> { return a + b; }, 12, 33 );`
3. `printDistance( (int a, int b) -> a + b, 12, 33 );`
4. `printDistance( (int a, b) -> a + b, 12, 33 );`
5. `printDistance( a, b -> { return a + b; }, 12, 33 );`
6. `printDistance( ( a, b ) -> return a + b, 12, 33 );`
7. `printDistance( ( a, b ) -> {int a; return b + b;}, 12, 33 );`
8. `printDistance( (Integer a, Integer b) -> a + b, 12, 33 );`

9.1.3 Lambda-Ausdrücke für funktionale Schnittstellen schreiben ★

In der Java-Bibliothek gibt es eine große Menge an Schnittstellen, insbesondere an funktionalen Schnittstellen, also Schnittstellen mit nur einer abstrakten Methode. Diese lassen sich gut mit Lambda-Ausdrücken realisieren.

Aufgabe:

- Weise den folgenden Variablen jeweils einen gültigen Lambda-Ausdruck zu. Die Variablentypen sind funktionale Schnittstellen.

```
/* interface Runnable       { void run(); }
interface ActionListener { void actionPerformed(ActionEvent e); }
interface Supplier<T>    { T get(); }
interface Consumer<T>    { void accept(T t); }
interface Comparator<T>  { int compare(T o1, T o2); } */
Runnable              runnable   = ...
ActionListener        listener   = ...
Supplier<String>      supplier   = ...
Consumer<Point>       consumer   = ...
Comparator<Rectangle> comparator = ...
```

- Die Lambda-Ausdrücke müssen nur gültig compilierbar sein, die Logik muss keinen Sinn ergeben.
- Die Deklarationen der funktionalen Schnittstellen befinden sich zum besseren Verständnis im Kommentar, erfüllen aber sonst keine weitere Funktion.
- Experimentiere mit verschiedenen kompakten Schreibweisen.

9.1.4 Quiz: Lambda-Ausdrücke so schreiben? ★

Gegeben ist eine Klasse mit einer geschachtelten Typdeklaration. Es gibt einige Compilerfehler in der `main(…)`-Methode – wo genau?


```
public class Ackamarackus {
  @FunctionalInterface
  interface Flummadiddle {
    void razzmatazz();
  }

  public static void main( String[] args ) {
    Flummadiddle a = () -> System.out.println();
    Flummadiddle b = () -> { System.out.println(); };
    Flummadiddle c = () -> { System.out.println() };
    Flummadiddle d = () -> { System.out.println(); return; };
    Flummadiddle e = -> { System.out.println(); };
    Flummadiddle f = _ -> { System.out.println(); };
    Flummadiddle g = __ -> { System.out.println(); };
    Flummadiddle h = void -> System.out.println();
    Flummadiddle i = (void) -> System.out.println();
    Flummadiddle j = System.out::println;
  }
}
```

9.1.5 Lambda-Ausdrücke entwickeln ★

Wir haben gesehen, dass im Paket `java.util.function` viele funktionale Schnittstellen liegen. Viele der Schnittstellen enthalten aber mehrere Methoden, Default-Methoden und statische Methoden.

Aufgabe:

Suche aus der Javadoc die abstrakte Methode der folgenden Typen, und implementiere sie durch einen Lambda-Ausdruck, der keinen Sinn ergeben muss:

```
DoubleSupplier          ds = ...
LongToDoubleFunction  ltdf = ...
UnaryOperator<String>   up = ...
```

9.1.6 Quiz: Inhalt des Pakets java.util.function ★

Blättere durch die Javadoc des Pakets `java.util.function`. Lassen sich die Schnittstellen in Gruppen einteilen?

9.1.7 Quiz: Funktionale Schnittstellen für Abbildungen kennen ★

Gegeben sind folgende Abbildungen; welche bekannten funktionalen Schnittstellen stehen für diese Abbildungen?

Abbildung	Funktionale Schnittstelle
() → void	
() → T	
() → boolean	
() → int	
() → long	
() → double	
(T) → void	
(T) → T	
(T) → R	
(T) → boolean	
(T) → int	
(T) → long	
(T) → double	
(T, T) → T	
(T, U) → void	
(T, U) → R	
(T, U) → boolean	
(T, U) → int	
(T, U) → long	

Abbildung	Funktionale Schnittstelle
(T, U) → double	
(T, T) → int	
(T, T) → long	
(T, T) → double	
(int) → void	
(int) → R	
(int) → boolean	
(int) → int	
(int) → long	
(int) → double	
(int,int) → int	
(long) → void	
(long) → R	
(long) → boolean	
(long) → int	
(long) → long	
(long) → double	
(long,long) → long	
(double) → void	
(double) → R	
(double) → boolean	
(double) → int	
(double) → long	
(double) → double	
(double,double) → double	

9.2 Methoden- und Konstruktorreferenzen

Methodenreferenzen und Konstruktorreferenzen gehören mit zu den ungewöhnlichsten Schreibweisen von Java. Viele Entwickler fremdeln mit der sehr kompakten Schreibweise, und insbesondere deswegen ist das Üben so wichtig, um erstens fremden Code ohne Verständnisprobleme lesen zu können, zweitens verstehen zu können, warum eine intelligente Entwicklungsumgebung uns in manchen Fällen vorschlägt, einen Lambda-Ausdruck umzuschreiben, und drittens völlig selbständig diese Referenzen-Schreibweise einsetzen zu können.

9.3 Ausgewählte funktionale Schnittstellen

Die Typen `Predicate`, `UnaryOperator` und `Consumer` sind funktionale Schnittstellen, die oft als Parametertypen vorkommen, etwa bei der Collection-API, wenn es zum Beispiel darum geht, Elemente nach einem gewissen Kriterium zu löschen oder zu transformieren.

9.3.1 Einträge löschen, Kommentare entfernen, in CSV konvertieren ★

Die Aufgabe konzentriert sich auf drei Methoden, die Listen haben:

- `default boolean removeIf(Predicate<? super E> filter)` (`Collection`)
- `default void replaceAll(UnaryOperator<E> operator)` (`List`)
- `default void forEach(Consumer<? super T> action)` (`Iterable`)

Die drei Methoden führen eine *interne Iteration* durch, sodass nicht wir durch die Liste iterieren müssen. Wir müssen nur die Operation angeben, die auf jedem Element angewendet wird.

Bonny Brain und die Crew planen eine Städtetour. Jede Stadt ist durch zwei Informationen gegeben: Name und Einwohnerzahl:

```
class City {
  public final String name;
  public final int    population;
  public City( String name, int population ) {
    this.name = name; this.population = population;
  }
}
```

Die Ziele der Städtereise stehen in einer ArrayList.

```
List<City> cityTour = new ArrayList<>();
City g = new City( "Gotham (cathedral)", 8_000_000 );
City m = new City( "Metropolis (pleasure garden)", 1_600_000 );
City h = new City( "Hogsmeade (Shopping Street)", 1_124 );
Collections.addAll( cityTour, g, m, h );
```

Aufgabe:

- Nutze removeIf(…), sodass am Ende nur die größeren Städte mit mehr als 10.000 Einwohner bleiben.
- Die Städtenamen enthalten in runden Klammern Kommentare. Wenn Kommentare enthalten sind, stehen sie immer am Ende des Strings. Lösche die Kommentare, und greife zum Ersetzen der City-Objekte auf die List-Methode replaceAll(…) zurück.
- Nutze forEach(…), sodass am Ende die Daten der Städte im CSV-Format (kommaseparierte Ausgabe) auf dem Bildschirm erscheinen.

Beispiel:

Aus der oberen gegebenen Liste folgt die Ausgabe:

```
Gotham,8000000
Metropolis,1600000
```

9.4 Lösungsvorschläge

Quiz 9.1.1: Gültige funktionale Schnittstellen erkennen

`Distance`

Die Schnittstelle `Distance` ist eine korrekte funktionale Schnittstelle, wobei das Schlüsselwort `abstract` überflüssig ist, denn ist eine Methode keine `default`-Methode, handelt es sich automatisch um eine abstrakte Methode ohne Implementierung. Auch der Sichtbarkeitsmodifizierer `public` ist unnötig, weil die abstrakten Methoden einer Schnittstelle automatisch öffentlich sind. Übrigens: Der Sichtbarkeitsmodifizierer sollte als Erstes stehen, in unserem Fall sollte man beide Schlüsselwörter allerdings entfernen.

`MoreDistance`

Die Schnittstelle `MoreDistance` sieht auf den ersten Blick genauso aus wie `Distance`, allerdings müssten wir einen Blick auf die Vererbung werfen, wodurch `MoreDistance` zwei abstrakte Methoden bekommt, nämlich die eigene und die geerbte aus dem Basistyp. Letztendlich sind zwei abstrakte Methoden in der Schnittstelle, das ist für funktionale Schnittstellen ungültig.

`MoreDistance2`

Die Schnittstelle ist eine funktionale Schnittstelle, denn sie enthält genau eine abstrakte Methode, und zwar von der erweiterten Schnittstelle `Distance`. Ob eine Schnittstelle selbst eine abstrakte Methode enthält oder eine von der Oberklasse erbt, ist egal. Hat eine Schnittstelle exakt eine abstrakte Methode, kann sie noch eine beliebige Anzahl `default`-Methoden oder statische Methoden haben; sie bleibt weiterhin eine funktionale Schnittstelle.

`DistanceImpl`

Die Schnittstelle enthält eine `default`-Implementierung, was an sich in Ordnung ist, allerdings gilt das nicht als funktionale Schnittstelle. Eine funktionale Schnittstelle muss exakt eine abstrakte Methode deklarieren. Diese Methode darf nicht schon als Default-Methode eine Implementierung haben.

`DistanceEquals`

Diese Schnittstelle ist eine funktionale Schnittstelle, obwohl sie zwei Methoden hat. Das liegt aber daran, dass die Methode `equals(…)` eine besondere Methode aus `java.lang.Object` ist, die sowieso immer auf jedem Objekt vorhanden ist. Man setzt die `equals(…)`-Methode hin und wieder mit in eine Schnittstelle, damit ein individuelles Javadoc die Bedeutung der Methode beschreiben kann.

Quiz 9.1.2: Von der Schnittstellenimplementierung zum Lambda-Ausdruck

- 1., 2. und 3.

  Alle drei compilieren und sind gleichwertig. Alle anderen Schreibweisen führen zu einem Compilerfehler.

- 4.

  Entweder werden beide Typen bestimmt oder kein Typ.

- 5.

  Mehrere Lambda-Parameter müssen immer geklammert werden.

- 6.

  Entweder man nutzt einen Block mit `{}` und schreibt `return`, oder die verkürzte Schreibweise enthält kein `return`.

- 7.

  Die Variable `a` darf nicht noch einmal deklariert werden, und `b+b` ist nicht gleichwertig mit `a+b`.

- 8.

  Es gibt kein Autoboxing, was die Typen in der Parameterliste angeht. `int` und `Integer` sind völlig andere Typen.

Aufgabe 9.1.3: Lambda-Ausdrücke für funktionale Schnittstellen schreiben

```
Runnable              runnable   = () -> {};
ActionListener        listener   = event -> {};
Supplier<String>      supplier   = () -> "";
Consumer<Point>       consumer   = point -> {};
Comparator<Rectangle> comparator = (r1, r2) -> 0;
```

Listing 9.1 com/tutego/exercise/lambda/LambdaTargetType.java

Die Implementierungen sind so einfach wie möglich und realisieren keinerlei Logik, denn die ist immer abhängig von der Semantik.

Quiz 9.1.4: Lambda-Ausdrücke so schreiben?

Folgende Zuweisungen führen zu einem Compilerfehler:

- c

  Es fehlt das Semikolon am Ende von `System.out.println()`, es müssen im `{}`-Block komplette Anweisungen stehen.

- e

  Es fehlen links die Lambda-Parameter, in unserem Fall `()`.

- f und g

  Die Methode in der funktionalen Schnittstelle hat keine Parameterliste, daher darf auch links vom Pfeil nur () stehen.
- h und i

  Bei Methoden steht void für keine Rückgabe, aber void kann bei Lambda-Ausdrücken *nicht* links für eine fehlende Parameterliste stehen.

Aufgabe 9.1.5: Lambda-Ausdrücke entwickeln

```
DoubleSupplier        ds   = () -> Math.random();
LongToDoubleFunction  ltdf = value -> value * Math.random();
UnaryOperator<String> up   = s -> s.trim();
```

Listing 9.2 com/tutego/exercise/lambda/LambdaTargetType2.java

Quiz 9.1.6: Inhalt des Pakets java.util.function

Zunächst einmal erkennen wir unterschiedliche Suffixe:

- Consumer: Etwas wird konsumiert und verbraucht, aber es wird nicht zurückgegeben.
- Predicate: Ein Test wird vorgenommen, ein Wert kommt hinein, und ein boolean kommt heraus. Im Grunde eine Spezialisierung von Function mit einer speziellen Rückgabe.
- Supplier: Etwas wird produziert, also zurückgegeben, aber keine Eingabe erwartet.
- Function: Etwas wird transformiert durch eine Funktion, das heißt, ein Wert kommt hinein, und ein Wert kommt heraus.
- Operator: eine besondere Function, bei der der Eingabetyp und Ausgabetyp immer gleich sind. Bei einer Function können der Eingabe- und Ausgabetyp komplett unterschiedlich sein.

Dann lassen sich unterschiedliche Präfixe ausmachen. Das sind Double, Int, Long. Dahinter verbergen sich spezielle funktionale Schnittstellen, die statt eines generischen Typs nur für diese drei besonderen primitiven Datentypen existieren. Für diese primitive Datentypen gibt es auch Kombinationen, wie z. B. IntToDoubleFunction.

Quiz 9.1.7: Funktionale Schnittstellen für Abbildungen kennen

Abbildung	Funktionale Schnittstelle
() → void	Runnable
() → T	Supplier

Abbildung	**Funktionale Schnittstelle**
() → boolean	BooleanSupplier
() → int	IntSupplier
() → long	LongSupplier
() → double	DoubleSupplier
(T) → void	Consumer<T>
(T) → T	UnaryOperator<T>
(T) → R	Function<T,R>
(T) → boolean	Predicate<T>
(T) → int	ToIntFunction<T>
(T) → long	ToLongFunction<T>
(T) → double	ToDoubleFunction<T>
(T, T) → T	BinaryOperator<T>
(T, U) → void	BiConsumer<T,U>
(T, U) → R	BiFunction<T,U,R>
(T, U) → boolean	BiPredicate<T,U>
(T, U) → int	ToIntBiFunction<T,U>
(T, U) → long	ToLongBiFunction<T,U>
(T, U) → double	ToDoubleBiFunction<T,U>
(T, T) → int	ToIntBiFunction<T,T>
(T, T) → long	ToLongBiFunction<T,T>
(T, T) → double	ToDoubleBiFunction<T,T>
(int) → void	IntConsumer
(int) → R	IntFunction<R>
(int) → boolean	IntPredicate
(int) → int	IntUnaryOperator
(int) → long	IntToLongFunction

Abbildung	Funktionale Schnittstelle
(int) → double	IntToDoubleFunction
(int,int) → int	IntBinaryOperator
(long) → void	LongConsumer
(long) → R	LongFunction<R>
(long) → boolean	LongPredicate
(long) → int	LongToIntFunction
(long) → long	LongUnaryOperator
(long) → double	LongToDoubleFunction
(long,long) → long	LongBinaryOperator
(double) → void	DoubleConsumer
(double) → R	DoubleFunction<R>
(double) → boolean	DoublePredicate
(double) → int	DoubleToIntFunction
(double) → long	DoubleToLongFunction
(double) → double	DoubleUnaryOperator
(double,double) → double	DoubleBinaryOperator

Aufgabe 9.3.1: Einträge löschen, Kommentare entfernen, in CSV konvertieren

```
public static void main( String[] args ) {

  List<City> cityTour = new ArrayList<>();
  City g = new City( "Gotham (cathedral)", 8_000_000 );
  City m = new City( "Metropolis (pleasure garden)", 1_600_000 );
  City h = new City( "Hogsmeade (Shopping Street)", 1_124 );
  Collections.addAll( cityTour, g, m, h );

  cityTour.removeIf( city -> city.population <= 10_000 );
  cityTour.replaceAll(
      city -> new City( city.name.replaceAll( "\\s*\\(.*\\)$", "" ),
                        city.population )
```

```
  );
  cityTour.forEach( CityTourList::printAsCsv );
}

private static void printAsCsv( City city ) {
  System.out.printf( "%s,%s%n", city.name, city.population );
}
```

Listing 9.3 com/tutego/exercise/util/CityTourList.java

Nachdem wir uns im ersten Schritt eine Kopie der Liste angelegt haben, rufen wir drei Methoden auf der `List` auf.

Bei der ersten Methode, `removeIf(Predicate)`, müssen wir ein Prädikat angeben, das bestimmt, ob die Größe der Stadt wie gewünscht ist. Wenn nicht, muss es entfernt werden. Das `Predicate` testet das `City`-Objekt und liefert `true` oder `false`.

Die nächste Methode, `replaceAll(UnaryOperator)`, erwartet eine Funktion – ein `UnaryOperator<T>` ist ein Untertyp von `Function<T, T>`. Diese Funktion wird auf jedem Element angewendet und ersetzt jedes Element in der Liste. Da `City`-Objekte nicht verändert werden können (die Objektvariablen sind `final`), erzeugen wir ein neues `City`-Objekt und übertragen die Werte, wobei die `String`-Methode `replaceAll(…)` uns dabei hilft, alles in runden Klammern zu entfernen. Die `List`-Methode `replaceAll(…)` wird jede `City` in der Liste durch eine neue `City` ersetzen, die wir in der Implementierung vom `UnaryOperator` aufbauen.

Die dritte Methode, `forEach(Consumer)`, erwartet einen Konsumenten. Statt nun direkt einen Lambda-Ausdruck einzusetzen, so wie wir das bei den anderen beiden Methoden gemacht haben, referenziert `forEach(…)` über eine Methodenreferenz eine eigene Methode `printAsCsv(…)`. Sie hat die gleiche Parameterliste wie ein `Consumer`: Sie erwartet etwas, nämlich eine `City`, und liefert nichts zurück. Im Inneren der Methode setzen wir die zwei Bestandteile mit einem Semikolon getrennt zusammen und geben sie aus.

Kapitel 10
Besondere Typen aus der Java-Bibliothek

Die Klassenbibliothek umfasst Tausende von Typen, eine riesige Anzahl kommt über die Java Enterprise Frameworks und quelloffene Bibliotheken hinzu. Zum Glück muss man nicht alle diese Typen kennen, um erfolgreich Software schreiben zu können. Vieles in der Java SE ist auch sehr *low level* und eher für Entwickler von Frameworks gedacht.

Einige allgemeine Typen sind besonders eng mit der Sprache verbunden, sodass selbst der Compiler sie kennt. Sie wir verstehen, damit wir die Möglichkeiten der Sprache optimal nutzen können. Es geht daher in diesem Kapitel um die absolute Oberklasse `Object`, welche Methoden für uns relevant sind, um Ordnungsprinzipien, die Umwendung von primitiven Typen und Wrapper-Typen (Autoboxing) und um Aufzählungstypen, eine Art spezielle Klassendeklaration.

Voraussetzungen

- Unterschied zwischen `==` (Identität) und `equals(…)` (Gleichwertigkeit) kennen
- `equals(…)` und `hashCode()` implementieren können
- `Comparator` und `Comparable` für Ordnungskriterien implementieren
- Funktion von Autoboxing verstehen
- Aufzählungstypen deklarieren und mit Eigenschaften ausstatten

Java ist auch eine Insel, Kapitel 10

In der »Insel« erklärt Kapitel 10, »Besondere Typen der Java SE«, die nötigen Voraussetzungen.

Verwendete Datentypen in diesem Kapitel:

- `java.lang.Object` (*https://docs.oracle.com/en/java/javase/11/docs/api/java.base/java/lang/Object.html*)
- `java.lang.Comparable` (*https://docs.oracle.com/en/java/javase/11/docs/api/java.base/java/lang/Comparable.html*)
- `java.util.Comparator` (*https://docs.oracle.com/en/java/javase/11/docs/api/java.base/java/util/Comparator.html*)

- `java.lang.Double` (*https://docs.oracle.com/en/java/javase/11/docs/api/java.base/java/lang/Double.html*)
- `java.lang.Integer` (*https://docs.oracle.com/en/java/javase/11/docs/api/java.base/java/lang/Integer.html*)

10.1 Absolute Oberklasse java.lang.Object

Aus `Object` gibt es drei Methoden, die Unterklassen in der Regel überschreiben: `toString()`, `equals(Object)` und `hashCode()`. Während die Identität mit `==` und `!=` getestet wird, ist für die Gleichwertigkeit die Methode `equals(Object)` zuständig. `equals(Object)` und `hashCode()` werden immer zusammen implementiert, sodass beide zueinanderpassen; wenn zum Beispiel der Hashcode von zwei Objekten nicht gleich ist, muss auch `equals(…)` `false` ergeben, und wenn `equals(…)` `true` ergibt, müssen auch die beiden Hashcodes gleich sein. Bei der Implementierung sind gewisse Regeln zu beachten, weshalb die nächsten beiden Aufgaben `equals(Object)` und `hashCode()` in den Fokus setzen.

10.1.1 equals(Object) und hashCode() generieren lassen ★

Jede moderne Java-Entwicklungsumgebung kann diverse Methoden automatisch generieren, zum Beispiel `toString()`, aber auch `equals(Object)` und `hashCode()`.

Die Entwicklungsumgebungen haben etwas andere Menüpunkte und Dialoge. `equals(Object)`/`hashCode()` lassen sich für die drei bekannten IDEs wie folgt erzeugen:

- **IntelliJ**: In dieser IDE drücken wir den Shortcut [Alt]+[Einfg]. Es folgt eine Liste von Dingen, die generiert werden können, und darunter stehen `equals()` *and* `hashCode()` aufgeführt. Aktivieren wir den Eintrag, öffnet sich zunächst ein Dialog, in dem wir verschiedene Vorlagen auswählen können. IntelliJ kann die Methoden auf unterschiedliche Arten generieren. Wir bleiben bei der Default-Einstellung und wechseln auf den nächsten Dialog mit NEXT. Wir wählen jetzt die Objektvariablen aus, die für die `equals(…)`-Methode verwendet werden; standardmäßig sind das alle. Wir gehen auf NEXT. Im nächsten Schritt kommt der gleiche Dialog, doch nun wählen wir die Objektvariablen für die `hashCode()`-Methode aus; standardmäßig sind wieder alle vorausgewählt. Wir drücken NEXT und kommen in den nächsten Dialog, wo wir noch bestimmen dürfen, ob der Name `null` sein darf oder nicht. Da wir annehmen, er könnte `null` sein, wählen wir das Feld nicht an, sondern gehen auf FINISH.

- **Eclipse**: Bei Eclipse setzen wir den Cursor in den Rumpf der Klasse, aktivieren das Kontextmenü, navigieren auf den Menüpunkt SOURCE, und gehen auf GENERATE HASHCODE() AND EQUALS(). Anders als in IntelliJ werden in Eclipse die Objektvariablen nur einmal angezeigt und für die `equals(Object)`- sowie `hashCode()`-Methode gleichzeitig verwendet. Die Codegeneration startet mit einem Klick auf GENERATE.
- **NetBeans**: Gehe im Menüpunkt unter SOURCE (oder aktiviere das Kontextmenü im Editor), dann wähle INSERT CODE; alternativ aktiviere über die Tastatur `Alt`+`Einfg`. Es folgt ein kleiner Dialog, in dem man EQUALS() AND HASHCODE()... auswählen kann. Auch andere Dinge wie Setter, Getter, Konstruktor, `toString()` lassen sich so generieren.

Aufgabe:

- Kopiere folgende Klasse in das Projekt:

```
public class Person {
  public long id;
  public int age;
  public double income;
  public boolean isDrugLord;
  public String name;
}
```

- Erzeuge mit der IDE für die Klasse `Person` die Methoden `equals(Object)` und `hashCode()`.
- Studiere die generierten Methoden ganz genau.

10.1.2 Existierende equals(Object)-Implementierungen ★★

Was sagt die Javadoc, bzw. wie sehen die `equals(Object)`-Implementierungen bei den folgenden Klassen aus?

- `java.awt.Rectangle` (Modul `java.desktop`)
- `java.lang.String` (Modul `java.base`)
- `java.lang.StringBuilder` (Modul `java.base`)
- `java.net.URL` (Modul `java.base`)

Online lässt sich der Code vom OpenJDK unter *https://github.com/openjdk/jdk/tree/master/src/* für die einzelnen Module einsehen; die Klassen finden sich unter *share/classes*.

10.2 Schnittstellen Comparator und Comparable

Ein Vergleich mit `equals(…)` sagt aus, ob zwei Objekte gleichwertig sind, aber besagt nichts über die Ordnung, welches Objekt größer oder kleiner ist. Dafür gibt es in Java zwei Schnittstellen:

- `Comparable` wird von den Typen implementiert, die eine natürliche Ordnung haben, für die es also in der Regel ein übliches Ordnungskriterium gibt. Bei zwei Datumswerten ist klar, welches vorher und welches nachher lag oder ob beide Datumswerte gleich sind.
- Von der Schnittstelle `Comparator` gibt es für jedes Ordnungskriterium eine Implementierung. Personen können wir nach dem Namen sortieren, aber auch nach dem Alter: Das wären zwei Implementierungen von `Comparator`.

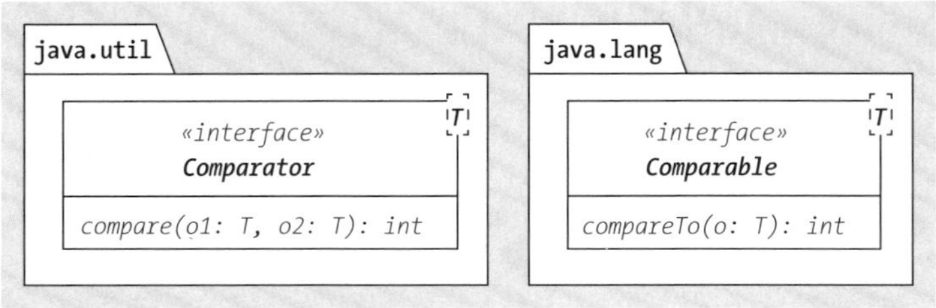

Abbildung 10.1 UML-Diagramm von Comparator und Comparable

10.2.1 Quiz: Natürliche Ordnung oder nicht? ★

Was passiert, wenn wir Folgendes in einer `main(…)`-Methode ausführen? `Point` kommt aus `java.awt`.

```
String[] strings = { "A", "B", "C" };
Arrays.sort( strings );

Point[] points = {
 new Point( 9, 3 ),
 new Point( 3, 4 ),
 new Point( 4, 3 ),
 new Point( 1, 2 ),
};

Arrays.sort( points );
```

10.2.2 Superhelden verarbeiten

Bonny Brain interessiert sich schon seit ihrer Kindheit für Superhelden. Und es gibt so viele spannende Dinge zu wissen. Damit Bonny Brain Antworten auf ihre Fragen bekommt, soll zunächst die Datenbasis definiert werden.

Aufgabe:

Kopiere folgende Klassendeklaration in das eigene Java-Projekt:[1]

```
import java.util.Arrays;
import java.util.Collections;
import java.util.List;
import java.util.Objects;
import java.util.stream.Collectors;
import java.util.stream.Stream;

public class Heroes {

  private Heroes() { }

  public static class Hero {

    public enum Sex { MALE, FEMALE }

    public final String name;
    public final Sex    sex;
    public final int    yearFirstAppearance;

    public Hero( String name, Sex sex, int yearFirstAppearance ) {
      this.name = Objects.requireNonNull( name );
      this.sex  = Objects.requireNonNull( sex );
      this.yearFirstAppearance = yearFirstAppearance;
    }

    @Override public String toString() {
      return String.format( "Hero[name=%s, sex=%s, yearFirstAppearance=%s]",
                            name, sex, yearFirstAppearance );
    }
  }

  public static class Universe {
    private final String name;
```

1 Quelle: *https://github.com/fivethirtyeight/data/tree/master/comic-characters*

```
  private final List<Hero> heroes;

  public Universe( String name, List<Hero> heroes ) {
    this.name   = Objects.requireNonNull( name );
    this.heroes = Objects.requireNonNull( heroes );
  }

  public String name() { return name; }
  public Stream<Hero> heroes() { return heroes.stream(); }
}

// https://github.com/fivethirtyeight/data/tree/master/comic-characters
private static final Hero DEADPOOL = new Hero( "Deadpool (Wade Wilson)",
  Hero.Sex.MALE, 1991 );
private static final Hero LANA_LANG = new Hero( "Lana Lang",
  Hero.Sex.FEMALE, 1950 );
private static final Hero THOR = new Hero( "Thor (Thor Odinson)",
  Hero.Sex.MALE, 1950 );
private static final Hero IRON_MAN = new Hero( "Iron Man (Anthony 'Tony' ➲
  Stark)", Hero.Sex.MALE, 1963 );
private static final Hero SPIDERMAN = new Hero( "Spider-Man (Peter Parker)",
  Hero.Sex.MALE, 1962 );
private static final Hero WONDER_WOMAN = new Hero( "Wonder Woman (Diana ➲
  Prince)", Hero.Sex.FEMALE, 1941 );
private static final Hero CAPTAIN_AMERICA = new Hero( "Captain America ➲
  (Steven Rogers)", Hero.Sex.MALE, 1941 );
private static final Hero SUPERMAN = new Hero( "Superman (Clark Kent)",
  Hero.Sex.MALE, 1938 );
private static final Hero BATMAN = new Hero( "Batman (Bruce Wayne)",
  Hero.Sex.MALE, 1939 );

public static final List<Hero> DC =
    Collections.unmodifiableList( Arrays.asList( SUPERMAN, LANA_LANG,
      WONDER_WOMAN, BATMAN ) );

public static final List<Hero> MARVEL =
    Collections.unmodifiableList( Arrays.asList( DEADPOOL, CAPTAIN_AMERICA,
      THOR, IRON_MAN, SPIDERMAN ) );

public static final List<Hero> ALL =
    Collections.unmodifiableList( Stream.concat( DC.stream(),
      MARVEL.stream() ).collect( Collectors.toList() ) );
```

```
  public static final List<Universe> UNIVERSES =
      Collections.unmodifiableList( Arrays.asList(
        new Universe( "DC", DC ), new Universe( "Marvel", MARVEL ) ) );
}
```

Listing 10.1 com/tutego/exercise/util/Heroes.java

Wer die Klasse nun in das Aufgabenprojekt gesetzt hat, ist mit der Aufgabe auch schon fertig! Die Klassendeklaration ist eine Vorbereitung für die nächsten Aufgaben. Zum Inhalt der Klasse: `Heroes` deklariert die zwei geschachtelten Klassen `Hero` und `Universe` und zudem Sammlungen mit Helden. Mit welcher Java-API die Variablen initialisiert werden und welche privaten Variablen es gibt, ist für die Lösung nicht relevant. Wir kommen im Rahmen der Java-Stream-API noch einmal auf die Klasse `Heroes` zurück.

10.2.3 Superhelden vergleichen ★★

Nicht alle Helden sind gleich! Einige erscheinen früher oder haben eine Glatze. Wir können `Comparator`-Objekte nutzen, um individuell die Ordnung zwischen Helden zu bestimmen.

Aufgabe:

- Baue als Erstes eine veränderbare Liste mit allen Helden auf:

  ```
  List<Hero> allHeroes = new ArrayList<>( Heroes.ALL );
  ```

- Schreibe einen `Comparator`, damit Helden nach dem Erscheinungsjahr in eine Reihe gebracht werden. Nutze zur Implementierung:
  - eine lokale Klasse
  - eine anonyme Klasse
  - einen Lambda-Ausdruck
- Die Schnittstelle `List` hat eine `sort(…)`-Methode. Sortiere mit dem neuen `Comparator` die Liste `allHeroes`.
- Erweitere den einen `Comparator`, sodass bei gleichem Erscheinungsjahr zusätzlich nach dem Namen verglichen wird. Bewerte den Ansatz, dass der `Comparator` mehrere Kriterien gleichzeitig prüft.

10.2.4 Helden-Comparatoren verketten ★★

Die Sortierung erfolgt oftmals nicht nur nach einem Kriterium, sondern nach mehreren. Ein typisches Beispiel ist das Telefonbuch – falls das heute noch bekannt ist … Zunächst werden die Einträge nach Nachnamen sortiert und bei einer Gruppe von Personen mit den gleichen Nachnamen anschließend nach Vornamen.

Oftmals sind bei der Ordnung mehrere Kriterien involviert. Die Verkettung der Comparator-Exemplare müssen wir nicht selbst übernehmen, sondern wir können auf die Default-Methode thenComparing(…) zurückgreifen.

Aufgabe:

- Studiere die API-Dokumentation (oder Implementierung) zur Comparator-Methode thenComparing(Comparator<? super T> other).
- Einige Helden haben das gleiche Erscheinungsjahr.
  - Schreibe eine Comparator-Implementierung, die *nur* die Helden nach ihren Namen vergleicht.
  - Schreibe einen zweiten Comparator, der die Helden *nur* nach ihrem Erscheinungsjahr vergleicht.
  - Sortiere alle Helden im ersten Kriterium nach dem Erscheinungsjahr, dann nach dem Namen. Implementiere den zusammengesetzten Comparator mit thenComparing(…).

10.2.5 Mit einem Key-Extraktor schnell zum Comparator ★★

Ein Comparator »extrahiert« in aller Regel Kernelemente und vergleicht sie. Damit kann der Comparator aber eigentlich zwei Dinge: erstens extrahieren und zweitens diese extrahierten Werte vergleichen. Nach guter objektorientierter Programmierung sollen diese zwei Schritte getrennt werden. Ein Comparator »extrahiert« in aller Regel Kernelemente und vergleicht diese. Das ist das Ziel der statischen comparingXXX(…)-Methoden der Schnittstelle Comparator. Denn diesen Methoden wird ein lediglich ein *Key-Extraktor* übergeben, und den Vergleich der extrahierten Werte übernehmen die comparingXXX(…) Methoden selbst.

Schauen wir uns drei Implementierungen an, und beginnen wir mit der Implementierung der Methode comparing(Function):

```
public static <T, U extends Comparable<? super U>> Comparator<T>
  comparing( Function<? super T, ? extends U> keyExtractor)
{
   Objects.requireNonNull(keyExtractor);
   return (Comparator<T> & Serializable)
       (c1, c2) -> keyExtractor.apply(c1).compareTo(keyExtractor.apply(c2));
}
```

Listing 10.2 OpenJDK-Implementierung aus java.util.Comparator

Am Anfang findet der obligatorische null-Test statt. Anschließend holt sich keyExtractor.apply(…) den Wert aus dem ersten Objekt und dem zweiten Objekt. Da beide Objekte eine natürliche Ordnung haben (sie sind Comparable), liefert compareTo(…)

diese Ordnung zurück. `comparing(Function)` liefert einen `Comparator` zurück, hier als Lambda-Ausdruck.

Der Key-Extraktor ist eine Funktion, die einen Wert liefert, und genau dieser Wert wird intern verglichen. `comparing(Function)` kann verwendet werden, wenn die Objekte eine natürliche Ordnung haben. Es gibt nun unterschiedliche Fabrikmethoden für `Comparator`-Exemplare, die neben dem Vergleich von `Comparable`-Objekten ausgewählte primitive Datentypen extrahieren und diese vergleichen. Schauen wir uns die zweite Methode `comparingInt(ToIntFunction)` an, wenn zwei Ganzzahlen extrahiert werden über eine `ToIntFunction`:


```
public static <T> Comparator<T> comparingInt(ToIntFunction<? super T>
  keyExtractor) {
   Objects.requireNonNull(keyExtractor);
   return (Comparator<T> & Serializable)
       (c1, c2) -> Integer.compare(keyExtractor.applyAsInt(c1),
         keyExtractor.applyAsInt(c2));
}
```

Listing 10.3 OpenJDK-Implementierung aus java.util.Comparator

Der Key-Extraktor extrahiert aus den zu vergleichenden Objekten einen Ganzzahlwert und geht dann an `Integer.compare(…)`, um diese beiden Ganzzahlen zu vergleichen.

Schauen wir uns noch die letzte Funktion an. Sie verbindet einen Key-Extraktor mit einem `Comparator`. Das ist dann praktisch, wenn die Objekte keine natürliche Ordnung haben, sondern ein fremder `Comparator` die Ordnung feststellen muss.

```
public static <T, U> Comparator<T> comparing(
       Function<? super T, ? extends U> keyExtractor,
       Comparator<? super U> keyComparator)
{
   Objects.requireNonNull(keyExtractor);
   Objects.requireNonNull(keyComparator);
   return (Comparator<T> & Serializable)
       (c1, c2) -> keyComparator.compare(keyExtractor.apply(c1),
                                         keyExtractor.apply(c2));
}
```

Listing 10.4 OpenJDK-Implementierung aus java.util.Comparator

Zunächst einmal wird der Key-Extraktor für die beiden Objekte `c1` und `c2` die Werte extrahieren. Danach kommen die Werte in die `compare(…)`-Methode der übergebenen `Comparator`-Instanz. Der Lambda-Ausdruck liefert einen neuen `Comparator` zurück.

Vergleicht man das mit eigenen Comparator-Implementierungen, dann wird man im Allgemeinen das Gleiche tun, nämlich von zwei Objekten die Werte extrahieren und vergleichen. Genau das übernehmen die Fabrikfunktionen! Wir müssen lediglich mitgeben, wie ein Schlüssel extrahiert werden muss, und dann wird dieser Key-Extraktor auf die beiden Werte, die verglichen werden sollen, angewendet.

Variiere die vorherige Aufgabe wie folgt:

1. Erzeuge mit der statischen Methode `Comparator.comparingInt(ToIntFunction<? super T> keyExtractor)` und einem Lambda-Ausdruck einen `Comparator` für Helden-Erscheinungsjahre, und sortiere damit die Liste.
2. Verwende für den Namensvergleich ebenfalls eine `Comparator`-Methode, die einen Key-Extractor benutzt.
3. Sortiere nach Namen und anschließend nach Alter, wieder mit `thenComparing(…)`. Ändere dann die Verkettungsmethode, und verwende `thenComparingInt(…)` anstelle von `thenComparing(…)`.
4. Schreibe einen `Comparator<Hero>`, der sich auf `CASE_INSENSITIVE_ORDER` aus `String` stützt, um den Heldennamen unabhängig von der Groß-/Kleinschreibung. Greife auf die `Comparator`-Methode `comparing(Function, Comparator)` zurück.

10.2.6 Punkte nach Abstand zum Zentrum sortieren ★

Captain CiaoCiao betreibt am Nordpol seine *Absolutus Zero-Zero Vodka-Destillerie*. Auf einer gedachten rechteckigen Karte befindet sich die Brennerei genau auf dem Nullpunkt. Ein `java.awt.Point` ist durch x/y-Koordinaten repräsentiert, was für die Speicherung für Ortsangaben durchaus geeignet ist. Nun ist die Frage, ob gewisse Orte näher oder ferner der Brennerei liegen.

Aufgabe:

- Schreibe einen Vergleichs-Comparator für `Point`-Objekte.
- Für den Vergleich soll die Distanz zum Nullpunkt verwendet werden. Ist der Abstand eines Punktes *p1* vom Nullpunkt kleiner als der Abstand eines Punktes *p2*, so soll gelten *p1* < *p2*.

Beispiel:

```
Point[] points = { new Point( 9, 3 ), new Point( 3, 4 ), new Point( 4, 3 ),
  new Point( 1, 2 ) };
Arrays.sort( points, new PointDistanceToZeroComparator() );
System.out.println( Arrays.toString( points ) );
```

Die Ausgabe ist:

```
[java.awt.Point[x=1,y=2], java.awt.Point[x=3,y=4], java.awt.Point[x=4,y=3], ⮐
java.awt.Point[x=9,y=3]]
```

> **Tipp**
>
> Die Klasse `java.awt.Point` bietet diverse Klassen- und Objektmethoden zur Berechnung des Abstandes. Schaue dafür in die API-Dokumentation.

10.2.7 Geschäfte in der Nähe ermitteln ★★

Für die Spirituosen der Absolutus Zero-Zero Vodka-Destillerie baut Bonny Brain die Vertriebswege auf und plant Läden an verschiedenen Orten.

Aufgabe:

- Lege eine neue Klasse `Store` an.
- Gib dem `Store` zwei Objektvariablen `Point location` und `String name`.
- Sammle diverse `Store`-Objekte in einer Liste.
- Schreibe eine Methode `List<Store> findStoresAround(Collection<Store> stores, Point center)`, die eine Liste zurückliefert, nach Abständen zum `center` sortiert; vorne in der Liste stehen diejenigen, die der Destillerie am nächsten sind.

10.3 Autoboxing

Autoboxing ist eine Fähigkeit des Compilers, primitive Typen in Wrapper-Objekte zu packen (genannt *Boxing*) und diese dann bei Bedarf wieder auszupacken (genannt *Unboxing*). Beim Autoboxing gibt es einige Besonderheiten, die man kennen sollte, denn sonst gibt eine unerwartete `NullPointerException` oder Performanceprobleme.

10.3.1 Quiz: Behandlung der null-Referenz beim Unboxing ★

Beim Unboxing wird aus einem Wrapper-Objekt der primitive Wert extrahiert. Da Objektreferenzen `null` sein können, stellen sich Fragen:

1. Lässt sich eine `null` in `0` derart umwandeln: `int i = null`?
2. Was wird passieren?

   ```
   Character c = null;
   switch ( c ) { }
   ```

3. Ist Folgendes zu schreiben sinnvoll?

   ```
   Map<String, Integer> map = new HashMap<>();
   map.put( "number-of-ships", 102 );
   int ships = map.get( "number_of_ships" );
   ```

10.3.2 Quiz: Überraschung beim Unboxing ★★

Wie sind die Bildschirmausgaben, wenn die folgenden Zeilen in der main(...)-Methode stehen würden?

```
Integer i11 = 1;
Integer i12 = 1;
System.out.println( i11 == i12 );
System.out.println( i11 <= i12 );
System.out.println( i11 >= i12 );

Integer i21 = 1000;
Integer i22 = 1000;
System.out.println( i21 == i22 );
System.out.println( i21 <= i22 );
System.out.println( i21 >= i22 );
```

Die Aufgabe ist kniffelig.

> **Tipp**
> Beim Autoboxing wird die valueOf(...)-Methode aufgerufen. Die Javadoc gibt einen entscheidenden Hinweis.

10.4 Aufzählungstypen (enum)

Aufzählungstypen (enum) repräsentieren abgeschlossene Mengen und sind in Java recht leistungsfähig; Sie erlauben nicht nur zusätzliche Objekt- und Klassenvariablen, neue private Konstruktoren, sondern können auch Schnittstellen implementieren, Methoden überschreiben, und sie haben einige Standardmethoden. Die kommenden Aufgaben adressieren diese schönen Möglichkeiten.

10.4.1 Aufzählung für Süßwaren ★

Captain CiaoCiao will eine jüngere Käuferschicht ansprechen und experimentiert statt mit Rum in seinem Labor mit Süßwaren.

Aufgabe:

- Deklariere eine Aufzählung CandyType mit Konstanten für
  - Caramels
  - Chocolate
  - Gummies
  - Licorice

  - Lollipops
  - Chewing Gums
  - Cotton Candy
- Achte auf die übliche Namenskonvention.
- Benutzer sollen von der Konsole eine Süßware eingeben können. Für die Eingabe soll das passende `enum`-Objekt gesucht werden, die Groß-/Kleinschreibung soll keine Rolle spielen. Führe eine eigene Methode ein: `static Optional<CandyType> fromName(String input)`.

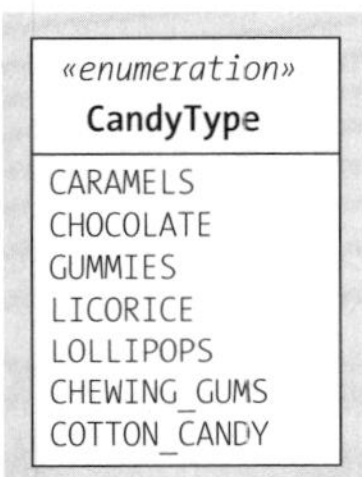

Abbildung 10.2 UML-Diagramm vom Aufzählungstyp

10.4.2 Zufällige Süßwaren liefern ★

Captain CiaoCiao startet seine Verköstigungstour und wählt immer zufällige Süßwaren aus.

Aufgabe:

- Gib dem Aufzählungstyp `CandyType` eine Methode `random()`, die eine zufällige Süßware liefert.

```
System.out.println( CandyType.random() );  // z. B. CHOCOLATE
System.out.println( CandyType.random() );  // z. B. LOLLIPOPS
```

- Verschiebe die `fromName(String)`-Methode aus der letzten Aufgabe in den Aufzählungstyp hinein.

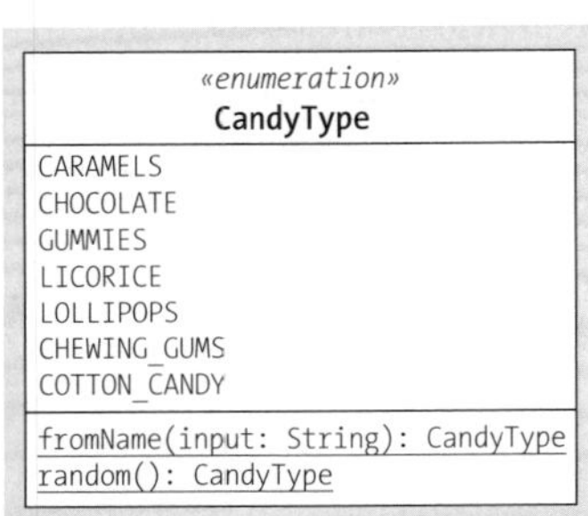

Abbildung 10.3 UML-Diagramm des Aufzählungstyps mit statischer Methode

10.4.3 Süßwaren mit Suchtfaktor auszeichnen ★★

Wir wissen, dass Süßwaren süchtig machen, manche mehr, manche weniger.

Aufgabe:

- Verbinde mit jedem Aufzählungselement aus `CandyType` einen Suchtfaktor (`int`):
  - Caramels: 9
  - Chocolate: 5
  - Gummies: 4
  - Licorice: 3
  - Lollipops: 2
  - Chewing Gums: 3
  - Cotton Candy: 1

  Zur Speicherung des Suchtfaktors nutze einen Konstruktor im `enum`. Den Suchtfaktor soll eine neue nichtstatische Methode `addictiveQuality()` liefern.
- Da Captain CiaoCiao eine Abhängigkeit in Richtung Süßwaren mit größerem Suchtfaktor erreichen möchte, soll eine neue `CandyType`-Methode `next()` die Süßware mit der nächsthöheren Abhängigkeit liefern. Lollipops hat zwei potenzielle Nachfolger, hier soll die Auswahl zufällig auf Chewing Gums und Licorice gehen. Caramels hat keinen »Nachfolger«, und es bleibt bei Caramels.

Beispiele:

- `CandyType.COTTON_CANDY.next()` ist `LOLLIPOPS`.
- `CandyType.LOLLIPOPS.next()` ist z. B. `LICORICE`.
- `CandyType.LOLLIPOPS.next()` ist z. B. `CHEWING_GUMS`.
- `CandyType.CARAMELS.next()` ist `CARAMELS`.

10.4.4 Schnittstellen-Implementierungen über ein enum ★★

Ein Aufzählungstyp kann Schnittstellen implementieren, aber keine Klassen erweitern.

Gegeben ist eine Schnittstelle `Distance`:

```
interface Distance {
  double distance( double x1, double y1, double x2, double y2 );
  double distance( double x1, double y1, double z1, double x2, double y2,
    double z2 );
}
```

Aufgabe:

- Übernimm die Schnittstelle `Distance` in das eigene Projekt.
- Deklariere einen Aufzählungstyp `Distances`, der `Distance` implementiert mit genau einem Aufzählungselement `EUCLIDEAN`:

  ```
  enum Distances implements Distance {
    EUCLIDEAN
    ...
  }
  ```

  Wer nun eine `Distance`-Implementierung für den euklidischen Abstand benötigt, kann sie über `Distances.EUCLIDEAN` bekommen.
- Füge die Implementierung hinzu, dass der euklidische Abstand von zwei Punkten berechnet wird; zur Erinnerung, für einen 2D-Punkt:

  `Math.sqrt( (x1 - x2) * (x1 - x2) + (y1 - y2) * (y1 - y2) )`
- Erweitere den Aufzählungstyp `Distances` um ein weiteres Aufzählungselement `MANHATTAN`, damit es zwei Konstanten `EUCLIDEAN` und `MANHATTAN` gibt.

  Die Manhattan-Distanz bildet sich aus der Summe der absoluten Differenzen der Einzelkoordinaten, für einen 2D-Punkt also `Math.abs(x1 - x2) + Math.abs(y1 - y2)`.

10

10.4.5 Quiz: Aviso und Brig ★

Gegeben ist folgende Deklaration eines Aufzählungstyps. Compiliert das Programm? Wenn es compiliert und man es ausführt, gibt es ein Ergebnis? Wenn es ein Ergebnis gibt, was gibt es für eine Ausgabe?

```
enum ShipType {
  AVISO( "Aviso" ), BRIG( "Brig" );
  private final String type;

  public ShipType( String type ) { this.type = type; }
```

```
  public String toString( String name ) {
    return this.type + " " + name;
  }

  public static void main( String[] args ) {
    System.out.println( AVISO.toString( "Golden Hind" ) );
  }
}
```

10.4.6 Aufzählungen vereinigen ★★★

Im ersten Entwurf einer Software wurde ein Aufzählungstyp `EssentialJob` mit Berufen deklariert:

```
enum EssentialJob {
  CAPTAIN, QUARTERMASTER, SAILINGMASTER, BOATSWAIN, SURGEON, CARPENTER,
    MASTER_GUNNER
}
```

Nun ist aufgefallen, dass Jobs fehlen. Allerdings kann in dem Projekt der Aufzählungstyp `EssentialJob` nicht mehr nachträglich ergänzt werden. Es wird ein neuer Aufzählungstyp deklariert:

```
enum NonEssentialJob {
  MATE, ABLE_BODIED_SAILOR, CABIN_BOY
}
```

In Java ist es nicht möglich, dass ein `enum` von einem anderem `enum` erbt. Wohl kann aber über eine Schnittstelle eine gewisse Gemeinsamkeit geschaffen werden.

Aufgabe:

Schaffe über eine gemeinsame Schnittstelle für die Aufzählungstypen eine Möglichkeit, eine eigene `apply(XXX job)` Methode zu deklarieren, die Aufzählungen entweder von `EssentialJob` oder `NonEssentialJob` aufnehmen kann. Überlege, wie der Typ `XXX` beschaffen sein muss. Es reicht, wenn `apply(…)` den Namen der Aufzählung nutzen kann.

10.5 Lösungsvorschläge

Aufgabe 10.1.1: equals(Object) und hashCode() generieren lassen

Generierte equals(Object)-Methode von IntelliJ

Schauen wir uns zunächst `equals(Object)` an:

```
public boolean equals( Object o ) {
  if ( this == o )
```

```
    return true;
  if ( o == null || getClass() != o.getClass() )
    return false;

  Person person = (Person) o;

  if ( id != person.id )
    return false;
  if ( age != person.age )
    return false;
  if ( Double.compare( person.income, income ) != 0 )
    return false;
  if ( isDrugLord != person.isDrugLord )
    return false;
  return name != null ? name.equals( person.name ) : person.name == null;
}
```

Listing 10.5 Generierte equals(Object)-Methode von IntelliJ

Zunächst wird getestet, ob das eingehende Objekt identisch mit dem eigenen Objekt ist, dann haben wir einen kurzen Weg, und die Antwort lautet `true`, denn natürlich sind wir mit uns selbst gleichwertig. Sollte die eingehende Objektreferenz `null` sein oder sollte das eigene `Class`-Objekt nicht mit dem übergebenen `Class`-Objekt identisch sein, dann wollen wir den Vergleich nicht weiter fortführen, wir können mit `false` aussteigen. Im Übrigen ist der `Class`-Vergleich nicht die einzige Option, es lassen die Typbeziehungen auch mit `instanceof` testen, was auch Untertypen in den Vergleich einschließt.

Nach den ersten Abfragen geht es mit den Prüfungen der Objektzustände weiter. Wir wissen, dass das Objekt in Wirklichkeit eine `Person` ist, also führen wir eine neue Variable vom Typ `Person` ein. Als Nächstes geht es darum, die eigenen Zustände mit dem der `person` zu vergleichen. Bei ganzen Zahlen und bei Wahrheitswerten kann direkt verglichen werden. Der Ansatz hier ist der, die Werte zu vergleichen und bei Ungleichheit die `equals(…)`-Methode mit `false` zu verlassen, denn es bringt überhaupt nichts, weiter zu prüfen.

Interessant bleibt der Vergleich der Fließkommazahl und der Referenz. Bei den Fließkommazahlen haben wir das Problem, dass es ein NaN (Not-a-Number) gibt. Und ein NaN ist nicht gleich einem NaN! Diesen Sonderfall deckt die `compare(…)`-Methode von `Double` ab. Zwar prüft die `compare(…)` Methode deutlich mehr, nämlich die Ordnung von zwei Fließkommazahlen, doch brauchen wir diese Eigenschaft nicht, wir vergleichen nur, ob das Ergebnis ungleich 0 ist; die Methode liefert 0, wenn zwei Fließkommazahlen gleich sind, sonst etwas Negatives oder Positives.

Die bisherigen Objektvariablen waren primitiv, als Letztes schauen wir uns den Gleichheitstest bei Referenztypen an. Hier wird auf die `equals(Object)`-Methode des referenzierten Objekts delegiert. Allerdings müssen wir einen Sonderfall betrachten, nämlich dass `name` `null` sein kann. Im Dialog konnten wir auswählen, ob eine Objektvariable `null` sein kann oder nicht; da wir `null` als Möglichkeit gewählt haben, kommt eine Sonderabfrage hinzu. Eine schöne Alternative wäre:

```
return Objects.equals( name, person.name );
```

Generierte equals(Object)-Methode von Eclipse

Kommen wir zu Eclipse:

```
public boolean equals( Object obj ) {
  if ( this == obj )
    return true;
  if ( obj == null )
    return false;
  if ( getClass() != obj.getClass() )
    return false;
  Person other = (Person) obj;
  if ( age != other.age )
    return false;
  if ( id != other.id )
    return false;
  if ( Double.doubleToLongBits( income ) !=
       Double.doubleToLongBits( other.income ) )
    return false;
  if ( isDrugLord != other.isDrugLord )
    return false;
  if ( name == null ) {
    if ( other.name != null )
      return false;
  }
  else if ( !name.equals( other.name ) )
    return false;
  return true;
}
```

Listing 10.6 Generierte equals(Object)-Methode von Eclipse

Bei Eclipse ist die Abfrage im Kern gleich, der Code ist allerdings etwas länger. Das liegt unter anderem daran, dass die Prüfung auf `null` und auf die `Class`-Objekte in zwei einzelnen Fallunterscheidungen stattfinden und nicht zusammengefasst wurden. Auch die Prüfungen beim Namen auf `null` sind etwas umfangreicher. Der einzige wirkliche Unterschied ist beim Vergleich von Fließkommazahlen. Hier wählt Eclipse einen etwas anderen Ansatz zum Vergleich: Ein double ist 8 Byte groß, und doubleToLongBits(double) erfragt die Bitmuster als long. Wenn wir dann zwei Ganzzahlen haben, können wir sie vergleichen wie jede andere Ganzzahl auch. Das Problem mit dem NaN ist damit gelöst.

Generierte hashCode()-Methode von IntelliJ

Werfen wir einen Blick auf hashCode().

```
public int hashCode() {
  int result;
  long temp;
  result = (int) (id ^ (id >>> 32));
  result = 31 * result + age;
  temp = Double.doubleToLongBits( income );
  result = 31 * result + (int) (temp ^ (temp >>> 32));
  result = 31 * result + (isDrugLord ? 1 : 0);
  result = 31 * result + (name != null ? name.hashCode() : 0);
  return result;
}
```

Listing 10.7 Generierte hashCode()-Methode von IntelliJ

Die Aufgabe der Methode ist es, die Belegungen der verschiedenen Objektvariablen algorithmisch zu einer Ganzzahl int zusammenzubringen. Im besten Fall ändert sich der Hashcode, wenn sich irgendeine Objektvariable verändert. Der Wunsch ist also, bei einem geänderten Bit irgendeiner Objektvariablen einen ganz anderen Hashcode zu bekommen.

Beim Aufbau der Berechnung nutzen die Entwicklungsumgebungen IntelliJ und Eclipse ein spezielles Muster. Nach der Initialisierung von result geht es weiter mit result = 31 * result + hashCode, wobei hashCode jeweils der zu addierende Hashcode ist, der in jedem Schritt hinzugenommen wird. 31 ist eine Primzahl, was eine gute Streuung der Bits liefert.[2]

Wie der Hashcode sich nun für int, long, double und einen Referenztyp zusammensetzt, zeigt genau der Code. Da der Hashcode ein int ist, wird age, das ebenfalls ein int ist, direkt addiert. Bei einem Wahrheitswert nutzt IntelliJ entweder 1 oder 0. Im Fall einer langen Ganzzahl werden zunächst die oberen 32 Bit, dann die unteren 32 Bit mit einer XOR-Operation zusammengelegt. Das Gleiche passiert im Prinzip auch mit

2 Dass letztendlich in der Java-Bibliothek so oft 31 bei den Hashcodes verwendet wird, ist auch dem Bauchgefühl der Autoren geschuldet, wie *https://bugs.java.com/bugdatabase/view_bug.do?bug_id=4045622* dokumentiert.

einer `double`-Fließkommazahl, hier wird das Bitmuster verwendet, ähnlich wie es die `equals(…)`-Methode für den Vergleich nutzt.

Generierte hashCode()-Methode von Eclipse

Eclipse geht ähnlich vor:

```
public int hashCode() {
  final int prime = 31;
  int result = 1;
  result = prime * result + age;
  result = prime * result + (int) (id ^ (id >>> 32));
  long temp;
  temp = Double.doubleToLongBits( income );
  result = prime * result + (int) (temp ^ (temp >>> 32));
  result = prime * result + (isDrugLord ? 1231 : 1237);
  result = prime * result + ((name == null) ? 0 : name.hashCode());
  return result;
}
```

Listing 10.8 Generierte hashCode()-Methode von Eclipse

Es gibt zwei kleine Unterschiede zwischen Eclipse und IntelliJ.

- Zunächst wird der magische Wert `31` als Variable herausgezogen. Das ist praktisch, wenn wir die Zahl später ändern wollen. Bei einer großen Anzahl von Objektvariablen müssen wir vielleicht die Primzahl anpassen, denn sonst kann es passieren, dass die Multiplikation zu großen Zahlen führt, die aus dem Wertebereich herauslaufen, sodass die ersten Objektvariablen überhaupt nicht mehr berücksichtigt werden. Wir müssen in so einem Fall die Primzahl verkleinern.
- Der zweite Unterschied liegt in der Verwendung einer anderen Zahl bei Wahrheitswerten: Eclipse nutzt `1231 = 0b10011001111` und `1237 = 0b10011010101`.

Info

Überschreibt man die Methode `hashCode()` von Hand, greifen einige Entwickler auf die statische `Objects`-Methode `hash(Object... values)` zurück:

```
public int hashCode() {
  return Objects.hash( age, income, isDrugLord, name );
}
```

Das ist kurz und elegant, aber davon ist eher abzusehen, da die Methode erstens für primitive Werte ein Boxing vornehmen muss, und zweitens muss für das Vararg immer ein Array erzeugt und später von der automatischen Speicherbereinigung weggeräumt werden. Bei einem immutable Objekt lässt sich so aber einfach der Hashcode einmal berechnen und dann zwischenspeichern.

Aufgabe 10.1.2: Existierende equals(Object)-Implementierungen

`java.awt.Rectangle` (Modul `java.desktop`)

Aus der Javadoc lässt sich ablesen, was `equals(...)` leistet: »The result is true if and only if the argument is not `null` and is a `Rectangle` object that has the same upper-left corner, width, and height as this `Rectangle`.« Im Quellcode der Implementierung lässt sich das noch besser ablesen:

```
public boolean equals(Object obj) {
    if (obj instanceof Rectangle) {
        Rectangle r = (Rectangle)obj;
        return ((x == r.x) &&
                (y == r.y) &&
                (width == r.width) &&
                (height == r.height));
    }
    return super.equals(obj);
}
```

Listing 10.9 OpenJDK-Implementierung der Methode equals(...) aus java.awt.Rectangle

Die Methode `equals(Object obj)` aus der Oberklasse `Object` hat für `obj` den Parametertyp `Object`, den die überschreibende Klasse natürlich übernehmen muss. Die Idee: Grundsätzlich darf man einen Apfel auch fragen, ob er mit einer Birne gleichwertig ist, jedoch muss die Antwort immer `false` lauten. So macht es auch die Klasse `Rectangle`. Der `instanceof`-Test prüft zunächst, ob der Objekttyp auch `Rectangle` ist, was auch Unterklassen einschließt. Erst dann geht es mit den eigentlichen Prüfungen weiter, und die x- und y-Position sowie Höhe und Breite des eigenen Objektes werden mit dem anderen Rechteck verglichen. Handelt es sich um kein `Rectangle`, dann soll sich die Oberklasse mit dem Vergleich beschäftigen. Üblicherweise finden wir in der `equals(...)`-Implementierung eine Abfrage auf `null` oder auf `this`, das wird hier eingespart und an die Oberklasse verschoben.

`java.lang.String` (Modul `java.base`)

Die `String`-Klasse hat eine `equals(...)`-Methode, und die Java-API-Dokumentation beschreibt, wie sie implementiert wird:

> *Compares this string to the specified object. The result is* `true` *if and only if the argument is not* `null` *and is a* `String` *object that represents the same sequence of characters as this object.*

Wir müssen nicht weiter in die Implementierung schauen.

`java.lang.StringBuilder` (Modul `java.base`)

Die Java-Dokumentation zeigt bei `StringBuilder` keine überschriebene `equals(...)` Methode an, und der Eintrag unter *Methods declared in class java.lang.Object* zeigt, dass eine `equals(...)`-Methode aus `Object` stammt. In der Dokumentation der Klasse steht außerdem:

> `StringBuilder` *implements* `Comparable` *but does not override* `equals`. *Thus, the natural ordering of* `StringBuilder` *is inconsistent with equals. Care should be exercised if* `StringBuilder` *objects are used as keys in a* `SortedMap` *or elements in a* `SortedSet`. *See* `Comparable`, `SortedMap`, *or* `SortedSet` *for more information.*

Die Konsequenz ist, dass wir Schwierigkeiten bekommen, wenn wir ein `StringBuilder` in eine Datenstruktur setzen, denn die allermeisten Datenstrukturen greifen auf die `equals(...)`-Methode zurück.

`java.net.URL` (Modul `java.base`)

Von allen `equals(...)`-Methode in der Java-Bibliothek dürfte die der Klasse `URL` am merkwürdigsten sein.

Das hat weitreichende Konsequenzen. Zunächst einmal kann die Ausführung der `equals(...)`-Methode sehr lange dauern, nämlich wenn ein Netzwerkzugriff gemacht werden muss. Selbst im optimalen Fall, wenn alles in einem internen Cache liegt, ist die Performance immer noch schlechter, als wenn ein paar Objektvariablen verglichen werden. Außerdem ist immer ein Netzwerkzugriff nötig, das heißt, wenn der Rechner aus dem Netzwerk abgekoppelt ist, kann die `equals(...)`-Methode nicht antworten. Ein weiteres Problem ist, dass die `equals(...)`-Methode plötzlich eine andere Antwort geben kann. Was vielleicht vorher nicht gleich war, kann plötzlich gleich sein.

Aus diesem Grund ist es unüblich, dass `URL`-Objekte in Datenstrukturen wie Listen oder Mengen gehalten werden, denn die Standardimplementierungen greifen fast immer auf die `equals(...)`-Methode zurück. Die Java-Bibliothek bietet eine zweite Klasse `URI`, die `equals(...)` als einfachen Vergleich von Objektvariablen implementiert, also Schema, Fragment, Path, Query, usw.

Quiz 10.2.1: Natürliche Ordnung oder nicht?

Es folgt eine

```
Exception in thread "main" java.lang.ClassCastException: class java.awt.Point
cannot be cast to class java.lang.Comparable (java.awt.Point is in module
java.desktop of loader 'bootstrap'; java.lang.Comparable is in module
java.base of loader 'bootstrap')
```

Der Grund: Die Methode `sort(Object[])` aus `java.util.Arrays` nimmt an, dass die Objekte eine natürliche Ordnung haben und folglich die Schnittstelle `Comparable` implementieren. Das tut `Point` aber nicht.

Sollen unbekannte Objekte miteinander verglichen werden, so müssen wir der Methode `sort(…)` ein spezielles Objekt mitgeben, das das Sortierkriterium beachtet. Das ist die Aufgabe eines `Comparator`-Objekts.

Aufgabe 10.2.3: Superhelden vergleichen

```
// local class
class YearFirstAppearanceComparator implements Comparator<Heroes.Hero> {
  @Override public int compare( Heroes.Hero h1, Heroes.Hero h2 ) {
    return Integer.compare( h1.yearFirstAppearance, h2.yearFirstAppearance );
  }
}

// inner anonymous class
Comparator<Heroes.Hero> innerClassComparator = new Comparator<>() {
  @Override public int compare( Heroes.Hero h1, Heroes.Hero h2 ) {
    return Integer.compare( h1.yearFirstAppearance, h2.yearFirstAppearance );
  }
};

// Lambda expression
Comparator<Heroes.Hero> lambdaComparator =
    (h1, h2) -> Integer.compare( h1.yearFirstAppearance,
     h2.yearFirstAppearance );

// Comparator with 2 criteria
Comparator<Heroes.Hero> combinedComparator = ( h1, h2 ) -> {
  int yearComparison = Integer.compare( h1.yearFirstAppearance,
      h2.yearFirstAppearance );
  return (yearComparison != 0) ? yearComparison : h1.name.compareTo( h2.name );
};

List<Heroes.Hero> allHeroes = new ArrayList<>( Heroes.ALL );
allHeroes.sort( new YearFirstAppearanceComparator() );
allHeroes.sort( innerClassComparator );
allHeroes.sort( lambdaComparator );
allHeroes.sort( combinedComparator );
```

Listing 10.10 com/tutego/exercise/util/HeroComparators.java

Die `Comparator`-Implementierungen greifen für den Vergleich der beiden Ganzzahlen auf `Integer.compare(…)` zurück, die so implementiert ist:

```
public static int compare(int x, int y) {
  return (x < y) ? -1 : ((x == y) ? 0 : 1);
}
```

Listing 10.11 OpenJDK-Implementierung der Methode Integer.compare(int, int)

Damit `Comparator`-Exemplare mehr als einen Vergleich machen können, gibt es zwei Ansätze. Einmal können sie die Logik selbst komplett realisieren, wie im Lösungsvorschlag, oder es lassen sich zwei existierende `Comparator`-Objekte verketten, was Thema der nächsten Aufgabe ist.

Die Verschmelzung der Logik zeigt der Lösungsvorschlag: Zunächst wird das Jahr verglichen, und wenn die Jahreszahlen gleich sind, `compare(…)` liefert `0`, dann muss das zweite Kriterium betrachtet werden, der Name. `name` ist ein `String` und implementiert `Comparable` für eine natürliche Ordnung, also muss `compareTo(…)` dann die Entscheidung fällen.

Aufgabe 10.2.4: Helden-Comparatoren verketten

```
Comparator<Heroes.Hero> nameComparator =
    (h1, h2) -> h1.name.compareTo( h2.name );

Comparator<Heroes.Hero> yearComparator =
    (h1, h2) -> Integer.compare( h1.yearFirstAppearance,
     h2.yearFirstAppearance );

Comparator<Heroes.Hero> combinedComparator = yearComparator.thenComparing(
    nameComparator );

List<Heroes.Hero> allHeroes = new ArrayList<>( Heroes.ALL );
allHeroes.sort( combinedComparator );
System.out.println( allHeroes );
```

Listing 10.12 com/tutego/exercise/util/HeroCombinedComparators.java

Um die Arbeitsweise besser zu verstehen, ein Blick in die `thenComparing(…)`-Implementierung vom OpenJDK:

```
default Comparator<T> thenComparing(Comparator<? super T> other) {
   Objects.requireNonNull(other);
   return (Comparator<T> & Serializable) (c1, c2) -> {
       int res = compare(c1, c2);
       return (res != 0) ? res : other.compare(c1, c2);
```

```
  };
}
```

Listing 10.13 OpenJDK-Implementierung aus java.util.Comparator

Im Mittelpunkt steht die `return`-Anweisung mit dem Lambda-Ausdruck, die damit einen `Comparator` liefert. Die Implementierung ruft zunächst die eigene `compare(…)`-Methode auf, denn der eigene `Comparator` geht vor und prüft zuerst. Wenn der Vergleich nicht `0` ist, dann kann unsere `compare(…)`-Methode das Ergebnis direkt zurückgeben. Falls das Ergebnis allerdings gleich `0` war, dann sagt die eigene `compare(…)`-Methode, dass die beiden Objekte gleich sind, und dann müssen wir an den zweiten `Comparator` aus dem Parameter gehen, der der Methode `thenComparing(Comparator)` übergeben wurde. Dieser zweite `Comparator` muss dann entscheiden, wie es weitergeht.

Aufgabe 10.2.5: Mit einem Key-Extraktor schnell zum Comparator

Das Aufbauen neuer `Comparator`-Objekte über statische Methoden und den Key-Extraktor ist am Anfang etwas ungewohnt. Auch an das Verketten von `Comparator`-Objekten muss man sich gewöhnen. Die Aufgabenstellung stellt die Implementierung umfangreich vor, sodass sich daraus die Lösung ergibt:

```
Comparator<Heroes.Hero> nameComparator =
    Comparator.comparing( h -> h.name );

Comparator<Heroes.Hero> yearComparator =
    Comparator.comparingInt( h -> h.yearFirstAppearance );

Comparator<Heroes.Hero> combinedComparator1 =
    yearComparator.thenComparing( nameComparator );

Comparator<Heroes.Hero> combinedComparator2 =
    nameComparator.thenComparingInt( h -> h.yearFirstAppearance );

Comparator<Heroes.Hero> insensitiveNameComparator =
    Comparator.comparing( h -> h.name, String.CASE_INSENSITIVE_ORDER );
```

Listing 10.14 com/tutego/exercise/util/HeroKeyExtractorComparators.java

Aufgabe 10.2.6: Punkte nach Abstand zum Zentrum sortieren

```
class PointComparator implements Comparator<Point> {
  @Override
  public int compare( Point p1, Point p2 ) {
```

```
    double distanceToZeroPoint1 = p1.distanceSq( 0, 0 );
    double distanceToZeroPoint2 = p2.distanceSq( 0, 0 );

    return Double.compare( distanceToZeroPoint1, distanceToZeroPoint2 );
  }
}
```

Listing 10.15 com/tutego/exercise/util/PointComparatorDemo.java

Die `sort(…)`-Methode erwartet von uns einen `Comparator`. Der `Comparator` ist eine funktionale Schnittstelle mit einer einzigen abstrakten Methode `compare(…)`.

Da `Comparator` ein generischer Datentyp ist, müssen wir ein Typargument angeben, und das ist unser `Point`. Zur Implementierung der Schnittstelle `Comparator` schreiben wir eine Klasse `PointComparator`. Sie implementiert `compare(Point p1, Point p2)`. Im Rumpf der Methode bilden wir zunächst den Abstand des ersten Punktes zum Nullpunkt und dann den zweiten Abstand zum Nullpunkt. Genau genommen berechnen wir nicht wirklich den Abstand, sondern den Abstand im Quadrat, aber das ist für den Vergleich völlig in Ordnung und noch etwas schneller, denn die Wurzel ist nicht wirklich nötig.

Mit den beiden Abständen müssen wir lediglich für die `compare(…)`-Methode die passende Rückgabe – negativ, positiv oder `0` – liefern. Dazu greifen wir auf die Drei-Wege-Vergleichsfunktion `Double.compare(…)` zurück.

Den `Comparator` können wir so bei `sort(…)` als zweites Argument übergeben:

```
Arrays.sort( points, new PointComparator() );
```

Aufgabe 10.2.7: Geschäfte in der Nähe ermitteln

```
class Store {
  String name;
  Point location;

  Store( String name, int x, int y ) {
    this.name = name;
    this.location = new Point( x, y );
  }

  @Override
  public String toString() {
    return String.format( "Store [name=%s, location=%s]", name, location );
  }
}
```

```
public class StoreFinder {

  static List<Store> findStoresAround( Collection<Store> stores,
      Point center ) {
    List<Store> result = new ArrayList<>( stores );

    class StoreDistanceComparator implements Comparator<Store> {
      @Override
      public int compare( Store s1, Store s2 ) {
        double dist1ToCenter = s1.location.distance( center );
        double dist2ToCenter = s2.location.distance( center );
        return Double.compare( dist1ToCenter, dist2ToCenter );
      }
    }

    result.sort( new StoreDistanceComparator() );
    return result;
  }

  public static void main( String[] args ) {
    Store s1 = new Store( "ALDI", 10, 10 );
    Store s2 = new Store( "LIDL", 90, 80 );
    Store s3 = new Store( "REWE", 51, 51 );
    List<Store> list = Arrays.asList( s1, s2, s3 );
    System.out.println( list );
    List<Store> around = findStoresAround( list, new Point( 50, 50 ) );
    System.out.println( around );
  }
}
```

Listing 10.16 com/tutego/exercise/oop/StoreFinder.java

Als Erstes modellieren wir die Klasse `Store` mit den beiden Objektvariablen `name` und `location`. Aus praktischen Gründen geben wir der Klasse einen parametrisierten Konstruktor, der den Namen sowie die x-y-Koordinate annimmt und in die internen Zustände überträgt. Die `toString()`-Methode liefert eine Repräsentation mit dem Namen und der Location.

Die nächste Klasse `StoreFinder` hat die gewünschte Methode `findStoresAround(…)` und eine `main(…)`-Methode mit einer kleinen Demonstration.

Die eigentliche Methode `findStoresAround(…)` nutzt einen besonderen Kniff, damit die Implementierung noch ein wenig kompakter ist. Zunächst einmal zur allgemeinen Lösung: Wir arbeiten mit einer `List` und einem `Comparator`, sodass wir mithilfe des `Comparator`-Objekts die Liste sortieren können. Der `Comparator` muss lediglich den Abstand der Punkte als Ordnungskriterium nutzen. Hier können wir es uns einfach machen, denn die `java.awt.Point`-Klasse besitzt eine `distance(…)`-Methode, mit der wir leicht den Abstand von Punkten berechnen können.

Im ersten Schritt von `findStoresAround(…)` setzen wir die `Store`-Objekte aus der `Collection` in eine `ArrayList`. Das ist Voraussetzung zum Sortieren, denn eine `Collection` lässt sich nicht sortieren, sondern nur eine Liste. Außerdem sagt die Aufgabe nicht explizit, dass wir die `Collection` auch verändern dürfen. Daher wollen wir hier konservativ sein und die eingehende `Collection` nicht modifizieren, was auch vielleicht gar nicht möglich ist, wenn die `Collection` immutable ist.

Nun nutzen wir die Besonderheit der Sprache Java, dass man Klassen innerhalb von Methoden deklarieren kann. Wir nennen so etwas *lokale innere Klassen*. Der Vorteil von lokalen inneren Klassen ist, dass sie auf (explizit oder implizit `final`) Variablen aus der Umgebung zurückgreifen können. Unser `Comparator` braucht das, denn wenn er beurteilen soll, welches der beiden `Store`-Objekte näher am Zentrum liegt, muss ein Vergleich stattfinden vom ersten `Store` bis zum Zentrum und dann vom zweiten `Store` bis zum Zentrum. Wer nicht mit den lokalen inneren Klassen arbeiten möchte, müsste der `Comparator`-Implementierung einen parametrisierten Konstruktor geben, sodass er von außen den `center` in die `Comparator`-Implementierung bekommt.

Das Innere der `compare(…)`-Methode berechnet den Abstand der beiden Geschäfte zum `center`. Es ergeben sich zwei Fließkommazahlen, die wir wiederum mit der bekannten `Double.compare(…)`-Methode in etwas Negatives, Positives oder `0` übersetzen. Haben wir den `Comparator`, können wir damit unsere Liste sortieren und die Liste zurückgeben.

Quiz 10.3.1: Behandlung der null-Referenz beim Unboxing

Die erste Anweisung compiliert nicht. Was man allerdings übersetzen kann, ist folgender Code:

```
Integer int1 = null;
int int2 = int1;
int i = (Integer) null;
```

Bei der Ausführung gibt es jedoch eine `NullPointerException`. Der Grund liegt im Unboxing. Der Java-Compiler wird automatisch entsprechende Methoden aufrufen, um aus dem Wrapper-Objekt den primitiven Wert zu erfragen. Im Fall eines `Integer`-Objektes setzt der Compiler automatisch in den Bytecode die Methode `intValue()`.

Eine `NullPointerException` gibt es auch beim `switch`-Beispiel. Der Java-Compiler wird automatisch ein Unboxing machen und `charValue()` aufrufen – das wird zur Laufzeit nicht gelingen. `switch` hat keine Sonderbehandlung bei einem Wrapper, der `null` sein kann.

Eine Map ist ein Assoziativspeicher, der Schlüsse-Wert-Paare miteinander verbindet. Die get(…)-Methode hat die Eigenschaft, dass sie null zurückliefert, wenn es zu dem Schlüssel keinen assoziierten Wert gibt. Unser Beispiel ist genau so einen Fall. Unter einem falschen Schlüssel erfragen wir den Assoziativspeicher, es gibt keinen assoziierten Wert, also ist die Rückgabe null. Der Compiler wird automatisch ein Unboxing machen und die Methode intValue() aufrufen, was zur Laufzeit eine NullPointerException zur Konsequenz hat. Die Lösung dafür ist, immer dann, wenn null eine fehlende Rückgabe ausdrückt, explizit eine Prüfung auf null in den Code einzubauen. Sicherer wäre also:

```
Integer maybeShips = map.get( "number_of_ships" );
if ( maybeShips != null ) {
  int ships = maybeShips;
}
```

Um es zusammenzufassen: Es gibt keine automatische Konvertierung von null in 0 oder false.

Quiz 10.3.2: Überraschung beim Unboxing

Die Ausgaben des Programms sind im Kommentar vermerkt.

```
Integer i11 = 1;
Integer i12 = 1;
System.out.println( i11 == i12 );  // true
System.out.println( i11 <= i12 );  // true
System.out.println( i11 >= i12 );  // true

Integer i21 = 1000;
Integer i22 = 1000;
System.out.println( i21 == i22 );  // false
System.out.println( i21 <= i22 );  // true
System.out.println( i21 >= i22 );  // true
```

Es ist auf den ersten Blick überraschend, dass in einem Fall der ==-Operator true ergibt und dann plötzlich false. Es gibt drei Dinge, die man wissen muss:

1. Die relationalen Operatoren <, >, <=, >= erzwingen, dass den Wrapper-Objekten die Werte entnommen werden und der Vergleich erfolgt. Der Vergleichsoperator == führt allerdings kein Unboxing durch, sondern vergleicht lediglich zwei Referenzen und macht folglich einen Identitätsvergleich. Das heißt, der Code vergleicht nicht die Zahlen 1 und 1 sowie 1000 und 1000, sondern vergleicht jeweils die *Referenzen* der beiden Integer-Objekte. Die Frage ist nur: Warum sind die beiden Integer-Objekte bei 1 identisch und bei 1000 nicht? Dazu kommen wir jetzt …
2. Der Compiler baut Wrapper-Objekte nicht mit new auf, sondern geht an die Fabrikmethode valueOf(…).

3. Die Integer-Klasse benutzt intern einen Cache für alle Integer-Objekte im Wertebereich von –128 bis +127. Die valueOf(…)-Methode liefert folglich für genau die Ganzzahlen aus dem genannten Wertebereich schon existierende Integer-Objekte zurück. Alles außerhalb des Wertebereiches wird immer wieder als neues Objekt aufgebaut und zurückgegeben. Der Aufruf von valueOf(1000) führt also zu zwei verschiedenen Integer-Objekten, die natürlich nicht identisch sind.

Aufgabe 10.4.1: Aufzählung für Süßwaren

```
enum CandyType {
  CARAMELS,
  CHOCOLATE,
  GUMMIES,
  LICORICE,
  LOLLIPOPS,
  CHEWING_GUMS,
  COTTON_CANDY
}

static Optional<CandyType> fromName( String input ) {
  try {
    input = input.trim().toUpperCase().replace( ' ', '_' );
    return Optional.of( CandyType.valueOf( input ) );
  }
  catch ( IllegalArgumentException e ) {
    return Optional.empty();
  }
}

public static void main( String[] args ) {
  System.out.println( "Name a candy" );
  String input = new Scanner( System.in ).nextLine();
  fromName( input ).ifPresentOrElse( System.out::println, () ->
    System.out.println("Unknown") );
}
```

Listing 10.17 com/tutego/exercise/lang/AskForCandy.java

Der neue Aufzählungstyp CandyType besteht aus mehreren Konstanten, die in Java üblicherweise komplett großgeschrieben werden. Da es keine Leerzeichen in Bezeichnernamen gibt, setzen wir einen Unterstrich, genauso wie das bei Konstanten üblich ist.

Die Methode fromName(String) bekommt später die Benutzereingabe übergeben und liefert den entsprechenden CandyType zurück. Da die Eingaben unerwünschte Leerzeichen vorne und hinten haben könnten, schneiden wir sie ab. Da die Eingabe unabhängig von der Groß- und Kleinschreibweise erfolgen kann, konvertieren wir sie zunächst in Großbuchstaben und ersetzen das Leerzeichen durch einen Unterstrich – das entspricht im besten Fall dem Namen der Konstanten. Der Compiler generiert aus jedem Aufzählungstyp eine Klasse, die eine statische `valueOf(String)`-Methode besitzt. Sie hilft uns, zu einem String den entsprechenden Aufzählungstyp zu liefern. Ein Problem besteht, wenn eine Zuordnung nicht möglich ist: Dann erzeugt `valueOf()` eine Ausnahme; wir fangen sie ab und geben `Optional.empty()` zurück. Liefert `valueOf()` ein Resultat, packen wir das in ein `Optional` ein.

Aufgabe 10.4.2: Zufällige Süßwaren liefern

```
enum CandyType {
  CARAMELS,
  CHOCOLATE,
  GUMMIES,
  LICORICE,
  LOLLIPOPS,
  CHEWING_GUMS,
  COTTON_CANDY;

  public static Optional<CandyType> fromName( String input ) {
    try {
      input = input.trim().toUpperCase().replace( ' ', '_' );
      return Optional.of( valueOf( input ) );
    }
    catch ( IllegalArgumentException e ) {
      return Optional.empty();
    }
  }

  public static CandyType random() {
    return values()[ (int) (Math.random() * values().length) ];
  }

  //    private static CandyType[] VALUES = values();
  //    public static CandyType random() {
  //      return VALUES[ (int) (Math.random() * VALUES.length) ];
  //    }
}
```

Listing 10.18 com/tutego/exercise/lang/RandomCandy.java

Setzen wir Methoden oder weitere Variablen in den Aufzählungstyp, müssen wir hinter das letzte Aufzählungselement ein Semikolon setzen.

Die Methode `fromName(…)` können wir eins zu eins in den Aufzählungstyp kopieren, wir müssen überhaupt nichts ändern. Wir könnten allerdings bei `valueOf(…)` die Qualifizierung mit `CandyType` weglassen, weil ja `valueOf(…)` nun Teil des eigenen Datentyps ist.

Neben `valueOf(…)` gibt es eine zweite Methode, die automatisch vom Compiler generiert wird. Die Methode `values()` liefert ein Array mit allen Aufzählungselementen. Hier können wir ein zufälliges Element herausnehmen, und damit ist die Methode `random()` implementiert.

Die eigene Methode `random()` lässt sich noch etwas performanter realisieren. Denn so wird zweimal `values()` aufgerufen, und das erzeugt gewisse Laufzeitkosten, denn es wird immer ein neues Array zurückgegeben. Wir könnten den Code optimieren, indem eine eigene private statische Variable die Konstanten im Array referenziert. Auf diese Weise lässt sich später auf das Array direkt zurückgreifen, ohne es immer wieder zur Laufzeit erzeugen zu müssen.

Aufgabe 10.4.3: Süßwaren mit Suchtfaktor auszeichnen

Die Methode `next()` kann auf unterschiedliche Weisen implementiert werden. Drei verschiedene Varianten werden vorgestellt. Die erste Variante ist die einfachste.

this-Abfrage in next()

```
enum CandyType {
  CARAMELS    ( 9 ),
  CHOCOLATE   ( 5 ),
  GUMMIES     ( 4 ),
  LICORICE    ( 3 ),
  LOLLIPOPS   ( 2 ),
  CHEWING_GUMS( 3 ),
  COTTON_CANDY( 1 );

  private final int addictiveQuality;

  CandyType( int addictiveQuality ) {
    this.addictiveQuality = addictiveQuality;
  }

  public int addictiveQuality() {
    return addictiveQuality;
  }
```

```
public CandyType next() {
  switch ( this ) {
    case GUMMIES: return CHOCOLATE;
    case LOLLIPOPS: return Math.random() > 0.5 ? LICORICE : CHEWING_GUMS;
    case COTTON_CANDY: return LOLLIPOPS;
    case LICORICE:
    case CHEWING_GUMS: return GUMMIES;
    case CHOCOLATE:
    default: return CARAMELS;
  }
}
```

Listing 10.19 com/tutego/exercise/lang/AddictiveQualityCandy.java

Im ersten Schritt setzen wir hinter die Aufzählungselemente in runden Klammern unsere Werte für den Suchtfaktor. Diese Ganzzahl wird an den eigenen Konstruktor übermittelt, der implizit privat ist, weil er vom Java-Compiler umgeschrieben wird. Der Konstruktor nimmt die Ganzzahl entgegen und merkt sie sich in einer privaten Variablen, die über die öffentliche Methode `addictiveQuality()` zugänglich ist. Da es keinen entsprechenden Setter gibt und das Aufzählungselement keine JavaBean ist, entfällt das Präfix `get`.

Die `next()`-Methode ist eine Objektmethode auf jedem der Aufzählungselemente, daher steht die `this`-Referenz zur Verfügung. `this` zeigt folglich auf das aktuelle Aufzählungselement, was wir mit einer `switch`-Anweisung untersuchen können. In Abhängigkeit vom Typ geben wir über die `return`-Anweisung die Nachfolgedroge zurück. Bei `LOLLIPOPS` haben wir einen Sonderfall: Es ist willkürlich, ob `LICORICE` oder `CHEWING_GUMS` zurückgegeben wird.

Array-Lösung

Schreiben wir als Entwickler Quellcode und fallen uns gewisse strukturelle Muster auf, deutet das auf eine mögliche Vereinfachung hin. Insbesondere wenn wir Abbildungen haben, wie in der Aufgabe. `next()` ist eine Funktion, das heißt, Werte »kommen rein« und Werte »kommen raus«. Die Typen in unserem Fall:

`next: CandyType ↦ CandyType`

Das Funktionsargument sind Aufzählungselemente (über `this`), aber da sie zugeordnete Ordinalzahlen, also Positionen im Aufzählungstyp, haben, lässt sich die Abbildung auch von einer Ganzzahl auf einen `CandyType` verstehen:

`next: int ↦ CandyType`

Abbildungen dieser Art sind gut mit assoziativen Datenstrukturen zu realisieren, wobei hier die angenehme Besonderheit vorliegt, dass die Ordinalzahlen der Aufzählungselemente bei 0 beginnen und dass die Zahlen aufsteigend ohne Lücken sind. Dann lässt sich ein Array einsetzen, und das ist der zweite Lösungsvorschlag:

```
private static CandyType[] NEXT = {
  // CARAMELS, CHOCOLATE, GUMMIES,    LICORICE, LOLLIPOPS, CHEWING_GUMS,
  // COTTON_CANDY
  CARAMELS,    CARAMELS, CHOCOLATE, GUMMIES, null,      GUMMIES,     LOLLIPOPS
};

public CandyType next() {
  if ( this == LOLLIPOPS )
    return Math.random() > 0.5 ? LICORICE : CHEWING_GUMS;
  return NEXT[ ordinal() ];
}
```

Listing 10.20 com/tutego/exercise/lang/AddictiveQualityCandy.java

Das Programm enthält ein Array `NEXT`, das jeweils die nachfolgenden Süßwaren enthält. Die `next()`-Methode erfragt die Ordinalzahl und springt dann auf das Array. Falls neue Aufzählungselemente hinzukommen, müssen wir natürlich das Array anpassen.

Das einzige Problem bleibt `LOLLIPOPS`, was das Programm mit einer Sonderbehandlung überprüft. Im Array steht an dieser Position `null`, weil es nie zu einem Zugriff auf dieses Element kommt.

Lambda-Lösung für Fortgeschrittene

Noch nicht schön ist diese Mischung zwischen einem Array auf der einen Seite und der Sonderbehandlung innerhalb von `next()` auf der anderen. Daher wollen wir zum Schluss eine sehr fortgeschrittene dritte Variante kennenlernen, die auf einer ganzen Reihe von Java-Möglichkeiten aufbaut:

```
interface CandyTypeSupplier extends Supplier<CandyType> {}

private static CandyTypeSupplier[] NEXT = {
  () -> CARAMELS, () -> CARAMELS, () -> CHOCOLATE, () -> GUMMIES,
  () -> Math.random() > 0.5 ? LICORICE : CHEWING_GUMS,
  () -> GUMMIES, () -> LOLLIPOPS
};

public CandyType next() {
  return NEXT[ ordinal() ].get();
}
```

Listing 10.21 com/tutego/exercise/lang/AddictiveQualityCandy.java

Im Kern haben wir ein Array, doch das enthält jetzt nicht mehr `CandyType`-Objekte, sondern Produzenten für `CandyType`-Objekte. Für Produzenten gibt es in Java eine Schnittstelle: `Supplier`. `Supplier` ist ein generischer Typ, und da generische Typen und Array nicht richtig zusammenpassen, erzeugen wir zunächst einen Spezialtyp `CandyTypeSupplier`, der ein `Supplier` für `CandyType` ist.

Das Array `NEXT` ist vom Typ `CandyTypeSupplier[]`. Initialisiert wird das Array mit einer Reihe von `Supplier`-Lambda-Ausdrücken. Diese `Supplier`-Objekte liefern im einfachen Fall das nachfolgende `CandyType`; bei dem Spezialfall `LOLLIPOPS` findet sich der Bedingungsoperator, der zufällig `LICORICE` oder `CHEWING_GUMS` liefert.

Liegen im Array die `Supplier`-Elemente, kann `next()`:

1. die Ordinalzahl eines Aufzählungselementes erfragen;
2. mit der Ordinalzahl an das Array gehen und den `Supplier` besorgen;
3. den `Supplier` bitten, das Ergebnis zu produzieren.

Variante mit überschriebenen abstrakten Methoden

Es verbleibt noch eine weitere Möglichkeit, die nur kurz skizziert werden soll. Die `next()`-Methode kann abstrakt deklariert und von den einzelnen Aufzählungselementen überschrieben werden, sodass sie mit der nächsten Süßigkeit antwortet. Zu dieser Möglichkeit, Methoden zu überschreiben, in der nächsten Aufgabe mehr.

Aufgabe 10.4.4: Schnittstellen-Implementierungen über ein enum

```
enum Distances implements Distance {
  EUCLIDEAN;

  @Override
  public double distance( double x1, double y1, double x2, double y2 ) {
    return Math.sqrt( (x1 - x2) * (x1 - x2) + (y1 - y2) * (y1 - y2) );
  }
  @Override
  public double distance( double x1, double y1, double z1, double x2,
      double y2, double z2 ) {
    return Math.sqrt( (x1 - x2) * (x1 - x2) + (y1 - y2) * (y1 - y2) +
      (z1 - z2) * (z1 - z2) );
  }
}
```

Listing 10.22 com/tutego/exercise/lang/DistanceImplementations.java

Wir beginnen mit dem Aufzählungstyp `Distances` und setzen eine Konstante `EUCLIDEAN` hinein. Jetzt muss `Distances` die Schnittstelle `Distance` implementieren. In der ersten Teilaufgabe hat Distances nur eine Konstante EUCLIDEAN. Wenn Distances die Schnittstelle implementiert, dann kann die Implementierung direkt in den Rumpf des Aufzählungstyps gesetzt werden, dann gilt die Implementierung für alle Aufzählungselemente. Da wir nur ein Element EUCLIDEAN haben, kann die Implementierung distance(...) genau diese eine Abstandsmetrik implementieren. Sie muss nicht abfragen, ob der Algorithmus vielleicht für eine andere Konstante gilt.

```
enum Distances implements Distance {
  EUCLIDEAN {
    @Override
    public double distance( double x1, double y1, double x2, double y2 ) {
      return Math.sqrt( (x1 - x2) * (x1 - x2) + (y1 - y2) * (y1 - y2) );
    }

    @Override
    public double distance( double x1, double y1, double z1, double x2,
        double y2, double z2 ) {
      return Math.sqrt( (x1 - x2) * (x1 - x2) + (y1 - y2) * (y1 - y2) +
        (z1 - z2) * (z1 - z2) );
    }
  },
  MANHATTAN {
    @Override
    public double distance( double x1, double y1, double x2, double y2 ) {
      return Math.abs( x1 - x2 ) + Math.abs( y1 - y2 );
    }

    @Override
    public double distance( double x1, double y1, double z1, double x2,
        double y2, double z2 ) {
      return Math.abs( x1 - x2 ) + Math.abs( y1 - y2 ) + Math.abs( z1 - z2 );
    }
  }
}
```

Listing 10.23 com/tutego/exercise/lang/DistanceImplementations.java

Auch bei der zweiten Lösung implementiert der Aufzählungstyp Distances die Schnittstelle, nur gibt es zwei Konstanten, EUCLIDEAN und MANHATTAN.

Bei der Implementierung der beiden Methoden aus der Schnittstelle Distance geht die Lösung etwas anders vor. Statt eine gemeinsame Implementierung für alle Konstanten zu haben, ist jetzt die Implementierung mit dem Aufzählungselement zusammengebracht. Die Syntax ähnelt der der anonymen inneren Klassen. Hinter dem Namen der Konstanten folgt in geschweiften Klammern der Rumpf, und darin befinden sich die beiden überschriebenen Methoden. Hinter `MANHATTAN { … }` ist kein Semikolon nötig.

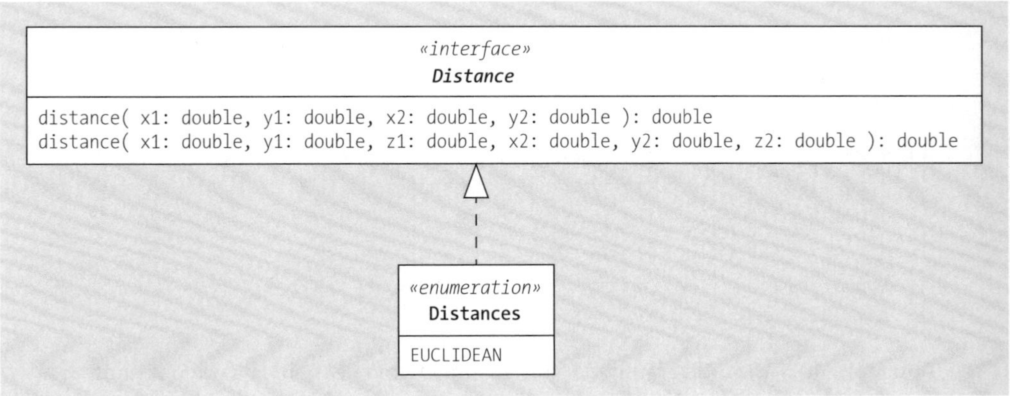

Abbildung 10.4 UML-Diagramm vom Aufzählungstyp

Quiz 10.4.5: Aviso und Brig

Das Programm compiliert nicht und kann folglich nicht ausgeführt werden. Der Grund für den Compilerfehler liegt einzig und allein am sichtbaren Konstruktor `ShipType`. Aufzählungstypen dürfen Konstruktoren haben, die sind allerdings immer privat. Wenn wir keinen Sichtbarkeitsmodifizierer schreiben, gilt `private` als Standard; wir könnten `private` auch selbst ergänzen, doch das ist unnötig. Auf keinen Fall darf der Konstruktor öffentlich sein, denn von außen lassen sich keine neuen Aufzählungselemente erzeugen.

Ein Aufzählungstyp kann eine `main(…)`-Methode deklarieren, und solche Programme lassen sich auch ausführen. Der Compiler setzt einen Aufzählungstyp sowieso in eine Klasse um, und ein `enum` kann statische Methoden besitzen. Für die Laufzeitumgebung ist folglich ein Aufzählungstyp nichts Besonderes, sondern lediglich eine Klasse, die ein paar Konstanten hat und von einer Oberklasse `Enum` abgeleitet ist.

Würden wir die Sichtbarkeit am Konstruktor entfernen, und das Programm ausführen, würde die Ausgabe sein: `Aviso Golden Hind`.

Aufgabe 10.4.6: Aufzählungen vereinigen

Im ersten Schritt führen wir eine neue Schnittstelle `Job` ein, die beide Aufzählungstypen implementieren. `Job` schreibt keine Methoden vor, ist also eine klassische Markierungsschnittstelle, könnte aber prinzipiell eigene Methoden vorschreiben.

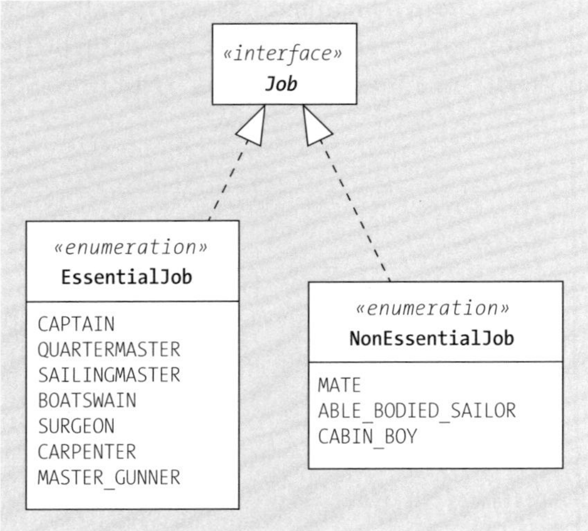

Abbildung 10.5 UML-Diagramm der Aufzählungen und der gemeinsamen Schnittstelle

Die eigentliche Herausforderung in der Aufgabe ist, bei der `apply(…)`-Methode nur Aufzählungen und Objekte vom Typ `Job` anzunehmen. Java ist bei Typen nicht besonders flexibel. Andere Programmiersprachen, z. B. TypeScript, bieten mehr:

1. Union Type: Typ A *oder* Typ B
2. Intersection Type: Typ A *und* Typ B

In Java gibt es zwei Stellen, an denen diese Union Types und Intersection Types auftauchen:

1. Union Type: Bei Ausnahmen, wo über ein *multi-catch* verschiedene Ausnahmetypen gleich behandelt werden, lässt sich schreiben: `E1 | E2 | E3`, das heißt `E1` oder `E2` oder `E3`.[3]
2. Intersection Type: über generische Typen, wo es z. B. heißt `<T extends A & B & C>`[4]

In unserem Fall benötigen wir keinen Union Type, sondern einen Intersection Type, denn die `apply(…)`-Methode darf nur Objekte annehmen, die vom Typ `Jobs` und gleichzeitig vom Typ `Enum` sind. So ist dann auch die Methode deklariert.

```
interface Job {
}

enum EssentialJob implements Job {
  CAPTAIN, QUARTERMASTER, SAILINGMASTER, BOATSWAIN,
```

3 The `try` statement: *https://docs.oracle.com/javase/specs/jls/se16/html/jls-14.html#jls-14.20*
4 Intersection Types: *https://docs.oracle.com/javase/specs/jls/se16/html/jls-4.html#jls-4.9*

```
  SURGEON, CARPENTER, MASTER_GUNNER
}

enum NonEssentialJob implements Job {
  MATE, ABLE_BODIED_SAILOR, CABIN_BOY
}

public class PirateJobs {
  public static <JOB extends Enum<JOB> & Job> void apply( JOB job ) {
    System.out.println( job.name() );
    System.out.println( job == EssentialJob.BOATSWAIN );
  }

  public static void main( String[] args ) {
    apply( EssentialJob.BOATSWAIN );
    apply( NonEssentialJob.CABIN_BOY );
//    apply( new Job(){} );
  }
}
```

Listing 10.24 com/tutego/exercise/lang/PirateJobs.java

Die Deklaration `<JOB extends Enum<JOB> & Job>` drückt aus, dass die Typvariable `JOB` ein `Enum` und ein `Job` ist. Prinzipiell können mehrere Typen mit `&` verknüpft werden, allerdings muss als Erstes ein Klassenname stehen, und die Schnittstellen stehen dahinter. Wenn wir jetzt bei der `apply(…)`-Methode versuchen, nur eine Implementierung von `Job` zu übergeben, wird es zu einem Compilerfehler führen:

```
apply( new Job(){} ); // no instance(s) of type variable(s) JOB exist
                      // so that Job conforms to Enum<JOB>
```

Oftmals werden generische Typvariablen mit einem einzigen Großbuchstaben geschrieben, doch mehrere Großbuchstaben dürften die Lesbarkeit hier verbessern und die Funktion besser verdeutlichen als nur `J`.

Man muss sich bewusst sein, was mit der Lösung funktioniert und was nicht. Über die generische Deklaration bekommen wir ein `Enum`, das heißt, es stehen alle Methoden zur Verfügung, die ein `Enum` besitzt, etwa `name()` und `ordinal()`. Auch lassen sich Vergleiche mit dem `==`-Operator problemlos durchführen. Was allerdings nicht funktioniert, ist `switch-case`. Werden in der Schnittstelle Methoden deklariert, können auch diese aufgerufen werden.

Kapitel 11
Fortgeschrittene Zeichenkettenverarbeitung

Nachdem wir uns in einem anderen Kapitel mit den grundlegenden Datentypen rund um Zeichen und Zeichenfolgen beschäftigt haben, wollen wir nun fortschrittliche Zeichenkettenverarbeitung besprechen. Die Themen sind formatierte Ausgabe, reguläre Ausdrücke, Zerlegen von Zeichenfolgen.

Voraussetzungen

- Strings formatieren können
- mit regulären Ausdrücken matchen, suchen, ersetzen können
- Strings zerlegen können
- Zeichenkodierungen und UTF-8 verstehen

Java ist auch eine Insel, Kapitel 5, Java SE 9 Standard-Bibliothek, Kapitel 3

In der »Insel« beschreibt Kapitel 5, »Der Umgang mit Zeichenketten«, auch etwas fortgeschrittene Themen, die in der »2. Insel« in Kapitel 3, »Fortgeschrittene String-Verarbeitung«, vertieft werden.

Verwendete Datentypen in diesem Kapitel:

- `java.util.Formatter` (*https://docs.oracle.com/en/java/javase/11/docs/api/java.base/java/util/Formatter.html*)
- `java.lang.String` (*https://docs.oracle.com/en/java/javase/11/docs/api/java.base/java/lang/String.html*)
- `java.util.regex.Pattern` (*https://docs.oracle.com/en/java/javase/11/docs/api/java.base/java/util/regex/Pattern.html*)
- `java.util.regex.Matcher` (*https://docs.oracle.com/en/java/javase/11/docs/api/java.base/java/util/regex/Matcher.html*)
- `java.util.Scanner` (*https://docs.oracle.com/en/java/javase/11/docs/api/java.base/java/util/Scanner.html*)

11.1 Strings formatieren

Um Strings, Zahlen und temporale Daten in einen String zu setzen, gibt es in Java unterschiedliche Möglichkeiten. Im Paket `java.text` finden sich die Klassen `MessageFormat`, `DateFormat` und `DecimalFormat` sowie die Klasse `Formatter` und in `String` die Methode `String.format(…)`.Die nächsten Aufgaben lassen sich kompakt mit den Formatierungs-Strings vom `Formatter` lösen.

11.1.1 ASCII-Tabelle aufbauen ★

Bonny Brain hat auf ihrem Aye Phone eine neue App installiert, die ihr das ASCII-Alphabet zeigt:

```
$ ascii
Usage: ascii [-adxohv] [-t] [char-alias...]
   -t = one-line output  -a = vertical format-
   -d = Decimal table  -o = octal table  -x = hex table  -b binary table
   -h = This help screen -v = version information
Prints all aliases of an ASCII character. Args may be chars, C \-escapes,
English names, ^-escapes, ASCII mnemonics, or numerics in decimal/octal/hex.

Dec Hex    Dec Hex    Dec Hex  Dec Hex  Dec Hex  Dec Hex   Dec Hex   Dec Hex
  0 00 NUL  16 10 DLE  32 20     48 30 0  64 40 @  80 50 P   96 60 `  112 70 p
  1 01 SOH  17 11 DC1  33 21 !   49 31 1  65 41 A  81 51 Q   97 61 a  113 71 q
  2 02 STX  18 12 DC2  34 22 "   50 32 2  66 42 B  82 52 R   98 62 b  114 72 r
  3 03 ETX  19 13 DC3  35 23 #   51 33 3  67 43 C  83 53 S   99 63 c  115 73 s
  4 04 EOT  20 14 DC4  36 24 $   52 34 4  68 44 D  84 54 T  100 64 d  116 74 t
  5 05 ENQ  21 15 NAK  37 25 %   53 35 5  69 45 E  85 55 U  101 65 e  117 75 u
  6 06 ACK  22 16 SYN  38 26 &   54 36 6  70 46 F  86 56 V  102 66 f  118 76 v
  7 07 BEL  23 17 ETB  39 27 '   55 37 7  71 47 G  87 57 W  103 67 g  119 77 w
  8 08 BS   24 18 CAN  40 28 (   56 38 8  72 48 H  88 58 X  104 68 h  120 78 x
  9 09 HT   25 19 EM   41 29 )   57 39 9  73 49 I  89 59 Y  105 69 i  121 79 y
 10 0A LF   26 1A SUB  42 2A *   58 3A :  74 4A J  90 5A Z  106 6A j  122 7A z
 11 0B VT   27 1B ESC  43 2B +   59 3B ;  75 4B K  91 5B [  107 6B k  123 7B {
 12 0C FF   28 1C FS   44 2C ,   60 3C <  76 4C L  92 5C \  108 6C l  124 7C |
 13 0D CR   29 1D GS   45 2D -   61 3D =  77 4D M  93 5D ]  109 6D m  125 7D }
 14 0E SO   30 1E RS   46 2E .   62 3E >  78 4E N  94 5E ^  110 6E n  126 7E ~
 15 0F SI   31 1F US   47 2F /   63 3F ?  79 4F O  95 5F _  111 6F o  127 7F DEL
```

Allerdings hat ihr Aye Phone nicht so einen breiten Bildschirm, und die ersten zwei Blöcke sind sowieso keine sichtbaren Zeichen.

Aufgabe:

- Schreibe ein Programm, das alle ASCII-Zeichen von Position 32 bis 127 in der gleichen Formatierung ausgibt, wie es das Unix-Programm `ascii` macht.
- An die Position 127 schreibe `DEL`.

11.1.2 Ausgaben bündig untereinandersetzen ★

Captain CiaoCiao benötigt für eine Aufstellung eine Tabelle der folgenden Art:

```
Dory Dab     paid
Bob Banjo    paid
Cod Buri     paid
Bugsy        not paid
```

Aufgabe:

- Schreibe eine Methode `printList(String[] names, boolean[] paid)`, die eine Aufstellung auf dem Bildschirm ausgibt. Im ersten String-Array stehen alle Namen, im zweiten Array Informationen, ob die Person bezahlt hat oder nicht.
- Alle Namen können unterschiedlich lang sein, dennoch sollen die Texte in der zweiten Spalte bündig untereinanderstehen.
- Der längste String in der ersten Spalte hat einen Abstand von vier Leerzeichen zur zweiten Spalte.
- Sind übergebene Arrays `null`, muss eine `NullPointerException` folgen.

11.2 Reguläre Ausdrücke und Mustererkennung

Reguläre Ausdrücke sind für viele Fluch und Segen. Falsch eingesetzt führen sie zu Programmen, die später nicht mehr lesbar sind, richtig eingesetzt verkürzen sie das Programm massiv und tragen zur Übersichtlichkeit bei.

Die nächsten Aufgaben sollen zeigen, dass wir mit regulären Ausdrücken einfach testen können, ob

1. eine Zeichenfolge komplett auf einen regulären Ausdruck »matcht«,
2. ein Teil-String existiert und, wenn ja, herausfinden, wo, und ihn dann ersetzen.

Später werden wir mit regulären Ausdrücken auch die Trenner angeben und Zeichenfolgen zerlegen.

11.2.1 Quiz: Regex definieren ★

Wie sehen die Regex aus, damit man Folgendes matchen oder finden kann?

- eine Zeichenfolge aus exakt 10 Ziffern
- eine Zeichenfolge aus 5 bis 10 Ziffern und Buchstaben
- eine Zeichenfolge, die wie ein Satz auf `.`, `!` oder `?` endet
- eine nicht leere Zeichenfolge, die keine Ziffern enthält
- eine Amtsbezeichnung oder ein Namenstitel: `Prof.`, `Dr.`, `Dr. med.`, `Dr. h.c.` im String

11.2.2 Beliebtheit in sozialen Medien ermitteln ★

Natürlich ist Captain CiaoCiao in den sozialen Medien aktiv, seine Kennung ist `#CaptainCiaoCiao` bzw. `@CaptainCiaoCiao`.

Jetzt möchte Captain CiaoCiao wissen, wie populär er ist.

Aufgabe:

Gegeben ist ein aggregierter Text mit Nachrichten; wie oft kommt dort `#CaptainCiaoCiao` bzw. `@CaptainCiaoCiao` vor?

Beispiel:

Bei der folgenden Eingabe ist das Ergebnis `2`.

```
Make me a baby #CaptainCiaoCiao
Hey @CaptainCiaoCiao, where is the recruitment test?
What is a hacker's favorite pop group? The Black IP's.
```

11.2.3 Eingescannte Werte erkennen ★

Bonny Brain bekommt eingescannte Listen mit Zahlen, die elektronisch weiterverarbeitet werden müssen. Im ersten Schritt schickt sie die Scans durch eine OCR-Erkennung, und am Ende steht ASCII-Text. Die Zahlen aus der OCR-Kennung sehen immer so aus:

Darstellung der Zahlen 0 bis 9

```
 000   11   22  333  4  4 5555   6   77777  888   9999
0  00 111  2  2    3 4  4 5     6       7  8   8 9   9
0 0 0  11    2   33  4444 555  6666    7    888   9999
00  0  11   2      3    4    5 6   6   7   8   8    9
 000  1111 2222 333     4 555   666   7    888    9
```

Aufgabe:

- Gegeben ist eine Zeile aus dem Scan mit Zahlen aus dem gezeigten Format. Wandele die Zahlen in eine Ganzzahl um.
- Nach der letzten Ziffer könnten die Leerzeichen fehlen, und zwischen den großen Zeichen könnten mehrere Leerzeichen stehen.

Beispiel für das Ergebnis `471142`:

```
String ocr = "4  4 77777  11   11    4  4   22\n" +
             "4  4     7  111  111    4  4 2   2\n" +
             "4444    7    11   11    4444    2\n" +
             "   4    7    11   11       4   2\n" +
             "   4    7   1111 1111      4 2222";
```

Wer mit den Strings herumspielen möchte, findet unter *https://patorjk.com/software/taag/#p=display&f=Alphabet&t=0123456789* eine Möglichkeit.

11

11.2.4 Leise bitte! Schreiende Texte entschärfen (Java 9) ★

Captain CiaoCiao bekommt oft Briefe, und die Absender SCHREIEN oft in Großbuchstaben — wie unangenehm für seine Augen.

Aufgabe:

Schreibe eine Methode `String silentShoutingWords(String)`, die alle großgeschriebenen Wörter ab einer Länge von drei Buchstaben in Kleinbuchstaben konvertiert.

Beispiel:

```
silentShoutingWords("AY Captain! Smutje MUSS WEG!") →
"AY Captain! Smutje muss weg!"
```

> **Tipp**
>
> Nutze (wenn möglich) eine passende Java 9-Methode, um die Aufgabe in einer Zeile Code lösen zu können. Die Aufgabe lässt sich etwas anders auch unter Java 8 lösen.

11.2.5 Zahlen erkennen und in Wörter umwandeln ★★

Gegeben ist ein englischer Satz mit Zahlen, etwa `99 bottles of beer make Captain CiaoCiao happy for 10 years`. Alle Zahlen sollen englisch »ausgeschrieben« – also »99« als »ninety-nine«, »10« als »ten« – und in den Text eingebaut werden.

Aufgabe:

- Schreibe eine Methode, die alle Zahlen im Text erkennt und in Wörter umwandelt.
- Eine Methode zum »Vorlesen« findet sich zum Beispiel bei Stack Overflow (*https://stackoverflow.com/questions/3911966/how-to-convert-number-to-words-in-java*).

Beispiel:

`"99 bottles of beer make Captain CiaoCiao happy for 10 years"` → `"ninety-nine bottles of beer make Captain CiaoCiao happy for ten years."`

> **Tipp**
>
> Mit dem Pärchen `Pattern` und `Matcher` ist nicht nur einfaches Suchen und Ersetzen möglich, sondern die Typen bieten weitere interessante Möglichkeiten. Interessant beim `Matcher` sind die Methoden `appendReplacement(…)` und `appendTail(…)`.

11.2.6 Zeit mit AM und PM in 24-Stunden-Zählung umsetzen ★★

Bonny Brain bekommt oft englischsprachige Nachrichten, bei der die Zeit in AM und PM angeben ist.

`Wir überfallen den Hafen um 11:00 PM und treffen uns auf der Amüsiermeile um 1:30 a.m.`

Das mag Bonny Brain nicht, sie wünscht ausschließlich die 24-Stunden-Zählung der Military Time.

Aufgabe:

Schreibe einen Konverter, der Strings mit AM/PM (unabhängig von der Groß-/Kleinschreibung, auch mit Punkten) in Military Time konvertiert. Zur Erinnerung: 12:00 AM ist 00:00, und 12:00 PM ist 12:00.

Beispiele:

- `"Hafen: 11:00 PM, Amüsiermeile: 1:30 a.m.!"` → `"Hafen: 2300 Uhr, Amüsiermeile: 0130 Uhr!"`
- `"Aufstehen: 12:00 AM, Kuchen backen: 12 PM."` → `"Aufstehen: 0000 Uhr, Kuchen backen: 1200 Uhr."`

11.3 Zeichenketten in Tokens zerlegen

Zerlegen – auch *Tokenisieren* genannt – ist das Gegenteil vom Aufbauen und Formatieren. Eine Zeichenkette wird in Teil-Strings zerlegt, wobei Separatoren die Trennungspunkte bestimmen. Java bietet diverse Klassen zum Tokenisieren von Zeichenfolgen und Eingaben. Die Separatoren können Symbole oder Symbolfolgen sein oder durch reguläre Ausdrücke beschrieben werden. Die Methode `split(…)` der `String`-Klasse arbeitet genauso wie der `Scanner` mit regulären Ausdrücken, die Klasse `StringTokenizer` nicht mit regulären Ausdrücken.

11.3.1 Adresszeilen mit dem StringTokenizer zerlegen ★

Die Software von Captain CiaoCiao muss Adressen auswerten, die aus drei oder vier Zeilen bestehen.

Zeile	Inhalt	optional
1	Name	nein
2	Straße	nein
3	Ort	nein
4	Land	ja

Tabelle 11.1 Die Bedeutung der Zeilen

Die Zeilen sind mit einem Zeilenumbruch getrennt, wobei es vier gültige Trennungssymbole bzw. -folgen gibt:

Zeichen (Abkürzung)	Dezimal	Hexadezimal	Escape-Sequenz
LF	10	0A	`\n`
CR	13	0D	`\r`
CR LF	13 10	0D 0A	`\r\n`
LF CR	10 13	0A 0D	`\n\r`

Tabelle 11.2 Zeilenumbruch

LF ist die Abkürzung für »line feed« und CR für »carriage return«; bei alten Fernschreibern bewegte CR den Wagen in die erste Spalte und, LF schob das Papier nach oben.

Traditionell benutzen DOS und Microsoft Windows die Kombination `\r\n`, während Unix-Systeme `\n` einsetzen.

Aufgabe:

- Zerlege eine durch Zeilenumbrüche getrennte Zeichenfolge in vier Zeilen, und weise die Zeilen den Variablen `name`, `street`, `city`, `country` zu.

- Falls eine vierte Zeile mit dem Landesnamen nicht gegeben ist, soll `country` gleich `"Drusselstein"` sein.
- Setze die Zeile als CSV-Zeile durch Semikolons getrennt wieder zusammen.

Beispiele:

- `"Boots and Bootles\n21 Pickle Street\n424242 Douglas\nArendelle"` → `"Boots and Bootles;21 Pickle Street;424242 Douglas;Arendelle"`
- `"Doofenshmirtz Evil Inc.\nStrudelkuschel 4427\nDanville"` → `"Doofenshmirtz Evil Inc.;Strudelkuschel 4427;Gimmelshtump;Drusselstein"`

11.3.2 Sätze in Wörter zerlegen und umdrehen ★

Bonny Brain wartet auf eine Nachricht, doch bei der Übertragung ist etwas schiefgelaufen — alle Wörter sind umgedreht!

```
erehW did eht etarip esahcrup sih kooh? tA eht dnah-dnoces pohs!
```

Aufgabe:

- Zerlege den String in Wörter. Separatoren der Wörter sind Leerzeichen und Satzzeichen.
- Drehe alle Wörter einzeln um.
- Gib die Wörter hintereinander mit einem Leerzeichen getrennt aus. Die Satzzeichen und sonstigen Separatoren spielen keine Rolle.

Beispiel:

`"erehW did eht etarip esahcrup sih kooh? tA eht dnah-dnoces pohs!"` → `"Where did the pirate purchase his hook At the hand second shop"`

11.3.3 Relationen zwischen Zahlen prüfen ★

Captain CiaoCiao übt das Bogenschießen, und die Punkte von 0 bis 10 trägt er in einer Liste ein. Auch vermerkt er, ob er besser oder schlechter geworden ist oder ob die Punktzahl gleich bleibt. Das kann so aussehen:

```
1 < 2 > 1 < 10 = 10 > 2
```

Goldy Goldfish hat die Aufgabe, die Relationszeichen <, > und = zu prüfen.

Aufgabe:

Schreibe ein Programm, das einen wie in dem Beispiel aufgebauten String bekommt und `true` liefert, wenn alle Relationszeichen korrekt sind, und sonst `false`.

Beispiele:

- 1 < 2 > 1 < 10 = 10 > 2 → `true`
- 1 < 1 → `false`
- 1 < → `false`
- 1 → `true`

11.3.4 A1-Notation in Spalten und Zeilen umwandeln ★★

Captain CiaoCiao führt Buch über seine Beute und arbeitet mit Tabellen. Mit seinen Mitarbeitern bespricht er die Werte, und um die Zellen anzusprechen, verwendet er den Spalten- und Zeilenindex; er sagt z. B. `4-16` und meint damit die 4. Spalte und die 16. Zeile. Nun hat er von einer ganz neuen Möglichkeit gehört, Zellen zu benennen, der *A1-Notation*, die eine neuartige Software namens ECKSEL verwendet. Dabei kodiert man die Spalte mit Buchstaben von `A` bis `Z`, nach folgendem Schema:

`A, B, …, Z, AA, …, AZ, BA, …, ZZ, AAA, AAB, …`

Die Zeilen werden weiterhin mit Ziffern beschrieben. So steht A2 für die Zelle 1-2.

Da Captain CiaoCiao mit der A1-Notation seine Schwierigkeiten hat, soll die Angabe zurück in numerische Spalten und Zeilen konvertiert werden.

Aufgabe:

Schreibe eine Methode `parseA1Notation(String)`, die einen `String` in der A1-Notation bekommt und ein Array mit zwei Elementen zurückliefert, in dem an der Position `0` die Spalte und an der Position `1` die Zeile steht.

Beispiele:

- `parseA1Notation( "A1" )` → `[1, 1]`
- `parseA1Notation( "Z2" )` → `[26, 2]`
- `parseA1Notation( "AA34" )` → `[27, 34]`
- `parseA1Notation( "BZ" )` → `[0, 0]`
- `parseA1Notation( "34" )` → `[0, 0]`
- `parseA1Notation( " " )` → `[0, 0]`
- `parseA1Notation( "" )` → `[0, 0]`

11.3.5 Einfache CSV-Dateien mit Koordinaten parsen ★

Bonny Brain vermerkt in einer CSV-Datei *coordinates.csv* die Stellen mit Beute, wobei die Koordinaten Fließkommazahlen sind, die durch Komma getrennt sind.

Die Datei sieht zum Beispiel so aus:

```
20.091612,-155.676695
23.087301,-73.643472
21.305452,-71.690421
```

Listing 11.1 com/tutego/exercise/string/coordinates.csv

Aufgabe:

- Lege von Hand eine CSV-Datei an. Sie soll mehrere Zeilen mit Koordinaten beinhalten; die Koordinaten sind durch ein Komma getrennt.
- Ein Java-Programm soll die CSV-Datei einlesen und eine HTML-Datei mit SVG für den Polygonzug auf dem Bildschirm ausgeben.
- Greife zum Parsen der Datei auf den `Scanner` zurück. Achte darauf, den `Scanner` mit `useLocale(Locale.ENGLISH)` zu initialisieren.

Beispiel:

Für den oberen Block soll entstehen:

```
<svg height="210" width="500">
<polygon points="20.091612,-155.676695 23.087301,-73.643472 21.305452,
-71.690421 " style="fill:lime;stroke:purple;stroke-width:1" />
</svg>
```

11.3.6 Strings verlustfrei durch Lauflängenkodierung komprimieren ★ ★ ★

Um das Datenvolumen zu reduzieren, werden Dateien oft komprimiert. Es gibt unterschiedliche Kompressionsalgorithmen; einige sind verlustbehaftet, wie das Entfernen von Vokalen, andere arbeiten ohne Verlust wie ZIP. Verlustbehaftete Kompression findet man z. B. bei Bildern, JPEG ist ein gutes Beispiel. In Abhängigkeit von dem Grad der Kompression verschlechtert sich die Bildqualität. Eine sehr hohe Kompression führt beim JPEG-Verfahren zu einem Bild mit starken Artefakten.

Eine einfache verlustfreie Kompression ist die *Lauflängenkodierung*. Das Prinzip dabei ist, Folge von gleichen Symbolen zusammenzufassen, sodass nur noch die Anzahl und das Symbol geschrieben werden. Das Grafikformat GIF nutzt z. B. diese Form der Kompression. Daher sind Bilder mit vielen einfarbigen Zeilen auch kleiner als zum Beispiel Bilder, in denen jeder Bildpunkt eine andere Farbe hat.

Die nächste Aufgabe geht es um Lauflängenkodierung. Nehmen wir an, ein String besteht aus einer Folge von `.` (Punkt) und `-` (Minuszeichen), etwa:

```
--....--------..-
```

Um die Länge von Zeichenketten zu verkürzen, können wir zunächst das Symbol gefolgt von der Anzahl der Symbole schreiben. Die Zeichenfolge mit 17 Zeichen könnte auf folgende Zeichenfolge mit 9 Zeichen verkürzt werden:

```
-2.4-8.2-
```

Aufgabe:

- Lege eine neue Klasse `SimpleStringCompressor` an.
- Schreibe eine statische Methode `String compress(String)`, die Folgen von `.` und `-` nach dem beschriebenen Algorithmus kodiert: Erst kommt das Zeichen, dann die Anzahl.
- Schreibe einen Dekodierer `String decompress(String)`, der den komprimierten String wieder auspackt. Es soll `decompress(compress(input))` gleich `input` sein.

Erweiterungen:

- Das Programm soll alle Nichtziffern verarbeiten können.
- Verfeinere das Programm so, dass die Zahl ausbleibt, wenn das Zeichen nur genau einmal vorkommt.

11

11.4 Zeichenkodierungen und Unicode-Collation-Algorithmus

Über das Netzwerk und im Dateisystem wird alles als Byte gespeichert. Ein Byte lässt 256 verschiedene Werte zu, was allerdings nicht für alle Zeichen auf der Welt ausreicht. Daher gibt es *Zeichenkodierungen* (engl. *character encoding*), die alle Zeichen auf der Welt auf eine bestimmte Art und Weise kodieren können. Die Zeichenkodierungen unterscheiden sich dabei. Mal werden die Zeichen auf eine feste Anzahl von Byte abgebildet, mal werden Zeichen auf eine unterschiedliche Anzahl von Byte abgebildet. Vielleicht werden auch gewisse Zeichen einfach gar nicht erkannt. Java unterstützt beliebige Zeichenkodierungen, wobei die wichtigste Zeichenkodierung heute die UTF-8-Kodierung ist.

11.4.1 Quiz: Kodierung für Unicode-Zeichen ★

Was charakterisiert eine *UTF-8-Kodierung*?

11.4.2 Quiz: Ordnung von Zeichenfolgen mit und ohne Collator ★

Sind die Ausgaben nach dem Vergleichen mit dem `Comparator` positiv, negativ oder `0`?

```
Comparator<String> comparator = Comparator.naturalOrder();
System.out.println( comparator.compare( "a", "ä" ) );
System.out.println( comparator.compare( "ä", "z" ) );

Comparator<Object> collator = Collator.getInstance( Locale.GERMAN );
System.out.println( collator.compare( "a", "ä" ) );
System.out.println( collator.compare( "ä", "z" ) );
```

11.5 Lösungsvorschläge

Aufgabe 11.1.1: ASCII-Tabelle aufbauen

```
System.out.println(
  "Dec Hex    Dec Hex    Dec Hex    Dec Hex    Dec Hex    Dec Hex" );

for ( int row = 0; row < 16; row++ ) {
  for ( int asciiCode = 32 + row; asciiCode <= 127; asciiCode += 16 ) {
    System.out.printf( "%1$3d %1$X %2$s  ", asciiCode,
      asciiCode == 127 ? "DEL" : Character.toString( asciiCode ) );
  }
  System.out.println();
}
```

Listing 11.2 com/tutego/exercise/string/PrintAsciiTable.java

Als Erstes schreibt das Programm die Tabellenzeile, die wir prinzipiell dynamisch über eine Schleife generieren könnten, doch wir machen uns es einfach und schreiben den Kopf statisch aus.

Die zu generierende Tabelle besitzt 16 Zeilen, die eine Schleife generiert. Prinzipiell könnten wir aus dem Start- und Endwert und der Anzahl Spalten (in unserem Fall 6) auch die Anzahl der Zeilen dynamisch berechnen. Allerdings wissen wir, dass wenn wir bei Position 32 beginnen, und bei 127 enden, bei 6 Spalten 16 Zeilen benötigen.

Die innere Schleife schreibt alle Spalten für eine gegebene Zeile. Oben links steht das erste Element, das Leerzeichen. Nach rechts vergrößert sich das Zeichen nicht um eins, sondern um 16, das ist folglich der Schleifenzähler. In der nächsten Zeile fangen wir nicht bei 32 an, sondern bei 33, das Muster ist hier folgendes: Der Startwert der inneren Schleife ist `32 + row`, also 32 plus die Zeilennummer. Insgesamt endet die Schleife, wenn der ASCII-Code bei 127 angekommen ist.

Im Rumpf der inneren Schleife muss das Zeichen ausgegeben werden. Grundsätzlich wird jedes Zeichen als String ausgegeben. Der Bedingungsoperator prüft auf das DEL-Zeichen an der Position 127 – alle anderen Zeichen werden über die `Character`-Methode in Strings der Länge 1 konvertiert. Der Format-String enthält drei Teile: Die ersten beiden Teile greifen auf das erste Formatargument zurück und schreiben zunächst die Position des Zeichens als Dezimalzahl und anschließend die Zahl im Hexadezimalformat. Die Ganzzahl ist mit Weißraum links aufzufüllen; bei der Hexadezimalzahl müssen wir keine Breiteninformation mit angeben, da sie bei dem Start mit 32 immer zwei Ziffern benutzt. Der dritte Block enthält das Zeichen als String und das zweite Formatargument. Am Ende der Zeile setzen wir einen Zeilenvorschub.

Ausgabe von PrintAsciiTable:

```
Dec Hex   Dec Hex   Dec Hex   Dec Hex   Dec Hex   Dec Hex
 32 20     48 30 0   64 40 @   80 50 P   96 60 `  112 70 p
 33 21 !   49 31 1   65 41 A   81 51 Q   97 61 a  113 71 q
 34 22 "   50 32 2   66 42 B   82 52 R   98 62 b  114 72 r
 35 23 #   51 33 3   67 43 C   83 53 S   99 63 c  115 73 s
 36 24 $   52 34 4   68 44 D   84 54 T  100 64 d  116 74 t
 37 25 %   53 35 5   69 45 E   85 55 U  101 65 e  117 75 u
 38 26 &   54 36 6   70 46 F   86 56 V  102 66 f  118 76 v
 39 27 '   55 37 7   71 47 G   87 57 W  103 67 g  119 77 w
 40 28 (   56 38 8   72 48 H   88 58 X  104 68 h  120 78 x
 41 29 )   57 39 9   73 49 I   89 59 Y  105 69 i  121 79 y
 42 2A *   58 3A :   74 4A J   90 5A Z  106 6A j  122 7A z
 43 2B +   59 3B ;   75 4B K   91 5B [  107 6B k  123 7B {
 44 2C ,   60 3C <   76 4C L   92 5C \  108 6C l  124 7C |
 45 2D -   61 3D =   77 4D M   93 5D ]  109 6D m  125 7D }
 46 2E .   62 3E >   78 4E N   94 5E ^  110 6E n  126 7E ~
 47 2F /   63 3F ?   79 4F O   95 5F _  111 6F o  127 7F DEL
```

Aufgabe 11.1.2: Ausgaben bündig untereinandersetzen

```
public static void printList( String[] names, boolean[] paid ) {

  if ( names.length != paid.length )
    throw new IllegalArgumentException(
      "Number of names and paid entries are not the same, but " +
      names.length + " and " + paid.length );

  int maxColumnLength = 0;
  for ( String name : names )
    maxColumnLength = Math.max( maxColumnLength, name.length() );
```

```
  String format = "%-" + maxColumnLength + "s    %spaid%n";

  for ( int i = 0; i < names.length; i++ ) {
    System.out.printf( format, names[ i ], paid[ i ] ? "" : "not " );
  }
}
```

Listing 11.3 com/tutego/exercise/string/PaidOrNotPaid.java

Als Erstes prüft die Methode, ob die beiden Arrays eine gleiche Anzahl von Elementen haben, und wenn nicht, folgt eine `IllegalArgumentException`. Der Zugriff auf `length` erzeugt die gewünschte `NullPointerException`, wenn die Arrays `null` sind.

Da im Vorfeld nicht klar ist, wie breit die erste linke Spalte wird, müssen wir über alle Strings gehen und die maximale Länge ermitteln. Mithilfe dieses Maximums `maxColumnLength` können wir einen Format-String aufbauen. Der Format-String erhält einen Formatspezifizierer, der die Breite eines Strings bestimmt, aufgefüllt mit Leerzeichen. Der Format-String hat ein führendes Minuszeichen, sodass dies einen links ausgerichteten String ergibt, der rechts mit Leerzeichen bis zur maximalen Länge `maxColumnLength` aufgefüllt wird. Außerdem enthält der Format-String einen Abstand zur rechten Spalte von vier Leerzeichen.

In der rechten Spalte steht entweder `"bezahlt"` oder `"nicht bezahlt"`. Das heißt, der String `"bezahlt"` kommt immer vor, und es ist lediglich das Wort `"nicht "` abhängig von einem `boolean`-Wert zu setzen. Das übernimmt der Bedingungsoperator, der entweder einen leeren String oder den String `"nicht "` als Formatargument für den Format-String liefert.

Quiz 11.2.1: Regex definieren

```
// A string of exactly 10 digits

Pattern p12 = Pattern.compile( "\\d{10}" );
Matcher m12 = p12.matcher( "0123456789" );
System.out.println( m12.matches() );          // true
Pattern p11 = Pattern.compile( "\\d{10}" );
Matcher m11 = p11.matcher( "1" );
System.out.println( m11.matches() );          // false
Pattern p10 = Pattern.compile( "\\d{10}" );
Matcher m10 = p10.matcher( "abcdefghij" );
System.out.println( m10.matches() );          // false
```

```
// A string of 5 to 10 numbers and letters.

Pattern p9 = Pattern.compile( "\\d{5,10}" );
Matcher m9 = p9.matcher( "01234567" );
System.out.println( m9.matches() );           // true
Pattern p8 = Pattern.compile( "\\d{5,10}" );
Matcher m8 = p8.matcher( "0" );
System.out.println( m8.matches() );           // false
Pattern p7 = Pattern.compile( "\\d{5,10}" );
Matcher m7 = p7.matcher( "01234567890123" );
System.out.println( m7.matches() );           // false

// A string that ends with `.`, `!` or `?`, like a sentence.

Pattern p6 = Pattern.compile( ".*?[.!?]" );
Matcher m6 = p6.matcher( "Ja? Ja!" );
System.out.println( m6.matches() );           // true
Pattern p5 = Pattern.compile( ".*?[.!?]" );
Matcher m5 = p5.matcher( "Nein?" );
System.out.println( m5.matches() );           // true
Pattern p4 = Pattern.compile( ".*?[.!?]" );
Matcher m4 = p4.matcher( "Ok." );
System.out.println( m4.matches() );           // true
Pattern p3 = Pattern.compile( ".*?[.!?]" );
Matcher m3 = p3.matcher( "No" );
System.out.println( m3.matches() );           // true

// A string that contains no digits.

Pattern p2 = Pattern.compile( "\\D*" );
Matcher m2 = p2.matcher( "Ciao" );
System.out.println( m2.matches() );           // true
Pattern p1 = Pattern.compile( "\\D*" );
Matcher m1 = p1.matcher( "Cia0" );
System.out.println( m1.matches() );           // false
Pattern p = Pattern.compile( "\\D*" );
Matcher m = p.matcher( "" );
System.out.println( m.matches() );            // false

// The official title, Prof., Dr., Dr. med., Dr. h.c.

Pattern pattern = Pattern.compile(
  "(Prof\\.|Dr\\. med\\.|Dr\\. h\\.c\\.|Dr\\.)\\s" );
```

```
System.out.println( pattern.matcher(
  "Hallo Herr Dr. Miles" ).find() );          // true
System.out.println( pattern.matcher(
  "Nix mit Dr. h.c. Thai med." ).find() );    // true
System.out.println( pattern.matcher( "Megan Dr.Thai" ).find() ); // false
```

Listing 11.4 com/tutego/exercise/string/RegexExamples.java

Da es im letzten Fall um das Finden und nicht um das Suchen geht, wird auf die `find()`-Methode von `Matcher` zurückgegriffen. Prinzipiell lassen sich Existenztests auch durch `.*SUCHE.*` und `matches(…)` formulieren, doch das Matchen macht der Regex-Engine etwas mehr Arbeit, als nur die erste Fundstelle zu liefern und nicht bis an das Ende schauen zu müssen.

Aufgabe 11.2.2: Beliebtheit in sozialen Medien ermitteln

```
String text = "Mach mir ein Baby #CaptainCiaoCiao\n" +
              "Hey @CaptainCiaoCiao, wo ist der Einstellungstest?\n" +
              "What is a hacker's favorite pop group? The Black IP's.";

Pattern pattern = Pattern.compile( "[#@]CaptainCiaoCiao" );
Matcher matcher = pattern.matcher( text );

int count = 0;
while ( matcher.find() )
  count++;

System.out.println( count );
```

Listing 11.5 com/tutego/exercise/string/Popularity.java

Java bietet bei den Typen `Pattern` oder `Match` keine direkten Möglichkeiten, die Anzahl auftretender Fundstellen zu liefern. Wir müssen daher mit einem kleinen Umweg arbeiten. Nach dem Aufbau des `Pattern`-Objekts und dem Erfragen vom `Matcher` laufen wir mit einer Schleife so oft mit der `find()`-Methode über die Zeichenkette, bis es keinen Fund mehr gibt. Beim Durchlaufen zählen wir eine Variable hoch und wissen am Ende, wie viele Vorkommen gezählt wurden.

Mit Java 9 ist die Aufgabe mit einem Einzeiler zu lösen, denn die `match()`-Methode `results()` liefert einen `Stream<MatchResult>`, und bei `Stream`-Objekten ermittelt die Methode `count()` die Anzahl der Vorkommnisse:

```
System.out.println( pattern.matcher( text ).results().count() );
```

Aufgabe 11.2.3: Eingescannte Werte erkennen

```
private final static String[] searches = {
  "000", "11", "22", "333", "44", "55555", "6", "77777", "888", "9999" };

private static int parseOcrNumbers( String string ) {
  String line = new Scanner( string ).nextLine().replaceAll( "\\s+", "" );

  for ( int i = 0; i < searches.length; i++ )
    line = line.replaceAll( searches[ i ], "" + i );

  return Integer.parseInt( line );
}
```

Listing 11.6 com/tutego/exercise/string/OcrNumbers.java

Wenn wir die großen Zahlen genauer betrachten, stellen wir schnell fest, dass jede große Zahl die eigentliche Zahl selbst enthält. Die große Null enthält `0`, die große Eins enthält `1` und so weiter. Wir müssen also nicht mehrere Zeilen auswerten, sondern es reicht völlig aus, eine beliebige Zeile zu nehmen. Da nehmen wir einfach gleich die erste.

Nach dem Extrahieren der ersten Zeile können wir nach den Teil-Strings suchen, die die einzelnen Ziffern ausmachen. Die Leerzeichen stören etwas, sodass sie im ersten Schritt entfernt werden. Es entsteht von der ersten Zeile ein neuer `String`, in dem alle Leerzeichen entfernt wurden und dann die Ziffern jedes großen Zeichens aneinanderstehen.

Beginnt z. B. die Zeile mit `000`, wissen wir, dass die erste Ziffer im Ergebnis `0` sein muss. Wir können einfach mit `replaceAll(…)` die Folge `000` durch `0` ersetzen. Stehen etwa zwei Nullen hintereinander, wird korrekt aus `000000` das Ergebnis `00`.

Da nicht nur drei Nullen durch eine Null ersetzt werden müssen, sondern auch zwei Einsen durch eine Eins, und es zehn verschiedene Ersetzungen gibt, legen wir die einzelnen Strings vorher in einem Array ab. Eine Schleife läuft durch das Array, und im Rumpf kommt es zu wiederholten Aufrufen von `replaceAll(…)`, das alle Teil-Strings aus der Suche durch den Schleifenindex ersetzt, sodass z. B. `000` zu `"" + 0`, also `"0"`, wird. Am Ende konvertieren wir die Zahl in eine Ganzzahl und liefern das Ergebnis zurück.

Ist der eingehende String `null`, leer oder enthält fremde Buchstaben, wird es im Folgenden zu Ausnahmen kommen. Dieses Verhalten ist in Ordnung.

Aufgabe 11.2.4: Leise bitte! Schreiende Texte entschärfen

```
public static String silentShoutingWords( String string ) {
  return Pattern.compile( "\\p{javaUpperCase}{3,}" )
                .matcher( string )
                .replaceAll( matchResult -> matchResult.group().toLowerCase() );
}
```

Listing 11.7 com/tutego/exercise/string/DoNotShout.java

Der Lösungsvorschlag geht in drei Schritten vor: Aufbau des Patterns-Objekts, Matchen des Strings, Ersetzen der Match-Gruppe durch kleingeschriebene Zeichenfolgen. Der Regex-String muss eine Folge von Großbuchstaben beschreiben. Großbuchstaben, und zwar über das gesamte Unicode-Alphabet, bestimmt `\p{javaUpperCase}`. Wir wollen mindestens drei Großbuchstaben hintereinander haben, worum sich `{3,}` kümmert. Ob man das Pattern vorcompiliert in einer statischen Variablen hält oder nicht, hängt ganz davon ab, wie häufig die Methode aufgerufen wird. Im Allgemeinen ist es eine gute Strategie, die `Pattern`-Objekte im Speicher zu halten, weil die Übersetzung immer ein wenig Laufzeit kostet. Auf der anderen Seite referenziert man ein Objekt, und wenn man das selten braucht, muss das auch nicht sein.

`compile(…)` liefert uns ein `Pattern`-Objekt und die `matcher(…)`-Methode ein `Matcher`-Objekt. Hier wollen wir die Methode `replaceAll(Function<MatchResult, String>)` verwenden, die es ab Java 9 gibt. Der Parametertyp erwartet eine Funktion, die ein `MatchResult` auf einen `String` abbildet. Unsere Funktion greift auf die Gruppe zurück, konvertiert den String in Kleinbuchstaben und gibt ihn zurück. `replaceAll(…)` findet alle Stellen mit den ausgewählten Großbuchstaben und ruft diese `Function` mehrfach auf.

Aufgabe 11.2.5: Zahlen erkennen und in Wörter umwandeln

```
String text = "99 bottles of beer make me happy for 10 years";

Matcher match = Pattern.compile( "\\d+" ).matcher( text );
StringBuffer result = new StringBuffer();

while ( match.find() )
  match.appendReplacement(
    result, EnglishNumberToWords.convert( Long.parseLong( match.group() ) ) );

match.appendTail( result );

System.out.println( result );
```

Listing 11.8 com/tutego/exercise/string/SpellEnglishNumberInFull.java

Den größten Anteil am Quellcode hat die eingebettete Klasse EnglishNumberToWords. Die eigentliche Implementierung ist schmal. Zunächst bauen wir ein Pattern-Objekt mit \\d auf, das uns hilft, alle Zahlen zu finden. Das Ergebnis werden wir später im StringBuffer, einem Container, vorfinden. Die find()-Methode navigiert dabei von einer Fundstelle zur nächsten. Das Matcher-Objekt ermöglicht es uns, mit der Methode appendReplacement(…) alle Zeichen vor der Fundstelle in den Container results zu schreiben und anschließend die Zahl, die wir gefunden haben, konvertiert hinten anzuhängen. match.group() extrahiert aus der Fundstelle den String; wir konvertieren ihn in ein long und füttern damit die convert(…)-Methode unserer Hilfsklasse EnglishNumberToWords. Wenn find() am Ende kein Ergebnis mehr liefert, müssen wir dennoch den Rest der Zeichenfolge in den Container schreiben; daher steht am Ende der Schleife ein Aufruf von appendTail(…).

Aufgabe 11.2.6: Zeit mit AM und PM in 24-Stunden-Zählung umsetzen

```
private static final Pattern AM_PM_PATTERN =
    Pattern.compile( "(?<hours>\\d\\d?)" +            // hours
                     "(?::(?<minutes>\\d\\d))?" +   // minutes
                     "\\s?" +                         // optional whitespace
                     "(?<ampm>[ap])[.]?m[.]?",       // AM/PM
                     Pattern.CASE_INSENSITIVE );

public static String convertToMilitaryTime( String string ) {
  StringBuffer result = new StringBuffer( string.length() );
  Matcher matcher = AM_PM_PATTERN.matcher( string );

  while ( matcher.find() ) {
    int hours = Integer.parseInt( matcher.group( "hours" ) );
    int minutes = matcher.group( "minutes" ) == null ?
                  0 :
                  Integer.parseInt( matcher.group( "minutes" ) );
    boolean isTimeInPm = "pP".contains( matcher.group( "ampm" ) );
    if ( isTimeInPm && hours < 12 ) hours += 12;
    else if ( !isTimeInPm && hours == 12 ) hours -= 12;
    matcher.appendReplacement( result, String.format(
      "%02d%02d Uhr", hours, minutes ) );
  }

  matcher.appendTail( result );
  return result.toString();
}
```

Listing 11.9 com/tutego/exercise/string/AmPmToMilitaryTime.java

Im Mittelpunkt des Programms steht ein regulärer Ausdruck, der die Zeiten einfängt. Dieser reguläre Ausdruck besteht aus vier Teilen, die auch im Code in vier Zeilen aufgespalten sind. Der erste Teil fängt die Stunden ein, der Teil fängt die Minuten ein, der dritte Teil ist ein optionaler Weißraum zwischen der Zeit und dem letzten Teil, AM/PM.

1. Die Stunden bestehen aus mindestens einer Ganzzahl, wobei die zweite Ganzzahl optional ist, wenn z. B. ein `1 AM` geschrieben wird. Prinzipiell könnten wir den Ausdruck noch ein bisschen präziser schreiben, sodass so etwas wie `99 AM` nicht erkannt wird, doch diese Prüfung nehmen wir hier nicht vor. Die Stunden selbst befinden sich in runden Klammern, einer Gruppe, die mit `?<hours>` benannt ist. Alle Gruppen von regulären Ausdrücken können benannt werden, sodass wir später einfacher über diesen Namen auf sie zugreifen können und keinen Gruppenindex nutzen müssen.
2. Der Minutenteil ist optional, das heißt, er steht insgesamt in runden Klammern, und am Ende steht ein Fragezeichen. Das Innere beginnt mit einem `?:`, was eine kleine Optimierung der regulären Ausdrücke ist, sodass diese Gruppe später nicht über die API zugänglich ist. Werden Stunden und gleichzeitig Minuten angegeben, werden sie mit einem Doppelpunkt getrennt. Die Minuten selber sind auch eine benannte Gruppe, und sie bestehen aus zwei Dezimalzahlen. Auch hier nehmen wir keine Prüfungen über mögliche Gültigkeitsbereiche vor.
3. Der dritte Teil ist ein Weißraum, der optional ist.
4. Der letzte Teil muss verschiedene Schreibweisen von AM/PM einfangen. Zwischen den beiden Symbolen könnte ein Punkt gesetzt werden, vielleicht sogar fälschlicherweise nur hinter einem Buchstaben, also etwa `A.M` oder `AM.` Damit wir nicht die Groß- und Kleinschreibweise mit angeben müssen, geben wir ein spezielles Pattern-Flag mit, das unabhängig von der Groß- und Kleinschreibung prüft, sodass es egal ist, ob wir `AM`, `am`, `Am` oder `pM` schreiben.

Die Methode `convertToMilitaryTime(String)` bekommt den `String` mit den Zeitangaben als Parameter, und da wir mit den `Matcher`-Methoden arbeiten, müssen wir einen Container vom Typ `StringBuffer` aufbauen. Seit Java 9 ist auch ein `StringBuilder` erlaubt. Da wir schon ungefähr wissen, wie groß das Ergebnis werden wird, legen wir den `StringBuffer` gleich mit einer Kapazität an, nämlich der Länge des übergebenen Strings.

Das `Pattern`-Objekt wurde als Konstante abgelegt, und die `matcher(…)`-Methode verbindet das `Pattern` mit dem Methodenparameter `string`. Das Ergebnis ist ein `Matcher`, und die `find()`-Methode navigiert von Fundstelle zu Fundstelle. Im Rumpf der `while`-Schleife haben wir einen Fund, den wir auswerten können. Zunächst greifen wir auf die Gruppe für die Stunden zurück und konvertieren sie in eine Ganzzahl. Das Umwandeln einer Ganzzahl wird keine Ausnahme auslösen, denn unser regulärer Ausdruck stellt sicher, dass nur Ziffern vorkommen. Bei den Minuten ist die Besonderheit, dass sie fehlen können. Wir müssen also auf die Gruppe `minute` zurückgreifen und fragen, ob sie überhaupt existiert. Wenn sie nicht existiert, belegen wir die Variable `minutes` mit `0`, andernfalls konvertieren wir den String mit den Minuten in eine Ganzzahl und belegen damit die Variable `minutes`.

Jetzt werten wir die Gruppe `ampm` aus und deklarieren eine Variable `isTimeInPm`, die `true` wird, wenn die Zeit in PM gegeben ist. Bei AM bleibt die Variable `false`. Diese Variable hilft bei der Umrechnung. Ist `isTimeInPm` auf `true`, dann ist die Angabe »post meridiem«, also nach dem Mittag, und 12 Stunden müssen addiert werden. Es kann passieren, dass im Text fälschlicherweise zum Beispiel `23 PM` eingetragen ist; in diesem Fall wollen wir den Fehler ausbügeln und addieren nicht 12. Wenn zudem die Zeit der Stunden gleich 12 Uhr ist, nehmen wir ebenfalls keine Korrektur vor. Die nächste Prüfung ist gezielt für `12:xx`, was zu `00xx Uhr` wird. Wenn also `isTimeInPm` gleich `false`, dann handelt es sich um die Zeit »ante meridiem«, also den Vormittag, und wir ziehen 12 ab.

Nachdem die beiden Variablen `hours` und `minutes` belegt sind, generieren wir einen String mit den Stunden und Minuten und greifen auf `String.format(…)` zurück, damit wir die Zeiten mit nur einer Ziffer mit einer `0` aufgefüllt bekommen. Das Ergebnis wird in den `StringBuffer` gesetzt und die Schleife wiederholt.

Am Ende der Schleife muss der Rest hinter der letzten Fundstelle bis zum Ende in den `StringBuffer` kopiert werden. Anschließend wird der `StringBuffer` zum `String` konvertiert und zurückgegeben, was die Methode beendet.

Aufgabe 11.3.1: Adresszeilen mit dem StringTokenizer zerlegen

```
// String address = "Boots and Bootles\n21 Pickle Street\r\n424242
// Douglas\rArendelle";
String address = "Doofenshmirtz Evil Inc.\nStrudelkuschel ➥
  4427\nGimmelshtump";
StringTokenizer lines = new StringTokenizer( address, "\n\r" );
String name   = lines.nextToken();
String street = lines.nextToken();
String city   = lines.nextToken();
final String DEFAULT_COUNTRY = "Drusselstein";
String country = lines.hasMoreTokens() ? lines.nextToken() :
  DEFAULT_COUNTRY;

System.out.println( name + ";" + street + ";" + city + ";" + country );
```

Listing 11.10 com/tutego/exercise/string/SplitAddressLines.java

Im Mittelpunkt der Aufgabe steht die Klasse StringTokenizer, die immer dann nützlich ist, wenn

1. nicht wie bei split(…) im Voraus (alle) Tokens extrahiert werden sollen, sondern Schritt für Schritt, und
2. die Separatoren aus einzelnen Zeichen, aber keinen Zeichenfolgen bestehen.

Genauso bauen wir eine StringTokenizer-Instanz auf, und vergiss nicht, dass die beiden genannten Zeichen nicht zusammen ein Separator sind, sondern zwei getrennte Zeichen, die in jeglicher Kombination einen Trenner der Tokens darstellen.

Mit der Methode nextToken() erfragen wir dreimal die Zeilen, und da wir nicht wissen, ob es eine vierte Zeile gibt, schauen wir mit hasMoreTokens() voraus. Wenn es ein Token gibt, konsumieren wir es, andernfalls wählen wir das gewünschte Default-Land.

Da StringTokenizer ein `Enumeration<Object>` ist, hätten wir prinzipiell auch hasMoreElements() und nextElement() verwenden können, doch letztere Methode hat den ungünstigen Rückgabetyp Object.

Aufgabe 11.3.2: Sätze in Wörter zerlegen und umdrehen

```
public static void printAllWords( String string ) {
  String[] words = string.split( "(\\p{Punct}|\\s)+" );
  for ( String word : words )
    System.out.printf( "%s ", new StringBuilder( word ).reverse() );
}
```

Listing 11.11 com/tutego/exercise/string/PrintReverseWords.java

Im Mittelpunkt der Methode printAllWords(String) steht der reguläre Ausdruck (\\p{Punct}|\\s)+. Er fängt eine Folge von Interpunktionszeichen, Klammern etc. und Weißraum ein, die die Wörter trennen. Dabei greifen wir auf vordefinierte Zeichenklassen zurück, einmal \p{Punct} für

```
!"#$%&'()*+,-./:;<=>?@[\]^_`{|}~
```

und \s für den Weißraum. Den Backslash müssen wir selbst wiederum mit einem Backslash ausmaskieren. Da \p{Punct} oder \s beides Separatoren sind, setzen wir einen | zwischen sie. Und da eine Folge dieser Symbole ein großer Trenner ist, setzen wir sie in einer Gruppe gefolgt von einem Plus; in dem Beispiel-String ist ? zum Beispiel ein Separator aus zwei Buchstaben.

Dieser reguläre Ausdruck kommt in die split(…)-Methode, und die Antwort ist ein Array von Wörtern. Dieses Array durchlaufen wir mit der erweiterten for-Schleife. Das Umdrehen des Strings übernimmt die reverse(…)-Methode vom StringBuilder.

Das Ergebnis geben wir dann mit einem Leerzeichen getrennt am Ende auf dem Bildschirm aus.

Aufgabe 11.3.3: Relationen zwischen Zahlen prüfen

```
private static boolean checkRelation(
    int number1, String relationalOperator, int number2 ) {
  switch ( relationalOperator ) {
    case ">": return number1 > number2;
    case "<": return number1 < number2;
    case "=": return number1 == number2;
    default:  return false;
  }
}

public static boolean checkRelation( String string ) {
  Scanner scanner = new Scanner( string );
  int number1 = scanner.nextInt();

  while ( scanner.hasNext() ) {
    String relationalOperator = scanner.next();
    int number2 = scanner.nextInt();
    if ( checkRelation( number1, relationalOperator, number2 ) )
      number1 = number2;
    else
      return false;
  }

  return true;
}
```

Listing 11.12 com/tutego/exercise/string/RelationChecker.java

Die eigentliche Methode `checkRelation(String)` bekommt den String und überprüft die Relationen. Allerdings greift die Methode auf eine eigene private Methode `checkRelation(int number1, String relation, int number2)` zurück, sodass wir mit dieser beginnen wollen. `checkRelation(…)` bekommt eine Zahl, einen Vergleichsoperator und eine weitere Zahl. Sie prüft, ob der Vergleichsoperator mit den beiden Zahlen ein wahres Ergebnis liefert. Wenn ja, dann ist die Antwort `true`; wenn der Vergleich falsch ist, ist die Antwort genauso `false` wie im Fall eines falsch eingesetzten Symbols, denn wir werten nur `<`, `>` und `=` aus.

Die Methode `checkRelation(…)` baut einen `Scanner` mit dem übergebenen `String` auf und nutzt nun eine Kombination aus `nextInt()`, `hasNext()` und `next()`, um Tokens aus dem Scanner zu verarbeiten. Am Anfang muss es immer eine Zahl geben, das heißt, wir können eine Variable number1 mit der ersten Zahl initialisieren. Es könnte sein, dass der Datenstrom jetzt leer ist, aber wenn der Scanner nächste Symbole hat, wird das ein Vergleichsoperator sein, den wir dann beziehen. Nach dem Vergleichsoperator kommt eine zweite Ganzzahl, die wir ebenfalls einlesen und in number2 ablegen. Nun rufen wir unsere eigene Methode checkRelation(…) auf, und diese Methode liefert true, wenn der Vergleich in Ordnung war. Dann wird number2 die neue number1 werden, sodass im nächsten Schleifendurchlauf number2 mit der darauffolgenden Zahl belegt wird. Liefert checkRelation(…) false zurück, dann können wir die Methode abbrechen, denn an dieser Stelle ist ein Vergleich falsch. Wenn es keinen Ausbruch aus der Schleife gab, waren alle Vergleiche korrekt, und die Methode endet mit return true.

Aufgabe 11.3.4: A1-Notation in Spalten und Zeilen umwandeln

```
private static final int NUMBER_OF_LETTERS = 26;

private static int parseColumnIndex( String string ) {
  int result = 0;
  for ( int i = 0; i < string.length(); i++ ) {
    // Map A..Z to 1..26
    int val = Character.getNumericValue( string.charAt( i ) ) - 9;
    result = NUMBER_OF_LETTERS * result + val;
  }
  return result;
}

public static int[] parseA1Notation( String cell ) {
  Matcher matcher = Pattern.compile( "([A-Z]+)(\\d+)" ).matcher( cell );
  if ( ! matcher.find() || matcher.groupCount() != 2 )
    return new int[]{ 0, 0 };
  int column = parseColumnIndex( matcher.group( 1 ) );
  int row    = Integer.parseInt( matcher.group( 2 ) );
  return new int[]{ column, row };
}
```

Listing 11.13 com/tutego/exercise/string/A1Notation.java

Betrachten wir die in der Aufgabenstellung genannte Zelle AA34 als Beispiel. Im ersten Schritt müssen wir die Spalte von der Zeile trennen. Die Spalte wäre hier AA, die Zeile 34. Die Spalte AA müssen wir dann konvertieren in die numerische Darstellung, 27. Diese beiden Schritte übernehmen zwei eigene Methoden. Die Hauptmethode parseA1Notation(String) extrahiert zunächst Zeile und Spalte und ruft dann eine interne Methode parseColumnIndex(String) auf, die uns die Spalte nach der A1-Notation in einen numerischen Wert konvertiert.

Beginnen wir bei der Methode parseColumnIndex(String). Wir nehmen ein paar Beispiele, damit das Berechnungsmuster besser abzulesen ist.

Symbolfolge	Berechnung	Ergebnis
A	1×26^0	1
Z	$\mathbf{26} \times 26^0$	26
AA	$1 \times 26^1 + 1 \times 26^0$	27
IV	$\mathbf{9} \times 26^1 + \mathbf{22} \times 26^0$	256
AAA	$1 \times 26^2 + 1 \times 26^1 + 1 \times 26^0$	703

Tabelle 11.3 Berechnung der A1-Notation

Was wir ablesen können, ist Folgendes:

- Jeder Buchstabe wird auf eine Zahl übertragen – A auf 1, B auf 2 bis letztendlich Z auf 26.
- Bei dem Beispiel handelt es sich um ein Stellenwertsystem. Es ist ähnlich unserem Dezimalsystem, doch wird hier der Faktor 26 als Multiplikator eingesetzt.

Um das Ganze jetzt in einen Algorithmus umzusetzen, nutzen wir das *Horner-Schema*. Veranschaulichen wir das an die einem Beispiel:

$\texttt{WDE} = \mathbf{23} \times 26^2 + \mathbf{4} \times 26^1 + \mathbf{5} \times 26^0 = ((\mathbf{23} \times 26) + \mathbf{4}) \times 26 + \mathbf{5}$

Das Horner-Schema ist für uns wichtig, denn wir brauchen keine Potenzen mehr zu berechnen. Wenn wir eine Stelle weiter nach rechts gehen, multiplizieren wir das alte Ergebnis mit 26 und wiederholen das Schema für die anderen Stellen. Genau das macht die Methode parseColumnIndex(String). Eine Schleife läuft über alle Zeichen, extrahiert sie und erfragt mit Character.getNumericValue(char) die numerische Repräsentation. Die ist nicht nur für Ziffern definiert, sondern auch für Buchstaben. Für den Buchstaben 'a' ist das Ergebnis 10, genauso wie für 'A'. Für 'Z' ist es 35. Ziehen wir 9 davon ab, kommen wir auf den Wertebereich 1 bis 26. Wir nehmen das alte Ergebnis, multiplizieren es mit 26 und addieren die numerische Repräsentation des Buchstabens. Im nächsten Schritt wird der neue numerische Wert des nächsten Zeichens berechnet, das letzte Ergebnis mit 26 multipliziert und wieder der Wert des letzten Buchstabens addiert. Das führt die Berechnung genau so durch, wie wir sie geplant haben.

Die Methode parseA1Notation(String) hat wenig Arbeit. Zunächst compilieren wir ein Pattern, das die Spalte und Zeile extrahiert – da die Spalte nur aus Buchstaben besteht und die Zeile aus Ziffern, können wir das über die Gruppen im regulären Ausdruck leicht einfangen. Falls der String falsch ist und wenn wir nicht zwei Fundstellen haben, geben wir ein Array mit {0, 0} zurück und signalisieren damit falsche Eingaben. Gibt es zwei Match-Gruppen, entnehmen wir der ersten die Spalteninformation und konvertieren sie mit der eigenen Methode parseColumnIndex(String) in eine Ganzzahl. Die zweite Zeichenfolge ist laut regulärem Ausdruck eine gültige Ziffernfolge, die Integer.parseInt(String) in ein int konvertiert. Die numerische Spalte und Zeile kommen in ein kleines Array, und das geht zurück zum Aufrufer.

Aufgabe 11.3.5: Einfache CSV-Dateien mit Koordinaten parsen

```
String filename = "coordinates.csv";
try ( InputStream  is =
  GenerateSvgFromCsvCoordinates.class.getResourceAsStream( filename );
      Scanner scanner = new Scanner( is, StandardCharsets.ISO_8859_1.name() ) ) {
  scanner.useDelimiter( ",|\\s+" ).useLocale( Locale.ENGLISH );

  StringBuilder svg = new StringBuilder( 1024 );
  svg.append( "<svg height=\"210\" width=\"500\">\n<polygon points=\"" );

  while ( scanner.hasNextDouble() ) {
    double x = scanner.nextDouble();

    if ( ! scanner.hasNextDouble() )
      throw new IllegalStateException( "Missing second coordinate" );

    double y = scanner.nextDouble();
    svg.append( x ).append( "," ).append( y ).append( " " );
  }

  svg.append( "\" style=\"fill:lime;stroke:purple;stroke-width:1\" />\n</svg>" );
  System.out.println( svg );
}
```

Listing 11.14 com/tutego/exercise/string/GenerateSvgFromCsvCoordinates.java

Die Datei besteht aus Folgen von Ganzzahlen, getrennt durch entweder ein Semikolon oder einen Zeilenumbruch, allgemein gesagt durch beliebigen Weißraum. Wir müssen einen Tokenizer finden, den wir mit einem regulären Ausdruck füttern können, der für genau diese Trennsymbole steht. Da wir aus einer Datei lesen und das mit regulären Ausdrücken verarbeiten wollen, bietet sich die Klasse Scanner an. So macht es auch der Lösungsvorschlag.

Der Scanner wird mit einem Eingabestrom verbunden, der Datei, die wir lesen wollen. Die Zeichenkodierung wird explizit festgesetzt. Den Konstruktor Scanner(InputStream source, String charsetName) gibt es seit Einführung der Klasse, den Konstruktor Scanner(InputStream source, Charset charset) seit Java 10.

Anschließend wird der Scanner mit einem regulären Ausdruck für die Trennzeichen initialisiert. Diese Trennzeichen setzt die Scanner-Methode useDelimiter(…). Es ist wichtig, die Locale.ENGLISH zu setzen, denn standardmäßig ist der Scanner mit der Locale vom Betriebssystem vorkonfiguriert, und wenn das Deutsch ist, erwartet der Scanner Fließkommazahlen mit einem Komma als Separator. Die Quelle hat aber immer englisch formatierte Zahlen.

Nachdem der Scanner vorbereitet ist, kann das Programm die Ausgabe produzieren. Sie beginnt mit dem SVG-Container und dem Polygon-Start-Tag. Die Scanner-Methode hasNext() hilft, durch die Datei zu iterieren. Wenn die Methode hasNext() ein Token liefert, dann erwarten wir immer Pärchen. Die erste Ganzzahl können wir einlesen, und jetzt muss es auch eine zweite Ganzzahl geben. Wenn der Scanner allerdings kein neues Token geben kann, ist das ein Fehler, und wir lösen eine Ausnahme aus. Existiert die zweite Zahl, wird auch sie eingelesen. Das Paar kann dann in den SVG-Container kommen.

Am Ende der Schleife schließen wir das Polygon-Tag und geben das SVG-Element auf dem Bildschirm aus. Bei der Ausgabe muss bei append(double) nicht auf die Sprache geachtet werden, denn die Formatierung ist automatisch englisch.

Aufgabe 11.3.6: Strings verlustfrei durch Lauflängenkodierung komprimieren

```
public static String compress( String string ) {

  if ( string.isEmpty() )
    return "";

  char lastChar = string.charAt( 0 );
  int  count = 1;
  StringBuilder result = new StringBuilder( string.length() );

  for ( int i = 1; i < string.length(); i++ ) {
    char currentChar = string.charAt( i );
    if ( currentChar == lastChar )
      count++;
    else {
      result.append( lastChar );
```

```
      if ( count > 1 )
        result.append( count );
      count = 1;
      lastChar = currentChar;
    }
  }

  result.append( lastChar );
  if ( count > 1 )
    result.append( count );

  return result.toString();
}

private static CharSequence decodeToken( String token ) {

  if ( token.isEmpty() )
    return "";

  if ( token.length() == 1 )
    return token;

  int length = Integer.parseInt( token.substring( 1 ) );
  StringBuilder result = new StringBuilder( length );
  for ( int i = 0; i < length; i++ )
    result.append( token.charAt( 0 ) );

  return result;
}

public static String decompress( String string ) {
  StringBuilder result = new StringBuilder( string.length() * 2 );
  Matcher pattern = Pattern.compile( "[.-](\\d*)" ).matcher( string );

  while ( pattern.find() )
    result.append( decodeToken( pattern.group() ) );

  return result.toString();
}
```

Listing 11.15 com/tutego/exercise/string/SimpleStringCompressor.java

Im ersten Schritt wollen wir den String komprimieren. Dazu fragen wir zunächst ab, ob der String überhaupt einen Text enthält; wenn nicht, sind wir schnell mit der Aufgabe fertig.

Damit wir erkennen können, wie viele gleiche Zeichen im Text hintereinander vorkommen, nutzen wir eine Variable `lastChar` für das letzte gesehene Zeichen, sodass wir ein neues Zeichen mit dem letzten Zeichen vergleichen können. Zusätzlich merken wir uns in `count` die Anzahl gleicher Zeichen. Da dieses Ergebnis frisch aufgebaut wird, kommt eine Variable `result` vom Datentyp `StringBuilder` dazu.

Die `for`-Schleife geht über jedes Zeichen und speichert es in der Hilfsvariablen `currentChar`. Jetzt können zwei Sachen passieren: Das gerade gelesene Zeichen `currentChar` kann genauso sein wie das vorherige Zeichen in `lastChar`, oder es kann ein anderes Zeichen sein. Diesen Unterschied müssen wir verarbeiten.

Die erste Fallunterscheidung prüft, ob das Zeichen, dass wir als letztes gesehen haben, mit dem aktuell gelesenen Zeichen übereinstimmt. Wenn ja, müssen wir nichts anderes machen, als den Zähler zu erhöhen. Dann geht es zurück in die Schleife. Ist das neu gelesene Zeichen anders als das letzte Zeichen, kommt die lokale Kompression zum Ende. Grundsätzlich schreiben wir erst das Zeichen in den Puffer. Als Nächstes müssen wir uns um die Anzahl kümmern. Genau dann, wenn wir vorher mehr als ein Zeichen gezählt haben, schreiben wir die Anzahl in den Datenstrom, es sei denn, wir hatten nur genau ein Zeichen, dann soll laut Aufgabe nicht `1` in den Puffer kommen, sondern gar nichts. Nach dem Abschluss des Pärchens – Zeichen und Zähler – muss der Zähler wieder auf `1` zurückgesetzt werden. Wir sind mit der Schleife schon fast durch. In dem Moment, wo ein neues Zeichen gefunden wurde, setzen wir `lastChar` auf genau das aktuelle Zeichen `currentChar`.

Wenn wir mit der Schleife durch sind, haben wir immer noch ein Zeichen in `lastChar` und `count`. Wir führen daher genau die gleiche Abfrage wie vorher in der Fallunterscheidung durch und hängen den Zähler an die Zeichenkette an, wenn der Zähler echt größer als `1` ist.

Bei der Methode zum Entpacken greifen wir auf das Muster zurück, das sich durch die Kompression ergibt. Es sind immer Pärchen von einem String und einer Zahl, wobei es hier den Sonderfall gibt, dass das Pärchen solo ist und die Zahl fehlt. Mithilfe eines regulären Ausdrucks laufen wir den gesamten String ab und betrachten alle Pärchen. Damit die Methode nicht zu groß wird, kommt eine Hilfsmethode namens `decodeToken(String)` zum Einsatz, die ein Pärchen nimmt und es expandiert.

Zunächst muss die Methode herausfinden, ob das Token aus nur einem Zeichen besteht oder aus mehreren Zeichen. Besteht der String nur aus einem Zeichen, dann muss es unser Symbol gewesen sein, und es kommt in die Ausgabe. Ist die Zeichenfolge länger als 1, dann befindet sich ab der zweiten Position aufwärts eine Längenkodierung. Mit `substring(1)` extrahieren wir den String und konvertieren ihn in eine

Ganzzahl, damit unsere Schleife später genau diese Anzahl von Zeichen generieren kann.

Quiz 11.4.1: Kodierung für Unicode-Zeichen

Wenn wir im Quellcode einen String schreiben, dann machen wir uns wenig Gedanken um die Kodierung, weil wir eine große Anzahl von Zeichen direkt in Anführungsstrichen schreiben können. Doch wenn diese Strings z. B. in eine Datei geschrieben werden, ist die Kodierung relevant, weil andere Parteien diese Datei natürlich wieder lesen wollen.

Unicode-Zeichen benötigen in ihrem vollen Umfang 4 Byte. Allerdings ist das Verschwendung, wenn das Zeichen nur in einem Byte kodiert werden kann, etwa ein einfaches ASCII-Zeichen ist. Daher kodiert man Unicode-Zeichen, um eine möglichst kurze Repräsentation zu bekommen. Übliche Kodierungen sind UTF-8 und UTF-16, sie können alle Unicode-Zeichen abbilden. Das gilt für Latin-1 zum Beispiel nicht, denn Latin-1 umfasst nur 8 Byte, und Hunderttausende von Zeichen lassen sich in Latin-1 nicht abbilden. Bei der UTF-8-Kodierung wird man ein Byte verwenden, wenn es möglich ist, dann zwei Byte verwenden, wenn es möglich ist, sonst drei oder vier.

Anzahl Bytes	Bits	Erster Codepoint	Letzter Codepoint	Byte 1	Byte 2	Byte 3	Byte 4
1	7	U+0000	U+007F	0xxxxxxx			
2	11	U+0080	U+07FF	110xxxxx	10xxxxxx		
3	16	U+0800	U+FFFF	1110xxxx	10xxxxxx	10xxxxxx	
5	21	U+10000	U+10FFFF	11110xxx	10xxxxxx	10xxxxxx	10xxxxxx

Tabelle 11.4 Bitbelegungen der UTF-8-Kodierung

Quiz 11.4.2: Ordnung von Zeichenfolgen mit und ohne Collator

Die Ausgaben sind:

```
Comparator<String> comparator = Comparator.naturalOrder();
System.out.println( comparator.compare( "a", "ä" ) );   // < 0
System.out.println( comparator.compare( "ä", "z" ) );   // > 0

Comparator<Object> collator = Collator.getInstance( Locale.GERMAN );
System.out.println( collator.compare( "a", "ä" ) );     // < 0
System.out.println( collator.compare( "ä", "z" ) );     // < 0
```

Die natürliche Ordnung von Strings ist lexikographisch, das heißt, die Position des Zeichens im Unicode-Alphabet zählt. Verdeutlichen wir uns das an einigen Zeichen:

Zeichen	0	A	a	Ä	ß	ä
Codepoint (dezimaler)	48	65	97	196	223	228

Tabelle 11.5 Einige Zeichen mit ihren Positionen im Unicode-Standard

Aus der Tabelle lässt sich ablesen, dass zunächst die Ziffern vorne stehen, dann die Großbuchstaben folgen und anschließend die Kleinbuchstaben. Die Umlaute sind weit hinter den Großbuchstaben und nicht einsortiert zwischen den Groß- und Kleinbuchstaben.

Umlaute sind im Deutschen reguläre Buchstaben, die in der Ordnung nicht hinter »Z« kommen. Die Norm DIN 5007-1 beschreibt unter »Ordnen von Schriftzeichenfolgen (ABC-Regeln)« zwei Sortierverfahren:

- **DIN 5007, Variante 1 (für Wörter verwendet, etwa in Lexika)**
  - »ä« und »a« sind gleich.
  - »ö« und »o« sind gleich.
  - »ü« und »u« sind gleich.
  - »ß« und »ss« sind gleich,
- **DIN 5007, Variante 2 (spezielle Sortierung für Namenslisten, etwa in Telefonbüchern)**
  - »ä« und »ae« sind gleich.
  - »ö« und »oe« sind gleich.
  - »ü« und »ue« sind gleich.
  - »ß« und »ss« sind gleich.

Für andere Sprachen gibt es ähnliche Regeln. Die lexikographische Ordnung gibt das nicht her. Daher beschreibt der *Unicode Collation Algorithm*, wie die Sortierung in unterschiedlichen Landessprachen aussieht. Zu einer Einleitung siehe auch *https://de.wikipedia.org/wiki/Unicode_Collation_Algorithm*.

In Java stehen `Collator`-Objekte zur Verfügung. Sie werden mit einem `Locale`-Objekt initialisiert. Zusätzlich zur Sprache lassen sich sogenannte *Ebenen* übergeben, die Javadoc gibt dazu weitere Beispiele unter dem Stichpunkt »Collator strength value«.

Kapitel 12

Mathematisches

Schon in den ersten Aufgaben kamen Ganzzahlen und Fließkommazahlen vor; wir haben die Zahlen mit den üblichen mathematischen Operatoren verrechnet. Nicht für alles hat Java einen Operator, und so bietet die Klasse `Math` weitere Methoden und Konstanten; schon früh haben wir zum Beispiel `Math.random()` eingesetzt. In den folgenden Aufgaben dieses Kapitels geht es insbesondere um verschiedene Rundungen, und wir werden auf Methoden der Klasse `Math` schauen. Zudem bietet das Paket `java.math` zwei Klassen, mit denen sich beliebig große Zahlen repräsentieren lassen – auch dazu gibt es Aufgaben.

12

Voraussetzungen

- Rundungsmethoden der Klasse `Math` kennen
- `BigInteger` und `BigDecimal` kennen

Java ist auch eine Insel, Kapitel 21

In der »Insel« erklärt Kapitel 21, »Bits und Bytes, Mathematisches und Geld«, die nötigen Voraussetzungen.

Verwendete Datentypen in diesem Kapitel:

- `java.lang.Math` (*https://docs.oracle.com/en/java/javase/11/docs/api/java.base/java/lang/Math.html*)
- `java.math.BigInteger` (*https://docs.oracle.com/en/java/javase/11/docs/api/java.base/java/math/BigInteger.html*)
- `java.math.BigDecimal` (*https://docs.oracle.com/en/java/javase/11/docs/api/java.base/java/math/BigDecimal.html*)

12.1 Die Klasse Math

Die Klasse `Math` enthält eine große Anzahl mathematischer Funktionen, aber es ist wichtig, auch zum Beispiel bei Wrapper-Klassen zu schauen oder beim `Scanner` oder

`Formatter`, wenn es darum geht, eine Zahl in einen String zu konvertieren oder einen String zu parsen, sodass am Ende wieder ein primitiver Typ steht.

12.1.1 Quiz: Was ergibt Pi mal Daumen? ★

Zum Runden von numerischen Werten gibt es unterschiedliche Ansätze und verschiedene Aufgabenstellungen:

- Zum einen kann eine Fließkommazahl in eine Ganzzahl konvertiert werden,
- zum anderen kann bei einer Fließkommazahl die Anzahl der Nachkommastellen reduziert werden.

Die Java-Bibliothek unterstützt unterschiedliche Möglichkeiten zur Konvertierung und Rundung, unter anderem mit

- der expliziten Typumwandlung `(int) double` → `int`
- `Math.floor(double)` → `double`
- `Math.ceil(double)` → `double`
- `Math.round(double)` → `long`
- `Math.rint(double)` → `double`
- `BigDecimal` und `setScale(…)` → `BigDecimal`
- `NumberFormat`, konfiguriert mit `setMaximumFractionDigits(…)`, dann `format(…)` → `String`
- `DecimalFormat`, konfiguriert mit `setRoundingMode(…)`, dann `format(…)` → `String`
- `Formatter` mit einen Format-String, dann `format(…)` → `String`

Vier der Methoden stammen aus `Math`, aber wenn es zum Beispiel um sehr große und genaue Fließkommazahlen oder um die String-Repräsentation geht, sind weitere Klassen involviert. Da sich die Methoden im Ergebnis leicht unterscheiden, soll die folgende Aufgabe diese Unterschiede noch einmal deutlich machen.

Aufgabe:

Fülle die folgende Tabelle mit den Ergebnissen der Rundungen aus:

double-Wert d	(int) d	(int) floor(d)	(int) ceil(d)	round(d)	(int) rint(d)
-2.5					
-1.9					
-1.6					

double-Wert d	(int) d	(int) floor(d)	(int) ceil(d)	round(d)	(int) rint(d)
-1.5					
-1.1					
1.1					
1.5					
1.6					
1.9					
2.5					

12.1.2 Prüfen, ob Tin Tin beim Runden betrogen hat ★

Die Buchhalterin Tin Tin macht für Captain CiaoCiao die Aufstellungen der Ein- und Ausgaben. Sie bekommt *positive und negative Fließkommawerte* und schreibt für eine Bilanz zum Schluss die Summe als *gerundete Ganzzahl* auf. Captain CiaoCiao hat den Verdacht, dass Tin Tin nicht ganz ehrlich ist und sich die Centbeträge unter den Nagel reißt, wobei sie die Summen doch korrekt kaufmännisch runden sollte. Zur Erinnerung: Ist die Zahl an der ersten wegfallenden Dezimalstelle eine 0, 1, 2, 3 oder 4, wird abgerundet; ist sie 5, 6, 7, 8 oder 9, wird aufgerundet.

Um seine Vermutung zu prüfen, benötigt Captain CiaoCiao ein Programm, das summieren und verschiedene Rundungsmodi prüfen kann.

Aufgabe:

- Gegeben sind ein Array mit Fließkommazahlen (positiv und negativ) und die von Tin Tin in eine Ganzzahl konvertierte Summe.
- Captain CiaoCiao möchte herausfinden, mit welcher Rundung die Ganzzahl der Summe gebildet wurde. Daher sollen die Elemente in dem Array summiert werden und mit der Summe von Tin Tin verglichen werden. Die Rundung wird erst nach der Addition der Zahlen durchgeführt.
- Implementiere eine Methode `RoundingMode detectRoundingMode(double[] numbers, int sum)`, die ein `double`-Array mit Zahlen und die Summe von Tin Tin bekommt und prüft, welcher Rundungsmodus verwendet wurde.

  Damit sich der Rundungsmodus repräsentieren lässt, führe einen Aufzählungstyp ein:

  ```
  enum RoundingMode {
    CAST, ROUND, FLOOR, CEIL, RINT, UNKNOWN;
  }
  ```

- Die Aufzählungselemente repräsentieren unterschiedliche Rundungsarten:
  - `(int)`, also eine Typumwandlung
  - `(int) Math.floor(double)`
  - `(int) Math.ceil(double)`
  - `(int) Math.rint(double)`
  - `(int) Math.round(double)`
- Welche Rundung ist für Captain CiaoCiao schlecht und für Tin Tin gut? Mit welcher Variante könnte Tin Tin betrügen?

Beispiel:

Der Aufruf könnte so aussehen:

```
double[] numbers = { 199.99 };
System.out.println( detectRoundingMode( numbers, 200 ) );
```

Hinweise:

- Es gibt im Paket `java.math` den Aufzählungstyp `RoundingMode`, doch für unseren Fall passt er nicht auf die Aufgabe.
- Es kann gut passieren, dass mehrere Rundungsmodi passen – etwa wenn die Summe der Fließkommawerte selbst eine Ganzzahl ergibt –, dann kann die Methode sich für einen der Rundungsmodi frei entscheiden.

12.2 Große und sehr präzise Zahlen

Mit den Klassen `java.math.BigInteger` und `java.math.BigDecimal` lassen sich beliebig große Ganz- und Fließkommazahlen repräsentieren.

12.2.1 Arithmetischen Mittelwert einer großen Ganzzahl berechnen ★

Um den arithmetischen Mittelwert von zwei Zahlen zu berechnen, werden sie addiert und durch zwei geteilt. Das funktioniert dann gut, wenn die Summe der beiden Werte nicht über der größten darstellbaren Zahl liegt. Wenn es einen Überlauf gibt, ist das Ergebnis falsch. Es gibt in der Informatik einige Algorithmen, die auch mit diesem Problem umgehen können, doch wir können es uns etwas einfacher machen und den jeweils höheren Datentyp nehmen. Soll z. B. von zwei `int`-Variablen der Mittelwert berechnet werden, konvertieren wir die beiden `int` in ein `long`, addieren die Zahlen, dividieren und konvertieren zurück zum `int`. Beim Datentyp `long` gibt es keinen größeren primitiven Datentyp, doch lässt sich für den Fall gut der Objekttyp `BigInteger` einsetzen.

Aufgabe:

Berechne den arithmetischen Mittelwert zweier `long`-Werte, sodass es *nicht* zu einem Überlauf und falschen Ergebnissen kommt. Das Ergebnis soll wieder ein `long` sein.

12.2.2 Zahl für Zahl über das Telefon ★

Durch einen neuen Deal hat Bonny Brain viel Geld verdient. Die Zahl ist so groß, dass man sie am Telefon gar nicht einfach durchsagen kann; sie muss in Häppchen übermittelt werden.

Aufgabe:

Schreibe eine neue Methode `BigInteger completeNumber(int... parts)`, die eine variable Anzahl von Zahlen bekommt und zum Schluss die große Gesamtzahl zurückgibt.

Beispiel:

`completeNumber(123, 22, 989, 77, 9)` liefert ein `BigInteger` mit dem Wert `12322989779`.

12.2.3 Klasse für Brüche entwickeln und Brüche kürzen ★★

Bonny Brain probiert ein neues Rezept für einen Rumpunsch. In der Anweisung zur Zubereitung kommen immer wieder Brüche vor wie »1/4 Liter Traubensaft« oder »1/2 Liter Rum«. Für die Feier bereitet sie 100 Portionen vor, und es entstehen Brüche wie »100/4 Liter«. Die Brüche können gekürzt werden, sodass Bonny Brain zum Beispiel weiß, dass 25 Liter Traubensaft gekauft werden müssen.

Aufgabe:

1. Lege eine neue Klasse `Fraction` an.
2. Es soll einen Konstruktor `Fraction(int numerator, int denominator)` geben, der Zähler und Nenner in `public final` Variablen ablegt.
   - Überlege, ob es fehlerhafte Parameterbelegungen geben kann, die wir durch Ausnahmen melden sollten.
   - Jeder angelegte Bruch soll automatisch gekürzt werden. Greife dafür auf die Methode `gcd(…)` von `BigInteger` zurück, die den *größten gemeinsamen Teiler (ggT)* (engl. *greatest common divisor*) berechnet. Zur Erinnerung: Der ggT von Zähler und Nenner ist die größte Zahl, durch die beide teilbar sind. Man kann den Bruch vollständig kürzen, indem man sowohl Zähler als auch Nenner durch diese Zahl teilt.
   - Zähler und Nenner können negativ sein, aber dann kann man das Vorzeichen umdrehen, sodass beide Werte positiv werden.
   - Die Objekte sollen alle immutable sein, und daher können die Variablen `public` sein, da sie nach dem Initialisieren über den Konstruktor nicht mehr verändert werden sollen. Anders gesagt: Die Klasse `Fraction` enthält keinen Setter.
3. Ergänze den Konstruktor `Fraction(int value)`, bei dem der Nenner automatisch zu `1` wird.
4. Implementiere eine Methode, mit denen man Brüche multiplizieren kann und die Überläufe erkennt.
5. Implementiere eine Methode `reciprocal()`, die den Kehrbruch eines Bruches liefert, also Zähler und Nenner miteinander vertauscht. Mithilfe dieser Methode lässt sich die Division von Brüchen umsetzen.
6. `Fraction` soll `java.lang.Number` erweitern und alle vorgeschriebenen Methoden implementieren.
7. `Fraction` soll `Comparable` implementieren, denn Brüche lassen sich in eine Dezimalzahl umrechnen, und Dezimalzahlen haben eine natürliche Ordnung.
8. `Fraction` soll `equals(…)` und `hashCode()` korrekt implementieren.
9. Implementiere eine `toString()`-Methode, die eine möglichst schlanke Rückgabe liefert.

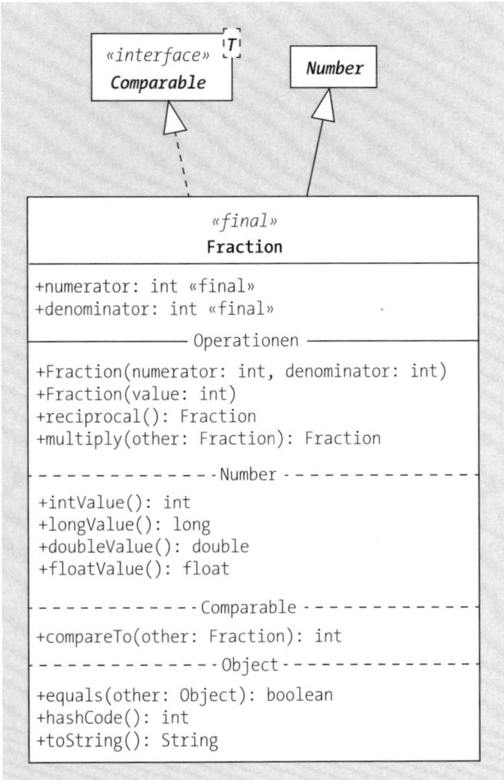

Abbildung 12.1 UML-Diagramm von Fraction

12.3 Lösungsvorschläge

Quiz 12.1.1: Was ergibt Pi mal Daumen?

Wert d	(int) d	(int) floor(d)	(int) ceil(d)	round(d)	(int) rint(d)
-2.5	-2	-3	-2	-2	-2
-1.9	-1	-2	-1	-2	-2
-1.6	-1	-2	-1	-2	-2
-1.5	-1	-2	-1	-1	-2
-1.1	-1	-2	-1	-1	-1
1.1	1	1	2	1	1

Tabelle 12.1 Verschiedene Rundungen einer Fließkommazahl d im Vergleich

Wert d	(int) d	(int) floor(d)	(int) ceil(d)	round(d)	(int) rint(d)
1.5	1	1	2	2	2
1.6	1	1	2	2	2
1.9	1	1	2	2	2
2.5	2	2	3	3	2

Tabelle 12.1 Verschiedene Rundungen einer Fließkommazahl d im Vergleich (Forts.)

`Math.round(double)` und `Math.rint(double)` unterscheiden sich bei `.5`-Zahlen »auf der Kante«:

- `round(double)` rundet *kaufmännisch*. Wie in der Tabelle zu erkennen ist, runden `round(-2.5)`, `round(-1.5)`, `round(1.5)` und `round(2.5)` auf; die Zahlen werden immer größer. Wenn man immer nur kaufmännisch aufrundet, erzeugt das kleine Fehler, denn das Verfahren ist nicht symmetrisch. Fairerweise müsste man einige `0.5` auch abrunden, hier kommt eine andere Methode ins Spiel.
- `rint(double)` verhält sich bei Zahlen, die nicht auf `0.5` enden, wie `round(double)`, doch bei der Endung auf `.5` gilt folgende Regel: Die letzte beizubehaltende Ziffer wird gerade. Dieses Verhalten wird *symmetrische* (auch *mathematische, wissenschaftliche*) *Rundung* genannt, denn es rundet jeweils in der Hälfte der Fälle auf oder ab.

Zusammenfassend:

Verfahren	Ergebnis
Typumwandlung `(int) d`	Schneidet Nachkommastellen einer Fließkommazahl ab.
`floor(d)`	Rundet auf die nächst kleinere Zahl gegen $-\infty$.
`ceil(d)`	Rundet auf die nächst größere Zahl gegen $+\infty$.
`round(d)`	Rundet den Wert nach kaufmännischen Regeln.
`rint(d)`	Rundet `double`-Werte symmetrisch/mathematisch/wissenschaftlich.

Tabelle 12.2 Rundungsverfahren

Aufgabe 12.1.2: Prüfen, ob Tin Tin beim Runden betrogen hat

Kommen wir zu der Frage, welche Rundung nun für Captain CiaoCiao schlecht und für Tin Tin gut ist. Die Differenz zwischen dem gerundeten Wert und der Summe ist die Differenz, die sich Tin Tin einstreichen kann. Ein Beispiel: Wenn die Summe

222,22 ergibt und Tin Tin auf 222 rundet, entsteht eine Differenz von 0,22, die Captain CiaoCiao fehlt und in die Tasche von Tin Tin kommt. Wie sehen die Differenzen bei den Beispielzahlen aus?

Wert d	d - (int) d	d - floor(d)	d - ceil(d)	d - round(d)	d - rint(d)
-2.5	-0.5	0.5	-0.5	-0.5	-0.5
-1.9	-0.9	0.1	-0.9	0.1	0.1
-1.6	-0.6	0.4	-0.6	0.4	0.4
-1.5	-0.5	0.5	-0.5	-0.5	0.5
-1.1	-0.1	0.9	-0.1	-0.1	-0.1
1.1	0.1	0.1	-0.9	0.1	0.1
1.5	0.5	0.5	-0.5	-0.5	-0.5
1.6	0.6	0.6	-0.4	-0.4	-0.4
1.9	0.9	0.9	-0.1	-0.1	-0.1
2.5	0.5	0.5	-0.5	-0.5	0.5
Summe	0	5	-5	-2	0

Tabelle 12.3 Differenz aus den Rundungen, Summe im Fuß

Wir können ablesen, dass für die gewählten Zahlen für Tin Tin am meisten herausspringt, wenn sie alle Summen abrundet, denn das macht die Zahlen kleiner, und sie bekommt in jedem Fall die Differenz, egal, ob die Zahlen negativ oder positiv sind.

Zum Lösungsvorschlag:

```
public enum RoundingMode {
  CAST, ROUND, FLOOR, CEIL, RINT, UNKNOWN;
}

private static RoundingMode detectRoundingMode( double value, int rounded ) {
  return rounded == (int) value         ? RoundingMode.CAST :
         rounded == Math.round( value ) ? RoundingMode.ROUND :
         rounded == Math.floor( value ) ? RoundingMode.FLOOR :
         rounded == Math.ceil( value )  ? RoundingMode.CEIL :
         rounded == Math.rint( value )  ? RoundingMode.RINT :
         RoundingMode.UNKNOWN;
}
```

```
public static RoundingMode detectRoundingMode( double[] numbers, int sum ) {
  double realSum = 0;
  for ( double number : numbers )
    realSum += number;
  return detectRoundingMode( realSum, sum );
}
```

Listing 12.1 com/tutego/exercise/math/RoundingModeDetector.java

Der Lösungsvorschlag setzt sich aus zwei Methoden zusammen. Die öffentliche Methode `detectRoundingMode(…)` summiert die Elemente des Arrays und ruft die private Methode `detectRoundingMode(double, int)` auf, um den eigentlichen Rundungsmodus zu bestimmen.

Die Methode vergleicht nacheinander den Ganzzahlwert mit den unterschiedlichen gerundeten Varianten, und wenn es eine Übereinstimmung gibt, wird das Aufzählungselement zurückgeliefert. Falls die Summen und der gerundete Wert überhaupt nicht zusammenpassen, ist die Rückgabe `RoundingMode.UNKNOWN`.

Aufgabe 12.2.1: Arithmetischen Mittelwert einer großen Ganzzahl berechnen

```
private final static BigDecimal TWO = BigDecimal.valueOf( 2 );

public static long meanExact( long x, long y ) {
  BigInteger bigSum  = BigInteger.valueOf( x ).add( BigInteger.valueOf( y ) );
  BigInteger bigMean = bigSum.divide( BigInteger.TWO );
  return bigMean.longValue();
}
```

Listing 12.2 com/tutego/exercise/math/BigIntegerMean.java

Im ersten Schritt bauen wir mit der Fabrikmethode `valueOf(long)` ein neues Objekt vom Typ `BigInteger` für die Parameter `x` und `y` auf. Im zweiten Schritt wird die Summe gebildet. Im dritten Schritt wird die Summe durch 2 geteilt. Bei der Division müssen wir bei dem Divisor ebenfalls auf ein `BigInteger`-Objekt zurückgreifen. Da der Divisor konstant ist, definiert der Lösungsvorschlag eine eigene Konstante – die Klasse `BigInteger` hat Konstanten für 0, 1 und 10, aber nicht für 2.

Bei einer Mittelwertberechnung von ganzen Zahlen steht immer die Frage nach der Rundung im Raum. Die Addition von zwei geraden oder zwei ungeraden Zahlen ergibt immer eine gerade Zahl, doch die Summe einer geraden mit einer ungeraden Zahl ist ungerade. Werden ungerade Zahlen durch zwei geteilt, gibt es einen Rest, und die Frage ist, ob auf- oder abgerundet wird, das Ergebnis gegen 0 gerundet wird oder gerundet wird gegen plus oder minus unendlich – es gibt viele Möglichkeiten.

Die BigInteger-Methode divide(…) verhält sich wie die Division zweier Ganzzahlen, es wird Richtung 0 gerundet.

Am Ende entsteht eine Zahl, nicht größer als Long.MAX_VALUE und nicht kleiner als Long.MIN_VALUE, sodass das Konvertieren der Zahl aus dem BigInteger mit longValue() keinen Verlust gibt.

Aufgabe 12.2.2: Zahl für Zahl über das Telefon

```
static BigInteger completeNumber( int... parts ) {
  StringBuilder bigNumber = new StringBuilder( parts.length * 2 );
  for ( int part : parts )
    bigNumber.append( part );

  return new BigInteger( bigNumber.toString() );
}
```

Listing 12.3 com/tutego/exercise/math/SequentialNumbersToOneNumber.java

Wir können die Aufgabe mithilfe von Strings oder Mathematik lösen. Über einen temporären String ist die Aufgabe einfach zu lösen.

Im ersten Schritt laufen wir das Array ab, nehmen nacheinander alle Zahlen und hängen sie einem StringBuilder an. Wenn wir annehmen, dass jede Zahl im Schnitt aus zwei Ziffern besteht, können wir ungefähr abschätzen, wie groß das Ergebnis sein wird; daher nutzen wir den parametrisierten Konstruktor von StringBuilder mit einer Kapazität.

Nach dem Anhängen aller Zahlen wird der StringBuilder in einen String konvertiert und damit der Konstruktor von BigInteger gefüttert. Hier beginnt die eigentliche Konvertierung der Zeichenfolge in einen BigInteger.

Die Aufgabe lässt sich natürlich auch ohne einen temporären StringBuilder lösen. Nehmen wir den Aufruf als Beispiel:

```
completeNumber(123, 22, 989, 77, 9);
```

Wenn zum Schluss das BigInteger mit 12322989779 entstehen soll, könnten wir den BigInteger zunächst mit 123 aufbauen, dann die Zahl mit 100 multiplizieren und 22 addieren, sodass 12322 entsteht. Im nächsten Schritt nehmen wir das Ergebnis, multiplizieren es mit 1000 und addieren 989. Dann multiplizieren wir wieder mit 100, addieren 77, multiplizieren das Ergebnis mit 10 und addieren 9. Das heißt, wir multiplizieren immer den alten Wert mit 10n, wobei *n* die Anzahl der Ziffern der kommenden Zahl ist.

Aufgabe 12.2.3: Klasse für Brüche entwickeln und Brüche kürzen

```
import java.math.BigInteger;

public final class Fraction extends Number implements Comparable<Fraction> {

  public final int numerator;
  public final int denominator;

  public Fraction( int numerator, int denominator ) {
    if ( denominator == 0 )
      throw new ArithmeticException( "denominator of a fraction can't be 0" );

    // denominator always positive
    if ( denominator < 0 ) {
      numerator   = -numerator;
      denominator = -denominator;
    }

    // shortcut if denominator == 1
    if ( denominator == 1 ) {
      this.numerator   = numerator;
      this.denominator = 1;
    }
    else {
      // try to simplify every fraction
      int gcd = gcd( numerator, denominator );
      // might be 1, but divide anyway
      this.numerator   = numerator / gcd;
      this.denominator = denominator / gcd;
    }
  }

  private static int gcd( int a, int b ) {
    return BigInteger.valueOf( a )
                     .gcd( BigInteger.valueOf( b ) )
                     .intValue();
  }

  public Fraction( int value ) {
    this( value, 1 );
  }
```

```
public Fraction reciprocal() {
  return new Fraction( denominator, numerator );
}

public Fraction multiply( Fraction other ) {
  return new Fraction( Math.multiplyExact( numerator, other.numerator ),
                       Math.multiplyExact( denominator, other.denominator ) );
}

@Override
public int intValue() {
  return numerator / denominator;
}

@Override
public long longValue() {
  return (long) numerator / denominator;
}

@Override
public double doubleValue() {
  return (double) numerator / denominator;
}

@Override
public float floatValue() {
  return (float) numerator / denominator;
}

@Override
public int compareTo( Fraction other ) {
  return Double.compare( doubleValue(), other.doubleValue() );
}

@Override
public boolean equals( Object other ) {
  if ( other == this )
    return true;
  if ( ! (other instanceof Fraction) )
    return false;

  Fraction otherFraction = (Fraction) other;
```

```
    return    numerator   == otherFraction.numerator
           && denominator == otherFraction.denominator;
  }

  @Override
  public int hashCode() {
    return numerator + Integer.reverse( denominator );
  }

  @Override
  public String toString() {
    return numerator   == 0 ? "0" :
           denominator == 1 ? "" + numerator :
           numerator + " / " + denominator;
  }
}
```

Listing 12.4 com/tutego/exercise/math/Fraction.java

Beginnen wir mit dem Konstruktor `Fraction`, der den Zähler und Nenner annimmt. Der Nenner darf nie `0` sein, das wird mit einer Ausnahme bestraft. Wir könnten zwar prinzipiell eine eigene `Exception`-Klasse aufbauen, eine `ArithmeticException` passt jedoch gut.

Zähler und Nenner können negativ oder positiv sein, es gibt vier Fälle:

- `numerator > 0, denominator > 0`
- `numerator < 0, denominator > 0`
- `numerator > 0, denominator < 0`
- `numerator < 0, denominator < 0`

Wir wollen zwei Fälle berücksichtigen:

- Sind Zähler und Nenner beide negativ, können wir das Vorzeichen umdrehen, sodass beide Werte positiv werden.
- Wenn der Nenner negativ ist und der Zähler positiv, können wir das Vorzeichen auf den Zähler verschieben.

Beide Fälle lassen sich mit einer Fallunterscheidung behandeln, dass wir, wenn der Nenner negativ ist, beide Vorzeichen umdrehen. Ein negativer Nenner wird dann positiv. Wenn der Zähler auch negativ war, wird der Zähler positiv, sodass ein negativer Zähler und negativer Nenner damit beide positiv werden. War der Nenner negativ und der Zähler positiv, verschieben wir damit das Vorzeichen auf den Zähler, denn der Zähler wird negativ.

Zähler und Nenner sind nun vorbereitet, und wenn der Nenner 1 ist, dann muss der Bruch nicht gekürzt werden, und wir sparen uns die folgende Arbeit und verlassen den Konstruktor, andernfalls geht es im `else`-Block weiter.

Der letzte Teil des Konstruktors beschäftigt sich mit dem Kürzen des Bruches. In der Aufgabenstellung wurde kurz erklärt, wie hier vorzugehen ist: Wir brauchen den größten gemeinsamen Teiler. Der Konstruktor delegiert hier auf eine eigene Methode `gcd(int, int)`, die zunächst für zwei Zahlen ein `BigInteger` aufbaut, dann den größten gemeinsamen Teiler berechnen lässt und dann als Ganzzahl wieder zurückgibt. In unserem Szenario sind die Parametertypen `int`, sodass der Teiler auf jeden Fall kleiner sein wird, mit `intValue()` lesen wir aus dem `BigInteger` aus. Nachdem der Konstruktor den größten gemeinsamen Teiler erfragt hat, teilen wir den Zähler und Nenner dadurch und initialisieren so unsere Objektvariablen. Prinzipiell könnte `gcd` auch 1 sein, sodass wir keine Division benötigen, doch wir sparen uns hier diese besondere Fallunterscheidung, denn eine Division durch `1` ist jetzt auch nicht teuer.

Der zweite Konstruktor nimmt nur einen Zähler an, und in dem Fall ist der Nenner `1`. Wir delegieren an unseren eigenen Konstruktor, können aber prinzipiell das Speichern selber übernehmen, da wir die Sonderbehandlung für einen negativen Nenner nicht benötigen und der Nenner auch nicht `0` ist.

Die erste der beiden Methoden `reciprocal()` erzeugt ein neues `Fraction`-Objekt, indem es aus dem Nenner den Zähler macht und aus dem Zähler den Nenner. Die Methode `multiply(…)` multipliziert den eigenen Zähler mit dem Zähler des übergebenen Objektes und macht symmetrisch das Gleiche für den Nenner. Schnell entstehen bei der Multiplikation große Zahlen, und der Wertebereich von `int` könnte gesprengt werden, deswegen stellt `Math.multiplyExact(…)` sicher, dass das Produkt in einen `int` passt; sonst folgt eine Ausnahme.

Die nächste Kategorie der Methoden stammt aus dem Basistyp `Number`. Wir teilen Zähler durch Nenner und geben das Ergebnis bei den verschiedenen Methoden zurück.

Die nächste Methode `compareTo(…)` stammt aus der Schnittstelle `Comparable`. Wir machen es uns einfach und berechnen den Quotienten und vergleichen unseren Quotienten mit dem übergebenen Bruch.

Im nächsten Schritt überschreiben wir die Methode `equals(…)` und `hashCode()`. Ein guter Hashcode wird bei einer Veränderung des Zählers oder des Nenners einen anderen Hashcode liefern. Die Realisierung von `hashCode()` mach das so, dass sie die Bits des Nenners umdreht; wenn also die Anzahl benötigter Bits von Zähler und Nenner zusammen nicht 32 übersteigt (die Anzahl Bits eines `int`-Typs), können wir jede Veränderung durch einen unterschiedlichen Hashcode erkennen.

Als Letztes folgt die Methode `toString()`. Ist der Zähler `0`, so müssen wir den Nenner erst gar nicht betrachten und liefern den String `0` zurück. Ist der Nenner `1`, können wir nur den Zähler zurückliefern. Anderenfalls geben wir Zähler und Nenner durch einen Bruchstrich getrennt zurück.

Kapitel 13

Raum und Zeit

In fast allen Aufgaben haben wir Bildschirmausgaben, und wer im Alltag deutsch schreibt, wird die Ausgaben vermutlich auf Deutsch ausgeben. Doch an einigen Stellen taucht dann immer eine »falsche« Ausgabe auf, etwa wenn Nachkommastellen bei Fließkommazahlen nicht mit Komma, sondern mit einem Punkt getrennt sind. Das Dezimaltrennzeichen ist nur eines von vielen Beispielen, wie unterschiedlich die Normen in den Ländern sind: Währungen stehen manches Mal vor und dann wieder hinter der Zahl, bei Datumsangaben lautet bei einigen Ländern das Format Jahr-Monat-Tag, bei anderen Tag-Monat-Jahr, dann wieder Monat-Tag-Jahr.

Dieses Kapitel rückt Aufgaben um Internationalisierung (wie man Programme prinzipiell sprachunabhängig macht) und Lokalisierung (Anpassung an eine konkrete Sprache) in den Mittelpunkt. Denn wenn unsere Software erfolgreich sein soll, muss sie natürlich weltweit zu jeder Tageszeit überall auf unserem Planeten laufen. Java kann problemlos viele sprachliche Besonderheiten berücksichtigen, und das wollen wir uns in den Aufgaben anschauen, sodass auch Captain CiaoCiao und Bonny Brain ihre Geschäfte überall tätigen können und jeder ihre »Sprache« versteht.

Voraussetzungen

- `Locale`-Klasse kennen und Konstanten, wie `Locale.GERMANY`
- Notwendigkeit für landestypische Formatierung erkennen können
- temporale Datentypen `LocalDate`, `LocalDateTime`, `Duration` kennen

Java ist auch eine Insel, Kapitel 15

In der »ersten Insel« erklärt Kapitel 15, »Die Klassenbibliothek«, die nötigen Voraussetzungen. Detaillierter geht Kapitel 6, »Raum und Zeit«, in *Java SE 9 Standard-Bibliothek* auf die Datentypen ein.

Verwendete Datentypen in diesem Kapitel:

- `java.util.Locale` (*https://docs.oracle.com/en/java/javase/11/docs/api/java.base/java/util/Locale.html*)
- `java.time.LocalDate` (*https://docs.oracle.com/en/java/javase/11/docs/api/java.base/java/time/LocalDate.html*)

- `java.time.LocalDateTime` (*https://docs.oracle.com/en/java/javase/11/docs/api/java.base/java/time/LocalDateTime.html*)
- `java.time.format.DateTimeFormatter` (*https://docs.oracle.com/en/java/javase/11/docs/api/java.base/java/time/format/DateTimeFormatter.html*)
- `java.time.format.FormatStyle` (*https://docs.oracle.com/en/java/javase/11/docs/api/java.base/java/time/format/FormatStyle.html*)
- `java.time.format.DateTimeFormatter` (*https://docs.oracle.com/en/java/javase/11/docs/api/java.base/java/time/format/DateTimeFormatter.html*)
- `java.time.Duration` (*https://docs.oracle.com/en/java/javase/11/docs/api/java.base/java/time/Duration.html*)

13.1 Sprachen und Länder

Damit die Java-Bibliothek Fließkommazahlen und Datum parsen und formatieren sowie Texte übersetzen kann, existiert der Datentyp `Locale`, der eine Sprache mit einer optionalen Region repräsentiert. Wir wollen mit diesem Datentyp einige Aufgaben lösen, die gut zeigen, an welcher Stelle `Locale` überall vorkommt.

13.1.1 Landes-/Sprachtypische Formatierungen für Zufallszahl anwenden ★

Bonny Brain bereitet einen neuen E-Mail-Scam vor: Bitcoins sollen deutlich unter dem Preis »verkauft« werden. Sie bereitet dafür die Betreffzeilen vor, die zum Beispiel so aussehen:

```
Buy Bitcoin for just $11,937.70 💰
```

Natürlich plant die Crew einen weltweiten Betrug, und da ist es wichtig, die Zahl nach den Regeln der verschiedenen Länder zu formatieren.

Die `printf(…)`-Methode ist überladen, so wie es auch `String.format(…)` ist:

- Mit `Locale` als erstem Parameter.
- Ohne `Locale`. Wird kein `Locale`-Objekt übergeben, gilt die Default-Locale. Das führt dazu, dass die Java Virtual Machine unter einem deutschsprachigen Betriebssys-

tem diese Sprache übernimmt und bei der Ausgabe mit `System.out.printf(…)` und einer Fließkommazahl standardmäßig ein Komma als Dezimaltrenner verwendet. Hat man ein englischsprachiges Betriebssystem, wird standardmäßig der Punkt als Trennzeichen verwendet, weil eben im englischsprachigen Raum Nachkommastellen mit einem Punkt abgetrennt werden.

Aufgabe:

- Erzeuge eine Zufallszahl vom Typ `double` zwischen 10.000 (inklusive) und 12.000 (exklusive); Nachkommastellen sind erwünscht.
- Nutze die Methode `String.format(String format, Object... args)`, um eine Fließkommazahl mit zwei Nachkommastellen zu formatieren. Es soll ein Tausendertrennzeichen geben.
- Erfrage alle `Locale`-Objekte des Systems, und nutze sie als Argument für die `String.format(Locale l, String format, Object... args)`-Methode, sodass die Fließkommazahl jeweils »lokal« formatiert wird. Gib den String aus.

Tipp zum API-Design der Java SE

Im Allgemeinen kann man festhalten, dass alle Methoden, die eine sprachabhängige Formatierung realisieren oder Strings parsen, üblicherweise ein `Locale`-Objekt als Parameter akzeptieren. Es kann sein, dass es zusätzlich sprachabhängige Methoden ohne Parameter gibt, doch das sind häufig überladene Methoden, die intern die Standardsprache erfragen und dann an die Methode mit dem expliziten `Locale`-Parameter weiterleiten.

13.2 Datum- und Zeit-Klassen

Auf den ersten Blick sieht es so aus, als ob das Datum nur aus Jahr, Monat und Tag besteht. Allerdings erwartet man von einer API, dass sie noch mehr Fragen beantworten kann: Ist ein Tag ein Mittwoch? Wenn am 27. Februar eine Party drei Tage geht, wann endet sie? Wann fängt die KW 12 an? Wenn ich am 31. Dezember 2021 um 09:30 in Deutschland losfliege und nach 11 Stunden in Miami ankomme, wie spät ist es dann dort?

Die Java-Bibliothek hat sich im Laufe der Jahre immer weiterentwickelt, und so gibt es auch für die Datum- und Zeitrechnung diverse Typen:

- `java.util.Date` seit Java 1.0
- `java.util.Calendar`, `java.util.GregorianCalendar`, `java.util.TimeZone` seit Java 1.1
- Paket `java.time` seit Java 8 mit Klassen wie `LocalDate`, `LocalTime`, `LocalDateTime`, `Duration`

Für ein Datum mit Zeitanteil gibt es gleich drei Möglichkeiten; allerdings sind `Date` und `Calendar` seit Java 8 nicht mehr angesagt, denn sie bringen eine Reihe von Problemen mit sich. Die Datentypen finden sich jedoch immer noch in vielen Beispielen, insbesondere online. Wir sollten von diesen »alten« Typen Abstand davon nehmen, und daher trainiert dieser Abschnitt ganz gezielt den Umgang mit den aktuellen Datentypen aus `java.time`.

13.2.1 Datumsausgabe in verschiedenen Sprachen formatieren ★

Am 19. Dezember wird wieder der Sprich-wie-ein-Pirat-Tag (International Talk Like a Pirate Day) gefeiert. Bonny Brain plant ein Fest und bereitet Einladungen vor, und das Datum soll für die Sprachen `Locale.CHINESE`, `Locale.ITALIAN` und `new Locale("th")` formatiert werden; Deutsche schreiben zum Beispiel `Tag.Monat.Jahr`, aber wie ist das in den anderen Sprachen?

Aufgabe:

- Erzeuge ein `LocalDate`-Objekt für den 19. September:
  `LocalDate now = LocalDate.of( Year.now().getValue(), Month.SEPTEMBER, 19 );`
- Rufe die `toString()`-Methode auf; wie ist die Ausgabe?
- Rufe `format(DateTimeFormatter.ofLocalizedDate(FormatStyle.MEDIUM))` auf dem `LocalDate` auf; wie die Ausgabe?
- Es gibt insgesamt vier `FormatStyle`-Stile – probiere alle aus. Welches Muster wird verwendet?
- Auf dem `DateTimeFormatter`-Objekt kann man `withLocale(Locale)` aufrufen und die Sprache ändern; probiere das für verschiedene Sprachen aus.

13.2.2 An welchem Tag feiert Sir Francis Beaufort dieses Jahr Geburtstag? ★

Captain CiaoCiao feiert jedes Jahr den Geburtstag von Sir Francis Beaufort, der am 27. Mai 1774 geboren wurde.

Aufgabe:

- Gegeben ist ein `LocalDate` mit Francis' Geburtstag:
  `LocalDate beaufortBday = LocalDate.of( 1774, Month.MAY, 27 );`
- Entwickle ausgehend von `beaufortBday` ein neues `LocalDate`-Objekt mit dem aktuellen Jahr, wobei das jetzige Jahr nicht hart einkodiert, sondern dynamisch vom System stammen soll.
- Erzeuge eine Ausgabe, an welchem Wochentag in diesem Jahr Francis Geburtstag feiert. In welcher Form der Wochentag ausgegeben wird, also Zahl oder String oder welche Sprache, ist egal.

Beispiel:

Für das Jahr 2020 könnte die Ausgabe lauten:

```
WEDNESDAY
3
Mittwoch
```

13.2.3 Durchschnittliche Dauer der Karaoke-Nächte ermitteln ★

Karaoke-Abende mit Rum, Tanz und Gesang sind bei der Crew beliebt. Oft gehen die Feiern bis zum Morgengrauen, und das stört Bonny Brain, weil die Crew dann am nächsten Tag dösig ist.

Um herauszufinden, wie viele Stunden die Exzesse im Schnitt gehen, will Bonny Brain eine Statistik aufstellen. Sie schreibt die Start- und Endzeiten auf und kann später den Durchschnitt berechnen. Auf den Notizblättern steht zum Beispiel: »2022-03-12, 20:20 - 2022-03-12, 23:50«.

Aufgabe:

- Schreibe ein Programm, das einen String im oberen Format auswertet und die durchschnittliche Partydauer ermittelt und ausgibt.
- Bei dem Programm müssen keine Zeitzonen, Schaltsekunden oder sonstige Sonderfälle berücksichtigt werden – ein Tag kann exakt 24 Stunden lang sein.

Beispiel:

Für den String

```
2022-03-12, 20:20 - 2022-03-12, 23:50
2022-04-01, 21:30 - 2022-04-02, 01:20
```

soll die Ausgabe so aussehen:

```
3 h 40 m
```

Tipp

Bei Zeitdifferenzen hilft die Klasse `Duration`.

13.2.4 Verschiedene Datumsformate parsen ★★★

Ein Datum kann absolut oder relativ spezifiziert werden, und es gibt mehrere Möglichkeiten zur Datumsangabe. Ein paar Beispiele:

```
2020-10-10
2020-12-2
1/3/1976
1/3/20
tomorrow
today
yesterday
1 day ago
2234 days ago
```

Aufgabe:

- Schreibe eine Methode `Optional<LocalDate> parseDate(String string)`, die die oben genannten Formate erkennt.
- Wenn der String in einem der Formate vorliegt, soll die Methode den String parsen, in ein `LocalDate` konvertieren und im `Optional` zurückgeben.
- Konnte kein Format geparst werden, ist die Rückgabe `Optional.empty()`.

13.3 Lösungsvorschläge

Aufgabe 13.1.1: Landes-/Sprachtypische Formatierungen für Zufallszahl anwenden

```
double random = ThreadLocalRandom.current().nextDouble( 10_000, 12_000 );
Locale[] locales = Locale.getAvailableLocales();
for ( Locale locale : locales )
  System.out.printf( locale, "%,.2f (%s)%n", random, locale.getDisplayName() );
```

Listing 13.1 com/tutego/exercise/util/RandomInEveryLocalePrinter.java

Die Lösung besteht aus vier Schritten: Im ersten Teil generieren wir eine Zufallszahl. Im zweiten Teil erfragen wir alle registrierten `Locale`-Objekte als Array, das alle unterstützten Sprachen der Java-Bibliothek enthält. Dieses Array können wir im dritten Schritt durchlaufen und im vierten Schritt ausgeben.

`System.out.printf(…)` erwartet einen Formatierungs-String, der die Zufallszahl als Fließkommazahl einbaut, genauso wie den Sprachnamen. Der Teil im Formatierungs-String für die Zahl ist `%,.2f` – das Komma zeigt den Wunsch nach einem Tausendertrenner an, `.2` steht für die zwei Nachkommastellen.

Der wichtige Parameter bei `printf(…)` ist der erste, der besagt, dass eine `Locale`-Instanz übergeben werden kann, die im Folgenden die Formatierung der Fließkommazahl bestimmt.

Aufgabe 13.2.1: Datumsausgabe in verschiedenen Sprachen formatieren

```
LocalDate date = LocalDate.of( Year.now().getValue(), Month.SEPTEMBER, 19 );
System.out.println( date );

DateTimeFormatter formatterShort =
  DateTimeFormatter.ofLocalizedDate( FormatStyle.SHORT );
DateTimeFormatter formatterMedium =
  DateTimeFormatter.ofLocalizedDate( FormatStyle.MEDIUM );
DateTimeFormatter formatterLong =
  DateTimeFormatter.ofLocalizedDate( FormatStyle.LONG );
DateTimeFormatter formatterFull =
  DateTimeFormatter.ofLocalizedDate( FormatStyle.FULL );

System.out.println( date.format( formatterShort ) );
System.out.println( date.format( formatterMedium ) );
System.out.println( date.format( formatterLong ) );
System.out.println( date.format( formatterFull ) );

System.out.println( date.format( formatterShort.withLocale(
  Locale.CANADA_FRENCH ) ) );
System.out.println( date.format( formatterMedium.withLocale(
  Locale.CHINESE ) ) );
System.out.println( date.format( formatterLong.withLocale(
  Locale.ITALIAN ) ) );
System.out.println( date.format( formatterFull.withLocale(
  new Locale( "th" ) ) ) );
```

Listing 13.2 com/tutego/exercise/time/DateTimeFormatterDemo.java

Die Ausgabe des Programms für das Jahr 2021 ist:

```
021-09-19
19.09.21
19.09.2021
19. September 2021
Sonntag, 19. September 2021
2021-09-19
2021年9月19日
19 settembre 2021
วันอาทิตย์ที่ 19 กันยายน ค.ศ. 2021
```

Die temporalen Datentypen überschreiben die `toString(…)`-Methode, die allerdings nicht mit einer Formatierungsart parametrisiert werden kann. Stattdessen gibt es bei `LocalDate` die Methode `format(…)`, der ein `DateTimeFormatter` übergeben kann. Es gibt drei übliche Wege, an einen `DateTimeFormatter` zu kommen:

- Man wählt eine Konstante aus, wie `DateTimeFormatter.ISO_LOCAL_DATE`.
- Man setzt selbst über ein Pattern präzise fest, wo z. B. der Tag oder der Monat steht und welche Trennsymbole verwendet werden.
- Man wählt eine sprachunabhängige Standardformatierung, was bei Bildschirmausgaben sehr praktisch ist. Sie liefert `DateTimeFormatter.ofLocalizedDate(…)`.

Die Methode `ofLocalizedDate(…)` erwartet einen Parameter vom Typ `FormatStyle` und der Lösungsvorschlag baut vier dieser `DateTimeFormatter`-Instanzen auf und ruft dann die `format(…)`-Methode mit genau diesen Formaten auf.

Der Methodenname `ofLocalizedDate(…)` enthält schon einen Hinweis auf die Lokalisierung. Mit `withLocale(…)` kann jeder `DateTimeFormatter` mit einer `Locale` verbunden werden. Alle temporalen Datentypen sind immutable, die Rückgabe der Methode ist ein neues Objekt mit gesetzter `Locale`.

Aufgabe 13.2.2: An welchem Tag feiert Sir Francis Beaufort dieses Jahr Geburtstag?

Bei der Lösung gehen wir in zwei Schritten vor:

1. Ausgehend vom `beaufortBday` muss ein `LocalDate` mit dem 27. Mai dieses Jahres aufgebaut und
2. der Tag der Woche muss erfragt werden.

Zum ersten Teil:

```
LocalDate beaufortBday = LocalDate.of( 1774, Month.MAY, 27 );

// 1.
LocalDate beaufortBdayThisYear = beaufortBday.withYear( Year.now().getValue() );
```

```
// 2.
LocalDate beaufortBdayThisYear2 = LocalDate.of( LocalDate.now().getYear(),
    beaufortBday.getMonth(),
    beaufortBday.getDayOfMonth() );

// 3.
LocalDate beaufortBdayThisYear3 = LocalDate.now()
    .withMonth( beaufortBday.getMonthValue() )
    .withDayOfMonth( beaufortBday.getDayOfMonth() );
```

Listing 13.3 com/tutego/exercise/time/SirFrancisBeaufortBirthday.java

Für den Aufbau eines `LocalDate`-Objekts zeigt der Lösungsvorschlag drei Varianten:

1. In der ersten Variante nutzen wir einen *Wither*, also eine Methode mit dem Präfix `with` statt `set`, die ein neues Objekt mit einem geänderten Wert liefert. Die temporalen Datentypen von Java sind immutable, daher gibt es keine Setter. `withYear(int)` liefert ein neues `LocalDate`-Objekt mit verändertem Jahr. Für das aktuelle Jahr können wir den Datentyp `Year` einsetzen. Die statische Methode `now()` liefert das aktuelle Jahr, und da `withYear(int)` eine Ganzzahl benötigt, ist `getValue()` auf dem `Year`-Objekt nötig.
2. Statt einen Wither zu verwenden, können wir mit der statischen Fabrikmethode `of(…)` ein neues `LocalDate`-Objekt zusammenbauen, indem wir das aktuelle Jahr nehmen und von `beaufortBday` den Monat und Tag erfragen.
3. In der dritten Variante erfragen wir mit `LocalDate.now()` das aktuelle Datum mit Tag, Monat, Jahr, bekommen aber mit den beiden Wither-Methoden zunächst ein neues `LocalDate`-Objekt mit dem gesetzten Monat und anschließend ein neues `LocalDate`-Objekt mit dem Tag des Monats. Diese Variante ist nicht optimal, weil zwei temporäre `LocalDate`-Objekte entstehen, die anschließend wieder bei der automatischen Speicherbereinigung landen.

Zum zweiten Teil:

```
DayOfWeek dayOfWeek = beaufortBdayThisYear.getDayOfWeek();
System.out.println( dayOfWeek );
System.out.println( dayOfWeek.getValue() );
System.out.println( dayOfWeek.getDisplayName( TextStyle.FULL,
    Locale.GERMANY ) );

DateTimeFormatter formatter =
    DateTimeFormatter.ofPattern( "EEEE" /*, Locale.GERMANY */ );
System.out.println( beaufortBdayThisYear.format( formatter ) );
```

Listing 13.4 com/tutego/exercise/time/SirFrancisBeaufortBirthday.java

Der Lösungsvorschlag zeigt unterschiedliche Varianten, wie der Wochentag ausgegeben werden kann.

1. Ein `LocalDate` Objekt bietet diverse Getter. `getDayOfWeek()` liefert die Aufzählung `DayOfWeek`, und wir bekommen den Tag in der Woche. `DayOfWeek` ist ein Aufzählungstyp, und da alle Aufzählungen eine `toString()`- Methode haben, ist die Ausgabe z. B. `WEDNESDAY`. Falls ein numerischer Wert gewünscht ist, liefert `getValue()` vom `DayOfWeek` eine Zahl wie `3` für den Mittwoch.
2. `DayOfWeek` bietet die praktische Methode `getDisplayName(TextStyle style, Locale locale)`; sie liefert einen in der Landessprache formatierten Sting für den Wochentag, z. B. für die gewählte Sprache Deutsch den String `"Mittwoch"`.
3. Eine weitere Variante arbeitet nicht über `DayOfWeek`, sondern nutzt die von `LocalDate` angebotene `format(…)`-Methode. Dieser muss ein `DateTimeFormatter` übergeben werden, und wenn wir das Muster `EEEE` verwenden, dann steht das für den Wochentag. Eine Sprache für den Wochentag kann optional angegeben werden, wenn sie fehlt, gilt die voreingestellte Sprache des Betriebssystems als vorgegeben.

Aufgabe 13.2.3: Durchschnittliche Dauer der Karaoke-Nächte ermitteln

```
String input = "2022-03-12, 20:20 - 2022-03-12, 23:50\n" +
               "2022-04-01, 21:30 - 2022-04-02, 01:20";

DateTimeFormatter formatter = DateTimeFormatter.ofPattern(
    "yyyy-MM-dd, HH:mm" );
Scanner scanner = new Scanner( input ).useDelimiter( " - |\\n" );
Duration totalDuration = Duration.ZERO;

int lines;
for ( lines = 0; scanner.hasNext(); lines++ ) {
  String start = scanner.next();
  String end   = scanner.next();  // potential NoSuchElementException

  // potential DateTimeParseException
  LocalDateTime startDateTime = LocalDateTime.parse( start, formatter );
  LocalDateTime endDateTime   = LocalDateTime.parse( end, formatter );

  Duration duration = Duration.between( startDateTime, endDateTime );
  totalDuration = totalDuration.plus( duration );
}
```

```
Duration averageDuration = totalDuration.dividedBy( lines );
System.out.printf( "%d h %02d m", averageDuration.toHours(),
    averageDuration.toMinutesPart() );
```

Listing 13.5 com/tutego/exercise/time/AverageDuration.java

Zur Lösung der Aufgabe sind mehrere Schritte nötig. Zunächst einmal muss das Programm aus dem großen String alle Start- und Endwerte extrahieren. Dann müssen die Zeichenfolgen auf die entsprechenden temporalen Datentypen übertragen werden. Anschließend müssen die Differenzen dieser Start- und Endzeitpunkte berechnet und summiert werden. Zum Schluss teilen wir die Summe durch die Anzahl Einträge, und die Aufgabe ist gelöst.

Das Erkennen der Start- und Endzeitpunkte kann der `Scanner` übernehmen. Der `Scanner` ist standardmäßig mit Weißraum als Separator initialisiert. Das ändern wir und setzen ein Minuszeichen und einen Zeilenumbruch als Separatoren. Wiederholte Aufrufe der `next()`-Methode liefern hintereinander die Start- und Endwerte.

Haben wir die Zeichenfolge extrahiert, übermitteln wir sie an die `parse(…)`-Methode der Klasse `LocalDateTime`. Da sich unsere Zeichenkette nicht nach einer ISO-Norm richtet, müssen wir bei `parse(…)` zwingend einen `DateTimeFormatter` übergeben. Den haben wir vorher mit der Methode `ofPattern(…)` aufgebaut, wobei der übergebene String exakt dem Muster entspricht, mit dem wir das Datum mit den Zeitangaben formatiert haben. Die Symbolfolgen `YYYY`, `MM`, `dd` usw. sind der Javadoc zu entnehmen.

Mit zwei `LocalDateTime`-Objekten können wir die Differenz ermitteln – das machen wir nicht von Hand, sondern greifen auf die Klasse `Duration` zurück. Es gibt in der Java-Date-Time-API zwei Klassen, die für die Differenz von temporalen Datentypen verwendet werden: Die Klasse `Duration` speichert die Abstände von zwei Zeitwerten in Bruchteilen von Sekunden, während `Period` für Datumswerte eingesetzt wird und auf der Basis von Tagen arbeitet. `Period` kann gut eingesetzt werden, wenn z. B. Schalttage in der Differenz berücksichtigt werden sollen; bei `Duration` ist ein Tag genau 24 Stunden lang, was 86.400 Sekunden entspricht. Für unsere Berechnung ist `Duration` genau das Richtige.

Praktischerweise lässt sich ein `Duration` Objekt direkt mit der `between(…)`-Methode aufbauen, und man übergibt den Start- und Endwert. Wie alle temporalen Datentypen ist auch `Duration` immutable. Um die Differenzen zu addieren, greifen wir auf die `plus(…)`-Methode zurück und speichern das Ergebnis wieder zurück in der Variablen `totalDuration`. Zum Schluss zählen wir für die Gesamtzahl der Datum-Zeit-Paare noch eine Variable hoch, und es geht zurück zum Schleifentest, um zu prüfen, ob noch weitere Datumsangaben folgen.

Im Programm kann es zu zwei Laufzeitfehlern kommen: Einmal, weil eine ungerade Anzahl von Datumsangaben in String steht, und natürlich, weil die Formatierung der

Datum-Zeit-Angabe falsch ist. Diese Ausnahmen fangen wir nicht ab, sie führen zum Abbruch des Programms.

Sind alle Werte korrekt, endet das Programm mit der Berechnung der durchschnittlichen Dauer. Die Methode dividedBy(…) hilft, die summierte Gesamtdauer durch die Anzahl der vorkommenden Datum-Zeit-Pärchen zu teilen. Das entstehende Objekt vom Typ Duration wird dann nach der Anzahl Stunden und Minuten gefragt, und das Ganze wird formatiert ausgegeben.

Aufgabe 13.2.4: Verschiedene Datumsformate parsen

Die Herausforderung bei der Aufgabe ist, dass nicht ein Format gegeben ist, in der jedes Datum formatiert ist, sondern wir haben unterschiedliche Formate. Für eine gewisse Anzahl verschiedener Formate bietet die Java-Bibliothek tatsächlich eine Unterstützung, und zwar mit dem DateTimeFormatterBuilder. Mit der Methode appendPattern(…) lässt sich ein Muster angeben, um damit ein Format zu bestimmen. Man setzt das Format in eckigen Klammern, um auszudrücken, dass es optional ist. Ein Beispiel:

```
DateTimeFormatter formatter = new DateTimeFormatterBuilder()
    .appendPattern( "[d/M/yyyy]" )
    .appendPattern( "[yyyy-MM-dd]" )
    .parseDefaulting( ChronoField.MONTH_OF_YEAR,
        YearMonth.now().getMonthValue() )
    .parseDefaulting( ChronoField.DAY_OF_MONTH,
        LocalDate.now().getDayOfMonth() )
    .toFormatter();
```

In unserem Fall lässt sich so ein konfigurierter DateTimeFormatter nicht verwenden, denn relative Angaben wie »gestern«, »heute« oder »morgen« lassen sich nicht ausdrücken. Wir könnten prinzipiell einen Teil über einen so konfigurierten DateTimeFormatter realisieren, doch der Lösungsvorschlag geht anders vor.

```
public static Optional<LocalDate> parseDate( String string ) {
  LocalDate now = LocalDate.now();

  Collection<Function<String, LocalDate>> parsers = Arrays.asList(
      input -> LocalDate.parse( input, DateTimeFormatter.ofPattern(
        "yyyy-M-d" ) ),
      input -> LocalDate.parse( input, DateTimeFormatter.ofPattern(
        "d/M/yyyy" ) ),
      input -> LocalDate.parse( input, DateTimeFormatter.ofPattern(
        "d/M/yy" ) ),
      input -> input.equalsIgnoreCase( "yesterday" ) ?
```

```
        now.minusDays( 1 ) : null,
      input -> input.equalsIgnoreCase( "today" ) ? now : null,
      input -> input.equalsIgnoreCase( "tomorrow" ) ?
        now.plusDays( 1 ) : null,
      input -> new Scanner( input ).findAll( "(\\d+) days? ago" )
        .map( matchResult -> matchResult.group( 1 ) )
        .mapToInt( Integer::parseInt )
        .mapToObj( now::minusDays )
        .findFirst().orElse( null ) );

  for ( Function<String, LocalDate> parser : parsers ) {
    try { return Optional.of( parser.apply( string ) ); }
    catch ( Exception e ) { /* Ignore */ }
  }
  return Optional.empty();
}
```

Listing 13.6 com/tutego/exercise/time/ParseDatePattern.java

Letztendlich ist unsere Aufgabe, einen `String` in ein `LocalDate` zu transformieren. Das ist aber nichts anderes als eine Abbildung, die wir in Java durch den Datentyp `Function` ausdrücken können. Wir können eine `Function` schreiben, die versucht, ein gewisses Format zu erkennen. Im besten Fall funktioniert die Abbildung, und wir können einen `String` auf ein `LocalDate` abbilden, im schlechtesten Fall gibt es eine `Exception`, oder wir programmieren diese `Function` so, dass sie `null` zurückgeliefert. Der Grund für diese vielleicht auf den ersten Blick so ungewöhnliche Verallgemeinerung ist, dass wir so später alle `Function`-Objekte sammeln und der Reihe nach durchprobieren können. Bei der Programmierung sollten wir uns immer überlegen, ob wir Dinge verallgemeinern können – vom Speziellen zum Allgemeinen.

Wir können drei verschiedene Arten von Abbildungen ausmachen:

- Die ersten drei Abbildungen versuchen, direkt ein Muster zu erkennen, und greifen dabei auf den `DateTimeFormatter` zurück.
- Die zweite Art von Funktionen erkennt, ob der heutige, gestrige oder morgige Tag gemeint war. Wir greifen dabei auf die lokale Variable `now` zurück, die beim Eintreten der Methode initialisiert wird. Zum Testen ist das unhandlich, deswegen würde man in der Praxis für Testfälle eine interne Methode schreiben, bei der man ein `LocalDate` als Bezugspunkt einführen kann.
- Die dritte `Function` ist die komplexeste, weil sie einen relativen Bezug mit einer gegebenen Anzahl von Tagen erkennen muss. Mehrere Methoden greifen hier zusammen. Der `Scanner` kann eine Zeichenfolge erkennen und kann einfach den Fund für die Anzahl der Tage liefern. Das Ergebnis ist in einem `MatchResult`: Wir ex-

trahieren die Angabe der Tage, konvertieren sie in eine Ganzzahl, lassen uns ein neues `LocalDate`-Objekt geben, bei dem diese Anzahl von Tagen reduziert wurde, und liefern das Ergebnis zurück. Falls das Muster nicht passte, bekommen wir die Rückgabe `null`.

Für jedes mögliche Format gibt es nun eine `Function`, und wir ergänzen neue Abbildungen, wenn weitere Formate erkannt werden sollen, das ist Fleißarbeit. Das eigentliche Erkennen funktioniert über das Durchlaufen aller Abbildungen; die Funktionen werden so lange der Reihe nach auf den String angewendet, bis eine `Function` ein gültiges Ergebnis liefert. Dazu werden die Funktionen zunächst in eine Liste aufgenommen. Hat die Anwendung nicht funktioniert und gibt es eine Ausnahme, so fängt der `catch`-Bloch die Ausnahme ab und wählt die nächste Funktion aus der Liste aus. Die relativen Bezüge antworten alle mit `null`, was durch das `Optional.of(…)` zu einer `NullPointerException` führt, die abgefangen wird, sodass die nächste Funktion verwendet werden kann.

Am Ende gibt es nur zwei Ausgänge: Entweder hat eine Funktion mit einem gültigen `LocalDate` geantwortet, und wir kommen aus den `try`-Block mit `return` heraus, oder es gab nur Ausnahmen, und die `for`-Schleife konnte keinen Kandidaten feststellen – dann wird die Methode mit einem `Optional.empty()` verlassen.

Kapitel 14

Nebenläufige Programmierung mit Threads

Ein Betriebssystem bietet Threads als Programmierhilfe an, wovon Programme fleißig Gebrauch machen. Wer unter Windows arbeitet und einmal in den Task-Manager schaut, wird feststellen, dass schnell einmal 3.000 Threads laufen. In diesem Kapitel wollen wir die Anzahl noch einmal hochschrauben, um komfortabel mehrere Handlungsstränge nebenläufig oder sogar parallel ausführen zu lassen. Dabei soll es bei den Aufgaben nicht einfach nur darum gehen, Threads zu erzeugen, sondern wenn etwas nebenläufig ist, muss auch auf den korrekten Zugriff auf gemeinsame Ressourcen geachtet werden – die Threads müssen sich koordinieren.

Voraussetzungen

- `main`-Thread nutzen können
- eigene Threads erzeugen können, Unterschied zwischen `Thread` und `Runnable` kennen
- Threads schlafen legen können
- Threads unterbrechen können
- Aufgaben in den Thread-Pool zur Bearbeitung abgeben können
- nebenläufige Operationen mit Rückgaben einsetzen können
- Unterschied zwischen `Runnable` und `Callable` verstehen
- Threads mit `Lock`-Objekten synchronisieren können
- Threads untereinander mit `Condition`-Objekten benachrichtigen können
- Synchronisationshelfer wie `Semaphore` kennen

Java ist auch eine Insel, Kapitel 16, Java SE 9 Standard-Bibliothek, Kapitel 5

In der »Insel« gibt Kapitel 16, »Einführung in die nebenläufige Programmierung«, einen Einstieg in die Grundlagen.

Für das sichere Lösen aller Aufgaben hilft außerdem ein Blick in Kapitel 5, »Threads und nebenläufige Programmierung«., in der »2. Insel«, dem Handbuch zur Standard-Bibliothek.

Verwendete Datentypen in diesem Kapitel:

- `java.lang.Thread` (*https://docs.oracle.com/en/java/javase/11/docs/api/java.base/java/lang/Thread.html*)
- `java.lang.Runnable` (*https://docs.oracle.com/en/java/javase/11/docs/api/java.base/java/lang/Runnable.html*)
- `java.util.concurrent.TimeUnit` (*https://docs.oracle.com/en/java/javase/11/docs/api/java.base/java/util/concurrent/TimeUnit.html*)
- `java.util.concurrent.Callable` (*https://docs.oracle.com/en/java/javase/11/docs/api/java.base/java/util/concurrent/Callable.html*)
- `java.util.concurrent.Executor` (*https://docs.oracle.com/en/java/javase/11/docs/api/java.base/java/util/concurrent/Executor.html*)
- `java.util.concurrent.Executors` (*https://docs.oracle.com/en/java/javase/11/docs/api/java.base/java/util/concurrent/Executors.html*)
- `java.util.concurrent.Future` (*https://docs.oracle.com/en/java/javase/11/docs/api/java.base/java/util/concurrent/Future.html*)
- `java.util.concurrent.locks.Lock` (*https://docs.oracle.com/en/java/javase/11/docs/api/java.base/java/util/concurrent/locks/Lock.html*)
- `java.util.concurrent.lock.ReentrantLock` (*https://docs.oracle.com/en/java/javase/11/docs/api/java.base/java/util/concurrent/locks/Lock.html*)
- `java.util.concurrent.Semaphore` (*https://docs.oracle.com/en/java/javase/11/docs/api/java.base/java/util/concurrent/Semaphore.html*)
- `java.util.concurrent.locks.Condition` (*https://docs.oracle.com/en/java/javase/11/docs/api/java.base/java/util/concurrent/locks/Condition.html*)
- `java.util.concurrent.CyclicBarrier` (*https://docs.oracle.com/en/java/javase/11/docs/api/java.base/java/util/concurrent/CyclicBarrier.html*)
- `java.util.concurrent.CountDownLatch` (*https://docs.oracle.com/en/java/javase/11/docs/api/java.base/java/util/concurrent/CountDownLatch.html*)

14.1 Anlegen von Threads

Startet die JVM, erzeugt sie einen Thread mit dem Namen `main`. Dieser Thread führt die `main(…)`-Methode aus, und er hat in allen vorherigen Aufgaben unsere Programme ausgeführt. Das wollen wir in den nächsten Aufgaben ändern. Wir wollen weitere Threads erzeugen und sie Programmcode abarbeiten lassen.

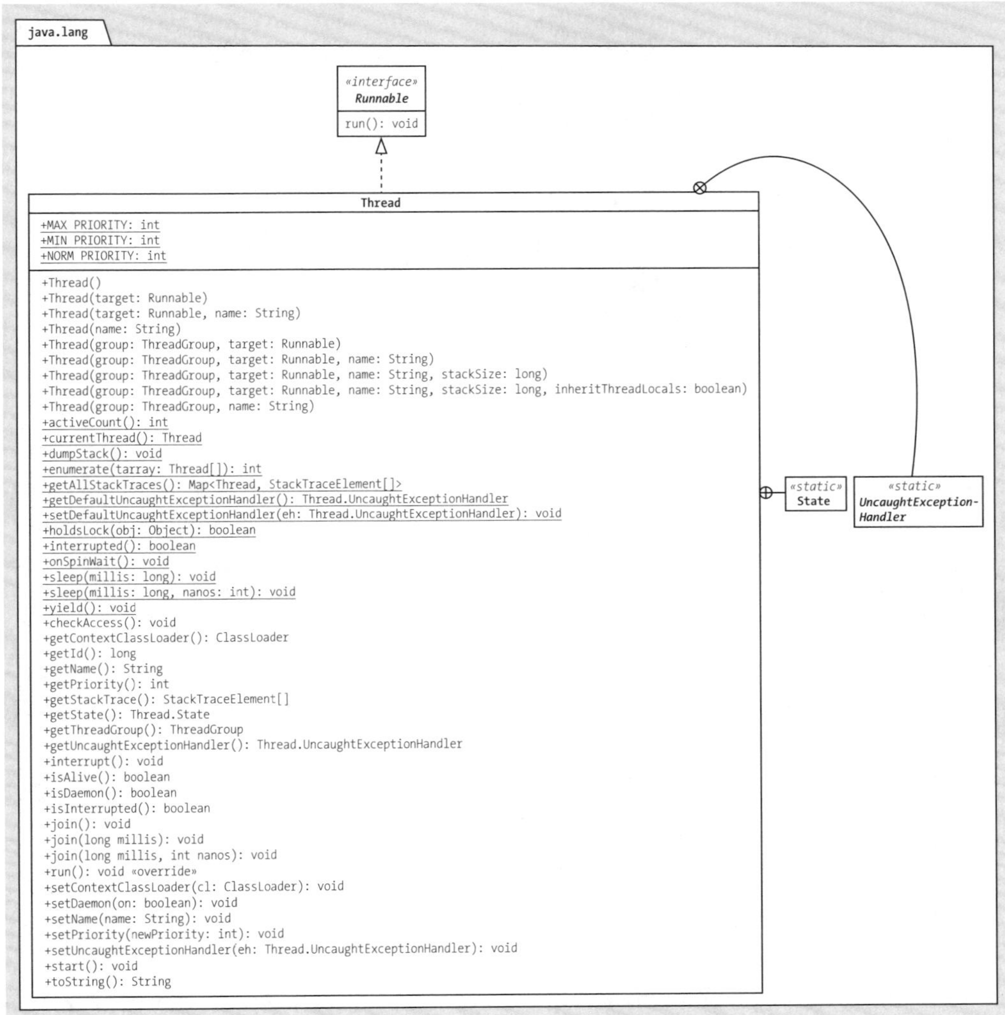

Abbildung 14.1 UML-Diagramm der Klasse Thread

14.1.1 Threads erzeugen für Winken und Fähnchenschwenken ★

Zu Ehren vom Captain CiaoCiao gibt es eine Parade. Er steht an der Rampe seines Schiffs, winkt mit der einen Hand und schwenkt ein Fähnchen mit der anderen.

Aufgabe:

- Threads führen in Java immer Dinge vom Typ `Runnable` aus. `Runnable` ist eine funktionale Schnittstelle, und es gibt in Java zwei Möglichkeiten, funktionale Schnittstellen zu implementieren: Klassen und Lambda-Ausdrücke. Schreibe zwei Implementierungen von `Runnable`; einmal durch eine Klasse, einmal mit einem Lambda-Ausdruck.
- Setze in beide `Runnable`-Implementierungen eine Schleife mit fünfzig Wiederholungen. Das eine `Runnable` soll auf dem Bildschirm »winken« ausgeben, die Ausgabe des anderen soll »Fähnchen schwenken« sein.
- Erzeuge ein `Thread`-Objekt, und übergib das `Runnable`. Starte dann die Threads. Starte nicht fünfzig Threads, sondern nur zwei!

Erweiterung:

Die `run()`-Methode jedes Threads soll die Zeile `System.out.println(Thread.currentThread());` enthalten. Was wird dann angezeigt?

Nehmen wir an, Captain CiaoCiao hat noch ein paar mehr Arme zum Winken. Wie viele Threads lassen sich erzeugen, bis das System »steht«? Beobachte den Speicherverbrauch im Windows Task-Manager (Ctrl+Alt+Del). Lässt sich abschätzen, was ein Thread »kostet«?

14.1.2 Nix mehr mit Winken und Fähnchenschwenken: Threads beenden ★

Threads lassen sich hart mit `stop()` beenden – die Methode ist seit Jahrzehnten deprecated, aber wird wohl nie gelöscht – oder nett mit `interrupt()` bitten, sich selbst zu beenden. Dafür muss der Thread aber mitspielen und mit `isInterrupted()` prüfen, ob ein solcher Löschantrag für ihn vorliegt.

Captain CiaoCiao steht immer noch auf dem Schiff, winkt und schwenkt Fähnchen. Wenn es ernst wird, muss er diese Volksbelustigung beenden.

Aufgabe:

- Schreibe ein Programm mit zwei `Runnable`-Implementierungen, die prinzipiell unendlich lange winken und Fähnchen schwenken, es sei denn, es gibt eine Unterbrechung. Die `run()`-Methode soll daher über `Thread.currentThread().isInterrupted()` testen, ob es eine Unterbrechung gab, und dann die Schleife verlassen.
- Baue in die Schleife eine Verzögerung ein. Kopiere dafür folgenden Code:

  ```
  try { Thread.sleep ( 2000 ); } catch ( InterruptedException e ) {
  Thread.currentThread().interrupt(); }
  ```

- Das Hauptprogramm soll mit `JOptionPane.showInputDialog(String)` auf eine Eingabe reagieren, sodass die Kommandos `endw` das Winken und `endf` das Fähnchenschwenken beenden.

14.1.3 Runnable parametrisieren ★★

Der Blick auf den folgenden Code zeigt, dass die beiden `Runnable`-Implementierungen sehr ähnlich sind und sich nur in der Bildschirmausgabe unterscheiden (Unterschiede in der `run()`-Methode fett):

```
// Runnable 1
class Wink implements Runnable {
  @Override public void run() {
    for ( int i = 0; i < 50; i++ )
      System.out.printf( "Wink; %s%n", Thread.currentThread() );
  }
}
Runnable winker = new Wink();

// Runnable 2
Runnable flagWaver = () -> {
  for ( int i = 0; i < 50; i++ )
    System.out.printf( "Wave flag; %s%n", Thread.currentThread() );
};
```

Codeduplizierung ist aber selten gut, das sollte geändert werden.

Aufgabe:

- Überlege, wie man prinzipiell einem `Runnable` etwas mitgeben kann.
- Implementiere ein parametrisiertes `Runnable`, sodass man in der oben genannten Schleife
  - die Bildschirmausgaben und
  - die Anzahl Wiederholungen frei bestimmen kann.
- Schreibe das Winken-und-Fähnchenschwenken-Programm so um, dass das parametrisierte `Runnable` einem Thread zur Ausführung übergeben wird.

14.2 Ausgeführt und stillgestanden

Ein Thread kann sich in mehreren Zuständen befinden, dazu zählen *laufend, wartend, schlafend, blockiert* oder *beendet*. In den vorherigen Aufgaben haben wir den Thread gestartet, sodass er im Zustand laufend ist, und die `run()`-Methode haben wir durch das Ende der Schleife beendet, was auch den Thread beendet. In diesem Abschnitt geht es in den Aufgaben um den Zustand schlafend, und in den Abschnitten 14.4, »Kritische Abschnitte schützen«, und 14.5, »Thread-Kooperation und Synchronisationshelfer«, gibt es Aufgaben um die Zustände wartend/blockiert.

14.2.1 Abarbeitung durch schlafende Threads verzögern ★★

Das unter Unix bekannte Programm *sleep* (*https://man7.org/linux/man-pages/man1/sleep.1.html*) lässt sich von der Kommandozeile aufrufen und schläft dann eine Zeit lang, verzögert also in Skripten die nachfolgenden Programme.

Aufgabe:

- Implementiere das `sleep`-Programm in Java neu, sodass man vergleichbar wie beim Vorbild auf der Kommandozeile schreiben kann:

  ```
  $ java Sleep 22
  ```

  Dann soll das Java-Programm 22 Sekunden schlafen, und wenn es zum Beispiel in einem Skript nachfolgende Programmaufrufe gibt, werden diese verzögert.
- Dem Java-Programm soll man die Schlafzeit auf verschiedene Arten auf der Kommandozeile mitgeben können. Wird nur eine Ganzzahl übergeben, dann steht die Wartezeit für Sekunden. Es sollen Suffixe hinter der Ganzzahl für unterschiedliche Dauern erlaubt sein:
  - `s` für Sekunden (Standard)
  - `m` für Minuten
  - `h` für Stunden
  - `d` für Tage

  Werden mehrere Werte übergeben, so werden sie summiert und ergeben die Gesamtwartezeit.
- Bei dem Aufruf können verschiedene Dinge schiefgehen, etwa wenn keine Zahl übergeben wird oder die Zahl zu groß ist. Prüfe, ob die Werte, Bereiche und Suffixe korrekt sind. Optional: Beende das Programm im Fehlerfall mit einem individuellen Exit-Code über `System.exit(int)`.

Beispiel:

- Gültige Aufrufbeispiele:

  `$ java Sleep 1m`

  `$ java Sleep 1m 2s`

  `$ java Sleep 1h 3h 999999s`

- Ungültige Aufrufe, die zum Abbruch führen:

  `$ java Sleep`

  `$ java Sleep three`

  `$ java Sleep 1y`

  `$ java Sleep 99999999999999999999`

Tipp

Strukturiere das Programm so, dass die drei wesentlichen Teile erkennbar sind:

1. das Ablaufen der Kommandozeile und Analysieren der Übergaben
2. das Konvertieren der Einheiten in Sekunden
3. das eigentliche Schlafen, und zwar die akkumulierten Sekunden lang

14.2.2 Dateiänderungen beobachten durch Threads ★

Nach einer erfolgreichen Plünderung werden alle neuen Schätze systematisch in eine Inventarliste aufgenommen. Diese wird in einer einfachen Datei gespeichert. Bonny Brain möchte Bescheid bekommen, wenn sich die Datei ändert.

Aufgabe:

- Schreibe eine Klasse `FileChangeWatcher` mit einem Konstruktor `FileChangeWatcher(String filename)`.
- Implementiere `Runnable`.
- Gib im Abstand von einer halben Sekunde den Dateinamen, die Dateigröße und `Files.getLastModifiedTime(path)` aus.
- Überprüfe mit `getLastModifiedTime(…)`, ob sich die Datei geändert hat. Gib eine Meldung aus, wenn sich die Datei ändert. Das alles soll endlos geschehen, jede neue Änderung soll gemeldet werden.
- Erweiterung: Wir möchten nun flexibler auf Änderungen reagieren. Dazu soll im Konstruktor ein `java.util.function.Consumer`-Objekt übergeben werden können. Den Konsumenten soll sich `FileChangeWatcher` merken und immer dann die `accept(Path)`-Methode aufrufen, wenn sich etwas ändert. So können wir ein Objekt anmelden, das bei einer Dateiänderung informiert wird.

14.2.3 Exceptions auffangen ★

Die Unterscheidung zwischen geprüften Ausnahmen und ungeprüften Ausnahmen hat eine wichtige Konsequenz, denn ungeprüfte Ausnahmen können, falls nicht gefangen, so weit eskalieren, dass sie beim ausführenden Thread landen, der dann von der virtuellen Maschine beendet wird. Dies macht die Laufzeitumgebung automatisch, und wir bekommen freundlicherweise noch eine Meldung auf den Standardfehlerkanal, aber wiederbeleben können wir den Thread nicht mehr.

Auf einem lokalen Thread oder global für alle Threads lässt sich ein `UncaughtExceptionHandler` installieren, der informiert wird, wenn der Thread durch eine Ausnahme beendet wird. Er lässt sich in vier Szenarien einsetzen:

1. Ein `UncaughtExceptionHandler` kann auf einem individuellen Thread gesetzt werden. Immer dann, wenn dieser Thread eine unbehandelte Ausnahme bekommt, wird der Thread abgebrochen und der gesetzte `UncaughtExceptionHandler` informiert.
2. Ein `UncaughtExceptionHandler` kann auf einer Thread-Gruppe gesetzt werden.
3. Ein `UncaughtExceptionHandler` lässt sich global für alle Threads setzen.
4. Der `main`-Thread ist insofern etwas Besonderes, als die JVM ihn automatisch anlegt und das Hauptprogramm ausführt. Natürlich kann es auch im `main`-Thread ungeprüfte Ausnahmen geben, den ein `UncaughtExceptionHandler` melden kann. Allerdings kommt eine interessante Besonderheit dazu: An der `main(…)`-Methode kann `throws` stehen, und geprüfte Ausnahmen können so an die JVM zurückgehen. Im Fall einer geprüften Ausnahme wird ebenfalls ein gesetzter `UncaughtExceptionHandler` benachrichtigt.

Die Abarbeitung findet in einer Kaskade statt: Gibt es eine ungeprüfte Ausnahme, schaut die JVM zunächst, ob ein `UncaughtExceptionHandler` beim individuellen Thread gesetzt ist. Falls nicht, wird nach einem `UncaughtExceptionHandler` bei der Thread-Gruppe geschaut und anschließend nach einem globalen Handler, der informiert wird.

Aufgabe:

- Lasse einen Thread laufen, der durch die Division durch `0` beendet wird. Dokumentiere diese Ausnahme durch einen eigenen globalen `UncaughtExceptionHandler`.
- Starte einen zweiten Thread, der einen lokalen `UncaughtExceptionHandler` hat, der die Ausnahme ignoriert, sodass auch keine Meldung erscheint.
- Wenn an der `main(…)`-Methode `throws Exception` und im Rumpf `new URL("captain")` steht, wird auch dann der globale `UncaughtExceptionHandler` aufgerufen?

14.3 Thread-Pools und Ergebnisse

Es ist nicht immer der beste Weg für Java-Entwickler, selbst Threads anzulegen und diese mit Programmcode zu verbinden; häufig ist es vernünftiger, den Programmcode von der physikalischen Ausführung zu trennen. Dies übernimmt in Java ein `Executor`. Damit lässt sich der Programmcode vom eigentlichen Thread trennen und auch der gleiche Thread mehrmals für unterschiedlichen Programmcode einsetzen.

In der Java-Bibliothek gibt es drei zentrale `Executor`-Implementierungen: `ThreadPoolExecutor`, `ScheduledThreadPoolExecutor` und `ForkJoinPool`. Die Typen `ThreadPoolExecutor` und `ForkJoinPool` realisieren Thread-Pools, die eine Sammlung von existierenden Threads verwalten, sodass Aufgaben an existierende, freie Threads übergeben werden können.

Jede Codeausführung im Hintergrund wird über einen Thread in Java realisiert, der entweder selbst erzeugt und gestartet oder indirekt von einem `Executor` oder internem Thread-Pool eingesetzt wird. Es gibt zwei wichtige Schnittstellen, um nebenläufigen Code zu kapseln: `Runnable` und `Callable`. `Runnable` wird direkt dem `Thread`-Konstruktor übergeben, ein `Callable` kann man nicht bei `Thread` übergeben; für `Callable` benötigt man einen `Executor`. Ein `Callable` liefert zudem ein Ergebnis zurück, so wie es auch ein `Supplier` tut, er hat aber keinen Parameter für eine Übergabe. Bei einem `Runnable` lässt sich nichts zurückliefern und auch nicht übergeben. Die `run()`-Methode löst keine Ausnahme aus, `call()` trägt in der Methodensignatur `throws Exception`, kann also beliebige Ausnahmen weiterleiten.

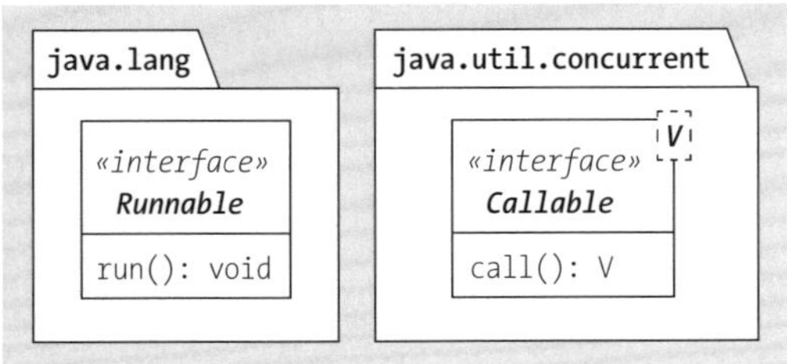

Abbildung 14.2 UML-Diagramm der Schnittstellen Runnable und Callable

Bisher haben wir Threads immer selbst aufgebaut und nur `Runnable` verwendet. In den folgenden Aufgaben wird es um Thread-Pools und auch um `Callable` gehen.

14.3.1 Thread-Pool nutzen ★★

Ostern steht an, und Bonny Brain geht zum Verteilen von Geschenken mit ihren Crewmitgliedern als Wookiee verkleidet in ein Waisenhaus.

Aufgabe:

- Erzeuge mit `Executors.newCachedThreadPool();` einen `ExecutorService`, das ist der Thread-Pool.
- Lege ein String-Array mit Geschenken an.
- Bonny Brain läuft im `main`-Thread jedes Geschenk ab und übermittelt es im Abstand von 1 bis 2 Sekunden an ein Crewmitglied, also einen Thread im Thread-Pool.
- Die Crewmitglieder sind Threads aus dem Thread-Pool. Sie führen die Befehle von Bonny Brain aus, ein Geschenk zu verteilen. Dafür brauchen sie zwischen 1 und 4 Sekunden.
- Der Ablauf ist dann wie folgt: Die Geschenkverteilung ist durch ein `Runnable` implementiert, die eigentliche Aktion. Ein freier Thread aus dem Thread-Pool (das Crewmitglied) wird ausgewählt und führt das `Runnable` aus. Das `Runnable` benötigt eine Möglichkeit, das Geschenk von Bonny Brain entgegenzunehmen.

14.3.2 Letzte Modifikation von Webseiten ermitteln ★★

Folgende Klasse implementiert eine Methode, die einen Zeitstempel zurückgibt, in der eine Webseite zum letzten Mal verändert wurde (die Daten sind unter Umständen nicht verfügbar, dann steht die Zeit auf dem 1.1.1970). Der Server sollte in Zonenzeit UTC ± 0 senden.

```
import java.io.IOException;
import java.net.HttpURLConnection;
import java.net.URL;
import java.time.Instant;
import java.time.ZoneId;
import java.time.ZonedDateTime;

public class WebChecker {

    public static void main(String[] args) throws IOException {
     ZonedDateTime urlLastModified = getLastModified(new URL(
         "http://www.tutego.de/index.html"));
     System.out.println(urlLastModified);
     ZonedDateTime urlLastModified2 = getLastModified(new URL(
         "https://en.wikipedia.org/wiki/Main_Page"));
     System.out.println(urlLastModified2);
    }

    private static ZonedDateTime getLastModified(URL url) {
     try {
        HttpURLConnection con = (HttpURLConnection) url.openConnection();
```

```
            long dateTime = con.getLastModified();
            con.disconnect();
            return ZonedDateTime.ofInstant(
                Instant.ofEpochMilli( dateTime ), ZoneId.of( "UTC" ) );
        } catch ( IOException e ) {
            throw new IllegalStateException(e);
        }
    }
}
```

Aufgabe:

- Lege eine neue Klasse `WebResourceLastModifiedCallable` an.
- Gib `WebResourceLastModifiedCallable` einen Konstruktor, sodass wir eine URL übergeben können.
- Lass `WebResourceLastModifiedCallable` die Schnittstelle `Callable<ZonedDateTime>` implementieren. Setze die Implementierung von `getLastModified(URL)` aus dem Beispiel in die `call()`-Methode. Muss `call()` die geprüfte Ausnahme selbst auffangen?
- Baue `WebResourceLastModifiedCallable`-Objekte auf, und lasse sie vom Thread-Pool ausführen.
  - Lass das `Callable` einmal ohne Zeitbeschränkung ausführen.
  - Gib dem `Callable` nur eine Mikrosekunde zum Ausführen; was ist das Ergebnis?
- Optional: Rechne die Zeit um, seit wie viel Minuten relativ zur aktuellen Zeit sich die Webseite verändert hat.

14.4 Kritische Abschnitte schützen

Laufen mehrere Programmteile nebenläufig, so kann es passieren, dass sie auf gemeinsame Ressourcen oder Speicherbereiche zugreifen. Solche Zugriffe müssen synchronisiert werden, sodass ein Thread die Arbeit beenden kann, bis ein anderer Thread auf diese Ressource geht. Werden die Zugriffe auf gemeinsame Ressourcen nicht koordiniert, kommt es zu fehlerhaften Zuständen.

Programme müssen *kritische Abschnitte* schützen, sodass sich in einem Abschnitt nur ein anderer Thread befinden darf. Java bietet zwei Mechanismen:

1. das Schlüsselwort `synchronized`
2. `Lock`-Objekte

`synchronized` ist ein praktisches Schlüsselwort, allerdings in der Leistungsfähigkeit beschränkt. Die *Java Concurrency Utilities* bieten leistungsfähigere Datentypen. Zum

»Absperren« von exklusiv ausgeführten Programmteilen existieren die Schnittstelle `java.util.concurrent.locks.Lock` und diverse Implementierungen, wie `ReentrantLock`, `ReentrantReadWriteLock.ReadLock`, `ReentrantReadWriteLock.WriteLock`.

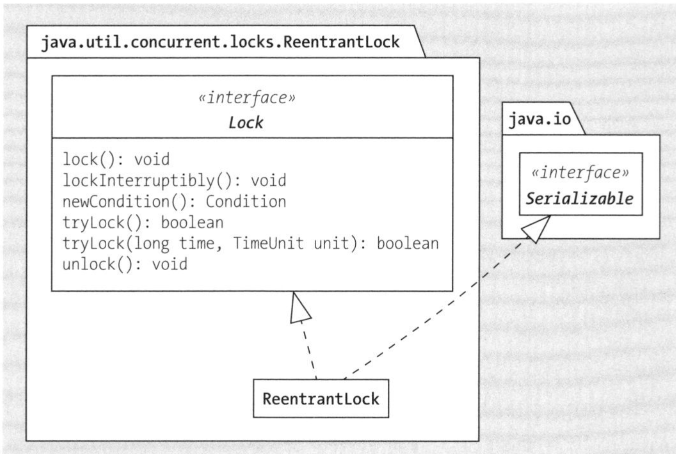

Abbildung 14.3 UML-Diagramm der Typen Lock und ReentrantLock

14.4.1 Erinnerungen ins Poesiealbum schreiben ★

Nachdem ein Frachtschiff mit wertvollem Nepenthe erfolgreich den »Eigentümer« gewechselt hat, schreiben die Freibeuter ihre Erinnerungen in ein Poesiealbum, das Captain CiaoCiao später mit Stickern verziert.

Gegeben ist folgender Programmcode in der `main(…)`-Methode einer Klasse:

```
class FriendshipBook {
  private final StringBuilder text = new StringBuilder();
```

```
  public void appendChar( char character ) {
    text.append( character );
  }

  public void appendDivider() {
    text.append(
        "\n_,.-'~'-.,__,.-'~'-.,__,.-'~'-.,__,.-'~'-.,__,.-'~'-.,_\n" );
  }

  @Override public String toString() {
    return text.toString();
  }
}

class Autor implements Runnable {
  private final String text;
  private final FriendshipBook book;

  public Autor( String text, FriendshipBook book ) {
    this.text = text;
    this.book = book;
  }

  @Override public void run() {
    for ( int i = 0; i < text.length(); i++ ) {
      book.appendChar( text.charAt( i ) );
      try { Thread.sleep( 1 ); }
      catch ( InterruptedException e ) { /* Ignore */ }
    }
    book.appendDivider();
  }
}

FriendshipBook book = new FriendshipBook();

String q1 = "Die Blumen brauchen Sonnenschein " +
    "und ich brauch Capatain CiaoCiao zum Fröhlichsein";
new Thread( new Autor( q1, book ) ).start();

String q2 = "Wenn du lachst, lachen sie alle. " +
    "Wenn du weinst, weinst du alleine";
new Thread( new Autor( q2, book ) ).start();
```

```
TimeUnit.SECONDS.sleep( 1 );

System.out.println( book );
```

Aufgabe:

- Überlege vor der Ausführung des Programms, welches Ergebnis zu erwarten ist.
- Setze den Code in eine eigene Klasse und `main(…)`-Methode, und prüfe die Annahme nach.
- Die Schwachstelle im Code ist der ungezügelte Zugriff auf das `FriendshipBook`. Verbessere mit einem `Lock`-Objekt das Programm, damit das `FriendshipBook` nur von einem Piraten zu einer Zeit beschrieben werden kann.

14.5 Thread-Kooperation und Synchronisationshelfer

Es ist wichtig, Programmcode zu synchronisieren, damit nicht zwei Threads sich gegenseitig ihre Daten überschreiben. Wir haben gesehen, dass das mit `Lock`-Objekten funktioniert. `Lock`-Objekte sperren aber lediglich einen kritischen Bereich, und die Laufzeitumgebung wird automatisch einen Thread warten lassen, wenn ein kritischer Bereich gesperrt ist. Eine Erweiterung davon ist, dass ein Thread – oder mehrere Threads – nicht nur auf den Einlass in einen kritischen Abschnitt wartet, sondern über Signale informiert wird, dass er etwas zu tun hat. Java bietet unterschiedliche Synchronisationshelfer, die einen internen Zustand haben und andere Threads veranlassen, zu warten oder bei gewissen Bedingungen loszulaufen.

- `Semaphore`: Während sich bei einem `Lock` nur ein einziger Thread in einem kritischen Abschnitt befindet, dürften sich bei einer `Semaphore` eine benutzerdefinierte Anzahl von Threads in einem Block aufhalten. Auch die Methodennamen sind ein wenig anders: `Lock` deklariert die Methode `lock()` und `Semaphore` die Methode `acquire()`. Ist bei `acquire()` die maximale Anzahl erreicht, muss ein Thread wie bei einem `Lock` auf Zugriff warten. Eine `Semaphore` mit einer maximalen Anzahl von 1 ist wie ein `Lock`.
- `Condition`: Mit einer `Condition` kann ein Thread sich warten legen und von einem anderen Thread wieder aufgeweckt werden. Mithilfe von `Condition`-Objekten lassen sich Konsumenten-Produzenten-Verhältnisse programmieren, allerdings gibt es in der Praxis kaum Notwendigkeit für diesen Datentyp, denn es gibt darauf aufbauende Java-Typen, die oftmals einfacher und flexibler sind. `Condition` ist eine Schnittstelle, und das `Lock`-Objekt bietet Fabrikmethoden, die `Condition`-Instanzen liefern.
- `CountDownLatch`: Objekte vom Typ `CountDownLatch` werden mit einer Ganzzahl initialisiert, und verschiedene Threads zählen diesen `CountDownLatch` herunter, was sie in einen Wartezustand bringt. Wenn zum Schluss der `CountDownLatch` bei 0 an-

gekommen ist, werden alle Threads wieder freigelassen. Ein `CountDownLatch` ist somit eine Möglichkeit, verschiedene Threads an einem gemeinsamen Punkt zusammenzubringen. Wenn ein `CountDownLatch` einmal verbraucht ist, lässt er sich nicht wieder zurücksetzen.

- `CyclicBarrier`: Die Klasse ist eine Implementierung einer sogenannten *Barriere*. Mit einer Barriere können sich mehrere Threads an einem Punkt treffen. Werden z. B. Arbeitsaufträge parallelisiert und müssen sie später wieder zusammengefügt werden, so lässt sich das über eine Barriere realisieren. Nachdem alle Threads an dieser Barriere zusammenkommen sind, laufen sie weiter. Dem Konstruktor von `CyclicBarrier` kann ein `Runnable` übergeben werden, das zum Zeitpunkt des Zusammentreffens aufgerufen wird. Im Gegensatz zu einem `CountDownLatch` lässt sich ein `CyclicBarrier` zurücksetzen und wiederverwenden.
- `Exchanger`. Produzenten-Konsumenten-Verhältnisse kommen in Programmen häufig vor, und der Produzent übermittelt dem Konsument Daten. Genau für diesen Fall gibt es die Klasse `Exchanger`. Damit können zwei Threads sich an einem Punkt treffen und Daten austauschen.

14.5.1 Am Bankett mit den Captains teilnehmen – Semaphore ★★

Bonny Brain und Captain CiaoCiao planen ein Bankett mit vielen Weggefährten. Sie sitzen beide an einem Tisch mit 6 Plätzen und empfangen unterschiedliche Gäste. Die Gäste kommen, bleiben ein wenig, erzählen und essen und verlassen wieder den Tisch.

Aufgabe:

- Lege eine `Semaphore` mit genauso vielen Plätzen an, wie es gleichzeitig Gäste an dem Tisch mit den Captains geben kann.
- Modelliere einen Gast als Klasse `Guest`, die `Runnable` implementiert. Alle Gäste haben einen Namen.

- Die Gäste warten auf einen Platz. Es muss nicht »fair« sein, dass also der Gast, der schon am längsten wartet, zwangsläufig als nächster an den Tisch kommt.
- Das Programm soll eine Bildschirmausgabe tätigen für einen Gast, der gerne an den Tisch kommen möchte, für einen Gast, der einen Platz bekommen hat, und für einen Gast, der den Tisch verlässt.

14.5.2 Fluchen und beleidigen – Condition ★★

Piraten duellieren sich heutzutage nicht mehr mit Entersäbeln, sondern mit Flüchen.

Aufgabe:

- Starte zwei Threads, die jeweils zwei Piraten repräsentieren; gib den Threads Namen.
- Ein zufälliger Pirat startet mit dem Fluchen und bringt einen endlosen Beleidigungswettbewerb in Gang.
- Die Flüche sollen zufällig aus einer vorgegebenen Sammlung von Flüchen stammen.
- Vor dem eigentlichen Fluch kann ein Pirat eine »Denkpause« von bis zu einer Sekunde benötigen.

14.5.3 Stifte aus dem Malkasten nehmen – Condition ★★

Im Kindergarten kommen regelmäßig die kleinen Piraten zusammen und malen Bilder. Leider gibt es nur einen Kasten mit 12 Stiften. Wenn ein Kind Stifte aus dem Kasten genommen hat, muss ein anderes Kind immer dann warten, wenn es mehr Stifte möchte, als im Kasten verfügbar sind.

Das Szenario lässt sich gut mit Threads realisieren.

Aufgabe:

- Schreibe eine Klasse `Paintbox` für einen Malkasten. `Paintbox` soll einen Konstruktor bekommen und die maximale Anzahl der freien Stifte annehmen.
- In der Klasse `Paintbox` soll es eine Methode `acquirePens(int numberOfPens)` geben, mit der die Kinder eine Anzahl Stifte erfragen können. Die gewünschte Anzahl Stifte kann über der verfügbaren Anzahl liegen, dann soll die Methode so lange blockieren, bis die Anzahl gewünschter Stifte wieder verfügbar ist.
- Die Klasse `Paintbox` verfügt zusätzlich über die Methode `releasePens(int numberOfPens)` zum Zurücklegen der Stifte. Diese Methode signalisiert, dass wieder Stifte verfügbar sind.
- Lege eine Klasse `Child` an.

- Gib der Klasse `Child` einen Konstruktor, sodass jedes Kind einen Namen hat und einen Verweis auf einen Malkasten bekommen kann.
- Die Klasse `Child` soll die Schnittstelle `Runnable` implementieren. Die Methode soll eine Zufallszahl zwischen 1 und 10 bestimmen, die die Anzahl der gewünschten Stifte repräsentiert. Dann erfragt das Kind diese Anzahl Stifte vom Malkasten. Das Kind nutzt die Stifte zwischen 1 und 3 Sekunden lang und legt anschließend alle Stifte wieder in den Malkasten zurück – nicht mehr und auch nicht weniger. Danach wartet das Kind zwischen 1 und 5 Sekunden und beginnt erneut damit, eine zufällige Anzahl Stifte zu fordern.

Das Malen kann mit folgenden Kindern gestartet werden:

```
public static void main( String[] args ) {
  Paintbox paintbox = new Paintbox( 12 );
  ExecutorService executor = Executors.newCachedThreadPool();
  executor.submit( new Child( "Mirjam", paintbox ) );
  executor.submit( new Child( "Susanne", paintbox ) );
  executor.submit( new Child( "Serena", paintbox ) );
  executor.submit( new Child( "Elm", paintbox ) );
}
```


14.5.4 Schere, Stein, Papier spielen – CyclicBarrier ★★★

Schere, Stein, Papier (auch *Schnick, Schnack, Schnuck*) ist ein altes Spiel, das schon im 17. Jahrhundert gespielt wurde. Nach einem Startsignal bilden die beiden Spieler mit einer Hand eine Form für Schere, Stein oder Papier. Welcher Spieler gewinnt, bestimmen folgende Regeln:

- Schere schneidet das Papier (Schere gewinnt).
- Papier wickelt den Stein ein (Papier gewinnt).
- Stein macht die Schere stumpf (Stein gewinnt).

Jedes Handzeichen kann also gewinnen oder verlieren.

Wir wollen eine Simulation für das Spiel schreiben und nehmen folgende Aufzählung für Handzeichen als Basis:

```
enum HandSign {
  SCISSORS, ROCK, PAPER;

  static HandSign random() {
    return values()[ ThreadLocalRandom.current().nextInt( 3 ) ];
  }

  int beats( HandSign other ) {
```

```
    return (this == other) ? 0 :
           (this == HandSign.ROCK && other == HandSign.SCISSORS
            || this == HandSign.PAPER && other == HandSign.ROCK
            || this == HandSign.SCISSORS && other == HandSign.PAPER) ?
            +1 : -1;
  }
}
```

Die `enum HandSign` deklariert drei Aufzählungselemente für Schere, Stein, Papier. Die statische Methode `random()` liefert ein zufälliges Handzeichen. Die Methode `beats(HandSign)` ist ähnlich wie eine `Comparator`-Methode: Sie vergleicht das aktuelle Handzeichen mit dem übergebenen Handzeichen und liefert `0`, wenn beide Handzeichen gleichwertig sind, `+1`, wenn das eigene Handzeichen höherwertig ist als das übergebene Anzeichen, und `-1` sonst.

Aufgabe:

- Lasse einen Starter-Thread laufen, der jede Sekunde ein Schnick-Schnack-Schnuck-Spiel anstößt. Für die wiederholte Ausführung lässt sich auf einen `ScheduledExecutorService` zurückgreifen.
- Ein Spieler ist durch ein `Runnable` repräsentiert, das ein zufälliges Handzeichen wählt und die Wahl mit `add(…)` in eine Datenstruktur vom Typ `ArrayBlockingQueue` setzt.
- Nachdem ein Spieler ein Handzeichen gewählt hat, soll auf einer vorher aufgebauten `CyclicBarrier` die `await()`-Methode aufgerufen werden.
- Der Konstruktor von `CyclicBarrier` soll ein `Runnable` bekommen, das am Ende des Spiels den Gewinner ermittelt. Das `Runnable` nimmt aus der `ArrayBlockingQueue` die beiden Handzeichen mit `poll()` heraus, vergleicht sie und wertet den Gewinner und Verlierer aus. An der ersten Stelle der Datenstruktur steht Spieler 1, an der zweiten Position Spieler 2.

14.5.5 Den schnellsten Läufer finden – CountDownLatch ★★

Für den nächsten Überfall benötigt Bonny Brain schnelle Läufer. Dafür richtet sie einen Wettbewerb aus und lässt die besten Läufer antreten. Mit einer Startpistole steht Bonny Brain an der Bahn, und alle warten auf den Startschuss.

Aufgabe:

- Lege 10 Threads an, die auf das Signal von Bonny Brain warten. Dann starten die Threads und benötigen zwischen einer frei gewählten Anzahl von 10 und 20 Sekunden für den Lauf. Am Ende sollen die Threads ihre Zeit in eine gemeinsame Datenstruktur schreiben, sodass der Name des Threads (Läufername) mit der Laufzeit vermerkt wird.

- Bonny Brain startet die Läufer im main-Thread und gibt zum Schluss alle Laufzeiten aufsteigend sortiert mit den Läufernamen aus.

Tipp

Sollen mehrere Threads an einer Stelle zusammenkommen, lässt sich dafür gut ein CountDownLatch einsetzen. Der CountDownLatch wird mit einer Ganzzahl (einem Zähler) initialisiert und bietet zwei zentrale Methoden:

- countDown() vermindert den Zähler.
- await() blockiert so lange, bis der Zähler 0 wird.

14.6 Lösungsvorschläge

Aufgabe 14.1.1: Threads erzeugen für Winken und Fähnchenschwenken

Folgendes ist Teil der main(…)-Methode:

```
class Wink implements Runnable {
  @Override public void run() {
    for ( int i = 0; i < 50; i++ )
      System.out.printf( "Wink; %s%n", Thread.currentThread() );
  }
}

Runnable winker = new Wink();
Runnable flagWaver = () -> {
  for ( int i = 0; i < 50; i++ )
    System.out.printf( "Wave flag; %s%n", Thread.currentThread() );
};

Thread winkerThread = new Thread( winker );
Thread flagWaverThread = new Thread( flagWaver, "flag waver" );

winkerThread.start();
flagWaverThread.start();
```

Listing 14.1 com/tutego/exercise/thread/CaptainsParade.java

Im Rumpf der run()-Methode und im Lambda-Ausdruck finden wir eine einfache Schleife mit den gewünschten Ausgaben.

Nach dem Aufbau der Runnable-Instanzen müssen sie mit dem Thread verbunden werden. Dazu werden die Runnables dem Konstruktor von Thread übergeben. Der

Konstruktor ist mehrfach überladen; eine Variante erlaubt das Setzen eines Namens, was wir für den Fähnchenschwenker machen. Das Aufbauen der Thread-Instanzen startet keinen Thread, dafür ist ein Aufruf der Thread-Methode start() nötig.

```
Wink; Thread[Thread-0,5,main]
Wave flag; Thread[flag waver,5,main]
Wave flag; Thread[flag waver,5,main]
Wave flag; Thread[flag waver,5,main]
Wink; Thread[Thread-0,5,main]
Wink; Thread[Thread-0,5,main]
Wink; Thread[Thread-0,5,main]
Wink; Thread[Thread-0,5,main]
...
```

Die Ausgabe zeigt die toString()-Repräsentation von Thread, die aus dem Thread-Namen, der Thread-Priorität und der Thread-Gruppe besteht. An der Ausgabe lässt sich ablesen, dass sich Thread-0 (das ist der automatisch zugewiesene Name) und flag waver abwechseln. Bei jedem Aufruf wird die Ausgabe etwas anders aussehen – nebenläufige Programme sind typischerweise nichtdeterministisch.

Aufgabe 14.1.2: Nix mehr mit Winken und Fähnchenschwenken: Threads beenden

```
Runnable winker = () -> {
  while ( ! Thread.currentThread().isInterrupted() ) {
    System.out.printf( "Wink; %s%n", Thread.currentThread() );
    try { TimeUnit.SECONDS.sleep( 2 ); }
    catch ( InterruptedException e ) { Thread.currentThread().interrupt(); }
  }
};

Runnable flagWaver = () -> {
  while ( ! Thread.currentThread().isInterrupted() ) {
    System.out.printf( "Wave flag; %s%n", Thread.currentThread() );
    try { TimeUnit.SECONDS.sleep( 2 ); }
    catch ( InterruptedException e ) { Thread.currentThread().interrupt(); }
  }
};

Thread winkerThread    = new Thread( winker );
Thread flagWaverThread = new Thread( flagWaver );

winkerThread.start();
flagWaverThread.start();
```

```
String message = "Submit 'endw' or 'endf' to end the threads or cancel to ↩
end main thread";
for ( String input;
    ( input = JOptionPane.showInputDialog( message )) != null; ) {
  if ( input.equalsIgnoreCase( "endw" ) )
    winkerThread.interrupt();
  else if ( input.equalsIgnoreCase( "endf" ) )
    flagWaverThread.interrupt();
}
```

Listing 14.2 com/tutego/exercise/thread/CaptainsParadeIsInterrupted.java

Damit ein Thread auf einen Abbruch reagieren kann, muss im `Runnable` ganz bewusst das Interrupt-Flag abgefragt werden. Diese Abfrage übernimmt die Methode `isInterrupted()`. Wir setzen die Abfrage in eine `while`-Schleife, denn wir wollen so lange unsere Operation ausführen, wie das Flag noch nicht gesetzt ist. Im Rumpf der beiden Schleifen gibt es eine Bildschirmausgabe und eine Wartezeit von 2 Sekunden. Beim Schlafen gibt es eine Besonderheit zu beachten: Wenn wir schlafen und dann unterbrochen werden, löst die `sleep(…)`-Methode erstens eine `InterruptedException` aus, und zweitens setzt sie das Interrupt-Flag zurück. Wir müssen also im `catch`-Block das Interrupt-Flag wieder setzen und greifen auf die Methode `interrupt()` zurück. Das ist auch genau die Methode, die wir in der `main(…)`-Methode nutzen, um einem ausgewählten Thread zu signalisieren, dass er sich selbst beenden soll.

Zwischen dem brutalen Beenden eines Threads mit `stop()` und dem Setzen eines Flags gibt es einen wesentlichen Unterschied: Beim Aufruf der Methode `stop()` wird der Thread hart beendet, und er kann sich in einem beliebigen Zustand befinden. Beim Setzen eines Interrupt-Flags bedarf es der aktiven Mitarbeit des Threads. Der Thread muss selbstständig das Flag erfragen und beendet die `run()`-Methode ohne Ausnahme.

Aufgabe 14.1.3: Runnable parametrisieren

Die `run()`-Methode hat keine Rückgabe und keine Parameterliste. Daher muss die `run()`-Methode Parameter auf eine andere Weise annehmen. Dazu bieten sich Variablen an, auf die `run()`- Methode zurückgreifen kann.

Zwei Lösungsvorschläge:

```
class PrintingRunnable implements Runnable {
  private final String text;
  private final int repetitions;

  PrintingRunnable( String text, int repetitions ) {
    this.text = text;
```

```
    this.repetitions = repetitions;
  }

  @Override public void run() {
    for ( int i = 0; i < repetitions; i++ )
      System.out.printf( "%s; %s%n", text, Thread.currentThread() );
  }
}
```

Listing 14.3 com/tutego/exercise/thread/ParameterizedRunnable.java

Schreiben wir eine neue Klasse, die `Runnable` implementiert, so können wir ihr einen Konstruktor geben, der Zustände annimmt. Diese Zustände können wir in Objektvariablen vermerken. Rufen wir dann den Konstruktor auf, werden beim Aufbau des `Runnable`-Objektes die Werte gesetzt, und ruft der Thread später die `run()`-Methode auf, kann die Implementierung von `run()` auf die Werte zurückgreifen.

```
public static Runnable getPrintingRunnable( String text, int repetitions ) {
  return () -> {
    for ( int i = 0; i < repetitions; i++ )
      System.out.printf( "%s; %s%n", text, Thread.currentThread() );

  };
}
```

Listing 14.4 com/tutego/exercise/thread/ParameterizedRunnable.java

Der zweite Lösungsvorschlag nutzt eine Fabrikmethode. Zur Erinnerung: Fabriken sind Objekterzeuger und Alternativen zum Konstruktor, und in dem Fall erfolgt die Parametrisierung nicht über einen Konstruktor, sondern über die Methode. Lambda-Ausdrücke können auf lokale Variablen zurückgreifen, und Parametervariablen gehören dazu. Eine Methode kann im Rumpf einen Lambda-Ausdruck zurückgeben, und da dieser auf die Parameter zurückgreifen kann, haben wir damit ebenfalls ein parametrisiertes `Runnable` geschaffen.

Aufgabe 14.2.1: Abarbeitung durch schlafende Threads verzögern

```
public class Sleep {

  static long parseSleepArgument( String arg ) {
    Matcher matcher   = Pattern.compile( "(\\d+)(\\D)?" ).matcher( arg );
    boolean anyMatch = matcher.find();
```

```
    // Check if any match at all or gibberish
    if ( ! anyMatch ) {
      System.err.printf( "sleep: invalid time interval '%s'%n", arg );
      System.exit( 2 );
    }

    // Found at least a number, but maybe too huge to parse
    long seconds = 0;
    try { seconds = Long.parseLong( matcher.group( 1 ) ); }
    catch ( NumberFormatException e ) {
      System.err.printf( "sleep: interval to huge '%s'%n", arg );
      System.exit( 3 );
    }

    // Also a unit?
    String unit = matcher.group( 2 );
    if ( unit == null )
      return seconds;

    switch ( unit ) {
      case "s": break;
      case "m": seconds = TimeUnit.MINUTES.toSeconds( seconds ); break;
      case "h": seconds = TimeUnit.HOURS.toSeconds( seconds ); break;
      case "d": seconds = TimeUnit.DAYS.toSeconds( seconds ); break;
      default:
        System.err.printf( "sleep: invalid interval unit '%s'%n", arg );
        System.exit( 4 );
    }

    return seconds;
  }

  public static void main( String[] args ) {
    if ( args.length == 0 ) {
      System.err.println( "sleep: missing operand" );
      System.exit( 1 );
    }

    long seconds = 0;
    for ( String arg : args )
      seconds += parseSleepArgument( arg );
```

```
    try { TimeUnit.SECONDS.sleep( seconds ); }
    catch ( InterruptedException e ) { /* intentionally empty */ }
  }
}
```

Listing 14.5 com/tutego/exercise/thread/Sleep.java

Das Parsen der Argumente nimmt den größten Raum ein. Wir lagern das Parsen in eine Methode `parseSleepArgument(String)` aus, die die Wartezeit in Sekunden zurückliefert. Ein regulärer Ausdruck hilft dabei, eine beliebig lange Dezimalzahl gefolgt von einem Nicht-Dezimalzeichen zu erkennen. Beide Teile stehen in runden Klammern, sodass wir später über die Gruppen auf genau diese Zahl und die Einheit zugreifen können.

Matcht der reguläre Ausdruck nicht, geben wir eine Fehlermeldung aus und beenden das Programm mit `System.exit(int)`. Mit einer Rückgabe ungleich `0` drücken wir einen Fehler aus. Fehlerfreie Programme liefern im Allgemeinen `0` zurück.

Gab es im String zwei Gruppen, geht es weiter. Die erste Match-Gruppe konvertieren wir in die Anzahl Sekunden. Das kann zu einer Ausnahme führen, wenn die Zahl zu groß ist und nicht in ein `long` passt. Wir haben durch die Wahl des regulären Ausdrucks zwar Buchstaben in einer Zahl ausgeschlossen, aber die Größe hat der reguläre Ausdruck nicht beschränkt. Eine `NumberFormatException` wird uns darauf aufmerksam machen, wenn ein Fehler auftaucht; dann gibt es ebenfalls eine Ausgabe, und das Programm wird beendet.

Die Zahl wurde erkannt, aber folgt eine Einheit? Wir extrahieren die zweite Match-Gruppe, und ist sie `null`, können wir die Methode verlassen, weil keine Einheit angegeben wurde. Ist sie ungleich `null`, so haben wir ein Zeichen und prüfen, welches Zeichen es ist. War es `s`, dann brechen wir das `switch-case` ab und müssen keine Konvertierung durchführen. War es ein `m`, `h` oder `d`, helfen die Konstanten bei der Aufzählung `TimeUnit`, die Angabe in Sekunden zu konvertieren. War es keines der vier Zeichen, erfolgt ebenfalls eine Fehlermeldung, und das Programm wird beendet. Im besten Fall kommt es zur Rückgabe der Sekunden.

Die `main(…)`-Methode führt ebenfalls als Erstes einen Test durch, ob überhaupt Argumente übergeben wurden. Falls nicht, folgt eine Fehlermeldung, und das Programm wird mit einem `System.exit(…)` und einem Fehlercode verlassen. Das ist korrekter, als mit `return` die `main(…)`-Methode zu verlassen, denn das würde zu einem Exit-Code von `0` führen, was einem aufrufenden Programm auf der Shell etwas Fehlerhaftes signalisiert.

Die erweiterte `for`-Schleife läuft alle Argumente von der Kommandozeile ab, einen Index benötigen wir nicht. Jeden String übertragen wir auf unsere Methode `parseSleepArgument(…)` und summieren das Ergebnis in der Variablen `seconds` auf. Zum

Schluss legt die `sleep(long)`-Methode den Main-Thread die angegebene Anzahl Sekunden lang schlafen. Die Methode `sleep(...)` löst eine `InterruptedException` aus, eine geprüfte Ausnahme, die wir behandeln müssen; allerdings müssen wir in `catch` nichts schreiben, weil es keinen Thread von außen gibt, der uns dazwischengrätschen kann.

Aufgabe 14.2.2: Dateiänderungen beobachten durch Threads

```
public class FileChangeWatcher implements Runnable {

  private final Path path;
  private final Consumer<Path> callback;

  public FileChangeWatcher( String filename, Consumer<Path> callback ) {
    this.callback = Objects.requireNonNull( callback );
    path = Paths.get( filename );
  }

  @Override
  public void run() {
    try {
      FileTime oldLastModified = Files.getLastModifiedTime( path );

      while ( true ) {
        TimeUnit.MILLISECONDS.sleep( 500 );

        FileTime lastModified = Files.getLastModifiedTime( path );
        if ( ! oldLastModified.equals( lastModified ) ) {
          callback.accept( path );
          oldLastModified = lastModified;
        }
      }
    }
    catch ( Exception e ) {
      // Catch any exception and wrap in a runtime exception
      throw new RuntimeException( e );
    }
  }

  public static void main( String[] args ) {
    Consumer<Path> callback = path -> System.out.println(
      "File changed " + path );
```

```
    new Thread( new FileChangeWatcher( "c:/file.txt", callback ) ).start();
  }
}
```

Listing 14.6 com/tutego/exercise/thread/FileChangeWatcher.java

Da die Methode `run()` der Schnittstelle `Runnable` keine Parameterliste hat, müssen möglichen Übergaben oder Rückgabewerte anders transportiert werden. Die Lösung ist ganz einfach: Haben wir eine Klasse, die die Schnittstelle `Runnable` implementiert, dann lässt sich ein parametrisierter Konstruktor einsetzen, sodass wir einen Zustand und außen einführen können. Genau das macht der Konstruktor von `FileChangeWatcher` – er nimmt einen Dateinamen und einen Konsumenten an. Der Konstruktor führt einen Test durch, ob fälschlicherweise `null` übergeben wird, und löst dann eine Ausnahme aus, andernfalls merkt sich der Konstruktor die Zustände in privaten Objektvariablen. Die Fabrikmethode der Klasse `Paths` löst automatisch eine `NullPointerException` aus, wir können uns daher einen eigenen `null`-Test auf dem Dateinamen sparen.

Die zentrale Methode `run()` wird vom Thread aufgerufen. Als Erstes holen wir uns die Zeit, zu der die Datei zuletzt modifiziert wurde. Das ist der erste Referenzpunkt, mit dem wir später vergleichen werden. Das alles kommt in eine Endlosschleife, weil nicht nach einer Prüfung oder einer erkannten Veränderung schon Schluss ist.

Der Rumpf der Schleife beginnt mit einem Warten. Da wir durch die enge Schleife keinen Performanceengpass provozieren wollen, lassen wir den Thread eine halbe Sekunde schlafen. Dann wird die Zeit der letzten Änderung erneut erfragt und mit der alten Zeit verglichen. Ist die Zeit nicht die gleiche, dann hat sich die Datei verändert. Wir müssen in dem Fall unseren Konsumenten informieren, rufen auf dem übergebenen Callback-Objekt die `accept(…)`-Methode auf und übergeben den Pfad. Man sollte sich bewusst machen, dass der Aufruf synchron und blockierend ist. Das heißt, wenn die Callback-Methode sehr lange arbeitet, kann unser Thread auch nicht weiter die Datei beobachten.

Nach dem Aufruf des Konsumenten setzen wir das alte Datum auf das aktuelle Datum und beginnen in der Schleife erneut mit dem Vergleich.

Es gibt mehrere Stellen, an denen Ausnahmen auftreten können, weshalb es einen `try-catch`-Block um die Schleife und die erste Zeitabfrage gibt. Zunächst lösen Ein-/Ausgabe-Methoden Ausnahmen aus, dann das Schlafen. Alle Ausnahmen werden aufgefangen, und zwar außerhalb der Schleife. Das ist eine Designentscheidung, und man kann es grundsätzlich auch anders machen, dass die Ausnahmen innerhalb der Endlosschleife abgefangen werden und auch bei Ausnahmen weiter die Dateiänderung geprüft wird. Aber wenn etwa die Datei gelöscht wird, soll auch der Thread nicht weiterlaufen. Wenn es Ausnahmen gibt, ummanteln wir sie in eine `RuntimeException` und lösen diese aus. Das wird zum Abbruch des Threads führen. Durch `RuntimeException` abgebrochene Threads kann man durch einen `Thread.UncaughtExceptionHandler` erkennen, die nächste Aufgabe handelt davon.

Eine etwas unscheinbare Stelle für eine Ausnahme ist die Callback-Operation, die ebenfalls eine `RuntimeException` auslösen kann. Unbehandelt würde sie zum Tod des Threads führen; wir machen aber auch nichts anderes ... Wir könnten auch überlegen, die eigenen Ausnahmen von den Ausnahmen im `Consumer` zu trennen oder sie mit einem zweiten Callback-Objekt zu melden.

Aufgabe 14.2.3: Exceptions auffangen

```
enum GlobalExceptionHandler implements Thread.UncaughtExceptionHandler {
  INSTANCE;

  @Override public void uncaughtException(
      Thread thread, Throwable uncaughtException ) {
    Logger logger = Logger.getLogger( getClass().getSimpleName() );
    logger.log( Level.SEVERE, uncaughtException.getMessage() +
      " from thread " + thread, thread );
  }
}

public class GlobalExceptionHandlerDemo {
  public static void main( String[] args ) throws Exception {
    Thread.setDefaultUncaughtExceptionHandler( GlobalExceptionHandler.INSTANCE );

    Thread zeroDivisor = new Thread( () -> System.out.println( 1 / 0 ) );
    zeroDivisor.start();

    Thread indexOutOfBound =
      new Thread( () -> System.out.println( (new int[0])[1] ) );
    indexOutOfBound.setUncaughtExceptionHandler( ( t, e ) -> {} );
    indexOutOfBound.start();

    new URL( "captain" );
  }
}
```

Listing 14.7 com/tutego/exercise/thread/GlobalExceptionHandlerDemo.java

Die Ausgabe ist:

```
Juli 04, 2020 2:07:13 PM com.tutego.exercise.thread.GlobalExceptionHandler
uncaughtException
SCHWERWIEGEND: / by zero from thread Thread[Thread-0,5,main]
Juli 04, 2020 2:07:13 PM com.tutego.exercise.thread.GlobalExceptionHandler
uncaughtException
SCHWERWIEGEND: no protocol: captain from thread Thread[main,5,main]
```

Eine `enum` implementiert einen `UncaughtExceptionHandler`, was zusammen mit der einzigen statischen Variablen `INSTANCE` ein Singleton ergibt. Das Aufzählungselement implementiert aus der funktionalen Schnittstelle die Methode `uncaughtException(…)`. Bei der Aktivierung übermittelt die JVM der Methode einen Verweis auf den sterbenden Thread und die nicht behandelte Ausnahme. Der Typ ist `Throwable`, das heißt, auch ein `Error` kann gemeldet werden.

Die `main(…)`-Methode setzt global den `UncaughtExceptionHandler`, der folglich für alle Threads gibt. Der erste Thread wird durch die Division durch `0` eine `ArithmeticException` auslösen, was unser globaler gesetzter `UncaughtExceptionHandler` direkt melden wird.

Auch der zweite Thread wird durch eine Ausnahme abgebrochen, aber hier haben wir einen lokalen `UncaughtExceptionHandler` über einen Lambda-Ausdruck gesetzt, der nichts meldet.

Der `main`-Thread stellt ebenfalls Unsinn an, denn der Konstruktor der `URL`-Klasse wird mit diesem Argument eine Ausnahme auslösen. Diese haben wir nicht durch einen `try-catch`-Block abgefangen und behandelt, sondern die `main(…)`-Methode leitet ihn an die JVM weiter. Auch das aktiviert den gesetzten `UncaughtExceptionHandler`.

Aufgabe 14.3.1: Thread-Pool nutzen

Folgendes ist Teil der `main(…)`-Methode; sie deklariert eine lokale Klasse `DistributeGift` und greift im Code darauf zurück:

```
class DistributeGift implements Runnable {
  private final String gift;

  public DistributeGift( String gift ) { this.gift = gift; }

  @Override public void run() {
    try {
      System.out.println( Thread.currentThread().getName() +
        " gives " + gift );
      Thread.sleep( ThreadLocalRandom.current().nextInt( 1000, 4000 ) );
    }
```

```
      catch ( InterruptedException e ) { /* Ignore */ }
    }
  }

  Iterator<String> names = Arrays.asList( "Polly Zist", "Jo Ghurt",
    "Lisa Bonn" ).iterator();

  ExecutorService crew = Executors.newCachedThreadPool( runnable -> {
    ThreadFactory threadFactory = Executors.defaultThreadFactory();
    Thread thread = threadFactory.newThread( runnable );
    thread.setName( names.next() );
    return thread;
  } );

  String[] gifs = { "Dragon", "Pomsies", "Coat", "Tablet", "Doll",
    "Art Station", "Bike", "Card Game", "Slime", "Nerf Blaster" };
  for ( String gift : gifs ) {
    Thread.sleep( ThreadLocalRandom.current().nextInt( 1000, 2000 ) );
    crew.submit( new DistributeGift( gift ) );
  }
}
```

Listing 14.8 com/tutego/exercise/thread/GiftsInTheOrphanage.java

Das `Runnable` ist die Aktion, die von den Threads ausgeführt wird. Java bietet im Framework zwei Schnittstellen für auszuführenden Programmcode: `Runnable` und `Callable`, wobei `Callable` nur dann zum Einsatz kommt, wenn Programme im Hintergrund etwas zurückgeben wollen, das ist in unserem Fall nicht nötig.

Das `Runnable` können wir einfach über einen Lambda-Ausdruck realisieren, doch das geht hier nicht, weil das `Runnable` mit einem `String`, dem Geschenk, immer neu individuell verbunden werden muss. (Anders würde das aussehen, wenn im Lambda-Ausdruck die Daten über eine Variable bezogen werden können, doch soll sich das `Runnable` nicht selbst die Daten beziehen.) Daher gibt es eine Klasse, die `Runnable` implementiert und im Konstruktor das zu verteilende Geschenk annimmt. Das `Runnable` nimmt eine Bildschirmausgabe vor, schläft eine Zeitlang und ist dann fertig.

Im nächsten Schritt bauen wir einen Thread-Pool auf. Im Grunde ist es unerheblich, ob das `Runnable` von neuen Threads oder existierenden Threads ausgeführt wird. Das Erzeugen von Threads kostet im Vergleich zu einer normalen Objekterzeugung deutlich mehr. Um einen Thread-Pool aufzubauen, lässt sich die parameterlose Methode `Executors.newCachedThreadPool()` einsetzen oder eine spezielle Variante, mit der wir den Thread des Pools selbst aufbauen und parametrisieren können. Das fordert die

Aufgabenstellung nicht ein, und es hat kosmetische Gründe, denn auf diese Weise lässt sich der Name des Threads setzen. Um möglichst viel von der Infrastruktur übernehmen zu können, erfragen wir die `defaultThreadFactory()`, erzeugen über `newThread(…)` einen Thread und können dann mit der bekannten `Thread`-Methode `setName(…)` den Namen des Threads setzen. Der Name des Crewmitglieds wird über die `next()`-Methode vom `Iterator` bezogen, und da die Aufgabe nicht mehr als drei Threads im Thread-Pool benötigt, kommt es zu keiner Ausnahme.

Der letzte Teil ist das Anstoßen der Arbeitspakete. Das Programm läuft durch das Array und erzeugt immer neue `Runnable`-Objekte mit den übermittelten Geschenken. `submit(…)` gibt das `Runnable` an den Thread-Pool weiter, der einen freien Thread auswählt bzw. am Anfang erzeugt und so das Geschenk verteilt.

Aufgabe 14.3.2: Letzte Modifikation von Webseiten ermitteln

```
class WebResourceLastModifiedCallable implements Callable<ZonedDateTime> {

  private final URL url;

  WebResourceLastModifiedCallable( URL url ) {
    this.url = url;
  }

  @Override public ZonedDateTime call() throws IOException {
    HttpURLConnection con = (HttpURLConnection) url.openConnection();
    long dateTime = con.getLastModified();
    con.disconnect();
    return ZonedDateTime.ofInstant( Instant.ofEpochMilli( dateTime ),
      ZoneId.of( "UTC" ) );
  }
}
```

Listing 14.9 com/tutego/exercise/thread/PageLastModifiedCallableDemo.java

Die Implementierung der Schnittstelle `Callable` bietet keine Überraschungen. Der parametrisierte Konstruktor nimmt ein `URL`-Objekt entgegen und speichert es in einer privaten Variablen, sodass die URL später in der `call()`-Methode zugänglich ist. Die Implementierung der `call(…)`-Methode unterscheidet sich nicht wesentlich von der Vorlage, bis auf dem Unterschied, dass wir Ausnahmen nicht abfangen, sondern von der `call()`-Methode problemlos nach oben weiterleiten können. Falls dann eine Exception auftritt, wird `get(…)` durch eine `ExecutionException` unterbrochen.

Eine Nutzung könnte wie folgt aussehen:

```
ExecutorService executor = Executors.newCachedThreadPool();
URL url = new URL( "https://en.wikipedia.org/wiki/Main_Page" );
Callable<ZonedDateTime> callable = new WebResourceLastModifiedCallable( url );

Future<ZonedDateTime> dateTimeFuture = executor.submit( callable );

try {
  System.out.println( executor.submit( callable ).get( 1,
    TimeUnit.MICROSECONDS ) );
}
catch ( InterruptedException | ExecutionException | TimeoutException e ) {
  e.printStackTrace();
}

try {
  ZonedDateTime wikiChangedDateTime = dateTimeFuture.get();
  System.out.println( wikiChangedDateTime );
  System.out.println( Duration.between( wikiChangedDateTime,
    ZonedDateTime.now( ZoneId.of( "UTC" ) ) ).toMinutes() );
}
catch ( InterruptedException | ExecutionException e ) {
  e.printStackTrace();
}

executor.shutdown();
```

Listing 14.10 com/tutego/exercise/thread/PageLastModifiedCallableDemo.java

Zum Absenden von `Callable`-Instanzen greifen wir auf einen Thread-Pool zurück, den wir über `newCachedThreadPool()` bekommen. Das `URL`-Objekt bezeichnet die Wikipedia-Startseite, und nach dem Aufbau eines `WebResourceLastModifiedCallable` mit dieser URL können wir das `Callable`-Objekt in die `submit(..)`-Methode setzen. Das alleine löst noch keine Ausnahmen aus (vom parametrisierten `URL`-Konstruktor einmal abgesehen), eine Ausnahmebehandlung ist erst durch das Abrufen des Ergebnisses mit `get(…)` nötig.

Das Beispiel realisiert zwei Szenarien: Der erste `submit(…)` lässt ein `Callable` vom Thread-Pool ausführen, es arbeitet dann im Hintergrund. Das zweite `submit(…)` setzt ebenfalls ein `Callable` in den Thread-Pool, gibt aber bei `get(…)` nur eine Mikrosekunde Zeit für die Fertigstellung; das reicht natürlich nicht, und es gibt eine `TimeoutException`.

Der zweite try-catch Block ist für das erste abgesendete Callable. Das dateTimeFuture wird blockierend mit get() nach dem Ergebnis gefragt, und es dürften schon ein paar Millisekunden vergangen sein, die die Laufzeitumgebung mit der Behandlung der vorherigen Abfragen verbracht hat. Vergleichen wir die catch-Blöcke, stellen wir fest, dass bei einer Zeitschranke eine zusätzliche TimeoutException behandelt werden muss. In dem Fall mit dem parameterlosen get() allerdings nicht; es bleibt bei einer InterruptedException und ExecutionException.

Für die Berechnung der Differenz greifen wir auf die Methode between(…) der Klasse Duration zurück. Die statische Methode bekommt zwei Argumente: die Zeit aus dem Future und die aktuelle Zeit. Wir dürfen nicht vergessen, die aktuelle Zeit nicht einfach nur mit now() zu erfragen, sondern wir müssen die aktuelle Zeit in der UTC-Zeitzone erfragen, weil andernfalls die Differenz falsch wäre, wenn nicht zufälligerweise die Anwendung selbst in UTC ± 0 ist.

Aufgabe 14.4.1: Erinnerungen ins Poesiealbum schreiben

Das Problem ist der Zugriff von zwei Threads auf eine geteilte Ressource. Beide greifen nebenläufig auf die Ressource zu und bringen die Ausgabe durcheinander. Die Ausgabe könnte so aussehen:

```
DWeinen  Bdulu mlaenc hbsrt,au lcahcenhe Sno nsneien saclhelei.n  Wuennd n
icduh w ebriansuct,h  wCeainpastta diun  aClileoiCinaeo
_,.-'~'-.,__,.-'~'-.,__,.-'~'-.,__,.-'~'-.,__,.-'~'-.,_
 zum Fröhlichsein
_,.-'~'-.,__,.-'~'-.,__,.-'~'-.,__,.-'~'-.,__,.-'~'-.,_
```

Das Anhängen der Buchstaben ist ein kritischer Abschnitt, der geschützt werden muss. synchronized-Blöcke sind eher veraltet, und wir wollen Lock-Objekte nutzen. Für unseren Anwendungsfall eignet sich die Implementierung ReentrantLock.

```
Lock lock = new ReentrantLock( true );

class Author implements Runnable {
  private final String text;
  private final FriendshipBook book;

  public Author( String text, FriendshipBook book ) {
    this.text = text;
    this.book = book;
  }

  @Override public void run() {
    try {
      lock.lock();
```

```
      for ( int i = 0; i < text.length(); i++ ) {
        book.appendChar( text.charAt( i ) );
        Thread.sleep( 1 );
      }
      book.appendDivider();
    }
    catch ( InterruptedException e ) { /* Ignore */ }
    finally {
      lock.unlock();
    }
  }
}
```

Listing 14.11 com/tutego/exercise/thread/WriteInFriendshipBook.java

Über die Lock-Objekte koordinieren sich die Threads. Wenn ein Thread in den kritischen Abschnitt eintritt, wird ein anderer Thread so lange warten müssen, bis der kritische Abschnitt wieder freigegeben ist. Zum Eintreten und Verlassen des Blocks gibt es zwei zentrale Methoden in Lock: lock() und unlock(). Der Konstruktor von ReentrantLock ist überladen, und die parametrisierte Variante bestimmt über einen boolean-Parameter, ob der Lock fair ist oder nicht. Fair bedeutet in dem Zusammenhang, dass die Threads, die am längsten warten, als Erstes in den freigegebenen Block eintreten dürfen. Andernfalls ist das Verhalten nichtdeterministisch. Das ist auch einer der Unterschiede zum Schlüsselwort synchronized, bei dem die virtuelle Maschine einen beliebigen Thread auswählen kann. Ob die Zuteilung fair ist oder nicht, ist abhängig von der Implementierung der JVM, und die Fairness bei synchronized ist nicht steuerbar.

Der Lösungsvorschlag hat den Quellcode ein wenig angepasst. Die eine Stelle ist außerhalb der Klassendeklaration Autor, denn das Lock-Objekt muss für alle Threads verfügbar sein, da sich darüber die Threads koordinieren. Die zweite Änderung befindet sich innerhalb der run()-Methode, denn die zu sichernde Operation ist das Hineinschreiben in das Album. Vor der Schleife wird der Block mit lock() abgeschlossen, anschließend werden alle Zeichen angehängt, wird der Trenner geschrieben und zum Schluss wieder unlock() aufgerufen, was den Block für den nächsten Thread wieder freigibt. Ein unlock() sollte grundsätzlich in einem finally-Block stehen, denn wenn ein Lock erfragt wird, dann sollte er auch immer freigegeben werden, auch wenn es ein return oder eine Ausnahme gibt, die die Methode verlassen. finally-Blöcke werden immer abgearbeitet, unabhängig davon, ob es eine Ausnahme gab oder nicht.

Neben der lock()-Methode gibt eine zweite Methode lockInterruptibly(), die man durch einen Interrupt von außen unterbrechen kann. lock() reagiert auf einen Interrupt von außen nicht, das heißt, das catch der InterruptedException gilt nur für die sleep(…)-Methode.

Aufgabe 14.5.1: Am Bankett mit den Captains teilnehmen – Semaphore

Folgendes ist Teil der `main(…)`-Methode:

```
Semaphore seats = new Semaphore( 6 - 2 );

class Guest implements Runnable {
  private final String name;
  public Guest( String name ) { this.name = name; }

  @Override
  public void run() {
    try {
      System.out.printf( "%s is waiting for a free place%n", name );
      seats.acquire();
      System.out.printf( "%s has a seat at the table%n", name );
      Thread.sleep( ThreadLocalRandom.current().nextInt( 2000, 5000 ) );
    }
    catch ( InterruptedException e ) { /* Ignore */ }
    finally {
      System.out.printf( "%s leaves the table%n", name );
      seats.release();
    }
  }
}

List<String> names = new ArrayList<>( Arrays.asList(
    "Balronoe", "Xidrora", "Zobetera", "Kuecarro", "Bendover", "Bane",
    "Cody", "Djarin", "Enfy" ) );
for ( int i = 0, len = names.size(); i < len; i++ )
  Collections.addAll( names, "Admiral " + names.get( i ), "Commander " +
    names.get( i ) );

ExecutorService executors = Executors.newCachedThreadPool();

for ( String name : names )
  executors.execute( new Guest( name ) );

executors.shutdown();
}
```

Listing 14.12 com/tutego/exercise/thread/Banquette.java

Die Klasse Banquet besteht im Kern aus vier Teilen:

1. dem Aufbau der Semaphore
2. der Deklaration eines Gastes, ein Runnable, das auf die Semaphore zurückgreift
3. dem Aufbau von Namen
4. dem Anlegen der Runnable-Instanzen und Ausführen über einen Thread-Pool

Da an dem Tisch sechs Plätze sind und zwei Plätze schon von Bonny Brain und Captain CiaoCiao belegt sind, bleiben vier Plätze übrig, zwischen denen unterschiedliche Gäste wechseln können.

Alle Gäste haben einen Namen, der im Objekt vermerkt wird. Der Name kommt in der Ausgabe dreimal vor:

1. Am Anfang wird der Name des Gastes ausgegeben, denn der Gast wartet und hat vielleicht noch keinen Platz. Ein Thread muss mit acquire() von der Semaphore erst die Erlaubnis bekommen, und die Methode blockiert, wenn die maximale Anzahl von vier freien Plätzen schon erreicht ist. In der Bildschirmausgabe lässt sich ablesen, dass alle zunächst auf einen freien Platz warten und die ersten vier Gäste sofort einen Platz auch bekommen.
2. Entsperrt acquire(), kann der Thread zusammen mit den anderen vier Threads mit den Captains Zeit am Tisch verbringen.
3. Nach einer Wartezeit wird der finally-Block abgearbeitet und der Name des Gastes noch einmal ausgegeben, denn der Gast verlässt nun den Tisch. Wichtig ist bei der Semaphore, die Methode release() aufzurufen, damit andere wartende Gäste an den Tisch kommen können.

Die Demodaten generiert ein einfacher Algorithmus. Eine Liste wird mit einigen Strings vorbelegt. Diese Liste wird nun mit der Ursprungslänge abgelaufen, und neue Strings werden generiert, die vorne mit Admiral anfangen, und weitere Strings, die mit Commander anfangen.

Jetzt müssen nur noch die Threads erzeugt werden, und der ExecutorService kann sie starten.

Aufgabe 14.5.2: Fluchen und beleidigen – Condition

Der Code ist Teil der main(…)-Methode:

```
Lock lock = new ReentrantLock();
Condition condition = lock.newCondition();

class Insulter implements Runnable {
  private final String[] insults;
```

```
  public Insulter( String[] insults ) {
    this.insults = insults;
  }

  @Override public void run() {
    while ( Thread.currentThread().isInterrupted() ) {
      try {
        lock.lock();
        Thread.sleep( ThreadLocalRandom.current().nextInt( 1000 ) );
        String name = Thread.currentThread().getName();
        int rndInsult = ThreadLocalRandom.current().nextInt( insults.length );
        System.out.println( name + ": " + insults[ rndInsult ] + '!' );
        condition.signal();
        condition.await();
      }
      catch ( InterruptedException e ) { Thread.currentThread().interrupt(); }
      finally {
        lock.unlock();
      }
    }
  }
}

String[] insults1 = {
    "Trollop", "You have the manners of a trump",
    "You fight like a cow cocky", "Prat",
    "Your face makes onions cry",
    "You are so full of s**t, the toilet's jealous"
};
String[] insults2 = {
    "Wazzock", "I've spoken with rats more polite than you",
    "Chuffer", "You make me want to spew",
    "Check your lipstick before you come for me",
    "You are more disappointing than an unsalted pretzel"
};

new Thread( new Insulter( insults1 ), "pirate-1" ).start();
new Thread( new Insulter( insults2 ), "pirate-2" ).start();
```

Listing 14.13 com/tutego/exercise/thread/InsultSwordFighting.java

Die Lösung greift auf `Condition` zurück, und das hat zwei wichtige Methoden: zum Benachrichtigen von anderen wartenden Threads und zum Warten auf eine Benachrichtigung.

In unserem Fall ist der `Insulter` ein `Runnable`, das über den Konstruktor mit unterschiedlichen Flüchen initialisiert wird. Die `run()`-Methode enthält eine Endlosschleife, die prinzipiell mit einem Interrupt beendet werden kann, denn das Beleidigen kennt kein Ende, und auf jede Aktion folgt eine Reaktion. Ein `Condition`-Objekt darf nur verwendet werden, wenn `lock()` einen kritischen Abschnitt markiert – `Condition`-Objekte stammen von einem `Lock`-Objekt.

Nach der Denkzeit wird ein zufälliger Kraftausdruck ausgewählt und ausgegeben und anschließend mit `signal()` der andere Thread informiert. Mit dem folgenden `await()` warten wir wiederum im Thread auf das Signal des anderen Threads.

Der Ablauf wird wie folgt sein: `main(…)` startet zwei `Insulter`-Threads, und einer der beiden Threads wird als erster über das `Lock`-Objekt den Bereich betreten, dann abschließen und exklusiv für sich den Bereich beanspruchen. Der zweiteThread kommt ein wenig später, hängt im `Lock` und kommt nicht weiter. Der erste Thread beginnt dann mit dem Fluchen und signalisiert zum Schluss dem anderen wartenden Thread, dass er fertig ist. Nach dem Signalisieren wartet der erste Thread ebenfalls auf ein Signal. Es ist wichtig, zu verstehen, dass der assoziierte Lock temporär freigegeben wird, damit der andere Thread in den geschützten Block hineinlaufen kann, das Signal empfängt und dann seinerseits die Aktion ausführen kann. Während ein Thread im `await()` wartet, führt der andere Thread seine Operation durch und setzt später wieder ein Signal. Das weckt den wartenden Thread wieder auf, dieser bekommt den Lock zurück und führt seine Operation fort, während die andere Seite wartet.

Aufgabe 14.5.3: Stifte aus dem Malkasten nehmen – Condition

Beginnen wir mit der Klasse `Paintbox`. Die maximale Anzahl von Stiften initialisiert die Objektvariable `freeNumberOfPens`, die im Folgenden vermindert oder erhöht wird.

```
class Paintbox {

  private int freeNumberOfPens;
  private final Lock lock = new ReentrantLock();
  private final Condition condition = lock.newCondition();

  public Paintbox( int maximumNumberOfPens ) {
    freeNumberOfPens = maximumNumberOfPens;
    System.out.printf( "Paintbox equipped with %s pens%n", freeNumberOfPens );
  }
```

```
  public void acquirePens( int numberOfPens ) {
    try {
      lock.lock();

      while ( freeNumberOfPens < numberOfPens ) {
        System.out.printf( "%d pens from paintbox requested, available ➲
only %d, someone has to wait :(%n",
                           numberOfPens, freeNumberOfPens );
        condition.await();
      }

      freeNumberOfPens -= numberOfPens;
    }
    catch ( InterruptedException e ) { Thread.currentThread().interrupt(); }
    finally {
      lock.unlock();
    }
  }

  public void releasePens( int numberOfPens ) {
    try {
      lock.lock();
      freeNumberOfPens += numberOfPens;
      condition.signalAll();
    }
    finally {
      lock.unlock();
    }
  }
}
```

Listing 14.14 com/tutego/exercise/thread/Kindergarten.java

`acquirePens(int numberOfPens)` wird von den Kindern aufgerufen, die eine gewisse Anzahl von Stiften aus dem Malkasten nehmen wollen. Die Operation findet in einem kritischen Abschnitt statt, daher wird mit `Lock` der Abschnitt für andere Threads gesperrt. Eine Schleifenbedingung prüft, ob die Anzahl der freien Stifte unter der Anzahl der gewünschten Stifte liegt, und wenn, dann muss gewartet werden. Falls später ein Signal kommt, muss wiederholt gefragt werden, ob diese Bedingung noch gilt. Es ist ein Programmierfehler, wenn statt einer Schleife eine Fallunterscheidung verwendet wird. Nach dem Ende der `while`-Schleife wird die Anzahl der freien Stifte reduziert und der kritische Abschnitt wieder freigegeben. Man bedenke: Beim Warten auf ein Signal wird temporär der Lock freigegeben.

`releasePens(int numberOfPens)` hat es einfacher: Es erhöht die Anzahl der freien Stifte und signalisiert dann anderen wartenden Threads, dass wieder Stifte verfügbar sind. `signalAll()` signalisiert alle wartenden Threads. Das Signalisieren muss genauso wie das Warten in einem gelockten Abschnitt stattfinden, der wie üblich in einem `finally`-Block mit `unlock()` beendet wird.

Die Klasse `Child` implementiert `Runnable` und nimmt im Konstruktor den Namen des Kindes und den Malkasten an.

```
class Child implements Runnable {
  private final String   name;
  private final Paintbox paintbox;

  public Child( String name, Paintbox paintbox ) {
    this.name     = name;
    this.paintbox = paintbox;
  }

  @Override
  public void run() {
    while ( ! Thread.currentThread().isInterrupted() ) {
      int requiredPens = ThreadLocalRandom.current().nextInt( 1, 10 + 1 );
      paintbox.acquirePens( requiredPens );
      System.out.printf( "%s got %d pens%n", name, requiredPens );

      try {
        TimeUnit.MILLISECONDS.sleep(
          ThreadLocalRandom.current().nextInt( 1000, 3000 ) );
      }
      catch ( InterruptedException e ) { Thread.currentThread().interrupt(); }

      paintbox.releasePens( requiredPens );
      System.out.printf( "%s returned %d pens%n", name, requiredPens );

      try {
        TimeUnit.SECONDS.sleep(
          ThreadLocalRandom.current().nextInt( 1, 5 + 1 ) );
      }
      catch ( InterruptedException e ) { Thread.currentThread().interrupt(); }
    }
  }
}
```

Listing 14.15 com/tutego/exercise/thread/Kindergarten.java

Die `run()`-Methode läuft prinzipiell unendlich, es sei denn, dass der Thread von außen mit einem Interrupt beendet wird. Im Rumpf der `while`-Schleife passiert Folgendes:

1. Eine Zufallszahl wird ermittelt für die Anzahl der gewünschten Stifte.
2. Auf dem Malkasten wird `acquirePens(…)` aufgerufen, um diese Anzahl der Stifte zu bekommen. Es kann hier zu einer Wartesituation kommen, wenn die gewünschte Anzahl der Stifte nicht verfügbar ist.
3. Sind die Stifte verfügbar, kommt `acquirePens(…)` zurück, und die Anzahl erfragter Stifte wird ausgegeben.
4. Es wird gewartet, denn das Kind malt.
5. Die Stifte werden mit `releasePens(…)` zurückgelegt. Das Zurücklegen blockiert nie für längere Zeit.
6. Es wird wieder gewartet, und ein neuer Schleifendurchlauf kann beginnen.

Aufgabe 14.5.4: Schere, Papier, Stein spielen – CyclicBarrier

Der Code ist Teil der `main(…)`-Methode:

```
Queue<HandSign> handSigns = new ArrayBlockingQueue<>( 2 );

Runnable determineWinner = () -> {
  HandSign handSign1 = handSigns.poll();
  HandSign handSign2 = handSigns.poll();

  switch ( handSign1.beats( handSign2 ) ) {
    case 0:
      System.out.printf( "Tie, both players choose %s%n", handSign1 );
      break;
    case +1:
      System.out.printf( "Player 1 wins with %s, player 2 loses with %s%n",
                         handSign1, handSign2 );
      break;
    case -1:
      System.out.printf( "Player 2 wins with %s, player 1 loses with %s%n",
                         handSign2, handSign1 );
      break;
  }
};

CyclicBarrier barrier = new CyclicBarrier( 2, determineWinner );

Runnable playScissorsRockPaper = () -> {
```

```
  try {
    handSigns.add( HandSign.random() );
    barrier.await();
  }
  catch ( InterruptedException | BrokenBarrierException e ) { /* Ignore */ }
};

ScheduledExecutorService executor = Executors.newScheduledThreadPool( 2 );
executor.scheduleAtFixedRate( () -> {
  System.out.println( "Schnick, Schnack, Schnuck" );
  executor.execute( playScissorsRockPaper );
  executor.execute( playScissorsRockPaper );
}, 0, 1, TimeUnit.SECONDS );
```

Listing 14.16 com/tutego/exercise/thread/RockPaperScissorsHandGame.java

In dem Lösungsvorschlag haben wir zwei verschiedene `Runnable`-Typen. Ein `Runnable` wertet den Gewinner aus, und das andere `Runnable` führt das Handzeichen aus. Die `Runnable` sind durch Lambda-Ausdrücke implementiert und greifen auf eine gemeinsame Datenstruktur `handSigns` zurück. Jeder Spieler macht ein zufälliges Handzeichen, setzt es in die `Queue` und wartet auf das Ende der Barriere.

Die Barriere selber wird mit der Größe 2 und mit dem `Runnable` `determineWinner` initialisiert, das immer dann ausgeführt wird, wenn es zum zweimaligen Aufruf von `await()` auf der Barriere kam. Das `determineWinner` nimmt die beiden Handzeichen aus der Queue heraus, ermittelt mit `beats(…)`, welcher Spieler wie abschneidet, und gibt eine Konsolenmeldung über den Gewinner, Verlierer oder Gleichstand aus.

Der `ScheduledExecutorService` hilft dabei, das eigentliche Spiel jede Sekunde zu wiederholen und zweimal das `Runnable` hinter `playScissorsRockPaper` auszuführen.

Aufgabe 14.5.5: Den schnellsten Läufer finden – CountDownLatch

Folgender Code ist in der `main(…)`-Methode:

```
final int NUMBER_OF_ATHLETES = 10;
CountDownLatch startLatch = new CountDownLatch( 1 );
CountDownLatch endLatch   = new CountDownLatch( NUMBER_OF_ATHLETES );

ConcurrentNavigableMap<Integer, String> records =
  new ConcurrentSkipListMap<>();

Runnable athlete = () -> {
  try {
    startLatch.await();
```

```
    int time = ThreadLocalRandom.current().nextInt( 1_000, 2_000 );
    TimeUnit.MILLISECONDS.sleep( time );
    records.put( time, Thread.currentThread().getName() );
    endLatch.countDown();
  }
  catch ( InterruptedException e ) { /* Ignore */ }
};

for ( int i = 0; i < NUMBER_OF_ATHLETES; i++ )
  new Thread( athlete, "athlete-" + (i + 1) ).start();

// Start the race
startLatch.countDown();

// Wait for race to end
endLatch.await();

records.forEach( ( time, name ) -> System.out.printf( "%s in %d ms%n",
  name, time ) );
```

Listing 14.17 com/tutego/exercise/thread/SprintRace.java

Die Lösung setzt zwei `CountDownLatch`-Objekte ein. Den ersten `startLatch` initialisieren wir mit `1`, und wenn mehrere Threads gestartet werden, warten sie darauf, dass dieser Start-`CountDownLatch` `0` wird. Den zweiten `CountDownLatch` `endLatch` initialisieren wir mit `10`, der Anzahl der Athleten, und immer dann, wenn ein Athlet die Ziellinie erreicht, wird der `endLatch` vermindert.

Für die Sortierung nach den Laufzeiten greifen wir auf einen sortierten Assoziativspeicher zurück. Da die Threads nebenläufig in die Datenstruktur schreiben, muss die Datenstruktur diese Zugriffsart unterstützen. Dafür bietet das Paket `java.util.concurrent` diverse Datenstrukturen. Wir greifen zu einer `ConcurrentSkipListMap`, einem Assoziativspeicher, der nebenläufige Schreibzugriffe verkraftet. Die Klasse implementiert die Schnittstelle `ConcurrentNavigableMap`.

Die Athleten sind Threads, die über den Konstruktor der `Thread`-Klasse einen einfachen Namen bekommen. Nachdem die Threads gestartet wurden, warten sie alle am `startLatch` auf das Erreichen der `0`. Der Aufruf `startLatch.countDown()` gibt den Startschuss, und alle Athleten-Threads laufen los. Jeder der Threads wartet eine zufällige Zeit, schreibt sich anschließend in die Datenstruktur und vermindert den Counter im `endLatch`. Das Hauptprogramm wartet ebenfalls mit einem `endLatch.await()` auf das Auflösen der Blockade, und die wird dadurch erreicht, dass alle Athleten den Zähler vermindern, sodass er `0` wird. Nach dem Ende des Laufs iteriert `forEach(…)` über den Assoziativspeicher und gibt die Zeit zusammen mit dem Namen aus.

Kapitel 15

Datenstrukturen und Algorithmen

Datenstrukturen speichern in der Anwendung zentrale Informationen. Organisiert werden sie über Listen, Mengen, Queues und Assoziativspeicher. In Java werden die Schnittstellen und Klassen rund um Datenstrukturen *Collection-API* genannt. Da so viele Typen zur Auswahl stehen, ist es Gegenstand von diesem Kapitel, Ordnung in das Chaos zu bringen und durch die Ausgaben den Einsatz der entsprechenden Sammlungen zu verdeutlichen.

Voraussetzungen

- Datenstrukturen Listen, Mengen, Assoziativspeicher abgrenzen können
- Datentypen `List`, `ArrayList` und `LinkedList` kennen
- Datentypen `Set`, `HashSet` und `TreeSet` kennen
- Datentypen `Map`, `HashMap` und `TreeMap` kennen
- Unterschied zwischen Queue und Deque kennen
- Ordnung mit `Comparator` schaffen können
- Iteratoren einsetzen und implementieren können
- Datenstrukturen threadsicher verwenden können

Java ist auch eine Insel, Kapitel 17, und Java SE 9 Standard-Bibliothek, Kapitel 4

In der »1. Insel« führt Kapitel 17 in Algorithmen und Datenstrukturen ein. Ausführlicher wird das Thema in Kapitel 4 der »2. Insel« behandelt.

Verwendete Datentypen in diesem Kapitel:

- `java.util.Collection` (*https://docs.oracle.com/en/java/javase/11/docs/api/java.base/java/util/Collection.html*)
- `java.util.Collections` (*https://docs.oracle.com/en/java/javase/11/docs/api/java.base/java/util/Collections.html*)
- `java.util.Iterable` (*https://docs.oracle.com/en/java/javase/11/docs/api/java.base/java/lang/Iterable.html*)
- `java.util.List` (*https://docs.oracle.com/en/java/javase/11/docs/api/java.base/java/util/List.html*)

- `java.util.ArrayList` (*https://docs.oracle.com/en/java/javase/11/docs/api/java.base/java/util/ArrayList.html*)
- `java.util.LinkedList` (*https://docs.oracle.com/en/java/javase/11/docs/api/java.base/java/util/LinkedList.html*)
- `java.util.ListIterator` (*https://docs.oracle.com/en/java/javase/11/docs/api/java.base/java/util/ListIterator.html*)
- `java.util.Set` (*https://docs.oracle.com/en/java/javase/11/docs/api/java.base/java/util/Set.html*)
- `java.util.HasSet` (*https://docs.oracle.com/en/java/javase/11/docs/api/java.base/java/util/HashSet.html*)
- `java.util.TreeSet` (*https://docs.oracle.com/en/java/javase/11/docs/api/java.base/java/util/TreeSet.html*)
- `java.util.LinkedHashSet` (*https://docs.oracle.com/en/java/javase/11/docs/api/java.base/java/util/LinkedHashSet.html*)
- `java.util.SortedSet` (*https://docs.oracle.com/en/java/javase/11/docs/api/java.base/java/util/SortedSet.html*)
- `java.util.Map` (*https://docs.oracle.com/en/java/javase/11/docs/api/java.base/java/util/Map.html*)
- `java.util.HashMap` (*https://docs.oracle.com/en/java/javase/11/docs/api/java.base/java/util/HashMap.html*)
- `java.util.TreeMap` (*https://docs.oracle.com/en/java/javase/11/docs/api/java.base/java/util/TreeMap.html*)
- `java.util.SortedMap` (*https://docs.oracle.com/en/java/javase/11/docs/api/java.base/java/util/SortedMap.html*)
- `java.util.WeakHashMap` (*https://docs.oracle.com/en/java/javase/11/docs/api/java.base/java/util/WeakHashMap.html*)
- `java.util.Properties` (*https://docs.oracle.com/en/java/javase/11/docs/api/java.base/java/util/Properties.html*)
- `java.util.Queue` (*https://docs.oracle.com/en/java/javase/11/docs/api/java.base/java/util/Queue.html*)
- `java.util.Deque` (*https://docs.oracle.com/en/java/javase/11/docs/api/java.base/java/util/Deque.html*)
- `java.util.BitSet` (*https://docs.oracle.com/en/java/javase/11/docs/api/java.base/java/util/BitSet.html*)
- `java.util.concurrent.SynchronousQueue` (*https://docs.oracle.com/en/java/javase/11/docs/api/java.base/java/util/concurrent/SynchronousQueue.html*)

15.1 Die Schnittstellen der Collection-API

Die Liste der verwendeten Klassen ist ja diesmal lang. Allerdings folgt das Design einem grundlegenden Prinzip, sodass es dann doch nicht so kompliziert ist:

- Schnittstellen beschreiben die Funktionalität einer Datenstruktur, das »*was* wird geboten«.
- Klassen nutzen verschiedene Strategien, um die Vorschriften aus den Schnittstellen umzusetzen; sie stehen für das »*wie* wird es implementiert«.

Als Entwickler müssen wir Schnittstellen und Implementierungen kennen, und zur Wiederholung schauen wir uns die zentralen Typen noch einmal an, die uns in diesem Kapitel öfter begegnen werden:

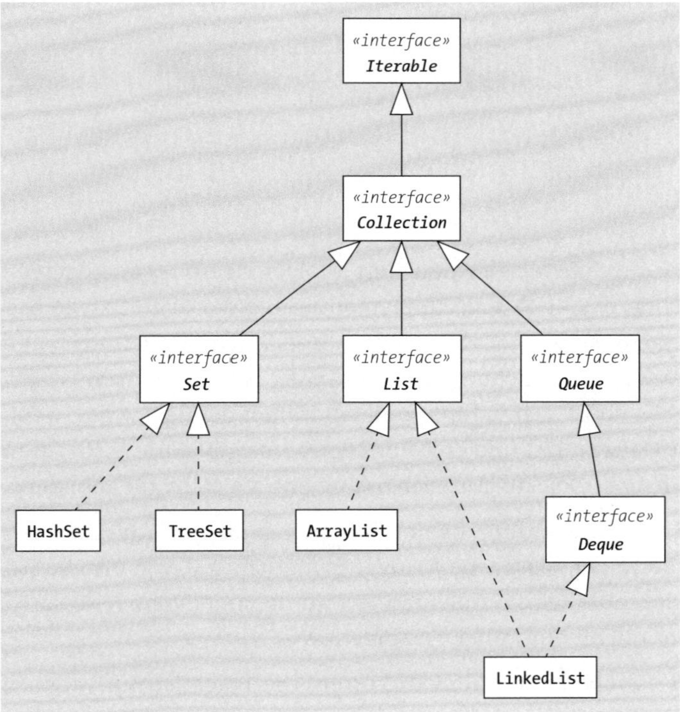

Abbildung 15.1 UML-Diagramm ausgewählter Datenstrukturen und Typbeziehungen

Festzuhalten ist:

- `Iterable` ist die allgemeinste Schnittstelle, die für das steht, was abgelaufen werden kann; `Iterable` liefert `Iterator`-Instanzen. Nicht nur Datenstrukturen sind `Iterable`.

- Collection ist die oberste Schnittstelle, die wirklich für Datenstrukturen steht. Sie schreibt Methoden vor zum Hinzufügen von Elementen zur Sammlung oder zum Löschen.
- Unter Collection stehen die eigentlichen Abstraktionen, ob es sich um eine Liste, Menge oder Queue handelt. Darunter finden sich die Implementierungen.
- Einige Operationen befinden sich nicht bei den Datentypen selbst, sondern sind ausgelagert in eine Klasse Collections. Ähnliches gilt für Arrays, wo es auch eine Utility-Klasse Arrays gibt.

Wir wollen für die Klassen und Schnittstellen java.util.Set, java.util.List, java.util.Map, java.util.HashSet, java.util.TreeSet, java.util.Hashtable, java.util.HashMap und java.util.TreeMap einen Entscheidungsbaum aufbauen. Folgende Überlegungen müssen bei der Auswahl angestellt werden:

- Zugriff über Schlüssel
- Duplikate erlaubt
- schneller Zugriff
- sortiertes Iterieren
- threadsicher

Sollte der Zugriff von einem Schlüssel auf einen Wert erfolgen, so ist das im Allgemeinen ein Assoziativspeicher, das heißt eine Implementierung der Schnittstelle Map. Implementierungen von Map sind Hashtable, HashMap und TreeMap. Allerdings sind auch Listen besondere Assoziativspeicher, wobei der Index eine ganze Zahl ist, der bei 0 beginnt und aufsteigend ist. Listen funktionieren immer dann ganz gut, wenn der Schlüssel eine kleine Ganzzahl ist und es wenig Leerräume gibt. Eine Assoziation von beliebigen Ganzzahlen auf Objekte lässt sich mit einer Liste nicht gut abbilden.

Duplikate sind in Listen erlaubt, allerdings nicht in Mengen und Assoziativspeichern. Es gibt durchaus Anforderungen, dass eine Menge vermerken soll, wie oft ein Element vorkommt, doch das muss selbst implementiert werden mit einem Assoziativspeicher, der das Element mit einem Zähler verbindet.

Einen schnellen Zugriff erlauben alle Datenstrukturen. Die Frage ist nur, wonach man fragt. Eine Liste kann nicht schnell die Frage beantworten, ob ein Element vorhanden ist oder nicht, denn die Liste muss dafür von vorne nach hinten durchlaufen werden. Bei einem Assoziativspeicher oder einer Menge ist diese Abfrage durch die interne Organisation der Daten sehr viel schneller. Dieser Existenztest lässt sich bei Datenstrukturen, die intern mit dem Hashing-Verfahren arbeiten, noch etwas schneller beantworten als bei Datenstrukturen, die Elemente sortiert halten.

Listen lassen sich sortieren, und das Ablaufen liefert die Elemente in der sortierten Reihenfolge. Ein TreeSet und eine TreeMap sind ebenfalls nach einem Kriterium sortiert. Die Datenstrukturen mit dem Hashing-Verfahren haben keine benutzerdefinierte Sortierung.

Datenstrukturen lassen sich in drei Gruppen einteilen: Datenstrukturen seit Java 1.0, Datenstrukturen seit Java 1.2 und Datenstrukturen seit Java 5. In den ersten Java-Versionen wurden die Datenstrukturen Vector, Hashtable, Dictionary und Stack eingeführt. Diese Datenstrukturen sind alle threadsicher, doch werden sie heute nicht mehr verwendet. In Java 1.2 wurde die Collection-API eingeführt, alle Datenstrukturen sind nicht threadsicher. Unter Java 5 ist das neue Paket java.util.concurrent eingeführt worden, alle Datenstrukturen dort sind sicher gegen nebenläufige Veränderungen.

15.1.1 Quiz: Nach StringBuilder suchen ★

Was ist die Ausgabe des folgenden Programms, wenn es in einer main(…)-Methode einer Klasse stünde?

```
Collection<String> islands1 = new ArrayList<>();
islands1.add( "Galápagos" );
islands1.add( "Revillagigedo" );
islands1.add( "Clipperton" );
System.out.println( islands1.contains( "Clipperton" ) );

Collection<StringBuilder> islands2 = new ArrayList<>();
islands2.add( new StringBuilder( "Galápagos" ) );
islands2.add( new StringBuilder( "Revillagigedo" ) );
islands2.add( new StringBuilder( "Clipperton" ) );
System.out.println( islands2.contains( new StringBuilder( "Clipperton" ) ) );
```

Wie lässt sich die Ausgabe erklären? Weicht sie vielleicht vom vermuteten Verhalten ab? Kann es an einer wichtigen Anforderung liegen, die zwar String erfüllt, aber nicht StringBuilder?

15.2 Listen

Bei den Aufgaben wollen wir mit der einfachsten Datenstruktur einsteigen, den Listen. *Listen* sind Sequenzen von Informationen, bei der die Reihenfolge beim Anhängen neuer Elemente beibehalten wird und Elemente mehrfach vorkommen können. Auch null ist als Element erlaubt.

15.2.1 Singen und Kochen: Listen ablaufen und Eigenschaften prüfen ★

Captain CiaoCiao stellt eine neue Mannschaft zusammen. Alle in der Crew haben einen Namen und einen Beruf:

```
class CrewMember {
  enum Profession { CAPTAIN, NAVIGATOR, CARPENTER, COOK, MUSICIAN, DOCTOR }
  String name;
  Profession profession;
  CrewMember( String name, Profession profession ) {
    this.name = name;
    this.profession = profession;
  }
}
```

Bei jeder Crew achtet Captain CiaoCiao darauf, dass es genauso viele Köche wie Musiker gibt.

Aufgabe:

Schreibe eine Methode `areSameNumberOfCooksAndMusicians(List<CrewMember>)`, die `true` zurückgibt, wenn es gleich viele Köche wie Musiker gibt, sonst `false`.

Beispiel:

```
CrewMember captain   = new CrewMember( "CiaoCiao",
  CrewMember.Profession.CAPTAIN );
CrewMember cook1     = new CrewMember( "Remy", CrewMember.Profession.COOK );
CrewMember cook2     = new CrewMember( "The Witch Cook",
  CrewMember.Profession.COOK );
CrewMember musician1 = new CrewMember( "Mahna Mahna",
  CrewMember.Profession.MUSICIAN );
CrewMember musician2 = new CrewMember( "Rowlf",
  CrewMember.Profession.MUSICIAN );
```

```
List<CrewMember> crew1 = Arrays.asList( cook1, musician1 );
System.out.println( areSameNumberOfCooksAndMusicians( crew1 ) ); // true

List<CrewMember> crew2 = Arrays.asList( cook1, musician1, musician2,
  captain );
System.out.println( areSameNumberOfCooksAndMusicians( crew2 ) ); // false

List<CrewMember> crew3 = Arrays.asList( cook1, musician1, musician2,
  captain, cook2  );
System.out.println( areSameNumberOfCooksAndMusicians( crew3 ) ); // true
```

15.2.2 Kommentare aus Listen filtern ★

Bonny Brain liest ein altes Logbuch von Captain Dipturus Dimwit, das wiederholt immer vier Einträge enthält:

1. Magnetkompasskurs[1]
2. Geschwindigkeit der Wasserströmung
3. Wetter
4. Kommentare und allgemeine Beobachtungen

Bonny Brain sucht nach einem bestimmten Eintrag in den Kommentaren, daher sollen aus einer Liste mit Zeichenfolgen der erste, zweite und dritte Eintrag gelöscht werden, dass nur noch der vierte Eintrag mit dem Kommentar übrigbleibt.

Aufgabe:

Realisiere eine Methode `void reduceToComments(List<String> lines)`, die jeweils den ersten, zweiten und dritten Eintrag in der übergebenen Liste löscht und nur den vierten behält.

1 Magnetkompasskurs MgK, engl. *Compass Course* (CC), ist der Winkel zwischen dem Weg eines Schiffes und Kompass-Nord.

Beispiele:

- `"A1", "A2", "A3", "A4", "B1", "B2", "B3", "B4", "C1", "C2", "C3", "C4"` → `"A4", "B4", "C4"`
- leere Liste → nichts passiert
- `"A1"` → Ausnahme `Illegal size 1 of list, must be divisible by 4`

15.2.3 Listen kürzen, denn Abschwung gibt es nicht ★

Für Captain CiaoCiao soll es immer nur bergauf gehen; wenn er Zahlenfolgen liest, sollen sie immer nur aufsteigen.

Aufgabe:

- Schreibe eine Methode `trimNonGrowingNumbers(List<Double> numbers)`, die die Liste abschneidet, wenn die nächste Zahl nicht mehr größer oder gleich der vorherigen ist.
- Bedenke: Die übergebene Liste muss veränderbar sein, sodass Elemente gelöscht werden können.

Beispiele:

- Wenn die Liste die Zahlen 1, 2, 3, 4, 5 enthält, bleibt die Liste so.
- Enthält die Liste die Zahlen 1, 2, 3, 2, 1, wird die Sequenz gekürzt zu 1, 2, 3.

15.2.4 Essen mit Freunden: Elemente vergleichen, Gemeinsamkeiten finden ★

Bonny Brain plant auf dem Festland eine Party, und in einem großen Kreis sollen immer zwei Gäste nebeneinandersitzen, die mindestens eine Gemeinsamkeit haben. Gäste sind durch den folgenden Typ deklariert:

```
public class Guest {
  public boolean likesToShoot;
  public boolean likesToGamble;
  public boolean likesBlackmail;
}
```

Aufgabe:

- Schreibe eine Methode `int allGuestsHaveSimilarInterests(List<Guest> guests)`, die `-1` liefert, wenn alle Gäste einen Nachbarn haben, der in mindestens einer Eigenschaft übereinstimmt. Andernfalls ist die Rückgabe `>= 0` und der Index auf genau dem ersten Gast, der falsch sitzt, also mit keinem seiner Nachbarn etwas gemeinsam hat.
- Die Klasse `Guest` kann beliebig erweitert werden.

15.2.5 Listen auf gleiche Reihenfolge der Elemente prüfen ★

Fat Donny Bone Spurs und Ally Al Lyons schmuggeln sich in die Selbsthilfegruppe der anonymen Freibeuter und sollen Captain CiaoCiao berichten, wer im Gesprächskreis rechts neben wem sitzt. Beide versuchen, sich zu erinnern. Sie fangen bei ihren Aufzählungen nicht zwangsläufig mit derselben Person an.

Aufgabe:

Schreibe eine Methode `isSameCircle(List<String> names1, List<String> names2)`, die testet, ob die Namen in den beiden Listen in der gleichen Reihenfolge unmittelbar aufeinanderfolgen. Bedenke, dass die Personen im Kreis sitzen und die letzte Person in der Liste neben der ersten Person der Liste »sitzt«.

Beispiele:

- Liste 1: `Alexandre, Charles, Anne, Henry`. Liste 2: `Alexandre, Charles, Anne, Henry` → stimmen überein
- Liste 1: `Anne, Henry, Alexandre, Charles`, Liste 2: `Alexandre, Charles, Anne, Henry` → stimmen überein
- Liste 1: `Alexandre, Charles, Anne, Henry`. Liste 2: `Alexandre, Charles, Henry, Anne` → stimmen nicht überein
- Liste 1: `Anne, Henry, Alexandre, Charles`, Liste 2: `Alexandre, William, Anne, Henry` → stimmen nicht überein

15.2.6 Und jetzt das Wetter: Wiederholte Elemente finden ★

Napoleon Nase unterhält sich mit Bonny Brain über das Wetter: »Wir hatten die letzten Monate so viele Regentage hintereinander, das war schlecht für Kaperungen.« Bonny Brain antwortet: »So viele Regentage waren das nicht hintereinander!«. Wer hat recht?

Gegeben ist eine Liste von Wetterdaten:

`Regen, Sonne, Regen, Regen, Hagel, Schnee, Sturm, Sonne, Sonne, Sonne, Regen, Regen, Sonne`

In der Liste kommt `Sonne` dreimal hintereinander vor. Das wollen wir wissen. Zwar kommt `Regen` in der Liste insgesamt häufiger vor, doch das ist für die Lösung nicht relevant.

Aufgabe:

- Lege eine neue Klasse `WeatherOccurrence` an, die ein kleiner Behälter für Wetterinformationen ist. Sie ist so implementiert:

  ```
  class WeatherOccurrence {
    String weather;
  ```

```
  int    occurrences;
  int    startIndex;
}
```

- Implementiere eine Methode mit der Signatur `WeatherOccurrence longestSequenceOfSameWeather(List<String> weather)`, die verrät,
  - welches Wetter
  - wie oft am häufigsten direkt hintereinander in der Liste auftaucht und
  - wo die längste Liste anfängt.

  Kommt ein Wetter hintereinander gleich oft vor, kann die Methode frei entscheiden, was sie liefert. Elemente dürfen `null` sein.

15.2.7 Bon-Ausgaben erzeugen ★

Ein Kassenbon enthält Einträge und Informationen wie Anzahl, Produktname, Preis, Gesamtsumme. Programmiere in dieser Aufgabe einen Kassenbon.

Aufgabe:

- Lege eine neue Klasse `Receipt` für den Bon an.
- Ein Bon besteht aus Einträgen vom Typ `Item`. Lege die Klasse `Item` als geschachtelten Typ in `Receipt`.
- Jedes `Item` hat einen Namen und einen (brutto) Preis, der in Cent gespeichert ist.
- `Receipt` soll `toString()` überschreiben und einen formatierten Bon liefern:
  - Gib alle Produkte und die Summe aus.
  - Einträge können auf dem Bon mehrmals vorkommen und sollen zusammengefasst werden. Es stehen zum Beispiel nicht `Nüsse`, `Nüsse` untereinander, sondern `2x Nüsse`. Die Einträge müssen für die Gleichwertigkeit den gleichen Namen und Preis haben.
  - Verwende `NumberFormat.getCurrencyInstance(Locale.GERMANY)`, um die Währung zu formatieren..

Beispiel:

- Mit dem Aufbau

```
Receipt receipt = new Receipt();
receipt.addItem( new Receipt.Item( "Peanuts", 222 ) );
receipt.addItem( new Receipt.Item( "Lightsaber", 19999 ) );
receipt.addItem( new Receipt.Item( "Peanuts", 222 ) );
receipt.addItem( new Receipt.Item( "Log book", 1000 ) );
receipt.addItem( new Receipt.Item( "Peanuts", 222 ) );
System.out.println( receipt );
```

ist die Ausgabe:

```
3x  Peanuts               2,22 €    6,66 €
1x  Lightsaber          199,99 €  199,99 €
1x  Log book             10,00 €   10,00 €

Sum: 216,65 €
```

15.2.8 Quiz: Arrays dekoriert ★

Arrays sind in der API häufig, und eine Umwandlung in die komfortablere `List` kommt oft vor.

Was ist das Ergebnis, wenn wir Folgendes in einem Java-Programm schreiben?

```
Arrays.asList( "Eirs", "Zwei" ).add( "Drei" );
```

15.2.9 Quiz: Gesucht und nicht gefunden ★

Wie ist die Ausgabe, wenn wir Folgendes in einem Java-Programm haben?

```
int[] numbers1 = { 1, 2, 3 };
System.out.println( Arrays.asList( numbers1 ).contains( 1 ) );
Integer[] numbers = { 1, 2, 3 };
System.out.println( Arrays.asList( numbers ).contains( 1 ) );
System.out.println( Arrays.asList( 1, 2, 3 ).contains( 1 ) );
```

15.2.10 Alles schmeckt besser mit Käse: In Listen Elemente einfügen ★

Captain CiaoCiao mag Gemüse, aber wenn, dann muss ordentlich Käse dazu.

Aufgabe:

- Schreibe eine Methode `insertCheeseAroundVegetable(List)`, die eine Liste von Rezeptzutaten bekommt und immer dann, wenn Gemüse in der Liste vorkommt, die Zutat »Käse« direkt davor oder dahinter ergänzt.
- Die Liste muss veränderbar sein.

Beispiele:

- Gnocchi, Zucchini, Paprika, Sahne, Brühe, Milch, Butter, Zwiebel, Tomate, Salz, Pfeffer → Gnocchi, Zucchini, Käse, Paprika, Käse, Sahne, Brühe, Milch, Butter, Zwiebel, Käse, Tomate, Käse, Salz, Pfeffer
- Käse → Käse

Greife auf eine feste Menge von Gemüsesorten zurück.

15.2.11 Quiz: Mit dem Nichts nichts als Ärger ★

Gegeben ist folgender Code, der alle leeren Strings in der Liste löschen soll. Macht der Code das?

```
List<String> names = new ArrayList<>();
Collections.addAll( names, "", "Sonny", "Crockett", "Burnett",
                    "Ricardo", "", "Rico", "Tubbs", "Ricardo", "Cooper", "" );

for ( String name : names )
  if ( "".equals( name ) )
    names.remove( name );
```

15.2.12 Elemente mit dem Iterator suchen und Covid Cough finden ★★

Bonny Brain rennt zum Hafen und sucht Covid Cough, der in seinem Schiff Desinfektionsmittel bunkert. Jedes Schiff enthält eine Liste mit Passagiernamen. Schiffe sind durch folgende kleine Klasse deklariert:

```
class Ship {
  private List<String> persons = new ArrayList<>();
  void addName( String name ) { persons.add( name ); }
  boolean contains( String name ) { return persons.contains( name ); }
  @Override public String toString() {
    return "" + persons;
  }
}
```

Am Hafen liegen 100 Schiffe, die in einer `LinkedList<Ship>` gespeichert sind. Covid Cough versteckt sich in einem unbekannten Schiff, simulieren wir das:

```
List<Ship> ships = new LinkedList<>();
for ( int i = 0; i < 100; i++ )
  ships.add( new Ship() );

ships.get( new Random().nextInt( ships.size() ) ).addName( "Covid Cough" );
```

Bonny Brain kommt an einem der vielen Zugänge zum Hafen an, und rechts sowie links von ihr liegen Schiffe:

```
int index = new Random().nextInt( ships.size() );
ListIterator<Ship> iterator = ships.listIterator( index );
```

Der einzige Zugriff auf die Schiffe ist durch den `ListIterator` gegeben. Bedenke, dass man mit dem `ListIterator` nur nach vorne und zurück gehen kann, es gibt keinen wahlfreien Zugriff!

Aufgabe:

- Besuche mit dem `ListIterator` die Schiffe, und finde Covid Cough.
- Gibt es eine Strategie, wie wir die Person am schnellsten finden? Es ist bekannt, wie viele Schiffe es insgesamt gibt, nämlich 100. Da der Index bekannt ist, an der Bonny Brain den Hafen betritt, weiß man auch, wie viele Schiffe links und rechts vom Eingang liegen.

15.2.13 Elemente verschieben, Reise nach Jerusalem spielen ★

Bei einer Geburtstagsfeier spielen die Gäste *Reise nach Jerusalem* (engl. *musical chairs*). Die Personen sitzen auf Stühlen, und wenn die Musik anfängt zu spielen, stehen sie auf und laufen um die Stühle. Die Namen der Gäste befinden sich in einer Liste.

Aufgabe A:

- Lege eine neue Klasse `MusicalChairs` an.
- Lege einen Konstruktor `MusicalChairs(String... names)` an, der die Namen intern speichert.
- Implementiere die Methode `toString()`, die die Namen kommasepariert liefert.
- Schreibe eine Methode `rotate(int distance)`, die die Namen in der Liste um die Position `distance` nach rechts verschiebt. Die rechts herausfallenden Elemente werden links wieder eingeschoben. Die Operation ist *in place*, die (interne) Liste selbst wird also verändert, und die Methode liefert keine Rückgabe.

> **Tipp**
> Nutze für die Aufgabe eine passende Methode aus `Collections`.

Beispiel:

```
MusicalChairs musicalChairs = new MusicalChairs( "Laser", "Milka", "Popo",
  "Despot" );
musicalChairs.rotate( 2 );
System.out.println( musicalChairs ); // Popo, Despot, Laser, Milka
```

Aufgabe B:

- Schreibe eine weitere Methode `void rotateAndRemoveLast(int distance)`, die zunächst die Liste um `distance` Positionen nach rechts verschiebt und dann das letzte Element löscht.
- Ergänze eine Methode `String play()`, die `rotateAndRemoveLast(...)` in einer Schleife so oft aufruft, bis es nur noch ein Element in der Liste gibt; dann steht der Sieger fest, und er wird als String zurückgegeben. Die Distanz ist bei jedem Durchlauf zufällig.

Berücksichtige bei der Lösung den Fall, dass die Liste leer sein könnte.

15.2.14 Fragespiel mit Planeten programmieren ★★

Captain CiaoCiao nimmt neue Rekruten an, und um ihr Wissen zu testen, fragt er sie nach dem Durchmesser der Planeten des Sonnensystems. Er wünscht sich dafür eine interaktive Anwendung, bei der zufällig ein Planet ausgewählt wird, und die Rekruten müssen den Durchmesser kennen.

Die Planeten sind als Aufzählungstyp vordefiniert:

```
enum Planet {

  JUPITER( "Jupiter", 139_822 ), SATURN( "Saturn", 116_464 ),
  URANUS( "Uranus", 50_724 ), NEPTUNE( "Neptune", 49_248 ),
  EARTH( "Earth", 12_756 ), VENUS( "Venus,", 12_104 ),
  MARS( "Mars", 6_780 ), MERCURY( "Mercury", 4_780 ),
  PLUTO( "Pluto", 2_400 );

  public final String name;
  public final int    diameter; // km

  Planet( String name, int diameter ) {
    this.name     = name;
    this.diameter = diameter;
  }
}
```

Listing 15.1 com/tutego/exercise/util/PlanetQuiz.java

Aufgabe:

- Programmiere eine Konsolenanwendung, die im ersten Schritt eine zufällige Reihenfolge aller Planeten aufbaut. Überlege, wie wir die Methode `shuffle(…)` aus `java.util.Collections` dafür nutzen können.
- Iteriere über diese zufällige Folge von Planeten, und erzeuge eine Konsolenausgabe, die nach dem Durchmesser dieser Planeten fragt. Als Auswahlmöglichkeit soll der Rekrut vier Durchmesser in Kilometer angezeigt bekommen, wobei ein Durchmesser der korrekte ist und drei Durchmesser von unterschiedlichen Planeten stammen.
- Gibt der Rekrut den richtigen Durchmesser ein, erscheint auf dem Bildschirm eine Meldung; wenn der falsche Durchmesser eingegeben wurde, meldet die Konsolenausgabe den korrekten Durchmesser.

Beispiel:

```
What is the diameter of planet Uranus (in km)?
49248 km
```

```
50724 km
12756 km
139822 km
50724
Correct!

What is the diameter of planet Pluto (in km)?
12104 km
4780 km
2400 km
12756 km
11111
Wrong! The diameter of Pluto is 2400 km.

What is the diameter of planet Jupiter (in km)?
139822 km
6780 km
2400 km
49248 km
...
```


15.3 Mengen

Mengen enthalten ihre Elemente nur einmal. Sie können unsortiert oder sortiert sein. Java sieht für die Abstraktion die Schnittstelle `Set` vor, zwei wichtige Implementierungen sind `HashSet` und `TreeSet`.

Bei Mengen stellt sich eine ganze Reihe von Fragen:

1. Ist die Menge leer?
2. Welche Elemente befinden sich in der Menge?
3. Ist ein gefragtes Element in der Menge, ja oder nein?
4. Wenn zwei Mengen gegeben sind, enthalten sie beide die gleichen Elemente?
5. Wie sieht eine neue Menge aus, wenn zwei Mengen vereinigt werden?
6. Enthält die Menge eine andere Menge vollständig, ist also eine Menge eine Teilmenge einer anderen?
7. Was ist bei zwei Mengen die Schnittmenge, also welches sind die Elemente, die in beiden Mengen vorkommen?
8. Wie sieht die Differenzmenge aus, wenn man also Elemente aus einer Menge löscht, die in einer anderen Menge vorhanden sind?

Einige dieser Operationen lassen sich direkt über den Datentyp `Set` beantworten. So gibt es z. B. die Methoden `isEmpty()` oder `contains(…)`. Insbesondere die Mengenoperationen sind nicht sehr gut abgebildet, und Programmierer müssen für sie manchmal Umwege gehen. Für Teilmengen gibt es beispielsweise die `Collections`-Methode `disjoint(Collection<?>, Collection<?>)`, doch sie liefert ein `boolean`, das besagt, ob die beiden Sammlungen kein gemeinsames Element haben.

Beantworten wir einige der Fragen durch Aufgaben.

15.3.1 Teilmengen bilden, Gemeinsamkeiten herausfinden ★

Die Tochter von Bonny Brain datet Cora Corona, und sie wollen herausfinden, ob sie zusammenpassen. So schreiben beide auf, was sie mögen. Das sieht so aus:

```
Set<String> me = new HashSet<>();
Collections.addAll( me, "Candy making", "Billiards", "Fishkeeping",
  "Eating", "Action figures", "Birdwatching", "Axe throwing" );
Set<String> she = new HashSet<>();
Collections.addAll( she, "Axe throwing", "Candy making", "Action figures",
  "Casemodding", "Skiing", "Satellite watching" );
```

Aufgabe:

Wie viel Prozent Übereinstimmung haben beide? Mit welchen Methoden können wir die Frage beantworten?

> **Tipp**
>
> Schaue nach Methoden in `Set`, ob damit Teilmengen oder Schnittmengen gebildet werden können.

15.3.2 Quiz: Tolle Schwerter ★

Folgendes Programm compiliert. Was ist die Programmausgabe?

```
class Sword implements Comparable<Sword> {
  String name;

  public int compareTo( Sword other ) { return 0; }

  public boolean equals( Object other ) {
    throw new IllegalStateException();
  }

  public String toString() { return name; }

  public static void main( String[] args ) {
    Sword one = new Sword();
    Sword two = new Sword();
    one.name = "Khanda";
    two.name = "Kilij";
    Set<Sword> swords = new TreeSet<>();
    System.out.printf( "%s %s %s", swords.add( one ), swords.add( two ),
      swords );
  }
}
```


15.3.3 Doppelte Elemente aus Arrays entfernen ★

Aufgabe:

- Lege eine statische Methode `double[] unique( double... values )` an, die ein Array mit allen Elementen des übergebenen Arrays in der gleichen Reihenfolge zurückgibt, allerdings keine doppelten Einträge.
- Bei dem Argument `null` muss die Methode eine Ausnahme auslösen.

Beispiel:

```
System.out.println( Arrays.toString( unique() ) );
// []
System.out.println( Arrays.toString( unique( 1, 2 ) ) );
// [1.0, 2.0]
System.out.println( Arrays.toString( unique( 1, 1 ) ) );
// [1.0]
System.out.println( Arrays.toString( unique( 1, 2, 1 ) ) );
// [1.0, 2.0]
System.out.println( Arrays.toString( unique( 1, 2, 1, Double.NaN ) ) );
// [1.0, 2.0, NaN]
System.out.println( Arrays.toString( unique( 1, Double.NaN, Double.NaN ) ) );
```

```
// [1.0, NaN]
System.out.println( Arrays.toString( unique( -0, 0 ) ) );
// [1.0, 2.0, NaN]
```

Listing 15.2 com/tutego/exercise/util/UniqueArrayElements.java

15.3.4 Alle in einem Wort enthaltenen Wörter ermitteln ★★

Captain CiaoCiao fängt eine geheime Nachricht ab, und der Text besteht aus Wörtern, die scheinbar zusammenhangslos sind. Nach etwas Grübeln fällt ihm auf, dass in den Wörtern andere Wörter stecken. In »Rhabarbermarmelade« findet er unter anderem »Rhabarber«, »marmelade«, »arme«, »arm«, »lade«, »hab«.

Ein Programm soll herausfinden, welche gültigen Wörter ein gegebenes Wort enthält. Um herauszufinden, was ein gültiges Wort ist, kann man auf eine Wortliste aus dem Internet zurückgreifen:

- *https://raw.githubusercontent.com/dwyl/english-words/master/words_alpha.txt* (englisch)
- *https://raw.githubusercontent.com/creativecouple/all-the-german-words/master/corpus/de.txt* (deutsch)

Aufgabe:

Schreibe ein Programm mit einer statischen Methode `Collection<String> wordList(String string, Collection<String> words)`, die alle in `string` enthaltenen Teil-Strings generiert und genau die Wörter in einer `Collection` zurückliefert, die in dem Wörterbuch `words` gültige Wörter sind.

Beispiel für das englische Wörterbuch:

- `wordList( "wristwatches", words )` → `[wrist, wristwatch, wristwatches, rist, ist, twa, twat, wat, watch, watches, tch, tche, che, hes]`
- `bibliophobia` → `[abib, bib, bibl, bibliophobia, pho, phobia, hob, obi, obia]`

Tipp

Eine Datei mit Wörtern lässt sich so in eine Datenstruktur überführen:

```
private static final String WORD_LIST_URL =
    "https://raw.githubusercontent.com/creativecouple/all-the-german-words/ ↩
master/corpus/de.txt";
    // "https://raw.githubusercontent.com/dwyl/english-words/master/
    // words_alpha.txt";
```

```
private static Collection<String> readWords() throws IOException {
  URL url = new URL( WORD_LIST_URL ); //    370.000 words
  Collection<String> words = new HashSet<>( 500_000 );
  try ( InputStream is = url.openStream() ) {
    new Scanner( is ).forEachRemaining( s -> words.add( s.toLowerCase() ) );
  }
  return words;
}
```

15.3.5 Fast Gleiches richtig sortieren ★★

Gegeben ist eine Sammlung von Strings, etwa so:

```
"-13.123", "0", "0", "10101010", "10101010.0", "0.0", "-0.0"
```

Aufgabe:

- Diese Liste soll sortiert werden, dabei sind doppelte Elemente zu entfernen, wie etwa die zweite `"0"`.
- Zwar sind `"0"`, `"0.0"`, `"-0.0"` als numerische Werte gleich, aber sie sollen trotzdem als drei Einträge erhalten bleiben.
- Die Zahlen können beliebig lang sein und beliebig viele Nachkommastellen haben.

Gäben wir die obere Liste nach der Sortierung aus, käme etwa Folgendes auf den Bildschirm:

```
[-13.123, -0.0, 0, 0.0, 10101010, 10101010.0]
```

15.3.6 Mit einem UniqueIterator doppelte Elemente ausschließen ★★

In anderen Datenstrukturen, zum Beispiel Listen, können Elemente mehrfach vorkommen. Schreibe einen `UniqueIterator`, der Elemente einer `Collection` nur einmal liefert.

Die generischen Typen werden wie folgt deklariert:

```
public class UniqueIterator<E> implements Iterator<E> {

  public UniqueIterator( Iterator<? extends E> iterator ) {
    // ...
  }

  // usw.
}
```

Am Konstruktor ist abzulesen, dass der neue Iterator einen existierenden Iterator als Parameter bekommt. Ein Aufruf könnte also so aussehen:

```
List<String> names = ...;
Iterator<String> UniqueIterator = new UniqueIterator( names.iterator( ) );
```

15.4 Assoziativspeicher

Assoziativspeicher verbinden Schlüssel mit Werten. In anderen Programmiersprachen werden sie auch *Dictionary* genannt. Java schreibt über die Schnittstelle `Map` die Operationen für alle Implementierungen vor. Zwei wichtige Implementierungen sind `HashMap` und `TreeMap`.

15.4.1 Zweidimensionale Arrays in Map konvertieren ★

Datentypen, die von `Collection` erben, sind relativ flexibel in der Annahme von Daten, so lassen sich zum Beispiel die Elemente einer `List` über `addAll(Collection)` in ein `Set` kopieren. Auch Arrays lassen sich mit `Arrays.asList(…)` direkt als `Collection` nutzen.

Der Datentyp `Map` ist weniger flexibel, es lassen sich nicht einfach Arrays oder andere `Collection`-Sammlungen in eine `Map` überführen.

Aufgabe:

- Schreibe eine Methode `Map<String, String> convertToMap(String[][])`, die ein zweidimensionales Array in eine `java.util.Map` konvertiert.
- Der erste Eintrag im Array soll der Schlüssel, der zweite der Wert sein.
- Die Schlüssel implementieren korrekt `hashCode()` und `equals(…)`.
- Kommt später im Array der gleiche Schlüssel nochmals vor, überschreibt die Methode das frühere Pärchen.
- Schlüssel und Werte dürfen nicht `null` sein und müssen zu einer Ausnahme führen.

Beispiel:

```
String[][] array = {
    { "red",   "#FF0000" },
    { "green", "#00FF00" },
    { "blue",  "#0000FF" }
};
Map<String, String> colorMap = convertToMap( array );
System.out.println( colorMap ); // {red=#FF0000, green=#00FF00, blue=#0000FF}
```

15.4.2 Text in Morsecode konvertieren und umgekehrt ★

Captain CiaoCiao muss zu einer entfernten Insel eine Nachricht über Morsecode verschicken. Ein Morse-Funkspruch besteht aus kurzen und langen Symbolen, die mit den Zeichen `.` und `-` angedeutet sind.

Kopiere die folgende Definition in eine neue Klasse `Morse`:

```
// A .-      N -.      0 -----
// B -...    O ---     1 .----
// C -.-.    P .--.    2 ..---
// D -..     Q --.-    3 ...--
// E .       R .-.     4 ....-
// F ..-.    S ...     5 .....
// G --.     T -       6 -....
// H ....    U ..-     7 --...
// I ..      V ...-    8 ---..
// J .---    W .--     9 ----.
// K -.-     X -..-
// L .-..    Y -.--
// M --      Z --..
```

Aufgabe:

Schreibe zwei Methoden:

- `String encode(String string)`. Sie nimmt einen String an und konvertiert ihn in Morsecode. Jedes Zeichen der Zeichenfolge soll im entsprechenden Morsecode ausgegeben werden. Jeder Block soll dabei in der Ausgabe durch ein Leerzeichen getrennt sein. Nicht bekannte Zeichen werden übersprungen. Kleinbuchstaben sollen wie Großbuchstaben gewertet werden. Zwischen den Wörtern gibt es zwei Leerzeichen.
- `String decode(String string)`. Macht aus Morsecode wieder die Originalzeichenketten. Die zwei Leerzeichen für Worttrenner werden wieder zu einzelnen Leerzeichen.

15.4.3 Worthäufigkeit mit Assoziativspeicher merken ★★

Girly Gossip lauscht auf dem Deck einer Gruppe, damit sie Captain CiaoCiao später erzählen kann, was gerade diskutiert wird. Wichtig ist das, was als Wort oder Wortfügung oft genannt wird.

Aufgabe:

Schreibe eine Methode `List<String> importantGossip(String... words)`, die aus einem Vararg von Zeichenfolgen genau die fünf Zeichenketten in einer Liste zurückliefert, die am häufigsten im übergebenen Array vorkommen.

Beispiel:

```
String[] words = {
    "Baby Shark", "Corona", "Baby Yoda", "Corona", "Baby Yoda", "Tiger King",
    "David Bowie", "Kylie Jenner", "Kardashian", "Love Island", "Bachelorette",
    "Baby Yoda", "Tiger King", "Billie Eilish", "Corona"
};
System.out.println( importantGossip( words ) );
```

gibt aus

```
[Baby Yoda, Corona, Tiger King, Baby Shark, Bachelorette]
```

Bedenke, dass es nicht um die einzelnen Wörter wie `Baby` oder `Yoda` geht, sondern immer um den gesamten String, also etwa `Baby Yoda` oder `Baby Shark`.

15.4.4 Farben einlesen und vorlesen lassen ★★

Bonny Brain bekommt ein neues Design für ihre Flaggen, doch die Designer sprechen nur Kauderwelsch:

```
Für den Hintergrund nehmen wir #89cff0 oder #bcd4e6 und für den Text
vielleicht #fffaf0 oder #f8f8ff.
```

Sie findet heraus, dass eine Angabe wie `#RRGGBB` für den Rot-, Grün-, Blauanteil einer Farbe steht, hexadezimal kodiert. Zum Glück gibt es »Übersetzungstabellen« wie *https://tutego.de/download/colors.csv*, die Zeilen enthält wie

```
amber,"Amber",#ffbf00,255,191,0
aqua,"Aqua",#0ff,0,255,255
blush,"Blush",#de5d83,222,93,131
wine,"Wine",#722f37,114,47,55
```

Teilweise stehen in der Datei die Farbwerte nur mit drei Symbolen, etwa wie im Beispiel `aqua` mit `0ff`. In dem Fall werden die einzelnen Farbangaben verdoppelt, also wird aus `#RGB` dann `#RRGGBB`.

Aufgabe:

- Lege für die Repräsentation von Farben eine neue Klasse `Color` an. Jede Farbe hat einen Namen (`String name`) und einen RGB-Wert (`int rgb`). Schreibe – oder generiere über die IDE – die Methode `toString()`. Ergänze weitere Methoden, falls das sinnvoll ist.
- Lege eine neue Klasse `ColorNames` an.
  - Gib der Klasse eine Objektvariable `HashMap<Integer, Color> colorMap`, damit sich `ColorNames` intern alle `Color`-Objekte in einer `Map` merken kann; die Schlüssel der `Map` sind die RGB-Werte als Ganzzahl, und der assoziierte Wert ist das entsprechende `Color`-Objekt.

- Kopiere die Datei *https://tutego.de/download/colors.csv* lokal auf die Festplatte.
- Lege einen Konstruktor an, der die Datei einliest. Wir können dafür den `Scanner` einsetzen oder die Datei komplett mit `Files.readAllLines(Paths.get("colors.csv"))` einlesen, was eine `List<String>` liefert.
- Zerlege jede Zeile der CSV-Quelle, extrahiere den Farbnamen (2. Spalte) und RGB-Wert (3. Spalte). Tipp: Der Farbwert lässt sich mit einer Java-Methode in eine Ganzzahl konvertieren: `Integer.decode("#722f37")` liefert `7483191`. Bedenke, dass Farbangaben in der Form `#RGB` und `#RRGBB` auftreten können.
- Übertrage den Farbnamen und Ganzzahlwert auf `Color`-Objekte, und setze sie in die `Map`.
- Füge eine Methode `decode(int rgb)` ein, die für einen RGB-Wert das assoziierte `Color`-Objekt liefert.

Beispiel:

- `mapper.decode( 7483191 )` → `Optional['Wine' is RGB #722F37]`
- `mapper.decode( 7 )` → `Optional.empty`

15

15.4.5 Namen einlesen und Längen verwalten ★

Bonny Brain spielt gerne Namens-Kreuzworträtsel, wo jeder Eintrag ein Name ist. Oftmals fällt ihr kein Name mit einer gewissen Länge ein – eine Software soll helfen!

Aufgabe:

1. Die Datei *http://tutego.de/download/family-names.txt* enthält Nachnamen. Speichere die Datei auf dem eigenen Dateisystem.
2. Lies die Datei ein. Dafür können wir zum Beispiel die Klasse `Scanner` einsetzen oder die `Files`-Methode `readAllLines(Path)`.
3. Sortiere die Namen in ein `TreeMap<Integer, List<String>>` ein: Der Schlüssel ist die Länge des Namens, die Liste enthält alle Namen mit der gleichen Länge.
4. Liste auf der Kommandozeile alle Namen aufsteigend der Länge nach auf.
5. Frage von der Kommandozeile nach einer Länge und gibt alle Namen dieser Länge aus, solange die Länge nicht 0 oder negativ ist.

15.4.6 Fehlende Zeichen finden ★★

Captain CiaoCiao hat sich die Schriftrollen vom Toten Meer (Cumexhopp-Rollen) ergaunert und keiner konnte den Text bisher entschlüsseln. Er möchte es schaffen! Viele Zeichen sind jedoch unleserlich, während andere Zeichen gut lesbar sind. Auch ist gut erkenntlich, wie viele Zeichen das Wort hat.

Aufgabe:

- Lege eine neue Klasse mit `main(…)`-Methode an, und kopiere die zwei Listen in das Programm:

```
List<String> words = Arrays.asList( "haus", "maus", "elefant", "klein",
  "groß" );
List<String> missingLettersWords = Arrays.asList( "ha__", "el__a_t", "x",
  "hi__", "___s" );
```

- Ordne jedem Wort aus `missingLettersWords` alle möglichen Wörter aus dem Wörterbuch `words` zu, bei denen der Unterstrich unbekannte Zeichen symbolisiert.
- Die Länge der vorgeschlagenen Wörter aus dem Wörterbuch muss gleich der Wortlänge des »unleserlichen« Worts sein.
- Es muss mindestens ein Zeichen gegeben sein.

Beispiel:

Mögliche Bildschirmausgabe aus den gegebenen Listen:

```
ha__ -> [haus]
el__a_t -> [elefant]
x -> No results
hi__ -> No results
___s -> [maus, haus]
___s____ -> No results
```

15.4.7 Anzahl der Wege zum dreiköpfigen Affen berechnen ★★

Nach einer durchzechten Nacht in Manhattan vermisst Captain CiaoCiao seinen dreiköpfigen Affen. Er muss das Stofftier irgendwo auf dem Weg verloren haben! Aber wo könnte es sein? Seine Mannschaft muss alle Straßen vom Start zum Ziel ablaufen. Das Einzige, woran Captain CiaoCiao sich noch erinnern kann, ist, dass er nicht über die Diagonale gekommen ist.

Das Bild zeigt 4 × 4 Straßenblöcke, und es gibt 14 Möglichkeiten. Nach einiger Zeit des Suchens findet die Crew das Stofftier, Glück gehabt!

Captain CiaoCiao überlegt: Was wäre, wenn es 5 oder 10 Blöcke gäbe – wäre die Anzahl der Wege dann nicht viel zu groß zum Suchen?

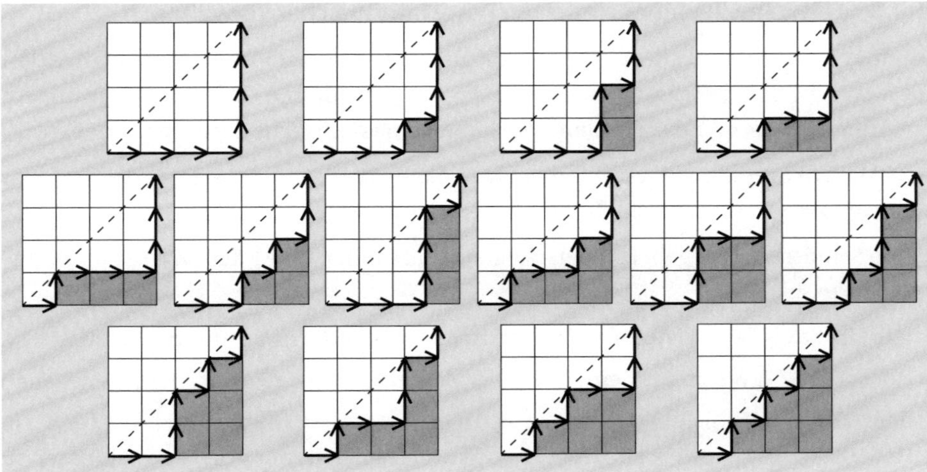

Abbildung 15.2 Mögliche Wege vom Start zum Ziel (Quelle: Wikipedia)

Die Antwort auf die Frage liefert die Mathematik. Was hier gesucht wird, ist ein *monotoner Pfad* für ein Quadrat mit $n \times n$ Zellen. Die Anzahl möglicher Pfade liefert die *Catalan-Zahl*, die wie folgt berechnet wird:

$Cn = (2n)! / (n+1)!\, n!$

Aufgabe:

- Setze die Formel durch eine Methode `BigInteger catalan(BigInteger n)` um. Greife intern auf eine eigene Methode `BigInteger factorial(BigInteger n)` zur Fakultätsberechnung zurück.
- In der Formel müssen drei Fakultäten berechnet werden: $n!$, $(n+1)!$ und $(2n)!$. Es ist $(n+1)!$ nichts anderes als $n! \times (n+1)$ ist, also muss $n!$ zweimal berechnet werden; auch entsteht auf dem Weg zur Berechnung von $(2n)!$ das Zwischenergebnis $(n+1)!$ Viele Multiplikationen müssen also doppelt gemacht werden, daher sollen die Produkte in einem Cache zwischengespeichert werden; greife dafür auf den Datentyp `WeakHashMap` zurück.
- Vergleiche die Zeiten, wenn wir die `catalan(…)`-Methode mit den gleichen Parametern zweimal aufrufen. Als Vorlage nutze folgenden Code:

```
long start = System.nanoTime();
BigInteger catalan1000 = catalan( BigInteger.valueOf( 1000 ) );
long end = System.nanoTime();
System.out.println( catalan1000 );
System.out.println( TimeUnit.NANOSECONDS.toMillis( end - start ) );
```

15.4.8 Feiertage in einem sortierten Assoziativspeicher verwalten ★

In einer `TreeMap` sind die Elemente automatisch sortiert. `TreeMap` implementiert `java.util.NavigableMap`, was `HashMap` hingegen nicht tut. Die Ordnung bestimmt ein externer `Comparator`, oder die Elemente haben eine natürliche Ordnung.

Der API-Dokumentation entnehmen wir, dass `firstEntry()` und `lastEntry()` das kleinste bzw. größte Element liefern. Der Rückgabetyp ist `Map.Entry<K,V>`.

Ist ein Schlüssel `key` gegeben, liefern folgende Methoden eine Rückgabe relativ zu diesem Schlüssel:

- `ceilingXXX(K key)`: Liefert ein Ergebnis, das *größer oder gleich* diesem Schlüssel ist.
- `floorXXX(K key)`: Liefert ein Ergebnis, das *kleiner oder gleich* dem gegebenen Schlüssel ist.
- `lowerXXX(K key)`: Liefert ein Ergebnis, das *echt kleiner* als der gegebene Schlüssel ist.
- `higherXXX(K key)`: Liefert ein Ergebnis, das *echt größer* als der gegebene Schlüssel ist.

Alle Methoden liefern `null`, wenn es keine Antwort auf die Frage gibt.

Für Teilmengen bieten sich die folgenden Methoden an:

- `SortedMap<K,V> subMap(K fromKey, K toKey)`
- `NavigableMap<K,V> subMap(K fromKey, boolean fromInclusive, K toKey, boolean toInclusive)`

Im ersten Fall ist `fromKey` inklusiv und `toKey` exklusiv; das entspricht der üblichen Konvention von Java. Mit der zweiten Methode lässt sich präziser steuern, ob das Start- oder Endelement dazugehört.

Aufgabe:

- Baue einen sortierten Assoziativspeicher auf:

  ```
  SortedMap<LocalDate, String> dates = new TreeMap<>();
  dates.put( LocalDate.of(...), "..." );
  ```

  Die Typisierung `<LocalDate, String>` bedeutet, dass ein temporaler Typ `LocalDate` mit einem String assoziiert werden soll.
- Die Klasse `LocalDate` implementiert `Comparable`, das heißt, die Elemente haben eine natürliche Ordnung.
- Fülle die Datenstruktur mit einigen Paaren für reale oder fiktive Feiertage.
- Beantworte mit den passenden Methoden von `NavigableMap` folgende Fragen:
  - Was ist laut Datenstruktur der früheste und letzte Feiertag?
  - Die Weihnachtsferien enden am 06.01. Was ist nach den Weihnachtsferien der erste Feiertag?

- Welche Datumswerte liegen in den Weihnachtsferien vom 23.12.–06.01. (Datumswerte inklusiv)?
- Lösche die Weihnachtsferien aus der Datenstruktur.

15.4.9 Quiz: Schlüssel in einer HashMap ★★

Überlege, was bei folgendem Programm auf dem Bildschirm erscheint:

```
Map<Point, String> map = new HashMap<>();
Point p = new Point( 1, 2 );
map.put( p, p.toString() );
p.setLocation( 2, 1 );
System.out.println( map );
System.out.println( map.get( p ) );
p.setLocation( 1, 2 );
System.out.println( map.get( p ) );
```

Was muss für Schlüssel eines Assoziativspeichers gelten?

15.4.10 Gemeinsamkeiten bestimmen: Partygedeck und Mitbringsel ★

Bonny Brain plant eine Party, und alle Familien bringen etwas mit:

```
Set<String> gombonoGifts = new HashSet<>();
Collections.addAll( gombonoGifts, "Vodka", "BBQ Grill", "kneading soap" );

Set<String> banannaGifts = new HashSet<>();
Collections.addAll( banannaGifts, "Vodka", "drinking helmet" );

Set<String> cilimbiGifts = new HashSet<>();
Collections.addAll( cilimbiGifts, "drinking helmet", "Money box", "Vodka",
  "water pistol" );

List<Set<String>> families = Arrays.asList( gombonoGifts, banannaGifts,
  cilimbiGifts );
```

Da Bonny Brain eine perfekte Strategin ist, will sie wissen, ob Dinge mehrfach mitgebracht werden.

Aufgabe:

- Schreibe eine Methode `printMultipleGifts(List<Set<String>> families)`, die ausgibt, welche Dinge wie oft mitgebracht werden.
- Was wurde mehr als einmal mitgebracht?

Beispiel:

Mögliche Ausgabe bei den oberen Belegungen:

```
{drinking helmet=2, kneading soap=1, water pistol=1, Money box=1, BBQ Grill=1,
Vodka=3}
drinking helmet
Vodka
```

15.5 Properties

Die Klasse `Properties` ist ein besonderer Assoziativspeicher, der nur Strings mit Strings assoziiert. Die Klasse repräsentiert nicht nur eine Datenstruktur, sondern kann auch Dateien lesen und schreiben, die sogenannten *Property-Dateien*. Das sind Textdateien, die in der Regel zur Konfiguration verwendet werden. Schlüssel-Wert-Paare sind in der Datei durch `=` getrennt. Auch lassen sich die Werte in einem XML-Format lesen und schreiben, doch das ist unüblich.

15.5.1 Komfortablen Properties-Dekorator entwickeln ★★

Die Klasse `Properties` enthält Schlüssel-Wert-Paare, wobei die Schlüssel immer nur Strings sind. Mögliche Konvertierungen müssen Entwickler selbst vornehmen, was lästig ist.

Aufgabe:

Schreibe eine Klasse `PropertiesConfiguration`, die ein `Properties`-Objekt dekoriert. Die allgemeinste Methode liefert ein `Optional`, das entweder gefüllt ist oder leer, wenn es den Schlüssel nicht gibt:

- `Optional<String> getString(String key)`

Der Vorteil beim `Optional` ist, dass einfach Alternativen für Default-Werte bestimmt werden können: `conf.getProperty("rank").orElse("Captain")`.

Weitere Methoden von `PropertiesConfiguration` sollen Konvertierungen durchführen:

- `Optional<Boolean> getBoolean(String key)`
- `OptionalLong getLong(String key)`
- `OptionalDouble getDouble(String key)`
- `Optional<BigInteger> getBigInteger(String key)`

Wenn es zu dem Schlüssel keinen assoziierten Wert gab, ist der Behälter leer. Wenn die Konvertierung zu einem Fehler misslingt, führt das ebenfalls zu einem leeren Behälter.

Beispiel für die API:

```
Properties root = new Properties();
root.setProperty( "likes-rum", "true" );
root.setProperty( "age", "55" );
root.setProperty( "income", "123456789012" );
root.setProperty( "hobbies",
  "drinking, gambling\\, games, swearing competitions" );
root.setProperty( "weakness_of_character", "" );
PropertiesConfiguration conf = new PropertiesConfiguration( root );
Optional<Boolean> maybeLikesRum = conf.getBoolean( "likes-rum" );
OptionalLong maybeAge = conf.getLong( "age" );
Optional<BigInteger> maybeIncome = conf.getBigInteger( "income" );

System.out.println( maybeLikesRum );       // Optional[true]
System.out.println( maybeAge );            // OptionalLong[55]
System.out.println( maybeIncome );         // Optional[123456789012]
```

Optionale Ergänzung: Listen erfragen

Fortgeschrittene Entwickler können folgende Methode implementieren:

- `List<String> getList(String key)`. Liefert eine Liste von kommaseparierten Strings. Das Komma selbst kann durch `\,` ausmaskiert werden.

Ein Beispiel:

```
List<String> hobbies = conf.getList( "hobbies" );
List<String> weaknessOfCharacter = conf.getList( "weakness_of_character" );

System.out.println( hobbies );             // [drinking, gambling, games,
                                           // swearing competitions]
System.out.println( hobbies.size() );      // 3
System.out.println( weaknessOfCharacter ); // []
```

Optionale Ergänzung: Binäre Werte speichern

Eine `java.util.HashMap` kann beliebige Typen assoziieren, bei einer `Properties` können nur Strings mit Strings assoziiert werden. Sind andere Datentypen, wie `byte`-Arrays, zu speichern, müssen sie in einen String konvertiert werden. Ein `byte[]` kann auf unterschiedliche Weise in einen ASCII-String konvertiert werden, etwa über die BASE64-Kodierung; Java kann das über die Klasse `Base64`.

Da `Properties` eher gelesen als geschrieben werden, reichten uns bisher die `getXXX(…)`-Methoden. Bei folgender Ergänzung sollen zwei neue Methoden geschrieben werden, eine zum Setzen und eine zum Abfragen:

- `void putBinary(String key, byte[] bytes)`
- `Optional<byte[]> getBinary(String key)`

Ein Anwendungsbeispiel:

```
conf.putBinary( "binary", new byte[]{ 0, 1, 127, (byte) 254, (byte) 255 } );
System.out.println( conf.getString( "binary" ) ); // Optional[AAF//v8=]
byte[] binary = conf.getBinary( "binary" ).get();
System.out.printf( "%d %d %d %d %d", binary[0], binary[1], binary[2],
  binary[3], binary[4] );
```

15.6 Stapelspeicher (Stack) und Warteschlangen (Queue)

Eine allgemeine Liste erlaubt in Java den Zugriff auf die Elemente über einen Index, wir nennen so einen Zugriff auch *wahlfreien Zugriff*, weil wir die Wahl haben, an jeder Stelle ein Element zu erfragen. Es gibt Datenstrukturen, die deutlich eingeschränkter sind und z. B. nur Elemente am Anfang oder am Ende einfügen oder löschen können. Dazu zählen:

- Stapelspeicher (Stacks)
- Warteschlangen (Queues)

Bei einem Stapelspeicher kann man nur an einem Ende Elemente einfügen und muss an diesem Ende die Elemente wieder entnehmen. Das Prinzip wird auch *LIFO* genannt: *Last In, First Out*. Im Gegensatz dazu steht die Queue. Bei ihr wird zunächst das als Erstes ausgelesen, was auch als Erstes hinzugefügt wurde. Das Prinzip heißt *FIFO*: *First In, First Out*.

Reine Stacks und Queues gibt es in Java nicht, nur Schnittstellen, die von Listen implementiert werden.

15.6.1 UPN-Taschenrechner programmieren ★

Mathematische Ausdrücke schreiben wir in der Regel in der *Infixnotation*, bei der die Operatoren zwischen den Operanden stehen, etwa `47 + 11`. Prinzipiell kann der Operator aber auch vor den Operanden stehen, wie `+ 47 11`, oder dahinter, wie in `47 11 +`.

Die Taschenrechner von Hewlett-Packard hatten in den 1980er-Jahren eine besondere Eingabe etabliert, die *umgekehrte polnische Notation* (UPN). Das ist eine Postfix-Notation, bei der die Operatoren hinter den Werten stehen. Der Vorteil für die Computer ist, dass der Vorrang – Punktrechnung geht vor Strichrechnung – von den Nutzern schon aufgelöst wurde, was die Programmlogik im Taschenrechner vereinfacht.

Auch PostScript nutzt diese Darstellung, denn über einen Stack können mathematische Ausdrücke einfach ausgewertet werden.[2]

Wir wollen einen UPN-Rechner programmieren.

Aufgabe:

- Schreibe ein Programm, das als Erstes einen String wie etwa `"12 34 23 + *"` in Tokens zerlegt. Tipp: Zum Zerlegen lässt sich `split(…)` von `String` oder ein `Scanner` nutzen.
- Nach dem Zerlegen soll das Ergebnis auswertet werden. Beginne mit einem festen String zum Testen.
- Lies von der Kommandozeile einen String ein, sodass wir einen echten UPN-Taschenrechner haben.
- Welche Fehler und Probleme müssen behandelt und abgefangen werden? Wie sollten wir Fehler behandeln?

15.7 BitSet

Die Klasse `BitSet` ist eine platzsparende und performante Alternative zu `boolean`-Arrays. Nützlich ist die Datenstruktur dann, wenn man eine Abbildung einer Ganzzahl auf einen Wahrheitswert benötigt. Die Datenstruktur kann schnell beantworten, ob ein Index (eine positive Ganzzahl) mit `true` oder `false` assoziiert ist. Wenn die Anzahl der Bits zu groß wird oder wenn es große Lücken gibt, ist *https://github.com/brettwooldridge/SparseBitSet* eine gute Alternative.

15.7.1 Finde doppelte Einträge, und löse das tierische Chaos ★

Captain CiaoCiao füttert vor dem Zubettgehen die Tiere seines Privatzoos. Doch da er vom Rum etwas angeschickert ist, vergisst er, das Tor zu schließen. Am nächsten Morgen bemerken Gabi Gräte und Fred Fritte, dass Tiere fehlen. Schnell laufen sie zu Captain CiaoCiao: »Einige Tiere sind entflohen!« – »Beim Klabautermann! Welche?«, fragt der Captain. Die beiden überlegen und zeichnen auf (Schreiben ist nicht ihre Stärke):

- 🐩🐏🐴🦋🐙
- 🐴🐏🐧🐸🦋🐌

Captain CiaoCiao stellt fest, dass beide ein schlechtes Gedächtnis haben, und will nur Tiere suchen lassen, die von beiden genannt werden.

2 Linux-Benutzer haben in der Regel *dc* installiert und können mit der UPN ein wenig spielen; eine Kurzeinführung liefert *https://de.wikipedia.org/wiki/Dc_(Unix)*.

Aufgabe:

- Schreibe eine Methode `String sameSymbols(String, String)`, die eine Zeichenfolge mit den gemeinsamen Symbolen zurückliefert. Auf die Reihenfolge kommt es nicht an, alle Unicode-Zeichen sind möglich.
- Da wir über den `String` laufen müssen und dieser »höhere« Unicodezeichen enthält, die durch zwei `char` ausgerückt werden, soll die Lösung auf `string.codePoints().forEach(consumer)` zurückgreifen. Diese Anweisung läuft über alle Zeichen des Strings `string` und ruft den übergebenen `IntConsumer` für jedes Zeichen auf. Das ist eine Anwendung der Stream-API, die wir uns im folgenden Kapitel genauer anschauen werden.

Beispiele:

- `sameSymbols("🐩🐑🐶🦋🐙", "🐶🐑🐧🐸🦋🐌")` → `"🐑🐶🦋"`
- `sameSymbols("abcy", "bcd")` → `"bc"`
- `sameSymbols("abc", "def")` → `""`

Da das Ergebnis eilt, ist die Methode so zu implementieren, dass die Laufzeit linear mit der Länge der Zeichenfolgen ist, in Informatiksprech: O(*N*+*M*), wenn *N* und *M* die Längen der Zeichenfolgen sind. Es sind alle Unicode-Zeichen erlaubt.

15.8 Threadsichere Datenstrukturen

Für die bisherigen Aufgaben rund um die Datenstrukturen `ArrayList`, `LinkedList`, `HashSet`, `TreeSet` usw. haben wir nie mehr als den `Main`-Thread benötigt. Bei den folgenden Aufgaben kommen mehr Threads und nebenläufige Zugriffe ins Spiel, und dann müssen wir threadsichere Datenstrukturen verwenden. Für die Lösungen wollen wir auf die Datentypen aus dem Paket `java.util.concurrent` zurückgreifen, in der eine ganze Reihe von threadsicheren Datenstrukturen deklariert werden, die auch bei einer beliebigen Anzahl paralleler Zugriffe korrekt arbeiten und eine sehr gute Performance aufweisen.

15.8.1 Schiff beladen ★★

Captain CiaoCiao und Crew macht sich bereit für das nächste große Abenteuer auf der Insel Gazorpazorp. 5 Mitarbeiter stellen Kisten und Fässer auf die Laderampe, und 10 Mitarbeiter verstauen die Waren im Schiff. Auf der Laderampe können höchstens 5 Objekte gleichzeitig stehen.

Aufgabe:

- Erzeuge für die Rampe eine `ArrayBlockingQueue<String>` der Kapazität 5.
- Erzeuge zwei verschiedene `Runnable`-Implementierungen `Loader` und `Unloader`, die einen Verweis auf die `ArrayBlockingQueue` bekommen.
  - Der `Loader` stellt Strings auf die Rampe (zufällige Strings aus einer Menge von Produktnamen).
  - Der `Unloader` soll Strings von der Rampe nehmen und auf dem Bildschirm ausgeben.

  Es brauchen `Loader` und `Unloader` für ihre Arbeit zufällig zwischen 1 und 2 Sekunden.
- 5 Threads sollen `Unloader` und 10 Threads `Loader` sein.

Tipp

Für das Hinzufügen und Herausnehmen gibt es unterschiedliche Methoden. Der Unterschied ist wichtig, sonst kann es zu Programmfehlern kommen:

Operation	Ausnahme	null-Rückgabe	Blockiert
Einfügen	`add(e)`	`offer(e)`	`put(e)`
Entnehmen	`remove()`	`poll()`	`take()`

Tabelle 15.1 »BlockingQueue«-Methoden zum Einfügen und Entnehmen von Elementen

Aus den Methodennamen kann man die Semantik nicht ableiten, den Unterschied muss man lernen. Für unsere Aufgabe kommen nur eine Spalte und diese Methoden in Frage.

15.8.2 Wichtige Nachrichten als Erstes bearbeiten ★★

Eine `PriorityQueue` hat eine interne Sortierung, sodass die Elemente mit einer höheren Priorität nach vorne wandern. Die Priorität ergibt sich entweder aus der natürlichen Ordnung der Elemente, die `Comparable` implementieren, oder einem externen `Comparator`. »Kleine« Elemente haben eine größere Priorität und wandern in der `PriorityQueue` nach vorne. Am Ende der Queue stehen die Elemente mit der niedrigsten Priorität. (Das ist so wie bei den Impfungen: Die Priorisierungsgruppe 1 bekommt den Stoff zuerst.)

Von verschiedenen Seiten bekommt Captain CiaoCiao Aufgaben zugeteilt. Die Wünsche von Bonny Brain gehen natürlich immer vor. Captain CiaoCiao erkennt sie daran, dass die Arbeitsaufträge von Bonny Brain das Kosewort »Kanönchen« enthalten.

Aufgabe:

- Schreibe eine Klasse `Message`, die einen `String` für den Arbeitsauftrag und einen Zeitstempel vom Typ `long` speichert. Den Zeitstempel initialisiere mit `System.nanoTime()`. Implementiere/Generiere `hashcode()`, `equals(Object)` und `toString()`.
- Implementiere für `Message` einen `Comparator`, der eine Ordnung schafft, sodass Nachrichten mit dem Kosewort »kleiner« sind als Nachrichten ohne Kosewort, damit das später als höhere Priorität gewertet werden kann. Wenn beide Nachrichten ein Kosewort enthalten oder beide Nachrichten kein Kosewort enthalten, sind sie gleich »groß«.
- Erweitere den `Comparator` um eine weitere Vergleichslogik, so dass der Zeitstempel berücksichtigt wird und eine frühere Nachricht auch früher bearbeitet wird.
- Initialisiere die `PriorityQueue` mit Nachrichten, und beobachte, wie Nachrichten mit dem Kosewort in der Queue nach vorne wandern.

Beispiel:

Unter der Annahme, dass `PriorityQueue<Message> tasks` eine korrekt initialisierte Datenstruktur ist, wird es bei folgendem Programm zu der dargestellten Ausgabe kommen:

```
tasks.add( new Message( "Treasure Hunt" ) );
System.out.println( tasks );

tasks.add( new Message( "Kanönchen, Family Movie Night!" ) );
System.out.println( tasks );

tasks.add( new Message( "Build a pirate ship" ) );
System.out.println( tasks );

System.out.println( tasks.remove() );
System.out.println( tasks );

System.out.println( tasks.remove() );
System.out.println( tasks );

tasks.add( new Message( "Capture the Flag" ) );
System.out.println( tasks );

tasks.add( new Message( "Bury the treasure, Kanönchen" ) );
System.out.println( tasks );
```

```
tasks.add( new Message( "Kanönchen, make a treasure map" ) );
System.out.println( tasks );

System.out.println( tasks.remove() );
System.out.println( tasks );

System.out.println( tasks.remove() );
System.out.println( tasks );

System.out.println( tasks.remove() );
System.out.println( tasks );

System.out.println( tasks.remove() );
System.out.println( tasks );
```

Die Ausgabe ist:

```
['Treasure Hunt', 46400]
['Kanönchen, Family Movie Night!', 23700, 'Treasure Hunt', 46400]
['Kanönchen, Family Movie Night!', 23700, 'Treasure Hunt', 46400, 'Build a ⮐
pirate ship', 70600]
'Kanönchen, Family Movie Night!', 23700
['Treasure Hunt', 46400, 'Build a pirate ship', 70600]
'Treasure Hunt', 46400
['Build a pirate ship', 70600]
['Build a pirate ship', 70600, 'Capture the Flag', 83200]
['Bury the treasure, Kanönchen', 10900, 'Capture the Flag', 83200, 'Build a ⮐
pirate ship', 70600]
['Bury the treasure, Kanönchen', 10900, 'Kanönchen, make a treasure map', ⮐
71400, 'Build a pirate ship', 70600, 'Capture the Flag', 83200]
'Bury the treasure, Kanönchen', 10900
['Kanönchen, make a treasure map', 71400, 'Capture the Flag', 83200, 'Build a ⮐
pirate ship', 70600]
'Kanönchen, make a treasure map', 71400
['Build a pirate ship', 70600, 'Capture the Flag', 83200]
'Build a pirate ship', 70600
['Capture the Flag', 83200]
'Capture the Flag', 83200
[]
```

15.8.3 Wenn verbraucht, dann neu ★★★

Der Ausdruck `new BigInteger(1024, new SecureRandom())` erzeugt eine große Zufallszahl vom Typ `BigInteger`.

Aufgabe:

- Schreibe eine eigene Klasse `SecureRandomBigIntegerIterator`, die `Iterator` implementiert und unendlich viele `BigInteger` liefern kann.
- Immer dann, wenn die Zahl abgefragt und »verbraucht« wird, soll ein Hintergrund-Thread automatisch eine neue Zufallszahl berechnen.

15.9 Lösungsvorschläge

Quiz 15.1.1: Nach StringBuilder suchen

Das Programm liefert die Ausgabe:

```
true
false
```

Die Erklärung dafür liegt in der Implementierung der Methode `contains(Object)`. Sie greift intern auf eine Methode zurück, die die Fundstelle des Elementes zurückliefert, aber wir können aus der aktuellen Implementierung der Java-Bibliothek gut ablesen, was für eine Suche gelten muss:

```
int indexOfRange(Object o, int start, int end) {
   Object[] es = elementData;
   if (o == null) {
       for (int i = start; i < end; i++) {
           if (es[i] == null) {
               return i;
           }
       }
   } else {
       for (int i = start; i < end; i++) {
           if (o.equals(es[i])) {
               return i;
           }
       }
   }
   return -1;
}
```

Listing 15.3 Ausschnitt aus java.lang.ArrayList

Die Methode `indexOfRange(…)` sucht die Position vom Objekt `o` und unterscheidet zunächst einmal, ob nach der `null`-Referenz gesucht werden muss oder nach einem regulären Objekt. In unserem Fall ist das Objekt in der Anfrage nicht `null`, also wird die equals(…)-Methode eingesetzt, das heißt, eine Schleife vergleicht jedes Element in der Liste mit unserem Wert über die equals(…)-Methode. Das heißt umgekehrt, dass die Abfrage nur dann funktioniert, wenn wir auch eine vernünftige equals(…)-Methode implementiert haben. Und das ist genau das Problem: Die String Klasse bietet eine Methode equals(…), und zwar nicht die aus java.lang.Object, sondern eine überschriebene Methode. Die Klasse StringBuilder allerdings hat keine Implementierung einer equals(…)-Methode, sondern erbt diese Methode aus der Oberklasse Object. In der Oberklasse ist jedoch nur ein Referenzvergleich implementiert, das heißt, der Inhalt spielt überhaupt keine Rolle. Da unsere StringBuilder-Objekte in der Liste aber immer unterschiedlich sind, wird der Referenzenvergleich niemals true ergeben.

Aufgabe 15.2.1: Singen und Kochen: Listen ablaufen und Eigenschaften prüfen

Es gibt unterschiedliche Möglichkeiten, die Aufgabe zu lösen. Eine Variante ist, sich in einer Variablen die Anzahl der Köche zu merken und in einer anderen Variablen die Anzahl Musiker. Zum Schluss werden die beiden Variablen verglichen.

Der Lösungsvorschlag realisiert eine andere Variante.

```
public static boolean areSameNumberOfCooksAndMusicians( List<CrewMember>
    crewMembers ) {
  int weight = 0;
  for ( CrewMember member : crewMembers ) {
    switch ( member.profession ) {
      case COOK:     weight++; break;
      case MUSICIAN: weight--; break;
    }
  }
  return weight == 0;
}
```

Listing 15.4 com/tutego/exercise/util/SameNumberOfCooksAndMusicians.java

Bei der Frage, ob es von zwei Dingen gleich viel gibt, ist es so, als ob man eine Waage hat, bei der auf der linken und rechten Seite gleich viel Gewicht sein muss. Interessant ist, dass es auf das eigentliche Gewicht gar nicht ankommt, sondern nur darauf, dass die Waage im Lot ist.

Die hier realisierte Lösungsvariante läuft über die Liste und zählt eine Variable weight hoch, wenn es einen Koch gibt, und die Variable herunter, wenn ein Musiker in der Liste vorkommt; natürlich könnte es auch umgekehrt sein. Ist die Anzahl der Köche und Musiker gleich, wird weight zum Schluss 0 sein.

Der Vergleich auf den Beruf realisiert switch-case, das könnte natürlich auch durch eine if-Konstruktion und über den Bedingungsoperator realisiert werden. Ab Java 14 gibt es zwei weitere Möglichkeiten. Die erste Variante sieht so aus:

```
switch ( member.profession ) {
 case COOK     -> weight++;
 case MUSICIAN -> weight--;
}
```

In dieser neuen Schreibweise der switch-Anweisung steht statt des Doppelpunkts ein Pfeil, und ein break ist nicht mehr nötig. Das Schlüsselwort switch lässt sich ab Java 14 in einer weiteren Variante einsetzen, als Ausdruck:

```
for ( CrewMember member : crewMembers ) {
  weight += switch ( member.profession ) {
    case COOK     -> +1;
    case MUSICIAN -> -1;
    default -> 0;
  };
}
```

Listing 15.5 com/tutego/exercise/util/SameNumberOfCooksAndMusicians.java

In dieser Variante müssen wir einen default-Zweig einführen. Dadurch entsteht im Prinzip eine Zeile mehr Code, und die Schreibweise dürfte weniger attraktiv sein als die erste Schreibweise oder eine Variante mit dem Bedingungsoperator.

Es gibt noch eine weitere Möglichkeit, das Problem zu lösen, und die kommt ohne Fallunterscheidung aus. Die grundlegende Idee, eine Art Waage zu schaffen, bleibt, nur der Weg, die einen Aufzählungselemente auf +1 und die anderen auf -1 zu übertragen, ist ganz anders formuliert:

```
int result = 0;
for ( CrewMember member : crewMembers ) {
  //                                                    CAPTAIN -+
  //                                                NAVIGATOR -+ |
  //                                              CARPENTER -+ | |
  //                                                   COOK -+ | | |
  //                                             MUSICIAN -+ | | | |
  //                                                       v v v v v
  int zeroOrOneOrTwo = ((1 << member.profession.ordinal()) & 0b1_1_0_0_0) / 8;
  int minusOneOrZeroOrPlusOne = (zeroOrOneOrTwo / 2) - (zeroOrOneOrTwo & 1);
  result += minusOneOrZeroOrPlusOne;
}
return result == 0;
```

Listing 15.6 com/tutego/exercise/util/SameNumberOfCooksAndMusicians.java

Dieser Ansatz dürfte auf den ersten Blick Kopfschütteln verursachen, doch es ist gut, diesen Weg einmal gesehen und verstanden zu haben. Leiten wir die Lösung her.

Gegeben ist eine Aufzählung mit diversen Elementen, die alle eine Position haben, die sogenannte *Ordinalzahl*. `CrewMember.Profession.CAPTAIN.ordinal()` ist `0`, und `CrewMember.Profession.COOK.ordinal()` ist `3`. Schreiben wir `1 << x`, und `x` ist zwischen `0` und `5`, bekommen wir die `1` um `x` Positionen nach links geschoben und rechts mit Nullen aufgefüllt. Anders gesagt: Wir bekommen in Binärschreibweise die Zahlen

- `0b000001 (CAPTAIN)`
- `0b000010 (NAVIGATOR)`
- `0b000100 (CARPENTER)`
- `0b001000 (COOK)`
- `0b010000 (MUSICIAN)`
- `0b100000 (DOCTOR)`

Uns interessieren `0b001000 (COOK)` und `0b010000 (MUSICIAN)`. Um zu testen, ob in einer Zahl das dritte oder vierte Bit gesetzt ist, verknüpfen wir diese Zahl mit dem Bitmuster `0b11000`. Wenn eines der beiden Bits gesetzt ist, bleibt das Bit bestehen, alle anderen Bits werden durch die Und-Verknüpfung mit `0` auf `0` gesetzt. Am Ende bleiben, weil nicht beide Bits gleichzeitig gesetzt sein können, `0` (kein Treffer), `0b10000` (16) oder `0b01000` (8) übrig. Teilen wir diesen Wert durch `8` (oder schieben ihn um drei Positionen nach rechts), bekommen wir `0`, `1` oder `2`.

Wollen wir wiederum das Prinzip Waage verwenden, helfen die Zahlen `1` und `2` nicht. Wir müssen entweder `1` → `-1` und `2` → `+1` oder `1` → `+1` und `2` → `-1` bringen, und die `0` muss `0` bleiben. Natürlich könnten wir eine Fallunterscheidung einsetzen, doch wir machen uns die ganze Mühe, um auf Fallunterscheidungen zu verzichten. Sei `x` die Zahl `0`, `1`, `2`, dann transformiert der Ausdruck `(x / 2) - (x & 1)` genau auf das gewünschte Ziel, `-1` und `+1`. Wir können den Ausdruck addieren und genauso vorgehen wie vorher auch.

Unter normalen Umständen sollte niemand solche Lösungen programmieren, es sei denn, sie sind extrem performancekritisch und ein Profiler hat gezeigt, dass diese Variante schneller ist. Da wir hier einige mathematische Operationen haben – wobei `/8`, `/2` auch billig sind –, dürfte das im Endeffekt nicht schneller sein als ein kleines `if`. Fallunterscheidungen versucht man in der Mikrooptimierung gerne umzuschreiben, aber wenn man hier nicht ganz genau weiß, was man tut, wird es letztendlich viel teurer.

Aufgabe 15.2.2: Kommentare aus Listen filtern

```
public static void reduceToComments( List<String> lines ) {

  if ( lines.size() % 4 != 0 )
    throw new IllegalArgumentException(
        String.format( "Illegal size %d of list, must be divisible by 4",
          lines.size() ) );

  for ( int blockStart = lines.size() - 4; blockStart >= 0; blockStart -= 4 )
{
    // keep element at position blockStart + 3
    lines.remove( blockStart + 2 );
    lines.remove( blockStart + 1 );
    lines.remove( blockStart + 0 );
  }
}
```

Listing 15.7 com/tutego/exercise/util/RetainComments.java

Damit der Algorithmus korrekt funktioniert, muss die Listenlänge ein Vielfaches von 4 sein. Daher prüft die erste Fallunterscheidung, ob die Länge durch 4 teilbar ist; falls nicht, gibt es eine Ausnahme.

Die folgende Schleife läuft mit einem Index `blockStart` in Viererschritten von hinten nach vorne. Die vier Summen `blockStart + 0`, `blockStart + 1`, `blockStart + 2` und `blockStart + 3` stehen für den Index auf die vier Elemente eines Blockes. `blockStart + 3` soll erhalten bleiben, alle anderen Zeilen löschen wir über die `remove(…)`-Methode. Bei der Methode muss man immer ein wenig aufpassen, denn sie ist überladen.

- Die eine Variante `remove(Object)` löscht ein `equals(…)`-gleiches Element aus der Liste.
- Die zweite `remove(int)`-Methode löscht einen Eintrag an der gegebenen Stelle.

Beim Löschen der Elemente gehen wir vom höheren Index in Richtung niedriger Index. Bei Listen (insbesondere `ArrayList`) ist es immer vernünftig, von hinten zu löschen, damit weniger Elemente im Speicher verschoben werden müssen. Wenn wir bei `blockStart + 0` beginnen, wird das Element unter dem Index gelöscht, und alle anderen Elemente rücken nach. Die Lösung sähe so aus:

```
lines.remove( blockStart );
lines.remove( blockStart );
lines.remove( blockStart );
```

Aufgabe 15.2.3: Listen kürzen, denn Abschwung gibt es nicht

```
static void trimNonGrowingNumbers( List<Double> numbers ) {

  if ( numbers.size() < 2 )
    return;

  double previous = numbers.get( 0 );
  for ( int i = 1; i < numbers.size(); i++ ) {
    double current = numbers.get( i );
    if ( current <= previous ) {
      numbers.subList( i, numbers.size() ).clear();
      break;
    }
    previous = current;
  }
}
```

Listing 15.8 com/tutego/exercise/util/TrimNonGrowingList.java

Auf den ersten Blick ist die Aufgabe einfach: Wir laufen die Liste ab und schauen, ob das nächste Element größer ist. Ist das nicht der Fall, brechen wir ab. Die Besonderheit dabei ist nun folgende: Wir merken uns nicht etwa die Elemente in einer neuen Liste, sondern wir müssen die Liste, die uns übergeben wurde, modifizieren. Das heißt, ab einer Stelle, ab der die Elemente kleiner werden, müssen wir die übergebene Liste bis zum Ende löschen.

Eine solche Methode gibt es allerdings in der Schnittstelle `List` nicht. Wir müssen die Funktionalität deshalb von Hand nachprogrammieren. Es bieten sich folgende zwei Lösungen an:

- Es gibt eine `remove(int)`-Methode, der wir einen Index übergeben können, sodass ein Element an dieser Stelle gelöscht werden kann. Vernünftigerweise beginnen wir von rechts nach links, die Methode so lange aufzurufen, bis wir die Liste gekürzt haben.
- Die zweite Möglichkeit nutzt eine Besonderheit der Datenstrukturen aus, dass es Livesichten gibt; diesen Ansatz wählt auch der Lösungsvorschlag. Die Methode `subList(…)` liefert eine Sicht auf die Liste, doch diese ist live, und Änderungen an dieser Unterliste werden in das Original übernommen, also durchgeschrieben. Wenn wir diese Unterliste mit `clear()` löschen, verschwinden auch in der Originalliste alle Elemente.

Aufgabe 15.2.4: Essen mit Freunden: Elemente vergleichen, Gemeinsamkeiten finden

```
public static class Guest {
  public boolean likesToShoot;
  public boolean likesToGamble;
  public boolean likesBlackmail;

  public Guest( boolean likesToShoot, boolean likesToGamble,
      boolean likesBlackmail ) {
    this.likesToShoot   = likesToShoot;
    this.likesToGamble  = likesToGamble;
    this.likesBlackmail = likesBlackmail;
  }

    public boolean hasDissimilarInterests( Guest other ) {
      return !(likesToShoot   == other.likesToShoot ||
               likesToGamble  == other.likesToGamble ||
               likesBlackmail == other.likesBlackmail);
    }
}

public static int allGuestsHaveSimilarInterests( List<Guest> guests ) {
  for ( int index = 0; index < guests.size(); index++ ) {
    Guest guest = guests.get( index );
    Guest rightNeighbor = guests.get( (index + 1) % guests.size() );
    if ( guest.hasDissimilarInterests( rightNeighbor ) )
      return index;
  }
  return -1;
}
```

Listing 15.9 com/tutego/exercise/util/FriendsSittingTogether.java

Die Gäste wollen wir als Objekte mit drei Eigenschaften repräsentieren. Das übernimmt die Klasse `Guest`, die neben einem parametrisierten Konstruktor eine Methode `hasDissimilarInterests(Guest)` hat; sie vergleicht sich selbst mit einem anderen `Guest` und prüft, ob es gar keine gemeinsamen Interessen gibt.

Bei der Methode `allGuestsHaveSimilarInterests(…)` läuft eine Schleife alle Gäste ab. Dabei erfragen wir den Gast und seinen rechten Nachbarn, wobei das letzte Element in der Liste kein Element hinter sich hat. Mit dem Restwertoperator kommen wir wieder vorne in der Liste raus, das heißt, das letzte Element wird mit dem ersten Element verglichen. Das ist richtig, denn alle Gäste sitzen in einem Kreis, und alle haben einen Nachbarn.

In der Schleife ermittelt `hasDissimilarInterests(…)`, ob die beiden Gäste ohne gemeinsame Interessen sind. In diesem Fall geben wir aus unserer Methode den Index zurück. Durchläuft die Schleife alle Gäste und haben alle eine Gemeinsamkeit, ist die Rückgabe `-1`.

Aufgabe 15.2.5: Listen auf gleiche Reihenfolge der Elemente prüfen

Schauen wir uns zwei Lösungsvorschläge an. Beide arbeiten nach dem gleichen Grundprinzip, dass die ursprüngliche Liste verdoppelt wird bzw. bei der Anfrage hinter dem letzten Element es wieder beim ersten Element beginnt.

Verdoppeln wir aus der Aufgabenstellung die Liste, sehen wir, dass die zweite Liste darin vorkommt:

`"Alexandre", "Charles",` **`"Anne", "Henry", "Alexandre", "Charles"`**`, "Anne", "Henry"`

Lösungsvorschlag 1, kopierte Listen

```
List<String> names1 = Arrays.asList( "Alexandre", "Charles", "Anne", "Henry" );
List<String> names2 = Arrays.asList( "Anne", "Henry", "Alexandre", "Charles" );

ArrayList<String> duplicatedList = new ArrayList<>( names1 );
duplicatedList.addAll( names1 );
System.out.println( Collections.indexOfSubList( duplicatedList, names2 ) >= 0 );
```

Listing 15.10 com/tutego/exercise/util/SameInTheCircle.java

Für den ersten Lösungsvorschlag kopieren wir alle Namen in eine neue Liste, denn wir wollen die Originalliste nicht zerstören, und vielleicht ist die Liste sogar unveränderbar. Mit der Methode `addAll(…)` setzen wir an diese Kopie die gleichen Elemente aus der Quelle noch einmal an. Damit haben wir die erste Liste verdoppelt. Der Ausdruck `Collections.indexOfSubList(List<?> source, List<?> target)` realisiert den Test und liefert die Position zurück, an der die Liste `target` in der Liste `source` vorkommt. Wir bekommen über die Methode keinen Wahrheitswert, sondern direkt die Position, und wir müssen lediglich prüfen, ob diese Position größer gleich `0` ist. Die Methode liefert `-1`, wenn die zweite Liste nicht in der ersten Liste vorhanden ist.

Mit `containsAll(…)` dürfen wir nicht arbeiten, denn die Methode prüft nicht die Reihenfolge, sondern prüft nur, ob alle Elemente einer zweiten Sammlung in der ersten Sammlung vorkommen, völlig unabhängig von der Reihenfolge; auf die Reihenfolge kommt es aber an.

Der Nachteil dieser Lösung ist, dass wir eine Kopie anlegen müssen, damit wir mit `indexOfSubList(…)` arbeiten können. Mit einem kleinen Trick können wir ohne Kopie auskommen.

Lösungsvorschlag 2, virtuelle verdoppelte Liste

Was wir benötigen, ist eine Liste, die virtuell doppelt so groß ist wie die erste und beim Zugriff auf das Element hinter dem letzten Element wieder beim ersten Element beginnt.

```
private static <T> boolean isSameCircle( List<T> list1, List<T> list2 ) {

  if ( list1.size() != list2.size() )
    return false;

  AbstractList<Object> list1Duplicated = new AbstractList<>() {
    @Override public int size() {
      return list1.size() * 2;
    }

    @Override public Object get( int index ) {
      return list1.get( index % list1.size() );
    }
  };
  return Collections.indexOfSubList( list1Duplicated, list2 ) >= 0;
}
```

Listing 15.11 com/tutego/exercise/util/SameInTheCircle.java

Die Methode prüft zunächst, ob die Listen gleich groß sind; diese Abfrage ist auch im ersten Lösungsweg nötig. Da `isSameCircle(…)` prinzipiell mit allen Objekten arbeiten kann und nicht nur mit Strings, ist die Methode als statische generische Methode deklariert. Für den Vergleich ist lediglich eine gültige Implementierung von `equals(…)` erforderlich.

Die virtuelle Liste wird durch eine Unterklasse von `AbstractList` realisiert. Diese Basisklasse wird gerne für Listen-Implementierungen verwendet, um möglichst viel an Standardfunktionalität zu übernehmen. Zwei Methoden überschreiben wir:

- Die Methode `size()` liefert doppelt so viele Elemente wie die Originalliste.
- Die Methode `get(int)` erreicht durch den Restwertoperator, dass, wenn wir mit dem Index über die Größe hinausgehen, wieder am Anfang der Datenstruktur begonnen wird.

Diese Lösung erzeugt keine wirklich neue Liste im Speicher, sondern diese ist virtuell und für Außenstehende verdoppelt. Natürlich würden die Methoden zum Modifizieren überhaupt nicht funktionieren, doch `size()` und `get(…)` reichen, um wieder mit `indexOfSubList(…)` arbeiten zu können.

Aufgabe 15.2.6: Und jetzt das Wetter: Wiederholte Elemente finden

```
public static class WeatherOccurrence {
  public String weather;
  public int occurrences;
  public int startIndex;

  WeatherOccurrence( String weather, int occurrences, int startIndex ) {
    this.weather = weather;
    this.occurrences = occurrences;
    this.startIndex = startIndex;
  }

  @Override public String toString() {
    return "weather='" + weather + "', " +
           "occurrences=" + occurrences + ", startIndex=" + startIndex;
  }
}

static WeatherOccurrence longestSequenceOfSameWeather( List<String> weather ) {

  int localMaxOccurrences = 1;
  int localStartIndex     = 0;

  int globalMaxOccurrences = localMaxOccurrences;
  int globalStartIndex     = localStartIndex;

  String recurringElement = weather.get( 0 );

  for ( int i = 1; i < weather.size(); i++ ) {
    String currentElement = weather.get( i );

    if ( Objects.equals( currentElement, recurringElement ) ) {
      localMaxOccurrences++;

      if ( localMaxOccurrences > globalMaxOccurrences ) {
        globalMaxOccurrences = localMaxOccurrences;
        globalStartIndex     = localStartIndex;
      }
    }
```

```
    else { // currentElement != recurringElement
      localStartIndex = i;
      localMaxOccurrences = 1;
      recurringElement = currentElement;
    }
  }

  return new WeatherOccurrence(
      weather.get( globalStartIndex ), globalMaxOccurrences, globalStartIndex );
}
```

Listing 15.12 com/tutego/exercise/util/WeatherOccurrences.java

Die in der Aufgabenstellung deklarierte Klasse `WeatherOccurrence` bekommt zwei Ergänzungen: einen parametrisierten Konstruktor, um schnell die Zustände zu setzen, und eine `toString()`-Methode.

Zum Lösen der Aufgabe sind zwei verschiedene Sequenzen zu berücksichtigen: eine lokal längste Folge und eine global längste Folge. Daher benötigen wir eine ganze Reihe von Variablen, in denen wir uns Zustände merken. Zwei Variablen speichern die lokale maximale Anzahl gleicher Elemente und den Startindex dieser Sequenz, zwei weitere Variablen speichern die globale Anzahl maximal gefundener Elemente und deren Position.

Das Programm muss die Frage beantworten, ob ein Element mehrfach hintereinander vorkommt. Wir initialisieren eine Variable `recurringElement` am Anfang mit dem ersten Element und schauen im weiteren Verlauf, ob sich dieses Element wiederholt. Die eigentliche Schleife kann beim Index 1 beginnen. Der Rumpf der Schleife liest das Element aus und vergleicht es mit `recurringElement`, um herauszufinden, ob es Folgen von `recurringElement` gibt. Den Test auf die Gleichwertigkeit übernimmt die statische `equals(…)`-Methode der Klasse `Object`, weil das gegenüber dem Aufruf von `equals(…)` auf den Elementen den Vorteil hat, dass `null` zu keinem Problem führt. Wiederholt sich das Element, wird der Zähler `localMaxOccurrences` um 1 erhöht, und eine Fallunterscheidung prüft, ob die lokale Anzahl gleicher vorkommender Elemente das globale Maximum überschreitet. Wenn dies der Fall ist, dann aktualisiert der `if`-Block die Variablen `globalMaxOccurrences` und `globalStartIndex`. Das eigentliche Element selbst müssen wir uns nicht merken, weil das nur zum Schluss relevant wird, und dann können wir das Element erfragen, denn wir kennen die Position des Elementes in der Datenstruktur.

Falls in der Liste ein nicht gleichwertiges Objekt auftaucht, wird die Startposition von der neuen Sequenz auf den Index gelegt, die Anzahl der wiederholten Elemente auf 1 gesetzt und `recurringElement` neu für den weiteren Verlauf initialisiert.

Am Ende der Schleife baut der parametrisierte Konstruktor ein `WeatherOccurrence` mit den drei gewünschten Zuständen auf.

Aufgabe 15.2.7: Bon-Ausgaben erzeugen

```
public class Receipt {
  public static class Item {
    public final String name;
    public final int centPrice;
    public final int occurrence;

    public Item( String name, int centPrice, int occurrence ) {
      if ( centPrice <= 0 ) throw new IllegalArgumentException(
        "Price can not be <= 0" );
      if ( occurrence <= 0 ) throw new IllegalArgumentException(
        "Occurrence can not be <= 0" );
      this.name = Objects.requireNonNull( name );
      this.centPrice = centPrice;
      this.occurrence = occurrence;
    }

    public Item( String name, int centPrice ) {
      this( name, centPrice, 1 );
    }

    public Item incrementOccurrence() {
      return new Item( name, centPrice, occurrence + 1 );
    }

    @Override public boolean equals( Object other ) {
      if ( other == null || getClass() != other.getClass() )
        return false;

      return centPrice == ((Item) other).centPrice
        && name.equals( ((Item) other).name );
    }

    @Override public int hashCode() {
      return name.hashCode() * 31 + centPrice;
    }
  }
```

```
  private final List<Item> items = new ArrayList<>();

  public void addItem( Item item ) {
    int maybeIndex = items.indexOf( item );

    if ( maybeIndex >=0 )
      items.set( maybeIndex, items.get( maybeIndex ).incrementOccurrence() );
    else
      items.add( item );
  }

  @Override public String toString() {
    NumberFormat currencyFormatter = NumberFormat.getCurrencyInstance(
      Locale.GERMANY );
    StringBuilder result = new StringBuilder( 512 );
    int sum = 0;

    for ( Item item : items ) {
      int itemPriceTotal = item.centPrice * item.occurrence;
      String line = String.format( "%dx  %-20s%10s%10s%n",
        item.occurrence, item.name,
        currencyFormatter.format( item.centPrice / 100. ),
        currencyFormatter.format( itemPriceTotal / 100. ) );
      result.append( line );
      sum += itemPriceTotal;
    }

    result.append( "\nSum: " )
          .append( currencyFormatter.format( sum / 100. ) )
          .append( "\n" );

    return result.toString();
  }
}
```

Listing 15.13 com/tutego/exercise/util/Receipt.java

Werfen wir zunächst einen Blick auf die Klasse `Item`. Es gibt zwei parametrisierte Konstruktoren:

- Der erste Konstruktor initialisiert alle drei Informationen – den Namen, den Preis und die Anzahl der Vorkommnisse. Zudem prüft der Konstruktor die Validität.
- Der zweite Konstruktor ist einfach eine Vereinfachung für die Anzahl `1`.

Da die `Item`-Objekte immutable sind, liefert die Methode `incrementOccurrence()` ein neues `Item`-Objekt mit einer erhöhten Anzahl. Die `Item`-Klasse überschreibt zwei Methoden aus `Object`: die `equals(…)`- Methode und `hashCode()`. Die Vergleichsmethode wird später wichtig, da wir auf diese Weise in der Datenstruktur nach `Item`-Objekten suchen lassen können. `occurrence` wird nicht berücksichtigt, wir sehen gleich warum.

Der Bon selbst besteht aus einer Sammlung von `Item`-Objekten. Mit der Methode `addItem(Item)` nehmen wir ein neues `Item` auf den Bon auf. Einfach anhängen wollen wir den Eintrag nicht, sondern eine Reduktion vornehmen, wenn ein Eintrag mit dem gleichen Namen und Betrag schon vorliegt, und dann zusammenführen. Zunächst sucht `indexOf(…)` ein `equals(…)`-gleiches `Item` aus der Liste, daher musste `occurrence` ignoriert werden. Findet `indexOf(…)` ein Element, ist das Ergebnis `>= 0`, nämlich der Index des gefundenen Elements. Die nachfolgende Fallunterscheidung unterscheidet:

- Wurde das Element gefunden, wird an der Stelle das Element durch ein neues Element ersetzt, bei dem `occurrence` um `1` erhöht ist.
- Wurde kein `equals(…)`-gleiches `Item` in der Liste gefunden, wird es hinten angehängt.

Zum Schluss kommen wir zur `toString()`-Methode. Sie muss alle Einträge durchlaufen und den Produktnamen, die Anzahl, den Preis und die Anzahl mit dem Preis multipliziert ausgeben. Preisausgaben können wir unterschiedlich realisieren; die hier gewählte Lösung nutzt die Klasse `NumberFormat`, um langfristig auch das Währungssymbol für unterschiedliche Sprachen unterstützen zu können. Das mit `NumberFormat.getCurrencyInstance(Locale.GERMANY)` aufgebaute Objekt setzt dann automatisch das Euro-Zeichen hinter die Zahl. Es ist ebenfalls Aufgabe der `toString()`-Methode, die Summe zu berechnen, die dann zum Schluss ausgegeben werden kann. Bei der Division durch `100.` ist darauf zu achten, dass es keine Ganzzahldivision ist, denn sonst fehlen uns die Nachkommastellen. Das konfigurierte `NumberFormat` setzt automatisch zwei Nachkommastellen und füllt mit `0` auf.

Quiz 15.2.8: Arrays dekoriert

Das Ergebnis ist:

```
Exception in thread "main" java.lang.UnsupportedOperationException
```

`asList(…)` implementiert das Design-Pattern *Adapter*, das zwei nichtkompatible APIs aneinander anpasst. In dem Fall passt es den Typ Array mit den eckigen Klammern zum Lesen und Schreiben und das Attribut `length` auf eine `java.util.List` an. Die Operationen auf der Liste sind live und werden auf das Array durchgeschrieben. Es entsteht keine Liste als Kopie. Da sich die Länge von Arrays nach dem Aufbau nicht ändern kann, lassen sich Elemente weder löschen noch hinzufügen. Bei dem Versuch folgt eine `UnsupportedOperationException`. Das lässt sich ganz gut in der Originalimplementierung ablesen:

```
public static <T> List<T> asList( T... a ) {
  return new ArrayList<>( a );
}

private static class ArrayList<E> extends AbstractList<E>
    implements RandomAccess, java.io.Serializable {

  private final E[] a;

  ArrayList( E[] array ) {
    a = Objects.requireNonNull( array );
  }

  @Override
  public int size() { return a.length; }

  @Override
  public E get( int index ) { return a[ index ]; }

  ...
}
```

Listing 15.14 Aus der OpenJDK-Implementierung von java.util.Arrays

```
public void add( int index, E element ) {
  throw new UnsupportedOperationException();
}
```

Listing 15.15 Aus der OpenJDK-Implementierung von java.util.AbstractList

Die Methode `asList(T... a)` erzeugt eine Instanz vom Typ `ArrayList`, wobei damit nicht eine `java.util.ArrayList` gemeint ist, sondern eine geschachtelte Klasse in `Arrays`. Es lässt sich gut ablesen, dass die Lesemethoden direkt auf das Array durchgehen, aber z. B. die `add(…)`-Methode eine `UnsupportedOperationException` auslöst.

Quiz 15.2.9: Gesucht und nicht gefunden

Die Ausgabe ist wie folgt:

```
false
true
true
```

Die hier verwendete Methode ist wie folgt deklariert:

```
public static <T> List<T> asList(T... a)
```

Der Parametertyp ist ein Vararg, also ein beliebiges Objekt-Array. Im ersten Fall übergeben wir ein Array mit primitiven Ganzzahlen an `asList(…)`, und primitive Datentypen sind keine Referenztypen, die durch eine generische Typvariable angesprochen werden. Das bedeutet, dass der Typ `T` für den Referenztyp `int[]` steht; die entstehende Liste ist folglich vom Typ `List<int[]>`, und die `contains(…)` Methode liefert `false`.

Varargs gibt es innerhalb der JVM nicht, sie sind ganz normale Arrays mit dem Unterschied, dass wir beim Aufruf direkt eine Reihe von Argumenten übergeben können, die wir in einem internen Array sammeln und übergeben. Es gibt bei den Vararg-Methoden also zwei Möglichkeiten, sie zu nutzen: indem wir mehrere Argumente aufzählen, die dann zu einem internen Array verpackt werden, oder indem wir direkt ein Array übergeben. Das ist genau die Variante, die wir hier nutzen. Der Wrapper-Typ `Integer` ist das Typargument für die Typvariable `T`; es entsteht ein `List<Integer>` und `contains(…)` findet die `1`, weil die `1` über das Boxing zu einem `Integer`-Objekt wird und die Wrapper-Objekte `equals(…)` implementieren.

Im dritten Teil nutzen wir die variable Argumentliste. Zuerst werden die `int`-Elemente über Boxing in `Integer`-Objekte konvertiert, dann in das anonyme interne Array gesetzt und übergeben.

Aufgabe 15.2.10: Alles schmeckt besser mit Käse: In Listen Elemente einfügen

Bei Veränderungen in Datenstrukturen können wir prinzipiell zwei Wege gehen: eine neue Datenstruktur mit den gewünschten Eigenschaften aufbauen oder die Datenstruktur selbst modifizieren. Alle typischen Datenstrukturen wie `ArrayList`, `HashMap`, `TreeSet` sind veränderbar, und so ist auch diese Aufgabe formuliert, in eine existierende Datenstruktur Elemente einzufügen.

Die Aufgabenstellung spricht von einer Liste, und Elemente in der Liste haben eine Position. Wenn an einer bestimmten Position etwas eingeführt werden muss, gibt es prinzipiell zwei Möglichkeiten: Wir können mit der indexorientierten Methode `add(int index, E element)` arbeiten oder über einen `ListIterator` Elemente einfügen. Die indexorientierte Methode hat einen Nachteil bei einer `LinkedList`, denn sie bietet keinen schnellen `RandomAccess` Zugriff auf die Elemente über einen Index. Da die Methode den allgemeinen Parametertyp `List` hat, müssen wir uns auf jede mögliche Liste einstellen, und wir wollen nicht bei `LinkedList` eine miserable Performance haben. Für unsere Ausgabe ist der `ListIterator` perfekt.

```
public static void insertCheeseAroundVegetable( List<String> ingredients ) {
  final String VEGETABLE = "Zucchini|Paprikas?|Zwiebeln?|Tomaten?";
  for ( ListIterator<String> iterator = ingredients.listIterator();
    iterator.hasNext(); ) {
```

```
    String ingredient = iterator.next();
    Pattern p = Pattern.compile( VEGETABLE );
    Matcher m = p.matcher( ingredient );
    if ( m.matches() )
      // The new element is inserted before the implicit cursor
      iterator.add( "Käse" );
  }
}
```

Listing 15.16 com/tutego/exercise/util/CheeseInserter.java

Der Lösungsvorschlag bezieht von der Liste den `ListIterator` und läuft wie üblich mit einer Kombination von `hasNext()` und `next()` über alle Elemente. Nach dem Entnehmen des Elementes fragt `matches(…)`, ob das Element auf eine der vordefinierten Zeichenfolgen passt. Für diese Prüfung greifen wir also auf einen regulären Ausdruck zurück, der die verschiedenen Gemüsesorten enthält, sogar korrekt mit Plural-s bei ausgewählten Sorten. Wenn der String matcht, wird `"Käse"` eingefügt.

Man kann sich bei einem Iterator gedanklich einen Cursor vorstellen, der zwischen den Elementen steht. Nach einem `next()` steht der Cursor hinter dem Element. Die `add(…)`-Methode fügt das Element vor dem Cursor ein, also hinter dem nach `next()` gelieferten Element. Anders gesagt: Der Cursor wird nicht vor das neu eingefügte Element gesetzt, sondern bleibt dahinter. Das heißt, das nächste `next()` wird nicht das frisch eingebaute `"Käse"` liefern, sondern die nächste reguläre Zutat.

Quiz 15.2.11: Mit dem Nichts nichts als Ärger

Kurz und knapp gesagt: nein. Es gibt eine Ausnahme:

```
Exception in thread "main" java.util.ConcurrentModificationException
    at java.base/
java.util.ArrayList$Itr.checkForComodification(ArrayList.java:1012)
    at java.base/java.util.ArrayList$Itr.next(ArrayList.java:966)
```

Das Programm sieht unschuldig aus: Die erweiterte `for`-Schleife iteriert über die Liste, wir entfernen ein Element in der Liste. Auf den ersten Blick ist es merkwürdig, warum das Entfernen von Elementen zu einer `ConcurrentModificationException` führt, und was soll hier »concurrent« sein? Wir arbeiten nicht mit Threads!

»Concurrent«, auf Deutsch »gleichzeitig«, ist in unserem Beispiel das Iterieren über die Datenstruktur und das »gleichzeitige« Löschen. Java erkennt beim Fortsetzen des Iterators, dass es eine Veränderung an der Datenstruktur gab. Mit anderen Worten: Das Iterieren und das Entfernen sind durch einen Zustand aneinandergekoppelt. Das funktioniert so: Eine erweiterte `for`-Schleife macht nichts anderes, als intern einen

Iterator zu nutzen. Wenn wir das Programm ein bisschen umschreiben, so wie es wirklich in Bytecode steht, entsteht Folgendes:

```
for ( Iterator<String> iterator = names.iterator(); iterator.hasNext(); ) {
  String name = iterator.next();
  if ( "".equals( name ) )
    names.remove( name );

    System.out.println( names );
  }
}
```

Die Implementierung von List und der Iterator haben einen Zustand, in dem sie sich die Anzahl der Modifikationen merken. Wird der Iterator erzeugt, initialisiert er sich einmalig mit dem Modifikationszähler der Liste, und wenn die Liste Veränderungen vornimmt, erhöht sie ihren Modifikationszähler. Wenn später der Iterator auf das nächste Element geht, vergleicht er seinen gespeicherten Modifikationszähler mit dem Modifikationszähler der Liste, und bei Ungleichheit gibt es die Ausnahme. Im Code sieht das so aus:

```
class AbstractList {
  protected transient int modCount = 0;

  public Iterator<E> iterator() {
    return new Itr();
  }

  private class Itr implements Iterator<E> {
    int expectedModCount = modCount;

    public E next() {
      checkForComodification();
      ...
    }

    final void checkForComodification() {
      if (modCount != expectedModCount)
        throw new ConcurrentModificationException();
    }
    ...
  }
  ...
}
```

Die Konsequenz ist: Wir können im Inneren der Iterationsschleife keine Veränderung an der Datenstruktur vornehmen. Das Ablaufen und das Löschen funktionieren so nicht, es sind bei solchen Aufgabenstellungen andere Lösungen notwendig. Eine Lösung ohne Schleife könnte so aussehen:

```
names.removeIf( ""::equals );
```

`removeIf(…)` erwartet ein Prädikat, und diese sehr schöne und kompakte Methodenreferenz realisiert genau so ein Prädikat, das testet, ob das eingehende Objekt `equals(…)`-gleich mit dem Leer-String ist.

Aufgabe 15.2.12: Elemente mit dem Iterator suchen und Covid Cough finden

Wir bekommen einen initialisierten `Iterator` und können damit nur nach links oder rechts laufen, nicht absolut springen; eingeschränkt wie ein Mensch. Es ist nicht leicht, eine richtige Strategie auszuwählen, denn wir könnten hier nach Wahrscheinlichkeiten gehen oder versuchen, die maximalen »Kosten« zu reduzieren.

Strategie 1: Neben wir an, wir haben 100 Schiffe, und Bonny Brain steht beim 90. Schiff. Das heißt, in einer Richtung stehen 90 Schiffe, und die Wahrscheinlichkeit, dass der Gesuchte sich dort befindet, liegt bei 90 %. Dennoch gibt es eine 10 %-ige Wahrscheinlichkeit, dass der Gesuchte sich nicht in diesem Bereich aufhält, und dann müsste Bonny Brain komplett über die Liste zurücklaufen, um sich anschließend den Rest anzuschauen. Also müssten im schlechtesten Fall 90 + 90 + 10 = 190 Schiffe besucht werden.

Strategie 2: Bonny Brain weiß, ob links oder rechts mehr Schiffe stehen. Die zweite Strategie ist, erst die Seite mit weniger Schiffen abzulaufen, um dann insgesamt die Kosten für den Worst Case zu reduzieren. Für das Beispiel mit den 100 Schiffen, in dem Bonny Brain auf Schiff 90 steht, heißt das: 10 + 10 + 90 = 110 Besuche maximal.

Der Lösungsvorschlag realisiert Strategie 2:

```
if ( iterator.nextIndex() >= NUMBER_OF_SHIPS / 2 ) {
  if ( searchRight( iterator ) )
    System.out.println( "-> at ship " + iterator.previousIndex() );
  else if ( searchLeft( iterator ) )
    System.out.println( "-> <- at ship " + iterator.nextIndex() );
  else
    System.out.println( "Not found" );
}
else {
  if ( searchLeft( iterator ) )
    System.out.println( "<- at ship " + iterator.nextIndex() );
  else if ( searchRight( iterator ) )
    System.out.println( "<- -> at ship " + iterator.previousIndex() );
```

```
  else
    System.out.println( "Not found" );
}
```

Listing 15.17 com/tutego/exercise/util/FindCovidCough.java

Die Iterator-Methode nextIndex() liefert die absolute Position zurück, sie ziehen wir für den Vergleich heran, ob Bonny Brain in der rechten oder linken Hälfte steht. Die eigene Methode searchRight(…) läuft mit dem Iterator erst komplett die rechte Seite ab und antwortet mit true, wenn der Gesuchte gefunden wurde. Liefert die Methode false, haben wir den Gesuchten nicht in der rechten Hälfte gefunden, sondern wir müssen von dort wieder zurücklaufen und ganz nach links gehen. Die Suchrichtung deuten die Pfeile in der Ausgabe an. Falls wir auf der linken Seite angekommen sind und searchLeft(…)false liefert, dann gab es den Gesuchten überhaupt nicht in der Liste! Der zweite große else-Zweig testet den anderen Fall, dass Captain CiaoCiao auf der linken Seite relativ zur Mitte steht und erst einmal komplett nach links läuft.

searchRight(Iterator<Ship>) und searchLeft(ListIterator<Ship>) sind so implementiert:

```
final static String COVID_COUGH = "Covid Cough";

private static boolean searchRight( Iterator<Ship> iterator ) {
  while ( iterator.hasNext() )
    if ( iterator.next().contains( COVID_COUGH ) )
      return true;
  return false;
}

private static boolean searchLeft( ListIterator<Ship> iterator ) {
  while ( iterator.hasPrevious() )
    if ( iterator.previous().contains( COVID_COUGH ) )
      return true;
  return false;
}
```

Listing 15.18 com/tutego/exercise/util/FindCovidCough.java

Die Methode zum Suchen nach rechts benötigt keinen ListIterator, denn der normale Iterator bietet die beiden Methoden hasNext() und next(), um nach rechts zu laufen und das nächste Element zu extrahieren. Die Methode searchLeft(…) benötigt einen ListIterator, weil wir nach links laufen müssen mit den Methoden hasPrevious() und previous(). Ein normaler Iterator kann nicht willkürlich nach links oder rechts laufen. Nur mit dem `ListIterator` haben wir die Möglichkeit, mehrfach über die Datenstruktur zu laufen.

Aufgabe 15.2.13: Elemente verschieben, Reise nach Jerusalem spielen

```
class MusicalChairs {

  private final List<String> names;

  public MusicalChairs( String... names ) {
    if ( names.length == 0 )
      throw new IllegalArgumentException(
        "no names are given, but names must not be empty" );
    this.names = new ArrayList<>( Arrays.asList( names ) );
  }

  public void rotate( int distance ) {
    Collections.rotate( names, distance );
  }

  public void rotateAndRemoveLast( int distance ) {
    if ( names.isEmpty() )
      throw new IllegalStateException(
        "names is empty, no names to remove" );

    rotate( distance );
    names.remove( names.size() - 1 );
  }

  public String play() {
    if ( names.isEmpty() )
      throw new IllegalStateException(
        "names is empty, no names to play with" );

    while ( names.size() > 1 ) {
      rotateAndRemoveLast( ThreadLocalRandom.current().nextInt() );
      System.out.println( names );
    }

    return names.get( 0 );
  }
```

```
  @Override public String toString() {
    return String.join( ", ", names );
  }
}
```

Listing 15.19 com/tutego/exercise/util/MusicalChairsGame.java

Die Klasse `MusicalChairs` besitzt eine Objektvariable vom Typ `List`, das die Namen enthält. Zwar wird im Konstruktor ein Vararg-Array übergeben, doch mit Listen sind wir flexibler, wenn wir später die `rotate(…)`-Methode der `Collections`-Klasse nutzen wollen. Der Konstruktor konvertiert das Array in einer Liste und prüft vorher, ob das Array überhaupt Elemente enthält – andernfalls löst der Konstruktor eine Ausnahme aus. Falls der Konstruktor mit `null` aufgerufen wurde, gibt es die übliche `NullPointerException`.

Zu den drei Methoden:

- Unsere `rotate(…)`-Methode macht von der `Collections`-Methode `rotate(…)` Gebrauch. Diese Methode arbeitet *in place*, modifiziert also die Liste. Unsere Liste ist intern und nicht von außen zugänglich.
- `rotateAndRemoveLast(…)` führt zunächst die Rotation durch und löscht anschließend das letzte Listenelement. Doch es gibt einen möglichen Fehler zu melden: Wenn das Spiel mit mehreren Runden gespielt wird, kann durch das wiederholte Aufrufen von `rotateAndRemoveLast(…)` die Liste leer werden. Diesen Fall prüft die erste Fallunterscheidung und löst bei einer leeren Liste eine Ausnahme aus. Gibt es mehr als ein Element, rotieren wir die Liste und löschen das letzte Element aus der Liste. Eine `ArrayList` hat keine dedizierte Methode zum Löschen des letzten Elementes. Würden wir statt `ArrayList` eine `LinkedList` nehmen, dann gäbe es eine Methode `removeLast()` aus der Schnittstelle `Deque`.
- Die Methode `play()` führt das Spiel durch, und auch hier muss gelten, dass die Liste nicht leer sein darf. Die `while`-Schleife führt den Rumpf so lange aus, bis die Anzahl der Elemente in der Liste `1` wird. Befindet sich mehr als ein Name in der Liste, wird die Liste rotiert und ausgegeben. Nach den Schleifendurchläufen enthält die Liste genau ein Element. Wir greifen auf das erste Element zurück. Auch hier bietet eine `List` keine spezielle Methode zum Abgreifen des ersten Elementes. Anders sieht das bei Datenstrukturen aus, die die Schnittstelle `Queue` implementieren: Hier gibt es die Methode `remove()`.
- Die `toString()`-Methode greift auf die statische Methode `String.join(…)` zurück, denn das ist die einfachste Möglichkeit, einen kommaseparierten String mit den Elementen zu erzeugen.

Aufgabe 15.2.14: Fragespiel mit Planeten programmieren

```
List<Planet> shuffledPlanets = new ArrayList<>( Arrays.asList(
  Planet.values() ) );
Collections.shuffle( shuffledPlanets );

for ( Planet question : shuffledPlanets ) {
  System.out.printf( "What is the diameter of planet %s (in km)?%n",
    question.name );

  List<Planet> misleadingPlanets =
    new ArrayList<>( Arrays.asList( Planet.values() ) );
  misleadingPlanets.remove( question );
  Collections.shuffle( misleadingPlanets );

  List<Planet> choicePlanets = misleadingPlanets.subList( 0, 3 );
  choicePlanets.add( question );
  Collections.shuffle( choicePlanets );
  choicePlanets.forEach( planet ->
    System.out.println( planet.diameter + " km" ) );

  if ( new Scanner( System.in ).nextInt() != question.diameter )
    System.out.printf( "Wrong! The diameter of %s is %d km.%n%n",
      question.name, question.diameter );
  else
    System.out.printf( "Correct!%n%n" );
}
```

Listing 15.20 com/tutego/exercise/util/PlanetQuiz.java

Der Lösungsvorschlag geht in verschiedenen Phasen vor. In der ersten Phase wird eine neue `List` aufgebaut und dann mit der Methode `shuffle(…)` durcheinandergewürfelt. Jetzt können wir mit der erweiterten `for`-Schleife über diese durcheinandergewürfelten Planeten laufen und für jeden dieser Planeten eine Frage stellen, die beantwortet werden muss.

Der nächste Schritt ist, zu dem bekannten Planeten drei zufällige Planeten auszuwählen. Es gilt dabei zu berücksichtigen, dass in der zufälligen Auswahl nicht noch einmal der abgefragte Planet vorkommt. Daher bauen wir eine weitere Liste auf, entfernen die Antwort der Frage (es kommt uns sehr entgegen, dass die Aufzählungselemente die `equals(Object)`-Methode implementieren), würfeln diese Liste durcheinander, wählen drei Planeten aus dieser Liste aus, hängen die Antwort an die Liste und würfeln diese Liste wieder durch. Damit ist garantiert, dass die Antwort nicht immer an der gleichen Position ist und dass die drei alternativen Antworten unterschiedlich sind.

Es verbleiben die Ausgabe auf dem Bildschirm und die Abfrage. Ist der Planetendurchmesser nicht korrekt, wird die Lösung angezeigt.

Aufgabe 15.3.1: Teilmengen bilden, Gemeinsamkeiten herausfinden

In der Aufgabe ist die Schnittmenge gesucht, die sich nicht direkt mit einer einzigen Operation bilden lässt. Es gibt keine Methode in `Collections` oder in `Set` bzw. den Implementierungen, die eine Menge mit den Elementen aus beiden Mengen liefert. Wir gehen daher einen Umweg.

```
Set<String> me = new HashSet<>();
Collections.addAll( me, "Candy making", "Camping", "Billiards",
  "Fishkeeping", "Eating", "Action figures", "Birdwatching", "Axe throwing" );
Set<String> she = new HashSet<>();
Collections.addAll( she, "Axe throwing", "Candy making", "Camping",
  "Action figures", "Casemodding", "Skiing", "Satellite watching" );

Set<String> smallerSet, largerSet;
if ( me.size() < she.size() ) {
  smallerSet = me; largerSet = she;
} else {
  smallerSet = she; largerSet = me;
}

Set<String> intersection = new HashSet<>( smallerSet );
intersection.retainAll( largerSet );
System.out.println( intersection );

System.out.printf( "Liste 'me' stimmt zu %d %% mit der Liste 'she' ➲
  überein.%n", (intersection.size() * 100) / me.size() );
System.out.printf( "Liste 'she' stimmt zu %d %% mit der Liste 'me' ➲
  überein.%n", (intersection.size() * 100) / she.size() );
```

Listing 15.21 com/tutego/exercise/util/DatingCompatibility.java

Im ersten Schritt bauen wir eine Kopie einer der beiden Mengen auf. Für die Funktionsweise ist es egal, welche Menge wir kopieren; wir nehmen die kleinere Menge aus einem Grund, den wir uns gleich anschauen werden. Der Grund für die Kopie ist, dass die folgende Methode die Menge modifiziert, und wir wollen auf keinen Fall die eingehenden Mengen modifizieren; möglicherweise sind die in die Methode übergebene Mengen auch unveränderlich, das heißt, es würde zu Ausnahmen kommen.

Nach dem Aufbau der Kopie greifen wir auf die `Set`-Methode `boolean retainAll(Collection<?>)` zurück. Sie modifiziert das Objekt, auf dem die Methode aufgerufen wird, und belässt nur die Elemente in der eigenen Menge, die auch in der übergebenen Sammlung vorhanden sind. Das ist effektiv die Bildung einer Schnittmenge. Interessant an der Signatur sind zweierlei Dinge:

1. Der Parameter ist keine Menge, sondern eine beliebige `Collection`. Das heißt, wir könnten auch eine Liste übergeben. Wenn in der Liste auch Elemente mehrfach vorkommen, wäre das egal.
2. Zudem ist bei `retainAll(Collection<?>)` das `<?>` interessant, dass der Typ der übergebenen Sammlung irrelevant ist. Intern werden die Objekte mit `equals(…)` verglichen.

Die Implementierung von `retainAll(…)` ist einfach:

```
public boolean retainAll( Collection<?> c ) {
  Objects.requireNonNull( c );
  boolean modified = false;
  Iterator<E> it = iterator();
  while ( it.hasNext() ) {
    if ( !c.contains( it.next() ) ) {
      it.remove();
      modified = true;
    }
  }
  return modified;
}
```

Listing 15.22 Aus der OpenJDK-Implementierung von java.util.AbstractCollection

Die Standardimplementierung läuft die eigene Menge mit einem `Iterator` ab und fragt mit `contains(…)` nach, ob das Element in der übergebenen Sammlung vorkommt. Wenn ja, wird das Element über den `Iterator` entfernt. Wenn die übergebene `Collection` eine Liste ist, dann ist die `contains(…)`-Methode im Schnitt teurer, als wenn die Abfrage auf einem `TreeSet` oder `HashSet` erfolgt.

Mit diesem Wissen kommen wir auf die Tatsache zurück, dass wir die kleineren der beiden Mengen kopiert haben. Das hat zwei Konsequenzen:

1. Zum einen ist das Kopieren von kleinen Datenstrukturen schneller und speicherschonender als das Kopieren von großen Sammlungen.
2. Zum anderen zeigt uns die OpenJDK-Implementierung von `retainAll(…)`, dass der Iterator über die eigene Menge läuft, das heißt, wenn die eigene Menge kleiner ist, werden weniger Elemente besucht. Man kann dem entgegensetzen, dass immer

gegenüber einer größeren (oder gleich großen) Menge getestet werden muss, doch wenn insgesamt weniger Abfragen gemacht werden, ist das im Schnitt schneller.

Nach dem Bilden der Schnittmenge setzen wir die Größe der Schnittmenge mit der Anzahl der Hobbys der beiden Personen ins Verhältnis. Haben die beiden Personen eine unterschiedliche Anzahl von Hobbys, ist die prozentuale Übereinstimmung nicht gleich; das wäre sie nur dann, wenn beide Partner eine gleiche Anzahl von Hobbys angeben. Die Programmausgabe in unserem Beispiel ist:

```
[Candy making, Axe throwing, Camping, Action figures]
Liste 'me' stimmt zu 50 % mit der Liste 'she' überein.
Liste 'she' stimmt zu 57 % mit der Liste 'me' überein.
```

Quiz 15.3.2: Tolle Schwerter

Die Ausgabe ist

```
true false [Khanda]
```

Eine Ausnahme gibt es nicht.

Es gibt in Java zwei Möglichkeiten für Ordnungen: Entweder können sich die Objekte selbst untereinander vergleichen, dann implementieren die Klassen die Schnittstelle `Comparable` oder ein `Comparator` schaut sich zwei Objekte an und entscheidet, wie die Ordnung zwischen den beiden Objekten ist. In unserem Beispiel implementiert die Klasse die Schnittstelle `Comparable` für eine natürliche Ordnung, doch die `compareTo(…)`-Methode liefert konstant `0` zurück. Die Bedeutung wäre, dass alle Objekte dann gleich wären, egal, wie ihr Zustand `name` ist. Die belegten Namen fließen in die Vergleichsmethode überhaupt nicht ein.

Beim Einfügen der Elemente in ein `Set` wird nur dann ein Element aufgenommen, wenn nicht schon ein gleichwertiges Element in der Menge ist. Üblicherweise greifen die Datenstrukturen auf die `equals(…)`-Methode zurück. `TreeSet`, das eine sortierte Menge ist, ist eine Ausnahme, weil die Implementierung die `equals(…)`-Methode nicht braucht und über `compareTo(…)` ablesen kann, ob zwei Objekte gleichwertig sind. Ob daher eine eigene `equals(…)`-Methode implementiert ist oder eine Ausnahme auslöst, ist egal, da `equals(…)` in dem Szenario nicht aufgerufen wird.

Die `main(…)`-Methode gibt drei Dinge aus: zweimal die Rückgaben der Hinzufügenmethode `add(…)` und den Inhalt der Menge über die `toString()`-Repräsentation. Die `add(…)`-Methode des Sets gibt einen `boolean`-Wert zurück, ob ein Element in die Menge aufgenommen wurde. Im ersten Fall wird ein String hinzugefügt, also ist die Rückgabe `true`. Beim zweiten Aufruf der `add(…)`-Methode erkennt das `TreeSet`, dass laut `Comparable` der zweite String gleichwertig mit einem schon existierenden Element der Menge ist. Gleiche Elemente werden nicht überschrieben und ersetzt, sondern das Element wird verworfen. Da nichts hinzugenommen wird, liefert die add(…)-Methode false zurück. Bei der toString()-Repräsentation der Menge taucht nur das erste eingefügte Element auf.

Aufgabe 15.3.3: Doppelte Elemente aus Arrays entfernen

```
public static double[] unique( double... values ) {

  if ( values.length < 2 )
    return values;

  Set<Double> valuesSet = new LinkedHashSet<>( values.length / 4 );

  for ( double value : values )
    valuesSet.add( value );

  if ( valuesSet.size() == values.length )
    return values;

  double[] result = new double[ valuesSet.size() ];
  int i = 0;
  for ( Double value : valuesSet )
    result[ i++ ] = value;

  return result;
}
```

Listing 15.23 com/tutego/exercise/util/UniqueArrayElements.java

Die Lösung kann gut mithilfe der Datenstruktur LinkedHashSet erreicht werden. Ein LinkedHashSet hat den Vorteil, dass auf der einen Seite die Reihenfolge der eingefügten Elemente erhalten bleibt und die Datenstruktur auf der anderen Seite trotzdem eine Menge ist und die Elemente nur einmal enthält. Die Lösung ist durch ein paar Sonderprüfungen ein paar Zeilen länger, aber diese Optimierungen sind nicht verkehrt.

Im ersten Schritt prüft die Methode, ob sich im Array kein oder nur ein Element befindet. Wenn ja, geben wir das Array direkt zurück. Durch den Zugriff auf das Attribut length bekommen wir zudem eine Prüfung auf null geschenkt, denn wenn null übergeben wird, gibt es die gewünschte NullPointerException.

Bei mehr als zwei Elementen könnte es Duplikate geben. Erst jetzt muss eine Instanz von LinkedHashSet angelegt werden. Die Größenschätzung ist schwierig, da wir nicht wissen, ob viele Elemente doppelt vorkommen oder nicht; daher ist ein Viertel der Ausgangsgröße vielleicht zu viel oder zu wenig, das müssen praktische Tests zeigen.

Im folgenden Schritt läuft die erweiterte for-Schleife das primitive Array ab und setzt jeden Wert in die Datenstruktur. Es findet dabei ein Boxing statt, das heißt, die primitiven Werte vom Typ double werden in die Wrapper-Objekte vom Typ Double gepackt. Anders als bei Ganzzahlenwerten führt Double bei valueOf(…) keine Optimierung durch und greift nicht auf einen Cache zurück. Es entstehen daher immer so viele Wrapper-Objekte, wie es Elemente im Array gibt.

Nach dem Füllen des LinkedHashSet vergleicht unsere Methode die Größe der Datenstruktur mit der Größe des Arrays, und falls beide gleich viel Elemente haben, waren alle Elemente unterschiedlich. Wir können in dem Fall direkt das Array zurückgeben und die Datenstruktur vergessen.

Sind in der Datenstruktur weniger Elemente als im Array, muss ein kleines Array aufgebaut werden, das genauso viele Elemente enthält wie die Menge. Dieses Mal läuft eine erweiterte for-Schleife über die Datenstruktur, was der Java-Compiler automatisch durch einen Iterator und Aufrufen von hasNext() und next() umsetzt. Der Iterator eines LinkedHashSet-Objekts berücksichtigt die Reihenfolge der eingefügten Elemente. Die vom Iterator gelieferten Double-Objekte werden durch Unboxing ausgepackt und als double-Eintrag hintereinander in das Array gesetzt.

Aufgabe 15.3.4: Alle in einem Wort enthaltenen Wörter ermitteln

```
private static final int MIN_WORD_LENGTH = 3;

private static Collection<String> substrings( String string ) {
  Collection<String> result = new ArrayList<>(
      (int)(string.length() * (string.length() - 3L) / 2 + 1) );

  for ( int startIndex = 0; startIndex < string.length(); startIndex++ )
    for ( int len = MIN_WORD_LENGTH; len <= string.length() - startIndex;
      len++ )
      result.add( string.substring( startIndex, startIndex + len ) );

  return result;
}

public static Collection<String> wordList( String string,
  Collection<String> words ) {
  Collection<String> result = new ArrayList<>();
```

```
  for ( String substring : substrings( string.toLowerCase() ) )
    if ( words.contains( substring ) )
      result.add( substring );

  return result;
}
```

Listing 15.24 com/tutego/exercise/util/WordSequence.java

Bevor wir die Methode `wordList(…)` mit Wörterbuchzugriff realisieren, soll eine andere Methode implementiert werden: `substrings(String)`. Die Methode liefert eine Sammlung aller möglichen Teil-Strings. Im Kern besteht die Methode aus zwei ineinandergeschachtelten Schleifen. Die äußere Schleife gibt die Startposition vor, die innere Schleife generiert alle Längen ab mindestens drei Zeichen, bis zur maximalen String-Länge. Die Mindestgröße wird über eine Konstante bestimmt, sodass sie sich leicht ändern lässt.

Die Ergebnisse werden in einer internen Liste aufgebaut. Die Größe der Liste lässt sich berechnen. Die merkwürdige Typumwandlung hat den Hintergrund, dass wir bei der Multiplikation zweier großer `int`-Werte den Wertebereich sprengen. Die Subtraktion mit `3L` erzwingt eine Konvertierung in `long`, und später ändert die explizite Typumwandlung das `long` wieder in ein `int`.

Über die `String`-Methode `substring(…)` wird ein Teil-String gebildet und der Ergebnismenge hinzugefügt. Als Datenstruktur wählen wir eine `ArrayList`, da sie sehr platzsparend ist und später sequentiell von vorne nach hinten abgelaufen wird. Außerdem können wir die Anzahl der zu erwartenden Elemente im Vorfeld bestimmen, sodass zur Laufzeit das interne Array nicht vergrößert werden muss.

Die Implementierung von `wordList(…)` ist mit der Vorarbeit kurz. Auch hier wird wieder eine `ArrayList` als Container und Rückgabe aufgebaut, und in der Schleife wird genau dann ein Wort in diesem Container gelegt, wenn das Wort im übergebenen Wörterbuch vorkommt.

Aufgabe 15.3.5: Fast Gleiches richtig sortieren

Fassen wir noch einmal zusammen, was die Aufgabenstellung fordert: Die Eingabe besteht aus Strings, die in eine Reihenfolge gebracht werden müssen. Die Reihenfolge ergibt sich durch den numerischen Wert der Strings. Die numerischen Repräsentationen könnten allerdings gleich sein, auch wenn die Strings nicht gleich sind.

Zum Sortieren können wir auf eine sortierte Datenstruktur wie das `TreeSet` zurückgreifen, oder wir setzen die Elemente in eine Liste und sortieren sie später. Egal, welchen Ansatz wir wählen, wir brauchen ein besonderes Ordnungskriterium. Hierfür bietet sich ein `Comparator` an.

```
Comparator<String> comparator =
    Comparator.comparing( (String s) -> new BigDecimal( s ) )
              .thenComparing( Comparator.naturalOrder() );

SortedSet<String> sortedNumbers = new TreeSet<>( comparator );
Collections.addAll( sortedNumbers,
    "-13.123", "0", "0", "10101010", "10101010.0", "0.0", "-0.0" );

System.out.println( sortedNumbers );
```

Listing 15.25 com/tutego/exercise/util/SortEquallyBigNumbers.java

Der `Comparator` muss zwei Dinge berücksichtigen. Wenn die Strings in ihre numerische Repräsentation konvertiert werden und diese Werte echt größer oder kleiner sind, ist die Entscheidung schon gefallen. Führt die Konvertierung allerdings zu gleichwertigen Ergebnissen, müssen wir ein weiteres Ordnungskriterium einführen, und das ist die natürliche Ordnung der Strings. Es ist eher Zufall, dass das Minuszeichen in der lexikografischen Ordnung vor den Ziffern liegt, sodass `-0.0` und `0` in der richtigen Reihenfolge erscheinen.

Den `Comparator` können wir mit der statischen Methode `comparing(…)` aufbauen; die Methode erwartet einen Extraktor. In unserem Fall müssen wir nichts aus einem komplexen Objekt extrahieren, sondern wir konvertieren den `String` in ein `BigDecimal`. Das Ergebnis ist ein `Comparator<String>`, der numerische Werte korrekt vergleicht, aber bei zwei gleichen numerischen Repräsentationen `0` liefert. In dem Fall müssen wir das zweite Ordnungskriterium auswerten. Das geht mit `comparing(…)`, wobei hier Strings verglichen werden sollen. Da `String`-Objekte eine natürliche Ordnung haben, können wir mit `Comparator.naturalOrder()` einen `Comparator` erfragen, der die natürliche Ordnung für String-Vergleiche zugrunde legt.

Mit dem `Comparator` können wir eine sortierte Menge aufbauen. Wir fügen dieser Menge Strings mit den Zahlen hinzu und geben die Menge mit der `toString()`-Repräsentation aus. Wir werden dann die Sortierung ablesen können.

Aufgabe 15.3.6: Mit einem UniqueIterator doppelte Elemente ausschließen

Der neue Iterator ist ein Dekorator um einen existierenden Iterator, von dem die eigentlichen Daten stammen. Da uns der ursprüngliche Iterator aber wiederholt schon übermittelte Elemente liefern kann, müssen wir uns merken, ob Elemente schon einmal vorgekommen sind. Für diese Aufgabe bietet sich eine Menge optimal an. Eine Datenstruktur wie ein `HashSet` beantwortet sehr schnell die Frage, ob ein Element in der Menge vorkommt oder nicht. Im Prinzip müssen wir bei der Lösung also so vorgehen, dass, wenn wir ein Element in dem neuen Iterator beziehen, wir im Hintergrund so lange den internen Iterator fragen müssen, bis ein neues Element geliefert wird. Das wäre an sich relativ einfach, aber wir dürfen die Implementierung der Methode hasNext() nicht vergessen. Daher müssen wir die Implementierung etwas anders aufziehen, und das zeigt dieser Lösungsansatz.

```
class UniqueIterator<E> implements Iterator<E> {

  private final Iterator<? extends E> iterator;
  private final Set<E> hasSeenSet = new HashSet<>();
  private E next;

  public UniqueIterator( Iterator<? extends E> iterator ) {
    this.iterator = iterator;
    next = lookahead();
  }

  private E lookahead() {
    while ( iterator.hasNext() ) {
      E next = iterator.next();
      if ( ! hasSeenSet.contains( next ) )
        return next;
    }
    return null;
  }

  @Override
  public boolean hasNext() {
    return next != null;
  }

  @Override
  public E next() {
    E result = next;
    hasSeenSet.add( result );
    next = lookahead();
    return result;
  }
}
```

Listing 15.26 com/tutego/exercise/util/UniqueIteratorDemo.java

Der Konstruktor der Klasse nimmt den Original-Iterator entgegen und speichert die Referenz in einer internen Objektvariablen. Zusätzlich gibt es zwei weitere Objektvariablen: eine für die Menge der schon gesehenen Elemente, die andere referenziert das nächste Element. next wird null sein, wenn der Original-Iterator kein Element mehr liefern kann. Der Konstruktor hat eine zweite Aufgabe, nämlich das erste Element zu beziehen. Im Mittelpunkt steht hier die Methode lookahead().

Die Methode lookahead() geht an den Original-Iterator und fragt ihn so lange ab, bis es ein Element gibt, das noch nicht in der Menge der schon gesehenen Elemente vorkam. Falls der Iterator keine Elemente mehr liefern kann, so kann auch der neue UniqueIterator keine Elemente mehr liefern, und die Methode liefert null. Findet der interne Iterator ein Element, das noch nicht in der Menge vorkommt, so liefert lookahead() dieses Element zurück.

Fassen wir zusammen: Wenn der Konstruktor aufgerufen wird, wird gleich das erste Element über den internen Iterator erfragt und in der Variablen next abgelegt. Ist next gleich null, dann gab es in dem darunterliegenden Iterator kein Element.

Für einen Iterator sind zwei Methoden zu überschreiben:

1. Die Implementierung von hasNext() ist dementsprechend einfach: Wenn next ungleich null ist, dann gibt es ein Element. Die Aktualisierung übernimmt next().
2. Bei der Methode next() merken wir uns zunächst in einer Zwischenvariablen result die Belegung von next. Wird die Methode next() von außen aufgerufen, dann muss das Ergebnis in die Menge der schon gesehenen Elemente aufgenommen werden, damit es für das nächste Mal als bekannt gilt.

   Die Objektvariable next wird mit der lookahead() Methode für den nächsten Aufruf der Iterator-Methoden aktualisiert. Es kann sein, dass es ein nächstes Element gibt – dann wird next ungleich null sein –, oder es gibt kein Element, und next ist null. Nach der Aktualisierung der Variablen next steht in result der vorherige Wert, den die Methode next() zurückliefert.

So weit zum Algorithmus. Iteratoren sind, wie viele andere Datentypen, generische Typen. Auch wir nutzen diese Möglichkeit. Die Klasse UniqueIterator hat einen Typparameter E, der von der Schnittstelle Iterator geerbt wird. Das lässt sich an der next() Methode ablesen, die etwas vom Typ E liefert. Interessant wird diese Typvariable im Konstruktor, der einen Iterator<? extends E> annimmt, also nicht nur einen Iterator<E> erwartet, sondern mehr Möglichkeiten zulässt. <? extends E> drückt aus, dass der Original-Iterator Untertypen von E enthalten kann. Mit anderen Worten: Wenn wir z. B. einen UniqueIterator mit einem Typargument Object deklarieren, dann kann der interne darunterliegende Iterator beispielsweise String liefern, denn String extends Object.

Aufgabe 15.4.1: Zweidimensionale Arrays in Map konvertieren

```
public static Map<String, String> convertToMap( String[][] array ) {

  if ( array.length == 0 )
    return Collections.emptyMap();

  if ( array.length == 1 )
    return Collections.singletonMap( Objects.requireNonNull( array[ 0 ][ 0 ] ),
                                     Objects.requireNonNull( array[ 0 ][ 0 ] ) );

  Map<String, String> result = new HashMap<>( Math.max( array.length, 16 ) );

  for ( String[] row : array )
    result.put( Objects.requireNonNull( row[ 0 ] ),
                Objects.requireNonNull( row[ 1 ] ) );

  return result;
}
```

Listing 15.27 com/tutego/exercise/util/ConvertToMap.java

Mehrdimensionale Arrays sind in Java nichts anderes als Arrays, die andere Arrays referenzieren. Bei einem zweidimensionalen Array haben wir ein Haupt-Array, anschaulich für die Spalte, das viele kleine Arrays für die Zeilen referenziert.

Im Programmcode zeigen sich zwei Besonderheiten:

1. die Optimierung für leere Arrays und Arrays mit nur einem Schlüssel-Wert-Paar
2. die Prüfung auf `null`

Arrays sind in Java Objekte, da kommen Referenzen ins Spiel, die `null` sein können. Die erste Abfrage auf die Länge des Haupt-Arrays wird eine `NullPointerException` auslösen, wenn `null` an die Methode übergeben wurde. Existieren die Zeilen-Arrays nicht und sind `null`, wird der Zugriff über `array[index]` ebenfalls eine `NullPointerException` auslösen. Später vorkommende Aufrufe von `Objects.requireNonNull(…)` testen auf der Ebene der Elemente daraufhin, dass diese nicht `null` sind, und sonst löst die Methode eine Ausnahme aus.

Assoziativspeicher haben einen deutlich höheren Speicherbedarf als z. B. ein Array. Für zwei Sonderfälle können wir den Speicherbedarf deutlich reduzieren, und zwar wenn eine `Map` keine Elemente enthält und wenn eine `Map` nur ein Schlüssel-Wert-Paar enthält. Die Klasse `Collections` bietet zwei besondere Methoden zum Aufbau leerer Assoziativspeicher und solche mit nur einem Pärchen: die Methoden `emptyMap()` und `singletonMap(…)`.

Erst dann, wenn es mehr als ein Element gibt, wird eine HashMap aufgebaut; die Kapazität wird mit der Anzahl der Zeilen des Arrays vorinitialisiert, aber mindestens mit 16. Doch was ist die Kapazität? Die Kapazität ist eine Art Puffer. Eine HashMap hat einen DEFAULT_LOAD_FACTOR, der standardmäßig bei 75 % steht; kommen neue Elemente hinzu und hat der Assoziativspeicher die Kapazität von 75 % erreicht, wird ein sogenanntes *Rehashing* durchgeführt. Die HashMap wird vergrößert, alle Elemente werden neu eingeteilt. Diese Kosten will man natürlich reduzieren. Geben wir die initiale Kapazität für 16 Elemente vor, kann die HashMap 12 Elemente ohne Rehashing direkt aufnehmen. Mit diesem Wissen könnten wir auch mit array.length / 0.75 + 1 arbeiten und damit die optimale Größe berechnen, doch nehmen wir an, wir haben ein sehr großes Array, dann führt die Multiplikation mit 1,3 zu einem Überlauf, die Zahl wird negativ, und dann gibt es eine Ausnahme im HashMap Konstruktor. Das sind schon sehr extreme Sonderfälle, doch wenn wir herausragende Softwareentwickler sein wollen, müssen wir auf so etwas achten.

Wir können eine HashMap nutzen, weil die Aufgabenstellung sagt, dass equals(…) und hashCode() implementiert sind. Wir hätten ein Problem, wenn die beiden Methoden nicht korrekt implementiert wären, wobei die Wahrscheinlichkeit groß wäre, dass trotzdem alle Einträge des Arrays in den Assoziativspeicher aufgenommen würden, denn wenn equals(…) und hashCode() nicht überschrieben würden, wäre aus der Oberklasse Object jedes nichtidentische Objekt auch nicht gleichwertig mit einem anderen Objekt sein, und der Hashcode wäre mit großer Wahrscheinlichkeit immer unterschiedlich, sodass die Objekte untereinander keine Verbindung hätten.

Enthält also das Array mehr als ein Element, wird eine HashMap aufgebaut, das Array wird abgelaufen, und die Schlüssel-Wert-Paare werden dem Assoziativspeicher hinzugefügt.

Es gibt einen feinen Unterschied in der Rückgabe: Bei keinem oder einem Element ist die Rückgabe ein immutable Assoziativspeicher. Bei mehr als zwei Einträgen bekommen wir eine veränderbare Datenstruktur zurück.

Aufgabe 15.4.2: Text in Morsecode konvertieren und umgekehrt

```
class Morse {
  private final Map<Character, String> charToMorse = new HashMap<>();
  private final Map<String, Character> morseToChar = new HashMap<>();

  Morse() {
    charToMorse.put( 'a', ".-" );
    charToMorse.put( 'b', "-..." );
    charToMorse.put( 'c', "-.-" );
    charToMorse.put( 'd', "-.." );
    charToMorse.put( 'e', "." );
```

```
    charToMorse.put( 'f', "..-." );
    charToMorse.put( 'g', "--." );
    charToMorse.put( 'h', "...." );
    charToMorse.put( 'i', ".." );
    charToMorse.put( 'j', ".---" );
    charToMorse.put( 'k', "-." );
    charToMorse.put( 'l', ".-.." );
    charToMorse.put( 'm', "--" );
    charToMorse.put( 'n', "-." );
    charToMorse.put( 'o', "---" );
    charToMorse.put( 'p', ".--." );
    charToMorse.put( 'q', "--.-" );
    charToMorse.put( 'r', ".-." );
    charToMorse.put( 's', "..." );
    charToMorse.put( 't', "-" );
    charToMorse.put( 'u', "..-" );
    charToMorse.put( 'v', "...-" );
    charToMorse.put( 'w', ".--" );
    charToMorse.put( 'x', "-..-" );
    charToMorse.put( 'y', "-.--" );
    charToMorse.put( 'z', "--.." );
    charToMorse.put( '1', ".----" );
    charToMorse.put( '2', "..---" );
    charToMorse.put( '3', "...--" );
    charToMorse.put( '4', "....-" );
    charToMorse.put( '5', "....." );
    charToMorse.put( '6', "-...." );
    charToMorse.put( '7', "--..." );
    charToMorse.put( '8', "---.." );
    charToMorse.put( '9', "----." );
    charToMorse.put( '0', "-----" );

    charToMorse.forEach( (character, string) -> morseToChar.put(
      string, character ) );
  }

  public String encode( String string ) {
    StringJoiner result = new StringJoiner( " " );
    for ( int i = 0; i < string.length(); i++ ) {
      char c = string.charAt( i );
      if ( c == ' ' )
        result.add( "" );
      else {
```

```
        String maybeMorse = charToMorse.get( Character.toLowerCase( c ) );
        if ( maybeMorse != null )
          result.add( maybeMorse );
      }
    }
    return result.toString();
  }

  public String decode( String string ) {
    StringBuilder result = new StringBuilder( string.length() / 4 );

    for ( String word : string.split( " {2}" ) ) {
      for ( Scanner scanner = new Scanner( word ); scanner.hasNext(); )
        Optional.of( scanner.next() ).map( morseToChar::get )
                .ifPresent( result::append );
      result.append( ' ' );
    }

    return result.toString();
  }
}
```

Listing 15.28 com/tutego/exercise/util/MorseDemo.java

Für die Abbildung der Buchstaben auf den Morsecode greifen wir auf einen Assoziativspeicher vom Typ `HashMap` zurück. Eine Sortierung der Schlüssel ist nicht erforderlich, daher benötigen wir keine `TreeMap`. Das Codevolumen lässt erahnen, dass der Aufbau der `Map` erst einmal Fleißarbeit ist.

Da wir eine Konvertierung in zwei Richtungen benötigen, greifen wir auf zwei Maps zurück. Die erste `Map`, `charToMorse`, assoziiert das Zeichen mit dem Morsecode, die zweite `Map`, `morseToChar`, assoziiert den Morsecode mit dem Zeichen. Die zweite `Map` können wir aus der ersten aufbauen. Dazu wird die erste `Map` durchlaufen, Schlüssel und Wert extrahiert und in umgekehrter Reihenfolge in die zweite `Map` gesetzt.

Die Methode `encode(String)` läuft den String ab und konvertiert ihn in den Morsecode. Das Ergebnis wird dynamisch aufgebaut, was eigentlich eine typische Aufgabe von `StringBuilder` ist, doch hier wird ein `StringJoiner` eingesetzt. Diese Klasse ist nützlich, weil sie zum einen eine dynamische Datenstruktur für Zeichenfolgen ist, und zum anderen, weil sie ein Ergebnis produziert, in dem die einzelnen Teilzeichenfolgen durch einen benutzerdefinierten Separator getrennt werden können, in unserem Fall ein Leerzeichen.

Eine einfache for-Schleife besucht jedes Zeichen. Falls das Zeichen ein Leerzeichen ist, setzen wir einen Leer-String in den StringJoiner, was zu zwei Leerzeichen im Ergebnis führt. Warum? Weil " " + "" + " " eben " " ergibt. Falls kein Leerzeichen betrachtet wird, konvertieren wir das Zeichen in einen Kleinbuchstaben und fragen dann den Assoziativspeicher charToMorse ab. Die get(…)-Methode liefert null, wenn es für das Zeichen keinen entsprechenden Morsecode gibt. In dem Fall ist nichts zu tun. Sonst übergeben wir den Morsecode an den StringJoiner.

Die Methode decode(String) geht den umgekehrten Weg. Wir bekommen einen langen String aus Morsecode-Sequenzen, die in den ursprünglichen Text zurückkonvertiert werden müssen. Das Ergebnis der Methode ist ein String, der dynamisch über den StringBuilder aufgebaut wird. Wir initialisieren ihn mit einer Kapazität und schätzen ab, wie groß das Ergebnis sein wird; wir schätzen, dass er ein Viertel der Originalgröße des Eingangs-Strings sein wird.

Die Morsewörter sind durch zwei Leerzeichen getrennt, sodass wir als Erstes die Wörter erfragen wollen. split(" {2}") liefert uns alle Wörter; natürlich funktioniert auch ein String mit zwei Leerzeichen, aber der wäre im Code nicht so gut sichtbar.

Die in Morsecode konvertierten Buchstaben und Ziffern sind durch Leerzeichen getrennt. Der Scanner hilft bei der Zerlegung, ein StringTokenizer oder ein split(…) würden es auch tun. Mit der extrahierten Teilzeichenfolge wird die zweite Datenstruktur morseToChar abgefragt. Die Symbolfolge könnte nicht vorhanden sein und get(…)auf der Map morseToChar dann null liefern. Mit Optional können wir sehr gut diese Kaskade ausdrücken:

1. Baue ein Optional mit dem Token auf, das wird nie null sein.
2. Mappe das Token auf den Eintrag aus morseToChar. Wenn die Map keinen assoziierten Wert hat, wird das Optional leer.
3. Hänge den assoziierten Wert an den StringBuilder an, sofern es eine Assoziation gab.

Natürlich lässt sich auch bei encode(…) ein Optional einsetzen, der Lösungsvorschlag spielt nur ein wenig mit den Alternativen.

Zum Schluss konvertieren wir den StringBuilder in einen String und liefern das Ergebnis zurück.

Aufgabe 15.4.3: Worthäufigkeit mit Assoziativspeicher merken

```
public static final int LIMIT = 5;

public static List<String> importantGossip( String... words ) {

  Map<String, Integer> wordOccurrences = new HashMap<>( words.length );
```

```
  for ( String word : words )
    wordOccurrences.merge( word, 1, Integer::sum );

  Comparator<Map.Entry<String, Integer>> compareByWordOccurrence =
      Comparator.comparingInt( (ToIntFunction<Map.Entry<String, Integer>>)
        Map.Entry::getValue )
                .reversed()
                .thenComparing( Map.Entry::getKey );

  SortedSet<Map.Entry<String, Integer>> sortedSet =
    new TreeSet<>(compareByWordOccurrence );
  sortedSet.addAll( wordOccurrences.entrySet() );

  List<String> result = new ArrayList<>( LIMIT );
  for ( Map.Entry<String, Integer> element : sortedSet ) {
    result.add( element.getKey() );
    if ( result.size() >= LIMIT )
      break;
  }

  return result;
}
```

Listing 15.29 com/tutego/exercise/util/ImportantGossip.java

Der Lösungsvorschlag geht in drei Schritten vor: Zunächst wollen wir für alle Wörter im Text die Häufigkeit zählen. Im zweiten Schritt wird nach der Häufigkeit sortiert. Im dritten Schritt werden die ersten fünf Elemente der sortierten Datenstruktur entnommen und für die Rückgabe vorbereitet.

Zum Merken von Häufigkeiten greifen wir auf einen Assoziativspeicher zurück, der einen String mit einer Ganzzahl, der Häufigkeit, verbindet. Mit einer Schleife laufen wir über alle Wörter und setzen sie in die `Map`. Dabei können wir auf eine praktische Methode von Java 8 zurückgreifen, die Methode `merge(…)`:

```
default V merge(K key, V value, BiFunction<? super V, ? super V, ?
  extends V> remappingFunction)
```

Mit ihr lässt sich entweder bei neuen Schlüsseln ein Initialwert setzen (bei uns `1`) oder bei existierenden Schlüsseln eine Funktion aufrufen, die den alten Wert mit dem neuen Wert (in unserem Fall wieder `1`) verbindet und dann zurückschreibt.

Nach dem Durchlauf der Schleife sind in `wordOccurrences` jedes Wort und seine Häufigkeit gespeichert. Ein Assoziativspeicher kann in zwei verschiedenen Ausprägungen daherkommen: als `HashMap` oder als `TreeMap`. Egal, was wir einsetzen, die Schlüssel stehen im Mittelpunkt, die assoziierten Werte stehen in der zweiten Reihe. In unserem Fall sind aber die assoziierten Werte für die Lösung wichtig. Jede Map bietet eine Methode, mit der wir die Schlüssel-Wert-Paare gemeinsam auslesen können: entrySet(). Das Ergebnis ist eine Menge von Map.Entry-Objekten. Wir können diese Map.Entry-Objekte in eine neue Datenstruktur übernehmen und dann nach der Häufigkeit, die wir mit getValue() aus dem Map.Entry bekommen, sortieren.

Der Lösungsvorschlag setzt ein TreeSet ein, das mit den Map.Entry Objekten aus wordOccurrences gefüllt wird. TreeSet ist eine sortierte Menge, und wir benötigen ein Ordnungskriterium. Die Ordnung der Map.Entry-Objekte bestimmt ein Comparator compareByWordOccurrence. Dieser muss vom Map.Entry-Objekt als erstes Kriterium die Häufigkeit nehmen, und wenn die Häufigkeit gleich ist, soll die lexikografische Ordnung der Wörter als Vergleich dazukommen. Der Comparator lässt sich gut über die statischen und default-Methoden aufbauen, es beginnt mit Comparator.comparingInt(…) zum Entnehmen der Häufigkeit, und da Wörter mit einer großen Häufigkeit vorne stehen müssen und weniger häufige Wörter hinten, müssen wir die Standardreihenfolge umdrehen, das übernimmt reversed(). Falls eine Häufigkeit doppelt vorkommt, schieben wir mit thenComparing(…) den zweiten Comparator nach, der die Ordnung der Wörter als zweites Kriterium einsetzt.

Das TreeSet wird mit dem Comparator compareByWordOccurrence aufgebaut, und alle Map.Entry-Objekte kommen in die sortierte Menge – das TreeSet wird sie automatisch beim Hinzufügen nach der Häufigkeit sortieren. Nun müssen wir von der sortierten Menge lediglich die ersten fünf Elemente auslesen. Das machen wir mit einem Iterator. Dieser wird indirekt von der erweiterten for-Schleife verwendet, mit der wir anfangen, die Menge abzulaufen. Jedes Element wird in unsere Rückgabe gesetzt, die ArrayList. Wenn die ArrayList fünf Elemente groß ist, brechen wir die Schleife ab, und die ArrayList wird zum Schluss zurückgegeben. Falls in der Wortliste weniger als fünf Wörter waren, bricht die Schleife vorher schon ab, und nicht durch die Fallunterscheidung. Dann sind in der ArrayList weniger als fünf Elemente.

Aufgabe 15.4.4: Farben einlesen und vorlesen lassen

```
public class ColorNames {
  public static class Color {
    private final String name;
    private final int rgb;

    private Color( String name, String rgb ) {
      this.name = Objects.requireNonNull( name );
      this.rgb  = decodeHexRgb( rgb );
    }
```

```
    public static int decodeHexRgb( String hexRgb ) {
      if ( ! hexRgb.startsWith( "#" ) )
        throw new IllegalArgumentException( "hex does not start with #" );
      if ( ! (hexRgb.length() == 4 || hexRgb.length() == 7) )
        throw new IllegalArgumentException( hexRgb +
          " is not neither 4 (#RGB) nor 7 symbols (#RRGGBB) long" );

      if ( hexRgb.length() == 4 )
        hexRgb = "#" + hexRgb.charAt( 1 ) + hexRgb.charAt( 1 )
               + hexRgb.charAt( 2 ) + hexRgb.charAt( 2 )
               + hexRgb.charAt( 3 ) + hexRgb.charAt( 3 );
      return Integer.decode( hexRgb );
    }

    @Override public String toString() {
      return String.format( "'%s' is RGB #%06X", name, rgb );
    }
  }

  private final HashMap<Integer, Color> colorMap = new HashMap<>();

  public ColorNames( String filename ) throws IOException {
    for ( String line : Files.readAllLines( Paths.get( filename ) ) ) {
      String[] tokens = line.split( "([\",])+" );
      Color color = new Color( tokens[ 1 ], tokens[ 2 ] );
      colorMap.put( color.rgb, color );
    }
  }

  public Optional<Color> decode( int rgb ) {
    return Optional.ofNullable( colorMap.get( rgb ) );
  }
}
```

Listing 15.30 com/tutego/exercise/util/ColorNames.java

Im Lösungsvorschlag ist die Klasse `Color` als geschachtelte statische Klasse in `ColorNames` eingesetzt. Diese Abhängigkeit ist sinnvoll, denn `Color`-Objekte sind nur im Kontext von `ColorNames` relevant. Das `Color`-Objekt hat die gewünschten Objektvariablen für den Namen und den RGB-Wert und bietet einen Konstruktor, der den Namen und den RGB-Wert annimmt. Die Objektvariablen sind privat, der Konstruktor auch – die äußere Klasse kann den privaten Konstruktor dennoch nutzen, eine

Besonderheit der Java-Sichtbarkeit. Der Konstruktor nimmt den RGB-Wert als String an, das heißt, er muss umkodiert werden. Dafür deklariert die `Color`-Klasse eine eigene Methode.

`int decodeHexRgb(String)` prüft zunächst die Gültigkeit des Strings. Wenn er nicht mit einem # beginnt, ist die Angabe falsch. Auch wenn der String nicht entweder 4 oder 7 Zeichen lang ist, ist das ein Fehler, und es folgt eine `IllegalArgumentException`. Zwar sind die RGB-Werte in der Datei korrekt, doch diese öffentliche Methode ist für alle nutzbar, und falsche Strings sollen auffallen. Wenn die Zeichenfolge nur vier Symbole enthält, dann handelt es sich um die Kurzschreibweise, und der Rot-, Grün-, Blauwert werden verdoppelt. `Integer.decode(…)` liefert dann den entsprechenden RGB-Wert als Ganzzahl.

Auch `ColorNames` hat einen Konstruktor, und dieser nimmt den Dateinamen entgegen. `Files.readAllLines(…)` liest alle Zeilen der Datei ein, und die erweiterte `for`-Schleife läuft sie zeilenweise ab. Jede Zeile wird als String mit der `split(…)`-Methode in Tokens zerlegt, und wir greifen im Array auf das zweite und dritte Element zu – also Index 1 und 2 – und füllen damit den Konstruktor. Das entstandene `Color`-Objekt setzen wir in die `Map`, wobei der RGB-Wert als Ganzzahl der Schlüssel für das damit assoziierte `Color`-Objekt ist.

Die verbleibende Methode `decode(String)` erfragt die `Map`, und diese kann `null` liefern, wenn es keine Assoziation zwischen dem RGB-Wert und einer Farbe gibt. Da wir `null` als Rückgabe vermeiden wollen, hilft `Optional.ofNullable(…)`, dass unbekannte RGB-Werte zu einem `Optional.empty()` werden.

Aufgaben 15.4.5: Namen einlesen und Längen verwalten

```
SortedMap<Integer, List<String>> namesByLength = new TreeMap<>();

InputStream resource = FamilyNamesByLength.class.getResourceAsStream(
  "family-names.txt" );
try ( Scanner scanner = new Scanner( resource ) ) {
  while ( scanner.hasNextLine() ) {
    String name = scanner.nextLine();
    namesByLength.computeIfAbsent( name.length(), __ -> new ArrayList<>() )
                 .add( name );
  }
}

namesByLength.forEach( (len, names) -> System.out.println( len + " " +
  names ) );

for ( int len; (len = new Scanner( System.in ).nextInt()) > 0; ) {
```

```
    int finalLen = len;
    Optional.ofNullable( namesByLength.get( len ) )
            .ifPresentOrElse(
             System.out::println,
             () -> System.out.printf(
             "No words of length %d%n", finalLen ) );
}
```

Listing 15.31 com/tutego/exercise/util/FamilyNamesByLength.java

Der Typ `SortedMap<Integer, List<String>>` steht für die Assoziation einer Ganzzahl mit einer Liste. Bevor die Zeichenfolgen in die Liste aufgenommen werden können, muss die Liste angelegt werden. Ein Programm muss wie folgt vorgehen:

1. Es muss prüfen, ob es zu der Länge schon eine Liste gibt, wenn ja, kann der String angehängt werden.
2. Wenn es zu der Länge noch keinen Eintrag in der `Map` gibt, muss eine Liste mit der Länge assoziiert und in diese Liste das erste Wort mit der Länge aufgenommen werden.

In Code kann das wie folgt ausgedrückt werden:

```
if ( ! namesByLength.containsKey( line.length() ) )
  namesByLength.put( line.length(), new ArrayList<>() );

namesByLength.get( line.length() ).add( line );
```

Es testet `containsKey(…)`, ob für die String-Länge schon eine Liste existiert, und wenn nicht, wird eine neue `ArrayList` für diese String-Länge angelegt. Das Hinzufügen mit `put(…)` in der nächsten Anweisung wird immer gelingen, da es eine Liste für eine Länge garantiert gibt.

Seit Java 8 müssen wir das nicht mehr von Hand ausschreiben, sondern können auf die Default-Methode `computeIfAbsent(…)` zurückgreifen. Die Beschreibung ist etwas kompliziert, leichter ist die Methode am Quellcode zu verstehen:

```
default V computeIfAbsent( K key,
    Function<? super K, ? extends V> mappingFunction ) {
  Objects.requireNonNull( mappingFunction );
  V v;
  if ( (v = get( key )) == null ) {
    V newValue;
    if ( (newValue = mappingFunction.apply( key )) != null ) {
      put( key, newValue );
      return newValue;
```

```
    }
  }

  return v;
}
```

Listing 15.32 Aus der OpenJDK-Implementierung von java.util.Map

Zunächst wird die `get(…)`-Methode aufgerufen, und es gibt zwei Ausgänge:

1. Wenn der Wert nicht `null` ist, wird er direkt zurückgegeben. Für unseren Fall bedeutet das, dass eine Liste für die String-Länge schon aufgebaut wurde.
2. `get(…)` liefert `null` für den Fall, dass es keine Assoziation gab. (Wir ignorieren den Fall, dass mit einem Schlüssel `null` assoziiert sein könnte.) Gibt es keinen assoziierten Wert, wird die übergebene Funktion mit dem Schlüssel aufgerufen. Die Funktion liefert einen Wert, und unter dem Schlüssel wird der Wert abgespeichert, zumindest, wenn er nicht `null` ist. In unserem Fall erzeugt die Funktion eine neue `ArrayList`, und der Name des Schlüssels ist dafür unnötig. Daher blendet das Programm diesen Bezeichner mit zwei Unterstrichen aus. Frage für die Leser: Was spricht statt `__ -> new ArrayList<>()` gegen die Konstruktorreferenz `ArrayList::new`, die ebenfalls funktionieren würde?[3]

`computeIfAbsent(…)` gibt in jedem Fall am Ende die Liste zurück, und wir können `add(…)` kaskadieren.

Nachdem das Programm die Datei Zeile für Zeile eingelesen und die Datenstruktur gefüllt hat, läuft die Methode `forEach(BiConsumer)` der Klasse `Map` über alle Einträge. Unser `BiConsumer` bekommt den Schlüssel und Wert und gibt die Paare auf dem Bildschirm aus.

Der letzte Teil des Programms befindet sich in einer Schleife, die nur dann beendet wird, wenn die Eingabe 0 oder negativ ist. Das Programm fragt nach einer Ganzzahl für die Wortlänge. Anschließend erfragt `get(…)` die Liste, doch das Ergebnis könnte `null` sein, wenn es zur Eingabe keine Liste gibt. `Optional.ofNullable(…)` kann eine mögliche `null` gut in ein `Optional` einpacken, denn wenn es zu dem Schlüssel keinen assoziierten Wert gibt, ist `Optional.isEmpty()` wahr. `ifPresentOrElse(…)` ist wie eine Fallunterscheidung: Enthält das `Optional` einen Wert, gibt unser `Consumer` die Liste mit den Namen aus; gibt es keinen assoziierten Wert, folgt ein Hinweis auf dem Bildschirm, dass kein Wort der gewünschten Länge existiert. Der Trick mit der Zuweisung `int finalLen = len;` ist nötig, weil Lambda-Ausdrücke nur auf finale Variablen zurück-

3 Die Konstruktorreferenz steht für `ArrayList(int)`, also den parametrisierten Konstruktor, es wird also eine `ArrayList` mit der Kapazität aus der Wortlänge angelegt — die Dinge stehen überhaupt nicht in Verbindung.

greifen können, der Zähler `len` sich aber ändert. Die Kopie in eine Zwischenvariable löst das Problem.

Aufgabe 15.4.6: Fehlende Zeichen finden

Die Lösung besteht aus zwei Teilen: Zunächst bauen wir eine für uns optimale Datenstruktur auf, und im nächsten Schritt erfragen wir die Datenstruktur.

```
List<String> words = Arrays.asList( "haus", "maus", "elefant", "klein", "groß" );

Map<String, List<String>> map = new HashMap<>();

// Initialize the map
for ( String word : words ) {
  for ( int index = 0; index < word.length(); index++ )
    map.computeIfAbsent( index + "-" + word.charAt( index ),
                         __ -> new ArrayList<>() ).add( word );
}
```

Listing 15.33 com/tutego/exercise/util/FindMissingLetters.java

Die Aufgabe lässt sich mit unterschiedlichsten Datenstrukturen und Ansätzen lösen. Die hier gewählte Version macht Folgendes: Sie baut eine `Map<String, List<String>>` auf, in der die Position eines Buchstabens mit einer Liste von Wörtern verbunden ist. Nehmen wir als Beispiel `haus` und `maus`. Beide Wörter haben am Index `1` ein `a`. Dieser Verbund zwischen Index und Buchstabe ist der Schlüssel eines Assoziativspeichers. Das Programm soll die Eingabe `"haus"`, `"maus"`, `"elefant"`, `"klein"`, `"groß"` in folgende `Map` überführen:

```
{3-ß=[groß], 1-a=[haus, maus], 4-a=[elefant], 0-e=[elefant], 0-g=[groß],
2-e=[elefant, klein], 0-h=[haus], 3-f=[elefant], 0-k=[klein], 3-i=[klein],
1-l=[elefant, klein], 0-m=[maus], 2-o=[groß], 4-n=[klein], 1-r=[groß],
5-n=[elefant], 3-s=[haus, maus], 2-u=[haus, maus], 6-t=[elefant]}
```

Um die `Map` aufzubauen, läuft eine äußere Schleife über alle Wörter und dann in einer inneren Schleife über jeden Buchstaben des gewählten Wortes. In den Assoziativspeicher kommen das Pärchen aus dem Index, ein Minuszeichen und die Position. Da der Assoziativspeicher nicht direkt diesen Schlüssel mit dem Wort verbindet, sondern die Strings in eine Liste kommen, muss die Liste immer dann neu aufgebaut werden, wenn das erste Wort in die Liste gelegt werden soll. Für solche Aufgabenstellungen eignet sich `computeIfAbsent(K key,Function mappingFunction)` optimal; ist unter dem Schlüssel noch keine Liste assoziiert, wird die Mapping-Funktion aufgerufen und liefert eine neue Liste, die dann mit dem Schlüssel assoziiert wird. Das Ergebnis der Methode `computeIfAbsent(…)` ist der assoziierte Wert, also unsere Liste, in der wir das Wort setzen können.

Im zweiten Teil lässt sich die Datenstruktur abfragen und das Problem mit den ungekannten Zeichen lösen.

```
// Query the data structure
Consumer<String> letterFinder = word -> {
  Set<String> matches = null;
  for ( int index = 0; index < word.length(); index++ ) {
    // Skip unknown chars
    if ( word.charAt( index ) == '_' )
      continue;
    List<String> wordCandidates = map.get(
      index + "-" + word.charAt( index ) );
    // Exit loop if no known entry
    if ( wordCandidates == null ) {
      // Remove possible previous matches for correct console output
      matches = null;
      break;
    }
    // Build a copy and remove words that don't match with the length
    wordCandidates = new ArrayList<>( wordCandidates );
    wordCandidates.removeIf( s -> s.length() != word.length() );
    // Join matches from all known letters
    if ( matches == null )
      matches = new HashSet<>( wordCandidates );
    else
      matches.retainAll( wordCandidates );
  }
  System.out.println( word + " -> " +
    (matches == null || matches.isEmpty() ? "No results" : matches) );
};

List<String> missingLettersWords =
  Arrays.asList( "ha__", "el__a_t", "x", "hi__", "___s", "___s____" );
missingLettersWords.forEach( letterFinder );
```

Listing 15.34 com/tutego/exercise/util/FindMissingLetters.java

Der `Consumer` ist eine Art Unterprogramm, das ein Wort mit Unterstrichen bekommt, dann die Datenstruktur `map` erfragt und auf dem Bildschirm die passenden Wörter ausgibt. Die passenden Wörter werden in einer Menge `matches` gesammelt. Der Algorithmus geht wie folgt vor: Suche von jedem Zeichen alle möglichen Wörter heraus, die an der gleichen Stelle das gleiche Zeichen haben, setze sie in die Menge und bilde später Schnittmengen mit den dazukommenden Zeichen an den folgenden Stellen.

Am Anfang könnte es noch recht viele Kandidaten geben, die an der ersten Stelle zum Beispiel ein `h` haben, doch später wird die Menge immer kleiner, bei Wörtern, die zum Beispiel zusätzlich an der zweiten Stelle ein `a` haben.

Im Programm lässt sich eine große Hauptschleife ausmachen. Sie läuft das Ausgangswort von vorne nach hinten ab, und alle Zeichen an der Stelle `0`, an der Stelle `1` und so weiter werden erfragt. Unbekannte Zeichen sind bei der Erkennung nicht hilfreich (wir können allerdings auch alle Wörter akzeptieren), sodass das Programm zur Schleife zurückkehrt. Ist das Zeichen kein Unterstrich, generieren wir einen Schlüssel aus dem Index, Minuszeichen und dem Zeichen. Mit diesem Schlüssel erfragen wir die `Map`, und wir bekommen im besten Fall eine Liste mit Kandidaten. Möglicherweise gibt es zu diesem Schlüssel aber keine Liste, das heißt, es gibt ein Zeichen in dem Ausgangswort, aber kein Treffer; es gibt keine Lösung, die Menge `matches` wird `null`, und wir können die Schleife abbrechen.

Haben wir zu dem Zeichen eine Liste von passenden Wörtern gefunden, erzeugt das Programm zunächst eine Kopie der Liste und entfernt im zweiten Schritt alle Wörter, die nicht die gleiche Länge wie das Ausgangswort haben. Jetzt muss eine Schnittmenge zwischen den vorherigen Wörtern und den neuen Wörtern unter dem `index` hergestellt werden, denn das Ergebnis muss in beiden Mengen vorkommen. Falls vorher noch keine Wörter gefunden wurden, ist `matches` gleich `null`, und wir bauen eine neue Menge mit den aktuellen Kandidaten auf. Nur beim ersten Treffer wird keine Schnittmenge gebildet; gab es schon Ergebnisse und war `matches` nicht `null`, löscht `retainAll(…)` aus `matches` alle Wörter, die nicht auch in `wordCandidates` vorkommen.

Am Ende der Schleife sind wir über alle bekannten Zeichen gelaufen und haben die Menge `matches` immer wieder reduziert. Eine Konsolenausgabe zeigt uns die Inhalte der Menge an oder eine Meldung, falls die Menge leer ist.

Aufgabe 15.4.7: Anzahl Wege zum dreiköpfigen Affen berechnen

Die für den Cache verwendete Datenstruktur `WeakHashMap` verwendet sogenannte *schwache Referenzen*. Es gibt prinzipiell vier Arten von Referenzen in Java:

- Starke Referenzen sind die üblichen Referenzen, mit denen wir es als Java-Programmierer im Alltag zu tun haben. Der Garbage-Collector würde niemals diese Referenzen auflösen.
- Eine `WeakReference` ist eine Referenz, die dann gelöst wird, wenn eine Garbage-Collector-Phase läuft. Es ist abhängig von der Implementierung der JVM, wann das genau ist.
- Bei einer `SoftReference` versucht die JVM, das Objekt so lange am Leben zu halten, bis es kurz vor einem `OutOfMemoryError` steht.
- Bei einer `PhantomReference` bekommen wir nur mit, dass der Garbage-Collector das Objekt entfernt hat.

Die `WeakHashMap` nutzt intern eine `WeakReference`, sodass wir mit der direkten Behandlung dieser Referenzen und mit dem Aufräumen der Behälter nichts zu tun haben. Es ist eine brauchbare Datenstruktur, die so lange Referenzen behält, wie es genug freien Speicher gibt, und dann die Objekte freigibt, wenn der Garbage-Collector Platz schaffen muss. Für unsere Berechnung ist das eine gute Wahl, denn die `WeakHashMap` wird gefüllt, wenn sie für die Berechnung der Fakultät gebraucht wird – die Fakultäten müssen aber nicht unnötig lange im Speicher stehen und werden wieder weggeräumt.

Die `WeakHashMap` ist eine besondere `Map`, das heißt, wir können alle bekannten Methoden nutzen.

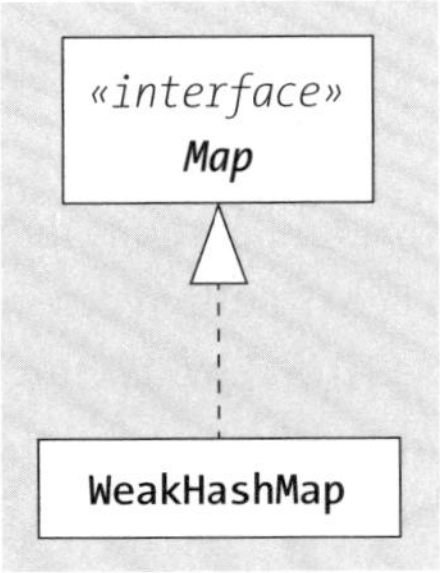

Abbildung 15.3 UML-Diagramm von WeakHashMap, die Map implementiert

```
private static final Map<BigInteger, BigInteger> factorialCache =
  new WeakHashMap<>();

private static BigInteger factorial( BigInteger n ) {
  BigInteger maybeCachedValue = factorialCache.get( n );

  if ( maybeCachedValue != null )
    return maybeCachedValue;

  // n < 2 ? 1 : n * factorial( n - 1 )
  BigInteger result = isLessThan( n, TWO )
    ? ONE
    : n.multiply( factorial( n.subtract( ONE ) ) );

  factorialCache.put( n, result );
  return result;
}

private static boolean isLessThan( BigInteger a, BigInteger b ) {
```

```
    return a.compareTo( b ) < 0;
}

public static BigInteger catalan( BigInteger n ) {
    // (2n)! / (n+1)!r!
    BigInteger numerator   = factorial( TWO.multiply( n ) );
    BigInteger denominator = factorial( n.add( ONE ) ).multiply(
      factorial( n ) );
    return numerator.divide( denominator );
}
```

Listing 15.35 com/tutego/exercise/util/CachedCatalan.java

factorial(…) ist die Methode, die auf den Cache zurückgreifen muss. Wir legen daher zunächst eine Objektvariable factorialCache für den internen Cache an, der BigInteger halten kann. Die Assoziation ist eine Abbildung von *n* auf *n*!; beide Typen sind BigInteger.

Die Nutzung eines Cache besteht aus zwei wesentlichen Schritten:

1. Bei der Frage nach einem Wert wird zunächst der Cache gefragt, ob der Wert enthalten ist. Ist er im Cache, sind wir schnell fertig.
2. Ist der Wert nicht im Cache, wird er berechnet und in den Cache gelegt. Das dauert.

Genauso ist die Methode factorial(…) implementiert. Der Cache wird abgefragt, und möglicherweise gibt es ein Ergebnis, möglicherweise nicht. Wir kennen schon das Antwortverhalten der get(…)-Methode von Map, die null zurückliefert, wenn es keinen assoziierten Wert gibt. Das ist für uns der Indikator, ob wir einen Wert im Cache haben oder nicht. Falls das Ergebnis ungleich null ist, haben wir das BigInteger als berechnete Fakultät im Cache und können es direkt zurückgeben. Liefert get(…) aber null, müssen wir die Fakultät berechnen und anschließend das Ergebnis in den factorialCache setzen und zurückgeben. Für einen Vergleich, ob ein BigInteger größer oder kleiner als ein anderes ist, gibt es keine spezielle Methode in BigInteger, weil BigInteger eine natürliche Ordnung hat, also Comparable implementiert. Allerdings ist die Lesbarkeit mit compareTo(…) nicht optimal; daher wurde eine eigene Methode isLessThan(…) eingeführt. Die BigInteger-Konstanten ONE und TWO wurden statisch importiert, was den Code etwas verkürzt.

Eine alternative Implementierung könnte computeIfAbsent(…) nutzen, doch der hier präsentierte Code ist gut verständlich und nachvollziehbar.

Die Methode catalan(…) führt die dokumentierten Berechnungen durch und greift dreimal auf factorial(…) zurück. Viele Einträge liegen schon im Cache vor, sodass factorial(…) viele Antworten aus dem Cache bedienen kann.

Aufgabe 15.4.8: Feiertage in einem sortierten Assoziativspeicher verwalten

```
NavigableMap<LocalDate, String> dates = new TreeMap<>();
dates.put( LocalDate.of( 2020, Month.JANUARY, 1 ), "Neujahr" );
dates.put( LocalDate.of( 2020, Month.APRIL, 10 ), "Karfreitag" );
dates.put( LocalDate.of( 2020, Month.MAY, 1 ), "Tag der Arbeit" );
dates.put( LocalDate.of( 2020, Month.JUNE, 1 ), "Pfingstmontag" );
dates.put( LocalDate.of( 2020, Month.OCTOBER, 3 ), "Tag der Deutschen Einheit" );
dates.put( LocalDate.of( 2020, Month.NOVEMBER, 1 ), "Allerheiligen" );
dates.put( LocalDate.of( 2020, Month.JULY, 1 ), "Pfingstmontag" );
dates.put( LocalDate.of( 2020, Month.DECEMBER, 25 ), "1. Weihnachtsfeiertag" );
dates.put( LocalDate.of( 2020, Month.DECEMBER, 26 ), "2. Weihnachtsfeiertag" );
dates.put( LocalDate.of( 2021, Month.JANUARY, 1 ), "Neujahr" );
dates.put( LocalDate.of( 2021, Month.APRIL, 20 ), "Karfreitag" );

System.out.println( dates.firstEntry() );
System.out.println( dates.lastEntry() );

LocalDate festiveSeasonStart = LocalDate.of( 2020, Month.DECEMBER, 23 );
LocalDate festiveSeasonEnd   = LocalDate.of( 2021, Month.JANUARY, 6 );

System.out.println( dates.higherEntry( festiveSeasonEnd ) );

SortedMap<LocalDate, String> festiveSeason =
    dates.subMap( festiveSeasonStart, true, festiveSeasonEnd, true );

System.out.printf( "%d Feiertage:%n", festiveSeason.size() );
festiveSeason.forEach(
  ( date, name ) -> System.out.printf( "%s am %s%n", name, date ) );

festiveSeason.clear();

System.out.println( dates );
```

Listing 15.36 com/tutego/exercise/util/Holidays.java

Der Lösungsvorschlag greift zurück auf die beschriebenen Methoden `firstEntry()`, `lastEntry()`, `higherEntry(K)` und `subMap(K, boolean, K, boolean)`.

Unterschiedliche Methoden aus der `NavigableMap` liefern sogenannte *Sichten* (engl. *views*) zurück. Eine Sicht ist keine Kopie der Daten, sondern Operationen auf diese Sicht gehen immer auf die darunter liegende Datenstruktur. Das Löschen des Teilbereiches können wir somit über die `clear()`-Methode auf der Sicht realisieren. Sichten sind speicherschonend und performant, können aber zu Fehlern führen, weil man möglicherweise aus Versehen die darunter liegende Datenstruktur modifiziert, aber gedacht hat, man arbeitet auf einer Kopie. Und es kann zu einem Problem führen, wenn die darunter liegende Datenstruktur immutable ist, also gar nicht verändert werden kann, aber in die Sicht werden zum Beispiel Elemente eingefügt.

Quiz 15.4.9: Schlüssel in einer HashMap

Die Ausgabe des Programms ist wie folgt:

```
{java.awt.Point[x=2,y=1]=java.awt.Point[x=1,y=2]}
null
java.awt.Point[x=1,y=2]
```

Die eingefügten Schlüsselobjekte müssen immutable sein, da sich sonst der dynamisch berechnete Hashcode ändert und die Objekte nicht mehr gefunden werden.

Aufgabe 15.4.10: Gemeinsamkeiten bestimmen: Partygedeck und Mitbringsel

```
private static void printMultipleGifts( List<Set<String>> families ) {

  class Bag extends HashMap<String, Integer> {
    void add( String key ) { merge( key, 1, Integer::sum ); }
    // int getCount( String key ) { return getOrDefault( key, 0 ); }
  }

  Bag giftsToCounter = new Bag();

  for ( Set<String> gifts : families )
    for ( String gift : gifts )
      giftsToCounter.add( gift );

  System.out.println( giftsToCounter );

  giftsToCounter.forEach( (gift, counter) -> {
    if ( counter > 1 )
      System.out.println( gift );
  } );
}
```

Listing 15.37 com/tutego/exercise/util/CommonGifts.java

Das Zählen und Ausgeben der entsprechenden Geschenke überlassen wir einer Methode `printMultipleGifts(…)`. Sie bekommt eine Liste von Mengen, jeweils das, was eine Familie an Geschenken mitbringt. Das Zählen von gleichen Dingen ist eine häufige Aufgabe, die allerdings nicht mit einer eingebauten Datenstruktur in Java zu realisieren ist. Daher konstruieren wir eine kleine lokale Klasse Bag, die HashMap erweitert. Diese Klasse Bag assoziiert einen String, das Geschenk, mit der Ganzzahl für die Häufigkeit. Dieser kleinen Klasse geben wir eine Methode, sodass wir von außen die Häufigkeit für einen Schlüssel hochzählen können; intern wird der assoziierte Wert um 1 erhöht. Wir greifen hier auf die von Map angebotene Methode merge(…) zurück. Ist zu einem Schlüssel noch kein Wert assoziiert, wird 1 gesetzt, und wenn es mindestens einen Wert gab, wird auf den alten Wert 1 addiert und der Datensatz aktualisiert.

In unserer Methode bauen wir dann eine Instanz von Bag auf, laufen über alle Mengen der Familien mit den Geschenken, laufen dann alle Geschenke selbst ab und rufen für jedes Geschenk die add(…)-Methode auf.

Wenn wir wissen wollen, welches Geschenk mehr als einmal vorkam, so können wir mit der forEach(…)-Methode der Map über alle Schlüssel-Wert-Paare laufen und fragen, ob der Zähler größer als 1 war, und in dem Fall das Geschenk ausgeben.

Aufgabe 15.5.1: Komfortablen Properties-Dekorator entwickeln

```
public class PropertiesConfiguration {
  private final Properties properties;

  public PropertiesConfiguration( Properties properties ) {
    this.properties = properties;
  }

  public Optional<String> getString( String key ) {
    return Optional.ofNullable( properties.getProperty( key ) );
  }

  public Optional<Boolean> getBoolean( String key ) {
    try { return getString( key ).map( Boolean::valueOf ); }
    catch ( Exception e ) { return Optional.empty(); }
  }

  public Optional<BigInteger> getBigInteger( String key ) {
    try { return getString( key ).map( BigInteger::new ); }
    catch ( Exception e ) { return Optional.empty(); }
  }

  public OptionalDouble getDouble( String key ) {
    try { return OptionalDouble.of( Double.parseDouble(
      properties.getProperty( key ) ) ); }
    catch ( Exception e ) { return OptionalDouble.empty(); }
```

```
  }

  public OptionalLong getLong( String key ) {
    try { return OptionalLong.of( Long.parseLong(
      properties.getProperty( key ) ) ); }
    catch ( Exception e ) { return OptionalLong.empty(); }
  }

  public List<String> getList( String key ) {
    List<String> result = getString( key )
      .map( s -> s.split( "\\s*(?<!\\\\),\\s*" ) )
      .map( Arrays::asList )
      .orElse( Collections.emptyList() );
    result.replaceAll( string -> string.replace( "\\,", "," ) );
    return result;
  }

  public void putBinary( String key, byte[] bytes ) {
    String base64 = Base64.getEncoder().encodeToString( bytes );
    properties.setProperty( key, base64 );
  }

  public Optional<byte[]> getBinary( String key ) {
    return getString( key ).map(
      base64 -> Base64.getDecoder().decode( base64 ) );
  }
}
```

Listing 15.38 com/tutego/exercise/util/PropertiesConfiguration.java

Unsere Klasse `PropertiesConfiguration` besitzt einen Konstruktor, der die eigentlichen `Properties` annimmt und speichert. Unsere Methoden sind flexibler als die von `Properties` angebotenen Methoden, aber unsere Methoden basieren intern auf den Methoden der Klasse `Properties`. Das heißt, alle Methoden, die wir anbieten, greifen in irgendeiner Art und Weise auf die Methoden der Klasse `Properties` zurück. Im Mittelpunkt steht die Methode `getProperty(String)`, und einmal verwenden wir zum Setzen von Properties auch `setProperty(…)`.

- `Optional<String> getString(String)`: Properties könnten vorhanden sein oder nicht; wenn wir mit der einfachen Methode `getProperty(String)` eine Property treffen, die nicht existiert, liefert `getProperty(…)` die Rückgabe `null`. Es gibt zwar eine Methode `getProperty(String key, String defaultValue)`, doch sie verhindert nicht, dass `null` zurückgegeben wird und der Aufrufer eine `null`-Behandlung vornehmen muss. Java bietet mit dem Datentyp `Optional` eine schöne Möglichkeit, auszudrücken, dass ein gefragter Wert nicht existiert. Außerdem bietet uns `Optional` eine gute Möglichkeit, Alternativen zu formulieren, etwa mit den `Optional`-Methoden `orElse(T other)` oder `orElseGet(Supplier<? extends T> other)` oder sogar `orElseThrow(Supplier<? extends X> exceptionSupplier)`.

- `Optional<Boolean> getBoolean(String)` und `Optional<BigInteger> getBigInteger(String)`: Die Implementierungen machen deutlich, dass der Datentyp `Optional` eine Methode `map(Function)` besitzt, die wir nutzen können, um die Strings in die Datentypen `Boolean` und `BigInteger` zu konvertieren und in das `Optional` zu packen. Da in dem zugrundeliegenden `Properties`-Objekt allerdings das Format falsch sein könnte, kann es bei der Konvertierung zu einer Ausnahme kommen. Diese fangen wir ab, und unsere Methoden liefern in dem Fall die Rückgabe `Optional.empty()`.
- `OptionalDouble getDouble(String)`, `OptionalLong getLong(String key)`: Für die primitiven Typen `double`, `long` gibt es spezielle `Optional`-Datentypen, nämlich `OptionalDouble` und `OptionalLong`. Die Logik ist ähnlich.
- `List<String> getList(String)`: Liefern wir eine Liste zurück, nutzen wir unsere eigene `getString(…)`, denn sie liefert ein `Optional`, woran wir direkt ein `map(…)` setzen können, um die einzelnen Einträge, die durch ein Komma getrennt sind, in ein Array von Strings zu konvertieren. Der nächste Aufruf von `map(…)` konvertiert das Array in eine Liste. Sollte die Quelle `getString(…)` ein `Optional.empty()` liefern, wird uns `orElse(…)` eine leere Liste zurückgeben. Wir hatten die Konvention, dass ein Komma durch \ ausmaskiert werden muss und dann nicht als Trennzeichen gilt. In den anderen Strings stehen jetzt immer noch \, statt ,. Das lösen wir durch die `List`-Methode `replaceAll(…)`, die eine Funktion zum Ersetzen auf jedem Element ausführt.
- `void putBinary(String, byte[])`, `Optional<byte[]> getBinary(String)`: Die bisherigen Methoden waren nur komfortable Lesemethoden. Mit `putBinary(…)` haben wir eine Methode, die ein `byte`-Array `Base64` enkodiert und in ein `Properties`-Objekt setzt. Für die Base64-Umwandlungen bietet Java die Klasse `Base64`. Die Methoden `getEncoder()` und `getDecoder()` liefern Objekte zum Umwandeln eines `byte`-Arrays in einen String und des Strings in ein `byte`-Array. Die Konvertierung eines Strings in ein Array übernimmt unsere Methode `getBinary(…)`. Auch hier liefert unsere eigene Methode `getString(…)` ein `Optional`, und die `map(…)`-Methode konvertiert `String` in ein `byte[]`.

Aufgabe 15.6.1: UPN-Taschenrechner programmieren

```
String input = "160 50 30 + /";
Queue<Integer> stack = Collections.asLifoQueue( new ArrayDeque<>() );

Pattern operatorPattern = Pattern.compile( "[+*/-]" );
Pattern numericPattern = Pattern.compile( "\\d+" );
for ( String token : input.split( "\\s+" ) ) {
  Matcher operatorMatcher = operatorPattern.matcher( token );
  Matcher numericMatcher = numericPattern.matcher( token );
  if ( numericMatcher.matches() )
    stack.add( Integer.parseInt( token ) );
  else if ( operatorMatcher.matches() ) {
    int operand2 = stack.remove();
    int operand1 = stack.remove();
    switch ( token ) {
      case "+": stack.add( operand1 + operand2 ); break;
      case "-": stack.add( operand1 - operand2 ); break;
      case "*": stack.add( operand1 * operand2 ); break;
      case "/": stack.add( operand1 / operand2 ); break;
    }
  }
  else
    System.out.println( "Unknown type!" );
}
System.out.printf( "Result: %d", stack.remove() );
```

Listing 15.39 com/tutego/exercise/util/UPN.java

Der UPN Rechner arbeitet in zwei Schritten:

1. Zerlegen der Zeichenfolge in Tokens
2. Behandeln der Tokens. Hier machen wir einen Unterschied, ob das Token eine Zahl ist oder ein Symbol.

Der eigentliche Algorithmus kann unterschiedlich implementiert werden. Ein Ansatz wäre, zunächst alle Zahlen auf einem Stack zu sammeln und alle Operatoren auf einem zweiten Stack. Zum Schluss arbeitet man den Stack mit den Operatoren zusammen mit dem Stack der Werte ab. Wir nutzen einen anderen Ansatz mit nur einem Stack.

Java bietet die Datenstruktur `java.util.Stack`, doch diese Datenstruktur gehört zu den verstoßenen Typen von Java 1.0, die nicht mehr verwendet werden sollten. Wir nutzen daher eine LIFO-Queue, bei der `add(…)` etwas hinten anhängt (Last In) und `remove(…)` etwas von der Queue entfernt (First Out).

Ist das Token die String-Repräsentation einer Ganzzahl, dann konvertieren wir den String in einer Ganzzahl und legen ihn auf den Stack. Auch prüfen wir mit einem regulären Ausdruck, ob das Token ein binärer Operator ist. Bei der Reihenfolge der Operatoren im regulären Ausdruck `[+*/-]` ist zu beachten, dass das `-` nicht zwischen den Symbolen steht, andernfalls steht das Minus für eine Bereichsangabe wie `a-z`, was wir natürlich nicht möchten.

Ist das Token ein Operator, müssen wir zwei Operanden vom Stack holen. Es ist wichtig, darauf zu achten, erst den zweiten Operanden vom Stack zu holen und dann den ersten Operanden. Addition und Multiplikation sind kommutativ, Subtraktion und Division jedoch nicht. Die `switch`-Anweisung hilft uns, anhand des Tokens die richtige Operation durchzuführen und das Ergebnis wieder auf den Stack zu legen.

Da eine binäre Operation immer aus drei Symbolen besteht, bleibt nach der Auflösung nur noch eine Zahl übrig. Haben wir alle Tokens aus der Eingabe verarbeitet und war die Anzahl der Zahlen und Operatoren ausbalanciert, steht am Ende nur noch eine Zahl, das Ergebnis. Die Leser mögen überlegen, welche Fehler durch falsche Eingabewerte auftreten könnten.

Aufgabe 15.7.1: Finde doppelte Einträge, und löse das tierische Chaos

```
private static String sameSymbols( String string1, String string2 ) {

  BitSet bits = new BitSet( 1024 );

  string1.codePoints().forEach( character -> bits.set( character ) );

  int capacity = (int) ((long) string1.length() + string2.length()) / 2;
  StringBuilder result = new StringBuilder( capacity );
  string2.codePoints().forEach( character -> {
    if ( bits.get( character ) )
      result.appendCodePoint( character );
  } );

  return result.toString();
}
```

Listing 15.40 com/tutego/exercise/util/AnimalMissing.java

Eine Aufgabe dieser Art wäre leicht wie folgt zu lösen: Wir nehmen uns das erste Zeichen vom ersten String und schauen, ob dieses Zeichen in der zweiten Zeichenfolge vorkommt. Wenn ja, merken wir uns das Zeichen. Dann nehmen wir uns das nächste Zeichen vom ersten String und testen wieder, ob das Zeichen in der zweiten Zeichenfolge vorkommt. Das Problem ist allerdings, dass die Laufzeit quadratisch wäre, weil wir immer wieder über den zweiten String von Anfang bis Ende laufen müssten. Wenn wir uns das sparen wollen, müssen wir anders an die Aufgabe herangehen.

Die Lösung: Wir merken uns für die erste Zeichenfolge jedes vorgekommene Zeichen. Wir könnten auf eine Menge zurückgreifen, also ein `Set<Character>`, doch hier soll eine alternative Lösung vorgestellt werden. Das `BitSet` ist ein spezieller Assoziativspeicher, der eine Ganzzahl mit einem `boolean` assoziiert. Die Ganzzahlen sollten dabei nicht zu groß werden, weil sonst das `BitSet` mehr Speicher benötigt, aber da unsere Unicode-Zeichen nicht beliebig groß werden können, wird auch der Speicherbedarf überschaubar bleiben. Wir können das leicht ausrechnen. Unicode 12 hat rund 140.000 Zeichen, so viele Bits benötigen wir. 140.000 Bit / 8 = 17.500 Byte, das sind 17 KiB, also soviel wie ein winziges Bild.

Die Anweisung `string1.codePoints().forEach(…)` extrahiert jedes einzelne Zeichen des ersten Strings. Jedes Zeichen ist durch einen Codepoint repräsentiert. Der Codepoint wird ein Index, und an der Stelle setzen wir im `BitSet` ein Bit zur Markierung. `codePoints()` liefert einen `IntStream`, einen besonderen Datentyp, der uns im nächsten Kapitel noch intensiver begegnen wird.

Für die zweite Zeichenfolge gehen wir ähnlich vor; auch hier holen wir wieder einen `IntStream` von Zeichen, allerdings setzen wir kein Bit, sondern erfragen, ob an der Stelle `character` ein Bit im `BitSet` gesetzt ist. Wenn ja, dann kommt im ersten und zweiten String das gleiche Zeichen vor. Wir wollen uns das Zeichen in einem `StringBuilder` merken. Die `StringBuilder`-Größe wurde abgeschätzt als arithmetischer Mittelwert der beiden Längen von `string1` und `string2`, wobei wir die Addition im Wertebereich vom `long`-Typs machen müssen, um keinen Überlauf bei der Addition von zwei `int`-Zahlen zu riskieren.

Nach dem Durchlauf konvertieren wir den `StringBuilder` in einen `String` und geben ihn zurück. Die Laufzeit ist linear und abhängig von der Größe der beiden Strings, denn wir müssen nur einmal den ersten String ablaufen und dann einmal den zweiten String.

Aufgabe 15.8.1: Schiff beladen

Der Lösungsvorschlag besteht aus drei Teilen: der Deklarationen für den `Loader` und `Unloader` und dem Starten der Threads.

Der Datenaustausch geht über die `java.util.concurrent.BlockingQueue`-Implementierung `ArrayBlockingQueue`. Für unsere Anwendung ist die Blockade gewünscht, wir nutzen also `put(…)` und `take()`.

```
class Loader implements Runnable {
  private final BlockingQueue<String> ramp;

  Loader( BlockingQueue<String> ramp ) {
```

```
    this.ramp = ramp;
  }

  @Override
  public void run() {
    while ( ! Thread.currentThread().isInterrupted() ) {
      try {
        String[] products = { "Rum", "wine", "salami", "beer", "cheese",
          "comics" };
        String product =
          products[ ThreadLocalRandom.current().nextInt( products.length ) ]
          + ":" + UUID.randomUUID().toString();
        ramp.put( product );
        System.out.printf( "Product with ID %s placed on the ramp%n", product );
        TimeUnit.MILLISECONDS.sleep( ThreadLocalRandom.current().nextInt(
          1000, 2000 ) );
      }
      catch ( InterruptedException e ) { Thread.currentThread().interrupt(); }
    }
  }
}
```

Listing 15.41 com/tutego/exercise/thread/LoadingShips.java

Der `Loader` ist ein `Runnable` und hat den gewünschten Konstruktor, der eine `BlockingQueue` annimmt, die Datenstruktur, mit der später der `Loader` und der `Unloader` Daten austauschen. Die `run()`- Methode enthält eine Schleife, die immer dann abgebrochen wird, wenn von außen ein Interrupt gesendet wird. Das ist in unserem Fall zwar nicht gegeben, entspricht aber Best Practice.

Im Rumpf der Schleife wird ein zufälliges Produkt ausgewählt und ein Produktname mit einer Zufallskennung generiert. Dieses Produkt wird auf die Rampe gesetzt. Die `put(…)`-Methode blockiert, denn die Rampe könnte schon voll sein. Kommt der Thread aus `put(…)` zurück, konnte erfolgreich ein Produkt auf die Rampe gesetzt werden. Zum Schluss verzögert der Thread die Ausführung ein paar Millisekunden und führt die Wiederholung der Schleife fort.

```
class Unloader implements Runnable {
  private final BlockingQueue<String> ramp;

  Unloader( BlockingQueue<String> ramp ) {
    this.ramp = ramp;
  }
```

```
  @Override
  public void run() {
    while ( ! Thread.currentThread().isInterrupted() ) {
      try {
        String product = ramp.take();
        System.out.printf( "Product with ID %s taken off the ramp%n", product );
        TimeUnit.MILLISECONDS.sleep( ThreadLocalRandom.current().nextInt(
          1000, 2000 ) );
      }
      catch ( InterruptedException e ) { Thread.currentThread().interrupt(); }
    }
  }
}
```

Listing 15.42 com/tutego/exercise/thread/LoadingShips.java

Die Klasse an `Unloader` ist ähnlich aufgebaut. Der Unterschied ist lediglich im Rumpf der `while`-Schleife, wo ein Produkt von der Rampe genommen werden muss. Wir nutzen die Methode `take()`. Es ist möglich, dass die `take()`-Methode blockiert, weil kein Produkt auf der Rampe ist. Kommt die `take()`-Methode zurück, konnte ein Produkt von der Rampe genommen werden, und es wird eine Bildschirmausgabe getätigt sowie der Programmablauf etwas verzögert.

```
class Unloader implements Runnable {
  private final BlockingQueue<String> ramp;

  Unloader( BlockingQueue<String> ramp ) {
    this.ramp = ramp;
  }

int RAMP_CAPACITY = 10;
BlockingQueue<String> ramp = new ArrayBlockingQueue<>( RAMP_CAPACITY );
ExecutorService executors = Executors.newCachedThreadPool();

for ( int i = 0; i < 5; i++ )  executors.execute( new Unloader( ramp ) );
for ( int i = 0; i < 10; i++ ) executors.execute( new Loader( ramp ) );
```

Listing 15.43 com/tutego/exercise/thread/LoadingShips.java

Im letzten Teil wird die `ArrayBlockingQueue` aufgebaut, den beiden Klassen `Loader` und `Unloader` übergeben, und dann die Threads gestartet.

Aufgabe 15.8.2: Wichtige Nachrichten als Erstes bearbeiten

```
class Message {

  public final String message;
  public final long   timestamp;

  Message( String message ) {
    this.message   = Objects.requireNonNull( message );
    this.timestamp = System.nanoTime();
  }

  @Override public boolean equals( Object other ) {
    if ( other == null || getClass() != other.getClass() ) return false;
    return message.equals( ((Message) other).message ) &&
           ((Message) other).timestamp == timestamp;
  }

  @Override public int hashCode() {
    return Objects.hash( message, timestamp );
  }

  @Override public String toString() {
    return "'" + message + '\'' + ", " + timestamp % 100_000;
  }
}
```

Listing 15.44 com/tutego/exercise/util/UrgentMessagesFirst.java

Die Klasse `Message` hat einen Konstruktor, der die eigentliche Nachricht entgegennimmt und speichert; der Zeitstempel stammt vom `System.nanoTime()`, denn die Nanosekunden zu einem fixen, aber unbestimmten Referenzpunkt haben eine gute Auflösung und kommen uns für unsere Vergleiche gelegen. Die `equals(Object)`-Methode vergleicht den Nachrichten-String und den Zeitstempel. `hashCode()` ist der Vollständigkeit halber implementiert, aufgerufen wird sie in unserem Programm nicht. `toString()` setzt die Nachricht in einfache Anführungszeichen und setzt die letzten fünf Stellen des Zeitstempels an, denn das reicht für einen schnellen optischen Vergleich, welche Nachricht jünger oder älter ist.

```
String KEYWORD = "Kanönchen";

Comparator<Message> keywordComparator = ( msg1, msg2 ) -> {
  boolean msg1HasKeyword = msg1.message.contains( KEYWORD );
  boolean msg2HasKeyword = msg2.message.contains( KEYWORD );
```

```
  boolean bothMessagesHaveKeywordOrNot = msg1HasKeyword == msg2HasKeyword;
  return bothMessagesHaveKeywordOrNot ? 0 : msg1HasKeyword ? -1 : +1;
};

Comparator<Message> messageComparator =
    keywordComparator.thenComparingLong( message -> message.timestamp );
PriorityQueue<Message> tasks = new PriorityQueue<>( messageComparator );
```

Listing 15.45 com/tutego/exercise/util/UrgentMessagesFirst.java

Der keywordComparator steht im Mittelpunkt der Lösung. Er nimmt aus der Message die beiden Nachrichten und prüft auf das Enthaltensein des Koseworts. Um den Code ein wenig übersichtlicher zu machen, wird das Ergebnis von contains(…) in zwei Variablen zwischengespeichert. Es gibt nun vier Fälle: Beide Nachrichten enthalten das Kosewort, beide Nachrichten enthalten es nicht, oder je eine der beiden Nachrichten enthält das gesuchte Wort. Falls beide das Kosewort enthalten oder nicht, liefert der Comparator 0, andernfalls enthält nur eine der beiden Nachrichten die Zeichenfolge. Ist das Kosewort in der ersten Nachricht enthalten, ist diese Nachricht laut diesem Comparator kleiner, und der Comparator antwortet mit einem negativen Wert. Andernfalls muss das Kosewort in der zweiten Nachricht vorhanden sein, und der Comparator antwortet mit einem positiven Wert.

Ein dem keywordComparator nachgeschalteter Comparator ist für den Fall notwendig, dass der keywordComparator 0 liefert. In dem Fall soll die Zeit als zweites Kriterium berücksichtigt werden. Ein angestelltes thenComparingLong(…) füge einen Comparator an, der den Zeitstempel berücksichtigt. Die Ordnung ist korrekt, denn ältere Nachrichten tragen einen kleineren Zeitstempel.

Der entstandene messageComparator wird dem Konstruktor der PriorityQueue übergeben, und die Datenstruktur ist initialisiert.

Aufgabe 15.8.3: Wenn verbraucht, dann neu

```
class SecureRandomBigIntegerIterator implements Iterator<BigInteger> {

  private final SynchronousQueue<BigInteger> channel =
    new SynchronousQueue<>();

  public SecureRandomBigIntegerIterator() {
    Runnable bigIntegerPutter = () -> {
      try {
        while ( true ) {
          BigInteger bigInteger = internalNext();
```

```
        System.out.printf( "> About to put number %s... into the queue%n",
          bigInteger.toString().subSequence( 0, 20 ) );
        channel.put( bigInteger );
        System.out.println( "> Number was taken" );
      }
    }
    catch ( InterruptedException e ) { throw new IllegalStateException(e); }
  };
  ForkJoinPool.commonPool().submit( bigIntegerPutter );
}

private BigInteger internalNext() {
  return new BigInteger( 1024, new SecureRandom() );
}

@Override public boolean hasNext() {
  return true;
}

@Override public BigInteger next() {
  try {
    System.out.println( "< About to take a number" );
    BigInteger bigInteger = channel.take();
    System.out.println( "< Took a number out" );
    return bigInteger;
  }
  catch ( InterruptedException e ) { throw new IllegalStateException(e); }
}
}
```

Listing 15.46 com/tutego/exercise/thread/SecureRandomBigIntegerIteratorDemo.java

Im Mittelpunkt der Lösung steht die Klasse `SynchronousQueue`. Sie weicht von einer normalen `Queue` deutlich ab und dient im Wesentlichen nur der Übergabe eines Elementes von einem Thread an einen anderen Thread. Genau in diesem Kontext setzen wir `SynchronousQueue` ein.

Unsere Klasse `SecureRandomBigIntegerIterator` implementiert die Schnittstelle `Iterator` und kann unendlich viele große Ganzzahlen liefern. Der Konstruktor unserer Klasse legt ein `Runnable` an und übergibt es an einen vorkonfigurierten Thread-Pool, den `ForkJoinPool.commonPool()`. Gegenüber einem eigenen Thread-Pool fährt der Fork-Join-Pool automatisch herunter, wenn die Anwendung beendet wird; wirklich nötig für die Lösung ist dieser spezielle Pool aber nicht.

Das `Runnable` enthält eine Endlosschleife, die sofort mit dem Erfragen einer Ganzzahl beginnt; das zufällige `BigInteger` kommt von der internen Methode. Das heißt, auch wenn die `next()`-Methode auf dem `Iterator` überhaupt nicht aufgerufen wird, geht unsere Implementierung in Vorleistung und füllt die `SynchronousQueue` mit der `put(…)`-Methode. In `put(…)` verweilt der Thread so lange, bis die andere Partei aus der `SynchronousQueue` das Element entnimmt, dann geht es hier im Thread mit der Endlosschleife weiter, und die nächste Zahl wird ermittelt.

Die `next(…)`-Methode der `Iterator`-Instanz bezieht die Zahl aus der `SynchronousQueue`, genau für den Fall haben wir diese Konstruktion eingebaut. Mit der `take()`-Methode wird das Element entnommen, was auf der anderen Seite dazu führt, dass wieder ein neues `BigInteger` erzeugt und in die Queue gelegt wird. Falls zwischen den Aufrufen der `next(…)`-Methode immer etwas Zeit verstreicht, wird der Thread im Hintergrund eine neue Zufallszahl schon berechnet haben, das heißt, die `next()`-Methode kann sofort ein Ergebnis liefern und muss das Ergebnis nicht erst berechnen, weil es in der Queue bereitstand.

Die Methoden `put(…)` und `take()` können eine Ausnahme auslösen, wenn sie ein Interrupt empfangen. Für diesen Fall gibt es im Programm keine Sonderbehandlung, sondern nur eine `IllegalStateException`. Ein Problem stellt es dar, wenn der Erzeuger-Thread stirbt und der Iterator ewig auf das Element wartet. Mit `poll(long timeout, TimeUnit unit)` bietet sich eine alternative Methode an, bei der sich eine maximale Wartezeit angeben lässt. In unserem Fall könnte das bedeuten: Wenn wir nach einer Sekunde kein Element in der Queue haben – so lange benötigt die Berechnung nie im Leben –, können wir davon ausgehen, dass der Thread gestorben ist.

Kapitel 16
Java-Stream-API

Die Stream-API ermöglicht eine schrittweise Verarbeitung von Daten. Nachdem eine Quelle Daten emittiert, folgen unterschiedliche Schritte, die Daten filtern und transformieren und auf ein Ergebnis reduzieren.

Streams – auf Deutsch auch »Ströme« genannt, wobei die Bezeichnung mehrdeutig ist und mit Ein-/Ausgabeströmen verwechselt werden könnte – sind eine wichtige Neuerung von Java 8 und greifen auf andere Neuerungen in der Java SE-Bibliothek wie vordefinierte funktionale Schnittstellen oder `Optional` zurück. Zusammen mit Lambda-Ausdrücken und Methodenreferenzen ergeben sich kompakter Code und eine ganz neue Art, deklarativ Verarbeitungsschritte zu konfigurieren.

Die erste Aufgabe in diesem Aufgabenblock nutzt die Helden, die wir im Kapitel über die Klassenbibliothek schon einmal kennengelernt haben. Für diese Heldensammlung kommen alle wichtigen terminalen und intermediären Operationen zum Einsatz. Es folgen unterschiedliche Aufgaben, deren Lösung zeigen, wie elegant die Möglichkeiten der Stream-API sind.

16

Voraussetzungen

- Stream aufbauen können
- terminale und intermediäre Operationen einsetzen können
- primitive Ströme beherrschen
- Lambda-Ausdrücke praktisch einsetzen können

Java SE 9 Standard-Bibliothek, Kapitel 4, und Java ist auch eine Insel, Kapitel 17

In der »2. Insel« führt Abschnitt 4.11, »Stream-API«, ausführlich in die Thematik ein. In der »1. Insel« gibt Abschnitt 17.3, »Java Stream-API«, eine kompakte Einführung.

Verwendete Datentypen in diesem Kapitel:

- `java.util.stream.Stream` (*https://docs.oracle.com/en/java/javase/11/docs/api/java.base/java/util/stream/Stream.html*)
- `java.util.stream.IntStream` (*https://docs.oracle.com/en/java/javase/11/docs/api/java.base/java/util/stream/IntStream.html*)

- `java.util.stream.Collectors` (*https://docs.oracle.com/en/java/javase/11/docs/api/java.base/java/util/stream/Collectors.html*)
- `java.util.IntSummaryStatistics` (*https://docs.oracle.com/en/java/javase/11/docs/api/java.base/java/util/IntSummaryStatistics.html*)
- `java.util.DoubleSummaryStatistics` (*https://docs.oracle.com/en/java/javase/11/docs/api/java.base/java/util/DoubleSummaryStatistics.html*)
- `java.util.regex.Pattern` (*https://docs.oracle.com/en/java/javase/11/docs/api/java.base/java/util/regex/Pattern.html*)

16.1 Reguläre Ströme mit ihren terminalen und intermediären Operationen

Bei jedem Stream gibt es zwei verpflichtende Schritte und beliebig viele optionale Schritte dazwischen:

1. Aufbau des Streams aus einer Datenquelle
2. optionale Verarbeitungsschritte, genannt *intermediäre Operationen*
3. abschließende Operation, genannt *terminale Operation*

16.1.1 Heldenepos: Stream-API kennenlernen ★

In Kapitel 10, »Besondere Typen aus der Java-Bibliothek«, wurde die Klasse `Heroes` mit Helden vorgestellt. Darauf greift diese Aufgabe zurück.

Stream-Aufbau:

Baue für die folgenden Aufgabenpunkte immer einen neuen `Stream` mit den Helden auf, und wende anschließend die terminalen und intermediären Operationen nach folgendem Muster an:

```
Heroes.ALL.stream().intermediate1(…).intermediate2(…).terminal()
```

Terminale Operationen:

1. Gib alle Informationen über Helden im CSV-Format auf dem Bildschirm aus.
2. Frage, ob alle Helden nach 1900 eingeführt wurden.
3. Frage, ob irgendein weiblicher Held nach 1950 (inklusiv) eingeführt wurde.
4. Welcher Held taucht als erster auf?
5. Welcher Held liegt beim Erscheinungsjahr am nächsten an 1960? Es soll auf dem Stream nur eine einzige terminale Operation genutzt werden.
6. Ein `StringBuilder` soll entstehen, der alle Jahreszahlen kommasepariert enthält. Das Ergebnis soll mit einer einzigen terminalen `Stream`-Methode entstehen, keiner

intermediären Operation dazwischen. Die Reihenfolge der Jahreszahlen im String spielt keine Rolle.

7. Teile die männlichen und weiblichen Helden in zwei Gruppen auf. Das Ergebnis soll vom Typ Map<Sex, List<Hero>> sein.
8. Bilde zwei Partitionen mit Helden, die vor und nach 1970 eingeführt wurden. Das Ergebnis soll vom Typ Map<Boolean, List<Hero>> sein.

Intermediäre (nichtterminale) Operationen:

1. Wie viele weibliche Helden gibt es insgesamt?
2. Sortiere alle Helden nach dem Erscheinungsdatum, und gib dann alle Helden aus.
3. Gehe folgende Schritte durch:
   - Erzeuge einen kommaseparierten String mit den Namen aller weiblichen Helden.
   - Im Hero gibt es keinen Setter, weil der Hero immutable ist. Aber mit dem Konstruktor können wir neue Helden aufbauen. Konvertiere die Helden in eine Liste anonymer Helden, in denen der Klarname in Klammern zusammen mit den Klammern selbst entfernt wird.
   - Erzeuge ein int[] mit allen Jahren, in denen Helden eingeführt wurden – ohne doppelte Einträge.
4. Gehe über UNIVERSES und nicht über ALL, um die Namen aller Helden auszugeben.

16.1.2 Quiz: Doppelt ausgegeben ★

Wenn folgende drei Zeilen in der main(…)-Methode stehen und das Programm startet, was wird die Ausgabe sein?

```
Stream<Integer> numbers = Stream.of( 1, 2, 3, 4, 5 );
numbers.peek( System.out::println );
numbers.forEach( System.out::println );
```

16.1.3 Den geliebten Captain aus einer Liste ermitteln ★

Am Ende des Jahres stimmt die Schiffsbesatzung darüber ab, welche Kandidatin oder welcher Kandidat für die Position des Captains ihnen in Zukunft den Weg zu reicher Beute ebnen sollen. Gewinner ist die Person mit den meisten Nennungen.

Aufgabe:

- Gegeben ist ein Array von Strings mit Namen. Welcher Name wurde wie häufig genannt? Groß-/Kleinschreibung spielt bei den Namen keine Rolle.
- Viele nennen Captain CiaoCiao einfach nur CiaoCiao, das soll gleichbedeutend sein mit Captain CiaoCiao.

Beispiel:

`{ "Anne", "Captain CiaoCiao", "Balico", "Charles", "Anne", "CiaoCiao", "CiaoCiao", "Drake", "Anne", "Balico", "CiaoCiao" }` → `{charles=1, anne=3, drake=1, ciaociao=4, balico=2}`

16.1.4 Bilder einrahmen (Java 11) ★

Captain CiaoCiao ist als bester Captain gewählt worden, die Freude ist groß. Er möchte sein Bild eingerahmt haben.

Gegeben ist ein mehrzeiliger String, wie

```
     ______
_.-':::::::`.
\::::::::::::`.-._
 \:::''   `::::`-.`.
  \         `:::::`.\
   \          `-::::`:
    \______       `:::`.
    .|_.-'__`._     `:::\
   ,'`|:::|  )/`.     \:::
  /. -.`--'  : /.\     ::|
  `-,-'  _,'/| \|\\    |:|
   ,'`::.    |/>`;'\   |:|
   (_\ \:.:.:`((_));`. ;:|
   \.:\ ::_:_:_`-','  `-:|
    `:\\|     SSt:
       )`__...---'
```

Dieser soll in einen Rahmen gesetzt werden:

```
+------------------------------+
|                              |
|                              |
|       ______                 |
|  _.-':::::::`.               |
|  \::::::::::::`.-._          |
|   \:::''   `::::`-.`.        |
|    \         `:::::`.\       |
|     \          `-::::`:      |
|      \______       `:::`.    |
|      .|_.-'__`._     `:::\   |
|     ,'`|:::|  )/`.     \:::  |
|    /. -.`--'  : /.\     ::|  |
|    `-,-'  _,'/| \|\\    |:|  |
```

```
|    ,'`::.    |/>`;'\   |:|  |
|    (_\ \:.:.:`((_));`. ;:|  |
|    \.:\ ::_:_:_`-','  `-:|  |
|     `:\\|     SSt:          |
|        )`__...---'          |
|                             |
+-----------------------------+
```

Aufgabe:

Schreibe eine Methode `frame(String)`, die einen mehrzeiligen String umrahmt. Nutze die `String`-Methoden `lines()` und `repeat()`. Beide Methoden sind neu in Java 11; wer die Aufgabe unter Java 8 realisieren möchte, muss ein wenig umdenken.

- Die horizontalen Striche bestehen aus `-`.
- Die vertikalen Striche bestehen aus `|`.
- In den Ecken sitzen Pluszeichen `+`.
- Der Abstand rechts und links vom Rahmen beträgt 2 Leerzeichen.
- Der innere Abstand oben und unten ist eine freie Zeile.
- Zeilenumbrüche sind `\n`, sie sollen sich aber relativ leicht im Programm ändern lassen.

16

16.1.5 Schau und sag ★★

Captain CiaoCiao träumt vor sich hin und schreibt auf ein Stück Papier:

```
1
```

Er sieht die Eins und sagt sich: »Oh, 1-mal die 1!« Das schreibt er hin:

```
1 1
```

Jetzt sieht er zwei Einsen und kann es so vorlesen:

```
2 1
```

»Arrr! Das ist doch einmal die Zwei und einmal die Eins!« Er schreibt es hin:

```
1 2 1 1
```

Er liest die Zahlen erneut vor und sagt:

```
1 1 1 2 2 1
```

Jetzt kommt die Eins sogar dreimal vor:

```
3 1 2 2 1 1
```

Captain CiaoCiao findet, dass die Zahlen aber schnell groß werden. Er ist neugierig, ob nach ein paar Durchläufen nur die 1, 2 und 3 als Ziffern vorkommen.

Aufgabe:

- Erzeuge mit einem `Stream.iterate(…)` einen unendlichen Stream von Schau-und-sag-Zahlen.
- Begrenze den Stream auf 20 Elemente
- Gib die Zahlen auf der Konsole aus; sie können auch kompakt als String wie `111221` ausgegeben werden.

Tipp

Die Aufgabe lässt sich mit einem geschickten regulären Ausdruck mit einer Back-Reference lösen. Diese Lösungsvariante ist aber anspruchsvoll, und wer diesen Weg einschlagen möchte, findet unter *https://regular-expressions.mobi/backref.html* weitere Details.

Hinweis

Was hier gefragt wird, ist die *Look-and-Say-Sequenz*, die *https://oeis.org/A005150* mit vielen Verweisen ausführlicher erklärt.

16.1.6 Doppelte Inseln mit Metallen der Seltenen Erden entfernen (Java 9) ★★★

Das Geschäft mit Metallen der Seltenen Erden ist für Bonny Brain besonders attraktiv. Ihre Crew stellt eine Liste zusammen, auf welchen Inseln welche Metalle der Seltenen Erden vorkommen. Das Ergebnis kommt in eine Textdatei, die so aussieht:

```
Balancar
Erbium
Benecia
Yttrium
Luria
Thulium
Kelva
Neodym
Mudd
Europium
Tamaal
Erbium
Varala
Gadolinium
Luria
Thulium
```

In einer Zeile steht die Insel, in der nächsten Zeile stehen die Metalle der Seltenen Erden. Allerdings kann es passieren, dass verschiedene Crewmitglieder gleiche Paare in die Textdatei eintragen. Im Beispiel ist es das Paar `Luria` und `Thulium`.

Aufgabe:

- Schreibe ein Programm, das alle doppelten Zeilenpaare aus dem Text löscht.
- Das Programm muss so flexibel sein, dass die Eingabe aus einem `String`, `File`, `InputStream` oder `Path` kommen kann.
- Die Zeilen sind immer nur mit einem `\n` getrennt. Auch die letzte Zeile endet mit einem `\n`.

Tipp

Für die Lösung helfen die Typen `Pattern`, `Scanner` und `MatchResult` sowie die `Scanner`-Methode `findAll(…)` und weitere `Stream`-Methoden. `findAll(…)` ist neu in der Java-Version 9.

16.1.7 Wo gibt es die Segel? ★★

Bonny Brain benötigt für das Schiff ein neues Hochleistungssegel. Die Sachbearbeiter aus der Materialwirtschaft bereiten eine Liste mit Koordinaten von geeigneten Tuchmachern vor:

```
Point.Double[] targets = { // Latitude, Longitude
   new Point.Double( 44.7226698,  1.6716612 ),
   new Point.Double( 50.4677807, -1.5833018 ),
   new Point.Double( 44.7226698,  1.6716612 )
};
```

Aufgabe:

- In der Liste kommen einige Koordinaten doppelt vor, diese können ignoriert werden.
- Am Ende soll eine `Map<Point.Double, Integer>` stehen mit der Koordinate und dem Abstand in Kilometer zum aktuellen Standort von Bonny Brain (40.2390577, 3.7138939).

Eine Beispielausgabe könnte wie folgt aussehen:

```
{Point2D.Double[50.4677807, -1.5833018]=1209, Point2D.Double[
44.7226698, 1.6716612]=525}
```

Der Abstand in Kilometer berechnet sich mit der Haversine-Formel so:

```
private static int distance( double lat1, double lng1,
    double lat2, double lng2 ) {
  double earthRadius = 6371; // km
  double dLat = Math.toRadians( lat2 - lat1 );
  double dLng = Math.toRadians( lng2 - lng1 );
  double a = Math.sin( dLat / 2 ) * Math.sin( dLat / 2 ) +
    Math.cos( Math.toRadians( lat1 ) ) * Math.cos( Math.toRadians( lat2 ) ) *
    Math.sin( dLng / 2 ) * Math.sin( dLng / 2 );
  double d = 2 * Math.atan2( Math.sqrt( a ), Math.sqrt( 1 - a ) );
  return (int) (earthRadius * d);
}
```

16.1.8 Das beliebteste Auto kaufen ★★★

Captain CiaoCiao muss seinen Fuhrpark vergrößern, und so fragt er die Crew, welche gepanzerten Autos empfohlen werden. Er bekommt ein Array von Modellnamen der folgenden Art:

```
String[] cars = {
  "Gurkha RPV", "Mercedes-Benz G 63 AMG", "BMW 750", "Toyota Land Cruiser",
  "Mercedes-Benz G 63 AMG", "Volkswagen T5", "BMW 750", "Gurkha RPV",
  "Dartz Prombron", "Marauder", "Gurkha RPV" };
```

Aufgabe:

- Schreibe ein Programm, das ein Array mit Modellnamen verarbeitet und am Ende eine `Map<String, Long>` erzeugt, das die Modellnamen mit der Anzahl Vorkommen assoziiert. Dieser Aufgabenteil kann gut mit der Stream-API gelöst werden.
- Es soll keine Modelle geben, die nur einmal genannt wurden; erst Modelle ab zwei Nennungen sollen in der Datenstruktur auftauchen. Bei diesem Aufgabenteil können wir besser auf die Stream-API verzichten und eine andere Variante heranziehen.

Eine Beispielausgabe könnte so aussehen:

```
{Mercedes-Benz G 63 AMG=2, BMW 750=2, Gurkha RPV=3}
```

Modifiziere die Abfrage so, dass zwar alle Modelle in einer `Map` stehen, aber die Namen mit `false` assoziiert sind, wenn es weniger als zwei Nennungen gibt. Eine Ausgabe könnte so aussehen:

```
{Marauder=false, Dartz Prombron=false, Mercedes-Benz G 63 AMG=true, Toyota
Land Cruiser=false, Volkswagen T5=false, BMW 750=true, Gurkha RPV=true}
```

16.2 Primitive Ströme

Neben den Streams für Objekte bietet die Java-Standard-Bibliothek drei besondere Ströme für primitive Datentypen: `IntStream`, `LongStream` und `DoubleStream`. Viele Methoden sind ähnlich, wichtige Unterschiede sind Bereiche (engl. *range*) und spezielle Reduktionen, zum Beispiel auf die Summe oder den Durchschnitt.

16.2.1 NaN in einem Array erkennen ★

Java unterstützt beim Fließkommatyp `double` drei besondere Werte: `Double.NaN`, `Double.NEGATIVE_INFINITY` und `Double.POSITIVE_INFINITY`; entsprechende Konstanten gibt es für `float` in `Float`. Bei mathematischen Operationen muss geprüft werden, ob das Ergebnis gültig ist und kein `NaN` ist. Durch die arithmetischen Operationen wie Addition, Subtraktion, Multiplikation, Division ist NaN nicht zu erreichen, es sei denn, ein Operand ist `NaN`, aber diverse Methoden aus der Klasse `Math` liefern bei ungültigen Eingaben als Ergebnis `NaN`. Ist zum Beispiel bei den Methoden `log(double a)` oder `sqrt(double a)` das Argument `a` echt kleiner als Null, ist das Ergebnis `NaN`.

Aufgabe:

- Schreibe eine Methode `containsNan(double[])`, die `true` zurückliefert, wenn das Array ein `NaN` enthält, andernfalls `false`.
- Ein einziger Ausdruck soll im Rumpf der Methode reichen.

16

Beispiel:

```
double[] numbers1 = { Math.sqrt( 2 ), Math.sqrt( 4 ) };
System.out.println( containsNan( numbers1 ) );          // false

double[] numbers2 = { Math.sqrt( 2 ), Math.sqrt( -4 ) };
System.out.println( containsNan( numbers2 ) );          // true
```

16.2.2 Jahrzehnte erzeugen ★

Ein Jahrzehnt ist ein Zeitraum von zehn Jahren, egal, wann es anfängt und endet. Üblicherweise werden Jahrzehnte anhand ihrer gemeinsamen Zehnerstelle gruppiert. Die 1990er beginnen am 1. Januar 1990 und enden am 31. Dezember 1999. Diese Interpretation nennt sich *0-bis-9-Dekade*. Es gibt auch die *1-bis-0-Dekade*, bei der die Zählung der Jahrzehnte mit einer 1 auf der Einerstelle beginnt. Nach dieser Interpretation gehen die 1990er vom 1. Januar 1991 und enden am 31. Dezember 2000.

Aufgabe:

- Schreibe eine Methode `int[] decades(int start, int end)`, die alle Jahrzehnte von einem Startjahr bis zu einem Endjahr als Array liefert.
- Es soll die 0-bis-9-Dekade verwendet werden.

Beispiele:

- `Arrays.toString( decades( 1890, 1920 ) )` → `[1890, 1900, 1910, 1920]`
- `Arrays.toString( decades( 0, 10 ) )` → `[0, 10]`
- `Arrays.toString( decades( 10, 10 ) )` → `[10]`
- `Arrays.toString( decades( 10, -10 ) )` → `[]`

16.2.3 Array mit konstantem Inhalt über Stream erzeugen ★

Aufgabe:

Schreibe eine Methode

`fillNewArray(int size, int value)`

Beispiel:

`Arrays.toString( fillNewArray( 3, -1 ) )` → `[-1, -1, -1]`

16.2.4 Pyramiden zeichnen (Java 11) ★

Aufgabe:

- Erzeuge aus einer geschickten Kombination von `range(…)`, `mapToObj(…)` und `forEach(…)` die folgende Ausgabe:

  ```
      /\
     /\/\
    /\/\/\
   /\/\/\/\
  /\/\/\/\/\
  ```

  Die Pyramide ist fünf Zeilen hoch.
- Versuche, die Aufgabe in nur einer Anweisung zu lösen, vom Aufbau der Pyramide bis zur Konsolenausgabe.

16.2.5 Buchstabenhäufigkeit eines Strings ermitteln ★

Eine Voraussetzung für eine Kompression ist, häufig vorkommende Folgen möglichst kurz zu repräsentieren. Wenn in einer Datei etwa 0 0 0 0 1 1 1 vorkommt, dann wird später hinterlegt: viermal eine 0, dann dreimal eine 1. Die Information über die Zahlen 0 und 1 versucht ein Kompressionsalgorithmus in sehr wenigen Bits auszudrücken. Von Vorteil ist, wenn bekannt ist, wie oft ein Symbol oder eine Folge insgesamt vorkommt, um einschätzen zu können, ob sich eine Kompression dieser Folge überhaupt lohnt. Eine Schleife könnte vorher über die Eingabe laufen und Häufigkeiten zählen.

Aufgabe:

- Die Eingabe ist ein String. Generiere mithilfe einer geschickten Stream-Verkettung einen neuen String, der jeden Buchstaben des Ursprung-Strings enthält, gefolgt von der Häufigkeit dieses Buchstabens im gegebenen String.
- Die Pärchen aus Buchstabe und Häufigkeit sollen durch einen Schrägstrich im Ergebnis-String getrennt werden.
- Performance spielt keine zentrale Rolle.

Beispiele:

- `"eclectic"` → `"e2/c3/l1/e2/c3/t1/i1/c3"`
- `"cccc"` → `c4/c4/c4/c4`
- `""` → `""`

16.2.6 Von 1 auf 0, von 10 auf 9 ★★

Bonny Brain möchte ein neues Boot erwerben und schickt Elaine in den Hafen, um Boote zu bewerten. Elaine schreibt ihre Bewertungen von 1 bis 10 hintereinander auf ein Papier, etwa so:

```
102341024
```

Bonny bekommt die Zahlenfolge, ist aber mit der Anordnung und den Zahlen nicht zufrieden. Die Zahlen sollen erstens durch ein Komma getrennt werden und zweitens bei `0` anfangen, nicht bei `1`.

Aufgabe:

- Schreibe eine Methode `String decrementNumbers(Reader)`, die aus einer Eingabequelle eine Zeichenfolge mit Ziffern liest und diese in einen kommaseparierten String konvertiert; alle Zahlen sollen um 1 vermindert werden. Was keine Ziffer ist, soll auch nicht in das Ergebnis kommen.

Beispiele:

- `102341024` → `"9, 1, 2, 3, 9, 1, 3"`
- `-1` → `"0"`
- `abc123xyz456` → `"0, 1, 2, 3, 4, 5"`

16.2.7 Zwei int-Arrays zusammenführen ★★

Aufgabe:

- Gesucht ist eine Methode, die zwei `int`-Arrays zusammenführt.
- Es soll zwei überladene Methoden geben:

  `static int[] join( int[] numbers1, int[] numbers2)` und
  `static int[] join( int[] numbers1, int[] numbers2, long maxSize)`.

  Mit dem optionalen dritten Parameter kann die maximale Anzahl Elemente des Ergebnisses reduziert werden.

Beispiele:

```
int[] numbers1 = { 7, 12 };
int[] numbers2 = { 51, 56, 0, 2 };
int[] result1 = join( numbers1, numbers2 );
int[] result2 = join( numbers1, numbers2, 3 );
System.out.println( Arrays.toString( result1 ) );   // [7, 12, 51, 56, 0, 2]
System.out.println( Arrays.toString( result2 ) );   // [7, 12, 51]
```

16.2.8 Gewinnkombinationen ermitteln ★★

Bonny Brain plant die nächste Party und bereitet ein Ringwurfspiel vor. Als Erstes stellt sie unterschiedliche Objekte auf, zum Beispiel diese zwei:

▨ ▧

Dann gibt sie den Spielern zwei Ringe in die Hand und lässt sie werfen. Geht der Ring über ein Objekt, zählt das als Gewinn. Wie viele Möglichkeiten zum Gewinnen gibt es, und wie sehen die Möglichkeiten aus? Nimmt man die beiden Objekte ▨ ▧, könnte es sein, dass ein Spieler ▨ oder ▧ oder auch beide – ▨ und ▧ – »trifft«; kein Treffer ist kein Gewinn.

Aufgabe:

- Gegeben ist ein String mit beliebigen Zeichen aus der Basic Multilingual Plane (BMP), also `U+0000` bis `U+D7FF` und `U+E000` bis `U+FFFF`.
- Erzeuge eine Liste mit allen Möglichkeiten, wie ein Spieler gewinnen kann.

Beispiel:

- ▨▧ → [▧, ▨, ▨▧], aber nicht [▧, ▨, ▨▧, ▧▨]!
- ▣▢▲ → [▣▢▲, ▲, ▢, ▣, ▢▲, ▣▲, ▣▢]
- `MOON` → `[OO, MN, MO, MOON, MOO, MON, M, N, OON, ON, O]`

16.3 Statistiken

Die Ströme `IntStream`, `LongStream` und `DoubleStream` haben terminierende Methoden wie `average()`, `count()`, `max()`, `min()` und `sum()`. Falls allerdings nicht nur eine dieser statistischen Informationen interessant ist, sondern mehrere, lassen sich diverse Informationen in einem `IntSummaryStatistics`, `LongSummaryStatistics` oder `DoubleSummaryStatistics` sammeln.

16.3.1 Die schnellsten und langsamsten Paddler ★

Bonny Brain richtet auf der Partyinsel X Æ A-12 den jährlichen Paddelwettbewerb »Venomous Paddle Open« aus. Am Ende sollen die beste, schlechteste und Durchschnittszeit ausgegeben werden. Die Ergebnisse der Paddler sind durch folgenden Datentyp repräsentiert:

```
class Result {
  String name;
  double time;

  Result( String name, double time ) {
    this.name = name;
    this.time = time;
  }
}
```

Aufgabe:

- Erzeuge einen `Stream` von `Result`-Objekten. Belege einige `Result`-Objekte mit ausgewählten Werten zum Testen vor.
- Gib am Ende eine kleine Statistik der Zeiten aus.

Beispiel:

Aus dem folgenden Stream ...

```
Stream<Result> stream =
    Stream.of( new Result( "Bareil Antos", 124.123 ),
      new Result( "Kimara Cretak", 434.22 ),
      new Result( "Keyla Detmer", 321.34 ), new Result( "Amanda Grayson",
        143.99 ),
      new Result( "Mora Pol", 122.22 ), new Result( "Gen Rhys", 377.23 ) );
```

... kann die Ausgabe so aussehen:

```
count:    6
min:      122,22
max:      434,22
average: 253,85
```

16.3.2 Median berechnen ★★

Die Typen `XXXSummaryStatistics` liefern mit `getAverage()` den *arithmetischen Mittelwert*. Der arithmetische Mittelwert berechnet sich aus der Summe der gegebenen Werte geteilt durch die Anzahl der Werte. Es gibt eine Reihe weiterer Mittelwerte, etwa den *geometrischen Mittelwert* oder den *harmonischen Mittelwert*.

Mittelwerte werden häufig in der Statistik genutzt, doch sie haben das Problem, dass sie anfälliger für Ausreißer sind. Die Statistik arbeitet oft mit dem *Median*. Der Median ist der Zentralwert, also der Wert, der in der sortieren Liste »in der Mitte« steht. Zu kleine oder zu große Zahlen stehen am Rand und sind Ausreißer und gehen in den Median nicht ein.

Ist die Anzahl der Werte ungerade, dann gibt es eine natürliche Mitte.

Beispiele:

- In der Liste 9, 11, **11**, 11, 12 steht in der Mitte der Median 11. Wenn die Anzahl der Werte gerade ist, lässt sich der Median aus dem arithmetischen Mittel der beiden mittleren Zahlen definieren.
- In der Liste 10, **10, 12**, 12 ist der Median das arithmetische Mittel aus den Werten 10 und 12, also 11.

Aufgabe:

- Gegeben ist ein `double[]` mit Messwerten. Schreibe eine Methode `double median (double... values)`, die den Median des Arrays mit gerader und ungerader Anzahl berechnet.
- Nutze zur Lösung einen `DoubleStream`, und überlege, ob `limit(…)` und `skip(…)` helfen.

16.3.3 Temperaturstatistiken berechnen und Charts zeichnen ★★★

Bonny Brain ist gut mit Zahlen, allerdings mag sie Charts viel lieber. Grafisch lassen sich die Daten viel einfacher erfassen, als wenn sie in Textform vorliegen.

Sie bekommt eine Tabelle mit Temperaturdaten und möchte auf den ersten Blick ablesen, wann es am wärmsten ist und ein Urlaub mit der Familie gut möglich ist.

Aufgabe:

Gesucht ist ein Programm, das Temperaturen verarbeiten und darstellen kann. Genauer gesagt:

- Generiere eine Liste von Zufallszahlen, die im besten Fall dem Temperaturverlauf des Jahres folgen, etwa in Form einer Sinuskurve von 0 bis π.
- Generiere für mehrere Jahre zufällige Temperaturwerte, und speichere die Jahre mit den Werten in einem Assoziativspeicher. Nutze den Datentyp `Year` als Schlüssel für eine nach Jahren sortierte `Map`. Bonus: Die Anzahl der Tage entspricht wirklich der Anzahl der Tage in dem Jahr, also 365 oder 366.
- Schreibe eine ASCII-Tabelle mit den Temperaturen aller Jahre auf die Konsole.
- Gib die höchste und niedrigste Jahrestemperatur eines Jahres aus.
- Gib die höchste, niedrigste und durchschnittliche Temperatur für einen Monat eines Jahres aus.
- Generiere eine Datei, in der von einem Jahr die zwölf Durchschnittstemperaturen eines Monats aggregiert und visualisiert werden. Nimm folgendes HTML-Dokument als Grundlage, und fülle das `data`-Array entsprechend:

```
<!DOCTYPE html>
<html lang="de">
<body>
<canvas id="chart" width="500" height="200"></canvas>
<script src="https://cdnjs.cloudflare.com/ajax/libs/Chart.js/2.9.3/
Chart.bundle.min.js"></script>
<script>
const cfg = {
    type: 'bar',
    data: {
        labels: ["Jan", "Feb", "Mrz", "Apr", "Mai", "Jun", "Jul", "Aug",
                 "Sep", "Okt", "Nov", "Dez"],
        datasets: [ {
            label: "Durchschnittswerte", fill: false,
            data: [11.9,17.0,21.3,25.1,27.8,29.1,29.2,27.9,25.6,21.6,
                   17.5,12.5],
        } ]
    },
    options: {
        responsive: true,
        title: { display:true, text:'Temperaturverlauf' },
        tooltips: { mode: 'index', intersect: false },
        hover: { mode: 'nearest', intersect: true },
        scales: {
            xAxes: [ { display: true, scaleLabel: { display: true,
```

```
                    labelString: 'Monat' } } ],
          yAxes: [ { display: true, scaleLabel: { display: true,
                    labelString: 'Temperatur' } } ]
      }
    }
  };
  window.onload = () =>
    new Chart(document.getElementById("chart").getContext("2d"), cfg);
  </script>
  </body>
  </html>
```

16.4 Lösungsvorschläge

Aufgabe 16.1.1: Heldenepos: Stream-API kennenlernen

Als Abkürzung für `Heroes.ALL` wird im Folgenden eine Hilfsvariable eingeführt:

```
List<Hero> heroes = Heroes.ALL;
```

Terminale Operation forEach(...)

```
Consumer<Hero> csvPrinter =
    hero -> System.out.printf( "%s,%s,%s%n", hero.name, hero.sex,
    hero.yearFirstAppearance );
heroes.stream().forEach( csvPrinter );
```

Listing 16.1 com/tutego/exercise/stream/LambdaHeroes.java

Um über alle Elemente eines Streams zu laufen, lässt sich die Methode `forEach(…)` einsetzen:

```
void forEach(Consumer<? super T> action)
```

Sie erwartet einen Konsumenten vom Typ `Consumer`. Die Methode `forEach(Consumer)` ruft auf dem übergebenen `Consumer` für jedes Element die Methode `apply(…)` auf und übermittelt auf diese Weise das Element im Stream zu dem `Consumer`. Für den `Consumer` deklarieren wir eine Abbildung, die eine Konsolenausgabe realisiert und dabei die drei Bestandteile aus dem `Hero` zieht. Für das reine Ablaufen müssen wir keinen `Stream` holen, ein `Iterable` bietet ebenfalls `forEach(…)`.

Terminale Operation allMatch(...)

```
Predicate<Hero> isAppearanceAfter1900 =
    hero -> hero.yearFirstAppearance >= 1900;
System.out.println( heroes.stream().allMatch( isAppearanceAfter1900 ) );
```

Listing 16.2 com/tutego/exercise/stream/LambdaHeroes.java

Ein Stream bietet drei Methoden, die herausfinden, ob alle oder gewisse Elemente im Stream eine Eigenschaft haben oder nicht: allMatch(…), anyMatch(…) und noneMatch(…). Alle Methoden bekommen ein Predicate zum Testen der Eigenschaft übergeben. Wollen wir wissen, ob alle Helden nach 1900 eingeführt wurden, greifen wir zur Methode allMatch(…). Die Methode allMatch(…) geht über alle Elemente des Streams und ruft die Predicate Methode test(…) auf. Wenn dieser Test immer true ergibt, dann erfüllen alle Elemente im Stream das richtige Kriterium, und die Gesamtantwort ist true. Liefert einer der Tests false, dann steht das Endergebnis auch schon fest: false.

Terminale Operation anyMatch(…)

```
Predicate<Hero> isFemale = hero -> hero.sex == Sex.FEMALE;
Predicate<Hero> isAppearanceAfter1950 =
    hero -> hero.yearFirstAppearance >= 1950;
System.out.println(
    heroes.stream().anyMatch( isFemale.and(isAppearanceAfter1950 ) ) );
```

Listing 16.3 com/tutego/exercise/stream/LambdaHeroes.java

Die Schnittstelle Predicate verfügt aber über einige default- und static-Methoden, darunter and(Predicate), or(Predicate) und negate(). Sollen zwei Kriterien gleichzeitig gelten, so können zwei Prädikate mit der and(…)-Methode verknüpft und damit zu einem größeren Prädikat zusammengebunden werden. Wollen wir testen, ob irgendein Held weiblich ist und nach 1950 eingeführt wurde, so können wir zunächst zwei einzelne Prädikate aufbauen und dann verknüpfen. Dieses Vorgehen ist vernünftig, da die Prädikate erstens kleiner werden und einfacher zu testen sind und zweitens auch gut wiederzuverwenden sind.

Terminale Operation min(…)

```
Comparator<Hero> firstAppearanceComparator =
    Comparator.comparingInt( h -> h.yearFirstAppearance );
System.out.println( heroes.stream().min( firstAppearanceComparator ) );
```

Listing 16.4 com/tutego/exercise/stream/LambdaHeroes.java

Ein Stream bietet min(…)- und max(…)-Methoden und kann anhand eines Ordnungskriteriums das größte und kleinste Element ermitteln:

```
Optional<T> min(Comparator<? super T> comparator)
Optional<T> max(Comparator<? super T> comparator)
```

Die Rückgabe der beiden Methoden ist ein Optional, denn es kann sein, dass der Stream leer ist. Die min(…)- und max(…)-Methoden erwarten einen Comparator. Ist der Held/die Heldin gefragt, der/die als Erstes eingeführt wurde, ist das Kriterium year-

FirstAppearance. Comparator.comparingInt(...) hilft, schnell einen Comparator aufzubauen, und je kleiner das Jahr ist, desto kleiner sind die Objekte. Die min(...)-Methode liefert die Antwort nach dem frühesten Helden.

Terminale Operation reduce(...)

```
System.out.println( heroes.stream().reduce( ( hero1, hero2 ) -> {
  int diff1 = Math.abs( 1960 - hero1.yearFirstAppearance );
  int diff2 = Math.abs( 1960 - hero2.yearFirstAppearance );
  return (diff1 < diff2) ? hero1 : hero2;
} ) );
```

Listing 16.5 com/tutego/exercise/stream/LambdaHeroes.java

Für die Frage, welcher Held als erster um 1960 aufgetaucht ist, greifen wir auf die reduce(...) Methode zurück, die genau die Helden bevorzugt, die näher am Jahr 1960 sind. reduce(...) ist wie folgt deklariert:

```
Optional<T> reduce(BinaryOperator<T> accumulator)
```

Übergeben werden muss also ein BinaryOperator. Das bedeutet, zwei Elemente kommen als Argumente hinein, ein Element kommt heraus. Die gewählte Implementierung berechnet zunächst den Abstand zum Jahr 1960 vom ersten und zweiten Helden und liefert dann den Helden zurück, der näher an 1960 liegt. Wenn beide gleich weit vom Jahr 1960 entfernt liegen, kann sich der Algorithmus im Prinzip für einen der beiden Helden entscheiden.

Terminale Operation collect(Supplier, BiConsumer, BiConsumer)

```
StringBuilder collectedYears =
    heroes.stream().collect(
        StringBuilder::new,
        ( sb, hero ) -> sb.append( sb.isEmpty() ? "" : "," )
          .append( hero.yearFirstAppearance ),
        ( sb1, sb2 ) -> sb1.append( sb2.isEmpty() ? "" : "," + sb2 ) );
System.out.println( collectedYears );
```

Listing 16.6 com/tutego/exercise/stream/LambdaHeroes.java

Soll am Ende ein StringBuilder mit allen Werten entstehen, werden wir nicht auf die reduce(...)-Methode zurückgreifen, sondern auf die Methode collect(...). Während reduce(...) immer zwei Werte auf einen Wert reduziert, betrachtet collect(...) alle Elemente und überführt sie in eine andere Repräsentation. Die Methode ist überladen, doch die für uns interessante Variante ist die folgende:

```
R collect(Supplier<R> supplier,
          BiConsumer<R, ? super T> accumulator,
          BiConsumer<R, R> combiner)
```

Das erste Argument ist ein Erzeuger des Ergebnisses. Da in unserem Fall das Ergebnis ein `StringBuilder` ist, stellt die Konstruktorreferenz `StringBuilder::new` diesen `Supplier` her. Der zweite Parameter ist ein `BiConsumer` und setzt die Jahreszahl des Helden in den `StringBuilder`. Eine Sonderbehandlung ergänzt das Komma zwischen den Elementen, falls nötig; der Separator kommt genau dann zwischen Elemente, wenn der `StringBuilder` Elemente enthält und nicht leer ist. Der letzte `BiConsumer` von `collect(…)` kombiniert verschiedene `StringBuilder`, die durch eine nebenläufige Verarbeitung entstanden sein können, zu einem `StringBuilder`. Das ist in unserem Falle zwar nicht nötig, doch wollen wir diese Funktionalität ebenfalls implementieren.

Terminale Operation collect(Collector) mit groupingBy(…)

```
Map<Sex, List<Hero>> sexListMap =
    heroes.stream().collect( Collectors.groupingBy( hero -> hero.sex ) );
System.out.println( sexListMap );
```

Listing 16.7 com/tutego/exercise/stream/LambdaHeroes.java

Die zweite `collect(…)`-Methode ist wie folgt parametrisiert:

```
<R, A> R collect(Collector<? super T, A, R> collector)
```

Übergeben wird ein `Collector`. Die Klasse `Collectors` deklariert eine große Anzahl statischer Methoden für vordefinierte `Collector`-Implementierungen. Dazu zählen z. B. `toList()`, `toSet()`. Ein `Collector` ist praktisch, der zur Gruppierung der Stream-Elemente verwendet werden kann: `Collectors.groupingBy(…)`:

```
<T, K> Collector<T, ?, Map<K, List<T>>> groupingBy(
  Function<? super T, ? extends K> classifier)
```

Die generischen Typinformationen sind zwar etwas undurchsichtig, doch eigentlich ist die Methode simpel: Die Aufgabe der `Function` ist die Extraktion der Schlüssel für die entstehende `Map`. Alle Elemente aus dem Stream mit dem gleichen Schlüssel werden als Liste mit dem Schlüssel in der `Map` assoziiert.

Ist folglich eine `Map` mit den Geschlechtern gewünscht, ist die Funktion `hero -> hero.sex`, und es entsteht eine `Map<Sex, List<Hero>>`, sodass unter den beiden Geschlechtern jeweils Listen hängen mit den Helden, die entweder männlich oder weiblich sind.

Terminale Operation collect(Collector) mit partitioningBy()

```
Predicate<Hero> isAppearanceAfter1970 =
  hero -> hero.yearFirstAppearance >= 1970;
```

```
Map<Boolean, List<Hero>> beforeAndAfter1970Partition = heroes.stream()
    .collect( Collectors.partitioningBy( isAppearanceAfter1970 ) );
System.out.println( beforeAndAfter1970Partition );
```

Listing 16.8 com/tutego/exercise/stream/LambdaHeroes.java

Das Ergebnis bei `groupingBy(…)` ist immer eine `Map` mit beliebig vielen Schlüsseln. Falls die entstehende Menge nur zwei unterschiedliche Teile kennt, lässt sich alternativ die Methode `partitioningBy(…)` einsetzen:

```
Collector<T, ?, Map<Boolean, List<T>>> partitioningBy(
    Predicate<? super T> predicate)
```

Übergeben wird ein `Predicate` für einen Test, und diejenigen Elemente, die diesen Test bestehen, kommen unter `Boolean.TRUE` als Schlüssel in die `Map`, die anderen unter `Boolean.FALSE`.

Das beantwortet die Frage, welche Helden vor und nach 1970 eingeführt wurden.

Intermediäre Operation filter(…)

```
System.out.println( Heroes.ALL.stream()
    .filter( hero -> hero.sex == Sex.FEMALE )
    .count() );
```

Listing 16.9 com/tutego/exercise/stream/LambdaHeroes.java

Die vielleicht wichtigste intermediäre `Stream`-Methode ist `filter(…)`:

```
Stream<T> filter(Predicate<? super T> predicate);
```

Alle Elemente, die das Prädikat erfüllen, bleiben im Stream erhalten. Ist die Frage nach den weiblichen Helden, schreiben wir ein Prädikat, das das Geschlecht des Helden extrahiert und auf `Sex.FEMALE` testet. Es entsteht ein neuer `Stream`, aber nach dem Filtern kann der Stream kann weniger Elemente enthalten. Die `count()`-Methode liefert die Anzahl der Elemente.

Intermediäre Operation sorted(…)

```
Heroes.ALL.stream()
    .sorted( Comparator.comparingInt( hero -> hero.yearFirstAppearance ) )
    .forEach( System.out::println );
```

Listing 16.10 com/tutego/exercise/stream/LambdaHeroes.java

Einige Methoden der `Stream`-Klasse sind statusbehaftet. Die Operationen können mit der Auswertung nicht so lange warten wie möglich (sie sind nicht *lazy*), sondern alle Elemente eines Streams müssen eingelesen werden, damit Operationen wie Sortierung oder das Entfernen doppelter Elemente realisiert werden können. Soll der Heldenstrom nach der Zeit der Heldeneinführung sortiert werden, werden wir zunächst wieder mit `Comparator.comparingInt(…)` einen `Comparator` bilden und diesen der Methode `sorted(…)` übergeben:

```
Stream<T> sorted(Comparator<? super T> comparator)
```

Mit `forEach(…)` konsumieren wir den sortierten Stream und geben alle Helden auf dem Bildschirm aus.

Intermediäre Operation map(…) mit Collectors.joining(…)

```
String femaleNames = Heroes.ALL.stream()
    .filter( hero -> hero.sex == Sex.FEMALE )
    .map( hero -> hero.name )
    .collect( Collectors.joining( ", " ) );
System.out.println( femaleNames );
```

Listing 16.11 com/tutego/exercise/stream/LambdaHeroes.java

Neben `filter(…)` dürfte die Methode `map(…)` die zweitwichtigste der Schnittstelle `Stream` sein:

```
<R> Stream<R> map(Function<? super T, ? extends R> mapper)
```

Die `map(…)`-Methode wendet die `Function` auf jedes Element aus dem Stream an, und es entsteht ein neuer Stream, möglicherweise von einem neuen Typ. So können wir die Methode `map(…)` auch einsetzen, um alle Heldennamen zu extrahieren. Nach der gewünschten Filteroperation wird der Name extrahiert und anschließend über einen speziellen `Collector` zu einem großen `String` zusammengebunden, bei dem die Namen kommasepariert sind.

Intermediäre Operation map(…) mit Collectors.toList()

```
Function<Hero, Hero> nameAnonymizer = hero ->
    new Hero( hero.name.replaceAll( "\\s*\\(.*\\)$", "" ),
              hero.sex, hero.yearFirstAppearance );
System.out.println( Heroes.ALL.stream().map( nameAnonymizer )
    .collect(Collectors.toList() ) );
```

Listing 16.12 com/tutego/exercise/stream/LambdaHeroes.java

In der Aufgabe sollen die Einträge in runden Klammern entfernt werden. Auch das machen wir über die `map(…)`-Methode und über eine spezielle Funktion, die die Helden austauscht. Die Funktion bekommt einen Helden mit Klarnamen und liefert einen neuen Helden, in dem alles in runden Klammen entfernt wurde. Verarbeitungsketten dieser Art könnten prinzipiell Objekte modifizieren und das modifizierte Objekt zurückliefern, sauberer ist jedoch das Anlegen neuer Objekte mit den gewünschten Änderungen. Da `Hero`-Objekte unveränderlich sind, müssen wir auch neue `Hero`-Objekte aufbauen. Wir nehmen den Namen und ersetzen mit `replaceAll(…)` alles, was in runden Klammern ist – und eine beliebige Folge von Leerzeichen davor –, durch einen Leer-String, löschen diesen Teil also. Dem Konstruktor wird dieser veränderte Name übergeben, das Geschlecht und das Jahr bleiben. Den neu entstandenen `Stream<Hero>` überträgt `Collectors.toList()` in eine Liste.

Statt `Function<Hero, Hero>` lässt sich auch `UnaryOperator<Hero>` einsetzen.

Intermediäre Operation mapToInt(…)

```
int[] years = Heroes.ALL.stream()
    .mapToInt( hero -> hero.yearFirstAppearance )
    .distinct()
    .toArray();
System.out.println( Arrays.toString( years ) );
```

Listing 16.13 com/tutego/exercise/stream/LambdaHeroes.java

Neben der Methode `map(…)` existieren Methoden, die besondere primitive Ströme liefern:

- `IntStream mapToInt(ToIntFunction<? super T> mapper)`
- `LongStream mapToLong(ToLongFunction<? super T> mapper)`
- `DoubleStream mapToDouble(ToDoubleFunction<? super T> mapper)`

Diese drei speziellen Ströme bieten die Methode `toArray()`, bei der am Ende ein primitives Array steht und kein Array mit Objekten. So lassen sich alle Jahreszahlen gut in einem Array sammeln. Doppelte Elemente entfernt `distinct()`.

Intermediäre Operation flatMap(…)

```
Heroes.UNIVERSES.stream()
    .flatMap( Heroes.Universe::heroes )
    .map( hero -> hero.name )
    .forEach( System.out::println );
```

Listing 16.14 com/tutego/exercise/stream/LambdaHeroes.java

Die übergebene Funktion der Methode `map(…)` führt zu einer direkten Abbildung. Dabei entstehen nicht mehr Elemente, die Elemente werden nur ausgewechselt. Anders sieht das bei der Methode `flatMap(…)` aus:

```
<R> Stream<R> flatMap(Function<? super T, ? extends
    Stream<? extends R>> mapper)
```

Während `map(…)` eine `Function<? super T, ? extends R>` übergeben wird, bekommt `flatMap(…)` eine `Function<? super T, ? extends` **`Stream<? extends R>`**`>` übergeben; das heißt, bei `flatMap(…)` muss die Funktion für jedes Element einen `Stream` liefern. `flatMap(…)` läuft diese Unter-Streams ab und setzt uns direkt die Elemente in den Ergebnis-Stream. Anders gesagt: `flatMap(…)` liefert einen `Stream<…>` mit den »Unterelementen«, während `map(…)` stattdessen einen `Stream<Stream<…>>` liefern würde. `flatMap(…)` bietet eine Möglichkeit, dass der entstehende Stream wächst und größer wird.

`Heroes.UNIVERSES` ist ein `List<Universe>`. Erfragen wir einen Stream, ist das Ergebnis ein `Stream<Universe>`. Ein `Universe` verfügt über die Methoden `String name()` und `Stream<Hero> heroes()`. Interessieren uns alle `Hero`-Objekte der beiden Universen, hilft `flatMap( Heroes.Universe::heroes )`, denn das liefert einen `Stream<Hero>`. Zum Vergleich: `map(Heroes.Universe::heroes)` liefert einen `Stream<Stream<Hero>>`, damit können wir nichts anfangen.

Da in der Aufgabe nur die Namen relevant sind, führt das zusätzliche `map(…)` zu einem `Stream<String>`, und `forEach(…)` gibt die Namen aus.

Quiz 16.1.2: Quiz: Doppelt ausgegeben

Wird das Programm ausgeführt, kommt es zur Ausnahme:

```
Exception in thread "main" java.lang.IllegalStateException: stream has already
been operated upon or closed
```

Die intermediären Operationen der Stream-Objekte liefern neue Stream-Objekte zurück, auf denen wir kaskadiert die weiteren Methoden aufrufen müssen. Wenn die Intention ist, dass beide Ströme über `peek(…)` und `forEach(…)` wieder von vorne anfangen, muss der Stream auch neu aufgebaut werden. Es ist sonst nicht möglich, dass `forEach(…)` von vorne anfängt, wenn der Stream `numbers` schon von `peek(…)` angefangen wurde.

Aufgabe 16.1.3: Den geliebten Captain aus einer Liste ermitteln

```
String[] names = {
    "Anne", "Captain CiaoCiao", "Balico", "Charles", "Anne", "CiaoCiao",
    "CiaoCiao", "Drake", "Anne", "Balico", "CiaoCiao" };
Map<String, Long> nameOccurrences =
    Arrays.stream( names )
        .map( s -> "CiaoCiao".equalsIgnoreCase( s ) ? "Captain CiaoCiao" : s )
        .collect( Collectors.groupingBy( String::toLowerCase,
        Collectors.counting() ) );
System.out.println( nameOccurrences );
```

Listing 16.15 com/tutego/exercise/stream/NameOccurrences.java

Lassen wir das Programm laufen, ist die Ausgabe:

```
{captain ciaociao=4, charles=1, anne=3, drake=1, balico=2}
```

Ausgangspunkt ist das Array `names` mit den Namen. `Arrays.stream(…)` liefert uns einen `Stream` von Strings, eine Alternative ist `Stream.of(…)`. Da unser Captain in verschiedenen Schreibweisen auftauchen kann, normalisieren wir die Schreibweisen, und mit der `map(…)`-Methode kommt in den `Stream` immer `Captain CiaoCiao` statt `CiaoCiao`. Andere Strings werden nicht transformiert.

Die eigentliche Aggregation und Zählung finden über einen speziellen `Collector` statt:

```
groupingBy( Function<? super T, ? extends K> classifier,
            Collector<? super T, A, D> downstream )
```

Übergeben wir diesen `groupingBy(…)`-`Collector` an `collect(…)`, entsteht am Ende ein Ergebnis vom Typ `Map<K, D>`.

Alle `groupingBy(…)`-Collectoren erwarten als erstes Argument einen Klassifizierer. Dieser bestimmt die Schlüssel des entstehenden Assoziativspeichers. Würden wir keinen zweiten `Collector` für den `downstream` angeben, wäre mit dem Schlüssel eine Liste assoziiert, doch das brauchen wir nicht – wir interessieren uns nur für die Anzahl der Elemente, die mit einem Schlüssel assoziiert sind. Einen `Collector` zur Reduktion auf ein `Long` statt einer Liste liefert `Collectors.counting()`. Intern ist die Methode `counting(…)` wie folgt implementiert:

```
public static <T> Collector<T, ?, Long> counting() {
  return summingLong(e -> 1L);
}
```

Listing 16.16 OpenJDK-Implementierung von counting(…)

`counting()` liefert einen `Collector<T, ?, Long>` zurück, also einen `Collector`, der Elemente vom Typ `T` annimmt und sie auf ein `Long` reduziert. Aus dem Code lässt sich ablesen, dass das auch nur eine Abkürzung ist, und wir hätten ebenso gut schreiben können:

```
Collectors.groupingBy( String::toLowerCase, Collectors.summingLong( e -> 1L ))
```

An `summingLong(ToLongFunction)` wird eine Funktion übergeben, die für jedes Element im Stream aufgerufen wird. Durch die konstante Abbildung `e -> 1L` addiert `summingLong(…)` nur `1`, und das ist eigentlich eine Verschwendung von Rechenleistung.

`groupingBy(Function classifier, Collector downstream)` ist auch nur eine Abkürzung für `groupingBy(classifier, HashMap::new, downstream)`.

Aufgabe 16.1.4: Bilder einrahmen (Java 11)

```
private static String frame( String string ) {
  if ( string == null || string.trim().isEmpty() )
    throw new IllegalArgumentException(
      "String to frame can not be null or empty" );

  final String NEW_LINE = "\n";
  int max = string.lines().mapToInt( String::length ).max().getAsInt();
  String topBottomBorder = '+' + "-".repeat( max + 4 ) + '+' + NEW_LINE;
  String emptyRow = "|  " + " ".repeat( max ) + "  |" + NEW_LINE;

  return string.lines()
               .map( s -> "|  " + s + " ".repeat( max - s.length() ) + "  |" )
               .collect( Collectors.joining( NEW_LINE,
               topBottomBorder + emptyRow,
               NEW_LINE + emptyRow +
               topBottomBorder ) );
}
```

Listing 16.17 com/tutego/exercise/stream/FramePicture.java

Damit der Rahmen um die ASCII-Kunst gezeichnet werden kann, müssen unterschiedliche Teilprobleme gelöst werden. Es fängt mit der Frage an, wie lang die längste Zeile ist, denn das bestimmt die Breite des Rahmens. Die eigentliche Antwort liefert ein einzelner Stream-Ausdruck. Wenn wir jeden String abbilden auf die String-Länge und von dem Stream der Ganzzahlen das Maximum bestimmen, bekommen wir unsere Antwort.

Mit dieser Länge stellen wir zwei Dinge an: Sie hilft, den oberen und unteren horizontalen Rahmen zu generieren, außerdem werden kürzere Zeilen mit Leerzeichen aufgefüllt, damit alle Zeilen später gleich lang sind. Der Rahmen beginnt mit einem Pluszeichen, und es folgen Minuszeichen, und zwar für jede Seite zwei mehr als der längste String lang ist. Es werden zwei mehr pro Seite, weil das der gewünschte innere Abstand vom rechten und linken Rand ist. Zum Generieren der Minuszeichen greifen wir auf `repeat(int)` von `String` zurück. Der obere und untere Rahmen ist nicht der einzige `String`, der vorher generiert werden kann, das Gleiche gilt für die freie Zeile, die nur links und rechts den Strich hat und in der Mitte Leerzeichen. Diese freie Zeile setzen wir später unter die oberste Linie und über die unterste Linie.

Nach dem Vorbereiten der Variablen ist das eigentliche Setzen des Bildes in den Rahmen nur ein `Stream`-Ausdruck. Wieder holen wir mit der `lines()`-Methode einen `Stream` von Zeilen und nutzen die `map(…)`-Methode, um jeden `String` aus dem ASCII-Bild zu transformieren:

- Vor dem String aus dem Bild werden das Rahmensymbol und der Abstand gesetzt.
- Hinter den String werden Leerzeichen gesetzt, sodass der String insgesamt immer die gleiche Breite bekommt.
- Es folgen wieder etwas Abstand und das Rahmenzeichen auf der rechten Seite.

Zum Schluss sammeln wir alle Zeilen ein und nutzen dafür einen `Collector`, den wir mit drei Informationen versorgen:

1. Wie werden die Zeilen getrennt? Mit einem Zeilenumbruch.
2. Was ist das Präfix des gesamten Strings? Es ist der obere Rahmen, gefolgt von einer freien Zeile.
3. Was ist das Suffix am Ende des Rahmens? Wiederum die freie Zeile und die untere Linie für den Rahmen.

Aufgabe 16.1.5: Schau und sag

Das Schöne an der Aufgabe ist, dass sie im Kern nur aus einer einzigen Anweisung besteht. Es ist faszinierend, zu sehen, welche Möglichkeiten die Stream-API bietet. Hinter der Lösung sitzt aber auch noch die `Pattern`-Klasse mit einem ganz besonderen regulären Ausdruck.

```
Pattern sameSymbolsPattern = Pattern.compile( "(.)\\1*" );
Function<MatchResult, String> lengthAndSymbol =
    match -> match.group().length() + match.group( 1 );

Stream.iterate( "1", s -> sameSymbolsPattern.matcher( s ).replaceAll(
    lengthAndSymbol ) )
    .limit( 20 )
    .forEach( System.out::println );
```

Listing 16.18 com/tutego/exercise/stream/LookAndSay.java

Nehmen wir die Zeichenfolge `111221`. Vermutlich denkt man erst einmal an eine Zählschleife, die den Index immer eine Position weiter setzt und schaut, ob das Symbol sich geändert hat. Aber wir können hier reguläre Ausdrücke einsetzen. Das klingt auf dem ersten Blick merkwürdig, denn was soll hier erkannt werden? Der Wechsel von `1` auf `2` auf `1`? Nein! Ein regulärer Ausdruck kann uns helfen, das Symbol einzufangen, das sich wiederholt. Normale Wiederholungen würden wir mit folgendem regulären Ausdruck schreiben:

```
.*
```

Allerdings hätten wir dann eine Folge von beliebigen Zeichen gematcht. Doch wir müssen ausdrücken, dass sich das gleiche Zeichen mehrfach wiederholt. Das Zeichen selbst kann beliebig sein. Um das zu erreichen, lässt sich auf eine Spezialität der Implementierung der Regex-Engine zurückgreifen: die *Back-Reference*.

```
(.)\\1*
```

`\1` ist die Back-Reference, die sich auf die erste Gruppe, also auf `(.)`, bezieht. Der Punkt matcht auf jeden Fall ein Symbol, die Back-Reference eine beliebige weitere Anzahl von gleichen Symbolen. Wir müssen hier * und nicht + einsetzen, weil es ja sein kann, dass das Symbol nur ein einziges Mal vorkommt, das heißt, die Back-Reference ist nicht nötig.

Das Praktische bei den Sequenzen ist, dass wir lediglich Folgen von gleichen Symbolen betrachten müssen. In dieser Symbolfolge stecken die beiden Informationen, die wir benötigen: Wie oft ist welches Symbol vorgekommen? Wenn wir mit dem regulären Ausdruck alle Stellen finden, können wir die Fundstellen ersetzen durch die Länge des Strings und das Symbol. Das ist genau das, was der Lösungsvorschlag tut.

Im ersten Schritt speichert die Zwischenvariable `sameSymbolsPattern` das `Pattern`. Das ist immer gut, wenn ein Programm mehrfach das gleiche Muster benötigt. Im zweiten Schritt deklarieren wir eine Variable `lengthAndSymbol`, um das `MatchResult` auf einen `String` abzubilden, mit dem Ergebnis: Die Länge der Symbolfolge ist der erste Teil des Strings und das sich wiederholende Symbol das zweite Zeichen des Strings. Interessanterweise kommen nur die Längen 1, 2, 3 vor, also bleibt es immer bei zwei Zeichen, die konkateniert werden. Prinzipiell sind beide Variablen nicht nötig, aber sie machen den folgenden Stream etwas kürzer und besser lesbar.

Die statische Methode `Stream.iterator(…)` benötigt als erstes Argument einen Startwert. Das ist `"1"`. Es folgt ein `UnaryOperator`, eine `Function` mit dem gleichen Typ für die Eingabe wie für die Ausgabe. Der Operator wird mit dem letzten Wert von `iterator(…)` aufgerufen, beim Start also mit `"1"`, und kann sich von dort dann hocharbeiten. Insgesamt limitieren wir den Stream auf 20 Elemente und geben alle Elemente in einer terminalen Operation auf dem Bildschirm aus. Bei jedem Schritt wächst der String um etwa 30 %, es ist also gut, die Anzahl der Iterationen zu beschränken.

Aufgabe 16.1.6: Doppelte Inseln mit Metallen der Seltenen Erden entfernen (Java 9)

Die Aufgabe hat zwei Besonderheiten, sodass wir nicht einfach nur

```
Arrays.stream( s.split( "\n" ) )
    .distinct().collect(Collectors.joining("\n") )
```

schreiben können:

- Die Eingabe kann nicht nur aus einem `String` kommen, sondern ebenso über ein `File`, einen `InputStream` oder einen `Path` gegeben werden.
- Die Eingabe ist nicht einzeilig, sondern besteht immer aus zwei Zeilen.

Beide Anforderungen ändern jedoch nicht die Herangehensweise, einen Stream <String> aufzubauen und über distinct() doppelte Einträge entfernen zu lassen. Die zentrale Frage ist nur: Wie bekommen wir die verschiedenen Quellen in einen Stream überführt, und wie werden zwei Zeilen als eine Zeichenfolge im Stream realisiert?

Um eine Zeichenfolge, mit welchen Trennzeichen auch immer, in einen Stream <String> zu überführen, lässt sich die sehr flexible Klasse Scanner einsetzen. Scanner-Objekte können mit unterschiedlichen Eingabequellen initialisiert werden, und dazu zählen die in der Aufgabe geforderten Typen String, File, InputStream und Path.

```
String lines =
    "Balancar\nErbium\n" +
    "Benecia\nYttrium\n" +
    "Luria\nThulium\n" +  // <-
    "Kelva\nNeodym\n" +
    "Mudd\nEuropium\n" +
    "Tamaal\nErbium\n" +
    "Varala\nGadolinium\n" +
    "Luria\nThulium\n";   // <-

// "(?m)(^.*$\n?){2}
Pattern pattern = Pattern.compile( "(^.*$\n)" + // A line
    "{2}",                                     // two lines
    Pattern.MULTILINE );
String s = new Scanner( lines )
    .findAll( pattern )
    .map( MatchResult::group )
    .distinct()
    .collect( Collectors.joining() );
System.out.println( s );
```

Listing 16.19 com/tutego/exercise/stream/RemoveAllEqualPairs.java

Der Scanner ist ein Tokenizer und lässt sich in unterschiedlichen Varianten nutzen:

- das Einlesen von Tokens, die durch Weißraum getrennt sind
- das Einlesen von Zeilen, die durch ein Zeilenendezeichen abgeschlossen sind
- das Einlesen von Primitiven
- das Einlesen von Tokens anhand eines beliebigen regulären Ausdrucks, der die Trennzeichen bestimmt
- das Einlesen von Tokens, die auf einen regulären Ausdruck matchen

Diese nextXXX()-Methoden helfen nicht, denn sie führen zu keinem Stream. Die Scanner-Klasse besitzt erst seit Java 9 drei Methoden, die einen Stream liefern:

- `Stream<MatchResult> findAll(String patString)`
- `Stream<MatchResult> findAll(Pattern pattern)`
- `Stream<String> tokens()`

Die Methode `findAll(…)` hilft bei der Aufgabe, denn sie liefert Ergebnisse von einem `Match`. Wir müssen lediglich über den regulären Ausdruck bestimmen, was wir genau einfangen wollen, und das sind genau zwei Zeilen. Der reguläre Ausdruck `"(^.*$\n){2}"` besteht aus zwei zentralen Komponenten:

1. `^` steht für den Anfang einer Zeile, `$` für das Ende einer Zeile. Nach einer Zeile folgt ein Zeilenumbruch.
2. Diese Konstruktion aus einer Zeile und einem Zeilenumbruch kommt zweimal hintereinander vor, was `{2}` ausdrückt.

Damit die *Boundary Matchers* `^` und `$` für eine lokale Zeile stehen und nicht für die gesamte Eingabe, muss ein Flag `Pattern.MULTILINE` gesetzt werden. Diese Variante wählt der Lösungsvorschlag, das Flag lässt sich aber auch direkt in den regulären Ausdruck einsetzen, dann würde man schreiben: `"(?m)(^.*$\n?){2}"`.

Kommt dieser Regex-Ausdruck in die `findAll(…)`-Methode, entsteht ein `Stream<MatchResult>`. Aus den `MatchResult`-Objekten im Stream ist nur der komplette Match relevant, den `group()` liefert. Jede Gruppe ist ein zweizeiliger String. `distinct()` entfernt alle doppelten zweiteiligen Strings, und zum Schluss hängt ein `Collector` alle diese Strings im `Stream` wieder zu einem großen `String` zusammen.

Aufgabe 16.1.7: Wo gibt es die Segel?

In jedem Fall muss ein `Stream` aus `Point.Double`-Objekten aufgebaut werden, und am Ende erzeugt `Collectors.toMap(…)` die `Map`. Es gibt zwei Wege zum Ziel, denn die Besonderheit ist, dass die doppelten Elemente ein Problem werden, wenn sie als Schlüssel in eine `Map` übertragen werden, denn in einer `Map` dürfen die Schlüssel nur einmal vorkommen.

Der Lösungsvorschlag stellt zwei verschiedene Varianten vor. Variante 1:

```
Function<Point.Double, Integer> distanceToCaptain =
    coordinate -> distance( coordinate.x, coordinate.y, 40.2390577, 3.7138939 );

Map<Point.Double, Integer> map =
    Arrays.stream( targets )
          .distinct()
          .collect( Collectors.toMap( Function.identity(), distanceToCaptain ) );
```

Listing 16.20 com/tutego/exercise/stream/DistanceToNextStation.java

Doppelte Elemente können wir leicht mit der distinct()-Methode entfernen lassen. Dann kann collect(…) mit einem Collectors.toMap(…) die Elemente in eine Map überführen. Zur Erinnerung:

```
Collector<T, ?, Map<K,U>> toMap(Function<? super T, ? extends K> keyMapper,
                                Function<? super T, ? extends U> valueMapper)
```

Die erste Function ermittelt die Schlüssel, das sind in unserem Fall die Point.Double-Objekte im Stream. Function.identity() ist t -> t, also sind die Elemente im Stream auch direkt die Schlüssel. Die zweite Funktion berechnet den Abstand zum Captain, wobei unsere Function<Point.Double, Integer> intern auf distance(…) zurückgreift. So stellt toMap(…) die Assoziation zwischen dem Punkt und dem Abstand her.

Fehlt die distinct()-Methode, gibt es Schlüssel zweimal, und es folgt eine Exception der Art: IllegalStateException: Duplicate key.

Doch es geht auch ohne distinct(). Variante 2:

```
map = Arrays.stream( targets )
    .collect( Collectors.toMap( Function.identity(),
    distanceToCaptain, (d,__) -> d ) );
```

Listing 16.21 com/tutego/exercise/stream/DistanceToNextStation.java

Der zweite Ansatz verwendet eine andere toMap(…)-Methode:

```
Collector<T, ?, Map<K,U>> toMap(Function<? super T, ? extends K> keyMapper,
    Function<? super T, ? extends U> valueMapper,
    BinaryOperator<U> mergeFunction)
```

Das dritte Argument ist ein BinaryOperator und der Parametername verrät schon, worum es geht: mergeFunction wird nur dann aufgerufen, wenn Schlüssel mehrfach vorkommen, und reduziert die Werte auf ein Ergebnis. Da in unserem Falle die Schlüssel-Wert-Paare immer identisch sind, können wir einfach ein Paar aus Koordinate und Abstand fallen lassen. Das übernimmt (d,__) -> d); der BinaryOperator<Integer> bekommt zwei Abstände übergeben; die zweite Übergabe wird ignoriert, und es wird immer nur der erste Abstand zurückgeliefert, da sie immer gleich sind.

Aufgabe 16.1.8: Das beliebteste Auto kaufen

Die Stream-API ist ein Segen für Java-Entwickler, doch sollte man der Versuchung widerstehen, alles zwingend in einen Stream-Ausdruck zu schreiben. Diese Aufgabe gehört dazu. Es ist wenig ökonomisch, 30 Minuten in einen unleserlichen Stream-Ausdruck zu investieren, wenn auch zwei andere Ausdrücke das in zwei Minuten lösen. Daher der folgende Lösungsvorschlag:

```
Map<String, Long> map1 =
    Arrays.stream( cars )
    .collect( Collectors.groupingBy(
        Function.identity(), Collectors.counting() ) );

map1.entrySet().removeIf( stringLongEntry -> stringLongEntry.getValue() < 2 );
```

Listing 16.22 com/tutego/exercise/stream/PopularCar.java

Die Lösung greift auf die `groupingBy(…)`-Methode zurück, die eine Funktion als Klassifizierer und einen `Collector` für die assoziierten Elemente vorsieht. Zur Erinnerung:

```
Collector<T, ?, Map<K, D>> groupingBy(Function<? super T, ?
    extends K> classifier,
    Collector<? super T, A, D> downstream
```

Unsere `Map<String, Long>` wird über `Collectors.groupingBy(Function.identity(), Collectors.counting())` gebildet. Das Element im Stream bildet den Schlüssel, der assoziierte Wert ist die Anzahl der Vorkommnisse dieses Wertes im Stream.

Die `Map`-Methode `entrySet()` liefert ein `Set<Entry<String, Long>>`, und die Menge enthält keine Kopie, sondern ist eine Livesicht auf die Daten. Es lässt sich `removeIf(Predicate<Entry<String, Long>>)` aufrufen, und diese Methode iteriert über die ganze Menge und löscht genau die Elemente, die das übergebene Prädikat erfüllen. Das Prädikat sagt, dass die Einträge, die weniger als zweimal vorkommen, gelöscht werden sollen.

Eine alternative Lösung nutzt einen eigenen `Collector`. Es entsteht auch keine `Map<String, Long>` mehr, sondern eine `Map<String, Boolean>`.

```
Collector<Object, long[], Boolean> collector = Collector.of(
    () -> new long[1],                  // Supplier<A> supplier
    (array, string) -> array[0]++,      // BiConsumer<A,T> accumulator
    (array1, array2 ) -> { array1[0] += array2[0]; return array1; },
    // BinaryOperator<A> combiner
    array -> array[0] > 1 );            // Function<A,R> finisher

Map<String, Boolean> map2 =
    Arrays.stream( cars ).collect( Collectors.groupingBy(
    Function.identity(), collector ) );
```

Listing 16.23 com/tutego/exercise/stream/PopularCar.java

Auch der zweite Lösungsvorschlag greift auf `groupingBy(Function, Collector)` zurück, allerdings nutzt das Programm hier keinen vordefinierten `Collector`, sondern schreibt einen eigenen für die Rückgabe `Map<String, Boolean>`. `Collector`-Objekte lassen sich über die folgende statische Fabrikmethode aufbauen:

```
Collector<T, A, R> of(Supplier<A> supplier,
      BiConsumer<A, T> accumulator,
      BinaryOperator<A> combiner,
      Function<A, R> finisher,
      Characteristics... characteristics)
```

Gesucht ist für den gewünschten Rückgabetyp `Map<String, Boolean>` ein `Collector`, der `Boolean` liefert, also muss die Parametrisierung wie folgt aussehen: `Collector<Object, XXX, Boolean>`. Der erste Typ kann `Object` bleiben, weil wir auf die Strings nicht zurückgreifen. Der Typ `XXX` kommt im Stream nicht vor und ist ein interner Behälter, wir nutzen ein `long`-Array zum Speichern der Anzahl; also ist die korrekte Deklaration: `Collector<Object, long[], Boolean>`.

Bei der `of(…)`-Methode übergeben wir die vier notwendigen Argumente; `Characteristics` ist ein Vararg und in unserem Falle irrelevant.

1. Der `Supplier` liefert ein `long`-Array, das einen Eintrag groß ist. Darin merkt sich der `Collector` die Anzahl. Der `Collector` hat einen Zustand, anhand dessen er später entscheiden kann, ob `String` mehr als zweimal vorgekommen ist.
2. Der `BiConsumer` bekommt das `long`-Array und den `String`, inkrementiert aber nur und greift auf den `String` nicht zurück. Daher konnte auch das Typargument `Object` sein und musste nicht `String` sein.
3. Der `BinaryOperator` führt zwei `long`-Arrays zusammen. Die Operation wird nur bei parallelen Strömen ausgeführt.
4. Die `Function` bei dem `Collector` bildet das Ergebnis auf ein `boolean` ab. Immer dann, wenn der Zähler im Array echt größer als 1 ist, ist das Ergebnis `true` und bildet damit den mit dem String assoziierten Wert.

Aufgabe 16.2.1: NaN in einem Array erkennen

```
public static boolean containsNan( double[] numbers ) {
  return DoubleStream.of( numbers ).anyMatch( Double::isNaN );
}
```

Listing 16.24 com/tutego/exercise/stream/ArrayContainsNan.java

Die terminale Methode `anyMatch(Predicate)`, die reguläre Ströme und primitive Ströme besitzen, löst diese Aufgabe unkompliziert. Die Methodenreferenz `Double::isNaN` ist eine Abkürzung für `value -> Double.isNaN(value)`.

Aufgabe 16.2.2: Jahrzehnte erzeugen

```
public static int[] decades( int start, int end ) {
  return IntStream.rangeClosed( start / 10, end / 10 )
                  .map( x -> x * 10 )
                  .toArray();
}
```

Listing 16.25 com/tutego/exercise/stream/DecadesArray.java

Die primitiven Ströme `IntStream` und `LongStream` besitzen zwei statische `rangeXXX(…)`-Methoden zum Erzeugen einen Streams aus Ganzzahlen:

`IntStream`

- `IntStream range(int startInclusive, int endExclusive)`
- `IntStream rangeClosed(int startInclusive, int endInclusive)`

`LongStream`

- `LongStream range(long startInclusive, long endExclusive)`
- `LongStream rangeClosed(long startInclusive, long endInclusive)`

Der Start- und Endwert lassen sich bestimmen, auch ob der Endwert zum Stream gehört oder nicht, allerdings ist die Schrittweite immer 1. Da in der Aufgabe der Endwert zum Ergebnis gehört, ist `rangeClosed(…)` eine gute Wahl.

Zur Lösung des Problems müssen wir die Schrittweite von 1 auf 10 erhöhen. Das geht, indem wir

1. den Start und Endwert für `rangeClosed(…)` durch 10 teilen, was zu einem Stream in Einerschritten führt, und
2. im nächsten Schritt über `map(…)` die Elemente mit 10 multiplizieren.

Da das Ziel ein Array ist und kein `IntStream`, liefert `toArray()` das gewünschte `int[]`.

Aufgabe 16.2.3: Array mit konstantem Inhalt über Stream erzeugen

```
public static int[] fillNewArray( int size, int value ) {
  if ( size < 0 )
    throw new IllegalArgumentException( "size can not be negative" );

  return IntStream.range( 0, size ).map( __ -> value ).toArray();
}
```

Listing 16.26 com/tutego/exercise/stream/GenerateAndFillArray.java

Im ersten Schritt prüft die Methode wie üblich die Gültigkeit der Parameter. Die Größe darf nicht negativ sein, andernfalls folgt eine Exception. Die Belegung von `value` muss nicht geprüft werden, denn die Variable kann mit jedem beliebigen Wert belegt werden.

`IntStream.range(…)` generiert den `IntStream` mit `size` vielen Elementen. Dass der Stream die Zahlen von `0` bis `size` erzeugt, ist in unserem Falle unerheblich, wir übertragen alle Werte auf einen festen Wert. Der Bezeichner `__` drückt aus, dass der Lambda-Parameter unbenutzt ist. Somit entsteht ein Stream mit nur konstanten Werten. `toArray(…)` konvertiert den Stream in ein Array.

Aufgabe 16.2.4: Pyramiden zeichnen (Java 11)

```
IntStream.rangeClosed( 1, 5 )
         .mapToObj( i -> " ".repeat( 5 - i ) + "/\\".repeat( i ) )
         .forEach( System.out::println );
```

Listing 16.27 com/tutego/exercise/stream/StreamPyramid.java

Die erzeugte Ausgabe hat die Besonderheit, dass immer zwei Zeichen /\ nebeneinanderstehen. In der ersten Zeile ist es ein Pärchen, in der zweiten Zeile sind es zwei Pärchen und so weiter.

Wir müssen also einen `IntStream` erzeugen, der von 1 bis zur gewünschten Höhe geht. Die Leerzeichen, die vorne gesetzt werden müssen, sind auch abhängig von diesem Zähler. Bei einem generierten Stream von 1 bis 5 sind die Anzahl der Leerzeichen gerade `5 - i`.

Aufgabe 16.2.5: Buchstabenhäufigkeit eines Strings ermitteln

Alle Klassen, die die Schnittstelle `CharSequence` implementieren, haben seit Java 8 zwei neue Default-Methoden:

- `IntStream chars()`
- `IntStream codePoints()`

Sie liefern einen `IntStream`, wobei in der ersten Methode der Stream aus `char`-Zeichen besteht, die zu einem `int` erweitert wurden und bei der zweiten Methode gleich `int` sind. Der Unterschied betrifft in erster Linie zusammengesetzte Codepoints, für unseren Fall begnügen wir uns mit der einfachen `chars()`-Methode.

```
String input  = "eclectic";
String output =
    input.chars()
    .mapToObj( c -> (char) c  + "" +
    input.chars().filter(d -> d == c).count() )
```

```
    .collect( Collectors.joining( "/" ) );
System.out.println( output ); // e2/c3/l1/e2/c3/t1/i1/c3
```

Listing 16.28 com/tutego/exercise/stream/LetterOccurrences.java

Der `IntStream` liefert uns einen Stream mit jedem Zeichen. Diese Zeichen müssen nun mit der jeweiligen Häufigkeit im Eingabe-String in Verbindung gebracht werden. Zum Zählen von Häufigkeiten können wir wiederholt einen `IntStream` aufbauen und mit der Filtermethode und `count()` die Anzahl der Zeichen im Stream herausfinden. Hängen wir das Zeichen und diesen Zähler zusammen, haben wir im nächsten Schritt einen `Stream<String>`, in dem jedes Zeichen auf dieses Pärchen abgebildet wurde. Schlussendlich müssen diese Pärchen mit einem Schrägstrich zusammengesetzt werden. Das kann eine Reduktion mit `Collectors.joining(…)` übernehmen.

Aufgabe 16.2.6: Von 1 auf 0, von 10 auf 9

```
private static String decrementNumbers( Reader input ) {
  return new Scanner( input )
    .findAll( "10|[1-9]" )          // Stream<MatchResult>
    .map( MatchResult::group )      // Stream<String>
    .mapToInt( Integer::parseInt )  // IntStream
    .map( Math::decrementExact )    // IntStream
    .mapToObj( Integer::toString )  // Stream<String>
    .collect( Collectors.joining( ", " ) );
}
```

Listing 16.29 com/tutego/exercise/stream/DecrementNumbers.java

Mit einem clever gewählten `Stream` lässt sich die Aufgabe in einem einzigen Ausdruck lösen. Um vom Start bis zum Ende zu kommen, sollten wir uns zunächst mit den einzelnen Schritten beschäftigen:

1. String in einzelne Zahlen zerlegen
2. Zahlen vermindern
3. Zahlen konkateniert in einen String konvertieren

Es geht im ersten Schritt darum, die Zahlen zu erkennen. Teil-Strings zu finden, ist Aufgabe von regulären Ausdrücken. Reguläre Ausdrücke lassen sich mit der Klasse `Pattern` verarbeiten, allerdings hilft uns diese Klasse nicht bei Datenströmen. Die zweite Klasse, die es erlaubt, Zeichenfolgen zu finden, die auf reguläre Ausdrücke matchen, ist `Scanner`. Einen `Scanner` können wir direkt auf einen `Reader` anwenden. Der `Scanner` liefert mit der Methode `findAll(…)` einen `Stream<MatchResult>` von allen Fundstellen. Der reguläre Ausdruck muss alle möglichen vorkommenden Zahlen, also 10|9|8|…|1, erkennen. Die Oder-Verknüpfung lässt sich mit 10|[1-9] abkürzen, allerdings nicht als [1-9]|10.

Die Fundstellen werden als MatchResult geliefert, und wir müssen davon auf die Hauptgruppe mit group() zurückgreifen; das liefert uns einen String. Für die Addition konvertieren wir mit mapToInt(…) den String in eine Ganzzahl. Das übernimmt Integer.parseInt(…). Es lässt sich optimal eine Methodenreferenz einsetzen, denn Integer.parseInt(…) passt auf die Signatur von Function. Parse-Fehler kann es nicht geben, denn der reguläre Ausdruck matcht nur Zahlen.

Die ganze Zahl selbst muss um 1 dekrementiert werden. Wir könnten das als Lambda-Ausdruck schreiben, doch es gibt eine passende Methode, die sich ebenfalls über eine Methodenreferenz ansprechen lässt: Math.decrementExact(…); sie löst zwar eine ArithmeticException aus, wenn wir den Wertebereich überschreiten, doch das tritt in unserem Fall nicht ein.

Nach dem Vermindern der Zahl muss alles in einen großen String konvertiert werden. Das übernehmen zwei Teile: Im ersten Schritt wird jede ganze Zahl für sich in einen String konvertiert, danach werden diese Strings über einen speziellen Collector zu einem langen String zusammengebaut.

Aufgabe 16.2.7: Zwei int-Arrays zusammenführen

```
public static final int MAX_ARRAY_LENGTH = Integer.MAX_VALUE - 8;

public static int[] join( int[] numbers1, int[] numbers2, long maxSize ) {
  if ( maxSize > MAX_ARRAY_LENGTH )
    throw new IllegalArgumentException( "Requested array size exceeds VM limit" );

  return IntStream.concat( IntStream.of( numbers1 ), IntStream.of( numbers2 ) )
                  .limit( maxSize )
                  .toArray();
}

public static int[] join( int[] numbers1, int[] numbers2 ) {
  return join( numbers1, numbers2, (long) numbers1.length + numbers2.length );
}
```

Listing 16.30 com/tutego/exercise/stream/JoinIntArrays.java

Um unsere join(…)-Methode ein bisschen flexibler zu machen, gibt es zwei Implementierungen. join(int[] numbers1, int[] numbers2, int maxSize) hat einen zusätzlichen Parameter maxSize, der die Anzahl der entstehenden Elemente des Arrays beschränkt. Für das Zusammenfügen von zwei Arrays gibt es in Java keine eigene

Methode, doch primitive Ströme kommen zur Rettung. Im Mittelpunkt steht die Methode:

```
IntStream concat(IntStream a, IntStream b)
```

Wir müssen mit `IntStream.of(…)` aus den beiden Arrays einen `IntStream` machen, sie in `concat(…)` einsetzen, und es entsteht ein primitiver Stream, der aus zwei Arrays zusammengesetzt ist. `toArray()` erzeugt das gewünschte Array am Ende.

Allerdings müssen wir bei einer Sache Obacht geben: Nach aktuellem Stand können Arrays nicht größer werden als `Integer.MAX_VALUE - 8`, weshalb es im Lösungsvorschlag eine Konstante gibt.[1]

In der `join(…)`-Methode prüft die erste Fallunterscheidung, ob das übergebene `maxSize` nicht größer ist, als das entstehende Array groß sein darf. Selbst wenn später `numbers1.length + numbers2.length > MAX_ARRAY_LENGTH` ist, hält `limit(maxSize)` des `Stream`-Objekts das entstehende Array in Grenzen.

Die einfachere `join(…)`-Methode mit zwei Parametern ermittelt dann die Gesamtlänge und delegiert an die Drei-Parameter-Methode. Array-Längen sind vom Typ `int`, und wir erweitern das auf `long`, sodass die Summe ein `long` ergibt, wir keinen Überlauf bekommen und anschließend erkennen können, dass die Summe nicht über `MAX_ARRAY_LENGTH` liegt.

Aufgabe 16.2.8: Gewinnkombinationen ermitteln

Der algorithmische Ansatz ist der folgende: Es wird eine Methode deklariert, die eine Zeichenkette annimmt. Von dieser Zeichenkette wird das erste Zeichen gelöscht und dann mit der neu entstehenden Zeichenkette die Methode rekursiv aufgerufen. Dann löscht man das zweite Zeichen und ruft die Methode wiederum rekursiv auf usw. Die rekursive Methode endet, wenn die Zeichenkette keine Buchstaben mehr hat und leer ist.

Die gerade beschriebene Methode ist im Lösungsvorschlag `removeLetter(…)`:

```
private static void removeLetter( String word, Set<String> hashSet ) {
  if ( word.isEmpty() )
    return;
  words.add( word );
  IntStream.range( 0, word.length() )
      .mapToObj( i -> new StringBuilder( word ).deleteCharAt(
      index ).toString() )
```

1 Das OpenJDK deklariert im internen Paket `jdk.internal.util` eine Konstante:
`public class ArraysSupport { public static final int MAX_ARRAY_LENGTH = Integer.MAX_VALUE - 8; ... }`.
Da das Modul `jdk.internal.util` für uns tabu ist, gibt es im Lösungsvorschlag eine Kopie der Konstanten.

```
      .forEach( substring -> removeLetter( substring, words ) );
}

public static Set<String> removeLetter( String word ) {
  Set<String> words = new HashSet<>();
  removeLetter( word, words );
  return words;
}
```

Listing 16.31 com/tutego/exercise/stream/RemovingLetters.java

Die entstehenden Zeichenketten kommen in eine Menge, und doppelt entstehende Zeichenfolgen fliegen raus. Da der Aufrufer eine Menge erwartet und keinen leeren Container in die Methode hineinreichen soll, gibt es eine zweite öffentliche Methode, `removeLetter(String)`, die ein `HashSet` aufbaut, dieses zusammen mit dem Wort der privaten Methode `removeLetter(String, Set<String>)` übergibt und am Ende die aufgebaute Menge zurückliefert.

Aufgabe 16.3.1: Die schnellsten und langsamsten Paddler

Das Ziel der Aufgabe ist die Erzeugung eines `DoubleSummaryStatistics`-Objekts. Dieses Statistikobjekt liefert Informationen über die Anzahl berücksichtigter Elemente, das Minimum, Maximum und den Durchschnitt. Es gibt zwei Möglichkeiten, ein Statistikobjekt zu realisieren.

```
DoubleSummaryStatistics statistics =
    stream.mapToDouble( result -> result.time ).summaryStatistics();

System.out.printf( "count:   %d%n", statistics.getCount() );
System.out.printf( "min:     %.2f%n", statistics.getMin() );
System.out.printf( "max:     %.2f%n", statistics.getMax() );
System.out.printf( "average: %.2f%n", statistics.getAverage() );
```

Listing 16.32 com/tutego/exercise/stream/PaddleCompetition.java

Die erste Variante ist, aus dem `Stream<Result>` ein `DoubleStream` mit den Zeiten zu erzeugen und anschließend auf dem `DoubleStream` `summaryStatistics()` aufzurufen.

Die zweite Möglichkeit ist, direkt einen entsprechenden `Collector` zu nutzen:

```
DoubleSummaryStatistics statistics =
    stream.collect( Collectors.summarizingDouble( result -> result.time ) );
```

Listing 16.33 com/tutego/exercise/stream/PaddleCompetition.java

Es lässt sich `Collectors.summarizingDouble(…)` eine Extraktionsfunktion mitgeben, die direkt aus dem `Stream<Result>` die Zeit extrahiert; damit spart das Programm einen Zwischenschritt ein.

Aufgabe 16.3.2: Median berechnen

```
public static double median( double... values ) {
  if ( values.length < 1 )
    throw new IllegalArgumentException( "array contains no elements" );

  int skip  = (values.length - 1) / 2;
  int limit = 2 - values.length % 2;
  return Arrays.stream( values ).sorted().skip( skip )
      .limit(limit ).average().getAsDouble();
}
```

Listing 16.34 com/tutego/exercise/stream/DoubleStreamMedian.java

Wie üblich prüfen wir die Eingabe, und wenn das Array aus keinem Element besteht, gibt es eine Ausnahme. Auch gibt es automatisch eine Ausnahme, wenn `values` gleich `null` ist.

Bei der Berechnung des Medians müssen wir in die Mitte navigieren. Dann müssen wir in der Mitte ein Element oder zwei Elemente berücksichtigen. Wird ein `DoubleStream` aufgebaut und dann sortiert, erlaubt `skip(…)`, eine gewisse Anzahl Elemente zu überspringen und damit in die Mitte zu kommen. `limit(…)` reduziert im nächsten Schritt die Anzahl verbleibender Elemente im Stream entweder auf ein Element (Array hatte eine ungerade Anzahl Elemente) oder zwei Elemente (Array hatte eine gerade Anzahl Elemente).

Zum Schluss bildet die Kette den Durchschnittswert, wobei bei einem Wert nichts großartig zu berechnen ist, aber bei zwei Elementen liefert uns die Methode `average()` den arithmetischen Mittelwert. Da die Methode eine Fließkommazahl als Ergebnis wünscht, liefert `getAsDouble()` diese Zahl zurück, und das ist gültig, da der Stream genau ein Element hat. Ein alternatives API-Design hätte `OptionDouble` zurückgeben können und damit den Sonderfall berücksichtigt, dass das `double`-Array keine Elemente enthält.

Der spannendste Teil ist die Berechnung der Verschiebung und des Limits. Dafür führt das Programm zwei Variablen `skip` und `limit` ein, die sich aus der Länge der Eingabe ergeben.

Zwei Beispiele:

Liste	skip	limit
9, 11, **11**, 11, 12	2	1
10, **10**, **12**, 12	1	2

Tabelle 16.1 Beispiele für die Belegung von limit und skip

Die Variablen werden wie folgt initialisiert:

```
int skip  = (values.length - 1) / 2;
int limit = 2 - values.length % 2;
```

Beide Variablen sind abhängig von der Länge des Arrays. Die Mitte ist die Array-Länge durch 2 geteilt, was bei Arrays mit einer ungeraden Anzahl Elementen ganz gut passt, aber eine reine Division durch 2 führt bei Arrays mit gerader Anzahl von Elementen zu einem Problem. Denn in dem Fall müssen wir links vom Mittelpunkt und rechts vom Mittelpunkt die beiden Elemente berücksichtigen. (Diese Elemente haben sogar einen Namen und nennen sich *Ober-* und *Untermedian*). Wird daher vor der Division durch 2 die Länge um 1 vermindert, kommen wir bei einer geraden Anzahl ein Element vor die Mitte. Um es deutlich zu machen:

Liste	(values.length - 1) / 2	(values.length) / 2;
9, 11, **11**, 11, 12	(5 – 1) / 2 = 2	5 / 2 = 2
10, **10**, **12**, 12	(4 – 1) / 2 = 1	4 / 2 = 2

Tabelle 16.2 Beispiele für die Berechnung von skip

Das Limit muss für eine gerade Anzahl Elemente in einem Array `2` sein und bei einer ungeraden Anzahl Elemente `1`. `values.length % 2` liefert bei einer geraden Anzahl `0` und bei einer ungeraden Anzahl `1`. Der Ausdruck `2 - values.length % 2` liefert folglich bei einer geraden Anzahl `2 - 0 = 2` und bei einer ungeraden Anzahl `2 - 1`, also `1`.

Aufgabe 16.3.3: Temperaturstatistiken berechnen und Charts zeichnen

Die Aufgabe gliedert sich in mehrere Methoden. Eine Methode `randomTemperaturesForYear(Year)` generiert für jeden Tag im Jahr eine zufällige Temperatur. Eine weitere Methode `createRandomTemperatureMap()` ruft `randomTemperaturesForYear(…)` fünfmal auf. Die Ausgabe in Form einer kleinen Tabelle auf der Kommandozeile realisiert eine weitere Methode `printTemperatureTable(…)`. Schließlich schreibt die Methode `writeTemperatureHtmlFile(…)` die Durchschnittswerte in eine Datei.

Beginnen wir mit `randomTemperaturesForYear(Year)`.

```
private static int[] randomTemperaturesForYear( Year year ) {
  int daysInYear = year.length();
  return IntStream.range( 0, daysInYear )
      .mapToDouble( value -> sin( value * PI / daysInYear ) ) // 0..1
      .map( value -> value * 20 ) // 0..20
      .map( value -> value + 10 ) // 10..30
      .mapToInt( value -> (int) (value + 3 * (random() - 0.5)) )
      .toArray();
}

private static SortedMap<Year, int[]> createRandomTemperatureMap() {
  return Stream.iterate( Year.now(), year -> year.minusYears( 1 ) )
               .limit( 5 )
               .collect( toMap( identity(),
               TemperatureYearChart::randomTemperaturesForYear,
               (y1,y2) -> { throw new RuntimeException( "Duplicates" ); },
               TreeMap::new ) );
}
```

Listing 16.35 com/tutego/exercise/stream/TemperatureYearChart.java

Der spezielle Datentyp `Year` ist nützlich, weil er über die `length()`-Methode die Anzahl der Tage im Jahr zurückliefert, denn nicht jedes Jahr ist 365 Tage lang. Mit dieser Anzahl der Tage im Jahr können wir einen `IntStream` bilden und dann für jeden Tag im Jahr eine zufällige Temperatur generieren. Die durchschnittliche Temperaturverteilung zeigt sich in einer Kurve: Am Anfang und Ende des Jahres ist die Temperatur niedrig und in der Mitte des Jahres hoch.

Das ist etwas, was wir gut über eine Sinusfunktion ausdrücken können. Wir übertragen daher die Ganzzahl mit einer Funktion in einen Sinuswert, wobei der Anfang des Jahres beim ersten Tag dem Sinus von 0 entspricht und das Ende des Jahres beim letzten Tag den Sinus von π (Pi) ergibt also wieder 0. Dazwischen ist der Sinushügel. Die Sinuswerte zwischen 0 und 1 sind klein, das Maximum von $\sin(\pi)$ ist 1, sodass die Werte im nächsten Schritt mit 20 multipliziert und dann im nächsten Schritt plus 10 genommen werden. Die Werte sind jetzt noch nicht zufällig, daher bringt die letzte Abbildung eine gewisse Zufälligkeit hinein, sodass die Sinuswerte ein wenig nach oben und unten schwanken.

`createRandomTemperatureMap()` nutzt die Methode `randomTemperaturesForYear(…)`, um einen `Stream<Year>` mit fünf Elementen aufzubauen, der beim aktuellen Jahr beginnt und dann immer ein Jahr nach vorne geht. Es entsteht am Ende eine `SortedMap<Year, int[]>` der mit jedem Jahr assoziierten Temperaturwerte. Es soll allerdings nicht die Methode `toMap(Function keyMapper, Function valueMapper)` mit zwei Argumenten genutzt werden, denn es gibt keine Aussage über die `Map` – intern nutzt das OpenJDK eine HashMap. In unserem Fall ist eine nach Jahren sortierte Map nützlich. Daher kommt toMap(Function keyMapper, Function valueMapper, BinaryOperator mergeFunction, Supplier mapFactory) zum Einsatz, sodass explizit die Daten in eine sortierte TreeMap kommen.

Das kann in die Ausgabe gehen:

```
private static void printTemperatureTable( SortedMap<Year,
    int[]> yearToTemperatures ) {
  yearToTemperatures.forEach( (year, temperatures) -> {
    String temperatureCells =
        Arrays.stream( temperatures )
              .mapToObj( temperature -> String.format( "%2d", temperature ) )
              .collect( Collectors.joining( " | ", "| ", " | " ) );
    System.out.println( "| " + year + " " + temperatureCells );
  } );
}
```

Listing 16.36 com/tutego/exercise/stream/TemperatureYearChart.java

printTemperatureTable(…) übernimmt die Ausgabe der Tabelle für alle übergebenen Jahre. Die Übergabe ist ein Assoziativspeicher, der die Jahre mit den Temperaturen verbindet. Die forEach(…)-Methode geht über die nach Jahren sortierte Datenstruktur und erzeugt einen String temperatureCells. Zum Aufbau des Strings wird im ersten Schritt aus dem int-Array ein IntStream. Jeder Temperaturwert wird auf einen String abgebildet, wobei Werte unter 10 ein vorangesetztes Leerzeichen bekommen, damit die Ausgabe immer zweistellig ist. Der Kollektor fasst alle einzelnen Strings zusammen, und das Erlebnis ist temperatureCells. Dieser String für die Temperaturwerte wird dann, mit den vorausgehenden Jahren, auf dem Bildschirm ausgegeben.

Kommen wir zur Statistik:

```
IntSummaryStatistics yearStatistics =
    Arrays.stream( yearToTemperatures.get( Year.now() ) ).summaryStatistics();
System.out.printf( "max: %d, min: %d%n",
    yearStatistics.getMax(), yearStatistics.getMin() );
```

Listing 16.37 com/tutego/exercise/stream/TemperatureYearChart.java

Wir haben schon einige Male die Methode Arrays.stream(…) verwendet, die eine Alternative zu IntStream.of(…) ist und aus einem int-Array ein IntStream erzeugt. Die drei primitiven Ströme haben gegenüber den regulären Stream-Objekten eine besondere Methode summaryStatistics(), die ein Statistikobjekt liefern mit Informationen über Minimum, Maximum und Durchschnittswert. Diese Informationen können wir leicht abgreifen und ausgeben.

Eine eigene Methode `getStatistics(…)` erfragt diese `IntSummaryStatistics` für einen Monat eines Jahres aus der `Map`:

```
private static IntSummaryStatistics getStatistics( YearMonth yearMonth,
    int... temperatures ) {
  int start = yearMonth.atDay( 1 ).getDayOfYear();
  int end   = yearMonth.atEndOfMonth().getDayOfYear();
  return Arrays.stream( temperatures, start - 1, end ).summaryStatistics();
}
```

Listing 16.38 com/tutego/exercise/stream/TemperatureYearChart.java

In dem übergebenen `int`-Array `temperatures` sind alle Temperaturwerte des Jahres gespeichert. Möchten wir vor einem konkreten Monat die Statistik berechnen, müssen wir an entsprechender Stelle ein Teil-Array bilden. Das lässt sich gut mit `Arrays.stream(…)` lösen, denn der Start- und End-Index in diesem Array lässt sich mitgeben. Die Frage bei den rund 365 Tagen im Jahr ist, wann beginnt z. B. der März oder Dezember? Die Antwort liefert das `YearMonth`-Objekt. Für den Startwert erfragen wir mit `atDay(1)` ein neues `YearMonth`-Objekt für den Anfang des Monats und ermitteln mit `getDayOfYear()` den Tag im Jahr. Das Gleiche machen wir für den letzten Tag des Monats, wobei wir mit der Methode `atEndOfMonth()` das `YearMonth`-Objekt auf das Monatsende setzen. Den Start- und Endwert übergeben wir `Arrays.stream(…)`, wobei der Monat bei `1` beginnt und wir den Startwert um eine Position nach links schieben müssen. Das Ende verschieben wir nicht um eine Position nach links, denn der Wert ist exklusiv und nicht inklusive.

Die Methode lässt sich wie folgt aufrufen:

```
IntSummaryStatistics monthStatistics =
    getStatistics( YearMonth.of( 2020, SEPTEMBER ),
      yearToTemperatures.get( Year.now() ) );
System.out.printf( "max: %d, min: %d, average: %.2f%n",
    monthStatistics.getMax(),
    monthStatistics.getMin(),
    monthStatistics.getAverage() );
```

Listing 16.39 com/tutego/exercise/stream/TemperatureYearChart.java

Abschließend die Methode zum Schreiben in eine Datei:

```
private static void writeTemperatureHtmlFile( Year year, Map<Year, int[]>
yearToTemperatures, Path path ) throws IOException {
  String template =
    "<!DOCTYPE html>\n" +
    "<html lang=\"en\">\n" +
```

```
    "<body>\n" +
    "<canvas id=\"chart\" width=\"500\" height=\"200\"></canvas>\n" +
    "<script src=\"https://cdnjs.cloudflare.com/ajax/libs/Chart.js/2.9.3/ ⮐
Chart.bundle.min.js\"></script>\n" +
    "<script>\n" +
    "const cfg = {\n" +
    "    type: 'bar',\n" +
    "    data: {\n" +
    "        labels: [\"Jan\", \"Feb\", \"Mrz\", \"Apr\", \"Mai\", \"Jun\", " +
    "                 \"Jul\", \"Aug\", \"Sep\", \"Okt\", \"Nov\", \"Dez\"],\n" +
    "        datasets: [ {\n" +
    "            label: \"Average values\", fill: false,\n" +
    "            data: [%s],\n" +
    "        } ]\n" +
    "    },\n" +
    "    options: {\n" +
    "        responsive: true,\n" +
    "        title: { display:true, text:'Temperature curve' },\n" +
    "        tooltips: { mode: 'index', intersect: false },\n" +
    "        hover: { mode: 'nearest', intersect: true },\n" +
    "        scales: {\n" +
    "            xAxes: [ { display: true, scaleLabel: { display: true, ⮐
labelString: 'Month' } } ],\n" +
    "            yAxes: [ { display: true, scaleLabel: { display: true, ⮐
labelString: 'Temperature' } } ]\n" +
    "        }\n" +
    "    }\n" +
    "};\n" +
    "window.onload = () => ⮐
     new Chart(document.getElementById(\"chart\").getContext(\"2d\"), cfg);\n" +
    "</script>\n" +
    "</body>\n" +
    "</html>";

  String formattedTemperatures =
      IntStream.rangeClosed( JANUARY.getValue(), DECEMBER.getValue() )
        .mapToObj( Month::of )
        .map( month -> year.atMonth( month ) )
        .map( yearMonth ->
        getStatistics( yearMonth, yearToTemperatures.get( year ) ) )
        .map( IntSummaryStatistics::getAverage )
        .map( avgTemperature -> String.format( ENGLISH, "%.1f", avgTemperature ) )
        .collect( Collectors.joining( "," ) );
```

```
  String html = String.format( template, formattedTemperatures );

  Files.write( path, Collections.singleton( html ) );
}
```

Listing 16.40 com/tutego/exercise/stream/TemperatureYearChart.java

Die Deklaration des HTML-Dokuments nimmt den größten Bereich in der Methode ein. An einer Stelle steht `data: [%s]`, und dieses `%s` ist ein typischer Platzhalter im Formatierungs-String, sodass wir später mit der `String.format(…)`-Methode die dynamisch berechneten Werte einsetzen können. Die Methode geht wie folgt vor:

- `rangeClosed(…)` liefert einen `IntStream` mit Zahlen von 1 bis 12.
- `mapToObj(…)` überträgt diese Zahlen auf `Month`-Objekte.
- Das Jahr wird der Methode `writeTemperatureHtmlFile(…)` übergeben. Der Ausdruck `year.atMonth(month)` verbindet das Jahr mit dem Monat aus der Iteration und liefert ein neues `YearMonth`-Objekt für die Abbildung. Der Lambda-Ausdruck `month -> year.atMonth(month)` ließe sich abkürzen durch `year::atMonth`, doch der ausgeschriebene Lambda-Ausdruck dürfte besser lesbar sein..
- Der entstehende `Stream<YearMonth>` kann mithilfe der eigenen Methode `getStatistics(…)` auf die `IntSummaryStatistics` mappen; das Erbebnis ist vom Typ `Stream<IntSummaryStatistics>`.
- Aus dieser `IntSummaryStatistics` holen wir mit der Methodenreferenz den Durchschnittswert, es entsteht ein `Stream<Double>`.
- Schlussendlich formatieren wir diesen Durchschnittswert, sodass ein String für einen Monat entsteht.
- Das wird für alle Monate gemacht, und zum Schluss werden die Strings eingesammelt und kommasepariert.

Der String `formattedTemperatures` enthält also das Ergebnis, das jetzt in das HTML-Dokument eingesetzt werden muss. Nach dem Erzeugen des kompletten HTML-Dokumentes schreibt `write(…)` die Datei. Vor Java 11 lassen sich nur Sammlungen von Zeilen schreiben, ab Java 11 auch ein einzelner String.

`writeTemperatureHtmlFile(…)` lässt sich wie folgt anwenden:

```
try {
  Path tempFile = Files.createTempFile( "temperatures", ".html" );
  writeTemperatureHtmlFile( Year.now(), yearToTemperatures, tempFile );
  Desktop.getDesktop().browse( tempFile.toUri() );
}
catch ( IOException e ) { e.printStackTrace(); }
```

Listing 16.41 com/tutego/exercise/stream/TemperatureYearChart.java

Kapitel 17

Dateien und wahlfreier Zugriff auf Dateiinhalte

Auch wenn vieles in die Cloud und Datenbank wandert: Das Dateisystem ist immer noch ein wichtiger Speicher und Ort zur Organisation von Dokumenten. Auch Bonny Brain und Captain CiaoCiao legen noch vieles lokal ab – es gibt genug, was nicht in die Öffentlichkeit geraten darf.

Voraussetzungen

- `File`-Klasse, `Path`-Schnittstelle und `Files`-Klasse in den Grundzügen kennen
- temporäre Dateien anlegen können
- Metadateien von Dateien und Verzeichnissen erfragen können
- Verzeichnisinhalte auflisten und filtern können
- vollständige Dateien lesen und schreiben können
- `RandomAccessFile` kennen

Java ist auch eine Insel, Kapitel 19, Java SE 9 Standard-Bibliothek, Kapitel 7

In der »Insel« gibt Kapitel 19, »Einführung in Dateien und Datenströme«, einen Einstieg. Detaillierter geht die »2. Insel« in Kapitel 7, »Dateien, Verzeichnisse und Dateizugriffe«, auf die Dateiverarbeitung ein.

Verwendete Datentypen in diesem Kapitel:

- `java.io.File` (*https://docs.oracle.com/en/java/javase/11/docs/api/java.base/java/io/File.html*)
- `java.nio.file.Path` (*https://docs.oracle.com/en/java/javase/11/docs/api/java.base/java/nio/file/Path.html*)
- `java.nio.file.Paths` (*https://docs.oracle.com/en/java/javase/11/docs/api/java.base/java/nio/file/Paths.html*)
- `java.nio.file.Files` (*https://docs.oracle.com/en/java/javase/11/docs/api/java.base/java/nio/file/Files.html*)
- `java.nio.file.DirectoryStream` (*https://docs.oracle.com/en/java/javase/11/docs/api/java.base/java/nio/file/DirectoryStream.html*)

- `java.nio.file.FileVisitor` (*https://docs.oracle.com/en/java/javase/11/docs/api/java.base/java/nio/file/FileVisitor.html*)
- `java.io.RandomAccessFile` (*https://docs.oracle.com/en/java/javase/11/docs/api/java.base/java/io/RandomAccessFile.html*)
- `java.awt.Desktop` (*https://docs.oracle.com/en/java/javase/11/docs/api/java.desktop/java/awt/Desktop.html*)

17.1 Path und Files

Wie bei so vielen Sachen in Java gibt es auch bei der Dateiverarbeitung den »alten« und den »neuen« Weg. In vielen Beispielen sieht man noch immer Code mit den Typen `java.io.File`, `FileInputStream`, `FileOutputStream`, `FileReader` und `FileWriter`, doch diese Typen sind nicht mehr zeitgemäß, weshalb wir uns in diesem Kapitel ausschließlich mit `Path` und `Files` befassen wollen, denn diese Typen ermöglichen den Einsatz von virtuellen Dateisystemen, wie einem ZIP-Archiv. `File` ist nur noch dann zwingend, wenn es tatsächlich um Dateien oder Verzeichnisse des lokalen Dateisystems geht; Beispiele wären das Öffnen von Dateien mit dem vom Betriebssystem assoziierten Programmen oder das Umlenken von Datenströmen von extern gestarteten Programmen.

17.1.1 Spruch des Tages anzeigen ★

Hin und wieder kann sich Captain CiaoCiao nicht so richtig motivieren. Ein Motivations- oder Sinnspruch für den Tag bringt den Murrkopf auf neue Gedanken. Es soll eine Anwendung programmiert werden, die eine HTML-Datei mit einem Spruch erzeugt und dann den Browser öffnet, um diesen Text anzuzeigen. Die Aufgabe lässt sich mit zwei Methoden von `java.nio.files.Files` lösen.

Aufgabe:

- Lege mit einer passenden `Files`-Methode eine temporäre Datei an, die mit dem Datei-Suffix *.html* endet.
- Schreibe in die neue temporäre Datei HTML-Code, etwa den folgenden:

```
<!DOCTYPE html><html><body>
›Die Dinge, die wir stehlen, sagen uns, wer wir sind.‹
- Thomas von Tew
</body></html>
```

- Suche aus der Klasse `java.awt.Desktop` eine Methode, die den Standard-Browser öffnet und somit die HTML-Datei anzeigt.

17.1.2 Verstecke zusammenführen ★

Mit gewissen `Files`-Methoden lässt sich in einem Rutsch eine ganze Datei zeilenweise einlesen und wieder schreiben.

Captain CiaoCiao sammelt in einer großen Textdatei potenzielle Verstecke. Doch oft fallen ihm spontan weitere Verstecke ein, und er schreibt sie schnell in eine neue Datei. Nun nimmt er sich die Zeit und räumt auf und fasst alles zusammen; die kleinen Textdateien sollen mit der großen Datei zusammengelegt werden. Wichtig ist, dass die Reihenfolge der Einträge der großen Datei nicht geändert wird und nur die Einträge aus den kleinen Dateien aufgenommen werden, wenn sie nicht in der großen Datei vorkommen, denn es kann sein, dass in der Hauptdatei schon längst die Verstecke stehen.

Aufgabe:

Schreibe eine Methode `mergeFiles(Path main, Path... temp)`, die die Master-Datei öffnet, alle temporären Inhalte ergänzt und dann die Master-Datei zurückschreibt.

17.1.3 Kopien einer Datei erstellen ★★

Wenn man zum Beispiel im Windows-Explorer eine Datei in den gleichen Ordner kopiert, wird eine Kopie angelegt. Diese Kopie bekommt automatisch einen neuen Namen. Gesucht ist ein Java-Programm, das dieses Verhalten nachbildet.

Aufgabe:

- Schreibe eine Java-Methode `cloneFile(Path path)`, die Kopien von Dateien erzeugt und dabei die Dateinamen systematisch generiert. Nehmen wir an, `<Name>` symbolisiert den Dateinamen, dann wird die erste Kopie `Copy of <Name>` heißen, und anschließend sollen die Dateinamen `Copy (<Zahl>) of <Name>` lauten.
- Ruft man die Methoden auf Verzeichnissen auf oder gibt es andere Fehler, kann die Methode eine `IOException` auslösen.

Beispiel:

Nehmen wir an, eine Datei heißt *Top Secret UFO Files.txt*. Dann sollen die neuen Dateinamen so aussehen:

- *Copy of Top Secret UFO Files.txt*
- *Copy (2) of von Top Secret UFO Files.txt*
- *Copy (3) of von Top Secret UFO Files.txt*
- usw.

17.1.4 Verzeichnislisting generieren ★

Auf der Kommandozeile kann sich der Benutzer die Verzeichnisinhalte und Metadaten anzeigen lassen, genauso wie auch ein Dateiauswahldialog dem Benutzer Dateien anzeigt.

Aufgabe:

- Schreibe mit `Files` und der Methode `newDirectoryStream(…)` ein Programm, das den Verzeichnisinhalt für das aktuelle Verzeichnis auflistet.
- Rufe unter DOS das Programm `dir` auf. Bilde die Ausgabe das Verzeichnislistings vollständig nach. Der Kopf und Fuß sind nicht nötig.

17.1.5 Nach einer großen GIF-Datei suchen ★

Auf der Festplatte von Bonny Brain herrscht Chaos, auch weil sie alle Bilder in genau einem Verzeichnis speichert. Nun sind die Bilder von der letzten Schatzsuche unauffindbar! Sie weiß nur noch, dass die Bilder im GIF-Format gespeichert waren und sie über 1.024 Pixel breit waren.

Aufgabe:

Gegeben ist ein beliebiges Verzeichnis. Suche in diesem Verzeichnis (nicht rekursiv!) nach allen Bildern, die vom Typ GIF sind und eine Mindestbreite von 1.024 Pixeln aufweisen.

Greife zum Auslesen der Breiten und zur GIF-Prüfung auf folgenden Code zurück:

```
private static final byte[] GIF87aGIF89a = "GIF87aGIF89a".getBytes();
private static boolean isGifAndWidthGreaterThan1024( Path entry ) {
  if ( ! Files.isRegularFile( entry ) || ! Files.isReadable( entry ) )
    return false;

  try ( RandomAccessFile raf = new RandomAccessFile(entry.toFile(), "r") ) {
    byte[] bytes = new byte[ 8 ];
    raf.read( bytes );
```

```
    if ( ! Arrays.equals( bytes, 0, 6, GIF87aGIF89a, 0, 6 ) &&
         ! Arrays.equals( bytes, 0, 6, GIF87aGIF89a, 6, 12 ) )
      return false;

    int width = bytes[ 6 ] + (bytes[ 7 ] << 8);
    return width > 1024;
  }
  catch ( IOException e ) {
    throw new UncheckedIOException( e );
  }
}
```

Die Methode liest die ersten Bytes ein und schaut nach, ob die ersten 6 Bytes entweder dem String `GIF87a` oder `GIF89a` entsprechen. Prinzipiell lässt sich dieser Test auch mit `! new String(bytes, 0, 6).matches("GIF87a|GIF89a")` umsetzen, doch das würde einiges an temporären Objekten im Speicher nach sich ziehen.

Nach der Prüfung liest das Programm 2 Bytes für die Breite aus und konvertiert die Bytes in eine 16-Bit-Ganzzahl.

17.1.6 Verzeichnisse rekursiv absteigen und leere Textdateien finden ★

Auf der Festplatte von Bonny Brain ist immer noch ein großes Durcheinander. Aus unerklärlichen Gründen hat sie viele Textdateien mit 0 Byte.

Aufgabe:

- Laufe mit einem `FileVisitor` rekursiv ab einem gewählten Startverzeichnis alle Unterverzeichnisse ab, und suche nach leeren Textdateien.
- Textdateien sind Dateien, die die Dateiendung *.txt* tragen (unabhängig von der Groß-/Kleinschreibung).
- Bei einem Fund zeige den absoluten Pfad der Datei auf der Konsole.

17.1.7 Eigene Utility-Bibliothek für Dateifilter entwickeln ★ ★ ★

Die `Files`-Klasse bietet drei statische Methoden zum Erfragen aller Einträge in einem Verzeichnis:

- `newDirectoryStream(Path dir)`
- `newDirectoryStream(Path dir, String glob)`
- `newDirectoryStream(Path dir, DirectoryStream.Filter<? super Path> filter)`

Das Ergebnis ist immer ein `DirectoryStream<Path>`. Die erste Methode filtert die Ergebnisse nicht, die zweite Methode erlaubt einen Glob-String wie etwa **.txt*, und die dritte Methode erlaubt einen beliebigen Filter.

`java.nio.file.DirectoryStream.Filter<T>` ist eine Schnittstelle, die von Filtern implementiert werden muss. Die Methode lautet `boolean accept(T entry)` und ist wie ein Prädikat.

Die Java-Bibliothek deklariert zwar die Schnittstelle, aber keine Implementierung.

Aufgabe:

Schreibe diverse Implementierungen von `DirectoryStream.Filter`, die Dateien prüfen können auf

- Attribute (wie lesbar, schreibbar)
- die Länge
- die Dateiendungen
- den Dateinamen über reguläre Ausdrücke
- magische Anfangskennungen

Im Idealfall erlaubt die API eine Verkettung aller Filter, etwa so:

```
DirectoryStream.Filter<Path> filter =
    regularFile.and( readable )
               .and( largerThan( 100_000 ) )
               .and( magicNumber( 0x89, 'P', 'N', 'G' ) )
               .and( globMatches( "*.png" ) )
               .and( regexContains( "[-]" ) );

try ( DirectoryStream<Path> entries =
  Files.newDirectoryStream( dir, filter ) ) {
    entries.forEach( System.out::println );
}
```

17.2 Wahlfreier Zugriff auf Dateiinhalte

Für Dateien lässt sich ein Ein-/Ausgabestrom besorgen und von vorne bis hinten auslesen oder schreiben. Eine andere API erlaubt den wahlfreien Zugriff, also einen Positionszeiger.

17.2.1 Letzte Zeile einer Textdatei ausgeben ★★

Die Crew-Mitglieder schreiben alle Aktionen in ein elektronisches Logbuch, wobei die neuen Einträge hinten angehängt werden. Kein Eintrag ist länger als 100 Zeichen, die Texte sind in UTF-8 geschrieben.

Nun interessiert sich Captain CiaoCiao für den letzten Eintrag. Wie sieht ein Java-Programm aus, wenn aus einer Datei nur die letzte Zeile ausgelesen werden soll? Da schon sehr viele Einträge im Logbuch stehen, ist es nicht möglich, die Datei komplett einzulesen.

Aufgabe:

- Schreibe ein Programm, das die letzte Zeile einer Textdatei liefert.
- Finde eine Lösung, die nicht unnötig viel Speicher benötigt.

> **Tipp**
>
> Überlege, ob sich `([^\r\n]*)$` sinnvoll einsetzen lässt.

17.3 Lösungsvorschläge

Aufgabe 17.1.1: Spruch des Tages anzeigen

```
try {
  String html = "<!DOCTYPE html><html><body>" +
      "›The things we steal tell us who we are.‹ - Thomas von Tew" +
      "</body></html>";
  Path tmpPath = Files.createTempFile( "wisdom", ".html" );
  Files.write( tmpPath, Collections.singleton( html ) );
  Desktop.getDesktop().open( tmpPath.toFile() );
}
catch ( IOException e ) {
  System.err.println( "Couldn't write HTML file in temp folder or open file" );
  e.printStackTrace();
}
```

Listing 17.1 com/tutego/exercise/io/DailyWordsOfWisdom.java

Im Lösungsvorschlag haben wir es mit drei zentralen Anweisungen zu tun. Am Anfang steht das Erstellen der Datei im temporären Verzeichnis. Wir können bei der Methode `createTempFile(…)` einen Teil des Namens bestimmen sowie ein Suffix, und wir wählen die Endung `.html`, damit später das Betriebssystem über diese Dateiendung das entsprechende Anzeigeprogramm auswählen kann. Es liefert `createTempFile(…)` den generierten `Path` zurück, den wir verwenden, um in diese Datei den String zu schreiben.

Die gewählte `write(…)`-Methode wird auf den ersten Blick etwas merkwürdig eingesetzt – weil der zweite Parameter eine `Iterable<? extends CharSequence>` sein muss. Wir haben aber nur einen `String`. Daher generieren wir eine `Collection` aus genau einem einzigen Element und erfüllen damit die Signatur der Methode. Erst ab Java 11 ist die Methode writeString(…) hinzugekommen, mit der direkt eine Zeichenfolge ohne Umweg geschrieben werden kann.

open(…) ist einige der wenigen Methoden, die zwingend ein File-Objekt benötigen. Aus dem Path generieren wir ein File-Objekt und öffnen damit den Browser, der mit der Darstellung von HTML-Dateien assoziiert sein sollte. Alternativ kann man für Webseiten auch browse(URI) nutzen und sich die URI über toUri() vom Path geben lassen.

Aufgabe 17.1.2: Verstecke zusammenführen

```
public static void mergeFiles( Path main, Path... temp ) throws IOException {

  Iterable<Path> paths =
    Stream.concat( Stream.of( main ), Stream.of( temp ) )::iterator;
  Collection<String> words = new LinkedHashSet<>();

  for ( Path path : paths )
    try ( Stream<String> lines = Files.lines( path ) ) {
      lines.forEach( words::add );
    }

  Files.write( main, words );
}
```

Listing 17.2 com/tutego/exercise/io/MergeFiles.java

Für unsere Aufgabe ist die Datenstruktur LinkedHashSet optimal geeignet, denn als Menge enthält sie Elemente nur ein einziges Mal, und sie berücksichtigt die Reihenfolge der eingefügten Elemente. Wir müssen nur darauf achten, dass die Zeilen der ersten Datei als Erstes in die Datenstruktur kommen und anschließend die Zeilen der übrigen Dateien.

Für das Einlesen der Zeilen und Einfügen in die Datenstruktur ist die erste Datei genauso zu behandeln wie die restlichen Dateien. Doch die Vereinheitlichung ist nur über einen Umweg möglich, denn der erste Datentyp in der Parameterliste ist eine einzelne Path-Variable, und dann folgt ein Vararg, also ein Path-Array. Der Lösungsvorschlag setzt zunächst das erste Element in einen Stream und vereint das mit einem zweiten Stream der Elemente im Vararg-Array; es entsteht ein Stream<Path>. Diesen müssen wir nur noch ablaufen. Hier bietet sich prinzipiell forEach(…) an, doch es gibt ein Problem: Ein-/Ausgabeoperationen lösen geprüfte Ausnahmen aus, und die vertragen sich mit den Lambda-Ausdrücken nicht. Der Stream wird daher in einen Iterable konvertiert, sodass wir die erweiterte for-Schleife nutzen können. Die Methodenreferenz `::iterator` liefert einen Ausdruck vom Typ `Iterable`; ein schöner Trick, denn `Stream` selbst implementiert nicht `Iterable`.

Die erweiterte `for`-Schleife läuft über die Dateien, liest alle Zeilen ein, setzt sie in die Datenstruktur und schreibt zum Schluss alle Zeilen in die erste Datei zurück.

Aufgabe 17.1.3: Kopien einer Datei erstellen

```
private static final String COPY_OF          = "Copy of %s";
private static final String NUMBERED_COPY_OF = "Copy (%d) of %s";

public static void cloneFile( Path path ) throws IOException {

  if ( Files.isDirectory( path ) )
    throw new IllegalArgumentException(
      "Path has to be a file but was a directory" );

  Path parent   = path.getParent();
  Path filename = path.getFileName();

  Path copyPath = parent.resolve( String.format( COPY_OF, filename ) );

  for ( int i = 2; Files.exists( copyPath ); i++ )
    copyPath = parent.resolve( String.format( NUMBERED_COPY_OF, i, filename ) );

  Files.copy( path, copyPath );
}
```

Listing 17.3 com/tutego/exercise/io/FileClone.java

Der Algorithmus aus dem Lösungsvorschlag geht so vor, dass er der Reihe nach mögliche Dateinamen generiert und so lange testet, bis ein freier Dateiname gefunden wurde. In runden Klammern steht ein Zähler, der bei 2 beginnt. Es gibt keine *Copy (1) of <Name>*.

Die Methode `cloneFile(Path path)` beginnt mit einer Abfrage, ob als `Path` fälschlicherweise ein Verzeichnis übergeben wurde, und löst in dem Fall eine Ausnahme aus; wir können Verzeichnisse nicht klonen. Ist es eine Datei, extrahieren wir das Verzeichnis der Datei und den Dateinamen.

Die erste Probe für einen möglichen neuen Dateinamen beginnt mit `Copy of` und enthält noch keinen Zähler. Wir können diesen Dateinamen mit `Files.exists(…)` auf das Vorhandensein testen. Falls die Datei existiert, müssen wir mit einem Zähler weitermachen. Daher setzen wir diesen Existenztest gleich als Bedingung in eine `for`-Schleife und nutzen eine Zählvariable `i`, die wir am Anfang mit 2 initialisieren, um den Zähler in runden Klammern repräsentieren zu können. Im Rumpf der Schleife wird die Variable copyPath neu belegt, und zwar immer mit dem Schleifenzähler in runden Klammern. Wir laufen so oft durch die Schleife, bis wir einen copyPath gefunden haben, der nicht existiert. Dann bricht die Schleife ab, und Files.copy(…) legt eine Kopie der Datei mit der Pfadangabe von copyPath an.

Um die Zeichenfolgen für unterschiedliche Sprachen leichter auswechseln zu können, sind sie als Konstanten extrahiert.

Aufgabe 17.1.4: Verzeichnislisting generieren

```
private final static DateTimeFormatter ddMMyyyy_hhmm =
    DateTimeFormatter.ofPattern( "dd.MM.yyyy  hh:mm" );

static void listDirectory( Path dir ) throws IOException {
  try ( DirectoryStream<Path> entries = Files.newDirectoryStream( dir ) ) {
    for ( Path path : entries ) {
      Instant instant = Files.getLastModifiedTime( path ).toInstant();
      LocalDateTime dateTime = LocalDateTime.ofInstant(
        instant, ZoneId.systemDefault() );
      String formattedDateTime = dateTime.format( ddMMyyyy_hhmm );
      String dirLength = Files.isDirectory( path ) ? "<DIR> :
        String.format( "%,14d", Files.size( path ) );
      String filename = path.getFileName().toString();
      System.out.printf( "%s   %s %s%n",
        formattedDateTime, dirLength, filename );
    }
  }
```

Listing 17.4 com/tutego/exercise/io/DosDir.java

Zur Lösung der Aufgabe kommen unterschiedliche APIs zusammen. Wir benötigen die Klasse Files, den Typ Path, Datum/Zeit-Rechnungen und Format-Strings.

Da die Dateioperationen potenzielle Ausnahmen auslösen können, wir diese aber nicht behandeln können, wird unsere Methode mögliche Ausnahmen an den Aufrufer weiterleiten. Dennoch kommt ein try-mit-Ressourcen zum Einsatz – die Ressource ist der DirectoryStream. Wenn man schnell und schmutzig programmiert, dann wird man häufig den DirectoryStream als Iterable sehen, der rechts vom Doppelpunkt der erweiterten for-Schleife steht. Doch der DirectoryStream ist eine Ressource, die geschlossen werden muss. Die erweiterte for-Schleife zum Durchlaufen aller Einträge im Verzeichnis finden wir daher im nächsten Schritt.

In der Variablen path steht nun ein Pfad, der für eine Datei oder ein Verzeichnis stehen kann. In jedem Fall wollen wir die Zeit des letzten Zugriffs erfragen. Es liefert zwar Files.getLastModifiedTime(…) das nötige FileTime-Objekt, doch die toString()-Methode gibt keine ansprechende Rückgabe. Daher ist ein kleiner Umweg nötig, um eine schöne Ausgabe zu bekommen: Zunächst wird das FileTime in ein Instant gebracht, das anschließend in ein LocalDateTime konvertiert wird, und damit lässt sich ein DateTimeFormatter mit dem Muster "dd.MM.yyyy hh:mm" einsetzen, für dessen Format wir eine eigene Konstante eingeführt haben.

Wir haben das Datum und die Zeit, jetzt folgen die anderen Segmente. Je nachdem, ob der Pfad ein Verzeichnis oder eine Datei ist, müssen wir <DIR> setzen oder bei einer Datei die Dateilänge erfragen; String.format(…) bringt die Anzahl Bytes auf eine entsprechende Länge.

Im letzten Schritt erfragen wir den Namen der Datei oder des Verzeichnisses und setzen alles zusammen in eine Zeile. Diese Zeile beginnt mit dem formatierten Datum und Zeit, dann folgt die Angabe, ob es ein Verzeichnis ist, andernfalls die Dateilänge, und zum Schluss der Dateiname bzw. Verzeichnisname.

Aufgabe 17.1.5: Nach einer großen GIF-Datei suchen

Für die Lösung greifen wir auf eine Files-Methode zurück:

```
DirectoryStream<Path> newDirectoryStream(
  Path dir, DirectoryStream.Filter<? super Path> filter)
```

Für uns ist DirectoryStream.Filter<? super Path> filter relevant, da damit ein Kriterium für die Eingrenzung der Ergebnisse realisiert werden kann. Betrachten wir für den Zusammenhang das UML-Diagramm (siehe Abbildung 17.1).

Der Filter ist ein geschachtelter Typ von DirectoryStream. Wenn wir einen Filter übergeben müssen, müssen wir die Schnittstelle Filter und die Methode accept(…) implementieren. Die Implementierung kann durch eine Klasse geschehen, durch einen Lambda-Ausdruck oder durch eine Methodenreferenz. Und »zufällig« passt boolean isGifAndWidthGreaterThan1024(Path entry) auf boolean accept(Path entry), was eine Methodenreferenz nahelegt.

```
Path directory = Paths.get( name );
try {
  try ( DirectoryStream<Path> files = Files.newDirectoryStream( directory,
      FindBigGifImages::isGifAndWidthGreaterThan1024 ) ) {
    files.forEach( System.out::println );
  }
}
```

```
catch ( IOException e ) {
  e.printStackTrace();
}
```

Listing 17.5 com/tutego/exercise/io/FindBigGifImages.java

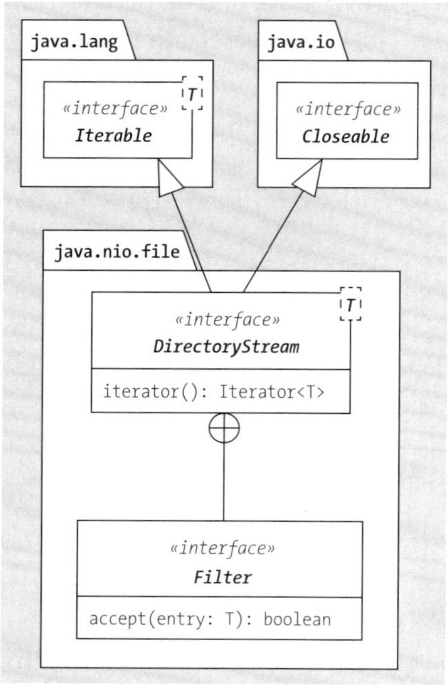

Abbildung 17.1 UML-Diagramm von DirectoryStream und abhängigen Typen

Die Methode `Files.newDirectoryStream(…)` liefert den `DirectoryStream`, der `AutoCloseable` ist und am Ende wieder geschlossen werden muss. Das übernimmt praktischerweise try-mit-Ressourcen. Das `DirectoryStream` ist auch ein `Iterable`, sodass wir es in einer erweiterten `for`-Schleife oder mit einem `forEach(…)` und einem entsprechenden `Consumer` ablaufen lassen können.

Aufgabe 17.1.6: Verzeichnisse rekursiv absteigen und leere Textdateien finden

```
public static void findEmptyTextFiles( Path base, Consumer<Path> callback )
    throws IOException {
  class PrintingFileVisitor extends SimpleFileVisitor<Path> {
    @Override
    public FileVisitResult visitFile( Path visitedFile,
                                      BasicFileAttributes fileAttributes ) {
      if ( visitedFile.toString().toLowerCase().endsWith( ".txt" )
          && fileAttributes.size() == 0L )
```

```
        callback.accept( visitedFile );
      return FileVisitResult.CONTINUE;
    }
  }
  Files.walkFileTree( base, new PrintingFileVisitor() );
}
```

Listing 17.6 com/tutego/exercise/io/EmptyFilesFinder.java

Die Lösung implementiert die Methode `findEmptyTextFiles(…)` mit zwei Parametern: der erste für das Basisverzeichnis und der zweite für einen Konsumenten, der beim Fund eines Pfades aufgerufen wird.

Die statische Methode `Files.walkFileTree(…)` läuft ab einem Verzeichnis rekursiv bis zu einer gewünschten Tiefe das Dateisystem ab. In unserem Fall beschränken wir die Tiefe nicht und geben keine weiteren Optionen mit. Der Methode muss eine Implementierung von `FileVisitor` übergeben werden. Das ist keine funktionale Schnittstelle, sondern eine Schnittstelle mit vier Methoden. Wir könnten die Schnittstelle selbst implementieren, doch die Java-Bibliothek bietet mit `SimpleFileVisitor` eine einfache Implementierung.

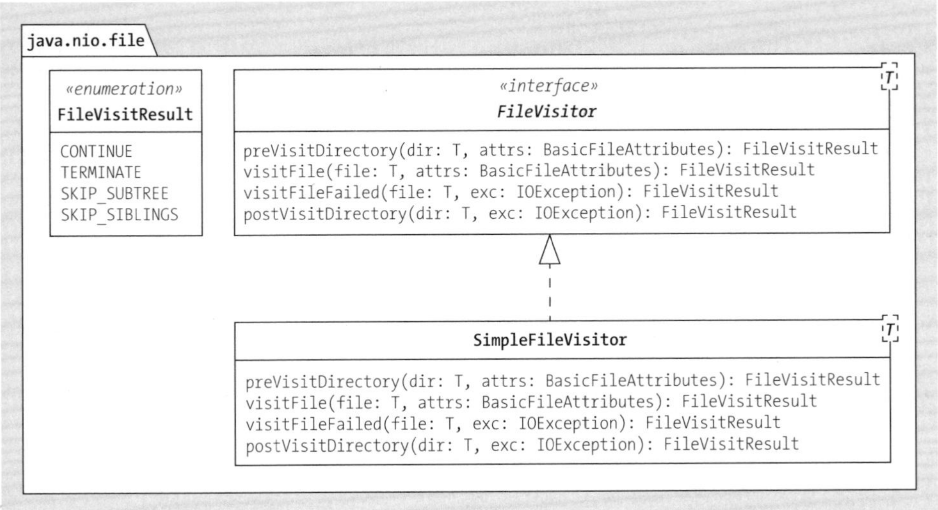

Abbildung 17.2 UML-Diagramm von FileVisitor, der Unterklasse SimpleFileVisitor und der Aufzählung FileVisitResult für die Rückgaben

Von dieser Klasse bilden wir eine Unterklasse und überschreiben die für uns relevante Methode `visitFile(…)`, die immer dann aufgerufen wird, wenn `walkFileTree(…)` eine Datei findet. Filter erlaubt `walkFileTree(…)` nicht, was schade ist, denn `newDirectoryStream(…)` erlaubt Filter. Wir müssen folglich das Kriterium, dass der Dateiname auf *.txt* endet und 0 Byte groß ist, selbst implementieren. Dankenswerterweise bekommen wir bei `visitFile(…)`

1. den Pfad übergeben, sodass wir prüfen können, ob der Dateiname auf *.txt* endet, und
2. die Attribute und können damit testen, ob die Datei leer ist.

Wenn beide Kriterien stimmen, rufen wir die Callback-Funktion auf und übergeben den Pfad auf die Datei. Anschließend soll die Suche im Verzeichnis fortgeführt werden, und dafür gibt die Methode `FileVisitResult.CONTINUE` zurück.

Aufgabe 17.1.7: Eigene Utility-Bibliothek für Dateifilter entwickeln

```
class FileFilters {

  public interface AbstractFilter extends DirectoryStream.Filter<Path> {
    default AbstractFilter and( AbstractFilter other ) {
      return path -> accept( path ) && other.accept( path );
    }

    default AbstractFilter negate() {
      return path -> ! accept( path );
    }

    static AbstractFilter not( AbstractFilter target ) {
      return target.negate();
    }
  }

  /**
   * Tests if a {@code Path} is readable.
   */
  public static final AbstractFilter readable = Files::isReadable;

  /**
   * Tests if a {@code Path} is writable.
   */
  public static final AbstractFilter writable = Files::isWritable;

  /**
   * Tests if a {@code Path} is a regular file.
   */
  public static final AbstractFilter directory = Files::isDirectory;
```

```
/**
 * Tests if a {@code Path} is a regular file.
 */
public static final AbstractFilter regularFile = Files::isRegularFile;

/**
 * Tests if a {@code Path} is hidden.
 */
public static final AbstractFilter hidden = Files::isHidden;

/**
 * Tests if the file size of a {@code Path} is zero.
 */
public static final AbstractFilter empty = path -> Files.size( path ) == 0L;

/**
 * Tests if the file size of a {@code Path} is larger than the specified size.
 */
public static AbstractFilter largerThan( long size ) {
  return path -> Files.size( path ) > size;
}

/**
 * Tests if the file size of a {@code Path} is smaller than the specified
 * size.
 */
public static AbstractFilter smallerThan( long size ) {
  return path -> Files.size( path ) < size;
}

/**
 * Tests if a {@code Path} is older than the specified {@code FileTime}.
 */
public static AbstractFilter olderThan( FileTime other ) {
  return path -> Files.getLastModifiedTime( path ).compareTo( other ) > 0;
}

/**
 * Tests if a {@code Path} has a specified suffix, ignoring case, e.g. ".txt".
 */
public static AbstractFilter suffix( String suffix, String... more ) {
  return path ->
      Stream.concat( Stream.of( suffix ), Stream.of( more ) )
```

```
          .anyMatch( aSuffix -> {
            String filename  = path.toString();
            int suffixLen    = aSuffix.length();
            int suffixOffset = filename.length() - suffixLen;
            return filename.regionMatches( /* ignore case */ true,
              suffixOffset, suffix, 0, suffixLen );
          } );
}

/**
 * Tests if the content of a {@code Path} starts with a specified sequence of
 * bytes.
 */
public static AbstractFilter magicNumber( int... bytes ) {
  ByteBuffer byteBuffer = ByteBuffer.allocate( bytes.length );
  for ( int b : bytes ) byteBuffer.put( (byte) b );
  return magicNumber( byteBuffer.array() );
}

/**
 * Tests if the content of a {@code Path} starts with a specified sequence of
 * bytes.
 */
public static AbstractFilter magicNumber( byte... bytes ) {
  return path -> {
    try ( InputStream in = Files.newInputStream( path ) ) {
      byte[] buffer = new byte[ bytes.length ];
      in.read( buffer );
      // If file is smaller than bytes.length, the result is false
      return Arrays.equals( bytes, buffer );
    }
  };
}

/**
 * Tests if a {@code Path} regexContains a specified regex.
 */
public static AbstractFilter regexContains( String regex ) {
  return path -> Pattern.compile( regex ).matcher( path.toString() ).find();
}
```

```
/**
 * Tests if a filename of a {@code Path} matches a given glob string.
 */
public static AbstractFilter globMatches( String glob ) {
  return path -> path.getFileSystem().getPathMatcher( "glob:" + glob )
                     .matches( path.getFileName() );
}
```

Listing 17.7 com/tutego/exercise/io/FileFiltersDemo.java

Die Methode `Files.rewDirectoryStream(…)` ermöglicht das rekursive Ablaufen eines Verzeichnisbaums. Die Methode erwartet als Übergabe eine Implementierung der funktionalen Schnittstelle `Filter` und ihrer `accept(…)`-Methode:

```
boolean accept(T entry) throws IOException
```

Die Schnittstelle hat keine weiteren `default`- oder `static`-Methoden, und außerdem ist das Typargument bei uns immer `Path`, weshalb eine neue Schnittstelle `AbstractFilter` als Untertyp von `Filter` mit zwei zusätzlichen Default-Methoden und einer statischen Methode angelegt werden soll. Die `and(…)`-Methode verknüpft zwei `AbstractFilter` mit einem logischen Und, die `negate()`-Methode negiert das Ergebnis der eigenen `accept(…)`-Methode, und die statische `not(…)`-Methode liefert ein neues `AbstractFilter`-Objekt zurück, was das Ergebnis ebenfalls negiert.

Die Klasse `FileFilters` deklariert diverse Konstanten und Methoden. Immer dann, wenn etwas parametrisiert werden muss, wird eine Methode eingesetzt; ist keine Parametrisierung nötig, reicht eine Konstante. Alle folgenden Konstanten sind vom Datentyp `AbstractFilter`, und die Methoden liefern `AbstractFilter` zurück. Die Konstanten werden mit einer entsprechenden Methode aus der `Files`-Klasse über die Methodenreferenz initialisiert.

Konzentrieren wir uns auf die spannenderen Methoden.

- `hasSuffix(…)` verbindet alle möglichen Dateiendungen zu einem `Stream` und fragt dann ab, ob der Pfad eine der übergebenen Dateiendungen besitzt. Dazu wird zunächst der Pfad in einen String konvertiert, und über `regionMatches (…)` wird, unabhängig von der Groß-/Kleinschreibung, das Suffix getestet. Die Prüfung über `regionMatches(…)` ist ein wenig unübersichtlicher, als mit `toLowerCase(…)` und `endsWith(…)` zu arbeiten, doch baut `regionMatches(…)` keine temporären Objekte auf und ist ein wenig performanter.
- `magicNumber(byte…)` nimmt eine variable Anzahl von Bytes entgegen, wobei es zu einer `NullPointerException` führt, wenn die Parametervariable `null` ist. Andernfalls wird

1. ein Eingabestrom geöffnet,
2. werden genau so viele Bytes eingelesen, wie das Parameter-Array groß ist,
3. werden die beiden Arrays mit `Arrays.equals(…)` verglichen. Ist die Datei kleiner als die übergebene Anzahl von Bytes, dann wird die `equals(…)`-Methode auf jeden Fall `false` zurückgeben, denn das Erste, was die Methode prüft, ist die gleiche Anzahl Elemente.

- `magicNumber(int...)` ist die überladene Variante von `magicNumber(byte...)`, denn Bytes in der Parameterliste sind wegen des Wertebereiches –128 bis +127 unflexibel; Entwickler müssten zum Beispiel schreiben:

  `magicNumber( (byte) 0x89, (byte) 'P', (byte) 'N', (byte) 'G' )`

  Der Datentyp `int…` ist für Aufrufer praktischer; so kann es heißen:

  `magicNumber( 0x89, 'P', 'N', 'G' )`

  Daher konvertiert `magicNumber(int...)` das `int[]` in ein `byte[]` und delegiert an die Hauptmethode.
- `regexContains(…)` nimmt einen String mit einem regulären Ausdruck entgegen, er wird compiliert, dann auf dem Pfad angewendet, und wenn die `find()`-Methode `true` zurückliefert, matcht der Dateiname auf den regulären Ausdruck.
- `globMatches(…)` prüft den Dateinamen auf einen Glob-String; das sind einfache Ausdrücke wie `*.txt` oder `??-??-1976`. `getPathMatcher(…)` liefert mit dem Präfix `glob:` bzw. `regex:` einen `PathMatcher`. Die Implementierung von `regexContains(…)` greift nicht auf einen `PathMatcher` mit regulärem Ausdruck zurück, da der `PathMatcher` auf einen vollständigen Match testet, aber in der Lösung eine Teilsuche gewünscht ist.

Aufgabe 17.2.1: Letzte Zeile einer Textdatei ausgeben

```
private static final int MAX_LINE_LENGTH = 100;
private static final int MAX_NUMBER_OF_BYTES_PER_UTF_8_CHAR = 4;

private static void printLastLine( String filename ) throws IOException {
  try ( RandomAccessFile file = new RandomAccessFile( filename, "r" ) ) {
    int blockSize = MAX_LINE_LENGTH * MAX_NUMBER_OF_BYTES_PER_UTF_8_CHAR;
    file.seek( file.length() - blockSize );
    byte[] bytes = new byte[ blockSize ];
    file.read( bytes );

    String string = new String( bytes, StandardCharsets.UTF_8 );
    Matcher matcher = Pattern.compile( "([^\\r\\n]*)$" ).matcher( string );
    if ( matcher.find() )
```

```
      System.out.println( matcher.group( 1 ) );
  }
}
```

Listing 17.8 com/tutego/exercise/io/LastLine.java

Die Lösung besteht aus zwei Schritten: Zunächst wird am Ende der Datei ein Block eingelesen und dann aus diesem Block die letzte Zeile extrahiert.

Um die richtige Blockgröße zu ermitteln, multiplizieren wir die aus der Aufgabenstellung bekannte maximale Zeilenlänge (100) mit der Anzahl maximal zu erwartenden Bytes pro UTF-8-Zeichen; in der UTF-8-Kodierung können maximal vier Zeichen ein Symbol kodieren. Die Aufgabe wird schwieriger, wenn die maximale Zeilenlänge unbekannt ist, aber das Produkt `MAX_LINE_LENGTH * MAX_NUMBER_OF_BYTES_PER_UTF_8_CHAR` sagt uns, dass der letzte Block dieser Größe in der Datei auch die letzte Zeile enthält.

Im nächsten Schritt setzen wir den Dateizeiger auf den Anfang des letzten Blocks. Wir lesen ein Byte-Array ein und konvertieren es nach der UTF-8-Kodierung in einen String. Wenn die letzte Zeile nicht die maximale Länge hat, dann stehen im gelesenen Block die Reste der vorherigen Zeile oder Zeilen mit Zeilenende-Zeichen sowie die letzte Zeile. Für das Extrahieren der letzten Zeile können wir mit `lastIndexOf(…)` arbeiten, doch der reguläre Ausdruck `([^\\r\\n]*)$` liefert uns die letzte Zeile viel schöner. Der reguläre Ausdruck setzt sich wie folgt zusammen:

1. Das Dollarzeichen am Ende signalisiert das Ende der Eingabe.
2. Die Gruppe in runden Klammern steht für das, was wir extrahieren wollen.
3. In der Zeichenklasse `[^\\r\\n]` steht das Hütchen für die Negation, dass wir alle Zeichen haben wollen, die kein Zeilenendezeichen sind. `[^\\r\\n]*` mit Sternchen liefert uns eine Folge solcher Nicht-Zeilenendezeichen.

Wenn es einen Match gibt, geben wir ihn aus, andernfalls findet keine Ausgabe statt.

Kapitel 18

Ein-/Ausgabeströme

Im vorherigen Kapitel, »Dateien und wahlfreier Zugriff auf Dateiinhalte«, sowie Kapitel 8, »Exceptions«, haben wir uns schon mit dem grundlegenden Lesen und Schreiben von Dateiinhalten beschäftigt. Diese Kapitel legt den Fokus auf die *Datenströme*, also den kontinuierlichen Fluss von Daten; sie können in ein Ziel geschrieben oder aus einer Quelle gelesen werden und dabei durch mehrere Filter laufen. Die Verschachtelung von Javas Ein-/Ausgabeströmen ist ein gutes Beispiel für eine Abstraktion und Flexibilität, das auch bei der Modellierung von eigenen Filtern sehr hilft.

Voraussetzungen

- Typhierarchie von Ein-/Ausgabeklassen kennen
- zeichenorientierte und byteorientierte Klassen unterscheiden können
- Dekoration von Strömen verstehen
- Stromdaten durch Filter schicken können
- Daten komprimieren können

18

Java ist auch eine Insel, Kapitel 19, Java SE 9 Standard-Bibliothek, Kapitel 8

In der »1. Insel« gibt Kapitel 19, »Einführung in Dateien und Datenströme«, eine kurze Einführung. Detaillierter geht Kapitel 8, »Datenströme«, in der »2. Insel« auf die Serialisierung ein.

Verwendete Datentypen in diesem Kapitel:

- `java.io.OutputStream` (*https://docs.oracle.com/en/java/javase/11/docs/api/java.base/java/io/OutputStream.html*)
- `java.io.InputStream` (*https://docs.oracle.com/en/java/javase/11/docs/api/java.base/java/io/InputStream.html*)
- `java.io.Reader` (*https://docs.oracle.com/en/java/javase/11/docs/api/java.base/java/io/Reader.html*)
- `java.io.Writer` (*https://docs.oracle.com/en/java/javase/11/docs/api/java.base/java/io/Writer.html*)

- `java.nio.files.Files` (*https://docs.oracle.com/en/java/javase/11/docs/api/java.base/java/nio/file/Files.html*)
- `java.util.Scanner` (*https://docs.oracle.com/en/java/javase/11/docs/api/java.base/java/util/Scanner.html*)
- `java.lang.Readable` (*https://docs.oracle.com/en/java/javase/11/docs/api/java.base/java/lang/Readable.html*)
- `java.lang.Appendable` (*https://docs.oracle.com/en/java/javase/11/docs/api/java.base/java/lang/Appendable.html*)
- `java.io.IOException` (*https://docs.oracle.com/en/java/javase/11/docs/api/java.base/java/io/IOException.html*)
- `java.io.DataInputStream` (*https://docs.oracle.com/en/java/javase/11/docs/api/java.base/java/io/DataInputStream.html*)
- `java.io.DataOutputStream` (*https://docs.oracle.com/en/java/javase/11/docs/api/java.base/java/io/DataOutputStream.html*)
- `java.io.FilterInputStream` (*https://docs.oracle.com/en/java/javase/11/docs/api/java.base/java/io/FilterInputStream.html*)
- `java.io.FilterOutputStream` (*https://docs.oracle.com/en/java/javase/11/docs/api/java.base/java/io/FilterOutputStream.html*)
- `java.io.FilterReader` (*https://docs.oracle.com/en/java/javase/11/docs/api/java.base/java/io/FilterReader.html*)
- `java.io.FilterWriter` (*https://docs.oracle.com/en/java/javase/11/docs/api/java.base/java/io/FilterWriter.html*)
- `java.io.DataInput` (*https://docs.oracle.com/en/java/javase/11/docs/api/java.base/java/io/DataInput.html*)
- `java.io.DataOutput` (*https://docs.oracle.com/en/java/javase/11/docs/api/java.base/java/io/DataOutput.html*)
- `java.util.zip.GZIPOutputStream` (*https://docs.oracle.com/en/java/javase/11/docs/api/java.base/java/util/zip/GZIPOutputStream.html*)
- `java.io.ByteArrayOutputStream` (*https://docs.oracle.com/en/java/javase/11/docs/api/java.base/java/io/ByteArrayOutputStream.html*)
- `java.io.InputStreamReader` (*https://docs.oracle.com/en/java/javase/11/docs/api/java.base/java/io/InputStreamReader.html*)
- `java.io.OutputStreamWriter` (*https://docs.oracle.com/en/java/javase/11/docs/api/java.base/java/io/OutputStreamWriter.html*)
- `java.io.PrintWriter` (*https://docs.oracle.com/en/java/javase/11/docs/api/java.base/java/io/PrintWriter.html*)

- `java.lang.AutoCloseable` (*https://docs.oracle.com/en/java/javase/11/docs/api/java.base/java/lang/AutoCloseable.html*)
- `java.io.BufferedOutputStream` (*https://docs.oracle.com/en/java/javase/11/docs/api/java.base/java/io/BufferedOutputStream.html*)
- `java.util.zip.CheckedOutputStream` (*https://docs.oracle.com/en/java/javase/11/docs/api/java.base/java/util/zip/CheckedOutputStream.html*)
- `java.io.Serializable` (*https://docs.oracle.com/en/java/javase/11/docs/api/java.base/java/io/Serializable.html*)

18.1 Direkte Datenströme

In Java werden vier Typen unterschieden: `InputStream` und `OutputStream` (byteorientiertes Lesen und Schreiben) sowie `Reader` und `Writer` (zeichenorientiertes Lesen und Schreiben). Wir beginnen mit den Aufgaben zunächst mit genau solchen Strömen, die direkt etwas in eine Ressource schreiben oder direkt aus einer Ressource lesen.

18.1.1 Anzahl unterschiedlicher Stellen ermitteln (Dateien lesen) ★

Captain CiaoCiao bekommt zwei Textdateien, und die sehen auf den ersten Blick sehr gleich aus. Aber er möchte genau wissen, ob die beiden Dateien exakt übereinstimmen oder ob es Unterschiede gibt.

Aufgabe:

- Schreibe eine Methode `long distance(Path file1, Path file2)`, die die Anzahl unterschiedlicher Stellen zurückgeliefert. In der Informatik wird das *Hamming-Abstand* (engl. *Hamming distance*) genannt.
- Es ist davon auszugehen, dass die beiden Dateien exakt gleich lang sind.

Beispiel:

Eine Datei enthält den String

```
To Err is Human. To Arr is Pirate.
```

und eine andere Datei den String

```
To Arr is Human. To Err is Pirate!
```

Die Distanz ist 3, weil 3 Symbole nicht übereinstimmen.

18.1.2 Python-Programm in Java konvertieren (Datei schreiben) ★

In Kapitel 2, »Imperative Sprachkonzepte«, haben wir verschiedene Aufgaben gelöst, die SVG-Ausgaben auf den Bildschirm schreiben – nun wollen wir diese Ausgaben direkt in HTML-Dateien schreiben. Zur Erinnerung: Folgendes HTML enthält eine SVG mit einem Rechteck mit einer Höhe und Breite von 1 und den x-/y-Koordinaten 10/10:

```
<!DOCTYPE html>
<html><body>
<svg width="256" height="256">
 <rect x="10" y="10" width="1" height="1" style="fill:rgb(0,29,0);" />
</svg>
</body></html>
```

In einem Buch über computergenerierte Kunst findet Captain CiaoCiao auf den ersten Seiten eine Abbildung. Das Muster wird von einem Python-Programm erzeugt:

```
import Image, ImageDraw
image = Image.new("RGB", (256, 256))
drawingTool = ImageDraw.Draw(image)

for x in range(256):
    for y in range(256):
      drawingTool.point((x, y), (0, x^y, 0))

del drawingTool
image.save("xorpic.png", "PNG")
```

Die Python-Funktion `point(…)` bekommt die x-y-Koordinate und RGB-Farbinformationen, wobei die drei Argumente `0`, `x^y`, `0` für die Anteile Rot, Grün, Blau stehen.

Aufgabe:

- Da der Captain keine Schlangen mag, muss das Python-Programm in ein Java-Programm konvertiert werden.
- Statt einer PNG-Datei soll am Ende eine HTML-Datei mit einem SVG-Block entstehen, in der jedes Pixel ein 1 × 1 großes SVG-Rechteck ist.

Bonus:

Öffne am Ende die HTML-Datei mit dem Browser – hier hilft die `Desktop`-Klasse.

18.1.3 Zielcode generieren (Datei schreiben) ★

Von der Post bekommt Captain CiaoCiao immer öfter Briefe mit rosafarbenem Strichcode. Er denkt erst an kodierte Liebesbotschaften von Bonny Brain, muss dann aber feststellen, dass auf dem Briefumschlag ein sogenannter *Zielcode* steht, der die Postleitzahl kodiert.

Die Kodierung der Zahlen in Strichen ist wie folgt, wobei der Unterstrich _ den Abstand durch ein Leerzeichen symbolisiert:

<table>
<tr><th>Wert</th><th>Kodierung</th></tr>
<tr><td>0</td><td>||||</td></tr>
<tr><td>1</td><td>|||_</td></tr>
<tr><td>2</td><td>||_|</td></tr>
<tr><td>3</td><td>||__</td></tr>
<tr><td>4</td><td>|_||</td></tr>
<tr><td>5</td><td>|_|_</td></tr>
<tr><td>6</td><td>|__|</td></tr>
<tr><td>7</td><td>_|_|</td></tr>
<tr><td>8</td><td>_|||</td></tr>
<tr><td>9</td><td>_||_</td></tr>
</table>

Tabelle 18.1 Werte und Kodierungen

Aufgabe:

- Schreibe eine statische Methode `writeZielcode(String, Writer)`, die einen String mit Ziffern in der genannten Kodierung in einen `Writer` schreibt.
- Zwischen den vier Symbolen für eine Ziffer sollen zwei Leerzeichen stehen.

Beispiel:

Der String `"023"` wird als `||||  || |  ||  ` in die Datei geschrieben.

Tipp

Besorge von `Files` einen `Writer`, um in Dateien schreiben zu können.

Für ergänzende Informationen zur Kodierung siehe auch *https://de.wikipedia.org/wiki/Zielcode*.

18.1.4 Dateiinhalt in Kleinbuchstaben konvertieren (Datei lesen und schreiben) ★

Textkonvertierungen von einem Format in ein anderes sind übliche Vorgänge.

Aufgabe:

Öffne eine Textdatei, lies jedes Zeichen ein, konvertiere es in Kleinbuchstaben, und schreibe es in eine neue Datei. Schreibe eine Methode, die das erledigt, und nenne sie `convertFileToLowercase(Path inPath, Path outPath)`.

18.1.5 PPM-Grafikformat in ASCII-Graustufen anzeigen ★ ★ ★

Pixelgrafiken zu generieren, ist wegen der verschiedenen Formate immer etwas aufwendiger. Es gibt allerdings mit *PPM (Portable Pixel Map)* ein sehr einfaches ASCII-basiertes Dateiformat. Die Spezifikation (*http://netpbm.sourceforge.net/doc/ppm.html*) ist einfach, und ein Java-Programm kann PPM-Bilder leicht generieren. Ein Nachteil unter Windows ist jedoch, dass für die Darstellung Drittanbieterprogramme nötig sind, etwa die freie Software GIMP (*https://www.gimp.org*).

Das folgende Beispiel zeigt den Grundaufbau einer PPM-Datei:

```
P3
3 2
255
255   0   0
  0 255   0
  0   0 255
255 255   0
255 255 255
  0   0   0
```

Es gibt diverse Tokens, die durch Weißraum getrennt sind. Wir stellen folgende Regeln auf:

- Das erste Token ist die Kennung `P3`.
- Es folgen die Breite und Höhe des Bildes.
- Es folgt der maximale Farbwert, wir nehmen immer 255 an.

- Es folgen Rot-, Grün-, Blauwerte für alle Pixel von oben links nach unten rechts.
- Höhe und Breite und die Farbwerte sind immer positiv.

Aufgabe:

- Lies eine PPM-Datei ein, und extrahiere alle Farbwerte.
- Übertrage jeden Farbwert auf einen Graustufenwert.
- Jeder Punkt der Grafik soll ein ASCII-Zeichen werden. Konvertiere jeden Graustufenwert von 0 bis 255 in ein ASCII-Zeichen.
- Erlaube im Programm die Parametrisierung der Umrechnung der RGB-Werte in den Graustufenwert, damit der Algorithmus auswechselbar ist.
- Erlaube die Parametrisierung der Umwandlung vom Graustufenwert in das ASCII-Zeichen.

Zur Konvertierung in einen Graustufenwert lässt sich auf folgende Schnittstelle und Konstante zurückgreifen:

```
public interface RgbToGray {
  RgbToGray DEFAULT = (r, g, b) -> (r + g + b) / 3;
  int toGray( int r, int g, int b );
}
```

Java bietet mit dem `IntBinaryOperator` eine Abbildung von (`int`, `int`) auf ein `int`, aber keine funktionale Schnittstelle mit drei Parametern.

Die Durchschnittsmethode ist performant, aber entspricht nicht der menschlichen Wahrnehmung. Realistischere Abbildungen berücksichtigen, dass Durchschnittsmenschen Farben unterschiedlich stark wahrnehmen. Die bekannte »Leuchtkraft-Methode« ist: 0.21 R + 0.72 G + 0.07 B.

Die Schnittstelle `IntUnaryOperator` kann gut für die Abbildung eines Graustufenwerts (`int`) auf ein ASCII-Zeichen (`char`, erweitert auf `int`) herangezogen werden. Ein Default-Konverter kann so aussehen:

```
public enum GrayToAscii implements IntUnaryOperator {
  DEFAULT;

  private final char[] ASCII_FOR_SHADE_OF_GRAY =
    // black = 0, white = 255
    "@MBENRWDFQASUbehGmLOYkqgnsozCuJcry1v7lit{}?j|()=~!-/<>\"^_';,:`. "
    .toCharArray();
  private final int CHARS_PER_RGB = 256 / ASCII_FOR_SHADE_OF_GRAY.length;
  @Override public int applyAsInt( int gray ) {
    return ASCII_FOR_SHADE_OF_GRAY[ gray / CHARS_PER_RGB ];
  }
}
```

Der vorgegebene String[1] ist 64 Zeichen lang. Im Prinzip heißt das: Schwarz wird `@`, und Weiß wird ein Leerzeichen.

Beispiel:

Das Ergebnis für oberes PPM ist:

```
kkk
? @
```

18.1.6 Dateien portionieren (Dateien lesen und schreiben) ★★

Auf dem Anaa-Atoll läuft die Hafensoftware seit rund 40 Jahren auf einem Commodore PC-30. Bonny Brain hat den Rechner erfolgreich manipuliert, doch jetzt benötigt die Software ein Update, das über Disketten eingespielt werden muss. 3,5-Zoll-HD-Disketten können standardmäßig 1.474.560 Byte (1.440 KiB) speichern. Das Software-Update passt nicht auf eine Diskette, daher ist eine Software nötig, die eine große Datei »diskettenkompatibel« in mehrere kleine Dateien zerlegt.

Aufgabe:

Schreibe ein Programm, das auf der Kommandozeile einen Dateinamen übergeben bekommt und dann diese Datei in mehrere kleinere Teile aufspaltet.

Beispiel:

Der Aufruf sieht folgendermaßen aus:

```
$ java com.tutego.exercise.io.FileSplitter Hanjaab.bin
```

Ist die Datei *Hanjaab.bin* 2.440 KiB groß, dann wird das Java-Programm daraus die Dateien *Hanjaab.bin.1* und *Hanjaab.bin.2* mit den Größen 1.440 KiB und 1.000 KiB machen.

18.2 Ströme verschachteln

Ströme können wie russische Puppen verschachtelt werden; ein Strom ist im Kern die eigentliche Ressource, und andere Ströme sind wie eine Hülle darumgelegt. Die Operationen über die Hüllen gehen letztendlich in den Kern.

18.2.1 Quiz: DataInputStream und DataOutputStream ★

`DataInputStream` und `DataOutputStream` sind Dekoratoren, die jeweils einen einfachen `InputStream` bzw. `OutputStream` aufwerten.

1 Der String ist eine Vereinfachung von *https://www.pouet.net/topic.php?which=8056&page=1*.

- Wie sind die Klassen `java.io.DataInputStream` und `java.io.DataOutputStream` implementiert? Schaue in die Implementierung, entweder über die Entwicklungsumgebung oder online unter *https://github.com/openjdk/jdk/blob/master/src/java.base/share/classes/java/io/DataInputStream.java* und *https://github.com/openjdk/jdk/blob/master/src/java.base/share/classes/java/io/DataOutputStream.java.*
- Was ist die Aufgabe von `java.io.FilterInputStream` (*https://docs.oracle.com/en/java/javase/11/docs/api/java.base/java/io/FilterInputStream.html*) bzw. `java.io.FilterOutputStream` (*https://docs.oracle.com/en/java/javase/11/docs/api/java.base/java/io/FilterOutputStream.html*)?

18.2.2 Zahlenfolgen mit dem GZIPOutputStream komprimieren ★

Ein `java.util.zip.GZIPOutputStream` (*https://docs.oracle.com/en/java/javase/11/docs/api/java.base/java/util/zip/GZIPOutputStream.html*) ist ein besonderer Ausgabestrom, der Daten verlustfrei komprimiert.

Aufgabe:

- Erstelle eine komprimierte Datei mit Zahlen von `0` bis < *N*, die mit `writeLong(…)` in einen `GZIPOutputStream` geschrieben werden.
- Vergleiche die Dateigrößen für unterschiedliche *N*.
- Ab welchem *N* lohnt sich eine Kompression?

18.3 Serialisierung

Java ermöglicht mit der *Serialisierung*, Objektzustände in einen Datenstrom zu schreiben und dann später das Objekt aus einem Datenstrom wiederzubelegen; diesen Vorgang nennt man *Deserialisierung*.

Zur Umwandlung von Java-Objekten in einen Binärstrom und umgekehrt werden die Klassen `ObjectOutputStream` und `ObjectInputStream` verwendet; alle zu serialisierenden Referenztypen müssen `Serializable` sein. Wir wollen die Typen in den nächsten Aufgaben einsetzen und praktische Beispiele für die Serialisierung kennenlernen.

Beide Klassen sind typische Dekoratoren: Beim Serialisieren ermittelt der `ObjectOutputStream` die Daten und schreibt die seriell anfallenden Bytefolgen in den `OutputStream`, der im Konstruktor übergeben wurde – beim Einlesen ist es umgekehrt, hier liest der `ObjectInputStream` aus einem übergeben `InputStream`.

18.3.1 Daten für den Chat (de)serialisieren und in Text umwandeln ★★

Ein Chat-Programm soll zur Übermittlung von Java-Objekten genutzt werden. Das Chat-Programm kann allerdings nur ASCII-Zeichen übermitteln. Daher müssen die Objekte nicht nur (de)serialisiert werden, sondern auch in das bzw. aus dem Textformat konvertiert werden.

Aufgabe:

- Schreibe eine Methode `String objectToBase64(Object)`, die ein Objekt serialisiert, anschließend mit einem `DeflaterOutputStream` komprimiert und dann Base64 kodiert zurückliefert.
- Schreibe eine Methode `deserializeObjectFromBase64(String)`, die einen Base64-kodierten String in einen Bytestrom bringt, diesen mit dem `InflaterInputStream` entpackt und als Quelle für die Deserialisierung nutzt.

> **Tipp**
>
> Um einen String in Binärdaten zu konvertieren und umgekehrt, helfen der `Base64.Encoder` und `Base64.Decoder` und insbesondere die `wrap(…)`-Methode.

18.3.2 Quiz: Voraussetzung für das Serialisieren ★

Wenn wir von der folgenden Klasse `Inputs` ein Objekt bilden, können wir es dann über den `ObjectOutputStream` serialisieren? Oder welche Voraussetzungen sind vielleicht nicht gegeben?

```
class Inputs {
  public static class Input {
    String input;
  }
  public List<Input> inputs = new ArrayList<>();
}
```

18.3.3 Letzte Eingaben sichern ★★

Bonny Brain benutzt regelmäßig die STRING2UPPERCASE-Anwendung, die im Kern so aussieht:

```
for ( String line; (line = new Scanner( System.in ).nextLine()) != null; )
  System.out.println( line.toUpperCase() );
```

Doch jetzt soll jede Benutzereingabe im Dateisystem gespeichert werden, sodass die Anwendung beim Start die gemachten Eingaben anzeigt.

Aufgabe:

- Setze den folgenden Container für alle Eingaben in das Projekt:

  ```
  class Inputs implements Serializable {
    public static class Input implements Serializable {
      String input;
    }
    public List<Input> inputs = new ArrayList<>();
  }
  ```

- Immer dann, wenn eine Benutzereingabe gemacht wurde, soll sie in ein `Inputs`-Objekt aufgenommen werden.
- Nach jeder Eingabe soll `Inputs` in eine Datei serialisiert werden.
- Wenn die Anwendung neu startet, sollen alle serialisierten Werte am Anfang auf dem Bildschirm angezeigt werden. Ausnahmen durch nichtexistierende Dateien oder falsche Dateiformate können geloggt, sollen aber ignoriert werden.
- Ändere in `Input` den Datentyp `String` der Objektvariablen `input` in den Datentyp `CharSequence`. Starte das Programm neu. Was passiert bei der Deserialisierung von `Inputs`? Gibt es Probleme?
- Setze in `Inputs` und in `Input` die Zeile

  ```
  private static final long serialVersionUID = 1;
  ```

- Starte das Programm erneut, und serialisiere neue Daten.
- Ergänze in `Input` die Zeile

  ```
  LocalDateTime localDateTime = LocalDateTime.now();
  ```

  für eine zusätzliche Objektvariable. Starte das Programm neu; was passiert bzw. passiert nicht?

18.4 Lösungsvorschläge

Aufgabe 18.1.1: Anzahl unterschiedlicher Stellen ermitteln (Dateien lesen)

```
public static long distance( Path file1, Path file2 ) throws IOException {

  long filesize1 = Files.size( file1 );
  long filesize2 = Files.size( file2 );

  if ( filesize1 != filesize2 )
    throw new IllegalStateException(
      String.format( "File size is not equal, but %d for %s and %d for %s",
        filesize1, file1, filesize2, file2 ) );
```

```
  long result = 0;

  try ( Reader input1 = Files.newBufferedReader( file1 );
        Reader input2 = Files.newBufferedReader( file2 ) ) {

    for ( int i = 0; i < filesize1; i++ )
      if ( input1.read() != input2.read() )
        result++;
  }

  return result;
}
```

Listing 18.1 com/tutego/exercise/io/HammingDistance.java

Eine wichtige Voraussetzung ist eine gleiche Dateigröße. Daher fragt das Programm zunächst die Dateigrößen ab, vergleicht sie, und wenn sie nicht übereinstimmen, folgt eine `IllegalStateException`. Die Fehlermeldung ist sehr präzise und übermittelt, welche Datei welche Größe hat, sodass Außenstehende leicht den Fehler nachvollziehen können.

Geht alles gut, bauen wir im nächsten Schritt zwei Ressourcen für die beiden Dateien auf. Wir greifen auf die `Files`-Methoden `newBufferedReader(…)` für einen `Reader` zurück. Zwei Gründe gibt es für die Methode: Erstens wollen wir Zeichenfolgen verarbeiten und keine Binärströme, daher der `Reader` und kein `InputStream`. Zweitens ist eine Pufferung aus Performancegründen wichtig, und `newBufferedReader(…)` liefert einen `Reader` mit internem Puffer. Einzelne Zeichen werden aus dem internen Buffer gelesen, und es gibt nicht für jedes einzelne Zeichen einen Zugriff auf das Dateisystem, was langsam wäre.

Da wir die Anzahl der Zeichen schon kennen, läuft eine Schleife und erfragt von beiden Strömen je ein Symbol. Falls die Symbole nicht übereinstimmen, erhöhen wir einen Zähler, den wir am Ende zurückgeben.

Das `try`-mit-Ressourcen schließt die beiden Ströme wieder, auch wenn es einen Fehler bei der Verarbeitung geben sollte. Ausnahmen behandelt die Methode nicht, sondern gibt sie an den Aufrufer weiter. Fehler können beim Erfragen der Dateigröße, beim Öffnen der Datei und beim Lesen des Zeichens auftreten.

Aufgabe 18.1.2: Python-Programm in Java konvertieren (Datei schreiben)

```
final String filename = "xorpic.html";
try {
```

```
    try ( Writer out = Files.newBufferedWriter( Paths.get( filename ) );
          PrintWriter printer = new PrintWriter( out ) ) {

      printer.println( "<!DOCTYPE html>" );
      printer.println( "<html><body><svg width=\"256\" height=\"256\">" );

      for ( int x = 0; x < 256; x++ )
        for ( int y = 0; y < 256; y++ )
          printer.printf(
              "<rect x=\"%d\" y=\"%d\" width=\"1\" "+
              "height=\"1\" style=\"fill:rgb(0,%d,0);\" />",
              x, y, x ^ y );

      printer.println( "</svg></body></html>" );
    }
    Desktop.getDesktop().open( new File( filename ) );
  }
  catch ( IOException e ) {
    e.printStackTrace();
  }
}
```

Listing 18.2 com/tutego/exercise/io/XorFractal.java

Die Sprachen Java und Python sind sehr unterschiedlich, und auch die Bibliotheken variieren. Im Code sind daher wenig Gemeinsamkeiten, fast alles ist anders.

Es gibt in Java mehrere Möglichkeiten zum Schreiben in Dateien. Die üblichen Klassen sind: `FileOutputStream`, `FileWriter`, `PrintWriter`, `Formatter`. Typen auf der Basis von `OutputStream` entfallen, da wir keine Bytes schreiben wollen, sondern Unicode-Zeichen. Da Format-Strings ganz nützlich sind, fällt der `FileWriter` heraus, und der `Formatter` bleibt deswegen außen vor, weil er ausschließlich formatierte Zeichenfolgen schreiben kann, aber nicht einfach nur Zeichenfolgen ohne Formatierungs-Strings.

Da bei Ein-/Ausgaben immer etwas schiefgehen kann, lösen die Java-Methoden Ausnahmen aus, die wir behandeln müssen. Darum kümmert sich der erste `try`-Block. Er fängt jede `IOException` ab.

Dateien sind Ressourcen, die geschlossen werden müssen; daher wird das Anlegen der Ressource auch in einen `try`-mit-Ressourcen-Block gesetzt. Dieser spezielle Block hat keinen `catch`-Zweig, denn es soll `try`-mit-Ressourcen nur die Ressource am Ende wieder schließen –eine Fehlerbehandlung übernimmt der äußere `try`-`catch`-Block.

Als Erstes bauen wir einen `BufferedWriter` auf, anschließend dekorieren wir ihn mit einem `PrintWriter`, sodass wir auch eine Methode zum Schreiben von formatierten Strings haben.

Der nächste Schritt ist das Schreiben des Prologs der HTML-Datei. In den beiden ineinandergeschachtelten Schleifen schreibt `printf(…)` das SVG-Rechteck in den Datenstrom. Die drei Werte bei Python sind die Farbwerte für RGB, wobei der Rot- und Blauanteil `0` ist, also unbelegt bleibt. Das Programm schreibt nur den Grünanteil, und zwar als XOR der Koordinaten `x` und `y`. Die Wertebereiche von `x` und `y` bewegen sich zwischen `0` und `255`, und das ist zufälligerweise auch der Maximalwert für die 8-Bit-RGB-Farbenwerte.

Nach dem Durchlauf der beiden Schleifen schließt der `try`-mit-Ressourcen-Block den geöffneten Strom. Dass die beiden `try`-Blöcke auf den ersten Blick so merkwürdig ineinandergeschachtelt sind, liegt daran, dass nach dem Ende eines erfolgreichen Schreibens die Datei mit einem Browser geöffnet werden soll. Wir müssen allerdings zwei Besonderheiten betrachten: Das `try`-mit-Ressourcen muss die Datei erst schreiben und schließen, bevor wir sie für das Anzeigen wieder öffnen dürfen. Und wir dürfen die Datei nur aufmachen, wenn sie auch wirklich ohne Fehler geschrieben wurde. Wenn es beim Schreiben einen Fehler gab, dann darf es kein Öffnen der Datei geben. Diese Logik stellen diese beiden ineinandergeschachtelten Schreibblöcke um.

Aufgabe 18.1.3: Zielcode generieren (Datei schreiben)

```
private static final String[] ZIELCODE = {
    "||||",     // 0000 = 0
    "||| ",     // 0001 = 1
    "|| |",     // 0010 = 2
    "||  ",     // 0011 = 3
    "| ||",     // 0100 = 4
    "| | ",     // 0101 = 5
    "|  |",     // 0110 = 6
    " | |",     // not 0111 = 7 but 1010 = 10
    " |||",     // 1000 = 8
    " || " };   // 1001 = 9

public static void writeZielcode( String string, Writer writer )
  throws IOException {
  for ( int i = 0; i < string.length(); i++ ) {
    int value = Character.getNumericValue( string.charAt( i ) );
    if ( value >= 0 && value <= 9 ) {
      writer.write( ZIELCODE[ value ] );
      if ( i != string.length() - 1 )
        writer.write( "  " );
```

```
    }
  }
}
```

Listing 18.3 com/tutego/exercise/io/Zielcode.java

Zur Lösung der Aufgabe müssen wir einen `String` zeichenweise ablaufen und das Zeichen auf die Symbolfolge abbilden. Es gibt unterschiedliche Herangehensweisen. Wir könnten z. B. die Ziffer mit einem `switch-case` vergleichen und dann die entsprechende Zeichenfolge in den `Writer` schreiben. Eine andere Lösung bietet ein Assoziativspeicher, den wir vorher mit einem Verbund von Zeichen mit dem Zielcode aufbauen können. Der hier gezeigte Lösungsvorschlag nutzt ein Array, wobei die Einträge genau den entsprechenden Zielcodes dieser Position entsprechen.

Ein `switch-case` kann direkt auf dem `char` eine Fallunterscheidung vornehmen, doch für einen Index auf das Array benötigen wir den numerischen Wert; hier hilft `Character.getNumericValue(…)`. Der große Vorteil dieser Methode ist, dass sie für alle Ziffern in allen Sprachen funktioniert. Ein gültiges Ergebnis liegt im Wertebereich zwischen 0 und 9, mit dieser Zahl lässt sich auf das Array zurückgreifen und dann der Wert in den `Writer` schreiben. Sind wir noch nicht bei der letzten Ziffer im Eingangs-String angekommen, werden zwei Leerzeichen als Trenner geschrieben.

Das Listing enthält bei dem Array Kommentare, die gut erkennen lassen, dass die Striche und Leerzeichen im Prinzip nichts anderes sind als eine binäre Repräsentation der Zahl. Ein Ausreißer ist die Zahl 7, die nicht als vorhersehbares Bitmuster 0111, sondern mit 1010, also symbolisch _ | _ |, abgebildet wird; 1010 wäre aber das Bitmuster für die Zahl 10. Würde | _ _ _ die 7 darstellen, wäre zu viel Weißraum im Spiel, was Lesegeräte irritieren könnte – der Unterstrich steht wieder symbolisch für das Leerzeichen.

Interpretieren wir die Zahl als Bitmuster, dann lässt sich noch eine etwas andere Lösung programmieren, die ohne ein Array auskommt:

```
String string = "0123456789";
for ( int i = 0; i < string.length(); i++ ) {
  BigInteger v = new BigInteger(
    string.charAt( i ) == '7' ? "10" : string.substring( i, i + 1 ) );
  System.out.print( v.testBit( 3 ) ? ' ' : '|' );
  System.out.print( v.testBit( 2 ) ? ' ' : '|' );
  System.out.print( v.testBit( 1 ) ? ' ' : '|' );
  System.out.print( v.testBit( 0 ) ? ' ' : '|' );
  System.out.print( "  " );
}
```

Listing 18.4 com/tutego/exercise/io/Zielcode.java

Wie üblich laufen wir den String ab und prüfen zunächst, ob an der Stelle eine 7 steht. Wenn, übertragen wir die Ziffer auf den String "10"; wenn die Ziffer keine Sieben ist, schneiden wir mit substring(…) einen String der Länge 1 mit genau dem Zeichen aus. Das Ergebnis ist in beiden Fällen eine Zeichenfolge. Diese Zeichenfolge kommt zur Initialisierung in den Konstruktor von BigInteger. BigInteger hat eine praktische Methode testBit(…), die mit true oder false antwortet, ob an einer Stelle ein Bit gesetzt ist oder nicht. Wir müssen lediglich die Bits 3, 2, 1 und 0 abfragen und abhängig davon entweder ein Leerzeichen setzen oder einen senkrechten Strich. Anders als es die Aufgabenstellung fordert, erscheint die Ausgabe direkt auf dem Bildschirm.

Aufgabe 18.1.4: Dateiinhalt in Kleinbuchstaben konvertieren (Datei lesen und schreiben)

```
private static final int EOF = -1;

static void convertFileToLowercase( String source, String target )
  throws IOException {
  convertFileToLowercase( Paths.get( source ), Paths.get( target ) );
}

static void convertFileToLowercase( Path source, Path target )
  throws IOException {

  try ( BufferedReader reader = Files.newBufferedReader( source );
        BufferedWriter writer = Files.newBufferedWriter( target ) ) {
    for ( int c; (c = reader.read()) != EOF; )
      writer.write( Character.toLowerCase( (char) c ) );
  }
}
```

Listing 18.5 com/tutego/exercise/io/ConvertFileToLowercase.java

Der Lösungsvorschlag deklariert zunächst eine private statische Variable EOF, die wir später benutzen werden, weil wir zeichenweise durch die Datei laufen, und -1 signalisiert, dass es keine weiteren Zeichen mehr im Strom gibt.

Die eigentliche Methode convertFileToLowercase(…) ist überladen, einmal mit dem Parametertyp String und einmal mit dem Parametertyp Path. Die Variante mit den Dateinamen erzeugt Path-Objekte und delegiert an die eigentliche Konvertierung, an die zweite Methode.

Sind ein Path auf die Eingabedatei gegeben und ein Path auf die Ausgabedatei, können wir mit den Files-Methoden einen Reader und Writer erfragen. Beide Objekte haben die angenehme Eigenschaft, dass sie automatisch puffern, sodass die zeichenweise Verarbeitung deutlich schneller ist, als wenn `Reader` und `Writer` nicht gepuffert wären. Beim Lesen legt `BufferedReader` zunächst einen 8 KiB großen Puffer an, der dann maximal gefüllt wird. Das Lesen von einzelnen Zeichen findet zunächst aus diesem Puffer statt. Beim Schreiben gilt das Gleiche: Zunächst werden alle Daten in einem internen Puffer gesammelt, und wenn der Puffer voll ist, schreibt der `BufferedWriter` die Daten des Puffers in den darunterliegenden Ausgabestrom.

Die `for`-Schleife deklariert eine Variable `c` für das zu lesende Zeichen. Im Bedingungsausdruck der `for`-Schleife liest das Programm zunächst ein Zeichen und weist das Ergebnis der Variablen `c` zu; im nächsten Schritt wird mit `EOF` verglichen. Die Schleife läuft so lange, wie Zeichen gelesen werden können. Im Rumpf der Schleife wird das Zeichen in einen Großbuchstaben konvertiert und in den `Writer` geschrieben.

Aufgabe 18.1.5: PPM-Grafikformat in ASCII-Graustufen anzeigen

```
class PPM {

  public interface RgbToGray {
    RgbToGray DEFAULT = (r, g, b) -> (r + g + b) / 3;
    int toGray( int r, int g, int b );
  }

  public enum GrayToAscii implements IntUnaryOperator {
    DEFAULT;

    private static final char[] ASCII_FOR_SHADE_OF_GRAY =
      // black = 0, white = 255
      "@MBENRWDFQASUbehGmLOYkqgnsozCuJcry1v7lit{}?j|()=~!-/<>\"^_';,:`. "
      .toCharArray();
    private static final int CHARS_PER_RGB =
      256 / ASCII_FOR_SHADE_OF_GRAY.length;
    @Override public int applyAsInt( int gray ) {
      return ASCII_FOR_SHADE_OF_GRAY[ gray / CHARS_PER_RGB ];
    }
  }

  private static final String MAGIC_NUMBER = "P3";

  private PPM() { }

  private static String nextStringOrThrow( Scanner scanner, String msg ) {
    if ( ! scanner.hasNext() )
      throw new IllegalStateException( msg );
```

```
    return scanner.next();
  }

  private static int nextIntOrThrow( Scanner scanner, String msg ) {
    if ( ! scanner.hasNextInt() )
      throw new IllegalStateException( msg );
    int number = scanner.nextInt();
    if ( number < 0 )
      throw new IllegalStateException(
        "Value has to be positive but was " + number );
    return number;
  }

  public static void renderP3PpmImage( Readable input, RgbToGray rgbToGray,
    IntUnaryOperator grayToAscii, Appendable output )
      throws IOException {

    Scanner scanner = new Scanner( input );

    // Header P3
    String magicNumber = nextStringOrThrow( scanner,
      "End of file, missing header" );
    if ( ! magicNumber.equals( MAGIC_NUMBER ) )
      throw new IllegalStateException( "No P3 image file, but " +
        magicNumber );

    // Width Height
    int width  = nextIntOrThrow( scanner,
      "End of file or wrong format for width" );
    int height = nextIntOrThrow( scanner,
      "End of file or wrong format for height" );

    // Max color value
    int maxVal = nextIntOrThrow( scanner,
      "End of file or wrong format for max value" );
    if ( maxVal != 255 )
      throw new IllegalStateException(
        "Only the maximum color value 255 is allowed but was " + maxVal );

    // Matrix
    for ( int y = 0; y < height; y++ ) {
      for ( int x = 0; x < width; x++ ) {
```

```
        int r = nextIntOrThrow( scanner,
          "End of file or wrong format for red value" );
        int g = nextIntOrThrow( scanner,
          "End of file or wrong format for green value" );
        int b = nextIntOrThrow( scanner,
          "End of file or wrong format for blue value" );
        int gray = rgbToGray.toGray( r, g, b );
        output.append( (char) grayToAscii.applyAsInt( gray ) );
      }
      output.append( '\n' );
    }
  }

  public static void renderP3PpmImage( Readable input, Appendable output )
    throws IOException {
    renderP3PpmImage( input, RgbToGray.DEFAULT, GrayToAscii.DEFAULT, output );
  }
}
```

Listing 18.6 com/tutego/exercise/io/PPM.java

Da die Klasse nur statische Methoden besitzt, ist ein Konstruktor nicht nötig, und er wird privat gesetzt. Die Klasse speichert keine eigenen Objektzustände.

Zum Entnehmen von hintereinanderliegenden Tokens eignet sich die Klasse `Scanner` gut. Zwei Arten von Fehlern können auftreten: Im Strom können Daten fehlen, oder der Datentyp ist falsch. Zwei Hilfsmethoden `nextStringOrThrow(…)` und `nextIntOrThrow(…)` erleichtern das Lesen von Zeichenfolgen bzw. Ganzzahlen und lösen eine Ausnahme aus, wenn kein Token im Datenstrom ist. Die Methode zum Einlesen von Ganzzahlen prüft zudem, ob die Zahl fälschlicherweise negativ ist, und löst in dem Fall ebenfalls eine `IllegalStateException` aus.

Von außen zugänglich sind die beiden überladenen Methoden `renderP3PpmImage(…)`. Beginnen wir zunächst mit der vollständigen Methode, die vier Übergaben erwartet:

1. eine Eingabe aus einem `Readable`
2. eine Abbildung vom Typ `RgbToGray` für den RGB-Wert auf den Graustufenwert
3. eine Abbildung vom Typ `IntUnaryOperator` für die Konvertierung eines Graustufenwerts in den ASCII-Wert
4. ein `Appendable` als Ausgabeziel zum Schreiben des Ergebnisses

Die Methode kann eine mögliche `IOException` auslesen, denn wie üblich kann es beim Lesen und Schreiben zu Ein-/Ausgabefehlern kommen.

Der `Scanner` wird mit dem `Readable` verbunden, also mit der Quelle, aus der er Daten lesen kann. Wir holen ein Token und erwarten einen besonderen Header, `P3`. Das ist der einzige Einsatz der Methode `nextStringOrThrow(…)`.

Nach dem Einlesen des Headers müssen die Höhe und Breite folgen. Sie dürfen nicht negativ sein; die Belegung `0` wird allerdings zu keinem Fehler führen, wir wollen das erlauben. Anschließend wird der größtmögliche Farbwert eingelesen, der laut unserer Definition immer `255` sein muss. Prinzipiell erlaubt der Standard beliebige Werte, aber wir vereinfachen das.

Haben wir die Höhe und Breite, können wir zwei ineinandergeschachtelte Schleifen schreiben, die jeweils die drei Farbtöne auslesen. Prinzipiell würde auch eine Schleife reichen, aber möglicherweise möchte das Programm später auf die x/y-Koordinate der Punkte zurückgreifen. Nach dem Einlesen der RGB-Werte wird die Konverterfunktion aufgerufen, und es entsteht der Graustufenton, der dann über die nächste Abbildung zum ASCII-Zeichen wird. Das Ergebnis vom `IntUnaryOperator` ist ein `int`, das wir in ein `char` konvertieren und in den Ausgabestrom schreiben. Am Ende der Zeile schreiben wir einen Zeilenumbruch.

Die zweite Methode, `renderP3PpmImage(…)`, greift auf die Standardimplementierungen der beiden Abbildungen zurück. Nutzer der Bibliothek können sich aussuchen, ob sie die Standardkonverter nutzen möchten oder eigene Abbildungen übergeben.

Aufgabe 18.1.6: Dateien portionieren (Dateien lesen und schreiben)

```
private static final int EOF = -1;

private static void splitFile( Path source, int size ) throws IOException {
  Objects.requireNonNull( source );
  Objects.checkIndex( size, Integer.MAX_VALUE );

  try ( InputStream fis = Files.newInputStream( source ) ) {
    byte[] buffer = new byte[ size ];
    for ( int cnt = 1, remaining; (remaining = fis.read( buffer )) != EOF;
      cnt++ )
      try ( OutputStream fos = Files.newOutputStream( Paths.get( source +
          "." + cnt ) ) ) {
        fos.write( buffer, 0, remaining );
      }
  }
}

public static void main( String[] args ) {
```

```
  if ( args.length == 0 ) {
    System.err.println( "You need to specify a file name to split the file." );
    return;
  }

  try {
    String filename = args[ 0 ];
    splitFile( Paths.get( filename ), 1_474_560 );
  }
  catch ( IOException e ) {
    System.err.println( e.getMessage() );
  }
}
```

Listing 18.7 com/tutego/exercise/io/FileSplitter.java

Wenn wir später über die `read(…)`-Methode arbeiten, dann liefert sie `-1`, wenn keine neuen Bytes gelesen werden können. Dafür führen wir eine Konstante `EOF` ein.

Unsere Methode `splitFile(…)` nimmt einen Pfad auf die Datei und die Größe an. Der Pfad könnte `null` sein und der Index negativ. Zwar würde deswegen auch später eine Ausnahme ausgelöst, doch wir wollen vorher die Korrektheit prüfen. Hier wenden wir uns an zwei statische Methoden der `Objects`-Klasse.

Falls es im Folgenden Ein-/Ausgabe-Ausnahmen gibt, so fängt `splitFile(…)` sie nicht auf – wie sollte auch die Behandlung aussehen? –, sondern reicht sie nach oben weiter. Ausnahmen kann es beim Öffnen der Datei, beim Lesen der Inhalte und beim Schreiben geben.

Im ersten Schritt öffnen wir die Datei zum Lesen. Da die Datei byteweise verarbeitet werden soll, erfragen wir einen `InputStream`. Das ist eine Ressource, die das Programm am Ende auf jeden Fall wieder schließen muss, daher kommt `try`-mit-Ressourcen zum Einsatz. Das Zerlegen lässt sich auf zwei verschiedenen Wegen realisieren: Eine Möglichkeit wäre, einen `OutputStream` zu öffnen, aus dem `InputStream` Bytes zu lesen und in den `OutputStream` zu schreiben; das wäre sehr speicherschonend. Die andere Möglichkeit wird hier gewählt und spart etwas Programmcode ein, birgt allerdings die Gefahr für einen `OutOfMemoryError` da die Lösung in einem Rutsch ein gesamtes Byte-Array einliest, und dieses Array ist genauso groß wie die übergebene Größe. Bei der angedachten Größe einer Diskette ist das jedoch nicht zu erwarten, und das Einlesen in den Puffer und direkte Schreiben geben eine gute Performance.

Die Größe vom Array ist `size` Byte groß. Das Array nutzen wir in der Schleife wiederholt. In der Schleife deklarieren wir zwei Variablen, einmal einen Zähler für eine generierte Dateiendung und eine Variable `remaining` für die Anzahl der tatsächlich gelesen Bytes aus dem Eingabestrom. Das eigentliche Lesen wird im Bedingungsteil der `for`-Schleife realisiert, und nach dem Lesen bekommen wir die Variable `remaining` aktualisiert, die entweder `-1` ist oder die Anzahl tatsächlich gelesener Bytes enthält.

Im Rumpf der Schleife wird das Byte-Array in die Datei geschrieben. `Files.newOutputStream(…)` liefert einen Ausgabestrom. Das erste Argument für die Methode ist ein generiertes `Path`-Objekt, das den Dateinamen nimmt und nach dem Punkt einen Zähler anhängt. Auf dem `OutputStream` schreibt `write(byte[], int, int)` den gefüllten Teil des Arrays in die Datei. Wird die Schleife mehrfach durchlaufen, ist das Byte-Array bis zum vorletzten Durchlauf garantiert komplett gefüllt. Im letzten Durchlauf werden vermutlich nicht `size` viele Byte gelesen, also müssen weniger Bytes des Arrays geschrieben werden, es gilt immer `remaining <= size`.

Die `main(…)`-Methode fragt ab, ob ein Argument auf der Kommandozeile übergeben wurde, und wenn ja, wird `fileSplit(…)` damit aufgerufen. Ausnahmen schreiben wir auf den Fehlerausgabekanal.

Quiz 18.2.1: DataInputStream und DataOutputStream

Die Klassen `FilterInputStream`, `FilterOutputStream` und auch `FilterReader` sowie `FilterWriter` sind nützliche Oberklassen für eigene Filter. Zum einen speichern sie das ummantelte Objekt in einer Objektvariablen, und zum anderen helfen sie, dass nicht jede Methode aus dem `InputStream`, `OutputStream`, `Reader` oder `Writer` neu implementiert werden muss. Um das genauer zu verstehen, werfen wir einen Blick auf die Implementierung von `FilterOutputStream`:

```
package java.io;

public class FilterOutputStream extends OutputStream {
    protected OutputStream out;
    // some fields omitted

    public FilterOutputStream(OutputStream out) {
        this.out = out;
    }

    @Override
    public void write(int b) throws IOException {
        out.write(b);
    }

    @Override
    public void write(byte b[]) throws IOException {
        write(b, 0, b.length);
```

```
    }

    @Override
    public void write(byte b[], int off, int len) throws IOException {
        if ((off | len | (b.length - (len + off)) | (off + len)) < 0)
            throw new IndexOutOfBoundsException();

        for (int i = 0 ; i < len ; i++) {
            write(b[off + i]);
        }
    }

   // flush() / close() omitted
}
```

Listing 18.8 Ausschnitt aus der OpenJDK-Implementierung von FilterOutputStream

Der Code macht klar, dass nur die Methode `write(int)` an den ummantelten Strom weiterleitet und die beiden anderen `write(…)`-Methoden nur `write(int)` aufrufen. Eigene Filter müssen nur zwingend `write(int)` überschreiben. Aus Performancegründen bietet sich allerdings an, auch die anderen Methoden zu implementieren, denn das Schreiben von ganzen `byte`-Arrays ist schneller, als für jedes Element eines Arrays einen einzelnen Schreibzugriff zu starten.

`DataInputStream` und `DataOutputStream` sind besondere Filterklassen, wie es das UML-Diagramm (siehe Abbildung 18.1) ausführlicher auf Methodenebene für `DataInputStream` zeigt; zusätzlich implementieren sie `DataInput` und `DataOutput`.

Die abstrakten Oberklassen `InputStream` und `OutputStream` arbeiten nur mit `byte` und `byte`-Arrays, genauso wie die Oberklassen `Reader` und `Writer` nur mit dem Datentyp `char`, `char`-Array oder `String` bzw. `CharBuffer` arbeiten. Das Besondere an den Klassen `DataInputStream` und `DataOutputStream` ist, dass sie auch für andere primitive Datentypen Methoden bereitstellen. So können auch Ganzzahlen oder Fließkommazahlen gelesen und geschrieben werden. Das ist ein typisches Beispiel für einen Dekorator, der eine leistungsfähigere API anbietet und im Hintergrund auf die einfachen Methoden geht. An der Implementierung von `readInt()` lässt sich die Arbeitsweise gut ablesen:

```
public final int readInt() throws IOException {
    int ch1 = in.read();
    int ch2 = in.read();
    int ch3 = in.read();
    int ch4 = in.read();
```

```
    if ((ch1 | ch2 | ch3 | ch4) < 0)
        throw new EOFException();
    return ((ch1 << 24) + (ch2 << 16) + (ch3 << 8) + (ch4 << 0));
}
```

Listing 18.9 OpenJDK-Implementierung von readInt() aus DataInputStream

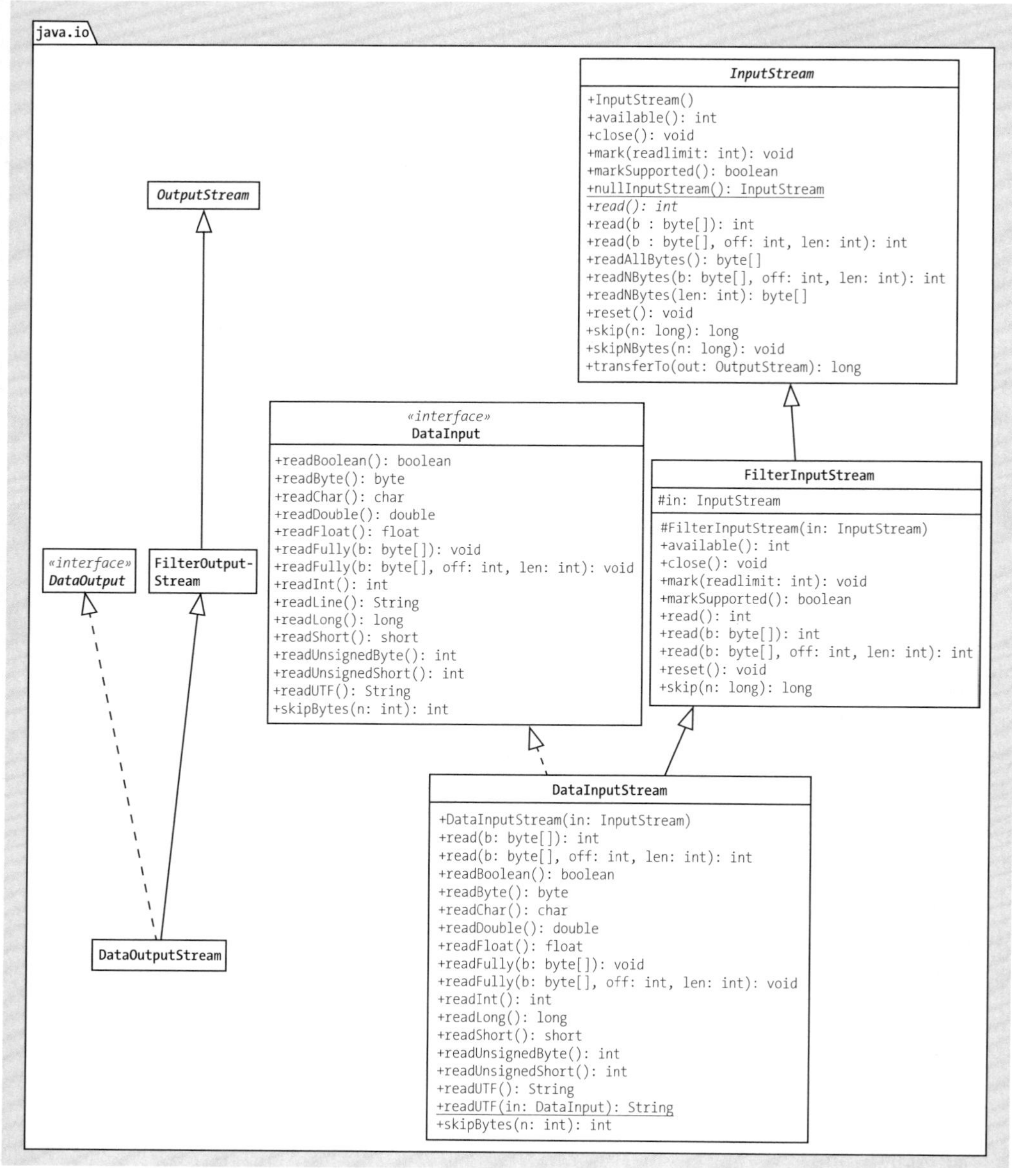

Abbildung 18.1 UML-Diagramm

Ein `DataInputStream` ist ein `FilterInputStream`, der in der `protected`-Variablen `in` genau den Datenstrom referenziert, den der `DataInputStream` ummantelt. Um eine Ganzzahl zu lesen, müssen aus der darunterliegenden Ressource vier einzelne Bytes gelesen werden. Im nächsten Schritt müssen für das `int` die einzelnen Bytes positioniert und addiert werden. Sehr clever gemacht ist die Abfrage, ob eine der `read(…)`-Operationen zu `-1` führt, was das Ende des Datenstroms bedeuten würde. Die einzelnen Rückgaben werden oder-verknüpft, und wenn einer der Werte negativ wäre, würde auch das Gesamtergebnis negativ werden.

Aufgabe 18.2.2: Zahlenfolgen mit dem GZIPOutputStream komprimieren

```
Path tempFile = Files.createTempFile( "numbers", "bin.Z" );

final int n = 4;

try ( OutputStream     fos = Files.newOutputStream( tempFile );
      OutputStream     gos = new GZIPOutputStream( fos );
      DataOutputStream out = new DataOutputStream( gos ) ) {
  for ( int i = 0; i < n; i++ )
    out.writeLong( i );
}

System.out.println( "Uncompressed: " + n * Long.BYTES );
System.out.println( "Compressed:   " + Files.size( tempFile ) );

Files.delete( tempFile );
```

Listing 18.10 com/tutego/exercise/io/CompressLotOfNumbers.java

Für das Beispiel möchten wir nicht im aktuellen Verzeichnis eine Datei anlegen, sondern im *Temp*-Verzeichnis des Betriebssystems. Das sollte in regelmäßigen Abständen gelöscht werden, und auch wir versuchen in Java, die temporäre Datei am Ende des Programms wieder zu löschen. Nach der Initialisierung der Konstanten `n`, die wir später problemlos für Beispiele ändern können, bauen wir drei Ströme auf, die ineinandergeschachtelt werden. Da alle diese Ströme vom Typ `AutoCloseable` sind, nutzen wir ein `try`-mit-Ressourcen. Die ineinandergeschachtelten Ströme sind wie ineinanderliegende Ringe: Im innersten Ring steht der Ausgabestrom, der in Dateien schreibt. Darum herumgelegt ist ein Strom, der komprimiert: Alles, was in den `GZIPOutputStream` geschrieben wird, wird komprimiert und dann in den Dateistrom geschrieben. Der letzte Ring ist der Dekorator, mit einer mächtigeren API. Daher ist der Datentyp im `try`-mit-Ressourcen auch nicht mehr `OutputStream`, sondern `DataOutputStream`, weil er die gewünschte `writeLong(long)`-Methode besitzt. `DataOutputStream` legt sich um den komprimierenden Datenstrom. Schreiben wir in den `DataOutputStream` etwas hinein, werden die Daten an den `GZIPOutputStream` weitergeleitet. Der `GZIPOutputStream` leitet die Daten in den Ausgabestrom, sodass sie geschrieben werden.

In der Schleife schreiben wir *n* Zahlen. Am Ende berechnen wir, wie groß die Datei wäre, wenn die Daten nicht komprimiert wären. Dazu müssen wir keine wirkliche Datei anlegen, wir können die Dateigröße leicht ausrechnen. Um die komprimierte Größe zu erfragen, greifen wir auf die `Files.size(…)`-Methode zurück; eine andere Lösung wäre gewesen, die Anzahl der Bytes, die durch die Ströme fließen, gleich mitzuzählen – das haben wir aber hier nicht gemacht.

Unkomprimiert wäre die Datei 8.000.000 Byte groß, komprimiert 2.129.303 Byte. Da die Daten als `long` geschrieben werden, sind viele Bits `0`. Generiert werden die Bitmuster (die letzte Zahl steht für 999.999, Leerzeichen trennen die Byte-Blöcke):

```
00000000 00000000 00000000 00000000
00000000 00000000 00000000 00000001
...
00000000 00001111 01000010 00111110
00000000 00001111 01000010 00111111
```

Die komprimierte Datei umfasst rund ein Viertel der Originalgröße. Die Kompression dieser speziellen Folge lohnt sich ab vier `long`-Elementen.

Aufgabe 18.3.1: Daten für den Chat (de)serialisieren und in Text umwandeln

Die Lösung besteht aus zwei Teilen: eine Methode zum Abbilden eines Objektes auf einen String und eine Abbildung einer String-Repräsentation zurück auf ein Objekt. Beginnen wir bei der Abbildung auf einen String:

```
public static String serializeObjectToBase64( Object object ) {
  ByteArrayOutputStream baos = new ByteArrayOutputStream();

  try ( OutputStream b64os      = Base64.getEncoder().wrap( baos );
        OutputStream dos        = new DeflaterOutputStream( b64os );
        ObjectOutputStream oos = new ObjectOutputStream( dos ) ) {
    oos.writeObject( object );
  }
  catch ( IOException e ) {
    throw new IllegalStateException( e );
  }

  try {
    return baos.toString( StandardCharsets.US_ASCII.name() );
  }
```

```
  catch ( UnsupportedEncodingException e ) {
    throw new IllegalStateException( e );
  }
}
```

Listing 18.11 com/tutego/exercise/io/ObjectBase64.java

Der ObjectOutputStream schreibt die Bytes in einen DeflaterOutputStream, der die Bytes komprimiert und dann weitergibt in einen OutputStream der Base64-Klasse. Die API ist etwas ungewöhnlich, denn normalerweise wird im Konstruktor der Klassen das Ziel angegeben; beim Base64-Encoder und Decoder ist das jedoch die Methode wrap(...). Die Base64-Umwandlung schreibt in einen ByteArrayOutputStream. Zusammengefasst: Schreibt writeObject(Object) in den ObjectOutputStream, gehen die Daten in den DeflaterOutputStream, dann in den Base64-Encoder und zum Schluss in den ByteArrayOutputStream. Die Abbildung gelingt, oder es gibt eine Exception, die abgefangen wird und als IllegalStateException – eine Runtime-Exception – die Abarbeitung beendet. Liegen im ByteArrayOutputStream die Daten, liefert toString(...) das Ergebnis. Die entstandenen Strings bestehen aus reinen ASCII-Zeichen, also lässt sich auch eine US_ASCII-Kodierung verwenden.

Der umgekehrte Schritt macht aus einem String ein Objekt.

```
public static Object deserializeObjectFromBase64( String string ) {
  final byte[] bytes = string.getBytes( StandardCharsets.US_ASCII );

  try ( ByteArrayInputStream bis = new ByteArrayInputStream( bytes );
        InputStream b64is        = Base64.getDecoder().wrap( bis );
        InputStream iis          = new InflaterInputStream( b64is );
        ObjectInputStream ois    = new ObjectInputStream( iis ) ) {
    return ois.readObject();
  }
  catch ( IOException | ClassNotFoundException e ) {
    throw new IllegalStateException( e );
  }
}
```

Listing 18.12 com/tutego/exercise/io/ObjectBase64.java

Wir müssen aus dem String einen InputStream generieren, damit sich die Klasse ObjectInputStream verwenden lässt. Das ist ein kleines Problem, denn Java bietet keine natürliche Möglichkeit, den String als Quelle für einen InputStream zu verwenden. Open-Source-Bibliotheken wie z. B. Google Guava oder Apache Commons haben hier Lösungen etwa in Form der Apache-Klasse CharSequenceInputStream. Java bietet von Haus aus nur die andere Richtung, etwa mit einem InputStreamReader, der einen

InputStream in einen Reader adaptiert, nicht einen Reader als InputStream darstellen lässt. Daher hilft uns auch ein StringReader nicht, der üblicherweise verwendet wird, wenn ein String als Reader auftauchen muss.

Die gewählte Lösung konvertiert den String in ein byte-Array. Das ist nicht wirklich zufriedenstellend, da die Eingabe zweimal abgelaufen wird, einmal durch die Konvertierung und ein anderes Mal durch das Lesen aus dem Strom. Auf der anderen Seite sollte das in der Praxis wenig relevant sein, und das bisschen zusätzlicher Speicher ist keine wirkliche Belastung für unseren Anwendungsfall.

Nach dem Konvertieren in ein byte[] erzeugt ByteArrayInputStream den gewünschten InputStream. Der aus ASCII-Zeichen bestehende Eingabestrom wird über den Decoder von Base64 zu einem byte-Strom. Der InflaterInputStream entpackt die Daten, und schlussendlich rekonstruiert der ObjectInputStream über readObject() das Objekt. Der serialisierte Strom enthält eine Kennung, welcher Datentyp zu rekonstruieren ist. Dieser Datentyp könnte prinzipiell auf dieser virtuellen Maschine nicht existieren, weshalb eine ClassNotFoundException in diesem Falle ausgelöst wird. Genauso wie eine mögliche IOException fangen wir diese geprüften Ausnahmen ab und erzeugen eine ungeprüfte Ausnahme.

Quiz 18.3.2: Voraussetzung für das Serialisieren

Eine Instanz von Inputs lässt sich nicht serialisieren, da Inputs und Input nicht die Schnittstelle Serializable implementieren. Korrekt wäre:

```
class Inputs implements Serializable {
  public static class Input implements Serializable {
    String input;
  }
  public List<Input> inputs = new ArrayList<>();
}
```

Der Mechanismus zur Serialisierung geht einen Objektgraphen rekursiv ab, und alle Elemente müssen serialisierbar sein. In unserem Beispiel:

1. Serialisiere Inputs. Ist die Klasse Serializable? Ja, dann serialisiere die ArrayList inputs.
2. Serialisiere ArrayList. Ist die Klasse Serializable? Ja, dann serialisiere intern das Array mit Input-Einträgen.
3. Serialisiere Input. Ist die Klasse Serializable? Ja, dann serialisiere die Objektvariable String input.
4. Serialisiere String. Ist die Klasse Serializable? Ja, dann serialisiere die Zeichenfolgen.

Primitive Datentypen sind automatisch serialisierbar, und die Sichtbarkeit spielt keine Rolle. Statische Variablen werden nicht serialisiert, auch diejenigen nicht, die `transient` sind. Viele Kerntypen von Java sind von Hause aus `Serializable`, wie zum Beispiel `String`. Auch Aufzählungen und Arrays sind serialisierbar.

Aufgabe 18.3.3: Letzte Eingaben sichern

Die Aufgabe besteht aus einer Reihe von Anweisungen, doch eine Frage ist gestellt, die vor der Vorstellung des Lösungsvorschlags beantwortet werden soll: Was passiert, wenn sich ein Attribut-Datentyp ändert und ein Objekt auf dem Datenstrom deserialisiert werden soll? Die Antwort lautet:

```
java.io.InvalidClassException: com.tutego.exercise.net.Inputs$Input; local
class incompatible: stream classdesc serialVersionUID = -8691588030053894297,
local class serialVersionUID = 6463495757449665144
```

Es gibt eine Ausnahme, die eine inkompatible `serialVersionUID` meldet. Der Hintergrund ist der folgende: Jede Klasse hat eine Kennung, die *Serial-Version-UID*. Diese UID (*Unique Identifier*) ist entweder statisch in der Klasse festgeschrieben, oder sie wird dynamisch berechnet. Da eine eigene UID in der Klasse aus der Aufgabenstellung nicht vorhanden ist, berechnet der Serialisierer die UID ähnlich wie einen Hashcode, nur nicht aus den Belegungen, sondern aus den Typen. Das geschieht beim Lesen und Schreiben; wird ein Objekt serialisiert, wird diese UID mit in den Datenstrom geschrieben. Beim Einlesen prüft der Deserialisierer, ob die UID im Datenstrom mit der UID der Klasse übereinstimmt. Gab es Strukturänderungen, etwa die Änderung eines Datentyps, so ändert sich die dynamische UID. Das genau zeigt die Exception an. Die beiden Werte repräsentieren die UID aus dem Datenstrom und die berechnete UID der geänderten Klasse.

Sollen Strukturänderungen zu keiner Ausnahme führen, so muss eine UID händisch in den Code gesetzt werden. Damit kommen wir zum Lösungsvorschlag.

```
class Inputs implements Serializable {
  private static final long serialVersionUID = 1;

  public static class Input implements Serializable {
    private static final long serialVersionUID = 1;
    CharSequence input;
    LocalDateTime localDateTime = LocalDateTime.now();
  }

  public List<Input> inputs = new ArrayList<>();
}
```

Listing 18.13 com/tutego/exercise/io/InputHistory.java

Inputs und auch die geschachtelte Klasse Input enthalten beide die private statische serialVersionUID; der initialisierte Wert spielt keine Rolle. Das beim JDK beigelegte Tool serialver generiert genau die gleiche UID, die auch bei fehlender serialVersionUID in den Datenstrom geschrieben wird. Wenn es eine serialVersionUID gibt und im Datenstrom die UID mit derjenigen der Klasse übereinstimmt, ist die Deserialisierung entspannter: Unbekannte Attribute im Datenstrom werden ignoriert und Attribute, bei denen sich der Datentypen geändert hat, ebenfalls übersprungen.

CharSequence ist eine Schnittstelle, und Schnittstellen erweitern in der Regel nicht Serializable. Da die Typprüfung zur Laufzeit stattfindet und String die Schnittstelle Serializable implementiert, gibt es keinen Fehler. Trotzdem führen String und CharSequence zu unterschiedlichen UIDs.

Das Hauptprogramm ist in einer Klasse InputHistory eingebettet. Der Konstruktor der Klasse liest eine Datei aus und deserialisiert die Eingaben. Eine weitere Methode, addAndSave(…), aktualisiert Inputs und serialisiert das Ergebnis in eine Datei. Die main(…)-Methode bindet alles zusammen.

```
public class InputHistory {

  private final static Path FILENAME =
      Paths.get( System.getProperty( "java.io.tmpdir" ),
                 "InputHistory.ser" );

  private Inputs inputs;

  InputHistory() {
    try ( InputStream       is  = Files.newInputStream( FILENAME );
          ObjectInputStream ois = new ObjectInputStream( is ) ) {
      inputs = (Inputs) ois.readObject();
      inputs.inputs.forEach( input -> System.out.println( input.input ) );
    }
    catch ( IOException | ClassNotFoundException e ) {
      inputs = new Inputs();
      e.printStackTrace();
    }
  }

  void addAndSave( String string ) {
    Inputs.Input newInput = new Inputs.Input();
    newInput.input = string;
    inputs.inputs.add( newInput );
```

```
    try ( OutputStream       os  = Files.newOutputStream( FILENAME );
          ObjectOutputStream oos = new ObjectOutputStream( os ) ) {
      oos.writeObject( inputs );
    }
    catch ( IOException e ) {
      e.printStackTrace();
    }
  }

  public static void main( String[] args ) {
    InputHistory inputHistory = new InputHistory();
    for ( String line;
        (line = new Scanner( System.in ).nextLine()) != null; ) {
      inputHistory.addAndSave( line );
      System.out.println( line.toUpperCase() );
    }
  }
}
```

Listing 18.14 com/tutego/exercise/io/InputHistory.java

Die Klasse besitzt zwei Objektvariablen: den Dateinamen und einen Verweis inputs auf die Eingaben. Der Konstruktor öffnet einen InputStream für die Datei und initialisiert damit den ObjectInputStream. readObject(…) startet die Deserialisierung, und wenn es eine Ausnahme gibt, wird sie abgefangen und ein neues Inputs-Objekt aufgebaut. Konnte Inputs rekonstruiert werden, werden alle Strings über die forEach(…)-Methode der Liste ausgegeben.

Die Methode addAndSave(String) erzeugt ein neues Input-Objekt, setzt den übergebenen String in dieses Objekt und fügt das neue Input-Objekt der Liste inputs an. Anschließend wird die Liste über den ObjectOutputStream serialisiert. Fehler sollten nicht auftauchen, es sei denn, es gibt Probleme mit dem Dateisystem.

Die main(…)-Methode erzeugt ein InputHistory-Objekt, was den Konstruktor aktiviert, der die Datei deserialisiert. Beim allerersten Start gibt es diese Datei nicht, es kommt zu einer Exception, doch nicht zum Programmabbruch. Im Folgenden entsteht und wächst die Datei durch die Konsoleneingabe und Speichern. Beim nächsten Programmstart sollte die Deserialisierung funktionieren, und die zuletzt eingegebenen Zeichenfolgen sollten auf dem Bildschirm erscheinen.

Kapitel 19
Netzwerkprogrammierung

Zugriffe auf das Netzwerk sind heute so üblich wie der Zugriff auf das lokale Dateisystem. Seit Java 1.0 bietet Java eine Netzwerk-API zum Entwickeln von Client-Server-Anwendungen. Die Java-Bibliothek kann verschlüsselte Verbindungen aufbauen und bringt ebenso Unterstützung für das *Hypertext Transfer Protocol* (HTTP) mit. Bei den Aufgaben in diesem Kapitel geht es um das Beziehen von Ressourcen von einem Web-Server und das Entwickeln einer kleinen Client-Server-Anwendung mit eigenem Protokoll.

Voraussetzungen

- `URL`-Klasse kennen
- Datenströme beherrschen
- Internetressourcen auslesen können
- Client und Server mit `Socket` und `ServerSocket` implementieren können

Java SE 9 Standard-Bibliothek, Kapitel 11

In der »2. Insel« beschreibt Kapitel 11, »Netzwerkprogrammierung«, die nötigen Voraussetzungen.

Verwendete Datentypen in diesem Kapitel:

- `java.net.URL` (*https://docs.oracle.com/en/java/javase/11/docs/api/java.base/java/net/URL.html*)
- `java.net.Socket` (*https://docs.oracle.com/en/java/javase/11/docs/api/java.base/java/net/Socket.html*)
- `java.net.ServerSocket` (*https://docs.oracle.com/en/java/javase/11/docs/api/java.base/java/net/ServerSocket.html*)
- `javax.net.SocketFactory` (*https://docs.oracle.com/en/java/javase/11/docs/api/java.base/javax/net/SocketFactory.html*)

- `javax.net.ServerSocketFactory` (*https://docs.oracle.com/en/java/javase/11/docs/api/java.base/javax/net/ServerSocketFactory.html*)
- `java.net.DatagramSocket` (*https://docs.oracle.com/en/java/javase/11/docs/api/java.base/java/net/DatagramSocket.html*)

19.1 URL und URLConnection

In Java repräsentiert die naheliegende Klasse `URL` eine URL und `URI` eine URI. Über `URL` lässt sich eine HTTP-Verbindung öffnen, intern übernimmt das der Vermittler `URLConnection`.

Beide Klassen sind für moderne HTTP-Aufrufe nicht komfortabel; erst in Java 11 ist ein neues Paket `java.net.http` dazugekommen mit dem `HttpClient` im Mittelpunkt. Java-Enterprise-Frameworks haben weitere Lösungen, und im Open-Source-Universum gibt es ebenfalls viele Alternativen:

- Client-API in Jakarta EE
- `WebClient` in Spring Webflux
- OkHttp
- Apache HttpClient
- Feign und Retrofit

19.1.1 Entfernte Bilder über die URL herunterladen ★

Die `URL`-Klasse bietet eine Methode, die einen `InputStream` liefert, sodass sich die Bytes der Ressource auslesen lassen.

Captain CiaoCiao entspannt sich gerne mit Bildern von wohl geformten Schiffen auf *shiphub.com*. Er hätte gerne einige Bilder auf seinem Speichermedium, sodass er auf langen Reisen etwas zum Träumen hat.

Aufgabe:

- Schreibe ein Programm, das bei einer gegeben URL die Ressource herunterlädt und auf dem lokalen Dateisystem speichert.
- Der Dateiname soll an die URL angelehnt sein.

19.1.2 Entfernte Textdatei über die URL einlesen ★

Das *Center for Systems Science and Engineering (CSSE)* der Johns Hopkins University veröffentlicht unter *https://github.com/CSSEGISandData/COVID-19/tree/master/csse_covid_19_data/csse_covid_19_daily_reports* jeden Tag eine CSV-Datei mit Daten über Covid-Erkrankungen auf der ganzen Welt. Für den 1. März 2021 lautet die URL auf dem

Server: *https://raw.githubusercontent.com/CSSEGISandData/COVID-19/master/csse_covid_19_data/csse_covid_19_daily_reports/03-01-2021.csv*.

Die Datei beginnt mit

```
FIPS,Admin2,Province_State,Country_Region,Last_Update,Lat,Long_,Confirmed,
Deaths,Recovered,Active,Combined_Key,Incident_Rate,Case_Fatality_Ratio
,,,Afghanistan,2021-03-02
05:23:30,33.93911,67.709953,55733,2444,49344,3945,Afghanistan,
143.16818690013017,4.385193691349829
,,,Albania,2021-03-02
05:23:30,41.1533,20.1683,107931,1816,70413,35702,Albania,3750.4691083466532,
1.6825564481011017
,,,Algeria,2021-03-02
05:23:30,28.0339,1.6596,113255,2987,78234,32034,Algeria,258.2720780438449,
2.6374111518255265
```

Aufgabe:

Lege eine neue Klasse `CoronaData` mit einer neuen Methode `String findByDateAndSearchTerm(LocalDate date, String search)` an.

- `findByDateAndSearchTerm(…)` soll mit dem Datum ein `URL`-Objekt aufbauen. Bedenke, dass der Dateiname die Reihenfolge Monat, Tag, Jahr hat.
- Öffne einen Datenstrom zur generierten URL, lese den Strom zeilenweise ein, und filtere alle Zeilen heraus, die nicht den übergebenen Teil-String `search` beinhalten.
- Am Ende entsteht ein String mit allen Zeilen mit dem Suchwort, ein CSV-Parser ist nicht nötig.

19

Beispiel:

- Der Aufruf `findByDateAndSearchTerm( LocalDate.now().minusDays( 1 ), "Miguel" )` liefert aus dem entfernten CSV-Dokument alle Corona-Zahlen von gestern, die `"Miguel"` enthalten.
- Beispielhafte Rückgabe:

  ```
  8113,San Miguel,Colorado,US,2020-10-22 04:24:27,38.00450883,-108.4020725,
  100,0,0,100,"San Miguel, Colorado, US",1222.643354933366,0.035047,
  San Miguel,New Mexico,US,2020-10-22 04:24:27,35.48014807,-104.8163562,
  151,0,0,151,"San Miguel, New Mexico, US",553.5799391428677,0.0
  ```

Wichtig

Wenn die Corona-Zahlen zurückgehen, ist es gut möglich, dass die CSSE keine neuen Dokumente mehr veröffentlicht. Die alten Dokumente sollten bleiben.

19.2 HTTP-Client (Java 11)

Zwar lässt sich mit `URLConnection` prinzipiell eine HTTP-Anfrage stellen, die HTTP-Methode (GET, POST, PUT ...) ändern und Header setzen, doch komfortabel ist das nicht. Daher wurde in Java 11 der HTTP-Client hinzugefügt. Mit der neuen API lassen sich HTTP-Ressourcen eleganter über das Netzwerk anfordern. Außerdem unterstützt der HTTP-Client HTTP/1.1 und HTTP/2 sowie synchrone als auch asynchrone Programmiermodelle. Mit dieser API wollen wir die Aufgaben lösen; wer kein Java 11 nutzen kann, findet mit dem *https://github.com/AsyncHttpClient/async-http-client* eine ähnliche Bibliothek für Java 8. Auch im nächsten Kapitel zu den Dateiformaten kommen wir in den Aufgaben noch einmal auf den HTTP-Client zurück, da oftmals JSON oder XML ausgetauscht werden.

19.2.1 Top-News von Hacker News ★★

Hacker News ist eine Website mit aktuell diskutieren Technologietrends. Die Beiträge lassen sich über einen Webservice abrufen, die Dokumentation findet sich unter *https://github.com/HackerNews/API*. Zwei Endpunkte sind:

- *https://hacker-news.firebaseio.com/v0/topstories.json*: liefert ein JSON-Array mit IDs der meistdiskutierten Artikel
- *https://hacker-news.firebaseio.com/v0/item/24857356.json*: liefert ein JSON-Objekt mit der Nachricht mit der ID `24857356`

Aufgabe:

- Lege eine neue Klasse `HackerNews` an.
- Implementiere eine neue Methode `long[] hackerNewsTopStories()`, die
  - mit dem HTTP-Client eine Verbindung zum Endpunkt *https://hacker-news.firebaseio.com/v0/topstories.json* aufbaut,
  - die Rückgabe aus dem JSON in `long` zerlegt,
  - alle IDs als `long[]` zurückgibt.
  - Im Falle eines IO-Fehlers soll ein leeres Array zurückgegeben werden.
- Implementiere eine neue Methode `String news(long id)`, die als String das komplette JSON-Dokument liefert.

Beispiel:

Die Klasse mit den beiden Methoden kann so genutzt werden:

```
System.out.println( Arrays.toString( hackerNewsTopStories() ) );
String newsInJson = news( 24857356 );
System.out.println( newsInJson );
```

19.3 Socket und ServerSocket

Betriebssysteme bieten Sockets zur TCP/UDP-Kommunikation; sie kann Java über die Klassen

- `java.net.Socket` und `java.net.ServerSocket` für TCP und
- `java.net.DatagramSocket` für UDP nutzen.

Erzeugt werden Objekte von `Socket` und `ServerSocket` über den Konstruktor oder noch besser über die Fabriken `javax.net.SocketFactory` und `javax.net.ServerSocketFactory`; für UDP gibt es keine Fabrik.

19.3.1 Einen Schimpfserver implementieren und den Client dazu ★★

Bonny Brain nimmt bald am nächsten Schimpf-Wettbewerb teil. Sie möchte sich perfekt vorbereiten. Auf einem Server soll eine Anwendung laufen, die Sprüche verwaltet, und Clients können sich zu diesem Schimpfserver verbinden und nach Sprüchen suchen.

Aufgabe:

- Schreibe einen Server und Client.
- Passe den Server so an, dass er mehrere Verbindungen annehmen kann; greife auf einen Thread-Pool zurück.
- Der Thread-Pool soll eine maximale Anzahl von Threads nutzen, um Denial-of-Service-Attacken (DOS) einzudämmen. Ist die maximale Anzahl gleichzeitiger Verbindungen erschöpft, muss ein Client warten, bis wieder eine Verbindung frei wird.

Beispiel:

Nach dem Starten des Servers und des Clients kann eine Interaktion so aussehen:

```
sir
You, sir, are an oxygen thief!
an
You, sir, are an oxygen thief!
Stop trying to be a smart ass, you're just an ass.
```

19.3.2 Einen Port-Scanner implementieren ★★

Bonny Brain installiert das neue Ay! OS, doch wichtige Analysewerkzeuge fehlen. Sie benötigt ein Werkzeug, das die belegten TCP/UDP-Ports erkennt und meldet.

Aufgabe:

- Schreibe ein Programm, das versucht, auf allen TCP/UDP-Ports von 0 bis 49151 einen `ServerSocket` und `DatagramSocket` zu registrieren; wenn das gelingt, ist der Port frei, andernfalls besetzt.
- Zeige die belegten Ports auf der Konsole an und dazu für die bekannten Ports eine Beschreibung des üblichen Dienstes, der diesen Port einnimmt.

Beispiel:

Die Ausgabe könnte so aussehen:

```
Protocol   Port       Service
TCP         135       EPMAP
UPD         137       NetBIOS Name Service
UPD         138       NetBIOS Datagram Service
TCP         139       NetBIOS Session Service
TCP         445       Microsoft-DS Active Directory
TCP         843       Adobe Flash
UPD        1900       Simple Service Discovery Protocol (SSDP)
UPD        3702       Web Services Dynamic Discovery
TCP        5040
UPD        5050
UPD        5353       Multicast DNS
UPD        5355       Link-Local Multicast Name Resolution (LLMNR)
TCP        5939
TCP        6463
TCP        6942
TCP       17500       Dropbox
UPD       17500       Dropbox
TCP       17600
TCP       27017       MongoDB
UPD       42420
```

Info

Eine *Netzwerkschnittstelle* (engl. *network interface*) verbindet Computer über ein Rechnernetz. Im Folgenden gehen wir immer von einer TCP/UDP-Schnittstelle aus. Die Netzwerkschnittstelle muss nicht physikalisch sein, sondern kann auch in Software implementiert werden, wie die Loopback-Schnittstelle mit der IP `127.0.0.1` (IPv4) oder `::1` (IPv6). Typische Netzwerkschnittstellen existieren außerdem für das LAN oder WLAN. Betriebssystem-Werkzeuge können alle Netzwerkschnittstellen anzeigen, etwa `ipconfig /all` unter Windows oder `ip a` unter Linux. In Java lassen sich die Netzwerkschnittstellen über `java.net.NetworkInterface` erfragen. Jede Netzwerkschnittstelle hat eine eigene IP-Adresse.

Zur Registrierung eines Server-Sockets gibt es zwei Möglichkeiten: Entweder akzeptiert der Dienst nur Anfragen von einer speziellen lokalen InetAddress, oder er akzeptiert von allen lokalen Adressen die Anfrage. Prinzipiell ist es also möglich, auf einer Netzwerkkarte den gleichen Port mehrmals zu binden, denn auf einer Netzwerkkarte lassen sich beliebig viele Netzwerkschnittstellen konfigurieren, da sie unterscheidbare IP-Adressen haben.

Zur Lösung der Aufgabe können wir einen einfachen Test durchführen und den Socket-Socket auf allen Netzwerkschnittstellen registrieren; scheitert das, war auf einer der Netzwerkschnittstellen schon ein Dienst aktiv. Das reicht für uns als Kriterium, dass auf irgendeiner Netzwerkschnittstelle der Port belegt ist.

19.4 Lösungsvorschläge

Aufgabe 19.1.1: Entfernte Bilder über die URL herunterladen

```
public static void downloadImage( URL url ) throws IOException {
  try ( InputStream inputStream = url.openStream() ) {
    String filename = url.toString().replaceAll( "[^a-zA-Z0-9_.-]", "_" );
    Files.copy( inputStream, Paths.get( filename ),
      StandardCopyOption.REPLACE_EXISTING );
  }
}
```

Listing 19.1 com/tutego/exercise/net/ImageDownloader.java

Die Lösung besteht aus drei Schritten.

1. Das URL-Objekt liefert mit openStream() einen InputStream auf die Bytes der Ressource. Da man das, was man öffnet, auch wieder schließen sollte, setzen wir das Öffnen des Stroms in einen try-mit-Ressourcen-Block.
2. Der Name der Zieldatei begibt sich aus der URL. Beim Dateinamen müssen wir etwas aufpassen, denn nicht jedes Zeichen in der URL ist auch immer ein gültiges Zeichen für einen Dateinamen. Die Wikipedia-Seite *https://en.wikipedia.org/wiki/Filename#Comparison_of_filename_limitations* fasst für einige Dateisysteme die besonderen Zeichen zusammen. Auch in einer URL dürfen nicht alle Zeichen auftreten, doch schon der einfache Pfadtrenner / wird Probleme bereiten. Daher ersetzen wir alle problematischen Zeichen. Der in der Lösung gewählte reguläre Ausdruck [^a-zA-Z0-9_.-] ersetzt alle Zeichen, die keine Buchstaben, Ziffern, _, . oder - sind, durch einen Unterstrich. Das gibt für jedes Dateisystem einen sicheren Dateinamen. Eindeutig sind die URLs allerdings nicht, weil zum Beispiel die

URLs https://www.penisland.net/?; und https://www.penisland.net/?, beide zu http___www.penisland.net___ würden.

3. Der zweite Schritt nutzt elegant die copy(…)-Methode der Klasse Files. Davon gibt es zwei: eine zum Lesen aus einer Datei und Schreiben in einen OutputStream, und eine zum Lesen aller Daten aus einem InputStream und Schreiben in eine Datei – diese Version nutzen wir. Alle Bytes werden aus dem InputStream ausgelesen und in die neue Zieldatei geschrieben. Der dritte Parameter bei copy(…) ist ein Vararg und steht für Attribute: StandardCopyOption.REPLACE_EXISTING sagt aus, dass existierende Dateien überschrieben werden, sonst gibt es bei existierenden Dateien eine Ausnahme.

Aufgabe 19.1.2: Entfernte Textdatei über die URL einlesen

```
private static final String URL_TEMPLATE =
    "https://raw.githubusercontent.com/CSSEGISandData/COVID-19/master/ ➲
    csse_covid_19_data/csse_covid_19_daily_reports/%s.csv";
public static String findByDateAndSearchTerm( LocalDate date, String search ) {
  String url = String.format( URL_TEMPLATE,
    date.format( DateTimeFormatter.ofPattern( "MM-dd-yyyy" ) ) );

  try ( InputStream    is  = new URL( url ).openStream();
        Reader         isr = new InputStreamReader( is, StandardCharsets.UTF_8 );
        BufferedReader br  = new BufferedReader( isr ) ) {
    return br.lines()
             .filter( line -> line.contains( search ) )
             .collect( Collectors.joining( "\n" ) );
  }
  catch ( MalformedURLException e ) {
    System.err.println( "Malformed URL format of " + url );
  }
  catch ( IOException e ) {
    e.printStackTrace();
  }
  return "";
}
```

Listing 19.2 com/tutego/exercise/net/CoronaData.java

Im ersten Schritt muss die URL aufgebaut werden. Die URL enthält das Datum, was wir als Parameter empfangen. Es lässt sich allerdings nicht auf dem LocalDate-Objekt direkt toString() Methode aufrufen, denn das liefert eine Zeichenfolge nach der ISO 8601-Notation; das intelligente *Center for Systems Science and Engineering* verwendet eine andere Reihenfolge bei der Angabe der Datumssegmente. Das Programm baut daher mit dem `DateTimeFormatter` eine eigene Datumsformatierung auf, indem zuerst der Monat steht, dann der Tag folgt und anschließend das Jahr.

Aus diesem dynamisch aufgebauten String wird ein `URL`-Objekt aufgebaut und die zentrale Methode `openStream()` aufgerufen, die einen `InputStream` liefert. Da wir zeichenweise lesen wollen, konvertieren wir diesen binären `InputStream` in einen `Reader`. Für das zeilenweise Auslesen ist der `BufferedReader` gut geeignet, insbesondere ist die Methode `lines()` praktisch, die einen `Stream<String>` liefert. Mit einem Filter belassen wir die Zeilen im Strom, die den Such-String enthalten, und hängen zum Schluss alle Zeilen zu einem großen String zusammen, den wir zurückgeben.

Zwei mögliche Ausnahmen sind möglich: Die URL kann falsch gebildet sein, in dem Fall gibt es eine `MalformedURLException`, oder es gibt Verbindungsfehler oder Fehler während des Auslesens. Diese Ausnahmen fangen wir ab, geben Meldungen auf dem Bildschirm aus und geben einen Leer-String zurück, da auch im Fehlerfall nichts gefunden wurde.

Aufgabe 19.2.1: Top-News von Hacker News

```
private static final HttpClient client = HttpClient.newHttpClient();

public static long[] hackerNewsTopStories() {
  HttpRequest request = HttpRequest
      .newBuilder( URI.create(
      "https://hacker-news.firebaseio.com/v0/topstories.json" ) )
      .timeout( Duration.ofSeconds( 5 ) )
      .build();

  try {
    HttpResponse<InputStream> response =
        client.send( request, HttpResponse.BodyHandlers.ofInputStream() );
    Scanner scanner = new Scanner( response.body() ).useDelimiter(
      "[,\\[\\]]" );
    return scanner.tokens().mapToLong( Long::parseLong ).toArray();
  }
  catch ( IOException | InterruptedException e ) {
    e.printStackTrace();
  }
  return new long[ 0 ];
}
```

Listing 19.3 com/tutego/exercise/net/HackerNews.java

```
public static String news( long id ) {
  HttpRequest request = HttpRequest
    .newBuilder( URI.create( "https://hacker-news.firebaseio.com/v0/item/" +
    id + ".json" ) )
    .timeout( Duration.ofSeconds( 5 ) )
    .build();

  try {
    return client.send( request,
      HttpResponse.BodyHandlers.ofString() ).body();
  }
  catch ( IOException | InterruptedException e ) {
    e.printStackTrace();
    return "";
  }
}
```

Listing 19.4 com/tutego/exercise/net/HackerNews.java

Für unser Beispiel legen wir einen `HttpClient` als Klassenvariable an. Da unsere beiden Methoden statisch sind, ist es praktisch, das Objekt vorkonfiguriert vorzubereiten. Sollten Objektmethoden auf den `HttpClient` zugreifen, und das noch von mehreren Threads, dann sollte jeder Thread ein eigenes `HttpClient`-Objekt verwenden.

Die `send(…)`-Methode hat zwei Parameter:

```
<T> HttpResponse<T> send(HttpRequest request,
                         HttpResponse.BodyHandler<T> responseBodyHandler)
    throws IOException, InterruptedException;
```

Als Erstes ist ein `HttpRequest` für die individuelle Abfrage aufzubauen und zu konfigurieren. Das gelingt mit `HttpRequest.newBuilder()` und `HttpRequest.newBuilder(URI)`; die zweite Version erspart den späteren Aufruf von `uri(…)`. Der Timeout ist optional und wird vom Programm auf 5 Sekunden gesetzt. Die abschließende `build()`-Methode liefert das `HttpRequest`-Objekt, das vom `HttpClient` ausgeführt wird. Das ist das Prinzip der API: Über den einmal aufgebauten und konfigurierten `HttpClient` laufen unterschiedliche `HttpRequest`-Aufrufe.

Der zweitere Parameter der `send(…)`-Methode bestimmt, wie das Ergebnis abgeholt werden soll. Für den folgenden `Scanner` ist ein `InputStream` praktisch, den `HttpResponse.BodyHandlers.ofInputStream()` anfordert. Aus dem `HttpResponse<InputStream> response` lesen wir mit `body()` den Körper aus, wobei der Körper erst einmal nicht die Daten sind, sondern nur ein `InputStream` auf diese Daten. Dieser `InputStream` konfiguriert den `Scanner`. Eine Enkodierung ist in unserem Fall nicht nötig, weil das JSON-Dokument aus reinen ASCII-Zeichen besteht. Allerdings wird der `Scanner` mit einem

Delimiter konfiguriert, der [und , und] als Trennzeichen sieht. Der Scanner bietet seit Java 9 die nützliche Methode tokens(), die uns einen Strom von allen Tokens gibt, in unserem Fall die Zahlen. mapToLong(…) konvertiert jede textuelle Repräsentation einer Zahl in einen LongStream, und toArray() liefert alle Elemente des Stroms als Array zurück. Falls es Fehler gibt, werden sie abgefangen, gemeldet, und es kommt ein leeres Array zurück.

Bei der zweiten Methode, news(long id), wird der HttpRequest mit einer konkreten ID für eine Nachricht verbunden. Die Implementierung ist ein wenig einfacher, weil wir die Ausgabe nicht parsen müssen, und HttpResponse.BodyHandlers.ofString() bestimmt, dass ein String als Ergebnis zurückkommt.

JSON-Dokumente aus Webservices wird man im Allgemeinen in Java-Objekte konvertieren. Wir schauen uns im nächsten Kapitel an, wie das geht.

Aufgabe 19.3.1: Einen Schimpfserver implementieren und den Client dazu

Der Server hat die Aufgabe, auf eingehende Verbindungen zu reagieren und alle Beschimpfungen rauszusuchen, die einen Teil-String haben.

```
public class SlangingMatchServer {

  private static final int PORT              = 10_000;
  private static final int MAXIMUM_POOL_SIZE = 10_000;

  public static void main( String[] args ) throws IOException {
    Executor executor = new ThreadPoolExecutor(
      0, MAXIMUM_POOL_SIZE,
      60, TimeUnit.SECONDS,
      new SynchronousQueue<>() );

    try ( ServerSocket serverSocket =
        ServerSocketFactory.getDefault().createServerSocket( PORT ) ) {
      System.out.println( "Server running at port " +
        serverSocket.getLocalPort() );

      while ( Thread.currentThread().isInterrupted() ) {
        Socket socket = serverSocket.accept();
        executor.execute( () -> handleConnection( socket ) );
      }
    }
  }

  private static void handleConnection( Socket socket ) {
    try ( Socket __ = socket; // try ( socket ) since Java 9
```

```
          Scanner requestReader = new Scanner( socket.getInputStream(),
            StandardCharsets.UTF_8 );
          PrintWriter responseWriter = new PrintWriter(
            socket.getOutputStream(),
            true, StandardCharsets.UTF_8 ) ) {
      String request = requestReader.nextLine();
      responseWriter.println( searchInsult( request ) );
    }
    catch ( IOException e ) {
      e.printStackTrace();
    }
  }

  private static String searchInsult( String search ) {
    return Stream.of( "You, sir, are an oxygen thief!",
      "Stop trying to be a smart ass, you're just an ass.",
      "Shock me, say something intelligent." )
       .filter( s -> s.toLowerCase().contains( search.toLowerCase() ) )
       .collect( Collectors.joining( "\n" ) );
  }
}
```

Listing 19.5 com/tutego/exercise/net/SlangingMatchServer.java

Die main(…)-Methode bereitet einen Server-Socket auf den vordefinierten Port 10000 vor, geht in eine Endlosschleife, die prinzipiell mit einem Interrupt beendet werden kann, und wartet auf eine eingehende Verbindung. Der Thread blockiert bei accept(), und die Blockade löst sich erst mit einem ankommenden Client. In dem Fall rufen wir die eigene Methode handleCollection(..) über einen Thread-Pool auf. Der ThreadPoolExecutor ist der Thread-Pool, und bisher konnten wir immer auf Executors.newCachedThreadPool() setzen, doch die Anzahl gleichzeitiger Verbindungen ist dann unbeschränkt. Über den Konstruktor von ThreadPoolExecutor lässt sich die Anzahl gleichzeitiger Threads mitgeben.

Kehrt accept() zurück, ist die Rückgabe das Client-Socket, und das wird zum Argument von handleConnection(…). Den Aufruf von handleConnection(…) verlegen wir in ein Runnable und der wird dem Executor übergeben, und so im Hintergrund ausgeführt. Während der Thread im Hintergrund die Client-Server-Kommunikation übernimmt, geht die Endlosschleife zurück zu accept(), um zügig den nächsten Interessenten bedienen zu können. An dieser Stelle dürfen wir den Socket nicht schließen, es darf also *nicht* heißen:

```
try ( Socket socket = serverSocket.accept() ) {
  executor.execute( () -> handleConnection( socket ) );
}
```

Die Verarbeitung ist asynchron! Das `close()` vom `try`-mit-Ressourcen stünde ja sonst direkt nach dem Absenden über `execute(…)`, und folglich wäre der `Socket` schnell geschlossen, während `handleConnection(…)` gerade mit der Kommunikation angefangen hat.

Betrachten wir `handleConnection(…)`: Ein `Socket` ist `AutoCloseable`, und das `try`-mit-Ressourcen schließt zum Schluss den `Socket`. Wir haben hier den ungewöhnlichen Fall, dass wir eigentlich keine neue Ressourcenvariable deklarieren müssen, doch die abkürzende Schreibweise ist erst seit Java 9 erlaubt.

In der Kommunikation sind Ein- und Ausgabe-Ströme nötig. Auch das sind Ressourcen, die über `try`-mit-Ressourcen geschlossen werden sollen. Aus dem Eingabestrom wird eine Zeichenfolge gelesen, nach dem Schimpfwort gesucht und das Ergebnis wieder zurückgeschrieben. Das Protokoll sieht vor, dass Zeichenfolgen über die Leitung gehen, deswegen werden der `InputStream` und `OutputStream` in zeichenorientierte Typen aufgewertet. Der `Scanner` lässt sich im Konstruktor mit einem `InputStream` und einem Encoding aufbauen und kann dann mit `nextLine()` eine Zeile lesen. Die Ausgabe schreiben wir in einen `PrintWriter`; auch hier kann der Konstruktor den `OutputStream` annehmen und das Encoding. Wichtig ist das zweite Argument `true`, denn es steuert das Flushen des Puffers bei einem Zeilenendezeichen. `println (…)` schreibt das Ergebnis in den `PrintWriter`, der Zeilenvorschub signalisiert das Flushen des Puffers. Mit dem `catch`-Block endet das `try`-mit-Ressourcen, und alle Ressourcen werden geschlossen und der `Socket` als native Ressource wieder dem Betriebssystem zurückgeben.

Die Utility-Methode `searchInsult(…)` prüft, ob das Suchwort in den vorgegebenen Strings enthalten ist, und hängt alle Ergebnisse mit einem Zeilenumbruch zusammen.

Der Client hat eine vergleichbare Logik, muss aber natürlich nicht auf eingehende Verbindungen horchen, sondern er baut sie auf.

```
public class SlangingMatchClient {

  private static final String HOST = "localhost";
  private static final int    PORT = 10_000;

  public static void main( String[] args ) throws IOException {
    while ( true ) {
      String request = new Scanner( System.in ).nextLine();
      remoteSearchInsult( request );
    }
  }

  private static void remoteSearchInsult( String search ) throws IOException {
```

```
    try ( Socket socket = SocketFactory.getDefault().createSocket( HOST, PORT );
          PrintWriter requestWriter =
              new PrintWriter( socket.getOutputStream(), true,
                StandardCharsets.UTF_8 );
          BufferedReader responseReader = new BufferedReader(
              new InputStreamReader( socket.getInputStream(),
                StandardCharsets.UTF_8 ) ) ) {
      requestWriter.println( search );
      System.out.println( responseReader.lines().collect(
        Collectors.joining( "\n" ) ) );
    }
  }
}
```

Listing 19.6 com/tutego/exercise/net/SlangingMatchClient.java

Die `main(…)`-Methode enthält eine Endlosschleife, fragt den Anwender nach einer Zeichenfolge und übergibt sie an `remoteSearchInsult(String)`. Die neue Methode ist für die Kommunikation mit dem Server zuständig.

Im ersten Schritt liefert die Socket-Fabrik ein `Socket`-Objekt für `localhost` und den gewünschten Port. Sockets sind native Ressourcen, die am Ende wieder an das Betriebssystem zurückgegeben werden müssen; das Schließen übernimmt wie üblich ein `try`-mit-Ressourcen-Block, der auch die Ein-/Ausgabeströme schließt.

Das Schreiben der Zeichenfolge übernimmt erneut der `PrintWriter`. Der Client nutzt zum Lesen einen `BufferedReader`, da dieser den Vorteil hat, mit der `lines()`-Methode einen `Stream` von Zeilen zu liefern. Die eingelesenen Zeilen werden mit einem `Collector` verbunden und ausgegeben. Einen `Reader` kann man nicht direkt mit einem `InputStream` verbinden, daher ist der Dekorator `InputStreamReader` nötig, der die `Reader`-API auf einem `InputStream` ermöglicht.

Aufgabe 19.3.2: Einen Port-Scanner implementieren

Die Klasse `PortScanner` greift auf eine eigene Aufzählung `Protocol` zurück, mit den Konstanten `TCP` und `UDP`, einer öffentlichen Objektmethode `isAvailable(int)`, der privaten Hilfsmethode `openSocket(int)` und der statischen Methode `serviceName(int)`.

```
enum Protocol {
  TCP {
    @Override AutoCloseable openSocket( int port ) throws IOException {
      return ServerSocketFactory.getDefault().createServerSocket( port );
    }
  },
```

```
  UDP {
    @Override AutoCloseable openSocket( int port ) throws IOException {
      return new DatagramSocket( port );
    }
  };

  abstract AutoCloseable openSocket( int port ) throws IOException;

  public boolean isAvailable( int port ) {
    try ( AutoCloseable __ = openSocket( port ) ) { return true; }
    catch ( Exception e ) { return false; }
  }

  private static final String COMPRESSED_SERVICE_NAMES =
      "7 Echo\n13 Daytime\n20 FTP\n21 FTP\n22 SSH\n23 Telnet\n25 SMTP\n53 ➥
       DNS\n80 HTTP\n"
      + "135 EPMAP\n137 NetBIOS Name Service\n138 NetBIOS Datagram ➥
      Service\n139 NetBIOS Session Service\n"
      + "445 Microsoft-DS Active Directory\n843 Adobe Flash\n"
      + "1900 Simple Service Discovery Protocol (SSDP)\n3702 Web Services ➥
      Dynamic Discovery\n"
      + "5353 Multicast DNS\n5355 Link-Local Multicast Name Resolution (LLMNR)\n"
      + "17500 Dropbox\n27017 MongoDB\n";

  private static final Map<Integer, String> SERVICE_NAMES =
      Pattern.compile( "\n" )
             .splitAsStream( COMPRESSED_SERVICE_NAMES )
             .map( Scanner::new )
             .collect( Collectors.toMap( Scanner::nextInt, Scanner::nextLine ) );

  static String serviceName( int port ) {
    return Optional.ofNullable( SERVICE_NAMES.get( port ) ).orElse( "" );
  }
}
```

Listing 19.7 com/tutego/exercise/net/PortScanner.java

Der Aufzählungstyp `Protocol` deklariert eine abstrakte Methode `openSocket(int)` für das Öffnen der Verbindung, da für TCP und UDP der Code ein anderer ist; die beiden Aufzählungselemente realisieren die abstrakte Methode entsprechend. Im Fall von TCP baut die Anwendung über die `ServerSocketFactory` einen `ServerSocket` auf oder über den Konstruktor von `DatagramSocket` eben einen `DatagramSocket`. Zwar sind `Ser-`

verSocket und DatagramSocket unterschiedliche Typen, doch beide implementieren die Schnittstelle AutoCloseable, und diesen Typ liefert openSocket(int) auch zurück, denn nur dieser Typ ist für isAvailable(int) relevant.

Es ist Aufgabe von isAvailable(int), herauszufinden, ob der Port schon belegt ist. Dazu ruft es openSocket(…) auf, und wenn es keine Ausnahme gab, war der Port frei, und die Verbindung kann gleich wieder geschlossen werden; das regelt das try-mit-Ressourcen auf dem AutoCloseable.

serviceName(int) greift auf eine vorher aufgebaute Map zurück. Im Inneren der Klasse gibt es eine Konstante COMPRESSED_SERVICE_NAMES, die problemlos auch aus einer Datei stammen könnte. Der String enthält die Portnummer und mit Leerzeichen getrennt eine Kurzbeschreibung, die wiederum mit einem Zeilenumbruch abgeschlossen ist. Ab Java 15 können wir sehr gut Textblöcke nutzen, sodass der String im Code elegant formatiert werden kann. Ein Stream-Ausdruck bereitet die Map vor, indem der String in Zeilen zerlegt wird, wobei die Lösung hier kompatibel mit Java 8 ist; ab Java 11 löst die String-Methode lines() das einfacher. Der Stream besteht anschließend aus Zeilen, die in den Konstruktor des Scanner-Objekts überführt werden, sodass anschließend nextInt() den Schlüssel für den Assoziativspeicher liefert und nextLine() die mit der Portnummer assoziierte Kurzbeschreibung. serviceName(int) kann auf diesen Assoziativspeicher SERVICE_NAMES zurückgreifen und liefert einen Leer-String, wenn es keine Beschreibung zu der Portnummer gibt. In einer anderen Modellierung könnten wir natürlich direkt das Optional.empty() zurückgeben, doch hier ist der Leer-String praktisch.

Die main(…)-Methode bedient sich der Methoden von PortScanner:

```
final int MIN_SYSTEM_PORT      =      0;
// final int MAX_SYSTEM_PORT      =  1023;
// final int MIN_REGISTERED_PORT =  1024;
final int MAX_REGISTERED_PORT = 49151;

System.out.println( "Protocol   Port       Service" );
for ( int port = MIN_SYSTEM_PORT; port <= MAX_REGISTERED_PORT; port++ ) {
  for ( Protocol protocol : Protocol.values() )
    if ( ! protocol.isAvailable( port ) )
      System.out.printf( "%s      %5d      %s%n",
                         protocol, port,    Protocol.serviceName( port ) );
}
```

Listing 19.8 com/tutego/exercise/net/PortScanner.java

Zunächst werden vier Konstanten definiert. Sie stehen für die Grenzen der Portbereiche, die unser Port-Scanner ablaufen soll. Im Codebeispiel kommen wir mit zwei Konstanten für die Ober- und die Untergrenze aus, weil es nach MAX_SYSTEM_PORT mit MIN_REGISTERED_PORT weitergeht. Wir nutzen mit einer `for`-Schleife alle registrierten Ports von 0 bis 49151. `Protocol.values()` liefert ein Array mit den zwei Aufzählungselementen `TCP` und `UDP`, und wenn die auf der Aufzählung deklarierte Methode `isAvailable(…)` einen blockierten Port zeigt, gibt das die Konsolenausgabe aus.

Kapitel 20

XML, JSON und weitere Datenformate mit Java verarbeiten

Zwei wichtige Datenformate für den Austausch von Dokumenten sind *XML* und *JSON*. XML ist historisch gesehen der ältere Datentyp, JSON finden wir heutzutage oft in der Kommunikation zwischen einem Server und einer JavaScript-Anwendung. JSON-Dokumente werden auch gerne für Konfigurationsdateien verwendet.

Während die Java SE unterschiedliche Klassen zum Lesen und Schreiben von XML-Dokumenten bietet, ist die Unterstützung von JSON nur in der Java Enterprise Edition oder durch ergänzende Open-Source-Bibliotheken gegeben. Viele der Aufgaben in diesem Kapitel greifen daher zu externen Bibliotheken.

Eine wichtige Kategorie der Dokumentenformate bilden Beschreibungssprachen. Sie definieren die Struktur der Daten. Zu den wichtigsten Formaten zählen HTML, XML, JSON und PDF.

Java bringt bis auf die Unterstützung der Property-Dateien und der Möglichkeit, ZIP-Archive zu verarbeiten, keine Unterstützung für andere Datenformate mit. Das gilt insbesondere auch für CSV-Dateien, PDFs oder Office-Dokumente. Glücklicherweise füllen Dutzende Open-Source-Bibliotheken diese Lücke, sodass man diese Funktionalität nicht selbst programmieren muss.

Voraussetzungen

- Maven-Dependencies hinzunehmen können
- StAX kennen
- XML-Dokumente schreiben können
- JAXB-Beans aus XML-Schema-Dateien erzeugen können
- Objekt-XML-Mapping mit JAXB einsetzen können
- Einarbeitung in JSON-Bibliothek Jackson
- ZIP-Archive auslesen können

Java SE 9 Standard-Bibliothek, Kapitel 9 und Kapitel 10

In der »2. Insel« führen Kapitel 9, »Datenformate«, und Kapitel 10 speziell zu XML und JSON in das Thema ein, lassen aber Open-Source-Bibliotheken außen vor.

Verwendete Datentypen in diesem Kapitel:

- `javax.xml.stream.XMLOutputFactory` (*https://docs.oracle.com/en/java/javase/11/docs/api/java.xml/javax/xml/stream/XMLOutputFactory.html*)
- `javax.xml.stream.XMLStreamWriter` (*https://docs.oracle.com/en/java/javase/11/docs/api/java.xml/javax/xml/stream/XMLStreamWriter.html*)
- `javax.xml.stream.XMLStreamException` (*https://docs.oracle.com/en/java/javase/11/docs/api/java.xml/javax/xml/stream/XMLStreamException.html*)
- `javax.xml.stream.XMLInputFactory` (*https://docs.oracle.com/en/java/javase/11/docs/api/java.xml/javax/xml/stream/XMLInputFactory.html*)
- `javax.xml.stream.XMLStreamReader` (*https://docs.oracle.com/en/java/javase/11/docs/api/java.xml/javax/xml/stream/XMLStreamReader.html*)
- `javax.xml.bind.JAXB` (*https://docs.oracle.com/javaee/7/api/javax/xml/bind/JAXB.html*)
- `javax.xml.bind.DataBindingException` (*https://docs.oracle.com/javaee/7/api/javax/xml/bind/DataBindingException.html*)
- *https://github.com/FasterXML/jackson*

20.1 XML-Verarbeitung mit Java

Es gibt unterschiedliche Java-APIs zum Umgang mit XML-Dokumenten. Eine Möglichkeit ist das Halten von kompletten XML-Objekten im Speicher, die andere Lösung erinnert an Datenströme. *StAX* ist eine Pull-API, mit der die Elemente aktiv aus dem Datenstrom gezogen und auch geschrieben werden können. Das Verarbeitungsmodell eignet sich optimal für große Dokumente, die nicht komplett im Speicher stehen müssen.

JAXB bietet eine einfache Möglichkeit, Java-Objekte in XML zu konvertieren und XML später wieder in Java-Objekte. Mithilfe von Annotationen oder externen Konfigurationsdateien lässt sich die Abbildung präzise steuern.

20.1.1 XML-Datei mit Rezept schreiben ★

Captain CiaoCiao hat so viele Rezepte, dass er eine Datenbank benötigt. Es liegen ihm verschiedene Angebote für Datenbankmanagementsysteme vor, und er möchte schauen, ob sie alle seine Rezepte importieren können.

Seine eigenen Rezepte liegen im RecipeML-Format vor, einem XML-Format, das lose spezifiziert ist: *http://www.formatdata.com/recipeml/*. Unter *https://dsquirrel.tripod.com/recipeml/indexrecipes2.html* gibt es eine große Datenbank. Ein Beispiel von »Key Gourmet«:

```
<?xml version="1.0" encoding="UTF-8"?>
<recipeml version="0.5">
  <recipe>
    <head>
      <title>11 Minute Strawberry Jam</title>
      <categories>
        <cat>Canning</cat>
        <cat>Preserves</cat>
        <cat>Jams & jell</cat>
      </categories>
      <yield>8</yield>
    </head>
    <ingredients>
      <ing>
        <amt>
          <qty>3</qty>
          <unit>cups</unit>
        </amt>
        <item>Strawberries</item>
      </ing>
      <ing>
        <amt>
          <qty>3</qty>
          <unit>cups</unit>
        </amt>
        <item>Sugar</item>
      </ing>
    </ingredients>
    <directions>
      <step>Put the strawberries in a pan.</step>
      <step>Add 1 cup of sugar.</step>
      <step>Bring to a boil and boil for 4 minutes.</step>
      <step>Add the second cup of sugar and boil again for 4 minutes.</step>
      <step>Then add the third cup of sugar and boil for 3 minutes.</step>
      <step>Remove from stove, cool, stir occasionally.</step>
      <step>Pour in jars and seal.</step>
    </directions>
  </recipe>
</recipeml>
```

Aufgabe:

Schreibe ein Programm, das ein XML-Dokument im RecipeML-Format ausgibt.

20.1.2 Prüfen, ob alle Bilder ein alt-Attribut haben ★

Bilder in HTML-Dokumenten sollten immer ein `alt`-Attribut haben.

Aufgabe:

- Implementiere einen XHTML-Prüfer, der meldet, ob jedes `img`-Tag ein Attribut `alt` gesetzt hat.
- Nimm als XHTML-Datei z. B. *http://tutego.de/download/index.xhtml.*

20.1.3 Java-Objekte mit JAXB schreiben ★

JAXB vereinfacht den Zugriff auf XML-Dokumente, denn es erlaubt eine praktische Abbildung von einem Java-Objekt auf ein XML-Dokument und umgekehrt.

JAXB wurde in der Java 6 in die Standard Edition aufgenommen und in Java 11 wieder entfernt. Um für aktuelle Java-Versionen vorbereitet zu sein, binde Folgendes in die POM-Datei ein:

```
<dependency>
  <groupId>javax.xml.bind</groupId>
  <artifactId>jaxb-api</artifactId>
  <version>2.3.1</version>
</dependency>
<dependency>
  <groupId>org.glassfish.jaxb</groupId>
  <artifactId>jaxb-runtime</artifactId>
  <version>2.3.3</version>
  <scope>runtime</scope>
</dependency>
```

Aufgabe:

- Schreibe JAXB-Beans, damit wir folgendes XML erzeugen können:

```
<?xml version="1.0" encoding="UTF-8" standalone="yes"?>
<ingredients>
    <ing>
        <amt>
            <qty>3</qty>
            <unit>cups</unit>
        </amt>
        <item>Sugar</item>
    </ing>
    <ing>
        <amt>
            <qty>3</qty>
            <unit>cups</unit>
```

```
        </amt>
    </ing>
</ingredients>
```

- Lege die Klassen `Ingredients`, `Ing`, `Amt` an.
- Gibt den Klassen entsprechende Objektvariablen; es ist in Ordnung, wenn diese `public` sind.
- Überlege, welche Annotation eingesetzt werden muss.

20.1.4 Witze einlesen und herzlich lachen ★★

Bonny Brain lacht auch über einfache Witze, wovon sie nie genug haben kann. Sie findet im Internet die Seite *https://sv443.net/jokeapi/v2/joke/Any?format=xml*, die ihr immer neue Witze liefert.

Das Format ist XML, das gut für den Datentransport ist, aber wir sind Java-Entwickler und wünschen uns alles in Objekten! Mit JAXB sollen die XML-Dateien eingelesen und in Java-Objekt konvertiert werden, sodass wir später eine individuelle Ausgabe entwickeln können.

Im ersten Schritt sollen aus einer XML-Schema-Datei JAXB-Beans automatisch generiert werden. Das Schema für die Joke-Seite ist wie folgt – keine Angst, man muss das nicht verstehen.

```
<xs:schema attributeFormDefault="unqualified" elementFormDefault="qualified"
xmlns:xs="http://www.w3.org/2001/XMLSchema">
  <xs:element name="data">
    <xs:complexType>
```

```
      <xs:sequence>
        <xs:element type="xs:string" name="category" />
        <xs:element type="xs:string" name="type" />
        <xs:element name="flags">
          <xs:complexType>
            <xs:sequence>
              <xs:element type="xs:boolean" name="nsfw" />
              <xs:element type="xs:boolean" name="religious" />
              <xs:element type="xs:boolean" name="political" />
              <xs:element type="xs:boolean" name="racist" />
              <xs:element type="xs:boolean" name="sexist" />
            </xs:sequence>
          </xs:complexType>
        </xs:element>
        <xs:element type="xs:string" name="setup" />
        <xs:element type="xs:string" name="delivery" />
        <xs:element type="xs:int" name="id" />
        <xs:element type="xs:string" name="error" />
      </xs:sequence>
    </xs:complexType>
  </xs:element>
</xs:schema>
```

Der Anbieter bietet kein Schema, daher ist es mithilfe von *https://www.freeformatter.com/xsd-generator.html* aus dem XML generiert.

Aufgabe:

- Lade die XML-Schema-Definition unter *http://tutego.de/download/jokes.xsd*, und setze die Datei in das Maven-Verzeichnis */src/main/resources*.
- Ergänze die POM-Datei um folgendes Element:

```
<build>
<plugins>
  <plugin>
    <groupId>org.codehaus.mojo</groupId>
    <artifactId>jaxb2-maven-plugin</artifactId>
    <version>2.5.0</version>
    <executions>
      <execution>
        <id>xjc</id>
        <goals>
          <goal>xjc</goal>
        </goals>
```

```
      </execution>
    </executions>
    <configuration>
      <packageName>com.tutego.exercise.xml.joke</packageName>
      <sources>
        <source>src/main/resources/jokes.xsd</source>
      </sources>
      <generateEpisode>false</generateEpisode>
      <outputDirectory>${basedir}/src/main/java</outputDirectory>
      <clearOutputDir>false</clearOutputDir>
      <noGeneratedHeaderComments>true</noGeneratedHeaderComments>
      <locale>en</locale>
    </configuration>
  </plugin>
</plugins>
</build>
```

Die Plugin-Sektion bindet `org.codehaus.mojo:jaxb2-maven-plugin` ein und konfiguriert es; alle Optionen sind unter *https://www.mojohaus.org/jaxb2-maven-plugin/Documentation/v2.5.0/index.html* erklärt.

- Starte von der Kommandozeile `mvn generate-sources`. Es entstehen zwei Klassen im Paket `com.tutego.exercise.xml.joke`:
  - `Data`
  - `ObjectFactory`
- Nutze JAXB, um von der URL *https://sv443.net/jokeapi/v2/joke/Any?format=xml* einen Witz zu beziehen und in ein Objekt zu konvertieren.

20

20.2 JSON

Die Java SE bringt keine Unterstützung für JSON mit, die Jakarta EE schon. Eine beliebte Implementierung ist *Jackson*, das auch Java-Objekte in JSON abbilden und aus JSON-Objekten wieder Java-Objekte rekonstruieren kann.

Jackson ist gut modularisiert. Es gibt drei Kernmodule – *Streaming*, *Annotations* und *Databind* – und mehrere Drittmodule, insbesondere für speziellere Datentypen wie von Guava, `javax.money` und Ergänzungen etwa zur Performanceoptimierung, die zum Beispiel Bytecode generieren, statt auf Reflection zu setzen.

Das Modul Databind hat eine Abhängigkeit auf Streaming und Annotations, sodass Entwickler damit alle Kernfunktionalitäten bekommen. Nimm in das Maven-POM folgende Dependency mit auf:

```
<dependency>
  <groupId>com.fasterxml.jackson.core</groupId>
  <artifactId>jackson-databind</artifactId>
  <version>2.12.3</version>
</dependency>
```

20.2.1 Hacker News: JSON auswerten ★

Die Seite Hacker News (*https://news.ycombinator.com*) wurde in Kapitel 19, »Netzwerkprogrammierung«, kurz vorgestellt.

Die URL *https://hacker-news.firebaseio.com/v0/item/24857356.json* liefert ein JSON-Objekt der Nachricht mit der ID `24857356`. Die Antwort sieht (formatiert und bei den `kids` etwas gekürzt) so aus:


```
{
  "by":"luu",
  "descendants":257,
  "id":24857356,
  "kids":[
    24858151,
    24857761,
    24858192,
    24858887
  ],
  "score":353,
  "time":1603370419,
  "title":"The physiological effects of slow breathing in the healthy human",
  "type":"story",
  "url":"https://breathe.ersjournals.com/content/13/4/298"
}
```


Mit Jackson lässt sich dieses JSON in eine `Map` konvertieren:

```
ObjectMapper mapper = new ObjectMapper();
Map map = mapper.readValue( src, Map.class );
```

Es sind `src` verschiedene Quellen für die Daten, etwa vom Typ `String`, `File`, `Reader`, `InputStream`, `URL` ...

Aufgabe:

Schreibe eine neue Methode `Map<?, ?> news(long id)`, die mithilfe von Jackson das JSON-Dokument unter `"https://hacker-news.firebaseio.com/v0/item/" + id + ".json"` bezieht und in eine `Map` konvertiert und zurückliefert.

Beispiel:

- `news(24857356).get("title")` → `"The physiological effects of slow breathing in the healthy human"`
- `news(111111).get("title")` → `null`

20.2.2 Editor-Konfigurationen als JSON lesen und schreiben ★★

Die Entwickler arbeiten für Captain CiaoCiao an einem neuen Editor, und die Konfigurationen sollen in einer JSON-Datei gesichert werden.

Aufgabe:

- Schreibe eine Klasse `Settings`, sodass sich die folgenden Konfigurationen abbilden lassen:

```
{
  "editor" : {
    "cursorStyle" : "line",
    "folding" : true,
    "fontFamily" : [ "Consolas, 'Courier New', monospace" ],
    "fontSize" : 22, "fontWeight" : "normal"
  },
  "workbench" : {
    "colorTheme" : "Default Dark+"
  },
  "terminal" : {
    "integrated.unicodeVersion" : "11"
  }
}
```

- Die JSON-Datei lässt die Datentypen gut erkennen:

  `cursorStyle` ist `String`, `folding` ist `boolean`, `fontFamily` ist ein Array oder `List`.
- Wenn ein Attribut nicht gesetzt ist, also `null` ist, soll es nicht geschrieben werden.
- Bei `terminal` sind die enthaltenen Schlüsselwerte unbekannt, sie sollen in einer `Map<String, String>` enthalten sein.

20.3 HTML

HTML ist eine wichtige Auszeichnungssprache. Die Java-Standardbibliothek bringt keine Unterstützung für HTML-Dokumente mit, sieht man einmal von dem ab, was die `javax.swing.JEditorPane` kann, nämlich HTML 3.2 und eine Teilmenge von CSS 1.0 darstellen.

Damit Java-Programme in der Lage sind, HTML-Dokumente korrekt und valide zu schreiben und einzulesen und Knoten auszulesen, müssen wir zu (Open-Source-) Bibliotheken greifen.

20.3.1 Mit jsoup Wikipedia-Bilder laden ★★

Die beliebte quelloffene Bibliothek *jsoup* (*https://jsoup.org/*) lädt den Inhalt von Webseiten und repräsentiert den Inhalt in einem Baum im Speicher.

Nimm folgende Dependency mit in das POM auf:

```
<dependency>
  <groupId>org.jsoup</groupId>
  <artifactId>jsoup</artifactId>
  <version>1.13.1</version>
</dependency>
```

Aufgabe:

- Studiere die Beispiele unter *https://jsoup.org/cookbook/extracting-data/dom-navigation* und *https://jsoup.org/cookbook/extracting-data/selector-syntax*.
- Erfrage von der Wikipedia-Hauptseite alle Bilder, und speichere sie im eigenen Dateisystem.

20.4 Office-Dokumente

Microsoft Office steht weiterhin ganz oben, wenn es um Textverarbeitung und Tabellenkalkulation geht. Seit vielen Jahren ist das binäre Dateiformat wohlbekannt, und es gibt Java-Bibliotheken zum Lesen und Schreiben. Die Verarbeitung von Microsoft-Office-Dokumenten ist deutlich einfacher geworden, seitdem die Dokumente im Kern XML-Dokumente sind, die in einem ZIP-Archiv zusammengefasst werden. Die Unterstützung in Java ist sehr gut.

20.4.1 Word-Dateien mit Screenshots generieren ★★

Lies den Wikipedia-Eintrag zu POI: *https://de.wikipedia.org/wiki/Apache_POI*.

Aufgabe:

1. Ergänze für Maven im POM Folgendes, damit Apache POI und die nötigen Abhängigkeiten für DOCX eingebunden werden:

   ```
   <dependency>
     <groupId>org.apache.poi</groupId>
     <artifactId>poi-ooxml</artifactId>
   ```

```
  <version>5.0.0</version>
</dependency>
```

2. Studiere den Quellcode von *SimpleImages.java* unter *http://svn.apache.org/repos/asf/poi/trunk/poi-examples/src/main/java/org/apache/poi/examples/xwpf/usermodel/SimpleImages.java*.
3. Mit Java lassen sich Screenshots aufnehmen, und zwar so:

```
private static byte[] getScreenCapture() throws AWTException, IOException {
  BufferedImage screenCapture = new Robot().createScreenCapture(
    SCREEN_SIZE );
  ByteArrayOutputStream os = new ByteArrayOutputStream();
  ImageIO.write( screenCapture, "jpeg", os );
  return os.toByteArray();
}
```

4. Schreibe ein Java-Programm, das 20 Sekunden lang alle 2 Sekunden einen Screenshot macht und das Bild in das Word-Dokument hängt.

20.5 Archive

Dateien mit Metadaten fasst man in Archiven zusammen. Ein bekanntes und beliebtes Archivformat ist ZIP, das die Daten nicht nur zusammenfasst, sondern auch komprimiert. Viele Archivformate können die Dateien auch verschlüsselt speichern und Prüfsummen ablegen, sodass später Fehler in der Übertragung erkannt werden können.

Java bietet zwei Möglichkeiten zur Kompression: Ab Java 7 gibt es einen ZIP-File-System-Provider, und schon seit Java 1.0 gibt es die Klassen `ZipFile` und `ZipEntry`.

20

20.5.1 Insektengeräusche aus dem ZIP-Archiv abspielen ★★

Bonny Brain lauscht gerne den Geräuschen von Insekten und greift dabei auf die WAV-Sammlung von *https://catalog.data.gov/dataset/bug-bytes-sound-library-stored-product-insect-pest-sounds* zurück, wo verschiedene Audiodateien in einem ZIP-Archiv zum Download angeboten werden.

Aufgabe:

- Studiere die Dokumentation unter *https://christian-schlichtherle.bitbucket.io/truezip/truezip-path/*.
- Nimm zwei Abhängigkeiten in das Maven-POM mit auf:

```
<dependency>
  <groupId>de.schlichtherle.truezip</groupId>
  <artifactId>truezip-path</artifactId>
  <version>7.7.10</version>
</dependency>

<dependency>
  <groupId>de.schlichtherle.truezip</groupId>
  <artifactId>truezip-driver-zip</artifactId>
  <version>7.7.10</version>
</dependency>
```

- Lade das ZIP mit den Insektengeräuschen herunter, aber packe es nicht aus.
- Baue für die ZIP-Datei ein `TPath`-Objekt auf.
- Übertrage alle Dateinamen aus der ZIP-Datei in eine Liste; hier hilft `Files.newDirectoryStream(…)`.
- Schreibe eine Endlosschleife, und
  - suche eine zufällige WAV-Datei aus,
  - öffne die zufällig ausgewählte Datei mit `Files.newInputStream(…)`, dekoriere sie mit einem `BufferedInputStream`, und öffne einen `AudioSystem.getAudioInputStream(…)`. Spiele die WAV-Datei ab, und greife auf folgenden Code zurück, wobei `ais` der `AudioInputStream` ist.

    ```
    Clip clip = AudioSystem.getClip();
    clip.open( ais );
    clip.start();
    TimeUnit.MICROSECONDS.sleep( clip.getMicrosecondLength() + 50 );
    clip.close();
    ```

    In Kapitel 8, »Exceptions«, hatten wir mit der `javax.sound`-API schon einmal gearbeitet.

20.6 Lösungsvorschläge

Aufgabe 20.1.1: XML-Datei mit Rezept schreiben

Der Lösungsvorschlag ist eher lang als kompliziert. Er startet mit zwei Typen:

```
class Recipe {
  String head$title;
  List<String> head$categories;
  String head$yield;
  List<Ingredient> ingredients;
```

```
  List<String> directions;

  Recipe( String head$title, List<String> head$categories, String head$yield,
          List<Ingredient> ingredients, List<String> directions ) {
    this.head$title = head$title;
    this.head$categories = head$categories;
    this.head$yield = head$yield;
    this.ingredients = ingredients;
    this.directions = directions;
  }

  static class Ingredient {
    String ing$amt$qty;
    String ing$amt$unit;
    String ing$item;

    Ingredient( String ing$amt$qty, String ing$amt$unit, String ing$item ) {
      this.ing$amt$qty = ing$amt$qty;
      this.ing$amt$unit = ing$amt$unit;
      this.ing$item = ing$item;
    }
  }
}
```

Listing 20.1 com/tutego/exercise/xml/RecipeMLwriterDemo.java

Ein Rezept wird durch die beiden Klassen Recipe und Ingredient repräsentiert. Ingredient ist ein geschachtelter Typ, was die Abhängigkeit der beiden Typen Recipe und Ingredient gut ausdrückt. Im Prinzip könnte man für jedes Unterelement eine eigene Klasse definieren, doch für den Lösungsvorschlag wäre das zu viel. Daher drücken die Variablennamen mit dem Dollar die Typhierarchie aus.

generateRandomRecipe() baut ein Rezept auf:

```
static Recipe generateRandomRecipe() {
  Recipe.Ingredient ingredient1 =
    new Recipe.Ingredient( "30", "cups", "fat" );
  Recipe.Ingredient ingredient2 = new Recipe.Ingredient( "1", "kg", "sugar" );
  return new Recipe( "Fat Jam", Arrays.asList( "Canning", "Preserves" ), "8",
    Arrays.asList( ingredient1, ingredient2 ),
    Arrays.asList( "Start", "End" ) );
}
```

Listing 20.2 com/tutego/exercise/xml/RecipeMLwriterDemo.java

Es werden zwei Zutaten über den parametrisierten Konstruktor aufgebaut, und es entstehen zwei Ingredient-Objekte. Anschließend wird über den parametrisierten Konstruktor ein Recipe aufgebaut, und die beiden Ingredient-Objekte werden als Array übergeben.

Für das Schreiben sind die Klasse RecipeMLwriter und eine öffentliche Methode writeRecipeAsXml(…) verantwortlich:

```
class RecipeMLwriter {
  public static void writeRecipeAsXml( OutputStream outputStream,
    Recipe recipe )
      throws XMLStreamException {
    XMLOutputFactory outputFactory = XMLOutputFactory.newFactory();
    XMLStreamWriter writer = outputFactory.createXMLStreamWriter(
      outputStream,
      StandardCharsets.UTF_8.name() );
    writeRecipeElements( writer, recipe );
    writer.close();   // This does not close the underlying output stream
  }

  private static void writeCharacters( XMLStreamWriter writer, String name,
    String string )
      throws XMLStreamException {
    writer.writeStartElement( name );
    writer.writeCharacters( string );
    writer.writeEndElement();
  }

  private static void writeRecipeElements( XMLStreamWriter writer,
    Recipe recipe )
      throws XMLStreamException {
    writer.writeStartDocument( "utf-8", "1.0" );
    writer.writeComment( "Recipe" );

    writer.writeStartElement( "recipe" );

    writer.writeStartElement( "head" );

    writeCharacters( writer, "title", recipe.head$title );

    writer.writeStartElement( "categories" );
    for ( String cat : recipe.head$categories )
      writeCharacters( writer, "cat", cat );
```

```
    writer.writeEndElement(); // </categories>

    writeCharacters( writer, "yield", recipe.head$yield );

    writer.writeEndElement(); // </head>

    writer.writeStartElement( "ingredients" );
    for ( Recipe.Ingredient ingredient : recipe.ingredients )
      writeIngredientElements( writer, ingredient );
    writer.writeEndElement(); // </ingredients>

    writer.writeStartElement( "directions" );
    for ( String step : recipe.directions )
      writeCharacters( writer, "step", step );
    writer.writeEndElement(); // </directions>

    writer.writeEndElement(); // </recipe>

    writer.writeEndDocument();
  }

  private static void writeIngredientElements( XMLStreamWriter writer,
    Recipe.Ingredient ingredient )
      throws XMLStreamException {
    writer.writeStartElement( "ing" );

    writer.writeStartElement( "amt" );
    writeCharacters( writer, "qty", ingredient.ing$amt$qty );
    writeCharacters( writer, "unit", ingredient.ing$amt$unit );
    writer.writeEndElement(); // </amt>

    writeCharacters( writer, "item", ingredient.ing$item );

    writer.writeEndElement(); // </ing>
  }
}
```

Listing 20.3 com/tutego/exercise/xml/RecipeMLwriterDemo.java

Das beginnt mit dem Aufbau der `XMLOutputFactory`, denn darüber wird der `XMLStreamWriter` erfragt, der mit den zentralen Methoden `writeStartElement(…)`, `writeEndElement(…)` und `writeCharacters(…)` das XML schreibt. Das Schreiben der Teilbäume übernehmen einzelne Methoden. Das schafft ein wenig Übersichtlichkeit, denn andernfalls hätten wir einige geschachtelte Schleifen, und die Anzahl der Zeilen pro Methode wird zu groß; auch jetzt ist die Anzahl der Zeilen grenzwertig hoch.

Es lässt sich festhalten, dass diese Art, XML-Dateien zu schreiben, zwar performant, aber nicht übersichtlich ist. Es ist auch unpraktisch, wenn sich später Eigenschaften am XML-Dokument ändern. Es gibt alternative Technologien, mit denen das automatische Schreiben von XML-Dateien gelingt, namentlich JAXB.

Wer sich das für XML-Schema von RecipeML interessiert: *https://github.com/tranchis/xsd2thrift/blob/master/contrib/recipeml.xsd*. Allerdings ist es ruhig geworden um das Format.

Aufgabe 20.1.2: Prüfen, ob alle Bilder ein alt-Attribut haben

```
static void reportMissingAltElements( Path path ) {
  try ( InputStream is = Files.newInputStream( path ) ) {
    for ( XMLStreamReader parser =
      XMLInputFactory.newInstance().createXMLStreamReader( is );
      parser.hasNext(); ) {
      parser.next();
      boolean isStartElement = parser.getEventType() ==
        XMLStreamConstants.START_ELEMENT;
      if ( isStartElement ) {
        boolean isImgTag = "img".equalsIgnoreCase( parser.getLocalName() );
        if ( isImgTag && ! containsAltAttribute( parser ) )
          System.err.printf( "img does not contain alt attribute:%n%s%n",
            parser.getLocation() );
      }
    }
  }
  catch ( IOException | XMLStreamException e ) {
    throw new RuntimeException( e );
  }
}

private static boolean containsAltAttribute( XMLStreamReader parser ) {
  return IntStream.range( 0, parser.getAttributeCount() )
                  .mapToObj( parser::getAttributeLocalName )
                  .anyMatch( "alt"::equalsIgnoreCase );
}
```

Listing 20.4 com/tutego/exercise/xml/XhtmlHasImgTagWithAltAttribute.java

Das an die Methode `createXMLStreamReader(…)` übergebene `Path`-Objekt ist Basis für einen `InputStream`, den wir `createXMLStreamReader(..,)` übergeben, um einen `XML-`

StreamReader mit diesem Eingabestrom zu bekommen. Leider ist bis heute (Stand Java 16) ein XMLStreamReader kein AutoCloseable, sodass er nicht im try-mit-Ressourcen geschlossen werden kann. Das ist beim Lesen allerdings nicht dramatisch, den InputStream der Datei schließen wir sehr wohl über ein try-mit-Ressourcen.

Das Durchlaufen der Daten über einen XMLStreamReader sieht immer gleich aus: hasNext() sagt, ob es noch Tokens im Datenstrom gibt, und wenn ja, hole das nächste Token mit next(). Das ist vergleichbar mit dem Scanner und Iterator. Der Aufruf von next() verändert den Zustand des XMLStreamReader-Elements, und getEventType() liefert eine Ganzzahl zur Identifikation der anliegenden Daten. Das kann z. B. der Start des Dokumentes sein, eine Processing-Instruction, ein Kommentar, Text oder eben auch ein Startelement. Statt Ganzzahlen greifen wir auf Konstanten zurück, interface XMLStreamReader extends XMLStreamConstants. Wenn ein Element startet, könnte es ein img-Element sein. Also erfragt getLocalName() vom Parser den Elementnamen und vergleicht ihn mit img – unabhängig von der Groß-/Kleinschreibung. Wenn das wahr ist, haben wir ein img-Tag gefunden. Jetzt ist die Frage, ob auch das Attribut alt gesetzt ist. Das beantwortet die eigene Methode containsAltAttribute(…). Wenn das img-Tag kein alt-Attribut hat, gibt es eine Meldung auf dem Standardfehlerkanal, und über getLocation() lässt sich auch die Stelle genau identifizieren und in der Fehlermeldung angeben.

containsAltAttribute(…) bekommt als Parameter den XMLStreamReader und läuft alle Attribute von 0 bis getAttributeCount() ab. Wenn ein Attribut alt existiert, unabhängig von der Belegung, liefert die Methode true, andernfalls false.

Aufgabe 20.1.3: Java-Objekte mit JAXB schreiben

```
@XmlRootElement
class Ingredients {
  public Ing[] ing;
}

class Ing {
  public Amt amt;
  public String item;
}

class Amt {
  public int qty;
  public String unit;
}
```

Listing 20.5 com/tutego/exercise/xml/JaxbRecipeML.java

```
Ing ing1 = new Ing();
Amt amt1 = new Amt();
amt1.qty = 3;
amt1.unit = "cups";
ing1.amt = amt1;
ing1.item = "Strawberries";

Ing ing2 = new Ing();
Amt amt2 = new Amt();
amt2.qty = 3;
amt2.unit = "cups";
ing2.amt = amt2;
ing2.item = "Sugar";

Ingredients ingredients = new Ingredients();
ingredients.ing = new Ing[]{ ing1, ing2 };

JAXB.marshal( ingredients, System.out );
```

Listing 20.6 com/tutego/exercise/xml/JaxbRecipeML.java

Die Arbeit mit JAXB ist einfach:

1. Man schreibt Klassen mit einem parameterlosen Konstruktor und nutzt für die Daten entweder Setter/Getter oder öffentliche Objektvariablen,
2. baut ein Objektgeflecht auf und schreibt es mit `JAXB.marshal(ingredients, System.out)` in einen Ausgabestrom, zum Beispiel auf die Konsole.

Aus Kompatibilitätsgründen setzt der Lösungsvorschlag an das Wurzelelement `Ingredients` die Annotation `@XmlRootElement`. Das ist bei aktuellen JAXB-Implementierungen nicht mehr notwendig, ist aber aus Kompatibilitätsgründen eingesetzt, damit die Lösung auch unter Java 8 funktioniert, das eine etwas ältere JAXB-Version (JAXB RI 2.2.8) enthält, aktuell 2.4.0.

Aufgabe 20.1.4: Witze einlesen und herzlich lachen

Bei JAXB stehen JavaBeans im Mittelpunkt, die über Annotationen dem JAXB-Framework mitteilen, wie Objekte in XML abgebildet werden oder wie die Abbildung von XML auf die Objekte aussehen muss. Diese JAXB-Beans können wir von Hand schreiben und annotieren, oder wir können sie aus einem Schema generieren lassen. Diese Variante war in der Aufgabe gefragt, und die generierte Klasse `Data` beginnt so:

```
@XmlAccessorType(XmlAccessType.FIELD)
@XmlType(name = "", propOrder = {
    "category", "type", "flags", "setup", "delivery", "id", "error"
```

```
})
@XmlRootElement(name = "data")
public class Data {

    @XmlElement(required = true)
    protected String category;
    @XmlElement(required = true)
    protected String type;
    ...
}
```

Zum Nutzer:

```
try {
  URL url = new URL( "https://sv443.net/jokeapi/v2/joke/Any?format=xml" );
  Data data = JAXB.unmarshal( url, Data.class );
  System.out.println( data.getSetup() );
  System.out.println( data.getDelivery() );
  System.out.printf( "Not Safe for Work? %s%n", data.getFlags().isNsfw() );
  System.out.printf( "Religious? %s%n", data.getFlags().isReligious() );
  System.out.printf( "Political? %s%n", data.getFlags().isPolitical() );
  System.out.printf( "Racist? %s%n", data.getFlags().isRacist() );
  System.out.printf( "Sexist? %s%n", data.getFlags().isSexist() );
}
catch ( MalformedURLException e ) {
  System.err.println( "malformed URL has occurred" );
  e.printStackTrace();
}
catch ( DataBindingException e ) {
  System.err.println( "failure in a JAXB operation" );
  e.printStackTrace();
}
```

Listing 20.7 com/tutego/exercise/xml/JaxbJokeReceiver.java

`JAXB.unmarshal(…)` erlaubt das Konstruieren von Java-Objekten aus einem XML-Strom aus unterschiedlichen Datenquellen, unter anderem einer `URL`. Wenn wir also ein `URL`-Objekt aufbauen und es auf den Endpunkt der Scherze legen, liefert `unmarshal(…)` direkt ein `Data`-Objekt zurück. Das `Data`-Objekt bietet dann unterschiedliche Getter, und die Daten lassen sich auslesen. Zwei Ausnahmen können auftreten: Das Format der URL könnte ungültig sein, was uns eine `MalformedURLException` einbringt, oder das XML-Format lässt sich nicht auf die JavaBean abbilden, dann ist das Ergebnis eine `DataBindingException`.

Aufgabe 20.2.1: Hacker News: JSON auswerten

Der Jackson-Typ `ObjectMapper` bietet `readValue(…)`, das das JSON-Dokument in eine `Map` von verschachtelten Schlüssel-Wert-Paaren liefert. Zwei Lösungsvorschläge:

```
public static Map<?, ?> news( long id ) {
  try {
    URI uri = URI.create( "https://hacker-news.firebaseio.com/v0/item/" +
      id + ".json" );
    return new ObjectMapper().readValue( uri.toURL(), Map.class );
  }
  catch ( IOException e ) {
    return Collections.emptyMap();
  }
}
```

Listing 20.8 com/tutego/exercise/json/HackerNewsJackson.java

Die `readValue(…)`-Methode des `ObjectMapper`-Objekts kann im ersten Parameter eine `URL` annehmen und so direkt vom Netzwerk das JSON-Dokument beziehen und in eine `Map` konvertieren. Somit ist eigentlich nur eine Zeile nötig. Ausnahmen fängt das Programm ab und liefert in dem Fall eine leere `Map` zurück.

Ein Blick auf die Jackson-Implementierung zeigt, dass `url.openStream()` genutzt wird, unter Java 11 aber die HTTP-Client-API leistungsfähiger ist, was die Konfiguration von Authenticator, Thread-Pool, Proxy, SSL-Kontext und weiterem angeht.

```
public static Map<?, ?> news( long id ) {
  HttpClient client = HttpClient.newHttpClient();
  ObjectMapper mapper = new ObjectMapper();

  HttpRequest request = HttpRequest
      .newBuilder( URI.create(
        "https://hacker-news.firebaseio.com/v0/item/" + id + ".json" ) )
      .timeout( Duration.ofSeconds( 5 ) )
      .build();

  try {
    InputStream body = client.send( request,
      HttpResponse.BodyHandlers.ofInputStream() ).body();
    return mapper.readValue( body, Map.class );
  }
  catch ( IOException | InterruptedException e ) {
    return Collections.emptyMap();
```

```
  }
}
```

Listing 20.9 com/tutego/exercise/json/HackerNewsJackson.java

Für `HttpClient` greifen wir mit `HttpClient.newHttpClient()` auf eine Standardkonfiguration zurück. Auch den `ObjectMapper` erzeugt das Programm ohne weitere Extras. Der `HttpRequest` wird auf die `URL` gelegt, dann wieder ein Timeout gesetzt. Das Ergebnis sollte in einem Format sein, das `readValue(…)` annehmen kann; hier bieten sich zum Beispiel `InputStream`, `byte`-Array oder `String` an. Der `InputStream` ist von Vorteil, denn im besten Fall benötigt das beim Lesen den wenigsten Speicher.

Aufgabe 20.2.2: Editor-Konfigurationen als JSON lesen und schreiben

Die JSON-Hierarchie ergibt sich automatisch dadurch, dass `Settings` einen `Editor` und eine `Workbench` referenziert.

```
import java.util.*;

public class Settings {

  enum FontWeight {
    normal, bold;
  }

  public static class Editor {
    public String cursorStyle = "line";
    public boolean folding = true;
    public List<String> fontFamily =
      Arrays.asList( "Consolas, 'Courier New', monospace" );
    public int fontSize = 14;
    public FontWeight fontWeight = FontWeight.normal;
  }

  public static class Workbench {
    public String colorTheme = "Default Dark+";
    public String iconTheme;
  }

  public Editor editor = new Editor();
  public Workbench workbench = new Workbench();
  public Map<String, String> terminal = new HashMap<>();
}
```

Listing 20.10 com/tutego/exercise/json/Settings.java

Jackson greift direkt auf die Objektvariablen zurück und übernimmt die kleingeschriebenen Bezeichner für das JSON-Objekt. Listen bildet Jackson direkt auf JSON-Arrays ab. Auch Aufzählungen werden direkt geschrieben und können wieder eingelesen werden. Mit `Map<String, String> terminal` lassen sich beliebige Schlüssel-Wert-Paare von Strings einsetzen, die nicht an spezielle Objektvariablen gebunden werden, sondern in den Assoziativspeicher kommen. Auch ist eine spezielle Annotation für die Wurzel des Dokumentes (`@XmlRootElement` bei JAXB) nicht nötig. Jackson hat viel geringere Anforderungen an die Typen als JAXB.

```
public class EditorPreferences {

  private static final Path FILENAME = Paths.get(
      /*System.getProperty( "user.home" ),*/ ".editor-configuration.json" );

  private final ObjectMapper jsonMapper = new ObjectMapper();

  private Settings settings = new Settings();

  public EditorPreferences() {
    jsonMapper.enable( SerializationFeature.INDENT_OUTPUT );
    jsonMapper.setSerializationInclusion( JsonInclude.Include.NON_NULL );
  }

  public Settings settings() {
    return settings;
  }

  public Settings load() {
    try ( InputStream is = Files.newInputStream( FILENAME ) ) {
      settings = jsonMapper.readValue( is, Settings.class );
      return settings;
    }
    catch ( IOException e ) {
      return settings;
    }
  }

  public void save() {
    try ( OutputStream os = Files.newOutputStream( FILENAME ) ) {
      jsonMapper.writeValue( os, settings );
    }
    catch ( IOException e ) {
      throw new IllegalStateException( e );
```

```
    }
  }
}
```

Listing 20.11 com/tutego/exercise/json/EditorPreferences.java

```
EditorPreferences preferences = new EditorPreferences();
preferences.save();

Settings settings = preferences.load();
settings.editor.fontSize = 22;
settings.terminal.put( "integrated.unicodeVersion", "11" );
preferences.save();
```

Listing 20.12 com/tutego/exercise/json/EditorPreferencesDemo.java

`EditorPreferences` hat einen Konstruktor, in denen zwei Dinge beim `ObjectMapper` konfiguriert werden:

- Zunächst einmal soll die Ausgabe formatiert werden, denn Konfigurationsdateien sind für Benutzer gemacht, also soll die Datei nicht so kurz sein wie möglich und alle Leerzeichen einsparen, sondern Umbrüche und Einschübe aufweisen.
- Ist ein String leer, dann schreibt ihn Jackson genauso wie Referenzvariablen, die `null` sind. In unserem Beispiel ist das Schreiben von `null`-Werten nicht gewünscht; diese Eigenschaft setzt `setSerializationInclusion(JsonInclude.Include.NON_NULL)`. In der Konfiguration bietet sich die Möglichkeit, das einmal global zu setzen, über den `ObjectMapper` oder lokal über Annotationen.

Intern legt `EditorPreferences` ein `Settings`-Objekt an, das `load()` aus der JSON-Datei rekonstruiert und die `save()`-Methode schreibt. `readValue(…)` und `writeValue(…)` des `ObjectMapper`-Objekts sind für die eigentliche Abbildung verantwortlich.

Aufgabe 20.3.1: Mit jsoup Wikipedia-Bilder laden

```
String url = "https://de.wikipedia.org/wiki/Wikipedia:Hauptseite";
Document doc = Jsoup.parse( new URL( url ), 1000 /* ms */ );

for ( Element img : doc.select( "img[src~=(?i)\\.(png|gif|jpg)]" ) ) {
  String imgUrl = img.absUrl( "src" );
  String filename = imgUrl.replaceAll( "[^a-zA-Z0-9_.-]", "_" );
  try ( InputStream imgStream = new URL( imgUrl ).openStream() ) {
    Files.copy( imgStream, Paths.get( filename ),
                StandardCopyOption.REPLACE_EXISTING );
  }
```

```
    }
}
```

Listing 20.13 com/tutego/exercise/net/WikipediaImageLoader.java

Die Klasse `Jsoup` besitzt die statische Methode `parse(…)`, die aus unterschiedlichen Quellen das HTML-Dokument aufbauen kann. In unserem Fall wählen wir direkt das `URL`-Objekt, wobei beim Zugriff auf das Netzwerk bei `Jsoup` ein Timeout mitgegeben werden muss, den wir auf `1000` Millisekunden setzen. Die `parse(…)` Methode liefert ein `org.jsoup.nodes.Document`-Objekt zurück. Es gibt zwei Möglichkeiten, auf dieses `Document` zurückzugreifen und Elemente zu extrahieren:

- DOM-Methoden wie `getElementById(String id)` oder `child(int index)`
- Selector-Ausdrücke, wie sie von CSS bekannt sind

Der Lösungsvorschlag arbeitet mit der `select(…)`-Methode. `img[…]` steht für alle `img`-Tags, die Angabe `src~=` bestimmt über einen regulären Ausdruck, was für das `src`-Attribut gelten soll, dass die Strings auf `\\.(png|gif|jpg)` matchen, also die Dateiendung `.png`, `.gif` oder `.jpg` haben. Das Flag `(?i)` aktiviert die Suche unabhängig von der Groß-/Kleinschreibung.

Das Ergebnis der `select(…)`-Methode ist vom Typ `Elements`, eine Unterklasse von `ArrayList`. Eine `List` ist `Iterable` und lässt sich komfortabel mit einer erweiterten `for`-Schleife durchlaufen. Jedes Element in dieser Liste ist vom Typ `Element`. Mit dem Aufruf `attr("src")` könnten wir die gesetzte URL des Bildes erfragen, aber nützlicher ist die Methode `absUrl(…)`, die die URL absolut auflöst.

Wenn wir später die Bilder herunterladen, dann können wir nicht direkt diese URL als Dateinamen nutzen, weil dort illegale Symbole vorhanden sind, die im Dateisystem zu Problemen führen. Die String-Methode `replaceAll(…)` liefert einen neuen aufgeräumten String, den wir als Dateinamen verwenden können. Im nächsten Schritt wird ein `URL`-Objekt aufgebaut und ein Eingabestrom zu diesem Bild geöffnet und es über `Files.copy(…)` auf das lokale Dateisystem kopiert; den Code haben wir in der Aufgabe `ImageDownloader` schon einmal geschrieben.

Aufgabe 20.4.1: Word-Dateien mit Screenshots generieren

```
private static final int TOTAL_NUMBER_OF_SCREEN_CAPTURES  = 3;
private static final int DURATION_BETWEEN_SCREEN_CAPTURES = 5;
private static final Rectangle SCREEN_SIZE =
  new Rectangle( Toolkit.getDefaultToolkit().getScreenSize() );

private static byte[] getScreenCapture() throws AWTException, IOException {
  BufferedImage screenCapture = new Robot().createScreenCapture( SCREEN_SIZE );
  ByteArrayOutputStream os = new ByteArrayOutputStream();
```

```
  ImageIO.write( screenCapture, "jpeg", os );
  return os.toByteArray();
}

private static void appendImage( XWPFDocument doc, byte[] imageBytes )
    throws IOException, InvalidFormatException {
      XWPFRun paragraph = doc.createParagraph().createRun();
      paragraph.addPicture( new ByteArrayInputStream( imageBytes ),
        Document.PICTURE_TYPE_JPEG,
        UUID.randomUUID().toString(),
        Units.toEMU( SCREEN_SIZE.width / 100. * 20 ),
        Units.toEMU( SCREEN_SIZE.height / 100. * 20 ) );
    paragraph.addBreak();
}

public static void main( String[] args ) throws Exception {
  try ( XWPFDocument xwpfDocument = new XWPFDocument() ) {
    for ( int i = 0; i < TOTAL_NUMBER_OF_SCREEN_CAPTURES; i++ ) {
      appendImage( xwpfDocument, getScreenCapture() );
      TimeUnit.SECONDS.sleep( DURATION_BETWEEN_SCREEN_CAPTURES );
    }

    Path tempFile = Files.createTempFile( "screen-captures", ".docx" );
    try ( OutputStream out = Files.newOutputStream( tempFile ) ) {
      xwpfDocument.write( out );
    }
    System.out.println( "Written to " + tempFile );
  }
}
```

Listing 20.14 com/tutego/exercise/fileformat/ScreenCapturesInDocx.java

Die Lösung besteht aus drei Methoden. Die erste Methode `getScreenCapture()` liefert ein `byte[]` mit dem Bildschirminhalt als JPEG. Das kann Java über die `Robot`-Klasse erledigen, die für Automatisierung gedacht ist. (Mit der `Robot`-Klasse lässt sich der Cursor bewegen und Tastendrücke senden.) Das Ergebnis von `createScreenCapture(…)` für die gesamte Bildschirmgröße ist vom Typ `BufferedImage`, einem internen Bildformat. Um es in das JPEG-Format zu bringen, greift das Programm auf die Methode `ImageIO.write(…)` zurück, die das `BufferedImage` erst in einen `ByteArrayOutputStream` schreibt und dann in ein `byte`-Array konvertiert und zurückgibt.

Die zweite Methode ist `appendImage(…)`; sie hängt ein Bild an ein existierendes `XWPFDocument`. Da jedes Bild in einen eigenen Absatz kommt, wird zunächst ein `Paragraph` aufgebaut und dann über `addPicture(…)` das Bild hinzugefügt. Die Methode erwartet einen Eingabestrom auf das Bild sowie eine eindeutige Kennung, und Größenangaben. Das Bild wird etwas skaliert.

Die Hauptmethode `main(…)` öffnet ein neues `XWPFDocument`, nimmt dann einen Bildschirmabzug, hängt ihn an das Dokument, wartet eine Sekunde, nimmt dann wieder einen Bildschirmabzug, bis die gewünschte Maximalanzahl erreicht ist. Das Dokument steht bis jetzt nur im Speicher. `Files.createTempFile(…)` erzeugt eine Datei im temporären Verzeichnis und schreibt das Office-Dokument in diese Datei.

Aufgabe 20.5.1: Insektengeräusche aus dem ZIP-Archiv abspielen

```
Path path = new TPath( filename );

List<Path> wavFiles = new ArrayList<>();
try ( DirectoryStream<Path> entries = Files.newDirectoryStream( path ) ) {
  entries.forEach( wavFiles::add );
}

while ( true ) {
  Path randomWavFile = wavFiles.get(
    ThreadLocalRandom.current().nextInt( wavFiles.size() ) );
  try ( InputStream fis = Files.newInputStream( randomWavFile );
        BufferedInputStream bis = new BufferedInputStream( fis );
        // for mark/reset support
        AudioInputStream ais = AudioSystem.getAudioInputStream( bis ) ) {
    Clip clip = AudioSystem.getClip();
    clip.open( ais );
    clip.start();
    TimeUnit.MICROSECONDS.sleep( clip.getMicrosecondLength() + 50 );
    clip.close();
  }
}
```

Listing 20.15 com/tutego/exercise/io/TrueZipDemo.java

Die Lösung besteht aus folgenden Teilen:

1. Auslesen aller Audiodateien aus dem Archiv `filename`
2. Auswählen einer zufälligen Audiodatei
3. Abspielen der Audiodatei

TrueZIP nutzt für seine Arbeit eine eigene `Path`-Implementierung `TPath`. Dem Konstruktor kann übergeben werden ein `String`, `Path`, `URI` oder `File`-Objekt. Wenn wir unsere ZIP-Datei nutzen und `TPath` aufgebaut haben, liefert `newDirectoryStream(…)` alle Verzeichnisinhalte, wobei wir diese in einer Liste von `Path`-Objekten zwischenspeichern.

Die Endlosschleife beginnt und wählt eine zufällige Datei aus der Liste. Ein Eingabestrom wird geöffnet und anschließend mit `BufferedInputStream` dekoriert. Das ist notwendig, weil das Audiosystem eine besondere Eigenschaft bei Eingabeströmen benötigt, nämlich dass Markierungen gesetzt werden. Der Eingabestrom von TrueZIP unterstützt das zumindest in der aktuellen Version nicht.

Anschließend kann der `AudioInputStream` geöffnet und der `Clip` abgespielt werden. Die Dauer des Clips lässt sich über `getMicrosecondLength(…)` erfragen, und so lange warten wir auch nach dem Start des Abspielens. Wir setzen einen kleinen Puffer von 50 Mikrosekunden obendrauf. Der Clip wird geschlossen, und der nächste Schleifendurchlauf kommt.

Kapitel 21
Datenbankzugriffe mit JDBC

Java Database Connectivity (JDBC) bietet eine Datenbankschnittstelle für den Zugriff auf unterschiedliche relationale Datenbanken und ermöglicht die Ausführung von SQL-Anweisungen auf einem relationalen Datenbankmanagementsystem (RDBMS). Die JDBC-API wird von einem JDBC-Treiber implementiert. In diesem Kapitel geht es um ein Beispiel mit der JDBC-API, damit Captain CiaoCiao für ein Piraten-Dating Personenmerkmale und Nutzerinformationen in einer Datenbank speichern kann.

Voraussetzungen

- Maven-Projekt aufbauen und Dependencies ergänzen können
- Datenbankmanagementsystem installieren können
- Datenbankverbindung aufbauen können
- Daten erfragen und einfügen können

Java ist auch eine Insel, Kapitel 20, Java SE 9 Standard-Bibliothek, Kapitel 16

In der »1. Insel« führt Kapitel 20, »Einführung ins Datenbankmanagement mit JDBC«, kurz in JDBC ein; einen tieferen Einstieg – so wie es hier für die Aufgaben nötig ist – bietet die »2. Insel« in Kapitel 16, »Datenbankmanagement mit JDBC«.

21

Verwendete Datentypen in diesem Kapitel:

- `java.sql.DriverManager` (*https://docs.oracle.com/en/java/javase/11/docs/api/java.sql/java/sql/DriverManager.html*)
- `java.sql.Connection` (*https://docs.oracle.com/en/java/javase/11/docs/api/java.sql/java/sql/Connection.html*)
- `java.sql.SQLException` (*https://docs.oracle.com/en/java/javase/11/docs/api/java.sql/java/sql/SQLException.html*)
- `java.sql.Statement` (*https://docs.oracle.com/en/java/javase/11/docs/api/java.sql/java/sql/Statement.html*)
- `java.sql.Statement` (*https://docs.oracle.com/en/java/javase/11/docs/api/java.sql/java/sql/PreparedStatement.html*)
- `java.sql.ResultSet` (*https://docs.oracle.com/en/java/javase/11/docs/api/java.sql/java/sql/ResultSet.html*)

- `java.sql.Date` (*https://docs.oracle.com/en/java/javase/11/docs/api/java.sql/java/sql/Date.html*)
- `java.sql.ResultSetMetaData` (*https://docs.oracle.com/en/java/javase/11/docs/api/java.sql/java/sql/ResultSetMetaData.html*)

21.1 Datenbankmanagementsysteme

Für Übungen mit JDBC sind ein Datenbankmanagementsystem, eine Datenbank und Daten Voraussetzung. Die Aufgaben können mit jedem relationalen Datenbankmanagementsystem realisiert werden, weil es JDBC-Treiber für alle wichtigen Datenbankmanagementsysteme gibt und der Zugriff immer gleich aussieht. Das Kapitel greift auf das kompakte Datenbankmanagementsystem *H2* zurück.

Tipp

Es gibt grafische Werkzeuge, die Tabellen anzeigen und die Eingabe von SQL-Abfragen vereinfachen. Für Entwicklungsumgebungen gibt es oftmals Plugins; IntelliJ Ultimate enthält von Haus aus einen Datenbankeditor, für die freie Community-Edition gibt es zum Beispiel *https://plugins.jetbrains.com/plugin/1800-database-navigator*. Für Eclipse existieren unterschiedliche Plugins, von der Eclipse Foundation selbst das *Eclipse Data Tools Platform (DTP) Project* unter *https://www.eclipse.org/datatools/downloads.php*.

21.1.1 H2-Datenbank vorbereiten ★

H2 ist so kompakt, dass das Datenbankmanagementsystem, der JDBC-Treiber und eine kleine Admin-Oberfläche zusammen in einem JAR-Archiv verpackt sind. Nimm in das Maven-POM folgende Dependency auf:

```
<dependency>
  <groupId>com.h2database</groupId>
  <artifactId>h2</artifactId>
  <version>1.4.200</version>
</dependency>
```

21.2 Datenbankabfragen

Jede Datenbankabfrage läuft über folgende Schritte:

1. Starten des Datenbankzugriffs durch Aufbauen der Verbindung
2. Absenden einer Anweisung
3. Einsammeln der Ergebnisse

21.2.1 Alle registrierten JDBC-Treiber abfragen ★

Java 6 hat die *Service-Provider-API* eingeführt, die Code automatisch ausführen kann, wenn er im Klassenpfad liegt und in einer besonderen Textdatei aufgeführt ist. JDBC-Treiber nutzen die Service-Provider-API, um sich automatisch an der Zentrale vom Typ `DriverManager` anzumelden.

Aufgabe:

Erfrage über den `DriverManager` alle angemeldeten JDBC-Treiber, und gib den Klassennamen auf den Bildschirm aus.

21.2.2 Datenbank aufbauen und SQL-Skript ausführen ★

Captain CiaoCiao möchte Informationen über Piraten in einer relationalen Datenbank speichern. Ein erster Entwurf ergibt, dass der Rufname eines Piraten gespeichert werden soll, außerdem die E-Mail-Adresse, die Länge des Säbels, das Geburtsdatum und eine Kurzbeschreibung. Schreibe nach der Modellierung der Datenbank ein SQL-Skript, das die Tabellen aufbaut:

```
DROP ALL OBJECTS;

CREATE TABLE Pirate (
  id          IDENTITY,
  nickname    VARCHAR(255) UNIQUE NOT NULL,
  email       VARCHAR(255) UNIQUE NOT NULL,
  swordlength INT,
  birthdate   DATE,
  description VARCHAR(4096)
);
```

Die erste SQL-Anweisung löscht in H2 alle Einträge in der Datenbank. Anschließend erzeugt `CREATE TABLE` eine neue Tabelle mit unterschiedlichen Spalten und Datentypen. Jeder Pirat hat eine eindeutige ID, die von der Datenbank vergeben wird; wir sprechen von *automatisch generierten Schlüsseln*.

Info

Das SQL im Buch folgt einer Namenskonvention:

- SQL-Schlüsselwörter werden konsequent großgeschrieben.
- Die Tabellennamen stehen im Singular und beginnen mit einem Großbuchstaben, genauso wie Klassennamen in Java mit einem Großbuchstaben beginnen.
- Die Spaltennamen der Tabellen sind kleingeschrieben.

Ein Java SE-Programm nutzt den `DriverManager`, um über die Methode `getConnection(…)` eine Verbindung aufzubauen. In einer JDBC-URL stehen Informationen über die Datenbank und Verbindungsdetails, wie zum Beispiel Server und Port. Im Fall von H2 ist die JDBC-URL einfach, wenn kein Server kontaktiert werden, sondern das RDBMS Teil der eigenen Anwendung sein soll:

```
try ( Connection connection = DriverManager.getConnection(
  "jdbc:h2:./pirates-dating" ) {
  …
}
```

Existiert die Datenbank `pirates-dating` nicht, wird sie angelegt. `getConnection(…)` liefert anschließend die Verbindung zurück. Verbindungen müssen immer geschlossen werden. Das `try`-mit-Ressourcen übernimmt das Schließen, wie im oberen Code abzulesen.

Läuft das komplette RDBMS als Teil der eigenen Anwendung, nennt sich das *Embedded Mode*. Im Embedded Mode gilt, dass eine gestartete Java-Anwendung diese Datenbank exklusiv verwendet und sich nicht mehrere Java-Programme zu dieser Datenbank verbinden können. Mehrere Verbindungen sind nur mit einem Datenbankserver möglich. Auch das kann H2; Interessierte können das Vorgehen von der H2-Website entnehmen: *https://www.h2database.com/html/tutorial.html*.

Aufgabe:

- Lege eine Datei *create-table.sql* im Ressourcenverzeichnis des Maven-Projektes ab. Kopiere das SQL-Skript in die Datei.
- Lege eine neue Java-Klasse an, und lade das SQL-Skript aus dem Klassenpfad.
- Baue eine Verbindung zur Datenbank auf, und führe das geladene SQL-Skript aus.

Mit einem Kommandozeilentool können wir zum Schluss die Datenbank abfragen:

```
$ java -cp h2-1.4.200.jar org.h2.tools.Shell -url jdbc:h2:C:\pfad\zum\ordner\
pirates-dating

Welcome to H2 Shell 1.4.200 (2019-10-14)
Exit with Ctrl+C
Commands are case insensitive; SQL statements end with ';'
help or ?      Display this help
list           Toggle result list / stack trace mode
maxwidth       Set maximum column width (default is 100)
autocommit     Enable or disable autocommit
history        Show the last 20 statements
quit or exit   Close the connection and exit
```

```
sql> SHOW TABLES;
TABLE_NAME | TABLE_SCHEMA
PIRATE     | PUBLIC
(1 row, 15 ms)
sql> exit
Connection closed
```

Tipp

Greife auf die Methode `execute(…)` von `Statement` zurück.

21.2.3 Daten in die Datenbank einfügen ★

Die bisher aufgebaute Datenbank enthält keine Einträge. In den folgenden drei Programmen sollen Datensätze ergänzt werden. SQL bietet zum Einfügen von Datensätzen die Anweisung `INSERT`. Ein neuer Pirat kann mit folgendem SQL in die Datenbank eingefügt werden:

```
INSERT INTO Pirate (nickname, email, swordlength, birthdate, description)
VALUES ('CiaoCiao', 'captain@goldenpirates.faith', 18, DATE '1955-11-07',
  'Great guy')
```

In der Angabe fehlt ausdrücklich der Primärschlüssel `id`, denn diese Spalte wird automatisch eindeutig belegt.

Aufgabe:

- Baue eine neue Verbindung zur Datenbank auf, erzeuge ein `Statement`-Objekt, und sende das `INSERT INTO` mit `executeUpdate(…)` zur Datenbank.
- Ein JDBC-Treiber kann den generierten Schlüssel liefern. Füge einen zweiten Piraten ein, und gib den generierten Schlüssel, ein `long`, auf dem Bildschirm aus. Die Methode `executeUpdate(…)` liefert ein `int` zurück – was sagt das über die ausgeführte Anweisung aus?

21.2.4 Daten im Batch in die Datenbank einfügen ★

Sollen mehrere SQL-Anweisungen ausgeführt werden, so lassen sie sich in einem *Batch* sammeln. Im ersten Schritt werden alle SQL-Anweisungen gesammelt und dann in einem Paket an die Datenbank übermittelt. Der JDBC-Treiber muss dann nicht für jede Abfrage über das Netzwerk zur Datenbank gehen.

Aufgabe:

- Lege eine neue Klasse an, und setze das folgende Array in das Programm:

```
String[] values = {
    "'anygo', 'amiga_anker@cutthroat.adult', 11, DATE '2000-05-21', ➲
    'Living the dream'", "'SweetSushi', 'muffin@berta.bar', 11, ➲
     DATE '1952-04-03', 'Where are all the bad boys?'", "'Liv Loops', ➲
    'whiletrue@deenagavis.camp', 16, DATE '1965-05-11', 'Great guy'" };
```

- Erzeuge aus den Informationen im Array SQL-`INSERT` Anweisungen, füge sie mit `addBatch(…)` dem `Statement` hin zu, und sende die Anweisungen mit `executeBatch()` ab.
- Es liefert `executeBatch()` ein `int[]` zurück; was ist darin enthalten?

21.2.5 Mit vorbereiteten Anweisungen Daten einfügen ★

Die dritte Möglichkeit, Daten einzufügen, ist in der Praxis die performanteste. Sie greift auf eine Eigenschaft von Datenbanken zurück, die *vorbereiteten Anweisungen*. Java unterstützt das mit dem Datentyp `PreparedStatement`. Dabei wird zunächst ein SQL-Statement mit Platzhaltern zu Datenbank geschickt, und später werden die Daten getrennt übermittelt. Das hat zwei Vorteile: Das Datenvolumen in der Kommunikation mit der Datenbank ist geringer, und die SQL-Anweisung ist im Allgemeinen von einer Datenbank geparst und vorbereitet, sodass die Ausführung schneller ist.

Aufgabe:

- Lege eine neue Klasse an, und füge folgende Deklaration in den Code ein:

```
List<String[]> data = Arrays.asList(
    new String[]{ "jacky overflow", "bullet@jennyblackbeard.red", "17",
                  "1976-12-17", "If love a crime" },
    new String[]{ "IvyIcon", "array.field@graceobool.cool", "12",
                  "1980-06-12", "U&I" },
    new String[]{ "Lulu De Sea", "arielle@dirtyanne.fail", "13",
                  "1983-11-24", "You can be my prince" }
);
```

- Erzeuge einen Prepared-Statement-String mit folgender SQL-Anweisung:

```
String preparedSql = "INSERT INTO Pirate " +
  "(nickname, email, swordlength, birthdate, description) " +
  "VALUES (?, ?, ?, ?, ?)";
```

- Gehe über die Liste `data`, fülle ein `PreparedStatement`, und sende die Daten ab.
- Alle Einfügeoperationen sollen in einem großen transaktionalen Block vorgenommen werden.

21.2.6 Daten erfragen ★

Durch unsere Operationen haben wir unterschiedliche Zeilen in die Datenbank gelegt; es wird Zeit, sie auszulesen!

Aufgabe:

- Sende mit `executeQuery(…)` ein

  ```
  SELECT nickname, swordlength, birthdate FROM Pirate
  ```

  zur Datenbank.
- Lies die Ergebnisse ein, und gib den Rufnamen, die Säbellänge und das Geburtsdatum auf dem Bildschirm aus.

21.2.7 Interaktiv durch das ResultSet scrollen ★

Bei vielen Datenbanken kann ein `Statement` so konfiguriert werden, dass

- das `ResultSet` nicht nur gelesen, sondern auch modifiziert werden kann, sodass sich einfach Daten in die Datenbank zurückschreiben lassen, und
- der Cursor auf die Ergebnismenge nicht nur mit `next()` nach unten bewegt, sondern auch beliebig positioniert oder relativ nach oben gesetzt werden kann.

Captain CiaoCiao möchte in einer interaktiven Anwendung durch alle Piraten der Datenbanken scrollen.

Aufgabe:

- Zu Beginn soll die Anwendung die Anzahl der Datensätze anzeigen.
- Die interaktive Anwendung horcht auf Konsoleneingaben. `d` (*down*) oder `n` (*next*) soll das `ResultSet` mit der nächsten Zeile füllen, `u` (*up*) oder `p` (*previous*) mit der vorherigen Zeile. Nach der Eingabe soll der Rufname des Piraten ausgegeben werden; andere Details sind nicht gefragt.
- Berücksichtige, dass `next()` nicht hinter die letzte Zeile springen kann und `previous()` nicht vor die erste Zeile.

21.2.8 Pirate Repository ★★

Jede größere Anwendung greift in irgendeiner Weise auf externe Daten zurück. Aus dem Domain-driven-Design gibt es das Konzept eines *Repositorys*. Ein Repository bietet sogenannte *CRUD-Operationen*: *create, read, update, delete*. Das Repository ist ein Vermittler zwischen der Geschäftslogik und dem Datenspeicher. Java-Programme dürfen nur mit Objekten arbeiten, und das Repository bildet die Java-Objekte auf den Datenspeicher ab und konvertiert umgekehrt die nativen Daten in z. B. einer relationalen Datenbank auf Java-Objekte. Im besten Fall hat die Geschäftslogik überhaupt keine Ahnung, in welchem Format die Java-Objekte gespeichert werden.

Zum Austausch von Objekten zwischen der Geschäftslogik und der Datenbank wollen wir die Java-Klasse `Pirate` nutzen. Objekte, die auf relationale Datenbanken abgebildet werden, heißen im Java-Jargon *Entity-Bean*.

```
class Pirate {
  public final Long id;
  public final String nickname;
  public final String email;
  public final int swordLength;
  public final LocalDate birthdate;
  public final String description;

  public Pirate( Long id, String nickname, String email, int swordLength,
                 LocalDate birthdate, String description ) {
    this.id = id;
    this.nickname = nickname;
    this.email = email;
    this.swordLength = swordLength;
    this.birthdate = birthdate;
    this.description = description;
  }

  @Override public String toString() {
    return "Pirate[" + "id=" + id + ", nickname='" + nickname + '\''
           + ", email='" + email + '\'' + ", swordLength=" + swordLength
           + ", birthdate=" + birthdate + ", description='" + description
           + '\'' + ']';
  }
}
```

Listing 21.1 com/tutego/exercise/jdbc/PirateRepositoryDemo.java

Die Geschäftslogik bezieht über das Repository die Daten oder schreibt sie zurück. Jede dieser Operationen wird durch eine Methode ausgedrückt. Jedes Repository sieht dabei ein bisschen anders aus, weil die Geschäftslogik jeweils unterschiedliche Informationen aus dem Datenspeicher erfragen oder in ihn zurückschreiben möchte.

Aufgabe:

In der Modellierung der Anwendung hat sich ergeben, dass ein `PirateRepository` nötig ist und drei Methoden anbieten muss:

- `List<Pirate> findAll()`: Liefert eine Liste aller Piraten in der Datenbank.
- `Optional<Pirate> findById( long id )`: Liefert anhand einer ID einen Piraten oder, wenn kein Pirat mit der ID in der Datenbank enthalten ist, ein `Optional.empty()`.

- Pirate save(Pirate pirate): Speichert oder aktualisiert einen Piraten. Hat der Pirat noch keinen Primärschlüssel, ist also id == null, so soll ein SQL-INSERT den Piraten in die Datenbank schreiben. Hat der Pirat einen Primärschlüssel, so wurde der Pirat schon einmal in der Datenbank gespeichert, und die save(…) Methode muss stattdessen ein SQL-UPDATE zur Aktualisierung verwenden. Die save(…)-Methode antwortet mit einem Pirate-Objekt, das immer den gesetzten Schlüssel hat.

Nachdem ein PirateRepository entwickelt ist, soll Folgendes möglich sein:

```
PirateRepository pirates = new PirateRepository( "jdbc:h2:./pirates-dating" );
pirates.findAll().forEach( System.out::println );
System.out.println( pirates.findById( 1L ) );
System.out.println( pirates.findById( -1111L ) );
Pirate newPirate = new Pirate(
    null, "BachelorsDelight", "GoldenFleece@RoyalFortune.firm", 15,
    LocalDate.of( 1972, 8, 13 ), "Best Sea Clit" );
Pirate savedPirate = pirates.save( newPirate );
System.out.println( savedPirate );
Pirate updatedPirate = new Pirate(
    savedPirate.id, savedPirate.nickname, savedPirate.email,
    savedPirate.swordLength + 1, savedPirate.birthdate,
    savedPirate.description );
pirates.save( updatedPirate );
pirates.findAll().forEach( System.out::println );
```

Listing 21.2 com/tutego/exercise/jdbc/PirateRepositoryDemo.java

21.2.9 Spaltenmetadaten erfragen ★

Üblicherweise ist in Java-Programmen das Schema einer Datenbank bekannt, und bei den Anfragen können alle Spalten individuell ausgewertet werden. Es gibt jedoch Abfragen und Modellierungen, in denen die Anzahl der Spalten im Vorfeld nicht bekannt sind. JDBC kann nach einer getätigten Abfrage ein ResultSetMetaData erfragen, das Auskunft etwa über die Gesamtanzahl der Spaten und Datentypen der einzelnen Spalten liefert.

Aufgabe:

- Schreibe eine Methode List<Map<String, Object>> findAllPirates(), die eine Liste von Assoziativspeichern zurückliefert. Die kleinen Map-Objekte in der Liste speichern die Zeileninhalte, indem der Assoziativspeicher den Namen der Spalte mit dem Eintrag in der Spalte verbindet.
- Führe die SQL-Abfrage SELECT * FROM Pirate durch.

21.3 Lösungsvorschläge

Aufgabe 21.2.1: Alle registrierten JDBC-Treiber abfragen

```
Collections.list( DriverManager.getDrivers() ).forEach(
    driver -> System.out.println( driver.getClass().getName() )
);
```

Listing 21.3 com/tutego/exercise/jdbc/DriverInfo.java

Die statische Methode `DriverManager.getDrivers()` liefert eine `Enumeration<Driver>`. Da wir nicht von Hand die `Enumeration` ablaufen wollen, hilft `Collections.list(…)`, die Elemente in eine Liste zu setzen. Listen sind `Iterable`, und so lässt sich kompakt mit einem `Consumer` über alle installierten Treiber laufen und der Klassenname ausgeben.

Die Ausgabe wird sein:

```
org.h2.Driver
```

> **Wichtig**
>
> Falls an dieser Stelle die Ausgabe leer ist, ist das ein Fehler, und die folgenden Programme werden nicht funktionieren, da der H2-Treiber fehlt. Die Dependency sollte in diesem Fall noch einmal geprüft werden.

Aufgabe 21.2.2: Datenbank aufbauen und SQL-Skript ausführen

```
String sql = "";
try ( Scanner scanner =
      new Scanner( CreateTable.class.getResourceAsStream(
      "create-table.sql" ), "UTF-8" ) ) {
  sql = scanner.useDelimiter( "\\z" ).next();
}

try ( Connection connection = DriverManager.getConnection(
      "jdbc:h2:./pirates-dating" );
      Statement  statement  = connection.createStatement() ) {
  statement.execute( sql );
}
catch ( SQLException e ) { e.printStackTrace(); }
```

Listing 21.4 com/tutego/exercise/jdbc/CreateTable.java

Damit Java die SQL-Datei als Ressource aus dem Klassenpfad laden kann, kommt sie unter Maven in den Ordner *src/main/resources*. Anstatt die SQL-Datei in das Wurzelverzeichnis zu setzen, kann sie in das gleiche Verzeichnis gesetzt werden wie auch die Klasse. Im Lösungsvorschlag ist die Klasse voll qualifiziert `com.tutego.exercise.jdbc.CreateTable`, das heißt, *create-table.sql* befindet sich im symmetrischen Verzeichnis *src/main/resources/com/tutego/exercise/jdbc/create-table.sql*.

Der Zugriff auf Ressourcen aus dem Klassenpfad gelingt mit `XXX.class.getResourceAsStream(…)`, in unserem Fall müssen wir nicht auf den Klassenlader achten; wenn Java-Programme sonst Ressourcen aus dem Klassenpfad laden, kann das relevant sein. `getResourceAsStream(…)` liefert einen `InputStream` oder `null`, falls die Ressource nicht gefunden wurde – die Abfrage spart sich das Programm ein; wenn die Datei nicht existiert, ist eine `NullPointerException` schon gut.

Der `Scanner` hilft beim Einlesen der Datei; im Konstruktor wird der `InputStream` übergeben und die Enkodierung genannt. Für das Einlesen wird der Delimiter auf das Ende der Eingabe gesetzt, sodass ein einfacher Aufruf von `next()` die gesamte Datei einliest. Das ist ein schöner Trick, ab Java 9 kann auch `new String(inputStream.readAllBytes(), StandardCharsets.UTF_8)` alle Bytes lesen und einen `String` aufbauen; `StringBufferInputStream` ist deprecated. Einen `catch`-Block brauchen wir nicht, da der `Scanner` beim `close()` keine `IOException` auslöst. Anders sähe das aus, wenn eine Deklaration einer `InputStream`-Variablen initialisiert mit `getResourceAsStream(…)` im `try`-Block stehen würde, dann müsste ein `catch`-Block vorhanden sein, denn ein regulärer `InputStream` löst bei `close()` eine `IOException` aus.

Nach dem Laden des SQL-Skriptes kann es ausgeführt werden. Die Datenbankverbindung wird aufgebaut und ein `Statement` erfragt. `Statement`-Objekte bieten die Methode `execute(String)`, die beliebiges SQL ausführt. Die Methode ist selten im Einsatz, da im Regelfall Rückgaben relevant sind, wie die Anzahl geänderter Zeilen oder bei einem `SELECT` das Ergebnis.

Die JDBC-API meldet Fehler über `SQLException`, eine geprüfte Ausnahme. Im Lösungsvorschlag wird die Ausnahme abgefangen, und Fehler werden auf der Kommandozeile ausgeben. Die Ausnahmebehandlung in JDBC ist etwas komplizierter, denn das `SQLException`-Objekt kann in einer Kette weitere Ausnahmen enthalten. Außerdem enthalten `SQLException`-Objekte einen Statuscode, der den genauen Fehler dokumentiert. Die folgenden Lösungsvorschläge sind etwas vereinfacht, indem sie keinen `catch`-Block für die Behandlung von `SQLException` haben, stattdessen werden die Ausnahmen mit `throws` an den Methodenaufrufer hochgereicht.

Aufgabe 21.2.3: Daten in die Datenbank einfügen

```
try ( Connection connection = DriverManager.getConnection(
      "jdbc:h2:./pirates-dating" );
      Statement  statement  = connection.createStatement() ) {
```

```
  String sql1 =
      "INSERT INTO Pirate " +
      "(nickname, email, swordlength, birthdate, description) " +
      "VALUES ('CiaoCiao', 'captain@goldenpirate.faith', 18, ⮐
      DATE '1955-11-07', 'Great guy')";
  statement.executeUpdate( sql1 );

  String sql2 =
      "INSERT INTO Pirate " +
      "(nickname, email, swordlength, birthdate, description) " +
      "VALUES ('lolalilith', 'fixme@bumblebee.space', 12, DATE '1973-07-20', ⮐
      'I'm 99% perfect')";
  int rowCount = statement.executeUpdate( sql2, Statement.RETURN_GENERATED_KEYS );
  if ( rowCount != 1 )
    throw new IllegalStateException( "INSERT didn't return a row count of 1" );

  ResultSet generatedKeys = statement.getGeneratedKeys();
  if ( generatedKeys.next() )
    System.out.println( generatedKeys.getLong( 1 ) );
}
```

Listing 21.5 com/tutego/exercise/jdbc/InsertData.java

executeUpdate(…) wird immer dann verwendet, wenn eine SQL-Anweisung wie INSERT, UPDATE oder DELETE ausgeführt wird. Die erste Variante von executeUpdate(…) bekommt den SQL-String und führt ihn aus. Im zweiten Aufruf von executeUpdate(…) wird als erstes Argument Statement.RETURN_GENERATED_KEYS übergeben, das die Datenbank anweist, den generierten Schlüssel mit zu übermitteln.

Beim zweiten executeUpdate(…) merkt sich das Programm zudem die Rückgabe, die etwas über die Anzahl der modifizierten Datensätze aussagt; sie ist 0, wenn die SQL-Anweisung keine Rückgabe hat. Fügt das INSERT in unserem Beispiel einen neuen Datensatz ein, dann wird als Rückgabewert 1 zurückkommen, was wir als Bestätigung verwenden können.

Die Rückgabe ist nicht der generierte Schlüssel. Das kann auch nicht sein, da Schlüssel z. B. auch Strings sein können und der Rückgabetyp von executeUpdate(…) immer nur int ist. Der generierte Schlüssel wird in einer zweiten Anweisung, getGeneratedKeys(), über das Statement-Objekt erfragt. Die Methode liefert, wie wir auch für SELECT-Anweisungen später sehen werden, ein ResultSet. Die next()-Methode ermittelt, ob es eine weitere Zeile gibt, und füllt das ResultSet mit Informationen, und in der ersten Spalte steht der generierte Primärschlüssel vom Typ long. Fängt die Fallunterscheidung nicht, weil next() false liefert, gibt es keinen Schlüssel zu erfragen.

Aufgabe 21.2.4: Daten im Batch in die Datenbank einfügen

```
try ( Connection connection = DriverManager.getConnection(
      "jdbc:h2:./pirates-dating" ) ) {
  connection.setAutoCommit( false );

  String sqlTemplate = "INSERT INTO Pirate " +
      "(nickname, email, swordlength, birthdate, description) " +
      "VALUES (%s)";

  String[] values = {
      "'anygo', 'amiga_anker@cutthroat.adult', 11, DATE '2000-05-21', ⤶
      'Living the dream'",
      "'SweetSushi', 'muffin@berta.bar', 11, DATE '1952-04-03', ⤶
      'Where are all the bad boys?'",
      "'Liv Loops', 'whiletrue@deenagavis.camp', 16, DATE '1965-05-11', ⤶
      'Great guy'" };

  try ( Statement statement = connection.createStatement() ) {
    for ( String value : values )
      statement.addBatch( String.format( sqlTemplate, value ) );

    int[] updateCounts = statement.executeBatch();
    connection.commit();
    System.out.println( Arrays.toString( updateCounts ) );
  }
}
```

Listing 21.6 com/tutego/exercise/jdbc/BatchInsert.java

Die Variable `sqlTemplate` enthält einen Formatierungs-String, in den später beliebige `VALUES` injiziert werden können. Mit einer erweiterten `for`-Schleife läuft das Programm über die Einträge des Arrays und verbindet das SQL-Template mit den Daten. Der entstandene String wird `addBatch(…)` übergeben. Die Methode `executeBatch()` führt die gesammelten SQL- Anweisungen aus, und die Rückgabe ist ein Array, das genau so viele Elemente enthält, wie SQL-Anweisungen im Batch ausgeführt wurden. Im Array steht in den Zellen die Anzahl der modifizierten Zeilen, genauso wie wir das vorher schon bei der Methode `executeUpdate(…)` gesehen haben.

Der Lösungsvorschlag macht noch etwas Weiteres, und zwar setzt er den *Auto-commit Mode* zurück. Der JDBC-Treiber setzt standardmäßig jede gesendete SQL-Anweisung in einen eigenen transaktionalen Block. Bei der Batch-Verarbeitung ist es unbestimmt, ob der gesamte Batch in einer Transaktion stattfindet, Teile davon oder jede einzelne SQL-Anweisung. Die Javadoc schreibt:

> *The commit behavior of* `executeBatch` *is always implementation-defined when an error occurs and auto-commit is true.*

Im Lösungsvorschlag soll der Batch in einer Transaktion stattfinden. Dazu muss zunächst der Auto-commit Mode ausgeschaltet werden. Nach dem Absenden über `executeBatch()` wird mit `commit()` die Transaktion abgeschlossen. Ist die Transaktion erfolgreich und gibt es keine Ausnahme, sind alle Anweisungen committet.

Aufgabe 21.2.5: Mit vorbereiteten Anweisungen Daten einfügen

```
String preparedSql = "INSERT INTO Pirate " +
    "(nickname, email, swordlength, birthdate, description) " +
    "VALUES (?, ?, ?, ?, ?)";

try ( Connection connection = DriverManager.getConnection(
      "jdbc:h2:./pirates-dating" );
      PreparedStatement preparedStatement = connection.prepareStatement(
        preparedSql ) ) {

  connection.setAutoCommit( false );

  List<String[]> data = Arrays.asList(
      new String[]{ "jacky overflow", "bullet@jennyblackbeard.red", "17",
        "1976-12-17", "If love a crime" },
      new String[]{ "IvyIcon", "array.field@graceobool.cool", "12",
        "1980-06-12", "U&I" },
      new String[]{ "Lulu De Sea", "arielle@dirtyanne.fail", "13",
        "1983-11-24", "You can be my prince" }
  );

  for ( String[] elements : data ) {
    preparedStatement.setString( /* nickname    */ 1, elements[ 0 ] );
    preparedStatement.setString( /* email       */ 2, elements[ 1 ] );
    preparedStatement.setInt(    /* swordlength */ 3, Integer.parseInt(
      elements[ 2 ] ) );
    preparedStatement.setDate(   /* birthdate   */ 4, Date.valueOf(
      elements[ 3 ] ) );
    preparedStatement.setObject( /* description */ 5, elements[ 4 ] );
    preparedStatement.executeUpdate();
  }

  connection.commit();
}
```

Listing 21.7 com/tutego/exercise/jdbc/PreparedInsert.java

Der Ablauf mit einem `PreparedStatement` ist immer der gleiche: Als Erstes wird ein `PreparedStatement` aufgebaut, das im Folgenden immer verwendet wird. Die unterschiedlichen `setXXX(…)`-Methoden belegen die Platzhalter in der vorbereiteten SQL-Anweisung. Jedes ? ist durch einen Index gekennzeichnet, der bei 1 beginnt. So belegt z. B. `setString(1, …)` das erste Fragezeichen mit dem Rufnamen des Piraten. Die Reihenfolge ist ausschließlich die der Fragezeichen und nicht die der Spalten. In unserer SQL-Anweisung kommt die Spalte `id` nicht vor.

Nach dem Belegen der einzelnen ? wird die vorbereitete Anweisung mit `executeUpdate()` gesendet. Der automatisch generierte Schlüssel lässt sich auch erfragen; wir werden in einer späteren Aufgabe darauf zurückkommen.

Alle Operationen sollen wieder in einem transaktionalen Block ausgeführt werden, daher wird der Auto-commit Mode wieder ausgeschaltet und am Ende die Transaktion mit `commit()` bestätigt.

Aufgabe 21.2.6: Daten erfragen

```
String sql = "SELECT nickname, swordlength, birthdate FROM Pirate";
try ( Connection connection = DriverManager.getConnection(
  "jdbc:h2:./pirates-dating" );
      Statement  statement  = connection.createStatement();
      ResultSet  resultSet  = statement.executeQuery( sql ) ) {
  while ( resultSet.next() ) {
    String nickname = resultSet.getString( /* nickname column */1 );
    int swordlength = resultSet.getInt( "swordlength" );
    Date birthdate  = resultSet.getDate( "birthdate" );
    System.out.printf( "%-20s%-20s%10d%n",
      nickname,
      birthdate.toLocalDate().format( DateTimeFormatter.ofLocalizedDate(
        FormatStyle.LONG) ),
      swordlength );
  }
}
```

Listing 21.8 com/tutego/exercise/jdbc/Select.java

Die `executeXXX()`-Methoden des `Statement`-Objekts liefern unterschiedliche Ergebnistypen. Im Fall von `executeQuery(…)` ist das Ergebnis ein `ResultSet`. Das Objekt erlaubt Zugriffe auf die Zeilen. In einem `ResultSet` sind immer nur die Informationen über eine Zeile enthalten. Der Methodenaufruf `next()` setzt eine Art Cursor auf die nächste Zeile der Ergebnismenge und liefert einen `boolean`-Wert zurück mit der Information, ob die nächste Zeile gelesen werden konnte oder nicht. Liefert `next()` `true`, enthält das `ResultSet` die Information einer Zeile.

Die Belegung einer Spalte lässt sich mit zwei unterschiedlichen Ansätzen auslesen: Mit dem Spaltenindex, der in SQL immer bei 1 beginnt, oder mit dem Spaltennamen. Außerdem gibt es unterschiedliche getXXX(…)-Methoden, die Typen konvertieren. Für alle SQL-Datentypen gibt es entsprechende Java-Methoden, die uns den entsprechenden Java-Typ geben. So liefert die Methode getString(…) ein String-Objekt für Textspalten zurück. Der JDBC-Treiber führt diverse Konvertierungen durch, sodass z. B. getString(…) bei jedem SQL-Spaltentyp funktioniert. Java hat für SQL-Datum und Zeitwerte drei eigene Datentypen im Paket java.sql: Date, Time (Zeit) und Timestamp (Datum und Zeit). Die Datentypen erlauben das Konvertieren in die Datentypen der Java-Date-Time-API. Es liefert getDate(…) ein java.sql.Date Objekt, das toLocalDate() in ein bekanntes LocalDate konvertiert, das sich mit der üblichen API formatieren lässt.

Aufgabe 21.2.7: Interaktiv durch das ResultSet scrollen

```
int NICKNAME_COLUMN = 2;
String sql = "SELECT * FROM Pirate ORDER BY nickname";
try ( Connection connection = DriverManager.getConnection(
     "jdbc:h2:./pirates-dating" );
      Statement  statement  = connection.createStatement(
        ResultSet.TYPE_SCROLL_SENSITIVE, ResultSet.CONCUR_READ_ONLY );
      ResultSet srs = statement.executeQuery( sql ) ) {

  if ( srs.last() )
    System.out.printf( "%d rows%n", srs.getRow() );

  srs.absolute( 1 );
  System.out.println( srs.getString( NICKNAME_COLUMN ) );

  for ( String input;
      !(input = new Scanner( System.in ).next()).equals( "q" ); ) {
    switch ( input.toLowerCase() ) {
      case "u": case "p":
        if ( srs.isFirst() ) System.out.println( "Already first" );
        else srs.previous();
        break;
      case "d": case "n":
        if ( srs.isLast() ) System.out.println( "Already last" );
        else srs.next();
        break;
    }
```

```
    System.out.println( srs.getString( NICKNAME_COLUMN ) );
  }
}
```

Listing 21.9 com/tutego/exercise/jdbc/ScrollableResultSet.java

Bevor sich das `ResultSet` bewegen lässt, muss das `Statement`-Objekt korrekt initialisiert werden:

```
createStatement( ResultSet.TYPE_SCROLL_SENSITIVE,
  ResultSet.CONCUR_READ_ONLY );
```

Die Javadoc nennt die Parameter `resultSetType` und `resultSetConcurrency`. Die Konstanten stammen aus `ResultSet`, und `TYPE_SCROLL_SENSITIVE` konfiguriert den Wunsch, den Cursor im `ResultSet` frei bewegen zu können. Nicht jede Datenbank und jeder Datenbanktreiber unterstützt diese Eigenschaft, daher kann es zu einer `SQLFeatureNotSupportedException` kommen.

Gelingt das Aufbauen des `Statement`-Objekts, können wir mit der `SELECT`-Anweisung ein `ResultSet` aufbauen. Schon die erste Frage nach der Gesamtanzahl der Elemente lässt sich über den beweglichen Cursor realisieren. Rufen wir `last()` des `ResultSet`-Objekts auf, setzt das den Cursor auf das letzte Element. Die Methode `getRow()` liefert dann die aktuelle Zeile, in unserem Fall die Anzahl der Datensätze in der Ergebnismenge. Ein Aufruf von `absolut(1)` setzt den Cursor wieder auf die erste Zeile. Das `ResultSet` wird immer mit den aktuellen Daten befüllt; greifen wir folglich auf die Spalte für den Rufnamen zurück, ergibt sich genau der Inhalt der Zeile, auf der der Cursor gerade steht.

Für die interaktive Anwendung hilft der `Scanner` bei der Konsoleneingabe. Die Schleife wird so lange durchgeführt, wie der Anwender nicht `q` (*quit*) drückt. Im Falle von `u` oder `p` möchte der Benutzer den Cursor nach oben setzen. Das ist dann möglich, wenn der Cursor nicht schon in der ersten Zeile steht. Das prüft `isFirst()`. Bei der Eingabe `d` oder `n` wird Vergleichbares getestet; der Cursor kann mit `next()` in die nächste Zeile gesetzt werden, es sei denn, der Cursor steht schon auf der letzten Zeile.

Aufgabe 21.2.8: Pirate Repository

Bevor wir mit der eigentlichen Implementierung beginnen, sollten wir uns Gedanken über mögliche Ausnahmen machen. Auch wenn jede SQL-Abfrage gelingen sollte, alle Abfragen über die JDBC-API liefern geprüfte Ausnahmen, die unpraktisch sind. Außerdem soll ein Repository die Speichertechnologie verstecken, und da kommt eine `SQLException` nicht besonders gut an. Die gewählte Lösung führt eine neue Klasse `DataAccessException` ein:

```
class DataAccessException extends RuntimeException {
  public DataAccessException( Throwable cause ) { super( cause ); }
  public DataAccessException( String message ) { super( message ); }
}
```

Listing 21.10 com/tutego/exercise/jdbc/PirateRepositoryDemo.java

`DataAccessExceptiom` ist eine ungeprüfte Ausnahme, die jede Ausnahme ummantelt. Intern werden unsere Repository-Methoden eine `SQLException` abfangen und in eine `DataAccessException` konvertieren.

Das `PirateRepository` ist umfangreicher, sodass wir uns im ersten Teil mit der Typdeklaration, den Konstanten und dem Konstruktor beschäftigen und dann in den nächsten Schritten mit den einzelnen Methoden.

```
class PirateRepository {

  private static final String SQL_SELECT_ALL =
   "SELECT id, nickname, email, swordlength, birthdate, description FROM ⮐
    Pirate";
  private static final String SQL_SELECT_BY_ID =
   "SELECT id, nickname, email, swordlength, birthdate, description FROM ⮐
    Pirate WHERE id=?";
  private static final String SQL_INSERT =
   "INSERT INTO Pirate (nickname, email, swordlength, birthdate, ⮐
    description) " +
   "VALUES (?, ?, ?, ?, ?)";
  private static final String SQL_UPDATE =
   "UPDATE Pirate SET nickname=?, email=?, swordlength=?, ⮐
    birthdate=?, description=? " +
   "WHERE id=?";

  private final String jdbcUrl;

  public PirateRepository( String jdbcUrl ) {
    this.jdbcUrl = jdbcUrl;
  }
  // ...
}
```

Listing 21.11 com/tutego/exercise/jdbc/PirateRepositoryDemo.java

Die Klasse `PirateRepository` deklariert unterschiedliche Konstanten für die SQL-Anweisungen. Wir benötigen je eine SQL-Anweisung zum Erfragen aller Piraten, zum

Erfragen eines speziellen Piraten mit gegebener ID, zum Einfügen neuer Piraten und zum Aktualisieren existierender Piraten. Nur die erste SQL-Anweisung zum Erfragen aller Piraten verwendet keine Platzhalter, sonst werden die SQL-Strings später im `PreparedStatement` eingesetzt.

Für die Spalten deklariert das Programm keine Konstanten, jeder Index ist im Code dokumentiert.

Der Konstruktor nimmt die JDBC-URL an und speichert sie in einem Attribut, sodass später die einzelnen Methoden eine neue Verbindung zu dieser Datenquelle aufbauen können. Falls die Kennung ungültig ist, wird es später eine Ausnahme geben; `null` lässt sich früh testen.

Die einzelnen Methoden haben wir im Kern schon in den vorangehenden Aufgaben realisiert, daher ist die JDBC-API nicht neu.

Zur ersten Methode `findAll()`:

```
public List<Pirate> findAll() {
  try ( Connection connection = DriverManager.getConnection( jdbcUrl );
        Statement  statement  = connection.createStatement();
        ResultSet  resultSet  = statement.executeQuery( SQL_SELECT_ALL ) ) {
    List<Pirate> result = new ArrayList<>();
    while ( resultSet.next() )
      result.add( mapRow( resultSet ) );
    return result;
  }
  catch ( SQLException e ) {
    throw new DataAccessException( e );
  }
}
```

Listing 21.12 com/tutego/exercise/jdbc/PirateRepositoryDemo.java

Nach dem das `Statement` aufgebaut ist, werden alle Datensätze selektiert. Die `while`-Schleife läuft über die Ergebnismenge und ruft eine eigene private Methode `mapRow(…)` auf, die eine Zeile im `ResultSet` auf ein `Pirate`-Objekt überträgt. Das Ergebnis wird in die Liste gesetzt, und wenn der Cursor am Ende des Ergebnisses angekommen ist, wird die Liste zurückgegeben.

```
private static Pirate mapRow( ResultSet resultSet ) throws SQLException {
  return new Pirate( resultSet.getLong(   /* id */         1 ),
                     resultSet.getString( /* nickname */   2 ),
```

```
                        resultSet.getString( /* email */       3 ),
                        resultSet.getInt(    /* swordLength */ 4 ),
                        resultSet.getDate(   /* birthdate */   5 ).toLocalDate(),
                        resultSet.getString( /* description */ 6 ) );
}
```

Listing 21.13 com/tutego/exercise/jdbc/PirateRepositoryDemo.java

mapRow(…) liest mit den bekannten Methoden getLong(…), getString(…), getInt(…), getDate(…) die Spalten aus und überträgt die Belegungen auf den Konstruktor von Pirate. Der Pirate hat nichts mit dem SQL-Datentyp Date zu tun, daher konvertiert toLocalDate() in ein LocalDate-Objekt. Das Weitersetzen des ResultSet-Objekts gehört nicht zu den Aufgaben von mapRow(…).

Auch die Methode findById(…) greift auf mapRow(…) zurück:

```
public Optional<Pirate> findById( long id ) {
  try ( Connection connection = DriverManager.getConnection( jdbcUrl );
        PreparedStatement prepStatement = connection.prepareStatement(
        SQL_SELECT_BY_ID) ) {
    prepStatement.setLong( 1, id );
    ResultSet resultSet = prepStatement.executeQuery();
    return resultSet.next() ? Optional.of( mapRow( resultSet ) )
      : Optional.empty();
  }
  catch ( SQLException e ) {
    throw new DataAccessException( e );
  }
}
```

Listing 21.14 com/tutego/exercise/jdbc/PirateRepositoryDemo.java

Nach dem Aufbau eines PreparedStatement-Objekts wird die SQL-Abfrage gesendet und das ResultSet ausgewertet. Es gibt zwei Möglichkeiten: Das ResultSet könnte exakt ein Ergebnis haben oder keins. Gibt es kein Ergebnis, dann gab es zu der ID keinen Piraten, und die Rückgabe ist Optional.empty(). Liefert next() jedoch true, konstruiert mapRow(…) aus dem ResultSet ein Pirate-Objekt, das in das Optional kommt und zurückgeht.

Die save(…)-Methode muss anhand einer gesetzten ID erkennen, ob der Datensatz aktualisiert oder neu geschrieben werden muss.

```
public Pirate save( Pirate pirate ) {
  try ( Connection connection = DriverManager.getConnection( jdbcUrl ) ) {
```

```
    return pirate.id == null ? saveInsert( connection, pirate )
                             : saveUpdate( connection, pirate );
  }
  catch ( SQLException e ) {
    throw new DataAccessException( e );
  }
}

private Pirate saveInsert( Connection connection, Pirate pirate ) throws
  SQLException {
  try ( PreparedStatement prepStatement = connection.prepareStatement(
        SQL_INSERT, Statement.RETURN_GENERATED_KEYS ) ) {
    prepStatement.setString( 1, pirate.nickname );
    prepStatement.setString( 2, pirate.email );
    prepStatement.setInt(    3, pirate.swordLength );
    prepStatement.setDate(   4, Date.valueOf( pirate.birthdate ) );
    prepStatement.setObject( 5, pirate.description );
    prepStatement.executeUpdate();

    ResultSet keys = prepStatement.getGeneratedKeys();
    if ( keys.next() )
      return new Pirate( keys.getLong( 1 ), pirate.nickname, pirate.email,
        pirate.swordLength, pirate.birthdate, pirate.description );
    throw new DataAccessException(
      "Could not retrieve auto-generated key for " + pirate );
  }
}

private Pirate saveUpdate( Connection connection, Pirate pirate ) throws
  SQLException {
  try ( PreparedStatement prepStatement = connection.prepareStatement(
        SQL_UPDATE ) ) {
    prepStatement.setString( 1, pirate.nickname );
    prepStatement.setString( 2, pirate.email );
    prepStatement.setInt(    3, pirate.swordLength );
    prepStatement.setDate(   4, Date.valueOf( pirate.birthdate ) );
    prepStatement.setObject( 5, pirate.description );
    prepStatement.setLong(   6, pirate.id );  // UPDATE Pirate SET ... WHERE id=?
    prepStatement.executeUpdate();
    return pirate;
```

```
  }
}
```

Listing 21.15 com/tutego/exercise/jdbc/PirateRepositoryDemo.java

Die Fallunterscheidung im Bedingungsoperator prüft genau diesen Fall. Ist `id == null`, kümmert sich eine interne Methode `saveInsert(…)` um das Einfügen eines neuen Datensatzes, andernfalls aktualisiert `saveUpdate(…)` die Zeile. Beide Methoden geben ein `Pirate`-Objekt zurück, was auch die Rückgabe von `save()` ist.

`saveInsert(…)` und `saveUpdate(…)` arbeiten beide mit `PreparedStatement`, wobei `saveInsert(…)` durch das Erfragen des generierten Schlüssels etwas mehr Aufwand treiben muss. Da `Pirate`-Objekte immutable sind, wird ein neuer `Pirate` gebildet mit gesetzter ID. `saveUpdate(…)` liefert das übergebene `Pirate`-Objekt zurück.

Aufgabe 21.2.9: Spaltenmetadaten erfragen

```
public static List<Map<String, Object>> findAllPirates() throws SQLException {
  try ( Connection connection = DriverManager.getConnection(
        "jdbc:h2:./pirates-dating" );
        Statement  statement  = connection.createStatement();
        ResultSet  resultSet  = statement.executeQuery(
          "SELECT * FROM Pirate" ) ) {
    ResultSetMetaData metaData = resultSet.getMetaData();

    List<Map<String, Object>> result = new ArrayList<>();
    while ( resultSet.next() ) {
      LinkedHashMap<String, Object> map = new LinkedHashMap<>();
      for ( int col = 1, columns = metaData.getColumnCount();
            col <= columns; col++ ) {
        String columnName = metaData.getColumnName( col );
        map.put( columnName, resultSet.getObject( col ) );
      }
      result.add( map );
    }
    return result;
  }
}
```

Listing 21.16 com/tutego/exercise/jdbc/QueryForListOfMaps.java

Nach einer Abfrage liefert die `ResultSet`-Methode `getMetaData()` die Metadaten als `ResultSetMetaData`-Objekt, und die Anzahl der Spalten in der Ergebnismenge liefert getColumnCount(). Da als Ergebnis eine Liste gewünscht ist, wird ein Container vom Typ ArrayList aufgebaut. Das ResultSet wird wie üblich durchiteriert und eine LinkedHashMap als Map aufgebaut, damit die Reihenfolge der Spalten erhalten bleibt. Eine for-Schleife geht von 1 bis getColumnCount() nacheinander die Spalten durch, liest mit der getObject(...)-Methode die Spaltenbelegung aus und legt zusammen mit dem Spaltennamen einen neuen Eintrag in die LinkedHashMap. Nach einem Schleifendurchlauf über alle Spalten enthält der Assoziativspeicher von einer Zeile alle Spaltenbelegungen, und die Map wird in die Liste gelegt. Das wiederholt sich für alle Zeilen, und zum Schluss liegt eine Liste von Assoziativspeichern vor, die findAllPirates() zurückgibt.

Kapitel 22
Schnittstellen zum Betriebssystem

Java-Entwicklern fällt oft nicht auf, wie viel die Java-Bibliotheken vom Betriebssystem wegabstrahieren. Ein paar Beispiele: Java setzt automatisch bei Pfadangaben den korrekten Pfadseparator (/ oder \) und bei Zeilenumbrüchen automatisch das übliche Zeilenendezeichen des Betriebssystems. Bei der Formatierung für Konsoleneingaben und beim Parsen von Konsoleneingaben greift Java automatisch auf die eingestellte Landessprache des Betriebssystems zurück.

Nicht nur, dass die Java-Bibliothek diese Eigenschaften intern verwendet, sondern sie sind für alle zugänglich. Die Eigenschaften verstecken sich an unterschiedlichen Stellen, etwa:

- in den System-Properties
- in Platform MXBeans, wie der `OperatingSystemMXBean` mit zum Beispiel `getSystemCpuLoad()`
- in `java.net.NetworkInterface` für Netzwerkkarten und MAC-Adresse
- in `Toolkit` für die Bildschirmauflösung
- in `GraphicsEnvironment` für die installierten Fonts

Wenn spezielle Informationen fehlen, können Java-Programme externe native Programme aufgerufen und mit ihnen kommunizieren, um zum Beispiel weitere Details zu erfragen. Die Aufgaben in diesem Kapitel konzentrieren sich auf die System-Properties und wie man externe Programme aufrufen kann.

22

Voraussetzungen

- Interaktion mit der Kommandozeile kennen
- Umgebungsvariablen auswerten können
- externe Programme starten können

Java ist auch eine Insel, Kapitel 15 und Java SE 9 Standard-Bibliothek, Kapitel 5

In der »Insel« stellt Kapitel 15, »Die Klassenbibliothek«, die `Properties`-Klasse und auch die System-Properties vor. Auf den Start von externen Programmen geht Abschnitt 5.13, »Ausführen externer Programme, Starten von Prozessen«, der »2. Insel« genauer ein.

Verwendete Datentypen in diesem Kapitel:

- `java.lang.System` (*https://docs.oracle.com/en/java/javase/11/docs/api/java.base/java/lang/System.html*)
- `java.util.Properties` (*https://docs.oracle.com/en/java/javase/11/docs/api/java.base/java/util/Properties.html*)
- `InputStream` (*https://docs.oracle.com/en/java/javase/11/docs/api/java.base/java/io/InputStream.html*)
- `Process` (*https://docs.oracle.com/en/java/javase/11/docs/api/java.base/java/lang/Process.html*)
- `ProcessBuilder` (*https://docs.oracle.com/en/java/javase/11/docs/api/java.base/java/lang/ProcessBuilder.html*)

22.1 Konsole

Java-Programme bestehen nicht nur aus Algorithmen, sondern sie interagieren mit uns und mit dem Betriebssystem. Zwei der ersten Anweisungen waren `System.out.println()` und `new Scanner(System.in).next()` – eine Bildschirmausgabe und Konsoleneingabe sind klassische Schnittstellen zwischen Programm und Benutzer.

22.1.1 Farbige Konsolenausgaben ★

Schon in den allerersten Java-Programmen haben wir auf der Konsole Text ausgegeben. Allerdings zeigt die Textausgabe auf `System.out` und `System.err` den Text einmal in Schwarz, dann in Rot, es gibt also verschiedene Farben.

In dieser Aufgabe wollen wir uns mit der Frage beschäftigen, wie wir selbst farbige Ausgaben schreiben können. Die Lösung dahinter ist, dass Ausgaben mehr als nur Text schreiben. Es gibt besondere Kommandos, die in der Konsole die Farbe ändern, den Cursor bewegen, den Bildschirm löschen usw. Dafür sind *ANSI-Escape-Sequenzen* verantwortlich; sie starten mit einem *Control Sequence Introducer*, dem String

```
\u001B[
```

und enden mit dem String

```
m
```

`\u001B` ist im ASCII-Alphabet das `ESC`-Zeichen, dezimal 27.

In Java lassen sich Escape-Sequenzen problemlos in `System.out` oder `System.err` schreiben, und es gibt Bibliotheken wie zum Beispiel *https://github.com/fusesource/jansi*, die das über Konstanten und Methoden vereinfachen. Problematisch ist lediglich, dass die unterschiedlichen Konsolen nicht zwangsläufig alle Escape-Sequenzen verstehen. In der Standardeinstellung versteht z. B. die *cmd.exe* von Windows nichts. Die Unterstützung von einigen Farben ist jedoch bei anderen Konsolen verbreitet:

- Schwarz: `\u001B[30m`
- Rot: `\u001B[31m`
- Grün: `\u001B[32m`
- Gelb: `\u001B[33m`
- Blau: `\u001B[34m`
- Magenta: `\u001B[35m`
- Zyan: `\u001B[36m`
- Weiß: `\u001B[37m`
- Zurücksetzen: `\u001B[0m`

Zur Dekoration eignen sich:

- fett: `\u001B[1m`
- unterstrichen: `\u001B[4m`
- invertiert: `\u001B[7m`

Aufgabe:

- Lege eine neue Klasse `AnsiColorHexDumper` an, und setze folgende Konstanten in die Klasse:

```
public static final String ANSI_RED    = "\u001B[31m";
public static final String ANSI_GREEN  = "\u001B[32m";
public static final String ANSI_BLUE   = "\u001B[34m";
public static final String ANSI_PURPLE = "\u001B[35m";
public static final String ANSI_CYAN   = "\u001B[36m";
public static final String ANSI_RESET  = "\u001B[0m";
```

- Schreibe eine neue Methode `printColorfulHexDump(Path)`, die die übergebene Datei einliest und als *Hexdump* auf der Konsole ausgibt. Unter einem Hexdump versteht man die Ausgabe einer Datei in Hexadezimalschreibweise, also Folgen wie 50 4B 03 04 14 00 06 00 08 00, die in Spalten geschrieben werden.
- Erweitere das Programm so, dass Farben das Vorkommen von bestimmten Bytes in der Datei deutlich machen. So können zum Beispiel ASCII-Buchstaben in einer Farbe erscheinen, Ziffern aber wieder in einer anderen.

22.2 Properties

Der Begriff *Properties* ist in Java mehrfach belegt. Er steht für die JavaBean-Properties und für Schlüssel-Wert-Paare, die zur Konfiguration genutzt werden können. Wenn wir in diesem Kapitel über »Properties« sprechen, sollen immer Schlüssel-Wert-Paare gemeint sein, insbesondere die Paare, die ein `Properties`-Objekt verwaltet.

22.2.1 Windows oder Unix oder macOS? ★

Die System-Properties enthalten eine Reihe von Informationen, die zum Teil auch über Methoden zugänglich sind. Die Javadoc führt unter *https://docs.oracle.com/en/java/javase/11/docs/api/java.base/java/lang/System.html#getProperties()* die Variablen auf.

Aufgabe:

- Lege einen neuen Aufzählungstyp `OS` mit den Konstanten `WINDOWS`, `MACOS`, `UNIX`, `UNKNOWN` an.
- Ergänze eine statische Methode `current()`, die mit `System.getProperty("os.name")` den Namen des Betriebssystems ausliest und das entsprechende Aufzählungselement als Ergebnis liefert.

22.2.2 Kommandozeilen-Properties und Properties aus Dateien vereinheitlichen ★

Properties lassen sich von der Kommandozeile setzen und können so von außen in ein Java-Programm eingeführt werden. Das soll diese Aufgabe trainieren.

Webserver laufen auf unterschiedlichen Ports, im Entwicklungsmodus in der Regel auf 8080.

Aufgabe:

- Schreibe ein Programm, das aus unterschiedlichen Quellen die Port-Angaben annehmen kann:
  - Auf der Kommandozeile kann der Port mit `--port=8000` angegeben werden.
  - Falls `--port` nicht existiert, soll eine Umgebungsvariable `port` ausgewertet werden, die auch auf der Kommandozeile mit `-Dport=8020` gesetzt werden kann.
  - Falls die Umgebungsvariable nicht existiert, soll in einer Datei *application.properties* eine Zuweisung wie `port=8888` ausgewertet werden.
  - Falls überhaupt keine Angabe gemacht wurde, ist der Port standardmäßig mit 8080 belegt.
- Zum Schluss soll der Port ausgegeben werden.

Beispiel für drei Aufrufvarianten:

- `$ java com.tutego.exercise.os.PortConfiguration`
- `$ java com.tutego.exercise.os.PortConfiguration --port=8000`
- `$ java -Dport=8020 com.tutego.exercise.os.PortConfiguration`

22.3 Externe Prozesse ausführen

Als plattformunabhängige Programmiersprache kann Java nicht alles bieten, und so gibt es verschiedene Möglichkeiten, Anfragen an die Host-Umgebung, an das Betriebssystem, zu stellen. Eine einfache Möglichkeit ist das Aufrufen externer Programme, das in der nächsten Aufgabe gefragt ist.

22.3.1 Über Windows Management Instrumentation den Batteriestatus auslesen ★★

Bonny Brain spielt auf Ihrem Notebook ein Strategiespiel. Die nächste Runde dauert 30 Minuten, und da Ihr Notebook nur über die Batterie läuft, möchte sie nicht das Spiel abbrechen müssen, wenn die Batterie bald leer ist. Mit folgenden Aufrufen lassen sich unter Windows auf der Kommandozeile die prozentuale verbleibende Laufzeit und die verbleibende Anzahl Minuten geschätzt nach der der aktuellen Last ermitteln:

```
> wmic path win32_battery get EstimatedChargeRemaining
EstimatedChargeRemaining
10

> wmic path win32_battery get EstimatedRunTime
EstimatedRunTime
37
```

Ist der Computer kein Laptop mit Batterie ist die Ausgabe »Keine Instanzen verfügbar.« Wenn der Laptop geladen wird, ist das Ergebnis bei `EstimatedRunTime` 71.582.788 (hexadezimal 4444444). Details dazu gibt Microsoft unter *https://docs.microsoft.com/en-us/windows/win32/cimwin32prov/win32-battery*.

Aufgabe:

- Starte in einem Java-Programm über den `ProcessBuilder` das Windows-Programm `wmic` als externen Prozess, und lese das Ergebnis von `EstimatedChargeRemaining` und `EstimatedRunTime` aus.
- Berücksichtige im Programm und in der Ausgabe, dass ein Laptop am Stromnetz betrieben werden kann oder ein Desktop-Computer keine Batterie besitzt.

Info:

Das Betriebssystem von Microsoft bietet eine API mit dem Namen *Windows Management Instrumentation* (*WMI*), mit der Einstellungen eines Computers ausgelesen und zum Teil verändert werden können. WMI ist vergleichbar mit JMX auf der Java-Seite. Weil oft Shellskripte zwecks Automatisierung auf diese Belegung zugreifen möchten, hat Microsoft eine Kommandozeilenschnittstelle *Windows Management Instrumentation Command-line* (*WMIC*) geschaffen.

Ein *WMI-Provider* liefert Informationen über CPU-Auslastung, Motherboard, Netzwerk, Batteriestatus und vielem mehr. Folgender Aufruf gibt eine kleine Übersicht:

```
> wmic /?
```

22.4 Lösungsvorschläge

Aufgabe 22.1.1: Farbige Konsolenausgaben

```
private static final int EOF = -1;
private static final int HEX_PER_LINE = 32;
private static void printColorfulHexDump( Path path ) throws IOException {
  try ( InputStream is = new BufferedInputStream(
        Files.newInputStream( path ) ) ) {
    for ( int i = 0, b; (b = is.read()) != EOF; i++ ) {
      String color = b == 0 ? ANSI_GREEN :
                     b == 0xFF ? ANSI_RED :
                     Character.isDigit( b ) ? ANSI_PURPLE :
                     Character.isLetter( b ) ? ANSI_BLUE :
                     b == ' ' ? ANSI_CYAN :
                     ANSI_RESET;
      System.out.printf( "%s%02X ", color, b );
      if ( i % HEX_PER_LINE == (HEX_PER_LINE - 1) )
        System.out.println();
    }
  }
}
```

Listing 22.1 com/tutego/exercise/os/AnsiColorHexDumper.java

Anstatt die Eingaben in einem Rutsch mit `Files.readAllBytes(…)` zu lesen, öffnen wir einen Eingabestrom, um dann Byte für Byte zu lesen. Die `for`-Schleife deklariert zwei Variablen: Eine Variable `i` steuert den Zeilenumbruch, der immer nach 32 Hexadezimalzeichen gesetzt werden soll, und die Variable `b` enthält das gelesene Byte. Der `InputStream` wird so lange ausgelesen, wie das Ergebnis nicht ungleich `-1` ist, also noch Bytes verfügbar sind.

Im Rumpf der `for`-Schleife wird das gelesene Byte getestet und abhängig von der Belegung die Variable `color` mit der ANSI-Escape-Sequenz initialisiert. Falls das Byte nicht in die fünf Kategorien fällt, wird die Farbe zurückgesetzt. Schlussendlich wird die Escape-Sequenz zusammen mit dem Hexadezimalcode geschrieben und nach maximal 32 Hexadezimalzeichen in einer Zeile ein Zeilenumbruch gesetzt.

Aufgabe 22.2.1: Windows oder Unix oder macOS?

```
public enum OS {
  WINDOWS,
  MACOS,
  UNIX,
  UNKNOWN;

  public static OS current() {
    String osName = System.getProperty( "os.name" );
    if ( osName == null ) return UNKNOWN;
    osName = osName.toLowerCase();
    return osName.contains( "windows" ) ? OS.WINDOWS :
           osName.contains( "mac" ) ? OS.MACOS :
           osName.contains( "nix" ) || osName.contains( "nux" ) ? OS.UNIX :
           UNKNOWN;
  }
}
```

Listing 22.2 com/tutego/exercise/os/OS.java

Die Methode `current()` liest aus der Property `os.name` den Namen des Betriebssystems aus. Ist sie `null`, ist die Antwort schnell klar, andernfalls konvertiert die Methode den Namen für die Vergleiche in Kleinbuchstaben und testet in einer Kaskade mit Bedingungsoperatoren auf diverse Teil-Strings. Fängt keine Fallunterscheidung, ist der Name des Betriebssystems unbekannt.

Aufgabe 22.2.2: Kommandozeilen-Properties und Properties aus Dateien vereinheitlichen

Und da alle Parameter, egal, wie dargereicht, als String vorliegen, gibt es eine eigene Methode `parseInt(String)`, die versucht, einen String in eine Zahl zu konvertieren:

```
private static final String PORT = "port";
private static final int DEFAULT_PORT = 8080;

private static OptionalInt parseInt( String value ) {
  try {
    return OptionalInt.of( Integer.parseInt( value ) );
  }
  catch ( NumberFormatException e ) {
```

```
    return OptionalInt.empty();
  }
}
```

Listing 22.3 com/tutego/exercise/os/PortConfiguration.java

Die Methode `parseInt(String)` greift auf `Integer.parseInt(…)` zurück und fängt die Ausnahmen ab, wenn die Zeichenfolge nicht in eine Zahl konvertiert werden kann. Unsere Methode fängt die Ausnahme ab und liefert ein `OptionalInt.empty()` zurück, andernfalls ein `OptionalInt` mit der geparsten Zahl.

Es folgen zwei weitere Hilfsmethoden:

```
private static OptionalInt portFromCommandLine( String[] args ) {
  for ( String arg : args )
    if ( arg.startsWith( "--" + PORT + "=" ) )
      return parseInt( arg.substring( ("--" + PORT + "=").length() ) );
  return OptionalInt.empty();
}

private static OptionalInt portFromPropertyFile() {
  String filename = "/application.properties";
  try ( InputStream is = PortConfiguration.class.getResourceAsStream(
        filename ) ) {
    Properties properties = new Properties();
    properties.load( is );
    return parseInt( properties.getProperty( PORT ) );
  }
  catch ( IOException e ) { /* Ignore */ }
  return OptionalInt.empty();
}
```

Listing 22.4 com/tutego/exercise/os/PortConfiguration.java

`portFromCommandLine(…)` bekommt als Parameter die Kommandozeilenargumente zur Auswertung. Da prinzipiell dem Programm mehrere Kommandozeilenargumente übergeben werden können, iteriert die Methode alle Konsolenübergaben durch und schaut, ob `--port=` dabei ist. Wenn ja, dann schneidet die Methode den vorderen Teil ab und gibt das Ergebnis von `parseInt(String)` zurück. Findet die Methode nichts, ist das `OptionInt empty()`.

`portFromPropertyFile(…)` wertet die Datei *application.properties* im Klassenpfad aus. Dateiinhalte im Klassenpfad werden über die `Class`-Methode `getResourceAsStream(…)` eingelesen, denn das unterstützt auch Ressourcen verpackt in einem JAR-Archiv. Wir bauen zunächst ein leeres Properties-Objekt auf, rufen anschließend die load(…)-Methode auf und übergeben den InputStream. Falls es die Datei nicht gibt, wird der InputStream leer sein, was eine Exception auslösen wird, die aber catch abfängt, genauso wie mögliche Fehler beim Laden. Konnte das Properties-Objekt gefüllt werden, fragen wir nach der Property port und konvertieren sie über unsere eigene Methode in ein OptionalInt; wenn es gefüllt ist, geben wir den Wert zurück.

Die letzte Methode ist port(…) bindet alles zusammen.

```
static int port( String[] args ) {
  // Step 1
  OptionalInt maybePort = portFromCommandLine( args );
  if ( maybePort.isPresent() )
    return maybePort.getAsInt();

  // Step 2
  OptionalInt maybePortProperty = parseInt( System.getProperty( PORT ) );
  if ( maybePortProperty.isPresent() )
    return maybePortProperty.getAsInt();

  // Step 3
  OptionalInt maybePortApplicationProperty = portFromPropertyFile();
  if ( maybePortApplicationProperty.isPresent() )
    return maybePortApplicationProperty.getAsInt();

  // Step 4
  return DEFAULT_PORT;
}
```

Listing 22.5 com/tutego/exercise/os/PortConfiguration.java

Zunächst wird die Kommandozeile getestet. Gibt es einen Treffer, müssen wir alles andere nicht berücksichtigen, denn die Übergabe auf der Kommandozeile hat die höchste Priorität.

Sollte es keinen Ausstieg aus dem ersten Schritt geben, geht es weiter mit dem zweiten Schritt. System.getProperty(String) liest eine System-Property aus, die Rückgabe übergeben wir in parseInt(…). Wenn es die Property nicht gibt, wird parseInt(…) empty() liefern. Gibt es eine Belegung, liefert port(…) sie zurück.

Wenn es den Schlüssel nicht mit einem assoziierten Wert gab, müssen wir die Datei öffnen, und wir sind in Schritt 3.

Gibt es keine Datei oder keine Port-Angabe, kommt der letzte Schritt, Schritt 4. Wir haben keine weiteren Optionen mehr und geben als Standard-Port 8080 zurück.

Aufgabe 22.3.1: Über Windows Management Instrumentation den Batteriestatus auslesen

```
static OptionalInt wmicBattery( String name ) {
  try {
    String[] command = { "CMD", "/C", "wmic", "path", "win32_battery",
                         "get", name };
    Process process = new ProcessBuilder( command ).start();
    try ( InputStream is = process.getInputStream();
          Reader isr = new InputStreamReader( is );
          Stream<String> stream = new BufferedReader( isr ).lines() ) {
      return stream.map( String::trim )
                   .filter( s -> s.matches( "\\d+" ) )
                   .mapToInt( Integer::parseInt )
                   .findFirst();
    }
  }
  catch ( IOException e ) {
    Logger.getLogger( WmicBattery.class.getName() ).info( e.toString() );
    return OptionalInt.empty();
  }
}
```

Listing 22.6 com/tutego/exercise/os/WmicBattery.java

Da unser Programm zweimal WMIC mit unterschiedlichen Parametern aufruft, führt der Lösungsvorschlag eine neue Methode `wmicBattery(…)` ein, der in unserem Fall `EstimatedChargeRemaining` und `EstimatedRunTime` übergeben werden kann. Das funktioniert gut, da bei beiden Abfragen immer ein Zahlenwert erwartet wird.

`wmicBattery(…)` deklariert ein neues Array und übergibt es dem Konstruktor von `ProcessBuilder`, sodass der Prozess mit `start()` gestartet werden kann. Die Rückgabe ist der `Process`, von dem wir im nächsten Schritt die Ausgabe beziehen, was unser `InputStream` ist. Wir selbst müssen in den Prozess nichts hineinschreiben, daher ist ein eigener `OutputStream` nicht nötig. Wir müssen auch nicht auf das Ende des Prozesses warten, das geschieht automatisch.

Es gibt unterschiedliche Ansätze, aus dem Eingabestrom die relevanten Teile herauszuziehen. Dieser Lösungsvorschlag konvertiert den `InputStream` in einen `BufferedReader`, damit die `lines()`-Methode eingesetzt werden kann, die einen `Stream` aller Zeilen liefert. Bei diesem Strom wird zunächst der Weißraum am Anfang und am Ende jeder Zeile entfernt, und anschließend werden nur die Zeilen im Strom gelassen, die eine Zahl enthalten. Es bleibt dann entweder eine Zeile übrig oder keine Zeile. Falls eine Zeile eine Zahl enthält, wird diese konvertiert, und es entsteht ein

IntStream, bei dem findFirst() uns ein OptionalInt liefert, das entweder leer ist, wenn z. B. aufgrund einer fehlenden Batterie keine Zahl in der Prozessausgabe steht, oder andernfalls die Zahl enthält. Mögliche Fehler bei der Verarbeitung werden abgefangen und geloggt; die Rückgabe ist dann ein OptionalInt.emtpy().

In der Nutzung kann die Methode wie folgt aufgerufen werden:

```
wmicBattery( "EstimatedChargeRemaining" ).ifPresentOrElse(
    value -> System.out.printf( "Estimated charge remaining: %d %%%n",
      value ),
    () -> System.out.println( "No instances available." ) );

wmicBattery( "EstimatedRunTime" ).ifPresentOrElse(
    minutes -> System.out.printf( minutes == 0X4444444 ?
      "Charging" :
      "Estimated run time: %d:%02d h (%d min)%n",
          minutes / 60, minutes % 60, minutes ),
    () -> System.out.println( "No instances available." ) );
```

Listing 22.7 com/tutego/exercise/os/WmicBattery.java

Bei EstimatedChargeRemaining gibt es keinen Wert, der einer besonderen Interpretation bedarf. Ist das OptionalInt leer, soll eine andere Operation ausgeführt werden, als wenn das OptionalInt etwas enthält. Hier ist die Methode mit dem Namen ifPresentOrElse(IntConsumer action, Runnable emptyAction) nützlich, die in Java 9 eingeführt wurde; Nutzer einer älteren Bibliothek müssen das umschreiben.

Bei EstimatedRunTime gibt es den Sonderfall, dass die Batterie aktuell geladen wird und es folglich keine Schätzung der verbleibenden Zeit gibt. Der Code testet diesen Fall und liefert dann eine andere Zeichenkette zurück. Argumente werden der printf(…)-Methode immer übergeben, die natürlich im Lade-Fall ignoriert werden.

Tipp

Die Ausgabe der Eigenschaften wird schnell unübersichtlich, wie die folgenden Zeilen zeigen:

```
> wmic diskdrive get
Availability BytesPerSector Capabilities CapabilityDescriptions Caption
CompressionMethod ConfigManagerErrorCode ConfigManagerUserConfig
CreationClassName DefaultBlockSize Description DeviceID ErrorCleared
ErrorDescription ErrorMethodology FirmwareRevision Index InstallDate
InterfaceType LastErrorCode Manufacturer MaxBlockSize MaxMediaSize
MediaLoaded MediaType MinBlockSize Model Name NeedsCleaning
NumberOfMediaSupported Partitions PNPDeviceID PowerManagementCapabilities
PowerManagementSupported SCSIBus SCSILogicalUnit SCSIPort SCSITargetId
```

```
SectorsPerTrack SerialNumber Signature Size Status StatusInfo
SystemCreationClassName SystemName TotalCylinders TotalHeads TotalSectors
TotalTracks TracksPerCylinder
512 {3, 4} {"Random Access", "Supports Writing"} SAMSUNG MZVLB1T0HALR-00000
0 FALSE Win32_DiskDrive Laufwerk \\.\PHYSICALDRIVE1 EXA7201Q 1 SCSI
(Standardlaufwerke) TRUE Fixed hard disk media SAMSUNG MZVLB1T0HALR-00000
\\.\PHYSICALDRIVE1 3 SCSI\DISK&VEN_NVME&PROD_SAMSUNG_MZVLB1T0\
5&1E3C5E74&0&000000 0 0 1 0 63 0025_3886_81B2_A1AD. 1024203640320 OK Win32_
ComputerSystem DESKTOP-0P7C7G7 124519 255 2000397735 31752345 255
512 {3, 4, 10} {"Random Access", "Supports Writing", "SMART Notification"}
WDC WD40EZRX-22SPEB0 0 FALSE Win32_DiskDrive Laufwerk \\.\PHYSICALDRIVE0
80.00A80 0 IDE (Standardlaufwerke) TRUE Fixed hard disk media WDC WD40EZRX-
22SPEB0 \\.\PHYSICALDRIVE0 1 SCSI\DISK&VEN_WDC&PROD_WD40EZRX-22SPEB0\4&
2D010F8D&0&000000 0 0 0 0 63 WD-WCC4E2SHPE5N 4000784417280 OK Win32_
ComputerSystem DESKTOP-0P7C7G7 486401 255 7814032065 124032255 255
```

Dies ist schwer zu parsen, weshalb WMIC unterschiedliche Ausgabeformate bietet. Am Ende des Kommandos lässt sich ein `/format:csv` anhängen, das die Ausgabe deutlich einfacher zu verarbeiten macht.

```
> wmic diskdrive get /format:csv
Node,Availability,BytesPerSector,Capabilities,CapabilityDescriptions,Captio
n,CompressionMethod,ConfigManagerErrorCode,ConfigManagerUserConfig,Creation
ClassName,DefaultBlockSize,Description,DeviceID,ErrorCleared,ErrorDescripti
on,ErrorMethodology,FirmwareRevision,Index,InstallDate,InterfaceType,LastEr
rorCode,Manufacturer,MaxBlockSize,MaxMediaSize,MediaLoaded,MediaType,MinBlo
ckSize,Model,Name,NeedsCleaning,NumberOfMediaSupported,Partitions,PNPDevice
ID,PowerManagementCapabilities,PowerManagementSupported,SCSIBus,SCSILogical
Unit,SCSIPort,SCSITargetId,SectorsPerTrack,SerialNumber,Signature,Size,Stat
us,StatusInfo,SystemCreationClassName,SystemName,TotalCylinders,TotalHeads,
TotalSectors,TotalTracks,TracksPerCylinder
DESKTOP-0P7C7G7,,512,{3;4},{Random Access;Supports Writing},SAMSUNG
MZVLB1T0HALR-00000,,0,FALSE,Win32_DiskDrive,,Laufwerk,\\.\
PHYSICALDRIVE1,,,,EXA7201Q,1,,SCSI,,(Standardlaufwerke),,,TRUE,Fixed hard
disk media,,SAMSUNG MZVLB1T0HALR-00000,\\.\PHYSICALDRIVE1,,,3,SCSI\DISK
&amp;VEN_NVME&amp;PROD_SAMSUNG_MZVLB1T0\5&amp;1E3C5E74&amp;0
&amp;000000,,,0,0,1,0,63,0025_3886_81B2_A1AD.,,1024203640320,OK,,Win32_
ComputerSystem,DESKTOP-0P7C7G7,124519,255,2000397735,31752345,255
DESKTOP-0P7C7G7,,512,{3;4;10},{Random Access;Supports Writing;SMART
Notification},WDC WD40EZRX-22SPEB0,,0,FALSE,Win32_DiskDrive,,Laufwerk,\\.\
PHYSICALDRIVE0,,,,80.00A80,0,,IDE,,(Standardlaufwerke),,,TRUE,Fixed hard
disk media,,WDC WD40EZRX-22SPEB0,\\.\PHYSICALDRIVE0,,,1,SCSI\DISK&amp;VEN_
WDC&amp;PROD_WD40EZRX-22SPEB0\4&amp;2D010F8D&amp;0&amp;000000,,,0,0,0,0,63,
```

```
WD-WCC4E2SHPE5N,,4000784417280,OK,,Win32_ComputerSystem,DESKTOP-
0P7C7G7,486401,255,7814032065,124032255,255
```

In der ersten Zeile stehen die Spaltennamen, und es folgen kommasepariert die Werte.

Falls nur ausgewählte Schlüssel gefragt sind, werden sie hinter `get` aufgeführt, etwa:

```
> wmic diskdrive get Model,Size,SerialNumber /format:csv

Node,Model,SerialNumber,Size
DESKTOP-0P7C7G7,SAMSUNG MZVLB1T0HALR-00000,0025_3886_81B2_A1AD.,1024203640320
DESKTOP-0P7C7G7,WDC WD40EZRX-22SPEB0, WD-WCC4E2SHPE5N,4000784417280
```

Auch `/format:list` ist gut zu parsen, denn es entsteht das unter Java bekannte Property-Format, was dann praktisch ist, wenn es ein Ergebnis gibt. Es gibt viele weitere Formate.

Kapitel 23
Reflection, Annotationen und JavaBeans

Reflection bietet uns die Möglichkeit, in ein laufendes Java-Programm hineinzuschauen. Wir können eine Klasse fragen, welche Eigenschaften sie hat, und später auf beliebigen Objekten Methoden aufrufen und Objekt- bzw. Klassenvariablen auslesen und modifizieren. Viele Frameworks greifen auf die Reflection-API zurück, etwa JPA für das objektrelationale Mapping oder JAXB für die Abbildung von Java-Objekten auf XML-Bäume. Wir werden einige Beispiele selbst programmieren, die ohne Reflection nicht möglich wären.

Annotationen sind eine Art selbst programmierte Modifizierer. Mit ihnen können wir den Quellcode mit Metadaten anreichern, die später über Reflection oder ein anderes Werkzeug ausgelesen werden können. Oftmals sind wir nur Nutzer fremder Annotationen, in diesem Kapitel soll allerdings auch geübt werden, wie man selbst eigene Annotationstypen schreibt.

Voraussetzungen

- `Class`-Typ kennen
- Typbeziehungen zur Laufzeit auslesen können
- Eigenschaften von Objekten zur Laufzeit ansprechen können
- Annotationen auslesen können
- neue Annotationstypen deklarieren können

Java SE 9 Standard-Bibliothek, Kapitel 14

In der »2. Insel« stellt Kapitel 14, »Typen, Reflection und Annotationen«, die Reflection-API und Annotationen umfangreich vor.

Verwendete Datentypen in diesem Kapitel:

- `java.lang.Class` (*https://docs.oracle.com/en/java/javase/11/docs/api/java.base/java/lang/Class.html*)
- `java.lang.reflect.Field` (*https://docs.oracle.com/en/java/javase/11/docs/api/java.base/java/lang/reflect/Field.html*)

- `java.lang.reflect.Method` (*https://docs.oracle.com/en/java/javase/11/docs/api/java.base/java/lang/reflect/Method.html*)
- `java.lang.reflect.Constructor` (*https://docs.oracle.com/en/java/javase/11/docs/api/java.base/java/lang/reflect/Constructor.html*)
- `java.lang.reflect.Modifier` (*https://docs.oracle.com/en/java/javase/11/docs/api/java.base/java/lang/reflect/Modifier.html*)

23.1 Reflection-API

Mit der Reflection-API lassen sich beliebige Objekte untersuchen, und die folgenden Aufgaben nutzen das, um UML-Diagramme von beliebigen Datentypen zu erzeugen. Die Aufgaben konzentrieren sich auf realistische Einsatzfelder; man kann mit der Reflection-API auch viel Unsinn anstellen, etwa von immutablen Strings die Zeichen ändern, aber das ist dumm, und so etwas wollen wir nicht machen.

23.1.1 UML-Klassendiagramm mit Vererbungsbeziehungen erstellen ★

UML-Diagramme sind in der Dokumentation von Systemen sehr praktisch. Einige UML-Diagramme lassen sich auch durch Werkzeuge automatisch generieren. Wir wollen so ein Werkzeug selber schreiben. Ausgangspunkt ist dabei eine beliebige Klasse, die per Reflection untersucht wird. Wir können alle Eigenschaften dieser Klasse auslesen und ein UML-Diagramm generieren.

Da UML-Diagramme grafisch sind, stellt sich natürlich die Frage, wie wir in Java Grafiken zeichnen können. Dieses Problem wollen wir nicht lösen, sondern die Beschreibungssprache *PlantUML* (*https://plantuml.com/*) nutzen. PlantUML ist quasi das für UML-Diagramme, was HTML für Webseiten und SVG für Vektorgrafiken ist.

Ein Beispiel:

```
interface Serializable << interface >>
Radio ..|> Serializable
ElectronicDevice --|> Radio
```

Die Pfeile `--|>` oder `<|--` sind regulär dargestellt, `..|>` oder `<|..` gestichelt.

PlantUML generiert aus diesen Textdokumenten eine Darstellung der folgenden Art (siehe Abbildung 23.1)

PlantUML ist quelloffen, und man kann ein Kommandozeilenprogramm installieren, das die textuelle Beschreibung in eine Grafik mit dem UML-Diagramm konvertiert. Es gibt auch Websites wie *https://www.planttext.com/*, die UML-Diagramme live darstellen können.

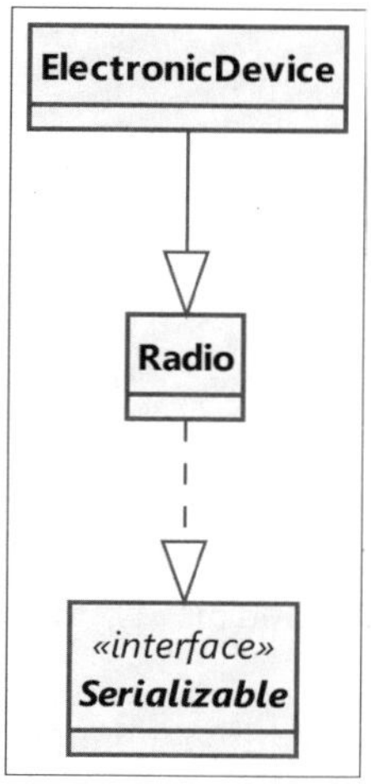

Abbildung 23.1 Repräsentation der PlantUML-Syntax als Grafik

Aufgabe:

Generiere für eine beliebige Klasse, von der nur der voll qualifizierte Name gegeben ist, einen PlantUML-Diagramm-Text, und gib den Text auf der Konsole aus.

- Das Diagramm soll den Typ und seine Basistypen (Oberklassen und implementierte Schnittstellen) zeigen.
- Das Diagramm soll rekursiv auch die Typen der Oberklassen mit aufführen.

Beispiel:

Für `Class.forName("java.awt.Point")` könnte die Ausgabe so aussehen:

```
Point2D <|-- Point
Object <|-- Point2D
Cloneable <|.. Point2D
Serializable <|.. Point
```


23.1.2 UML-Klassendiagramm mit Eigenschaften erstellen ★

In PlantUML können nicht nur die Typbeziehungen – wie Vererbung, Implementierung von Schnittstellen und Assoziationen – beschrieben werden, sondern auch Objekt-/Klassenvariablen und Methoden:

```
class Radio {
isOn: boolean
isOn() : boolean
{static} format(number: int): String
}
```

Das Ergebnis wird etwa so aussehen wie in Abbildung 23.2.

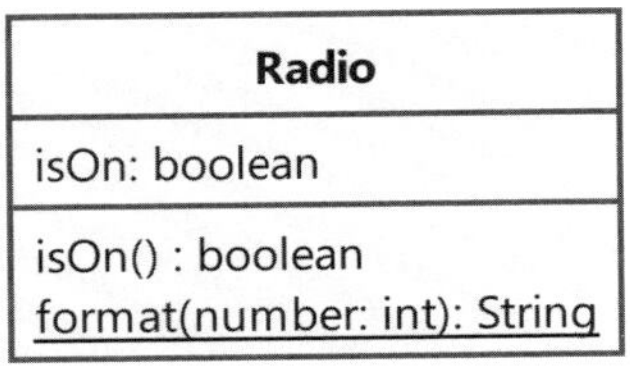

Abbildung 23.2 Repräsentation der PlantUML-Syntax als Grafik

Aufgabe:

- Schreibe eine Methode, die ein beliebiges `Class`-Objekt bekommt und als Ergebnis einen mehrzeiligen String in der PlantUML-Syntax liefert.
- Es reicht, *nur* die Objekt-/Klassenvariablen, Konstruktoren und Methoden aufzunehmen, nicht die Typbeziehungen.

Beispiel:

Für den Typ `java.awt.Dimension` könnte die Ausgabe so aussehen:

```
@startuml
class Dimension {
   + width: int
   + height: int
   - serialVersionUID: long
   + Dimension(arg0: Dimension)
   + Dimension()
   + Dimension(arg0: int, arg1: int)
   + equals(arg0: Object): boolean
   + toString(): String
   + hashCode(): int
   + getSize(): Dimension
   - initIDs(): void
   + setSize(arg0: Dimension): void
   + setSize(arg0: double, arg1: double): void
   + setSize(arg0: int, arg1: int): void
   + getWidth(): double
   + getHeight(): double
}
@enduml
```

23.1.3 CSV-Dateien aus Listeneinträgen generieren ★★

In einer CSV-Datei werden die Einträge durch Komma oder Semikolon getrennt, das sieht etwa so aus:

```
1;2;3
4;5;6
```

Aufgabe:

- Schreibe eine statische Methode `writeAsCsv(List<?> objects, Appendable out)`, die alle Objekte der Liste abläuft, per Reflection alle Informationen extrahiert und dann die Ergebnisse im CSV-Format in den übergebenen Ausgabestrom schreibt.
- Zum Extrahieren können wir entweder die öffentlichen Bean-Getter aufrufen (wenn wir über Properties gehen möchten) oder auf die (internen) Objektvariablen zugreifen – die Lösung kann eine der beiden Varianten nutzen.

Beispielnutzung:

```
Point p = new Point( 1, 2 );
Point q = new Point( 3, 4 );
List<?> list = Arrays.asList( p, q );
Writer out = new StringWriter();
writeAsCsv( list, out );
System.out.println( out );
```

Bonus:

Nutzt man Zugriffe auf Objektvariablen, sollen die mit dem Modifizierer `transient` markierten Objektvariablen nicht geschrieben werden.

23.2 Annotationen

Mit Annotationen können wir Metadaten in den Java-Code einbringen, die später – in der Regel über Reflection – ausgelesen werden können. Annotationen sind sehr wichtig geworden, denn vieles drücken Entwickler heute deklarativ aus und überlassen dem Framework die eigentliche Ausführung.

23.2.1 CSV-Dokumente aus annotierten Objektvariablen erzeugen ★★

Gegeben ist eine Klasse mit Annotationen:

```
@Csv
class Pirate {
  @CsvColumn String name;
  @CsvColumn String profession;
  @CsvColumn int height;
```

```
  @CsvColumn( format = "### €" ) double income;
  @CsvColumn( format = "###.00" ) Object weight;
  String secrets;
}
```

Aufgabe:

- Deklariere die Annotation `@Csv`, die man nur an Typendeklarationen setzen kann.
- Deklariere die Annotation `@CsvColumn`, die man nur an Objektvariablen setzen kann.
- Erlaube bei `@CsvColumn` ein String-Attribut `format` für ein Pattern, das die Formatierung der Zahl über ein `DecimalFormat`-Muster steuert.
- Lege eine Klasse `CsvWriter` mit einem Konstruktor an, der sich ein `Class`-Objekt als Typ-Token merkt, und auch einen `Writer`, in den später die CSV-Zeilen geschrieben werden. Die Klasse `CsvWriter` kann `AutoCloseable` sein.
- Lege `CsvWriter` als generischen Typ `CsvWriter<T>` an.
- Schreibe zwei neue Methoden
  - `void writeObject( T object )`: Schreibt ein Objekt.
  - `void write( Iterable<? extends T> iterable )`: Schreibt mehrere Objekte
- Das Trennzeichen für die CSV-Spalten ist standardmäßig `';'`, soll aber über eine Methode `delimiter(char)` geändert werden können.
- Überlege, welche Fehlerfälle auftreten können, und melde sie als ungeprüfte Ausnahme.

Beispielnutzung:

```
Pirate p1 = new Pirate();
p1.name = "Hotzenplotz";
p1.profession = null;
p1.height = 192;
p1.income = 124234.3234;
p1.weight = 89.10;
p1.secrets = "kinky";

StringWriter writer = new StringWriter();
try ( CsvWriter<Pirate> csvWriter =
          new CsvWriter<>( Pirate.class, writer ).delimiter( ',' ) ) {
  csvWriter.writeObject( p1 );
  csvWriter.writeObject( p1 );
}
System.out.println( writer );
```

23.3 Lösungsvorschläge

Aufgabe 23.1.1: UML-Klassendiagramm mit Vererbungsbeziehungen erstellen

```
public static void visitType( Class<?> clazz ) {

  if ( clazz.getSuperclass() != null ) {
    System.out.printf( "%s <|-- %s%n",
                       clazz.getSuperclass().getSimpleName(),
                       clazz.getSimpleName() );
    visitType( clazz.getSuperclass() );
  }

  for ( Class<?> interfaze : clazz.getInterfaces() ) {
    System.out.printf( "%s <|.. %s%n",
                       interfaze.getSimpleName(),
                       clazz.getSimpleName() );
    visitType( interfaze );
  }
}

public static void main( String[] args ) throws ClassNotFoundException {
  Class<?> clazz = Class.forName( "javax.swing.JButton" );
  visitType( clazz );
  System.out.println( "hide members" );
}
```

Listing 23.1 com/tutego/exercise/lang/reflect/PlantUmlTypeHierarchy.java

Im Zentrum der Lösung steht die eigene Methode `visitType(Class<?> clazz)`, die rekursiv aufgerufen wird. Um die Objekt-/Klassenvariablen, Methoden und Konstruktoren müssen wir uns nicht kümmern, sondern lediglich um die mögliche Oberklasse und implementierte Schnittstellen.

Die erste Fallunterscheidung kümmert sich um die mögliche Oberklasse. Davon kann es höchstens eine geben. Auf dem `Class`-Objekt rufen wir `getSuperclass()` auf und bekommen entweder `null`, wenn wir in der Vererbungshierarchie schon bei `java.lang.Object` gelandet sind, oder eben die Oberklasse. Haben wir eine Oberklasse, generiert das Programm einen Pfeil.

Und wenn wir eine Oberklasse gefunden haben, wird sie auch wieder eine Oberklasse haben, daher rufen wir die Methode `visitType(…)` rekursiv auf.

Der zweite Teil generiert die Pfeile für die implementierten Schnittstellen. Die erweiterte `for`-Schleife geht über alle Schnittstellen. Implementiert die Klasse keine Schnittstelle, so wird die Schleife auch nicht ausgeführt. Gibt es eine Schnittstelle, so erfragen wir den Namen sowie den Namen der eigenen Klasse und generieren den Pfeil. Da diese Schnittstelle andere Schnittstellen erweitern kann, rufen wir auch hier wiederum visitType(...) rekursiv auf.

Aufgabe 23.1.2: UML-Klassendiagramm mit Eigenschaften erstellen

```
private static String plantUml( Class<?> clazz ) {

  StringWriter result = new StringWriter( 1024 );
  PrintWriter body = new PrintWriter( result );
  body.printf( "@startuml%nclass %s {%n", clazz.getSimpleName() );

  for ( Field field : clazz.getDeclaredFields() ) {
    String visibility = formatUmlVisibility( field );
    String type = field.getType().getSimpleName();
    body.printf( "   %s %s: %s%n", visibility, field.getName(), type );
  }

  for ( Constructor<?> method : clazz.getConstructors() ) {
    String visibility = formatUmlVisibility( method );
    String parameters = formatParameters( method.getParameters() );
    body.printf( "   %s %s(%s)%n",
      visibility, clazz.getSimpleName(), parameters );
  }

  for ( Method method : clazz.getDeclaredMethods() ) {
    String visibility = formatUmlVisibility( method );
    String parameters = formatParameters( method.getParameters() );
    String returnType = method.getReturnType().getSimpleName();
    body.printf( "   %s %s(%s): %s%n",
      visibility, method.getName(), parameters, returnType );
  }

  body.println( "}\n@enduml" );
  return result.toString();
}

private static String formatParameters( Parameter[] parameters ) {
  return Arrays.stream( parameters )
               .map( p -> p.getName() + ": " + p.getType().getSimpleName() )
               .collect( Collectors.joining( ", " ) );
}
```

```
private static String formatUmlVisibility( Member field ) {
  return Modifier.isPrivate( field.getModifiers() )   ? "-" :
         Modifier.isPublic( field.getModifiers() )    ? "+" :
         Modifier.isProtected( field.getModifiers() ) ? "#" :
         "~";
}
```

Listing 23.2 com/tutego/exercise/lang/PlantUmlClassMembers.java

Im Mittelpunkt steht die Methode `plantUml(Class)` – sie generiert für ein `Class`-Objekt den Text für das UML-Diagramm. Da wir einen String aufbauen müssen, haben wir mehrere Möglichkeiten. Wir könnten den +-Operator verwenden, um Strings zu konkatenieren, oder wir könnten den `StringBuilder` nutzen und die `append(…)`-Methoden, allerdings ist es praktisch, wenn wir einen Format-String einsetzen könnten. Hier bietet sich die Klasse `PrintWriter` an, die wir in einer API-ähnlichen Form schon von `System.out` kennen. Ein `PrintWriter` bietet uns die schönen `print(…)`-, `println(…)`- und `printf(…)`-Methoden. Ein `PrintWriter` ist ein Adapter, der ein Ziel braucht, in das er den generierten String schreibt. Wir wollen das Ergebnis in einem `StringWriter` sammeln.

Anschließend beginnen wir, die einzelnen Segmente eines UML-Diagramms zu schreiben. Erst kommt der Klassenname, dann setzen wir die Objekt-/Klassenvariablen hinein, anschließend die Konstruktoren und zum Schluss die Methoden. Das `Class`-Objekt liefert uns die Daten über entsprechende Methoden.

Für die Objekt-/Klassenvariablen, Konstruktoren und Methoden gibt es eine Gemeinsamkeit, nämlich ihre Sichtbarkeit. Diese lässt sich über den Basistyp `Member` erfragen. Die eigene Methode `formatUmlVisibility(Member)` übersetzt dabei den Modifizierer in einen String, den wir in die PlantUML-Kennung für die Sichtbarkeit einbauen.

Konstruktoren und Methoden haben eine weitere Gemeinsamkeit: eine Parameterliste. Es gibt daher eine weitere Methode `formatParameters(Parameter[])`, die aus einem Array von Parameter-Objekten einen String für PlantUML generiert. Es ist ein Array, da eine Methode oder ein Konstruktor mehrere Parameter haben kann, und folglich müssen wir für jeden Parameter den Namen erfragen und den Rückgabetyp. Das lässt sich als schrittweise Transformation sehen, und hier bietet sich die Stream-API an. Als Erstes generieren wir aus dem Array einen `Stream`. Im nächsten Schritt übertragen wir das `Parameter`-Objekt auf einen String. Dabei gehen wir wie folgt vor: Der String besteht aus dem Namen des Parameters, einem Doppelpunkt und einem Datentyp. Nach der `map(…)`-Operation entsteht ein `Stream<String>`. Diese Strings werden kommasepariert zu einem großen Ergebnis zusammengesetzt und anschließend zurückgegeben.

Aufgabe 23.1.3: CSV-Dateien aus Listeneinträgen generieren

```
public static void writeAsCsv(
    List<?> objects, Appendable out ) throws IOException {
  for ( Object object : objects ) {
    String line =
        Arrays.stream( object.getClass().getFields() )
              .filter( f -> ! Modifier.isTransient( f.getModifiers() ) )
              .map( f -> accessField( f, object ) )
              .collect( Collectors.joining( ";" ) );
    out.append( line ).append( "\n" );
  }
}

private static String accessField( Field field, Object object ) {
  try {
    return field.get( object ).toString();
  }
  catch ( IllegalAccessException e ) {
    throw new RuntimeException( e );
  }
}
```

Listing 23.3 com/tutego/exercise/lang/reflect/ReflectionCsvExporter.java

Die Lösung besteht aus der gewünschten Methode `writeAsCsv(List<?> objects, Appendable out)` und einer Hilfsmethode `accessField(…)`. Da wir eine Liste mit beliebigen Elementen haben, müssen wir zunächst die Liste durchlaufen. Hier eignet sich die erweiterte `for`-Schleife.

Wenn wir jedes Objekt aus der Liste betrachten, müssen wir für jedes Objekt eine Zeile generieren. Diese Abfolge von Operationen, von einem Objekt bis hin zu der CSV-Zeile, realisiert die Stream-API. Wenn wir ein Objekt als Ausgangspunkt nehmen, erfragen wir zunächst das `Class`-Objekt und dann alle Objekt-/Klassenvariablen mit `getFields()`. Ergebnis ist ein Array, das wir zu einem Stream aufwerten wollen. Der Strom besteht folglich aus `Field`- Objekten, und da wir transiente Felder nicht betrachten wollen, nutzen wir die Filtermethode von dem Stream, um nur die Objekt-/Klassenvariablen im Strom zu belassen, die nicht transient sind.

Im nächsten Schritt müssen wir die Objektvariable auslesen. Hierfür greifen wir auf eine eigene Methode zurück. Der Grund ist der, dass Lambda-Ausdrücke und geprüfte Ausnahmen syntaktisch ausufern, denn eine geprüfte Ausnahme muss innerhalb des Lambda-Ausdrucks aufgefangen werden. Die Reflection-API setzt jedoch häufig geprüfte Ausnahmen ein. Aufgabe der eigenen Methode `String accessField(Field,`

Object) sind das Auslesen einer Objektvariablen für ein gegebenes Objekt und Konvertieren in einen String. Die Methode fängt eine mögliche geprüfte Ausnahme ab und kapselt sie in eine ungeprüfte Ausnahme. Die terminale Operation des Streams sammelt alle Teil-Strings ein und konkateniert sie mit einem Semikolon. Schlussendlich wird die Zeile, inklusive einem Zeilenendezeichen, in den Writer geschrieben.

Aufgabe 23.2.1: CSV-Dokumente aus annotierten Objektvariablen erzeugen

Für die Lösung müssen zwei Annotationstypen deklariert werden. Der erste Typ Csv ist @Target(ElementType.TYPE), weil er nur an Typdeklarationen stehen darf, und natürlich muss diese Annotation über die Laufzeit ausgelesen werden, daher ist die RetentionPolicy.RUNTIME:

```
import java.lang.annotation.ElementType;
import java.lang.annotation.Retention;
import java.lang.annotation.RetentionPolicy;
import java.lang.annotation.Target;

@Retention( RetentionPolicy.RUNTIME )
@Target( ElementType.TYPE )
public @interface Csv {
}
```

Listing 23.4 com/tutego/exercise/annotation/Csv.java

Der zweite Annotationstyp CsvColumn wird nur an Klassen-/Objektvariablen festgemacht, daher ist @Target(ElementType.FIELD). Allerdings ist es nicht möglich, die Anwendung auf Objektvariablen alleine zu beschränken.

Auch diese Annotation wird zur Laufzeit ausgelesen. CsvColumn besitzt ein Attribut format für den Formatierungs-String, der standardmäßig leer ist. Wir werden später leere Strings nicht auswerten.

```
import java.lang.annotation.ElementType;
import java.lang.annotation.Retention;
import java.lang.annotation.RetentionPolicy;
import java.lang.annotation.Target;

@Retention( RetentionPolicy.RUNTIME )
@Target( ElementType.FIELD )
public @interface CsvColumn {
  String format() default "";
}
```

Listing 23.5 com/tutego/exercise/annotation/CsvColumn.java

Kommen wir zum umfangreichen `CsvWriter`:

```
public class CsvWriter<T> implements AutoCloseable {

  private final List<Field> fields;
  private final Class<?> clazz;
  private final Writer writer;
  private char delimiter = ';';

  public CsvWriter( Class<T> clazz, Writer writer ) {
    if ( ! clazz.isAnnotationPresent( Csv.class ) )
      throw new IllegalArgumentException(
          "Given class is not annotated with @Csv" );

    fields = Arrays.stream( clazz.getDeclaredFields() )
                   .filter( field -> field.isAnnotationPresent(
                                     CsvColumn.class ) )
                   .collect( Collectors.toList() );

    if ( fields.isEmpty() )
      throw new IllegalArgumentException(
          "Class does not contain any @CsvColumn" );

    this.clazz = clazz;
    this.writer = Objects.requireNonNull( writer );
  }

  public CsvWriter<T> delimiter( char delimiter ) {
    this.delimiter = delimiter;
    return this;
  }

  public void write( Iterable<? extends T> iterable ) {
    iterable.forEach( this::writeObject );
  }

  public void writeObject( T object ) {

    if ( ! clazz.isInstance( object ) )
      throw new IllegalArgumentException(
            "Argument is of type " + object.getClass().getSimpleName()
          + " but must be of type " + clazz.getSimpleName() );
```

```
    String line = fields.stream()
                        .map( field -> getFieldValue( object, field ) )
                        .collect( Collectors.joining( Character.toString(
                                  delimiter ), "", "\n" ) );
    try {
      writer.write( line );
    }
    catch ( IOException e ) {
      throw new UncheckedIOException( e );
    }
  }

  private String getFieldValue( Object object, Field field ) {
    try {
      Object fieldValue = field.get( object );

      if ( fieldValue == null )
        return "";

      String format = field.getAnnotation( CsvColumn.class ).format();
      if ( format.trim().isEmpty() )
        return Objects.toString( fieldValue );

      if ( isNumericType( fieldValue ) )
        return new DecimalFormat( format ).format( fieldValue );

      throw new IllegalStateException( "Only numeric types can be formatted, ➘
but type was " + fieldValue.getClass().getSimpleName() );
    }
    catch ( IllegalAccessException e ) {
      throw new RuntimeException( e );
    }
  }

  private static boolean isNumericType( Object value ) {
    return Stream.of( Integer.class, Long.class, Double.class,
                      BigInteger.class, BigDecimal.class )
                 .anyMatch( clazz -> clazz.isInstance( value ) );
  }

  @Override public void close() {
    try {
      writer.close();
```

```
    }
    catch ( IOException e ) {
      throw new UncheckedIOException( e );
    }
  }
}
```

Listing 23.6 com/tutego/exercise/annotation/CsvWriter.java

Der Konstruktor nimmt ein `Class`-Objekt und einen `Writer` an und führt Prüfungen und eine Vorverarbeitung durch.

1. Der Konstruktor führt als Erstes einen Test durch, ob das, was später geschrieben werden soll, die Markierungsannotation `Csv` trägt; wenn nicht, gibt es eine Laufzeitausnahme. So muss diese Prüfung später nicht beim Schreiben wiederholt werden. Da beim späteren Schreiben die Typen auch immer die gleichen sein werden und auf Reflection zur Laufzeit aus Performancegründen verzichtet werden soll, holt sich der Konstruktor die entsprechenden `Field`-Objekte und speichert sie. Nur die `Field`-Objekte, die mit `@CsvColumn` annotiert sind, kommen in die interne Liste. Falls diese Liste leer sein sollte, gibt es eine Ausnahme, denn das würde bedeuten, dass es nichts zu schreiben gibt. Auch das `Class`-Objekt merkt sich der Konstruktor für einen späteren Test, denn Generics sind nur ein Trick des Compilers, und zur Laufzeit könnten doch falsche Typen untergeschoben werden.
2. Der `Writer` wird intern vermerkt, und wie üblich stellt ein frühzeitiger Test sicher, dass dieser `Writer` nicht `null` ist. Unsere Klasse implementiert `AutoCloseable`, und die implementierte `close()`-Methode schließt den darunterliegenden `Writer`. Damit kann `CsvWriter` gut in einem `try`-mit-Ressourcen-Block verwendet werden.

Der Delimiter, also das CSV-Trennzeichen für die Spalten, kann `delimiter(char)` neu zuweisen. Die Methode liefert den aktuellen `CsvWriter` zurück, sodass sich Aufrufe gut kaskadieren lassen und eine Fluent-API bilden. Ob der Delimiter vernünftig ist oder nicht, testet die Methode nicht. Prinzipiell könnte der Delimiter ein `'a'`, `'\n'` oder `'\u000'` sein.

`writeObject(T)` schreibt ein einziges Objekt, auf das die Methode `write(Iterable<? extends T>)` gut zurückgreifen kann. Die von `Iterable` gebotene Methode `forEach(…)` läuft über alle Daten und ruft auf jedem einzelnen Element `writeObject(T)` auf.

Als Erstes führt `writeObject(T)` eine Typprüfung durch, ob das Argument typkompatibel ist mit dem, das im Konstruktor über das `Class`-Objekt vereinbart wurde. `clazz.isInstance(…)` ist die dynamische Variante von `instanceof`. Falls der Typ nicht passt, gibt es eine Ausnahme. Im nächsten Schritt läuft der `Stream` über alle `Field`-Elemente, holt mit `getFieldValue(…)` für jedes `Field` die in einen String konvertierte Belegung der Objektvariablen und setzt zum Schluss für die CSV-Ausgabe alle Strings mit dem Delimiter zusammen. Ans Ende der Zeile kommt ein Zeilenumbruch. Der entstandene String wird in `Writer` geschrieben und eine mögliche `IOException` abgefangen und in eine ungeprüfte Ausnahme übersetzt. `getFieldValue(…)` ist eine eigene Methode, die die Komplexität für den Zugriff und die Formatierung der numerischen Werte versteckt.

Die Methode `getFieldValue(…)` bekommt das Objekt mit den Daten und das `Field`-Objekt für die Objektvariable. Die `Field`-Methode `get(…)` liefert den in der Objektvariablen gespeicherten Wert. Ist er `null`, gibt es nichts zu schreiben, und wir liefern den Leer-String zurück.

Jetzt gibt es zwei Möglichkeiten: An der `CsvColumn` befindet sich das Attribut `format` mit einem Formatierungsmuster oder nicht.

- Gibt es kein Formatierungsmuster oder besteht das Format nur aus Leerzeichen, dann wird die String-Repräsentation des ausgelesenen Werts zurückgegeben.
- Gibt es ein Formatierungsmuster, prüft `isNumericType(…)`, ob der Wert im Attribut numerisch ist. Diese Eigenschaft hätte schon im Konstruktor getestet werden können, doch das hätte einen Nachteil: Ist der Typ zum Beispiel `Object` und liegt zur Laufzeit ein `Double` dahinter, ist das völlig in Ordnung. Nur zur Laufzeit lässt sich das testen. Bei einem numerischen Attribut liefert die `format(…)`-Methode von `DecimalFormat` die String-Repräsentation. Ist ein Formatierungsmuster gegeben, aber der Typ nicht numerisch, folgt eine `IllegalStateException`.

`DecimalFormat` kann unterschiedliche Typen automatisch formatieren. Die gültigen Typen werden über die eigene Methode `isNumericType(…)` getestet. Dazu zählen `Integer`, `Long`, `Double`, `BigInteger`, `BigDecimal`.

Nachwort

Gratulation an die Leser, die sich die Zeit für die Aufgaben genommen, die Lösungsvorschläge studiert und bis zum Ende durchgehalten haben. Es war ein weiter Weg, doch nun ist der Grundstein für eine vielversprechende Java-Karriere gelegt. Doch natürlich hört es nach diesem Buch nicht auf. Wer erfolgreich ist, wiederholt immer wieder folgende drei Schritte:

1. Bücher lesen, Blog-Einträge studieren, Lernvideos schauen
2. selber programmieren und die Lösungen kritisch hinterfragen
3. fremden Quellcode studieren und Muster erkennen und lernen

Darüber hinaus gibt es einige Websites und Plattformen, die regelmäßig neue Aufgaben veröffentlichen. Eine kleine Auswahl freier Sites:

- **Code Golf Stack Exchange**
  »Code Golf Stack Exchange ist eine Website für Programmierwettbewerbe zur Freizeitgestaltung« – so die offizielle Einleitung. Einige Aufgaben werden auch in Java gelöst, viele mit sehr obskuren Programmiersprachen, die nur für die kompakte Schreibweise erfunden wurden. (*https://codegolf.stackexchange.com/questions*)
- **Project Euler**
  Von der Website: »Project Euler ist eine Serie von herausfordernden mathematischen bzw. Programmier-Problemen, die mehr als nur mathematische Einblicke zum Lösen erfordern.« Viele dieser Aufgaben kommen aus der Mathematik, aber Entwickler müssen zur Lösung auch auf ausgetüftelte Algorithmen zurückgreifen. (*https://projecteuler.net/*)
- **Daily Programmer**
  Reddit nennt sich selbst die »Titelseite des Internets« und besteht aus einer großen Sammlung von Foren, genannt »Subreddits«. Eines dieser Subreddits ist Daily Programmer, bei dem es darum geht, Programmierer aller Fähigkeitsstufen mit wöchentlichen Programmieraufgaben herauszufordern. Es gibt unterschiedliche Schwierigkeitsgrade. (*https://www.reddit.com/r/dailyprogrammer/*)
- **Rosetta Code**
  Der Reiz von Rosetta Code liegt in der Vielfältigkeit der Programmiersprachen. Es gibt über 1.000 Programmieraufgaben und Lösungsvorschläge in mehr als 800 Programmiersprachen. Wir als Java-Entwickler können auch von Lösungen anderer Programmiersprachen lernen; vermutlich weniger von einem Dinosaurier wie beispielsweise COBOL, doch sehr wohl von funktionalen Programmiersprachen. (*https://rosettacode.org/wiki/Rosetta_Code*)

Einige Unternehmen verwenden Programmieraufgaben in einem Einstellungstest. Daraus ist ein Geschäftsmodell entstanden, bei dem kommerzielle Anbieter regelmäßig geschlossene Aufgaben anbieten, die Bewerber absolvieren müssen. Die Personalabteilung kann später zusammen mit Chefentwicklern die Lösungsvorschläge auswerten und Metriken abrufen.

Eine Parallelentwicklung ist das *Competitive Programming*. Hier geht es wie in einem Wettbewerb um das Entwickeln von Lösungen. Für das Bestehen einer Aufgabe gibt es Punkte, und wer die meisten Punkte hat, ist der Gewinner.

Anhang A
Häufige Typen und Methoden im Java-Universum

Ein Buch über Java-Aufgaben muss sich auf die Typen konzentrieren, die in Projekten relevant sind. Denn Aufgaben zu Datentypen und Methoden, die selten sind, hätten wenig Nutzen, vor allen Dingen, wenn die wichtigen Datentypen fehlen. In der Vorbereitung für dieses Buch habe ich daher eine Software geschrieben, die einige Hundert Open-Source-Bibliotheken daraufhin untersucht, welche Typen und welche Methoden vorkommen. Das Ergebnis ist durchaus interessant, und dieser Anhang zeigt die Auswertungen in Statistiken. Und genau die Typen, die in der Praxis oft vorkommen, werden in diesem Aufgabenbuch ausführlich berücksichtigt. Typen aus Java EE, Spring oder anderen Open-Source-Bibliotheken kommen nicht vor, nur Typen aus der Java SE.

A.1 Pakete mit den häufigsten Typen

- `java.io`

  `BufferedReader`, `ByteArrayInputStream`, `ByteArrayOutputStream`, `DataOutputStream`, `FileInputStream`, `FileOutputStream`, `File`, `IOException`, `InputStream`, `ObjectInputStream`, `ObjectOutputStream`, `OutputStream`, `PrintStream`, `PrintWriter`, `StringReader`, `StringWriter`, `Writer`

- `java.lang`

  `Appendable`, `AssertionError`, `Boolean`, `Byte`, `CharSequence`, `Character`, `ClassLoader`, `Class`, `Double`, `Enum`, `Exception`, `Float`, `IllegalArgumentException`, `IllegalStateException`, `IndexOutOfBoundsException`, `Integer`, `Iterable`, `Long`, `Math`, `NullPointerException`, `Number`, `Object`, `RuntimeException`, `Short`, `StringBuffer`, `StringBuilder`, `String`, `System`, `ThreadLocal`, `Thread`, `Throwable`, `UnsupportedOperationException`

- `java.lang.annotation`

  `Annotation`

- **java.lang.ref**

  SoftReference

- **java.lang.reflect**

  Array, Constructor, Field, InvocationTargetException, Method, ParameterizedType

- **java.math**

  BigInteger

- **java.net**

  URI, URL

- **java.nio**

  ByteBuffer

- **java.security**

  AccessController

- **java.sql**

  PreparedStatement

- **java.text**

  MessageFormat

- **java.util**

  AbstractList, ArrayList, Arrays, BitSet, Calendar, Collection, Collections, Comparator, Date, Enumeration, HashMap, HashSet, Hashtable, Iterator, LinkedHashMap, LinkedHashSet, LinkedList, List, Locale, Map, NoSuchElementException, Objects, Optional, Properties, ResourceBundle, Set, Stack, StringTokenizer, TreeMap, Vector

- **java.util.concurrent**

  ConcurrentHashMap, ConcurrentMap

- **java.util.concurrent.atomic**

  AtomicBoolean, AtomicInteger, AtomicLong, AtomicReference

- **java.util.concurrent.locks**

  Lock, ReentrantLock

- **java.util.function**

  Consumer, Function

- **`java.util.logging`**

  `Logger`

- **`java.util.regex`**

  `Matcher, Pattern`

- **`java.util.stream`**

  `Collectors, Stream`

- **`javax.xml.bind`**

  `JAXBElement`

- **`javax.xml.namespace`**

  `QName`

A.2 Die 100 häufigsten Typen

Typname	Vorkommen	Prozentuale Verteilung
`java.lang.StringBuilder` C	605.692	25,28 %
`java.lang.String` C	190.854	7,97 %
`java.lang.Object` C	138.093	5,76 %
`java.util.Iterator` I	102.072	4,26 %
`java.util.List` I	99.833	4,17 %
`java.lang.StringBuffer` C	94.562	3,95 %
`java.util.Map` I	69.415	2,90 %
`java.lang.Class` C	52.435	2,19 %
`java.util.ArrayList` C	46.855	1,96 %
`java.lang.Integer` C	45.650	1,91 %
`java.util.Set` I	35.131	1,47 %
`java.util.HashMap` C	28.958	1,21 %
`java.util.logging.Logger` C	26.173	1,09 %

Tabelle A.1 Häufige Datentypen

Typname	Vorkommen	Prozentuale Verteilung
`java.lang.IllegalArgumentException`	25.762	1,08 %
`javax.xml.namespace.QName`	22.050	0,92 %
`java.io.File`	19.951	0,83 %
`java.lang.Boolean`	19.919	0,83 %
`java.lang.System`	18.881	0,79 %
`java.util.Collection`	15.678	0,65 %
`java.util.Arrays`	15.533	0,65 %
`java.lang.AssertionError`	14.927	0,62 %
`java.lang.IllegalStateException`	14.189	0,59 %
`java.util.Map$Entry`	13.554	0,57 %
`java.util.Collections`	13.061	0,55 %
`java.lang.Long`	12.493	0,52 %
`java.util.Hashtable`	11.934	0,50 %
`java.lang.Enum`	11.191	0,47 %
`java.lang.Math`	10.670	0,45 %
`java.lang.UnsupportedOperation-Exception`	10.434	0,44 %
`java.lang.reflect.Method`	10.357	0,43 %
`java.io.PrintStream`	10.278	0,43 %
`java.util.Vector`	10.118	0,42 %
`java.lang.Character`	9.904	0,41 %
`java.lang.Thread`	9.294	0,39 %
`java.nio.ByteBuffer`	9.285	0,39 %
`java.util.HashSet`	8.881	0,37 %
`java.lang.Throwable`	8.415	0,35 %
`java.util.Properties`	8.106	0,34 %

Tabelle A.1 Häufige Datentypen (Forts.)

Typname	Vorkommen	Prozentuale Verteilung
java.lang.Double	7.956	0,33 %
java.lang.IndexOutOfBoundsException	7.799	0,33 %
java.lang.RuntimeException	7.734	0,32 %
java.util.Objects	7.700	0,32 %
java.io.Writer	7.473	0,31 %
java.io.IOException	6.902	0,29 %
java.io.InputStream	6.539	0,27 %
java.util.stream.Stream	6.429	0,27 %
java.lang.CharSequence	6.170	0,26 %
java.lang.Exception	6.054	0,25 %
java.io.PrintWriter	5.785	0,24 %
java.math.BigInteger	5.520	0,23 %
java.util.Enumeration	5.047	0,21 %
java.util.Stack	4.904	0,20 %
java.util.ResourceBundle	4.777	0,20 %
java.io.OutputStream	4.682	0,20 %
java.util.LinkedList	4.646	0,19 %
java.util.Optional	4.169	0,17 %
java.io.ByteArrayOutputStream	4.115	0,17 %
java.util.AbstractList	4.074	0,17 %
java.lang.Float	4.062	0,17 %
java.util.StringTokenizer	4.024	0,17 %
java.lang.NullPointerException	3.840	0,16 %
java.util.concurrent.atomic.AtomicReference	3.579	0,15 %
java.net.URI	3.491	0,15 %

Tabelle A.1 Häufige Datentypen (Forts.)

Typname	Vorkommen	Prozentuale Verteilung
java.util.LinkedHashMap [C]	3.490	0,15 %
java.lang.Iterable [I]	3.483	0,15 %
java.lang.reflect.Field [C]	3.452	0,14 %
java.lang.Number [C]	3.449	0,14 %
java.net.URL [C]	3.436	0,14 %
java.util.regex.Pattern [C]	3.386	0,14 %
java.util.regex.Matcher [C]	3.343	0,14 %
java.util.Calendar [C]	3.281	0,14 %
java.util.concurrent.ConcurrentHash-Map [C]	3.231	0,13 %
java.text.MessageFormat [C]	3.070	0,13 %
javax.xml.stream.XMLStreamReader [I]	3.032	0,13 %
java.util.concurrent.locks.Lock [I]	3.012	0,13 %
java.lang.ClassLoader [C]	2.861	0,12 %
java.util.concurrent.atomic.Atomic-Integer [C]	2.835	0,12 %
java.lang.ThreadLocal [C]	2.706	0,11 %
java.security.AccessController [C]	2.687	0,11 %
java.util.concurrent.ConcurrentMap [I]	2.579	0,11 %
java.util.BitSet [C]	2.553	0,11 %
java.math.BigDecimal [C]	2.437	0,10 %
java.sql.ResultSet [I]	2.408	0,10 %
java.io.BufferedReader [C]	2.359	0,10 %
java.io.DataOutputStream [C]	2.264	0,09 %
java.util.concurrent.atomic.Atomic-Long [C]	2.245	0,09 %

Tabelle A.1 Häufige Datentypen (Forts.)

Typname	Vorkommen	Prozentuale Verteilung
java.sql.PreparedStatement	2.237	0,09 %
java.util.LinkedHashSet	2.222	0,09 %
java.util.Date	2.212	0,09 %
java.lang.ref.SoftReference	2.139	0,09 %
java.io.ObjectOutputStream	2.119	0,09 %
java.lang.reflect.Array	2.048	0,09 %
java.io.ObjectInputStream	2.043	0,09 %
java.io.StringWriter	1.992	0,08 %
java.util.concurrent.atomic.AtomicBoolean	1.991	0,08 %

Tabelle A.1 Häufige Datentypen (Forts.)

A.3 Die 100 häufigsten Methoden

Methodenname	Vorkommen	Prozentuale Verteilung
java.lang.StringBuilder#append	377.938	15,77 %
java.lang.StringBuilder#toString	111.511	4,65 %
java.lang.StringBuilder#<init>	111.272	4,64 %
java.lang.Object#<init>	80.559	3,36 %
java.lang.StringBuffer#append	61.081	2,55 %
java.lang.String#equals	56.525	2,36 %
java.util.Iterator#next	50.355	2,10 %
java.util.Iterator#hasNext	50.093	2,09 %
java.util.ArrayList#<init>	28.413	1,19 %
java.lang.Integer#valueOf	27.554	1,15 %
java.lang.String#length	26.959	1,13 %

Tabelle A.2 Typen mit Methodennamen

Methodenname	Vorkommen	Prozentuale Verteilung
java.util.Map#put	26.388	1,10 %
java.util.List#add	26.041	1,09 %
java.lang.IllegalArgumentException#<init>	25.190	1,05 %
java.lang.Object#getClass	24.894	1,04 %
java.util.List#size	21.020	0,88 %
java.util.Map#get	18.625	0,78 %
java.util.List#iterator	18.422	0,77 %
javax.xml.namespace.QName#<init>	17.541	0,73 %
java.lang.String#substring	16.687	0,70 %
java.lang.StringBuffer#toString	15.771	0,66 %
java.lang.Object#equals	15.554	0,65 %
java.lang.StringBuffer#<init>	15.488	0,65 %
java.lang.Class#getName	15.238	0,64 %
java.lang.AssertionError#<init>	14.877	0,62 %
java.lang.IllegalStateException#<init>	13.984	0,58 %
java.lang.String#charAt	12.815	0,53 %
java.util.Set#iterator	12.788	0,53 %
java.util.logging.Logger#log	12.576	0,52 %
java.util.List#get	12.204	0,51 %
java.util.HashMap#<init>	12.185	0,51 %
java.lang.Boolean#valueOf	10.513	0,44 %
java.util.HashMap#put	10.470	0,44 %
java.lang.UnsupportedOperationException#<init>	10.340	0,43 %
java.util.Set#add	9.598	0,40 %

Tabelle A.2 Typen mit Methodennamen (Forts.)

Methodenname	Vorkommen	Prozentuale Verteilung
java.lang.System#arraycopy	9.116	0,38 %
java.lang.String#startsWith	8.501	0,35 %
java.lang.Object#toString	8.418	0,35 %
java.io.PrintStream#println	8.240	0,34 %
java.lang.String#indexOf	8.053	0,34 %
java.lang.IndexOutOfBoundsException#<init>	7.792	0,33 %
java.util.Collection#iterator	7.486	0,31 %
java.lang.RuntimeException#<init>	7.414	0,31 %
java.lang.Long#valueOf	7.268	0,30 %
java.lang.Boolean#booleanValue	7.132	0,30 %
java.lang.String#valueOf	7.027	0,29 %
java.lang.Integer#intValue	7.006	0,29 %
java.util.Hashtable#put	6.884	0,29 %
java.util.Map$Entry#getValue	6.781	0,28 %
java.util.Map$Entry#getKey	6.634	0,28 %
java.util.ArrayList#add	6.581	0,27 %
java.util.logging.Logger#isLoggable	6.530	0,27 %
java.util.HashSet#<init>	6.527	0,27 %
java.lang.Object#hashCode	6.479	0,27 %
java.io.Writer#write	6.423	0,27 %
java.lang.Class#getClassLoader	6.378	0,27 %
java.util.Arrays#asList	6.083	0,25 %
java.lang.String#equalsIgnoreCase	6.070	0,25 %
java.util.List#toArray	5.872	0,25 %
java.lang.String#format	5.769	0,24 %

Tabelle A.2 Typen mit Methodennamen (Forts.)

Methodenname	Vorkommen	Prozentuale Verteilung
`java.io.File#<init>`	5.631	0,24 %
`java.lang.Enum#<init>`	5.352	0,22 %
`java.lang.Enum#valueOf`	5.322	0,22 %
`java.lang.String#<init>`	5.298	0,22 %
`java.lang.String#trim`	5.115	0,21 %
`java.io.IOException#<init>`	5.079	0,21 %
`java.util.Objects#requireNonNull`	4.767	0,20 %
`java.util.List#isEmpty`	4.748	0,20 %
`java.lang.Class#isAssignableFrom`	4.468	0,19 %
`java.util.Map#entrySet`	4.254	0,18 %
`java.lang.Throwable#addSuppressed`	4.100	0,17 %
`java.lang.String#hashCode`	3.984	0,17 %
`java.lang.Math#min`	3.964	0,17 %
`java.util.AbstractList#<init>`	3.943	0,16 %
`java.util.Map#containsKey`	3.905	0,16 %
`java.lang.Class#desiredAssertionStatus`	3.884	0,16 %
`java.lang.NullPointerException#<init>`	3.808	0,16 %
`java.util.ArrayList#size`	3.758	0,16 %
`java.lang.String#endsWith`	3.718	0,16 %
`java.lang.Character#valueOf`	3.714	0,16 %
`java.util.Set#contains`	3.698	0,15 %
`java.io.InputStream#close`	3.684	0,15 %
`java.util.ResourceBundle#getString`	3.670	0,15 %
`java.lang.Thread#currentThread`	3.488	0,15 %
`java.lang.Double#valueOf`	3.465	0,14 %

Tabelle A.2 Typen mit Methodennamen (Forts.)

Methodenname	Vorkommen	Prozentuale Verteilung
java.lang.Iterable#iterator	3.363	0,14 %
java.lang.Integer#parseInt	3.350	0,14 %
java.util.HashMap#get	3.319	0,14 %
java.lang.System#getProperty	3.292	0,14 %
java.util.Map#values	3.240	0,14 %
java.util.Arrays#fill	3.202	0,13 %
java.util.ArrayList#get	3.189	0,13 %
java.lang.Integer#<init>	3.181	0,13 %
java.lang.Math#max	2.960	0,12 %
java.io.OutputStream#write	2.951	0,12 %
java.util.Map#remove	2.909	0,12 %
java.lang.Class#forName	2.903	0,12 %
java.lang.String#replace	2.887	0,12 %

Tabelle A.2 Typen mit Methodennamen (Forts.)

A.4 Die 100 häufigsten Methoden inklusive Parameterliste

Methodenname und Parameterliste	Vorkommen	Prozentuale Verteilung
java.lang.StringBuilder#append(String)	296.283	12,37 %
java.lang.StringBuilder#toString()	111.511	4,65 %
java.lang.StringBuilder#<init>()	102.410	4,27 %
java.lang.Object#<init>()	80.559	3,36 %
java.lang.String#equals(Object)	56.525	2,36 %
java.util.Iterator#next()	50.355	2,10 %
java.util.Iterator#hasNext()	50.093	2,09 %
java.lang.StringBuffer#append(String)	48.916	2,04 %

Tabelle A.3 Typen mit Methodennamen und Parameterliste

Methodenname und Parameterliste	**Vorkommen**	**Prozentuale Verteilung**
java.lang.StringBuilder#append(Object)	33.491	1,40 %
java.lang.Integer#valueOf(int)	27.170	1,13 %
java.lang.String#length()	26.959	1,13 %
java.util.Map#put(Object, Object)	26.388	1,10 %
java.util.List#add(Object)	25.409	1,06 %
java.lang.Object#getClass()	24.894	1,04 %
java.lang.IllegalArgumentException#<init>(String)	22.429	0,94 %
java.lang.StringBuilder#append(int)	21.752	0,91 %
java.util.ArrayList#<init>()	21.117	0,88 %
java.util.List#size()	21.020	0,88 %
java.util.Map#get(Object)	18.625	0,78 %
java.util.List#iterator()	18.422	0,77 %
javax.xml.namespace.QName#<init>(String, String)	17.076	0,71 %
java.lang.StringBuilder#append(char)	16.402	0,68 %
java.lang.StringBuffer#toString()	15.771	0,66 %
java.lang.Object#equals(Object)	15.554	0,65 %
java.lang.Class#getName()	15.238	0,64 %
java.lang.StringBuffer#<init>()	13.318	0,56 %
java.lang.String#charAt(int)	12.815	0,53 %
java.util.Set#iterator()	12.788	0,53 %
java.util.List#get(int)	12.204	0,51 %
java.lang.IllegalStateException#<init>(String)	10.673	0,45 %
java.lang.AssertionError#<init>()	10.622	0,44 %

Tabelle A.3 Typen mit Methodennamen und Parameterliste (Forts.)

Methodenname und Parameterliste	Vorkommen	Prozentuale Verteilung
java.util.HashMap#put(Object, Object)	10.470	0,44 %
java.util.HashMap#<init>()	10.273	0,43 %
java.util.Set#add(Object)	9.598	0,40 %
java.lang.String#substring(int, int)	9.538	0,40 %
java.lang.Boolean#valueOf(boolean)	9.449	0,39 %
java.lang.System#arraycopy(Object, int, Object, int, int)	9.116	0,38 %
java.lang.Object#toString()	8.418	0,35 %
java.lang.String#startsWith(String)	8.344	0,35 %
java.io.PrintStream#println(String)	7.568	0,32 %
java.util.Collection#iterator()	7.486	0,31 %
java.lang.String#substring(int)	7.149	0,30 %
java.lang.Boolean#booleanValue()	7.132	0,30 %
java.lang.Long#valueOf(long)	7.066	0,29 %
java.lang.Integer#intValue()	7.006	0,29 %
java.lang.IndexOutOfBoundsException#<init>()	6.941	0,29 %
java.util.Hashtable#put(Object, Object)	6.884	0,29 %
java.util.Map$Entry#getValue()	6.781	0,28 %
java.util.Map$Entry#getKey()	6.634	0,28 %
java.util.logging.Logger#isLoggable(java.util.logging.Level)	6.530	0,27 %
java.lang.Object#hashCode()	6.479	0,27 %
java.lang.Class#getClassLoader()	6.378	0,27 %
java.util.ArrayList#add(Object)	6.359	0,27 %
java.util.Arrays#asList(Object...)	6.083	0,25 %

Tabelle A.3 Typen mit Methodennamen und Parameterliste (Forts.)

Methodenname und Parameterliste	Vorkommen	Prozentuale Verteilung
java.lang.String#equalsIgnore-Case(String)	6.070	0,25 %
java.lang.UnsupportedOperation-Exception#<init>()	5.769	0,24 %
java.util.List#toArray(Object…)	5.691	0,24 %
java.lang.Enum#<init>(String, int)	5.352	0,22 %
java.lang.Enum#valueOf(Class, String)	5.322	0,22 %
java.lang.String#trim()	5.115	0,21 %
java.lang.StringBuffer#append(char)	5.074	0,21 %
java.lang.StringBuilder#append(long)	5.035	0,21 %
java.util.HashSet#<init>()	5.015	0,21 %
java.util.ArrayList#<init>(int)	4.941	0,21 %
java.util.logging.Logger#log(java.util.logging.Level, String, Throwable)	4.766	0,20 %
java.util.List#isEmpty()	4.748	0,20 %
java.io.Writer#write(String)	4.690	0,20 %
java.util.logging.Logger# log(java.util.logging.Level, String)	4.577	0,19 %
java.lang.StringBuilder#<init>(String)	4.512	0,19 %
java.lang.UnsupportedOperation-Exception#<init>(String)	4.490	0,19 %
java.lang.Class#isAssignable-From(Class)	4.468	0,19 %
java.lang.String#format(String, Object…)	4.411	0,18 %
java.io.IOException#<init>(String)	4.321	0,18 %
java.lang.StringBuilder#<init>(int)	4.314	0,18 %

Tabelle A.3 Typen mit Methodennamen und Parameterliste (Forts.)

Methodenname und Parameterliste	Vorkommen	Prozentuale Verteilung
java.util.Map#entrySet()	4.254	0,18 %
java.lang.AssertionError#<init>(Object)	4.129	0,17 %
java.lang.Throwable#addSuppressed(Throwable)	4.100	0,17 %
java.lang.String#indexOf(int)	4.088	0,17 %
java.lang.String#hashCode()	3.984	0,17 %
java.util.AbstractList#<init>()	3.943	0,16 %
java.util.Map#containsKey(Object)	3.905	0,16 %
java.lang.Class#desiredAssertionStatus()	3.884	0,16 %
java.lang.RuntimeException#<init>(String)	3.801	0,16 %
java.util.ArrayList#size()	3.758	0,16 %
java.lang.String#endsWith(String)	3.718	0,16 %
java.lang.Character#valueOf(char)	3.714	0,16 %
java.util.Set#contains(Object)	3.698	0,15 %
java.io.InputStream#close()	3.684	0,15 %
java.util.ResourceBundle#getString(String)	3.670	0,15 %
java.lang.Thread#currentThread()	3.488	0,15 %
java.lang.Iterable#iterator()	3.363	0,14 %
java.util.HashMap#get(Object)	3.319	0,14 %
java.lang.String#valueOf(Object)	3.288	0,14 %
java.lang.StringBuffer#append(int)	3.248	0,14 %
java.util.Map#values()	3.240	0,14 %
java.lang.Double#valueOf(double)	3.229	0,13 %

Tabelle A.3 Typen mit Methodennamen und Parameterliste (Forts.)

Methodenname und Parameterliste	Vorkommen	Prozentuale Verteilung
`java.util.ArrayList#get(int)`	3.189	0,13 %
`java.lang.Integer#<init>(int)`	3.120	0,13 %
`java.util.Objects#requireNonNull(Object, String)`	3.102	0,13 %

Tabelle A.3 Typen mit Methodennamen und Parameterliste (Forts.)

Index

W

X

Z